소셜 미디어 시대의

인터넷 이해

최윤철 · 임순범 지음

생능출판

국립중앙도서관 출판시도서목록(CIP)

소셜 미디어 시대의 인터넷 이해 / 최윤철, 임순범 지음.
-- 파주 : 생능출판사, 2013
p. ; cm

ISBN 978-89-7050-773-6 93000 : ₩26000

인터넷 커뮤니티[internet community]

004.582-KDC5
004.69-DDC21 CIP2013028079

머리말

인터넷의 시작이라 할 수 있는 ARPAnet이 출현한 지 벌써 40여년이 지났고, 팀 버너스리(Tim Berners Lee)에 의해 웹(WWW)이 발명된 지도 20년 이상의 세월이 흘렀습니다. 그 동안 인터넷과 웹 기술은 우리 사회, 경제뿐 아니라 우리 삶의 모든 영역에서 커다란 영향을 미쳐왔습니다. 아마 이제 현대인들은 인터넷 없는 세상을 상상할 수 없을 것입니다. 저희들의 「인터넷 배움터」가 출간된 지도 15년이 지났습니다. 당시 이 책에서는 인터넷을 이용하여 정보를 전송하기 위한 e-메일, FTP 등을 설명하였고, 웹브라우저의 사용, 웹페이지의 검색, 그리고 웹페이지를 작성하기 위한 HTML 및 JavaScript 언어를 소개하였습니다.

그러나 지난 15년 동안 인터넷과 웹의 활용 분야는 웹 정보의 검색과 활용을 넘어서 인터넷과 웹 기술이 어떻게 다른 산업과 융합되어 이용될 수 있는지, 또한 인터넷과 소셜 미디어 개념에 기반한 새로운 비즈니스 모델의 창출이 더욱 중요한 이슈로 떠오르게 되었습니다. 1980년대~2000년대 PC의 발전과 확산으로 인하여 오피스 및 그래픽 분야의 많은 유용한 소프트웨어 패키지들이 개발되고 사용되었습니다. 그러나 최근에는 퍼스널 컴퓨터 및 PC 소프트웨어 패키지 시장이 한계에 도달하였다고 전문가들은 인식하고 있습니다. 또한 인터넷의 빠른 확산과 인터넷에서 데이터 전송속도의 가파른 증가는 기존의 인터넷 활용방식을 탈피하여, 오늘날 창조경제(Creative Economy) 시대에 맞는 새로운 영역과 방식의 인터넷과 웹 기술의 활용을 요구하고 있습니다.

2009년 2월 세계적인 경제전문지 포브스(Forbes)는 지난 30년 동안 개발된 모든 혁신적인 발명 중 인간에게 가장 큰 영향을 미친 발명물로 인터넷을 선정하였습니다. 이것은 인터넷이 인간의 커뮤니케이션 및 일과 삶의 질을 향상시키는 데 그치지 않고, 완전히 새로운 산업을 생성하고 비즈니스 및 인간의 사회관계면에서 새로운 기회를 제시하였기 때문이라고 설명하고 있습니다. 이제, 인터넷 기술이 실질적으로 세계의 모든 지역에서 이용될 정도로 인터넷은 글로벌화되었고, 인터넷의 상존하는 문제점에도 불구하고 인터넷 및 웹 개념과 활용은 다양한 분야에서 일하고 있는 모든 현대인이 필히 이해하고 익혀야 한다고 생각합니다. 이

책은 이러한 배경에서 인터넷 및 웹 기술을 다음의 세 가지 관점에서 저술하였습니다.

첫째, 이 책에서는 인터넷의 발전 역사와 인터넷의 구성 및 웹의 개념을 소개하고 인터넷의 기본적 서비스, 그리고 인터넷과 웹의 핵심 기술에 관하여 전반적으로 소개하였습니다. 이 부분은 인터넷 기술과 활용에 대하여 배우는 사람들이 필히 알고 있어야 할 내용들입니다. 둘째, 인터넷과 다양한 디지털기기의 융합, 유무선 통합, 물리적 세계와 사이버공간의 융합, 전통적 미디어와 통신의 융합 차원에서 이 책을 저술하였습니다. 이러한 융합을 통해 새로운 비즈니스의 기회가 생겨나고, Apple사의 iPod 및 iTunes, iPhone, iPad 및 App Store의 예에서 보듯이 새로운 비즈니스 모델이 가능하게 되었습니다. 셋째, 웹서비스의 새로운 형태인 웹 2.0의 개념과 소셜 미디어의 활용을 소개하고 있습니다. 개방, 참여, 공유 개념에 기반한 웹 2.0은 일시적인 현상이 아닌 인터넷 환경은 물론 정치, 경제, 사회, 문화 및 비즈니스 환경에서 폭넓게 적용되고 있습니다. 웹 2.0과 소셜 미디어 개념이 우리사회를 어떻게 바꾸어 나가는지를 이해하는 것은 현대를 살아가는 모든 사람들에게 매우 중요한 요소라 할 수 있습니다.

이 책은 전체 13개 장으로 구성되어 있으며, 각 장의 내용을 간단히 소개하면 다음과 같습니다. 1장에서는 인터넷의 역사와 발전을 소개하고 인터넷이 우리에게 어떠한 영향을 미치는지를 설명하였습니다. 2장에서는 인터넷의 구조와 접속을 설명하고, 무선인터넷과 모바일 인터넷을 소개하고 있습니다. 3장에서는 e-메일 및 FTP 서비스, 포털 사이트 및 검색엔진, 기존의 커뮤니케이션 서비스를 설명하고 있습니다. 4장에서는 웹페이지와 하이퍼텍스트 개념을 이해하고, 5장은 웹페이지를 작성하기 위한 HTML, 동적 웹페이지 기술, XML과 HTML5 기술을 기술을 다루고 있습니다. 2~5장의 내용은 모든 인터넷 개론서가 다루었던 내용으로, 이 책에서는 최소한의 필수적인 내용을 핵심 개념과 활용 위주로 제시하되 내용을 쉽게 이해할 수 있도록 설명하였습니다.

6장에서는 인터넷의 가장 기본적인 활용에 관하여 정보제공, 엔터테인먼트, 전자상거래 및 전자책 영역별로 설명하고 있습니다. 7장에서는 최근 그 활용이 급격히 확대되고 있는 모바일 인터넷 환경을 소개하고, 모바일 기기와 플랫폼, 모바일 애플리케이션과 콘텐츠에 관하여 설명하고 있습니다. 지식정보사회에서 인터넷을 통해 정보를 공유하고 모바일 인터넷이 확산되면서 정보보안이 큰 사회적 이슈로 대두되고 있습니다. 따라서 8장에서는 인터넷 환경에서 정보보안 및 정보화사회의 윤리를 다루고 있습니다. 9장에서는 웹 2.0 개념을 소개하고, 10장에서는 RSS와 블로그, Podcasting, 소셜 태깅, Open API 및 매쉬업 서비스와 같은 웹 2.0 기술과 서비스를 설명하며, 11장에서는 소셜 미디어 및 SNS의 개념과 소셜 커머스와 소셜 게임을 사례들을 통하여 소개하고 있습니다. 12장에서는 인터넷 서비스 산업의 발전을 설명하고 많은 사례들을 통하여 이해를 돕고 있습니다. 마지막으로 13장에서는 미래 인터넷의 발전 동향을 소개하였습니다.

이 책은 인터넷 및 웹 개념과 활용을 포괄적으로 이해하기 위한 전공 및 교양과목의 교재로 저술되었습니다. IT 분야 전공자들에게는 첫 교재로 인터넷의 개념과 기술의 전반을 포괄적으로 이해하고, 특히 우리사회 각 영역에서의 활용과 앞으로의 추세를 전망하는 데 매우 적절한 교재가 되리라 믿습니다. 또한 경영 및 사회과학 전공자는 물론 인문과학, 공학, 자연과학, 의학 및 예술분야의 전공자들에게 인터넷 기술과 활용을 쉽게 이해하고 우리사회에 어떠한 영향을 미치며 앞으로 각 영역에서 어떻게 창의적으로 활용될 수 있는지 이해하는 데 도움을 주리라 생각합니다. 또한 이 책의 출간을 위하여 적극적으로 후원하여 주시고 최상의 공간을 이용할 수 있도록 후원하여 주신 생능출판사 김승기 사장님과 직원 여러분께 감사드립니다.

2013년 12월
저자 일동

일러두기

본서는 인터넷과 웹 관련 모든 서비스, 기술 및 활용에 관한 내용을 설명하려고 노력하였습니다. 강의의 목적 및 대상에 따라 일부 내용을 제외시켜도 전체 흐름에는 문제가 없음을 밝힙니다. 차례에 ★로 표시된 내용은 강의 대상에 따라 다소 어려울 수도 있으니 강의에서 제외시켜도 좋고, 강의 일정상 이 책의 내용이 과다하다고 생각되는 경우에 대비하여 시간 관계상 생략해도 좋은 내용은 ▲로 표시하였습니다. 이 책의 전체 내용은 아래 그림과 같이 크게 네 부분으로 나눌 수 있습니다. 1부에서는 가장 기본적인 내용인 인터넷 구성과 서비스를 소개하였으며, 2부는 주로 활용에 관하여 다루었고, 3부는 웹 2.0과 소셜 미디어의 개념 및 기술을, 4부에서는 인터넷 산업과 발전 동향에 대하여 설명하였습니다.

1부. 인터넷과 웹의 구성, 기반 서비스 및 기술

1. 인터넷의 역사와 발전
2. 인터넷의 구성
3. 인터넷 서비스
4. 웹페이지와 웹브라우저(▲4.4, ▲4.5)
5. 웹페이지의 작성(★5.2.3, ★5.3, ★5.4)

2부. 인터넷 활용과 보안

6. 인터넷의 활용
7. 모바일 인터넷의 활용(▲7.4)

▲ 8. 인터넷의 보안과 윤리

3부. 웹 2.0과 소셜 미디어

9. 웹 2.0의 소개

★ 10. 웹 2.0 서비스의 구현기술

11. 소셜 미디어

4부. 인터넷 산업과 발전 동향

▲12. 인터넷 서비스 산업

13. 인터넷의 발전 동향

차 례

CONTENTS

CHAPTER 05 웹페이지의 작성

CONTENTS

CONTENTS

C O N T E N T S

CHAPTER 11 소셜 미디어

CHAPTER 12 인터넷 서비스 산업 ▲

CONTENTS

CONTENTS

INTERNET

CHAPTER 01

인터넷의 역사와 발전

CHAPTER 01

인터넷의 역사와 발전

1장에서는 인터넷의 발전과정과 역사를 살펴보고 우리 사회에서 인터넷의 역할과 미치는 영향에 대하여 공부한다. 인터넷 이용자 수는 1990년대 연간 두 배씩 증가하기 시작하여 최근에는 전 세계 인구의 1/3 가까이 인터넷을 이용하고 있다. 따라서 인터넷 경제라는 새로운 영역이 나타나게 되었다. 인터넷 기술은 급격히 발전해 왔는데 특히, 1989년에 시작된 웹(Web)은 일반 이용자들의 인터넷 사용에 큰 역할을 하게 되었고 웹 개념은 최근 웹 2.0으로 발전하게 되었다. 마지막으로, 인터넷의 활용분야에 대하여 설명하고 인터넷과 디지털 기기의 융합, 인터넷과 미디어 및 기존 산업과의 융합에 대하여 설명한다.

1.1 인터넷의 발전과정

인터넷은 경제, 산업, 미디어, 교육, 의료 등 모든 영역에 지대한 영향을 끼쳤을 뿐만 아니라 인간이 살아가는 방식에 커다란 변화를 야기했다. 인터넷의 의미를 협의적 및 광의적 관점에서 이해하고 인터넷이 인간의 삶에 어떠한 영향을 미치는지 알아보자. 또한, 인터넷의 발전과정을 시간적 및 활용적 측면에서 생각해보자.

1.1.1 인터넷이란?

인터넷은 인간이 일하고 비즈니스하는 방식뿐만 아니라 생활양식과 우리 삶 자체에 커다란 변화를 가져왔다. 최근에는 우리가 이동 중에도 인터넷을 이용하여 원하는 정보를 획득하고 서로 메시지를 교환하며 응용 소프트웨어를 이용하여 원하는 작업을 처리할 수 있게 되었다. 이제, 인터넷이란 단어는 우리의 일상생활에서 매우 낯익은 단어가 되었다. 현대를 살고 있는 인간은 항상 인터넷을 직 · 간접적으로 사용하고 있어 인터넷 없이는 아무 일도 할 수 없는 시대에 살고 있다 해도 과장이 아닐 것이다.

그렇다면 인터넷이란 무엇을 의미하는가? 인터넷은 좁은 의미로 IP(Internet Protocol)라는 프로토콜로 사용하여 연결된 모든 컴퓨터 네트워크이라고 정의할 수 있다. 그러나 보다 일반적인 의미에서 인터넷이란, IP 프로토콜을 이용한 인터넷에 연결된 모든 네트워크, 즉 IP를 사용하지는 않지만 게이트웨이(Gateway)를 통해 IP를 이용한 인터넷과 정보를 주고받는 것이 가능한 모든 네트워크를 의미한다. 이를 다르게 해석하면, 네트워크를 연결하는 네트워크(Network of network)라고 이야기할 수 있다. 전 세계 네트워크의 절대 다수는 IP를 프로토콜로 사용하기 때문에 실질적으로 광의의 인터넷은 전 세계의 모든 컴퓨터들을 연결해 주는 네트워크인 셈이다. 각기 다른 기관에 의해 다른 목적으로 구성된 수백만 개의 개인, 공공, 기업, 학교, 정부 네트워크들이 서로 연결되어 전 세계를 묶는 하나의 거대한 네트워크를 형성하여 지구상 수억 명의 이용자에게 다양한 서비스를 제공한다.

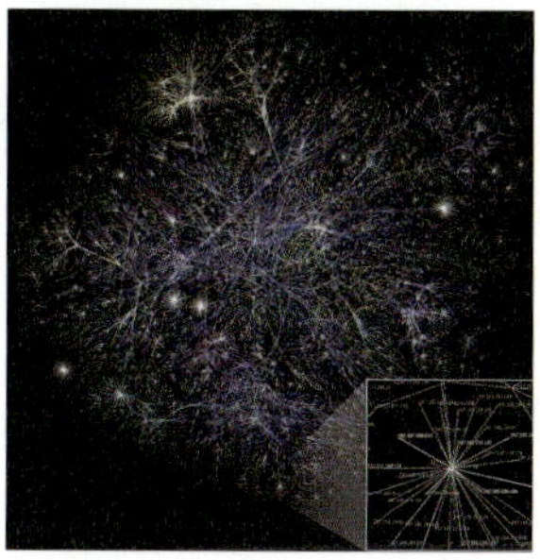

그림 1.1
인터넷: 네트워크의 네트워크

초창기에 컴퓨터는 자체만으로는 과학 및 공학 계산을 빠르게 처리하거나 통계자료를 처리하는 계산기에 불과하였다. 그러나 정보통신망에 의해 컴퓨터가 서로 연결되기 시작하면서 정보와 자료를 상호 공유하게 되었다. 처음에는 정보를 공유할 몇몇 컴퓨터들 간에 전용선을 깔아서 연결하여 정보를 주고받았다. 1969년 인터넷의 전신이라 할 수 있는 ARPAnet이 출현하면서 ARPAnet에 연결된 모든 컴퓨터 간에 정보를 주고받을 수 있게 되었다. ARPAnet이 점차 확장되면서 더 많은 컴퓨터들이 인터넷에 연결되기 시작하였다. 그러나 인터넷의 초창기에는 대학, 연구소, 공공기관, 기업 등 일부 기관의 컴퓨터들만 서로 연결되었다. 그 후, 퍼스널 컴퓨터(PC)가 출현하면서 이미 설치되어 있던 전화선을 활용하여 컴퓨터 간에 정보를 주고받을 수 있게 되면서 PC를 이용하는 일반 사용자들도 인터넷에 연결될 수 있게 되었다. 인터넷이 확장되면서 컴퓨터는 더 이상 과학 및 공학 계산기가 아니라 정보를 공유하고 교환하는 수단으로서 더 중요한 기능을 수행 할 수 있게 되었다.

그러나 일반인들이 인터넷을 사용하기 위해서 복잡한 UNIX 명령어들을 사용해야 했고, 특히 수많은 컴퓨터에서 원하는 정보를 찾아온다는 것은 더욱 복잡한 과정이 요구되었다. 이러한 배경에서 1989년 CERN(유럽 입자물리연구소)연구소에 의해서 웹(Web: World Wide Web)이 출현하게 되었다. 웹은 서로 연관성 있는 정보들을 링크(Link)에 의해 미리 연결해 놓아 사용자들이 이러한 링크를 통해 원하는 정보를 쉽게 찾아 올 수 있게 해 주는 기술이다. 1993년에는 많은 웹사이트들을 탐색하면서 원하는 정보를 쉽게 찾아 올 수 있게 도와주는 웹브라우저(Web browser)가 개발되면서 인터넷의 대중화 시대가 열리게 되었다. 컴퓨터들을 연결하는 통신선이 공중 전화선에서 고속 전용선으로 변하고 다시 광통신망(Optical fiber)으로 발전하면서 인터넷이 데이터를 전송하는 속도가 빨라지게 되었다. 따라서 초기의 텍스트 정보뿐만 아니라 이미지, 사운드, 동영상과 같은 멀티미디어 정보의 전송이 가능하게 되었다.

오늘날 인터넷은 과거 PC 중심에서 스마트폰, 태블릿 PC, e-북 단말기와 같은 모바일 기기를 통해서도 무선으로 인터넷에 접근할 수 있게 되었다. 또한, 스마트 TV, IPTV와 같은 가전기기를 통해서도 인터넷을 쉽게 액세스할 수 있게 되었다. 이와 같이, 인터넷의 창이 확대되어 앞으로는 모든 디지털 기기들이 모두 인터넷에 연결되는 시대가 올 것이다. 또한, 자동차도 이동 중에 인터넷을 무선으로 액세스할 수 있게 됨에 따라 과거의 자동차 개념을 획기적으로 뛰어넘어 새로운 개념의 자동차가 탄생하게 되었다.

1.1.2 인터넷의 역할과 영향

인터넷 및 웹이 우리의 삶과 생활양식에 큰 변화와 변혁을 가져오게 하였다. 2009년 2월 세계적인 경제전문지 포브스(Forbes)는 지난 30년 동안 개발된 모든 혁신적인 발명 중 인간에게 가장 큰 영향을 미친 발명으로 인터넷을 선정하였다. 이것은 인터넷이 인간의 커뮤니케이션 및 일과 삶의 질을 향상시키는 데 그치지 않고, 완전히 새로운 산업을 생성하고 비즈니스 및 인간의 사회관계 면에서 새로운 기회를 제시하였기 때문이다. 오늘날 거의 모든 산업과 사회적 관계는 전 세계적으로 구축해 놓은 인터넷 및 인터넷 서비스 플랫폼에 의해 영향을 받고 있다. 이제 인터넷과 관련 기술을 이용하지 않고서는 지구상의 어떤 발전된 국가도 깨끗한 물과 효율적인 에너지, 체계적인 의료시스템을 기대할 수 없게 되었다. PC는 자체 컴퓨팅 파우어로 끝나지 않고 디지털 세계에서 인터넷을 통해 연결될 때 인터넷은 “상호작용의 성격”을 근본적으로 바꾼다. PC가 인터넷을 통해 지난 30~40년 동안 개발된 디지털 카메라, 디지털 사운드 플레이어, 무선 프린터, 다양한 가전기기와 같은 다양한 장비 및 기기들과 연결될 때 과거 상상하지 못했던 여러 가지 일들이 가능해지고 새로운 현상들이 나타나게 된다. 특히, 최근 인터넷이 모바일 컴퓨팅 기기 및 무선 통신기기와 결합하여 더 큰 결과와 영향을 초래하게 되었다.

1969년 ARPAnet으로 시작된 오늘날 인터넷 사회에서 중요한 것은 컴퓨터의 처리 속도와 능력이 아니다. 지난 수십년간 컴퓨터 프로세서칩의 처리 능력과 메모리칩의 용량은 엄청난 속도로 발전하였고 치프(Cheap)혁명으로 프로세서 및 메모리의 가격은 매우 빠르게 하락해왔다. 이제는 매우 저렴한 비용으로 고성능의 프로세서와 저렴한 메모리를 사용할 수 있게 되었다. 또한, 인터넷의 데이터 전송능력이 급격히 향상되고 있는 현실에서 새로운 IT 패러다임이 출현하게 되었다. 이제 중요한 것은 IT 기술 자체가 아니라 세계 곳곳에 산재해 있는 저쪽 편 정보를 인터넷을 통해서 이쪽 편에 있는 사용자에게 어떻게 제공하느냐가 핵심 개념이 되었다. 이와 같이, 정보 그 자체에 대한 혁명적 변화는 Google의 검색엔진 이후 더욱 가속화되고 있다. 인터넷 사회에서 인터넷뱅킹, 온라인 쇼핑, 편의점의 POS 단말기, ATM 머신은 물론 무선 인터넷이 확산되면서 스마트폰, 무선 IC 태그, 카내비게이션, 모바일 LBS(위치기반 서비스) 등이 우리 사회의 중심에 자리 잡고 있다.

그림 1.2
유무선 인터넷의 다양한 활용 분야

인터넷뱅킹

T-Money를 이용한 지하철 탑승

카내비게이션

iPhone을 이용한 위치기반 AR 활용

IT 기술과 인터넷이 기존 산업 분야에 적용되면서 경쟁력이 강화되고 다른 첨단 기술과 융합하면서 새로운 산업 영역이 나타나게 되었다. 또한, 인터넷 기술로 인하여 비즈니스 방식에도 큰 변화를 초래하게 되었다. 오늘날 인터넷이 경제, 산업, 사회, 행정, 교육, 의료, 국방 등 우리사회 모든 영역에 미치는 영향은 매우 지대하리라 여겨진다. 스마트폰의 확산으로 인하여 인터넷이 커뮤니케이션하는 방식을 근본적으로 바꾸어 놓았고 인간관계에도 커다란 변혁을 초래하게 되었다. 최근 출현한 소셜 네트워크 서비스(SNS: Social Network Service)는 SNS를 통하여 서로 인간관계를 형성하고 이를 인해 과거에 상상할 수 없었던 새로운 일들과 비즈니스가 가능하게 되었다. 인터넷을 통하여 얼마나 많은 이용자가 사용하는가에 따라 SNS의 가치가 결정된다. 예를 들어, 2004년 설립된 Facebook은 불과 8년 만에 전 세계 8억5천만 명의 회원을 적극적 이용자로 확보하게 되었고 이들이 친구관계를 형성함으로써 완전히 새로운 패러다임의 세상이 가능하게 되었다. 또한, 2006년 설립된 Twitter은 전 세계 3억 명의 회원을 확보하고 회원들간에 단문 메시지(SMS: Short Message Service)의 전파가 순식간에 일어날 수 있게 함으로써 우리 사회, 비즈니스 및 정치 현실에 지대한 영향을 미치고 있다. 인터넷이 우리 삶의 중심에 와 있는 현실세계에서 인간의 삶이 변화되고 변혁되어 완전히 새로운 생활 패턴 및 의식구조가 생겨나게 되었다.

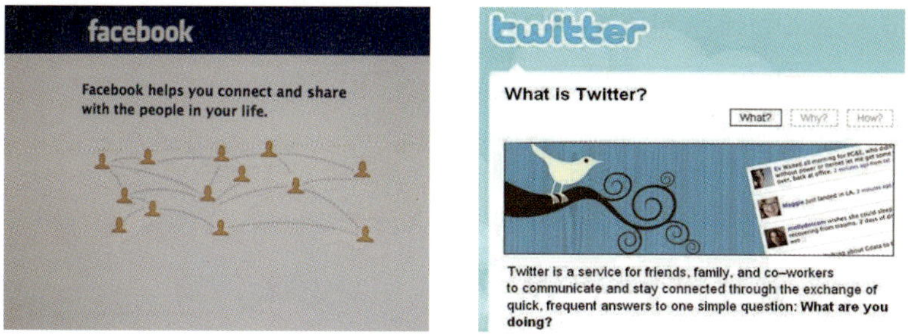

그림 1.3
인터넷을 기반으로 하는 소셜 네트워크 서비스 Facebook과 Twitter

1.1.3 인터넷의 역사

인터넷의 발전과정을 시간에 따라 살펴보고 인터넷의 활용이 시대적 흐름에 따라 어떻게 변천해 왔는지 알아보자.

1) 시간에 따른 발전 역사

1969년 ARPAnet을 계기로 인터넷이 탄생하게 되었다. 기존에는 미국 각지의 군사시설을 연결하기 위해서 회선교환망을 이용하고 있었다. 이 방식은 교환기에 일부분이라도 문제가 발생하면 통신이 중단되고 망이 분리되는 취약점을 가지고 있었다. ARPAnet은 미국방성에서 지원한 연구 프로젝트로 미국 곳곳에 산재해 있는 군사시설 중 하나가 적의 공격에 의해 파괴되면 다른 시스템들도 영향을 받는 단점이 있었기 때문에 각 시설들의 독립성을 보장하고 통신을 원활하게 하기 위한 새로운 통신 방식이 필요했다. 마침 1962년 MIT의 클라인록(Leonard Kleinrock)은 패킷교환 방식(Packet Switching Network)을 박사학위 논문으로 제출하였다. 패킷교환 방식은 네트워크의 일부가 손상되더라도 다른 경로를 통해서 데이터를 전송할 수 있으므로 신뢰성이 높은 방식이다. 이러한 이론에 근거하여 1969년 UCLA 컴퓨터과학과 클라인록 교수를 중심으로 APRAnet을 이용하여 UCLA, SRI, UC(Santa Babara) 및 Utah 대학의 4군데 컴퓨터를 연결하였다(그림 1.4 참조). ARPAnet는 원활한 통신을 위하여 TCP/IP 프로토콜(Protocol: 통신규약)을 사용하였다. 이것이 1971년 15개의 사이트로 증가하였다. 초창기에는 주로 전자메일과 파일을 전송하기 위하여 네트워크가 이용되었다.

한편, 1986년에는 미국 각지의 연구기관들을 서로 연결하기 위하여 미국연구재단(NSF: National Science Foundation)에서 NSFnet을 개발하였다. NSFnet도 TCP/IP 프로토콜을 따르고 있었는데 1988년에 가서 다른 네트워크와 연결되게 되었고 1989년에는 상업용 네트워크인 MCI 메일 시스템과 연결되어 서로 전자메일을 주고받을 수 있게 되었다. 그 후 BITNET, Usenet, Telenet, DECnet, Compuserve와 같은 교육망 또는 상업망들도 서로 연결되면서 인터넷이 빠르게 확장되기에 이르렀다.

그림 1.4
연도별 ARPAnet의 확산

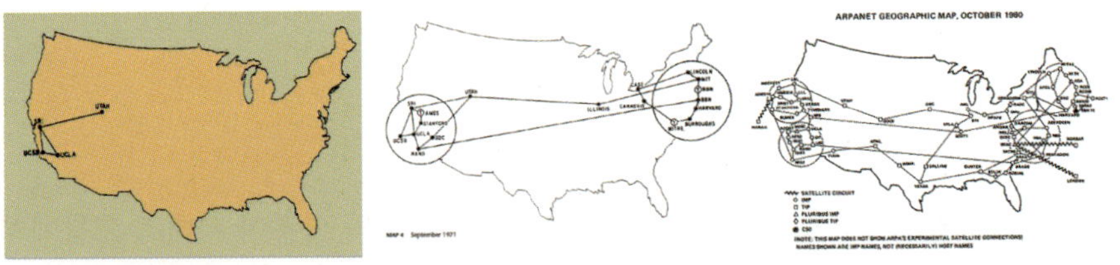

1969년 1970년대 1980년

인터넷이 상업적으로 관심을 끌기 시작한 것은 1980년대 후반에 이르러서이다. 이 당시 MCI, OnTyme, Telemail, Compuserve, Sprintnet와 같은 상업용 전자메일 서비스가 운영되었다. 1989년에는 UUNET, PSINet, CERFNET라는 상업용 인터넷 서비스 제공자(ISP)가 서비스를 시작하였다. 이러한 네트워크들은 모두 TCI/IP 프로토콜을 통하여 서로 연결되었다. 네트워크들을 서로 연결시키기 위하여 라우터(Router), 게이트웨이(Gateway)와 같은 장비들이 개발되기 시작하였다. 또한, 하나의 기업이나 기관 내의 컴퓨터들을 서로 연결하기 위해서 당시 UNIX 운영체제가 제공하는 Ethernet 기술을 이용하여 근거리 통신망 LAN(Local Area Network)이 많이 확산되었다.

컴퓨터들이 다양한 정보들을 가지면서 서로 정보를 교환하기 위하여 정보들을 전자문서 형태로 체계적으로 표현할 필요성이 생겨나게 되었다. 또한, 전자문서들을 서로 연결(Link)시킬 수 있는 표준된 방법이 필요하게 되었다. 이러한 배경에서 1989년~1991년에는 스위스 CERN 연구소의 팀 버너스리(Tim Berners-Lee)가 HTML이라는 문서 표준을 제시하였고 HTML 문서를 전송하기 위하여 HTTP라는 프로토콜을 사용하였다. HTML은 하이퍼텍스트(Hypertext)라는 링크 개념에 의하여 전 세계의 모든 전자문서들을 서로 연결시킬 수 있는 계기가 되었다. 하이퍼텍스트를 기반으로 한 문서의 집합을 웹(Web: World Wide Web)이라 하며 웹을 통해 전 세계의 모든 전자문서들이 연결될 수 있게 되었다. 1993년에는 웹상의 전자문서들을 일반 사용자가 쉽게 탐색하기 위하여 일리노이 대학교 NCSA 연구소의 마크 안드리센(Marc Andreessen)과 애릭 비나(Eric Bina)가 GUI 방식의 인터페이스를 제공하는 Mosaic라는 웹브라우저를 처음 개발하였다. 1994년에 Netscape, 1995년 Internet Explorer(Microsoft사) 웹브라우저가 상업적으로 개발되면서 인터넷과 웹의 대중화에 결정적인 기여를 하게 되었다.

1995년에는 e-커머스 기업인 Amazon, eBay, 포털사이트 Yahoo가 출현하였고 1998년에 검색엔진 기업인 Google이 탄생되었다. 1990년대 중반으로 오면서 인터넷의 사용이 급증하여 더 빠른 인터넷망이 필요하게 되었다. 미국은 1993년에 세운 NII(National Information Infrastructure) 계획에 따라 1995년부터 초고속정보통신망(Information Superhighway)을 구축하기 시작하였고 우리나라도 1995년부터 초고속 국가정보통신망 사업을 시작하였다. 미국의 NII, 우리나라의 KII 외에도 유럽의 EII, 일본의 JII, 아시아 지역을 커버하는 AII, 글로벌 인터넷망인 GII 사업이 추진되었다.

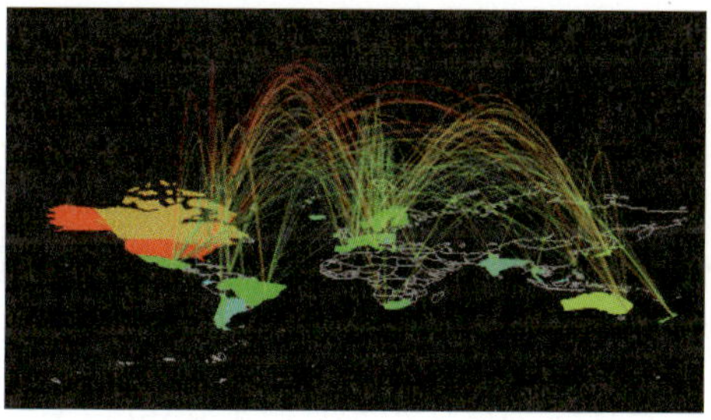

그림 1.5
전 세계를 연결하는 초고속정보통신망

2) 인터넷 활용이 시대적으로 어떻게 변하여 왔는가?

인터넷의 초기인 1970년대부터 1990년 초반까지는 컴퓨터 간의 정보전달이 가장 중요한 목적이었다(그림 1.6 참조). 전자우편 e-메일, 파일전송을 위한 FTP, 원격접속을 위한 Telnet, 접속확인을 위한 Ping, 채팅을 위한 IRC과 같은 인터넷 서비스가 가장 많이 사용되었다. 1993년 Mosaic 웹브라우저가 출현하면서 수많은 웹페이지들이 제작되었고 이러한 웹페이지들을 검색하기 위하여 Yahoo, AltaVista, Lycos와 같은 포털사이트와 Google과 같이 성능이 우수한 검색엔진 기술이 개발되었다. 한국에서도 다음, 네이버와 같은 포털사이트가 출현하였다. 따라서, 1990년대 초반부터 1990년대 후반까지는 정보의 검색이 가장 중요한 이슈가 되었다.

1990년대 후반부터 2000년대 중반까지의 시기에는 인터넷의 상업적 활용과 e-비즈니스 분야가 급속히 발전해 왔다. 인터넷 쇼핑몰 및 e-뱅킹이 일반화되었고 새로운 온라인 광고 모델이 개발되었다. 교육 분야에서도 다양한 e-러닝 개념이 개발되면서 많은 교육콘텐츠가 개발되었고 많은 신문, 방송과 같은 미디어 업체들이 자체 웹사이트를 개발하여 대중들에게 서비스하기 시작하였다. 2000년대 중반 이후에는 IT 융합 및 인터넷 융합 시대가 열리게 되었다. 첨단 IT 기술이 전통적 산업 영역에 융합되어 새로운 산업분야가 창출되었을 뿐만 아니라, 인터넷을 통해 방송과 통신이 융합하여 새로운 디지털 방식의 데이터 방송이 출현하게 되었다. 방송의 디지털화와 통신의 광대역화로 방송과 통신의 디지털 융합이라 할 수 있는 IPTV(Internet Protocol TV) 개념도 개발되었다. 또한, 우리 일상생활에서 인터넷을 활용하여 스마트카드 시스템, 홈네트워크, 헬스케어 시스템 등도 가능하게 되었다.

그러나 가장 획기적인 변화는 '모바일 혁명'이라 부르는 모바일 인터넷에 의한 우리사회의 변화이다. 2000년대 후반부터 무선 인터넷 기술이 발전하면서 모바일 사회가 시작되었고 비즈니스 방식뿐만 아니라 삶의 스타일과 인간의 사고에까지 큰 영향을 미치게 되었다. 2008년 스마트폰 iPhone으로 시작된 모바일 인터넷 시대는 무선인터넷을 인프라로 스마트폰, 태블릿 PC와 같은 모바일 기기를 통해서 응용 소프트웨어(Apps, 앱스) 및 음악, 동영상과 같은 콘텐츠를 서비스 받는 생태계(Ecosystem)가 인터넷 활용의 중요한 개념으로 떠오르게 되었다. 특히, 2000년대 후반에는 웹 2.0 개념이 확산되면서 인터넷 개발자와 이용자들의 참여, 공개 및 공유 개념이 인터넷 서비스의 핵심 개념이 되었다. 이러한 추세에 따라 YouTube와 같은 많은 소셜 미디어 및 Facebook, Twitter와 같은 소셜 네트워크 서비스(SNS: Social Network Service) 사이트들이 출현하였다. SNS의 파급력은 빠르고 지대하지만 때로는 위험성도 야기시킬 수 있다. SNS 사회에서는 인간관계를 이용한 정보의 검색과 인맥을 이용한 비즈니스 방식, 협업을 통한 게임 등이 혁신적 개념으로 인식되고 있다.

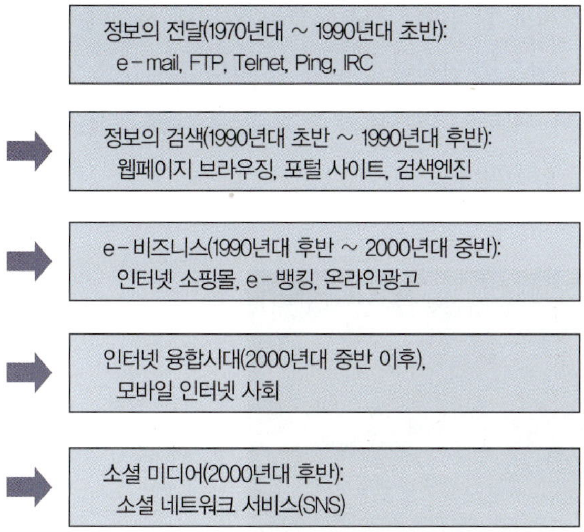

그림 1.6
인터넷 활용의 시대적 변화

인터넷이 이와 같이 빠르게 발전하고 확산된 배경과 이유는 기술적인 요인과 사회적인 요인을 들 수 있다. 웹 개념(1989년)과 웹브라우저(1993년)의 출현은 인터넷의 대중화에 절대적인 영향을 미쳤고, 인터넷 속도의 가속화는 이미지, 사운드, 동영상과 같은 멀티미디어 정보의 전송에 매우 긍정적인 결과를 초래하였다. Intel사의 창업자인 앤디 그로브(Andy Grove)는 1990년대에 전화선의 데이터 전송속도가 1세기에 두 배 빨라지는 데 그칠 것이라고 예상하였으나, 광섬유 케이블 이후 인터넷 데이터 전송속도(광섬유의 대역폭)는 6개월에 두 배 또는 해마다 세 배씩 증가하여 왔다. 이것을 길더의 법칙(George Gilder's Law)이라 부르는데 이제 인터넷을 통하여 멀티미디어 정보를 매우 빠르고 저렴한 비용으로 전송하는 것이 당연한 현실이 되었다. 그림 1.7은 2007년부터 2011년까지 4년 동안 인터넷의 평균속도가 어떻게 변해 왔는지 보여주고 있다. 주요국가는 지난 4년 동안 인터넷 속도가 약 50% 정도밖에 빨라지지 않았음을 알 수 있지만 이것은 인터넷을 통해서 사용자가 동영상과 같은 용량이 큰 데이터를 많이 이용하는 추세이고 인터넷 이용자 수도 증가해 왔다는 데 기인한다. 2011년 4분기 현재 한국은 인터넷 평균속도가 세계 최고인 17.6 Mbps로 세계 평균 속도인 2.7Mbps보다 6배 이상 빠르다는 것을 알 수 있다.

또한, 사람이 이동 중에 정보를 주고받을 수 있는 무선인터넷 기술의 발전은 모바일 사회 및 모바일 경제 시대를 여는 기폭제가 되었다. 과거 PC 시대에는 컴퓨터를 정보처리 기계로 인식하였으나 오늘날 인터넷 사회에서는 인터넷을 정보의 공유 및 소통의 수단으로 인식하게 되었다. 이러한 이유로 인터넷의 최신 트렌드는 PC의 인터넷화, 모바일 인터넷의 지능화, 인터넷 검색엔진의 강화가 주요한 이슈가 될 것으로 인식된다.

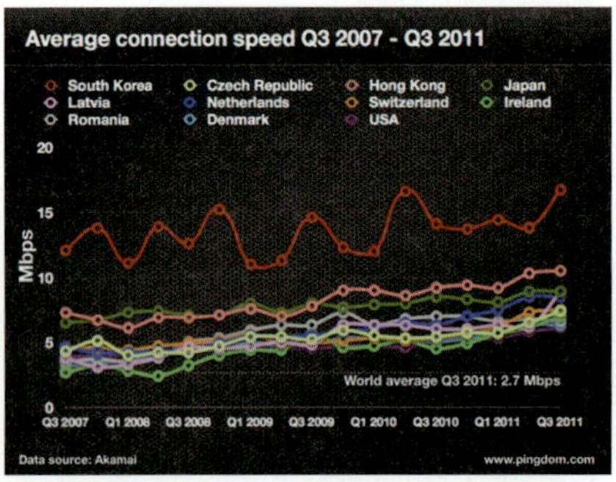

COUNTRY RANK		MEGABITS PER SECOND, 4Q '11
1	South Korea	17.5
2	Japan	9.1
3	Hong Kong	9.1
4	Netherlands	8.2
5	Latvia	7.8
6	Switzerland	7.3
7	Ireland	6.8
8	Czech Republic	6.7
9	Romania	6.4
10	Belgium	6.1
13	United States	5.8

그림 1.7
인터넷 속도의 변화 그래프

1.2 인터넷의 확산

미국의 경우 전화와 텔레비전이 전 인구의 30% 이용자를 확보하는 데 각각 37년, 17년이 걸렸으나 인터넷과 초고속 인터넷은 각각 7년, 4년에 불과하였다. 2011년 인터넷백서에 의하면 우리나라는 인터넷 이용률이 77.4%로 세계 최고의 수준을 유지하고 있다.

1.2.1 인터넷의 발전과 확산

최근 자료에 의하면 전 세계 인터넷 이용자 수는 2000년 3억9천만 명(6.5%), 2005년 10억4천만 명(15.9%)에서 2010년에는 전 세계 인구의 30.1%인 20억8천만 명으로 급성장하였고, 2014년에는 30억 명을 돌파하였다(43%). 특히, 1990년대에는 인터넷 이용자수가 연간 100% 증가율을 경험하였다. 이러한 급속한 성장의 배경에는 인터넷의 이용이 중앙관리식이 아니고 자발적으로 이루어져 왔고 인터넷 관련 프로토콜들이 특허가 걸려있지 않고 누구나 활용할 수 있도록 열려있기 때문이다. 이것은 인터넷 관련 기업들 간에 상호작용성과 연결성을 장려하고 한 기업이 네트워크를 과다하게 통제를 하는 것을 막아주는 역할을 하였다.

2009년경부터는 인터넷의 이용률이 특히 브라질, 러시아, 인도, 중국, 인도네시아의 소위 BRICI 국가에서 큰 증가 추세를 보이고 있다. 이러한 국가들은 인구가 많고 최근 높은 경제성장률을 보이며 아직까지 인터넷 이용률이 그리 높은 편은 아니었다. 2009년 현재 BRICI 국가는 전 세계 인구의 45%를 차지하지만 인터넷 이용자는 6억1천만 명에 그치고 있다. 그러나 2015년까지 BRICI 국가의 인터넷 이용자는 12억 명에 다다를 것으로 예상된다.

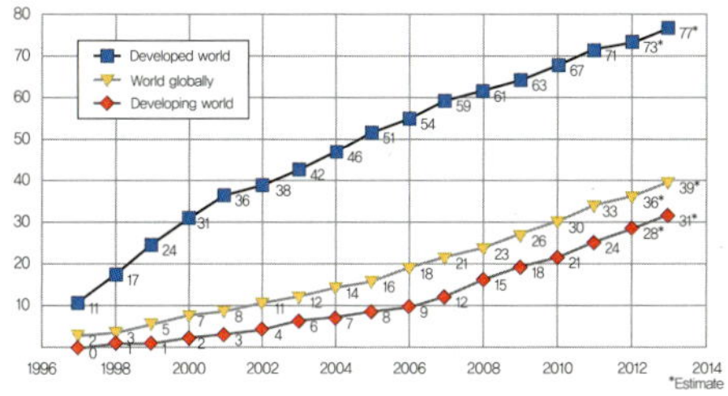

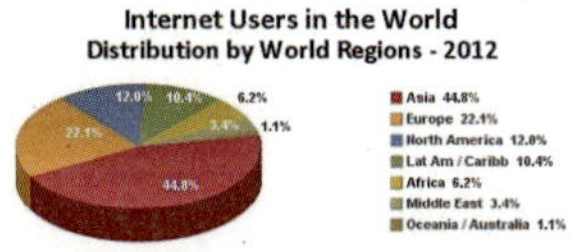

WORLD INTERNET USAGE AND POPULATION STATISTICS 2012

World Regions	Population (2012 Est.)	Internet Users Dec. 31, 2000	Internet Users Latest Data	Penetration (% Population)	Growth 2000-2012	Users % of Table
Africa	1,037,524,058	4,514,400	139,875,242	13.5 %	2,988.4 %	6.2 %
Asia	3,879,740,877	114,304,000	1,016,799,076	26.2 %	789.6 %	44.8 %
Europe	816,426,346	105,096,093	500,723,686	61.3 %	376.4 %	22.1 %
Middle East	216,258,843	3,284,800	77,020,995	35.6 %	2,244.8 %	3.4 %
North America	347,394,870	108,096,800	273,067,546	78.6 %	152.6 %	12.0 %
Latin America / Carib.	597,283,165	18,068,919	235,819,740	39.5 %	1,205.1 %	10.4 %
Oceania / Australia	35,426,995	7,620,480	23,927,457	67.5 %	214.0 %	1.1 %
WORLD TOTAL	6,930,055,154	360,985,492	2,267,233,742	32.7 %	528.1 %	100.0 %

그림 1.8
100명당 인터넷 이용자 수(왼쪽그림)와 지역별 세계 인터넷 이용자 수의 변화(오른쪽그림) (출처: ITU)

한국의 인터넷 이용자 수는 1982년 인터넷 접속이 처음 이루어진 이후, 1999년 천만 명을 넘어섰고 2004년 3000만 명을 돌파하여 2014년 현재 전 인구의 83.6%인 4112만 명이 이용하고 있다. 연도별 초고속 인터넷 가입자 수도 1997년 초고속 인터넷 상용서비스(두루넷)가 개시된 이후 2002년 가입자 수 1000만 가구를 돌파하였으며 2008년 1500만 명이 되었고 2014년 10월 현재 1916만 명의 가입자로 성장하였다. 한국의 초고속 인터넷망의 구축은 2001년 이후 전 세계 1위를 유지하고 있으며 이는 가구별 초고속 인터넷 보급률이 95.9%로 미국의 63.5%, 영국의 69.5%, 독일의 64.6%를 훨씬 앞서는 수치이다. 한편, 스마트폰과 같은 모바일 기기의 활성화로 최근에 더욱 중요하게 인식되고 있는 무선 초고속 인터넷 보급률은 OECD에서 발표한 자료에 의하면 OECD 평균인 41.6%의 2배가 넘는 89.8%이 이르러 세계 최고의 인터넷 강국임을 확인시켜 주었다. 뿐만 아니라, 초고속 인터넷의 품질 측면에서도 세계에서 가장 좋은 나라에 속하는 것으로 주목을 받고 있다. 인터넷이 과거에는 인터넷을 주로 젊은 남성 위주로 사용하였으나 지금은 우리나라 여성 이용률이 크게 증가하였고(남성의 인터넷 이용률 81.6%, 여성의 이용률 71.5%), 연령별로는 10대 99.9%, 20대 99.7%, 30대 98.6%의 높은 이용률을 보이고 있고 40대~60대의 참여가 강화되는 추세이다.

2000년대 후반 이후 모바일 인터넷의 이용이 확산되고 있다. 전 세계적으로 모바일 인터넷 이용자 수도 2007년 5.5억 명에서 2012년에는 15억 명을 넘어서 급성장할 것으로 예상된다. 조만간 모바일 이용자 수가 PC를 통한 접속수를 상회할 것으로 예상된다. 이제는 인터넷 검색뿐만 아니라 인터넷 금융(e-뱅킹), 전자상거래(인터넷 쇼핑), 이러닝을 비롯하여, 특히 맛집 소개, 버스 노선 확인, 지하철 시간 확인과 같은 위치기반 서비스(LBS)가 모바일 인터넷을 통해서 이루어지고 있다. 한국의 경우 2010년 1월 국내 이동통신 3사의 무선 인터넷 트래픽인 월 449TB이었으나 1년 후인 2011년 1월에는 5463TB로 11배 넘게 증가하였다.

1985년 세계 처음으로 symbolics.com이라는 닷컴사이트가 등록된 이후 2010년에는 8400만 개의 닷컴사이트가 등록되어 있다. 인터넷 이용자 수가 많아지고 닷컴 기업 수가 증가하면서 인터넷의 가치도 급상승하는 결과를 초래하였다. 네트워크의 가치는 사용자 수가 증가함에 따라 같이 증가한다는 것을 '네트워크 효과(Network effects)'라고 부른다. 예를 들어, 전화 가입자 수가 증가할수록 각 개인에게 전화기의 가치가 상승하는 것도 대표적인 네트워크 효과이다. 네트워크 효과는 소셜 네트워크 서비스인 Facebook, Twitter, Google+에도 그대로 적용되어 인터넷의 가치는 네트워크 효과를 가진다. Ethernet의 창시자인 메칼프에 의하면 네트워크의 가치는 가입자 수인 N^2에 비례한다(Metcalfe's Law)고 이야기하고 브리스코(Briscoe)는 N log(N)에 비례한다고 설명한다.

1.2.2 인터넷 경제

인터넷이 단지 정보검색 수단에 머무르지 않고 웹을 통한 전자상거래가 확산되면서 인터넷의 활용이 크게 증가하였다. 2009년에는 전 세계 6억 명 이상이 온라인을 이용하여 물건이나 서비스를 구매하였다. 다른 통계자료에 의하면 전 세계 온라인 구매인구는 10억 명에 이르고 e-커머스(B2C) 시장은 2012년~2014년 동안 연평균 17.4%가량 성장하여 2014년 1조 5000억 달러를 넘어섰다. e-뱅킹과 모바일 뱅킹의 급성장, 인터넷 광고 시장의 확대, 인터넷을 이용한 마케팅 기법의 발전, 인터넷상의 마켓플레이스(Market place) 확산 등은 '인터넷 경제(Internet economy)' 시대의 도래를 보여주고 있다.

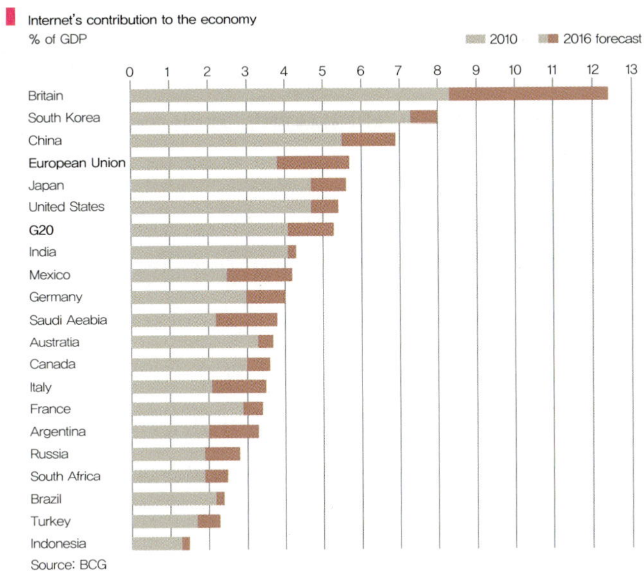

그림 1.9
세계 주요국의 경제에서 인터넷이 차지하는 비율 (2010년 및 2016년 예측)

e-커머스의 성공은 상대적으로 낮은 가격, 선택의 다양성, 구매편의성 및 개인화 서비스의 강화 등에 기인하고 있다. 거의 모든 경제활동 인구가 스마트폰을 보유하고 있는 현실에서 구매편의성은 물론 가격 경쟁력, 개인화 서비스 및 위치기반 서비스 등은 구매자에게 큰 장점으로 인식되고 있다. 또한, 인터넷 경제 시대에는 인터넷 연관 산업도 변화하고 확대된다. 예를 들어, 인터넷 경제 시대에 신문, 방송과 같은 기존 미디어 산업이 크게 변신하여 콘텐츠를 제공하는 디지털 미디어 기업으로 변신하고 있고 통신회사들도 콘텐츠 서비스 업체로 변화하고 있다. 인터넷으로 인하여 유통 산업도 크게 변화하고 있고 광고 산업도 이제는 온라인 광고 시장이 가장 중요한 광고 시장으로 변모하고 있다.

1.2.3 인터넷 기술의 발전

지난 40여년간 인터넷 기술이 어떻게 발전하여 왔는지 알아보자. 전반적인 인터넷 관련 기술과 오늘날 모바일 사회에서 인터넷 기술의 발전을 나누어 생각해 보자.

1) 인터넷 관련 기술

데이터 전송 속도가 꾸준히 증가하여 왔으나 특히 광통신(Fiber Optics) 기술의 발전은 인터넷 속도를 획기적으로 빠르게 하는 가장 큰 요인이 되었다. 인터넷의 백본(Backbone)망은 모두 광케이블로 구축되어 있고 데이터 전송 속도가 과거 기가(Giga) 단위에서 이제는 기가의 1000배인 테라(Tera) 단위로 증가하였다. 동영상, 음악과 같은 멀티미디어 데이터의 급증으로 사용자의 데이터 요구가 폭증하고 있는 현실에서 인터넷 속도 및 용량의 지원은 인터넷의 활용 측면에서 핵심적인 요인으로 작용한다. 또한, 인터넷이 인간 삶의 다양한 영역에 적용되기 위하여 각종 센서 및 GPS와 결합하여 이용되는 기술의 발전이 매우 중요하다. 예를 들면, 홈네트워킹, 공장 제어, 에너지의 효율적 관리, 모바일 환경에서 위치기반 서비스(LBS)를 위해서 센서 및 GPS의 활용 기술이 요구된다.

인터넷 환경에서 원하는 정보를 적절히 찾아오는 기술과 손쉽게 가져오는 기술이 지속적으로 발전하여 왔다. 과거에는 텍스트 정보의 검색 기술이 주 관심사였으나 오늘날에는 이미지, 비디오, 사운드 등의 자료를 찾아오는 콘텐츠기반 정보검색 기술 및 데이터의 의미를 파악하여 이용자의 요구를 정확히 이해하는 시맨틱 검색 기술도 발전하고 있다. 또한, 사용자에게 편의성을 제공하고 용이하고 단순하게 정보를 접근할 수 있도록 지원하는 인터페이스(Use-Friendly Interface) 기술도 크게 발전하였다. 인터넷 환경에서 대부분의 데이터가 개인에 의하여 발생하고 있고 개인 미디어가 텍스트 위주에서 이제는 사운드나 동영상으로 변화하고 있다. 이러한 환경적 여건의 변화를 지원하기 위하여 동영상이나 음악을 스트리밍(Streaming) 방식으로 전송하는 기술은 인터넷망을 이용한 화상회의에서도 꼭 필요한 기술이다.

2) 모바일 인터넷 기술

이동성이 중요시되는 모바일 사회에서 모바일 인터넷 기술이 최근에 급속히 발전하고 있다. 지금까지 이동통신망은 주로 2Mbps 정도의 데이터 전송속도을 지원하는 3G 기술에 기반하였고, 이는 유선 초고속인터넷(VDSL) 속도 20Mbps의 1/10 수준이었다. 또는, 광케이블망(광랜, FTTH 등)을 이용한 초고속인터넷 속도 100Mbps(~ 1Gbps)의 1/50에 지나지 않았다. 그러나 2011년 이후 시작된 4G 기술은 모바일 인터넷 서비스에 큰 변화를 일으키고 있다. 4G 기술은 모바일 환경에서 고정 시에는 1Gbps, 이동 중에는 100Mbps의 데이터 전송속도를 지원할 수 있어 광케이블망을 이용한 유선 초고속인터넷에 근접한 성능을 보이고 있다. 3G

기술은 회선(Circuit)기반의 음성서비스와 패킷기반(Packet) 데이터 서비스를 동시에 지원하는 형태이나 4G 기술은 오직 패킷기반이므로 인터넷 환경의 데이터 전송에 매우 적절하다. 모바일 인터넷은 유선망과의 통합을 전제로 하는 네트워크 구조를 갖고 있어 동종뿐만 아니라 이종 간의 통합 기술로 적절하다.

1.3 웹(Web)의 발전

웹이란 무엇을 의미하는지 그 개념을 알아보고 오늘날 웹이 이렇게 큰 영향을 미치는 이유를 이해한다. 또한, 1989년 시작된 웹의 발전 과정을 알아보고 웹 2.0의 개념과 관련 서비스를 공부하자.

1.3.1 웹(WWW: World Wide Web)의 개념

웹(WWW, World Wide Web)은 1989년 스위스 CERN 연구소의 팀 버너스리(Tim Berners-Lee)에 의하여 처음 그 개념이 정립되었으며 인터넷 환경에서 파급효과와 오늘날 우리사회에 미치는 영향이 매우 지대하다. 웹 기술은 1990년대 말부터 수많은 웹기반 기업(Venture Company)이 출현시켰고 전 세계적으로 확산된 '닷컴 열풍'을 야기했으며 또한 인터넷 성장을 촉진하는 가장 큰 요인으로 작용하여 왔다. 웹의 개발자인 팀 버너스리는 웹 관련 특허를 주장하지 않고 웹 기술을 완전히 공개하여 전 세계에 웹의 빠른 확산에 커다란 도움을 주었다.

그림 1.10
팀 버너스리와 웹 기술의 다양한 활용

웹이 인터넷과 어떻게 다른지 알아보자. 인터넷은 전 세계에 있는 컴퓨터가 접속되어 있는 물리적인 네트워크를 의미한다. 웹은 그 네트워크에서 수많은 데이터를 효과적으로 주고 받기 위한 구조를 뜻한다. 따라서, 웹과 인터넷은 다른 의미를 가진다. 인터넷 환경의 서비스로는 웹 서비스 외에도 메일(e-mail), 전자파일 전송(FTP), 인터넷 전화, Telnet, Usenet, Ping 등 많은 서비스가 있다. 물론 웹 서비스가 가장 중요하고 활용도나 상업성 측면에서 절대적인 영향력을 끼치고 있다. 웹의 개념은 전 세계의 모든 정보 간에 정보의 연관성을 규정하여 사용자가 필요로 하는 모든 관련 정보를 손쉽게 검색하고 활용하기 위한 기술이다. 정보 간에 정보의 연관성을 규정하는 기술을 하이퍼텍스트 또는 하이퍼미디어(Hypertext, Hypermedia)라고 부르며 이 개념은 1945년 바네바 부시(Vannevar Bush)가 제시한 Memex로부터 시작되어 1960년대 ~ 1980년대에 걸쳐 Xanadu, Aspen Movie Map, HyperCard를 통해 발전하여 왔다. 팀 버너스리가 주도한 웹은 인터넷상의 정보교환을 위한 최초의 하이퍼텍스트 시스템이라 할 수 있다.

초기의 웹 환경에서는 이용자가 일일이 UNIX 명령어를 사용하여 정보검색을 해야 했기 때문에 웹 지식이 상당히 있는 사람이 아니고서는 사용하기 어려웠다. 웹의 보급은 1993년 미국 일리노이 대학교 NCSA 연구센터의 마크 안드레센(Marc Andreessen)과 에릭 비나(Eric Bina)가 개발한 GUI 방식의 웹브라우저인 Mosaic이 개발되면서 급격히 확산되었다. 이후 1994년 Netscape Navigator와 1995년 Internet Explorer 등 상업용 브라우저가 개발되어 많은 사람들이 편리하게 이용할 수 있게 되었다. 이제, 이용자들의 관심은 어떻게 하면 정보의 바다(인터넷)에서 쉽게(용이하게) 원하는 정보를 찾아오는지에 있다. 소프트웨어의 중요성이 OS에서 브라우저로 옮겨가는 패러다임의 변화가 일어나고 플랫폼 싸움이 과거 OS에서 브라우저로 변하고 있는 실정이다. 예를 들면, 그 동안 웹 환경의 브라우저를 주도하고 있던 Microsoft사의 Internet Explorer에 대항하여 Google사에서 2008년 12월 Chrome을 개발하였고, Mozilla 협회의 오픈소스 브라우저인 Firefox, Apple사의 Safari 등이 존재한다. 한편, 1994년 결성된 웹 컨소시엄(WWW Consortium)에서는 웹에 관련된 표준과 기술을 개발하여 웹의 보급에 중심적인 역할을 하고 있다. 웹을 처음 개발한 팀 버너스리는 요즈음도 활발히 활동하며 웹 컨소시엄에서 중요한 기술들의 개발을 주도하고 있다.

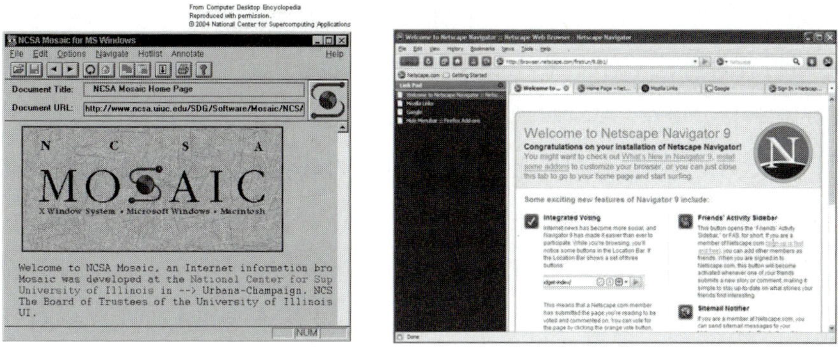

그림 1.11
초창기의 웹브라우저 Mosaic과 Netscape Navigator

웹 환경에서 정보검색 기술이 발전하면서 사용자가 원하는 정보나 지식을 보다 정확하고 빠르게 검색할 수 있게 되었고, 수많은 웹사이트들이 e-비즈니스를 목적으로 개발되었다. 앞에서 설명한 바와 같이 인터넷의 데이터 전송속도가 급격히 빨라지고 인터넷 서비스 비용이 인하되면서 이용자 측면에서 웹에서 정보를 다운 받는 데 걸리는 시간이 급속히 단축하고 있다. 웹 정보는 기본적으로 무료(Free)이고 웹 서비스 회사로서는 가급적 많은 이용자들을 확보하는 것이 무엇보다도 중요한 과제이다. 따라서, 이용자들 간에 정보를 공유하고 관심 분야가 유사한 이용자들의 모임(Cafe, SNS)을 도와주는 것은 매우 자연스러운 방향이다. 이러한 배경에서 최근에 인간관계를 형성해주고 이를 통해 정보를 서로 공유하고 비즈니스로 발전시켜주는 소셜 네트워크 서비스(SNS)가 확산되고 있다.

1.3.2 웹 2.0의 발전

고속으로 성장하던 인터넷 관련 기업들이 2000년대 초 닷컴(.com) 버블의 붕괴로 말미암아 많은 업체들이 사라졌다. 그러나 인터넷 벤처기업의 거품이 붕괴되는 가운데서도 몇몇 인터넷 회사들은 오히려 더 성장하였다. 2004년 10월 미국 오라일리(O'Reilly)사가 주최한 컨퍼런스에 모인 사람들이 변화하는 환경 속에서 살아남은 인터넷 기업들의 특성을 조사하여 공통점들을 발견하였다. 이러한 공통의 개념들을 정리하여 웹 2.0으로 부르기로 하였다.

웹 2.0 개념은 정보의 공유, 인터넷 환경에서 참여, 자료의 공개 및 상호작용성을 핵심 개념으로 가지고 있다. 웹 2.0 사이트는 사용자들이 소셜 미디어 환경에서 서로 협업하고 상호작용하여 사용자 생성 콘텐츠(UCC: User-Created

Contents)를 생성한다. 이것은 과거 웹 사이트가 이용자에게 일방적으로 정보를 제공하는 수동적인 방식에 대비되는 개념이다. 웹 2.0의 예로 블로그, 위키, 동영상 공유사이트, 팟캐스팅, 매시업 서비스, 소셜 네트워크 서비스(SNS) 등을 들 수 있다. 웹 2.0 사이트가 실제 새로운 기술에 근거하는 것은 아니지만 소프트웨어 개발자나 이용자 입장에서는 웹을 새로운 개념과 관점에서 바라보고 설계하는 것이다. 웹의 발명자인 팀 버너스리는 웹 2.0이 단순히 '말장난(a piece of jargon)'에 지나지 않는다고 혹평하였다. 그가 웹을 발명했을 때 목표한 바가 웹을 협업하는 미디어라는 비전을 제시하였고 사람들이 만나고 같이 만들어 나가는 공간으로 여겼기 때문이다.

웹 2.0 사이트들은 개념적으로 이용자가 단순히 정보를 검색하는 곳이 아니고 편리한 사용자 인터페이스와 소프트웨어 도구를 이용하여 참여하는 플랫폼으로서의 웹을 의미한다. 이를 위하여 웹 2.0 사이트는 인터넷이라는 네트워크를 통해 사용자가 편리한 사용자 인터페이스, 사용자 참여, 개방, 자유, 집단 지능, 확장성과 표준화, 동적 콘텐츠 등의 개념을 가지고 있다. 또한, 웹 2.0 기업들의 독특한 특징 중의 하나는 '파레토 법칙' 또는 '80/20 법칙'이 적용되지 않는다는 것이다. 대부분의 오프라인 기업에서는 잘 팔리는 20%의 상품이 전체 매출의 80%를 차지한다는 법칙이다. 그러나 인터넷 쇼핑의 대표적인 기업인 Amazon사의 경우 이와는 다르게 잘 팔리는 일부 소수 인기 상품의 매출보다 다수의 비인기 상품의 매출이 크다는 것이다. 오프라인 서점은 공간적 제약으로 일부의 서적만을 비치할 수밖에 없지만 Amazon과 같은 인터넷 쇼핑몰은 실제 서적을 보유하고 있는 것이 아니기 때문에 수많은 서적을 판매하는 데 추가적인 비용이 거의 들지 않는다. 위키 사이트들도 과거에는 소수의 전문가들이 만들던 백과사전과 같은 정보사이트를 다수의 일반인들이 협동하여 만들고 검증하는 과정을 통해 집단의 지성에 의존하는 개념에 의존하고 있다. 따라서, 참여자 또는 이용자들의 수가 많을수록 기여도가 증가하고 웹사이트의 가치도 높아진다.

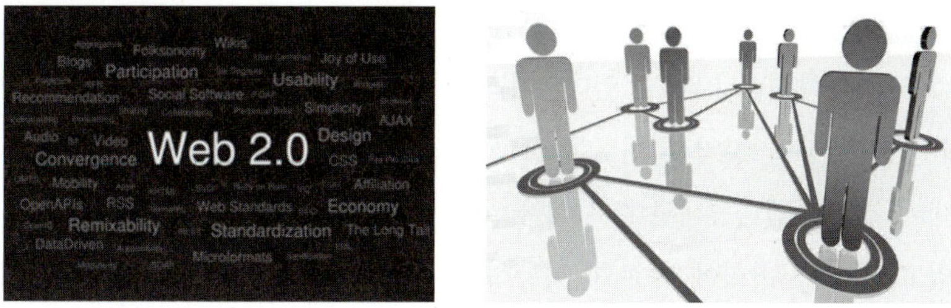

그림 1.12
웹 2.0의 개념과 소셜 네트워크 서비스의 개념

1.4 인터넷의 활용과 융합

인터넷의 활용 분야는 매우 방대하다. 경제, 사회, 산업, 교육, 의료, 국방 등 거의 모든 영역에 걸쳐 인터넷 기술이 적용되며 우리사회 각 분야에 미치는 영향이 지대하다. 또한, 인터넷이 다른 분야와 융합하여 새로운 비즈니스 모델을 창출한다. 기업의 커뮤니케이션 환경에도 인터넷의 영향으로 변화를 야기하여 인터넷을 통한 메시지 전달과 피드백은 기업경영의 새로운 기회를 낳는다.

1.4.1 인터넷의 활용 분야

인터넷의 활용 분야는 e-메일, 정보 검색 등 기본 기능 외에 전자상거래, 인터넷 쇼핑몰, 인터넷 전화, 게임 및 엔터테인먼트, e-러닝, 인터넷 방송, 인터넷 뉴스사이트 등이 있다.

특히, 인터넷이 핵심 미디어로 부상하여 기존의 4대 전통적 미디어인 TV, 신문, 라디오, 잡지 등에 비해 그 영향력이 증가할 것으로 예상된다. 2006년 연구 자료에 의하면 인터넷을 통한 뉴스 습득 비율이 48.3%로 TV(42.8%)나 신문(7.3%)를 상회하고 있다.

한편, 인터넷에 의해 새로운 비즈니스 모델이 창출되고 있다. iPhone의 확산으로부터 시작된 모바일 혁명과 2010년 iPad로부터 촉발된 미디어 콘텐츠의 시대에는 통신, 출판, 신문, 광고, 교육, 게임, 음악, 영상, 패션 등 다양한 영역에서 생존을 위한 새로운 비즈니스 혁명이 시작되고 있다. 모바일 기업이나 인터넷 기업이 구축해 놓은 하드웨어 및 소프트웨어 생태계에서 어떻게 기업의 사업 목표와 특성을 살릴 수 있는지가 관건이다. 예를 들면, Apple사는 iTunes, AppStore, iBookStore를 기반으로 iMac, MacBook, iPod, iPhone, iPad로 이어지는 비즈니스 생태계를 구축하였고, Amazon, 삼성전자와 같은 경쟁기업들도 유사한 전략으로 비즈니스 혁명을 이끌고 있다. 이러한 인프라의 변화와 새로운 비즈니스 환경에서 자신의 사업 영역과 새로운 모바일 및 인터넷 환경의 융합이 절실히 필요한 시대에 접어들었다. 새로운 시대에는 사람들의 라이프 스타일이 급격히 변화하고 있고 이러한 변화에 빠르게 적응하는 것은 기업의 발전과 생존에 절대적인 요소로 작용하고 있다.

그림 1.13
인터넷을 이용한 패션 및 Google Maps의 활용

기업의 커뮤니케이션 환경에도 변화가 일어나 과거 일방적 PR 시대에서 지금은 쌍방 커뮤니케이션이나 직접 커뮤니케이션이 중요한 시대가 되었다. 인터넷은 기업 커뮤니케이션에서 개방과 참여 개념을 적극 지원하며 인터넷을 통한 메시지 전달과 피드백은 기업경영의 새로운 기회를 창출한다. 인터넷에 의한 새로운 커뮤니케이션 환경은 동시에 커뮤니케이션의 리스크를 증가시킬 수 있다.

런던 비즈니스스쿨의 해멀(Gary Hamel)교수에 의하면 인터넷은 과거 수직적인 조직과 인간관계를 수평적인 관계로 바꾸어 놓았다. 이러한 수평적인 구조는 외부 변화에 유연하고 오픈되어 있으며 보다 창의적인 조직을 만드는 데 크게 기여하였다. 과거 기업들은 생산성 향상, 효율성, 비용 절감과 같은 측면을 강조하였으나 인터넷이 확산되면서 이제 기업은 보다 창의적이고 시장지향적으로 변화하기 시작하였다. 지금 세상은 산업혁명에 버금가는 인터넷으로 인하여 급진적인 변화를 겪고 있는데 특히 기업의 조직과 관리면에서 인터넷을 통한 혁신이 가능할 것이다.

1.4.2 인터넷의 융합

인터넷이 다른 개념과 융합할 때 지금까지는 없었던 새로운 일들이 창출될 수 있다. 여러 가지 측면에 융합을 이야기할 수 있는데, 여기서는 인터넷과 디지털 기기의 융합, 인터넷과 미디어의 융합, 인터넷과 기존 산업의 융합에 관하여 설명하기로 한다.

인터넷과 디지털 기기(하드웨어)의 융합 사례로 iPod + iTunes, LBS 서비스, 스마트홈, 헬스케어, 디지털 라이프 등을 예로 들 수 있다. 최근 '인터넷 창의 확대' 추세로 PC 중심에서 모바일기기(스마트폰, 태블릿 PC) 및 TV(스마트 TV)로 발전하고 있다. Apple 사가 고안한 앱 스토어 개념은 모바일 인터넷 환경에서 스마트 기기와 앱스토어(App Store)의 융합을 제시하고 있다.

미디어 융합은 방송, 통신 및 인터넷의 융합을 의미하며 인터넷을 통하여 언제, 어디서나 원하는 미디어 콘텐츠를 액세스할 수 있음을 의미한다. 이제, 미디어를 액세스하기 위하여 방송과 통신 영역을 구분하는 것은 별 의미가 없다. IPTV의 예에서 보듯이 미디어 업계와 IT 업계의 영역도 갈수록 무너지고 있다.

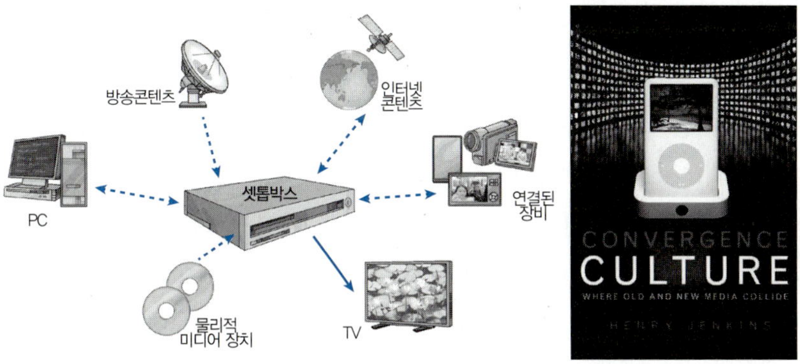

그림 1.14
인터넷을 통한 미디어 융합의 개념

기존 산업 분야와의 융합은 인터넷과 다른 산업 및 서비스 간의 융합을 의미한다. 예를 들면, 자동차, 조선, 건설, 의료, 국방, 환경, 에너지 등 전통 산업은 인터넷 기술과의 융합으로 경쟁력을 확보하거나 효율성을 추구할 수 있다. 금융 분야에서는 인터넷의 활용으로 금융 시장의 속도(인터넷을 이용하여 순식간에 자금 이전)가 획기적으로 증가하고 글로벌화(국경이 없어짐)를 달성할 수 있다. 교통 분야에서 인터넷을 이용함으로써 운전자들에게 실시간 교통정보를 제공하여 효율적인 도로 이용을 촉진하고 이동 시간을 단축할 수 있다.

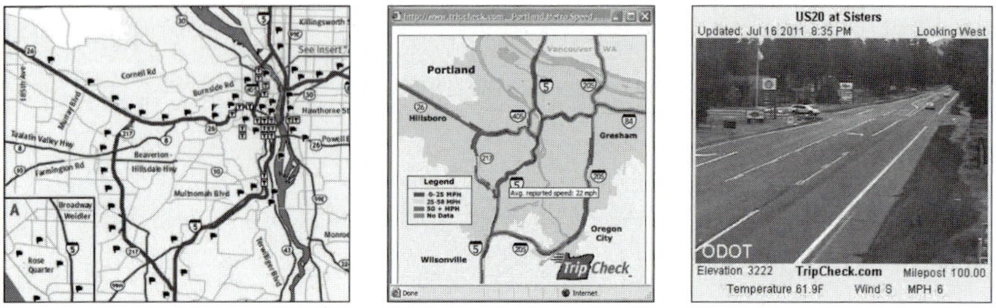

그림 1.15
미국 포틀랜드 근교의 교통상황 정보와 도로의 실시간 카메라 뷰(www.tripcheck.com)

인터넷 기술과 첨단 기술의 융합은 IT 기술과 BT(바이오 기술), NT(나노 기술), ET(환경 기술), Green(친환경 기술) 및 에너지 기술과의 융합을 생각할 수 있다. IBM의 차세대 성장 산업에 대한 연구에 의하면 환경/에너지, 지능형교통시스템(ITS), 헬스케어 및 농업 분야가 미래에 가장 유망한 분야가 될 것으로 예측되고 있다. 이러한 분야들이 인터넷 기술과 융합하면 새로운 영역이 창출될 수 있을 것으로 기대된다. Google은 인터넷 기술을 활용하여 무인자동차 및 태양광 발전 프로젝트를 진행하고 있다. 토머스 프리드먼이 제창한 '에너지 인터넷'에 의하면 가정과 회사의 에너지를 무선 인터넷을 통하여 스마트폰으로 제어함으로써 에너지를 절약할 수 있다는 개념이다. 각 가정과 회사는 다양한 유형의 에너지를 소비하는 장비나 기기를 가지고 있고 이러한 장치들을 가장 적절한 시간에 작동시킴으로써 에너지의 소비의 최적화를 추구할 수 있다. '에너지 인터넷' 개념에 따르면 다양한 방식으로 생성된 에너지는 필요에 따라 저장되었다가 판매할 수 있고 에너지 가격이 시간과 장소에 따라 다른 가격이 매겨질 수 있다. 그림 1.16은 Google사가 개발한 PowerMeter로 가정의 에너지 소모량과 비용을 실시간에 보여줌으로써 이용자가 최적화된 방식으로 가정의 에너지 소비를 스마트폰을 이용하여 원격으로 제어할 수 있는 기술이다.

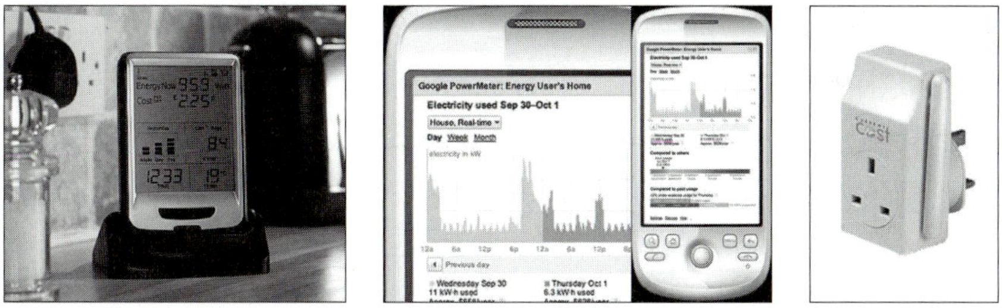

그림 1.16 Google의 인터넷 에너지 개념을 지원하는 PowerMeter

1.4.3 인터넷의 영향과 역기능

인터넷의 활용이 우리사회에 어떠한 영향을 미치는가? 인터넷 경제 시대는 비즈니스를 하는 방식에 커다란 변화를 초래하였다. 인터넷 쇼핑몰의 발전으로 새로운 판매 방식이 출현하였고 새로운 온라인 광고 모델이 전통적 광고 산업을 근본적으로 변화시키고 있다. 온라인 미디어, 스마트 TV, 전자책, 팟캐스팅은 전통적 미디어 산업이 새로운 비즈니스 모델을 찾지 않으면 안 되도록 만들었다. 인터넷에 의한 금융시장의 변화는 금융산업에 더욱 큰 변화를 초래하였다. 전자금융 시대에는 금융거래가 가속화되고 글로벌화되는 것은 물론 인건비의 절약과 거래의 효율성을 위해 사이버 금융이 확산되었다. 인터넷이 교육 분야에 미치는 영향도 증가하고 있다. 금융이나 유통 산업에 비하여 교육 분야에서 인터넷 기술의 활용은 다소 늦은 감이 있지만 앞으로는 이러닝을 비롯하여 인터넷을 이용한 교육 및 관리가 큰 효과를 발휘할 것으로 전망된다. 특히, 우수한 사이버 교육 콘텐츠는 개인 학습을 가능케하고 상호작용성을 지원함으로써 전통적 교육 방식에 대해 경쟁력을 유지할 수 있을 것으로 기대되는 분야이다. 유헬스(Ubiquitous Health)는 무선 인터넷과 모바일 기기를 이용하여 실시간으로 환자를 모니터링할 수 있다. 특히, 노인이나 응급 환자에게는 센서를 이용하여 24시간 지속적인 체크가 가능하게 되어 매우 효과적이라 할 수 있다. 세계 각국의 의료비가 증가하고 있는 현실에서 만성질환 환자의 관리를 위해서 무선 인터넷 기술과 센서를 이용한 환자의 모니터링은 환자의 편의성과 의료비 절감에도 큰 도움을 줄 수 있다.

인터넷의 활용으로 긍정적인 효과만을 기대할 수는 없다. 인터넷 전문가 니콜라스 카(Nicholas Carr)는 "The Big Switch"라는 책에서 인터넷의 역기능을 설명하고 있다. 인터넷은 빈부격차 및 양극화를 심화시키고 중산층의 몰락을 가속화시킨다. 또한, 인터넷과 IT 기술을 효과적으로 활용할 수 있는 디지털 엘리트를 양성하는 대신 정보를 가지지 못한 그룹을 발생시킨다("Digital Divide"). 이로 인하여 타협의 정신과 합의도출에 실패하고 사회적 분열을 야기시킨다. 이것은 보수진영과 진보진영 간의 '이데올로기적 확대'를 야기시킬 수 있다. 인터넷을 통한 정보의 전파 속도가 무한대로 빨라지고 비용이 실질적으로 '제로'에 이르므로 사생활의 침해를 일으킨다. 개인의 신상자료가 쉽게 노출될 수 있고 경우에 따라서는 기업과 정부에 더 큰 권력을 부여할 수 있다.

무선 인터넷 기술이 실시간성과 이동성을 갖춘 모바일 기기를 만나 소셜 네트워크 서비스의 활용을 더욱 촉진시키고 있다. 전 세계적으로 이용자 수가 급증하는 Facebook과 Twitter의 예에서 보듯이 SNS는 온라인 인맥형성뿐만 아니라 사회적, 정치적 영향력을 확대하고 있다. SNS는 사회적 이슈의 제시, 여론 형성, 컨센서스의 정립 역할을 하면서 새로운 커뮤니케이션 채널로 부상했지만 왜곡된 여론 형성과 프라이버시 침해 등의 위험을 야기할 수 있다.

그림 1.17
인터넷의 순기능과 역기능

참고문헌

인터넷의 정의, Wikipedia: http://en.wikipedia.org/wiki/Internet

www.forbes.com/forbes/

"인터넷이 바꾸는 산업의 지도", 권기덕, SERI 경제 포커스, 2008. 7

"Top 30 Innovations of the Last 30 Years", Knowledge@Wharton,

인터넷의 역사: http://www.webstepbook.com/supplements/slides/ch01-internet.shtml

http://en.wikipedia.org/wiki/Internet_history

"전면전에 나선 구글과 마이크로 소프트", 이준환, SERI 경영노트, 삼성경제연구소, 2009. 8

2011 한국인터넷 백서, KISA(한국인터넷진흥원), 2011. 7

"인터넷 커뮤니케이션 시대의 기업 대응전략", 신형원, 이승현, 이민훈, 정태수, Issue Paper, 삼성경제연구소, 2008. 4

Internet World Statistics, www.internetworldstats.com

www.netcaucus.org/statistics/1999/

www.netcaucus.org

Web consortium, http://www.w3.org/

http://en.wikipedia.org/wiki/Web_2.0

http://home.grandecom.net/~maher/writings/convergence.html

"세계 IT업계의 실적과 구조재편 전망", 임태윤, CEO Information, 2009. 4

The Big Switch: Rewiring the World, From Edison to Google, Nicholas Carr, January 2008, W. W. Norton

"모바일 컨버전스 현황 및 시사점", 이재형, KT 경제경영연구소

[그림 1.4] http://ai.eecs.umich.edu/people/conway/Retrospective4.html

[그림 1.7] http://royal.pingdom.com/2012/01/31/south-korea-is-still-number-one-has-fastest-internet-speed-worldwide/

[그림 1.8] https://tasmania.ethz.ch/challenges/entrepreneurial-risks-eth-zurich/projects/are-black-swans-overrated

[그림 1.9] http://www.economist.com/blogs/graphicdetail/2012/04/daily-chart-2

연습문제

01 1993년 웹브라우저 Mosaic가 개발되면서 인터넷 대중화의 시대가 열리게 되었다. 웹브라우저가 어떠한 측면에서 웹의 확산에 영향을 미쳤는지 설명하라.

02 시간의 흐름에 따라 인터넷이 어떻게 발전해 왔는지 기술하라.

03 1995년 최초의 e-커머스 기업이라 할 수 있는 Amazon과 eBay의 초창기 비즈니스 방식과 오늘날의 비즈니스 방식이 어떻게 변화하고 발전해 왔는지 조사하라. 또한, e-커머스의 성공 요인을 설명하라.

04 인터넷의 활용이 시대적으로 어떻게 발전해 왔는지 기술하라. 또한, 이와 같이 인터넷 활용이 빠르게 발전하고 변화한 배경과 이유를 설명하라.

05 네트워크의 가치는 사용자 수가 증가함에 따라 같이 증가한다는 '네트워크 효과'에 대하여 간단히 기술하고 그 이유를 설명하라.

06 인터넷과 웹이 어떻게 다른지 설명하고, 인터넷 서비스는 어떠한 유형이 있는지 기술하라.

07 웹 2.0의 개념을 설명하고 대표적인 웹 2.0 서비스를 기술하라.

08 인터넷 기술과 디지털 기기의 대표적인 융합 사례들을 조사하고 각 사례에서 어떠한 시너지 효과를 기대할 수 있는지 논하라.

09 인터넷 기술과 첨단 기술의 융합 영역에는 어떠한 것들이 있는지 기술하라. 특히, IT 기술과 에너지 기술의 융합이라 할 수 있는 '에너지 인터넷'에 대하여 조사하고 설명하라. 그리고 '스마트 그리드' 개념에 대하여 조사하여 설명하라.

10 인터넷의 활용이 우리사회에 미치는 영향은 순기능이 있는 반면에 많은 역기능도 초래할 수 있다. 대표적인 인터넷 역기능에는 어떠한 것들이 있는지 설명하라.

INTERNET

CHAPTER 02

인터넷의 구성

CHAPTER 02

인터넷의 구성

본 장에서는 인터넷 망의 구성요소와 컴퓨터 네트워크의 종류에 대하여 알아보고 인터넷의 통신규약인 TCP/IP 프로토콜 개념을 설명한다. 또한, 유선 인터넷의 네트워크 장비를 살펴보고 인터넷의 성능에 대하여 논한다. 최근 무선 인터넷과 모바일 인터넷의 활용이 빠르게 확산되고 있다. 무선 인터넷의 유형을 알아보고 그 이용에 대하여 공부하며 모바일 인터넷의 개념을 이해하고 활용에 대하여 설명한다. 마지막으로, 유 · 무선 인터넷 및 모바일 인터넷의 융합과 인터넷, 방송 및 통신의 미디어 융합 개념에 대하여 설명한다.

2.1 인터넷의 구조

인터넷망이 어떻게 구성되어 있는지 백본 네트워크, 광역네트워크(WAN) 및 근거리 네트워크(LAN)에 대하여 알아보고, 인터넷의 기본 통신규약인 TCP/IP 프로토콜을 공부한다. 또한, TCP/IP 프로토콜의 패킷 개념과 IP 주소체계를 이해하자. 마지막으로 인터넷망의 기능과 인터넷 서비스의 유형을 알아본다.

2.1.1 인터넷망의 구성

인터넷(Internet)이란 'Inter'와 'Network'이 합성된 단어로 여러 네트워크들이 연결되어 형성된 네트워크 또는 컴퓨터 통신망이다. 컴퓨터 통신이란 서로 다른 컴퓨터 사이에서 정보를 주고받는 행위라고 정의할 수 있다. 컴퓨터 통신을 위해서는 컴퓨터와 컴퓨터를 연결해주는 선로(Cable), 무선 채널, 통신제어에 필요한 장치 등이 필요하다. 일반적으로 이와 같이 컴퓨터 통신을 위해 연결된 컴퓨터들의 집합을 컴퓨터 네트워크(Computer network)라고 부른다. 컴퓨터 네트워크는 컴퓨터 및 각종 정보장치(스캐너, 프린터, 각종 단말기 등) 간에 데이터 통신을 위한 연결망을 말한다. 서로 다른 정보기기들 사이에서 데이터를 주고받기 위해서는 다음과 같은 네트워크의 구성요소가 필요하다. 그림 2.1은 이러한 구성요소에 대하여 표현하고 있다.

그림 2.1
컴퓨터 네트워크의 구성요소

- 송수신 정보기기: 컴퓨터 네트워크의 단말기로 전송매체의 전송을 시작하거나 수신하는 역할을 담당하며 사용자와의 상호작용이 이루어지는 기기들이 해당된다. 대표적으로 컴퓨터, 프린터, 스캐너, 팩시밀리, 모바일 기기들이 해당된다.
- 전송매체: 메시지의 전송이 이루어지는 매체를 의미하며 네트워크의 전송 방식과 구성에 따라 종류가 다양하다. 유선 네트워크에서는 동축 케이블이나 광섬유 케이블 등을 사용하며, 무선 네트워크에서는 전파를 사용하여 정보를 전송한다.
- 데이터: 전송매체를 통하여 송수신 정보기기 사이에 전달되는 각종 정보를 의미한다. 문서 정보, 사진 및 이미지 데이터, 동영상 데이터, 음성 데이터 등이 이에 해당된다.
- 통신 프로토콜: 통신 프로토콜이란 송수신기 사이의 전송 규칙을 의미한다. 데이터는 이러한 프로토콜에 의해서 전송매체를 통하여 이동되며 다양한 통신 프로토콜이 있다.

컴퓨터 네트워크의 종류는 서비스 범위에 따라 PAN, LAN, WAN으로 나눌 수 있으며 망의 연결 방식에 따라 유선망, 무선망, 모바일망으로 구분할 수 있다. 서비스 범위에 따라 정보 통신망을 다음과 같이 구분한다.

▶ 개인영역 통신망(PAN: Personal Area Network)

개인 정보기기 간의 통신을 지원하기 위한 컴퓨터 네트워크이다. 수 미터(m) 이내에서 동작하는 네트워크이며, 주로 휴대용 기기들을 지원한다.

▶ 근거리 통신망(LAN: Local Area Network)

LAN으로 불리는 근거리 통신망은 집이나 건물과 같이 반경 수십 미터~수백 미터 이내의 소규모의 지역을 지원하는 컴퓨터 네트워크이다. 일반적으로 데이터의 전송속도가 10Mbps~10Gbps 정도로 매우 빠르며 디지털 신호를 주고받는다. LAN은 1970년대 후반부터 일반 분야에 빠르게 적용되기 시작하였다. 인터넷 환경에서 유선 LAN과 무선 LAN이 사용되는데, 유선 LAN으로는 Ethernet이 사용되고 있고 무선 LAN으로는 Wi-Fi가 사용되고 있다.

▶ 원거리 통신망(WAN: Wide Area Network)

원거리 통신망은 근거리 통신망에 비해 비교적 넓은 지역을 지원하는 컴퓨터 통신망이다. WAN은 연구단지, 공업단지, 대학 캠퍼스와 같이 수 킬로미터(km) 이상의 지역을 커버하며 통상적으로 LAN망들을 연결해 준다.

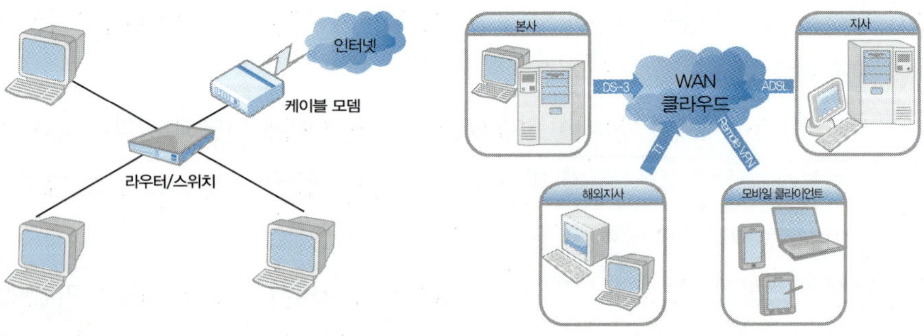

그림 2.2
LAN과 WAN의 개념

▶ 백본 통신망(Backbone Network)

백본 네트워크는 기간망이라고도 하며 네트워크의 최상위 레벨로, 도시와 도시 또는 넓은 지역과 지역을 연결시켜 주는 주요 통신망이다. 이 백본 통신망을 통하여 멀리 떨어진 LAN망이나 WAN망을 연결하여서 정보를 교환한다. 따라서, 백본 통신망의 속도에 의해 LAN망과 WAN망의 전송속도를 좌우하게 되는데 보통 수십 Gbps ~ 수백 Gbps 정도의 속도를 가진 광케이블로 연결된다. 국가 단위에서 시행하는 초고속 정보통신망은 백본 통신망을 사용하여 기간망을 구성한다(그림 2.3 참조).

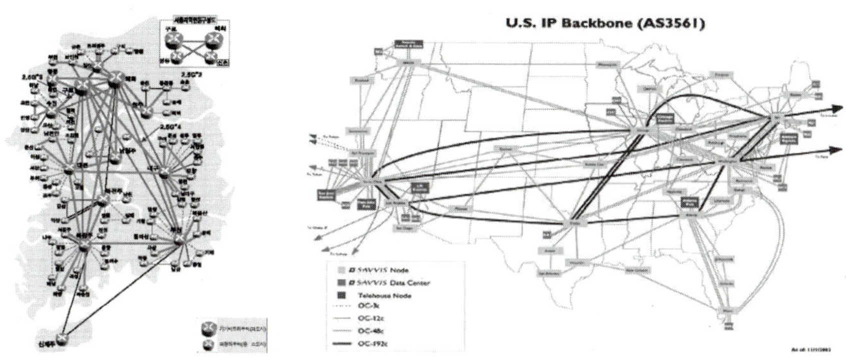

그림 2.3
한국과 미국의 백본 네트워크

전 세계의 인터넷 망은 그림 2.4와 같이 다시 해저 광케이블과 위성통신을 이용하여 국가와 국가 간을 연결한다. 해저 광케이블은 대륙과 대륙, 육지와 섬 사이의 통신을 위해 해저에 설치되는 광 케이블이다. 전송로가 유선이기 때문에 기후 등 자연현상의 영향을 거의 받지 않으나 케이블 설치 비용이 많이 드는 단점이 있다. 이에 비해, 위성통신은 우주 공간을 이용하여 지구상의 어디에나 통신로를 개설하며, 정보를 송수신할 수 있는 구역이 매우 넓다. 그러나 위성통신은 무선통신 방식이기 때문에 자연현상에 영향을 받으며 이로 인해 전송 시간이 지연될 수 있다.

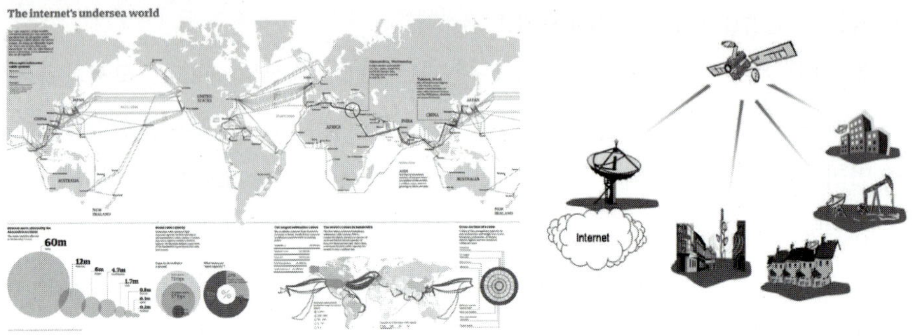

그림 2.4
Internet's Undersea World와 Satellite Internet

인터넷망을 구성하기 위하여 다양한 물리적 통신선로가 사용되며 통신선로의 종류에 따라 데이터 전송속도와 품질이 달라진다. 통신선로는 인터넷 서버들을 서로 연결하며 유선 인터넷망으로는 광케이블, 케이블 인터넷, ADSL/VDSL 등이 가장 대표적이다.

2.1.2 TCP/IP 프로토콜

컴퓨터 네트워크를 케이블이라는 물리적 통신선로를 사용하여 구성하였다 해도 A라는 컴퓨터에서 B라는 컴퓨터로 정보를 전송하기 위해서는 서로 간에 약속이 필요하다. 이것는 우편배달 시스템과 유사하다. 즉, 원하는 곳에 정보를 보내고 싶다면, A, B는 각자 우편번호와 같은 고유번호와 주소가 있어야 한다. 이는 전달될 위치를 정확히 알 수 있고, 반송될 경우에 A가 확인할 수 있기 때문이다. 또한, '규격봉투에 넣고 우표를 붙여서' 우체통에 넣는 과정이 필요하다. 이러한 주소, 우편번호, 규격봉투와 우표는 우편배달을 위한 약속이다. 이러한 약속을 이행한다면 우편물이 우편망을 통하여 원하는 곳까지 배달된다. 컴퓨터 네트워크도 유사한 요소가 필요하다. 각 컴퓨터들은 고유주소(Address)를 가지고 있으며 서로 전송 케이블을 통해 연결되어 있다. 이러한 연결은 전용 케이블을 이용하거나 패킷교환 데이터통신망(PSDN: Packet Switched Data Network)과 같은 공중망을 이용한다. 또한, 정보의 전송은 네트워크 프로토콜(Network Protocol)이라는 통신규약에 따라 이루어진다. 이러한 프로토콜은 하나로 통일되어 있지 않고 여러 가지 종류가 있어 이에 대한 국제적 표준들이 정해져 있는데, 주로 ISO와 CCITT와 같은 국제기구에서 제정한 것들이다. 인터넷망은 이러한 프로토콜 중에서 TCP/IP라는 규약을 이용하여서 정보를 교환하는 컴퓨터 네트워크라고 이해할 수 있다.

TCP는 데이터의 흐름을 제어하고 데이터가 정확하게 전송되었는지를 확인하는 역할을 하며, IP는 데이터를 이동시킬 목적지를 지정하는 역할을 한다. TCP/IP 프로토콜의 핵심 개념은 패킷(Packet)에 기반하고 있다는 점이다. 패킷이란 인터넷에서 주고받는 정보의 단위다. 전통적으로 전화망에서는 두 대화자 사이에 음성정보를 주고받기 위하여 우선 두 지점 사이에 전화회선을 확보한 후 일단 회선이 구성되면 지속적으로 이 회선만을 사용하게 된다. 이러한 방식의 데이터 전송방식을 서킷 스위칭(Circuit switching)이라 부른다. 이에 비해, 인터넷에서는 패킷 스위칭(Packet switching) 방식을 이용한다. 패킷 스위칭은 정보를 패킷(Packet)이라는 적정한 크기의 단위로 분리하여 보내는 전송방식으로 패킷마다 다른 전송경로를 통하여 보내질 수 있다. 패킷들은 트래픽이 덜 붐비는 경로로 보내지며 따라서 가장 빠른 경로를 탐색하여 보내기 때문에 전송효율이 높아지게 된다. 패킷 스위칭에서는 서킷 스위칭에 비해 회선의 이용률이 훨씬 높아지는 장점이 있다.

그림 2.5
인터넷에서 프로토콜과 패킷의 개념

호스트 컴퓨터의 TCP 프로토콜은 정보를 전송하기 위하여 1,500 바이트 단위로 정보를 분리하여 패킷을 만들고 가장 바람직한 경로를 통해서 이 패킷을 전송하게 된다(그림 2.6 참조). 목적지에 도착한 패킷들은 목적지 컴퓨터에 의해서 원래의 순서대로 조합된다. 이러한 패킷의 개념은 MIT 대학의 클라인록(현재 UCLA 교수)에 의해서 1960년대에 제시되었다.

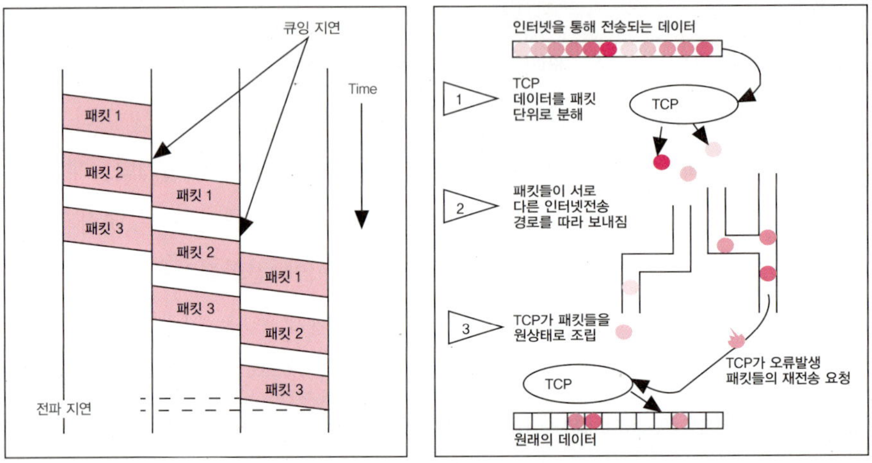

그림 2.6
패킷 스위칭의 개념과 TCP의 기능

IP(Internet Protocol) 프로토콜은 주어진 패킷을 어떻게 목적지까지 보낼 것인가에 대한 전송 프로토콜로 우체국에서 편지를 보내기 위한 우편주소 작성 방식과도 유사하다. IP에서는 정보를 전송하기 위한 주소체계를 가지고 있는데 주소를 숫자로 표현한 것을 IP 주소(IP Address)라 하며, 이를 기억하기 좋도록 문자로 표현한 것을 도메인 이름(Domain Name)이라고 한다. 대표적인 포털사이트인 네이버의 경우 호스트 컴퓨터에 부여된 IP 주소는 222.122.84.200이며 도메인 이름은 www.naver.com이다. 따라서, 웹을 이용하여 네이버의 호스트 컴퓨터에 접속하려면 주소창에 http://www.naver.com 또는 http://222.122.84.200이라고 입력하면 된다. 각 호스트 컴퓨터는 하나씩의 IP 주소와 도메인 이름을 가지며, 도메인 이름 서버(DNS: Domain Name Server)에서 도메인 이름을 IP 주소로 변환해 주는 역할을 한다.

인터넷에 접속되어 있는 모든 호스트 컴퓨터들은 고유한 IP 주소를 가지고 있으므로 전 세계 어디에서나 원하는 컴퓨터에 접속할 수 있다. 이들 IP 주소의 등록 및 관리는 NIC(Network Information Center)라는 기구에서 관장하고 있고 각 국가별로 관리기관을 두어 국가 내의 주소를 관리하고 있다. 우리나라의 경우 한국인터넷진흥원(NIDA)에서 그 역할을 맡고 있다. IP 주소(IPv4)는 4개의 바이트(Byte)로 구성되어 있으며, 각각의 바이트는 222.122.84.200와 같이 '.'으로 구분하여 표현된다. 각각의 바이트는 8비트(Bit)이므로 2^8 = 256가지를 표현할 수 있으나, IP 주소에서는 0과 255를 제외한 254가지를 표현한다. 호스트 컴퓨터를 구분하는 데는 보통 3개의 바이트를 사용하여 254×254×254 = 1638만 개의 호스트까지 표현이 가능하다. 즉, 약 1600만 개의 호스트와 약 1600만×254 = 43억 개의 단말기 컴퓨터를 연결할 수 있는 주소체계인 것이다. IPv4 주소는 현재 95% 이상이 소진되어 더 이상의 IP 주소를 할당하기 어려운 지경에 이르렀다. 그러나, 최근에 유비쿼터스 시대가 도래하면서 우리 주변의 모든 기기와 객체(사물)에 인터넷 주소를 할당해야 하는 필요에 따라 기존의 4바이트 체계(IPv4)가 아닌 16바이트 체계로 전환되고 있다. IPv6라 불리는 16바이트 체계는 거의 무한대의 IP주소를 표현하여 우리 주변의 컴퓨터를 포함한 모든 사물에 IP주소를 할당하고도 남을 만한 개수이다(그림 2.7 참조). 우리나라는 2010년에 차세대 인터넷주소 IPv6로 전환 계획을 수립하였다.

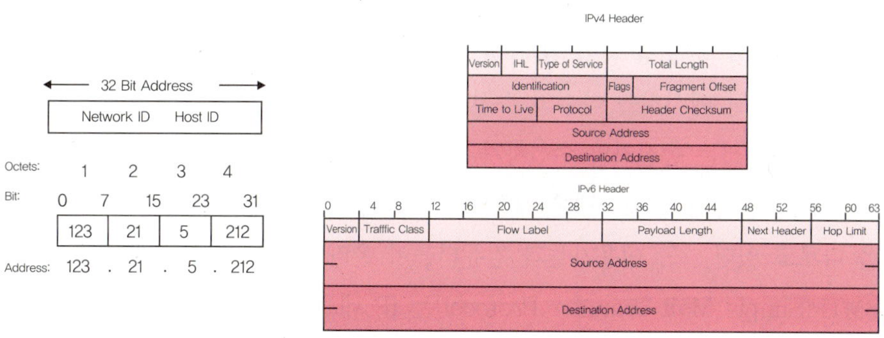

그림 2.7
IPv4 주소의 구성과 IPv6 주소체계

2.1.3 인터넷망의 기능

인터넷 구조는 하부에 동축케이블, 광케이블, 모뎀, 라우터와 같은 물리적 장치와 그 위에 IP 프로토콜, TCP 프로토콜, 웹페이지 지원을 위한 HTTP 프로토콜 등으로 구성되어 있다. ISO(International Standard Organization)에서는 정보통신 프로토콜로 OSI(Open System Interconnection) 모델을 제시하였다. OSI는 물리층, 데이터 링크층, 네트워크층, 트랜스포트층, 세션층, 프리젠테이션층 및 응용층의 7개의 층(Layer)으로 구성되어 있다. 각 층은 수행하는 작업들이 다른데, 여기서는 몇 개의 층에 대해서만 설명하기로 한다. 그림 2.8에서 보듯이 하드웨어 인터페이스는 OSI 1~2층이고, 인터넷에서 주소를 지정하는 IP 프로토콜은 OSI 3층에 해당한다. 또한, 인터넷 데이터의 흐름을 관장하는 TCP 프로토콜은 OSI 4층이고 다양한 기능을 지원하는 응용층(Application Layer)은 OSI 5~7층에 해당한다.

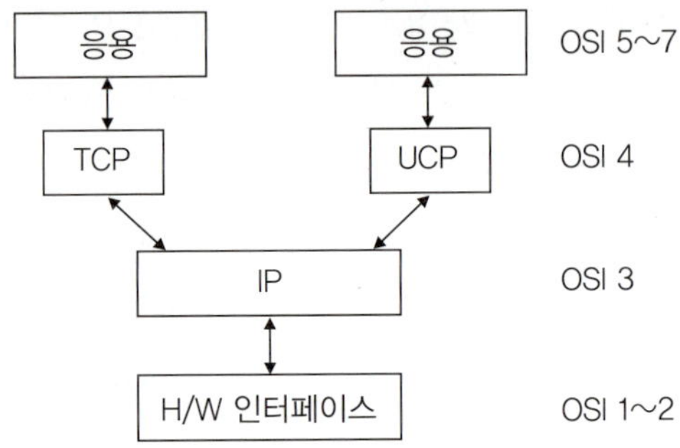

그림 2.8
OSI의 7개 층 개념인 OSI 모델

인터넷은 커뮤니케이션 기능, 정보 서비스, 파일전송(FTP), e-커머스, IPTV 등 다양한 기능을 지원하고 있는데, 이러한 기능은 응용층에서 지원하는 다양한 프로토콜에 기반하고 있다. 인터넷의 커뮤니케이션 기능으로는 e-메일, 인터넷 전화(VoIP), 블로깅 등이 있다. e-메일은 인터넷의 가장 중요한 서비스로 송신자가 디지털 메시지를 다수의 수신자에게 송신할 수 있다. 1970년대 초 시작된 e-메일에서는 송신자와 수신자가 동시에 접속(On-line) 상태로 있어야 했으나 오늘날의 e-메일 시스템은 저장 후 송신 방식(Store-and-forward model)을 따르고 있다. 즉, 이용자들과 컴퓨터들이 온라인 상태에 있을 필요가 없다. SMTP(Simple Mail Transfer Protocol)는 IP 네트워크에서 전자우편을 전송하기 위한 인터넷 표준이고, 수신을 위해서 메일박스에 있는 전자우편을 가져오기 위해 POP(Post Office Protocol) 및 IMAP(Internet Message Access Protocol)이 존재한다. 인터넷 전화는 VoIP(Voice over IP) 프로토콜에 기반하고 있는데, VoIP는 인간의 음성을 코덱(Codec) 소프트웨어를 이용하여 디지털 데이터로 변환한 후 적당한 크기의 패킷(Packet)으로 분리하여 IP 네트워크를 이용하여 전송한다. 이 때, VoIP는 공중교환전화망(PSTN: Public-Switched Telephone Network)를 이용하지 않고 패킷교환 네트워크(Packet-Switched Network)를 이용하여 패킷으로 보낸다. 수신자 측에서는 수신한 디지털 패킷들을 다시 아날로그 데이터로 변환하고 원래의 음성으로 복원한다. VoIP는 패킷교환 네트워크를 이용함으로써 회선을 독점하지 않고 디지털 패킷으로 나누어 전송하므로 다른 데이터와 하나의 망으로 통합 지원할 수 있다. 최근에는 스마트폰의 확산으로 mVoIP(Mobile VoIP)를 이용하여 음성을 이동전화 데이터망을 이용한 인터넷 전화의 이용자가 늘어나고 있다.

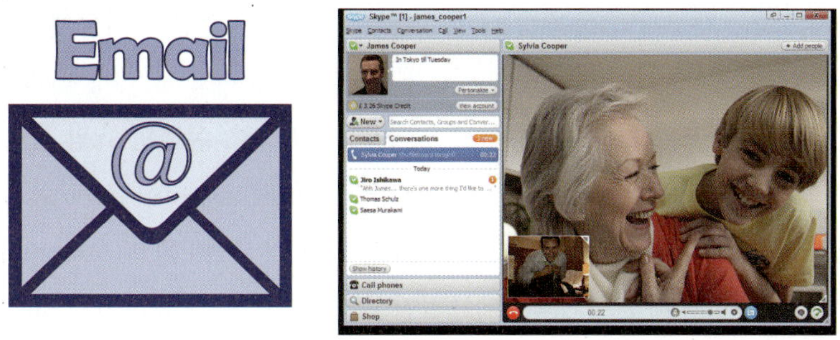

그림 2.9
전자우편(e-mail)과 VoIP를 이용한 인터넷 전화

포털, 검색서비스, 웹페이지와 같은 정보 서비스는 인터넷의 가장 핵심적인 기능이다. 포털(Web portal) 사이트는 웹 환경에서 정보를 얻는 관문의 역할을 수행하며 e-메일, 뉴스, 카페, 게임 및 다양한 소스로부터 확보된 데이터베이스는 물론 검색 기능도 통일된 방식으로 제공한다. 포털은 웹 프로토콜인 HTTP에 기반하고 있으며 대표적인 포털로는 AOL, Excite, iGoogle, MSN, Yahoo! 등이 있으며 우리나라에는 네이버, 다음 등이 가장 많은 이용자를 확보하고 있다. 우리 주위에서 가장 많이 이용되고 있는 웹페이지는 기업, 비즈니스, 공공기관, 개인의 목적에 따라 다양하게 활용되며 이들은 HTML이라는 마크업 언어로 작성되며 웹페이지를 전송하기 위해 HTTP 프로토콜을 기반으로 하고 있다.

FTP 프로토콜은 인터넷의 파일전송을 위한 표준 프로토콜로 이용자는 FTP 서버 컴퓨터에 파일을 전송하고 저장해 놓으면 다른 이용자가 FTP 서버에 접속하여 이 파일을 가져갈 수 있다. 즉, FTP란 IP 네트워크상에서 사용자들끼리 파일을 서로 공유할 수 있는 규약을 의미한다. 이 FTP는 다른 서비스들과 마찬가지로 많은 파일들이 서로 공유될 수 있는 장소인 서버 컴퓨터(Server computer)가 존재해야 하며 모든 사용자(Client)들은 서버에 파일을 저장하거나 서버에서 파일을 다운로드 받는 클라이언트-서버 모델(Client-Server model)에 기반하고 있다. FTP의 장점은 사용자 간에 직접 파일전송이 아닌 서버를 통한 파일공유이기 때문에 파일의 안정성을 확보할 수 있으며 바이러스를 서버에서 미리 예방할 수 있는 장점이 있다. 특히, 사용자가 여러 명의 사용자에게 파일을 직접 전송할 경우에 FTP를 이용하면 빠르고 안전하게 파일을 전송할 수 있다.

e-커머스는 인터넷을 이용하여 상품과 서비스를 서로 사고팔거나 주고받을 수 있는 것을 의미한다. e-커머스는 자금의 전송, 인터넷 마케팅, 온라인 거래처리,

전자문서 교환, 재고관리 등을 인터넷을 통해 수행하는 일련의 기술에 기반하고 있다. e-커머스는 클라이언트 측면에서 웹 환경에 의존하고 있으며, 따라서 웹사이트를 지원하는 프로토콜을 이용하고 있다. 인터넷뱅킹, 온라인 쇼핑 등이 e-커머스에 속하고 거래가 비즈니스와 비즈니스(B2B: Business-to-Business), 비즈니스와 고객(B2C: Business-to-Customer), 고객과 고객(C2C: Customer-to-Customer) 간에 발생할 수 있다. 대표적인 B2C 모델로는 Amazon을 들 수 있고 C2C 모델로는 eBay를 들 수 있다. e-커머스는 상품이나 서비스의 판매에 초점을 맞추나 거래대금의 안전한 지불도 중요한 부분이 된다.

IPTV는 TV 서비스가 전통적으로 지상파, 통신위성, 케이블을 통해 제공되는 방식 대신에 인터넷망을 통해 인터넷 프로토콜을 이용하여 패킷 스위치 방식으로 제공되는 서비스를 의미한다. IPTV 서비스는 생방송 TV(Live TV), 이미 방송된 프로그램을 다시 시청할 수 있는 TV(Time-shifted TV), 사용자가 원하는 동영상을 검색하여 시청하는 VOD(Video on Demand)를 포함한다. IP 기반 네트워크는 IPTV뿐만 아니라 초고속 인터넷서비스 및 인터넷 전화(VoIP)를 하나의 인터넷망을 통하여 서비스할 수 있는 장점이 있다. 패킷교환 네트워크는 IP 네트워크를 통해 더 많은 콘텐츠와 기능을 제공할 수 있다. 전통적 TV에서는 모든 프로그램을 사용자에게 방송(Broadcast)하고 사용자는 셋톱박스를 통하여 원하는 콘텐츠만을 시청하는 방식인데 비하여 IPTV는 사용자가 먼저 원하는 콘텐츠를 선택하며 서버 컴퓨터는 그 콘텐츠만 IP 네트워크를 통하여 사용자에게 전송하는 방식을 따른다. 또한, 사용자는 콘텐츠를 시청하는 중에 상호작용 방식으로 콘텐츠를 검색하고 콘텐츠와 관련된 추가적인 정보를 받아 볼 수 있도록 인터넷망을 통하여 피드백을 줄 수 있다. 따라서 IPTV는 상호작용성과 개인화된 서비스를 제공하는 TV이다. 뿐만 아니라, PC로부터 원하는 콘텐츠를 가져 올 수도 있고, 스마트폰을 이용하여 무선으로 IPTV를 제어할 수 있는 기능도 제공한다.

이에 비해, 스마트 TV는 기본적으로 PC나 스마트폰에서와 같은 OS(운영체제)와 모바일 OS를 기반으로 PC, 모바일 기기, 서버 컴퓨터로부터 IP네트워크를 통해 사진, 동영상, 음악, 웹페이지 정보를 가져올 수 있다. 또한 TV 콘텐츠나 VOD 동영상을 검색하거나 시청할 수 있는 기능도 제공한다. 따라서 스마트 TV는 컴퓨터와 TV의 융합된 형태의 정보통신 기기로 이해할 수 있으며 강력한 컴퓨팅 능력을 가지며 IP 네트워크에 연결되어 있다. 홈네트워킹(Home Networking)은 가정의 모든 디지털 기기들을 라우터와 같은 장비를 이용하여 LAN망으로 구성하고 이들 기기들 간에 정보의 이동 및 활용이 가능하도록 융합된 소프트웨어 플랫폼과 환경을 제공한다. 또한 스마트폰과 같은 모바일 기기를 사용하여 IP 네트워크를 통해서 외부에서도 가정의 모든 디지털 기기들을 제어할 수 있는 기능도 지원한다.

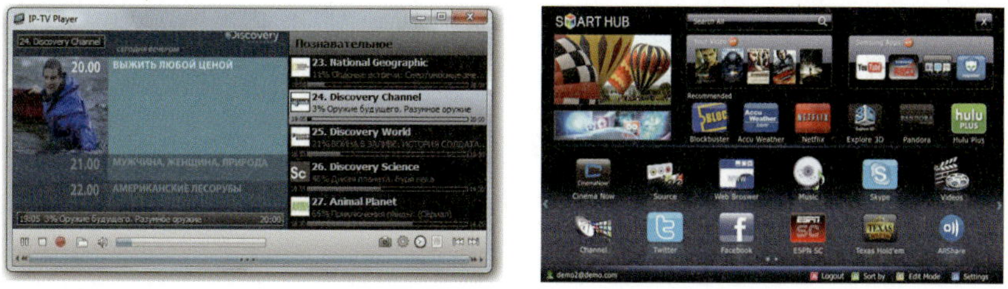

그림 2.10
IPTV와 스마트 TV

IP 네트워크를 기반으로 하는 인터넷망은 유선 인터넷, 무선 인터넷, 모바일 인터넷과 같은 물리적 채널을 통해서 다양한 인터넷 서비스를 제공하고 있다. 때로는 유 · 무선 및 모바일이 통합된 형태로 인터넷 서비스를 제공한다. 2.2절 ~ 2.5절에서 다양한 인터넷망의 종류를 알아보고 그 구성 및 활용에 대하여 공부한다.

2.2 유선인터넷과 네트워크 장비

본 절에서는 유선 인터넷을 제공하는 ISP를 설명하고 유선 인터넷의 유형을 알아보자. 또한, 유선인터넷 망에서 요구되는 게이트웨이, 모뎀, 라우터, 허브와 같은 연결장비를 설명한다. 그리고 인터넷의 속도가 어떻게 변화해 왔는지 알아보자.

2.2.1 유선인터넷의 개요

인터넷이란 크고 작은 네트워크를 결합하여 사용하는 네트워크이다. 개인 또는 LAN에 연결된 사무실 등에서 인터넷을 사용하려면 먼저 인터넷 서비스를 제공하는 ISP(Internet Service Provider: 인터넷 서비스 공급자)에 가입해야 한다. ISP란 백본 네트워크에 직접 연결되어 인터넷 서비스를 제공하는 기관을 의미하며 학술기관과 관공서, 상업적인 인터넷 서비스 업체(예: KT의 Kornet, SK 브로드밴드의 B-Net, LG U+의 Boranet 등)로 구분할 수 있다(그림 2.11 참조). 인터넷의 수요가 많은 학술기관, 기업, 관공서 등은 T1, T3 등의 고속전용선을 통해 ISP에 연결되어 있다. 한편, 일반 사용자는 상업적 ISP의 호스트 컴퓨터에 연결함으로써 인터넷 서비스를 이용할 수 있다. 우리나라의 경우 인터넷 서비스 초기인 1996년에 ISDN(종합정보통신망) 서비스를 시작하여 1998년에 케이블 TV망 서비스를 제공하였으며, 1999년 ADSL 서비스를 2003년에 VDSL 서비스를 시작하였고, 2006년에는 댁내 광케이블 서비스인 FTTH를 개시하기에 이르렀다. 인터넷을 이용하기 위하여 초기에는 복잡한 네트워크 환경 설정이 필요했지만, 근래에는 거의 모든 ISP가 사용자에게 자동으로 인터넷에 접속해 주는 프로그램을 제공하고 있다. 따라서, 쉽게 ISP의 호스트에 접속할 수 있고, 연결된 이후에는 ISP가 제공하는 서비스를 이용할 수 있다.

인터넷에 접속된 모든 컴퓨터는 LAN의 일부로 이해될 수 있다. 예를 들어, 사용자가 ISP인 KT의 Kornet에 가입하면 KT Kornet LAN의 일부분이 된다. 인터넷 ISP는 다시 상위계층의 큰 네트워크의 일부로 연결되며, 이러한 연결을 통하여 서로 다른 네트워크와 연결되어 인터넷을 형성하게 된다. 그림 2.11은 가정이나 회사에서 인터넷에 연결되는 과정을 보여주고 있다. 일반 가정이나 회사는 전화선, 케이블 TV 선, 광케이블선 등을 통해서 ISP에 연결된다. ISP는 전용선(백본 네트워크)을 통하여 인터넷에 연결되며 최상위에서는 백본 네트워크를 통하여 지역 간을 연결하게 된다. 우리나라의 경우 ISP의 수는 2010년 현재 127개이며 이들 간에 정보를 주고받기 위해서 직 · 간접적으로 연결되어야 한다. ISP의 수가 적다면 이들 간에 직접적인 상호접속이 가장 효율적이지만 ISP 수가 많아지면 과다한 회선비용 지출과 투자가 발생한다. 특히, 해외 인터넷 망에 모든 ISP가 직접 연결하기 위해서는 막대한 비용이 발생한다. 이러한 문제점을 해결하기 위하여 IX(Internet eXchange, 인터넷 교환노드)가 등장하였다. 우리나라에는 5개의 IX가 존재하고 각 IX가 수십 개의 ISP를 지원하여 IX 간에 직접 연결되어 있는 구조를 가지고 있다. IX는 국내 ISP들과 효율적으로 인터넷 트래픽을 교환하고 서로 다른 ISP간의 트래픽을 원활하게 소통시킬 수 있다.

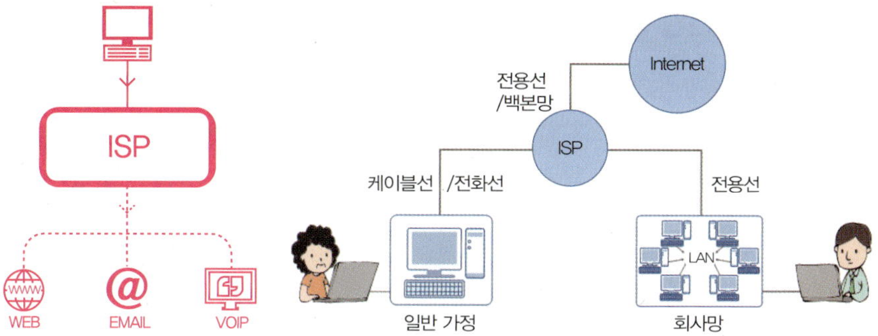

그림 2.11
ISP의 기능과 인터넷의 계층적 구조

인터넷 가입자가 유선 인터넷에 연결할 때 실제 가입자의 단말기(PC)는 xDSL(xDigital Subscriber Line), 케이블 TV망, 유선 LAN(근거리 통신망), FTTH(Fiber-To-The Home), HFC(Hybrid Fiber Coax) 방식으로 라우터와 같은 IP 장비에 연결하여 ISP에 연결된다. 연결선으로는 트위스트 페어(Twisted pair)나 동축케이블(Coaxial cable), 광섬유 케이블(Fiber optics cable) 등이 사용된다(그림 2.12 참조). 트위스트 케이블은 xDSL(ADSL 또는 VDSL)에서 사용되며, 동축케이블은 케이블 TV망에, 광섬유 케이블은 FTTH에서 이용되고 있다. 동축 케이블은 하나의 굵은 중심선을 이용하며 트위스트 페어 케이블보다 먼 거리를 전송할 수 있다. 광섬유 케이블은 수십 개 또는 수백 개의 광섬유 선으로 연결된 케이블로, 데이터를 보낼 수 있는 대역폭이 동축 케이블이나 트위스트 페어 케이블에 비해서 수십에서 수백 배로 높을 뿐만 아니라 잡음이 적고 전송속도가 빠르며 선의 무게가 가볍다는 특징이 있다. 또한, 유선 LAN은 IEEE 802.3 표준으로 제정되어 있는 Ethernet이 사용되고 있다. Ethernet은 주로 가정이나 사무실 내에서 사용되며 선이 없는 무선망에 비하여 속도가 빠르고 보안 측면에서 안전하다는 장점이 있는 반면, 선을 연결하기 위해서 벽을 뚫는 등 설치비용이 비싸다는 단점이 있다.

(a) 트위스트 페어 케이블 (b) 동축케이블 (c) 광섬유 케이블

그림 2.12
유선망 케이블의 예

2.2.2 네트워크 연결 장비

전화망을 구성하기 위해서 교환기 등이 필요한 것과 마찬가지로 컴퓨터 네트워크를 구성하기 위해서는 전기 및 전자적 제어장치들이 필요하다. 인터넷을 사용하기 위해서 컴퓨터와 인터넷 통신선로는 물론 게이트웨이, 모뎀, 라우터(공유기), 허브와 같은 장비가 필요하다(그림 2.14 참조). 인터넷은 컴퓨터 네트워크의 네트워크이다. 한 기관의 컴퓨터 네트워크는 서로 다른 통신 프로토콜을 사용할 수 있다. 따라서 한 기관의 컴퓨터 네트워크를 백본 네트워크에 연결하기 위해서 게이트웨이(Gateway)라는 장비를 이용하여 백본망에 연결하게 된다. 즉, 게이트웨이는 서로 다른 종류의 프로토콜을 사용하는 네트워크를 상호 연결하기 위한 장비이다.

케이블 또는 ADSL 모뎀은 홈네트워크에서 인터넷 서비스 제공자(ISP)까지 신호를 송, 수신하기 위해서 사용된다. 모뎀(Modem)은 아날로그 신호를 디지털로 디지털 신호를 다시 아날로그로 변환하기 위한 장치이다. 인터넷 회선이 케이블이면 케이블 모뎀을 사용하고 음성망과 같이 사용되는 광대역망이면 광대역 모뎀인 ADSL 모뎀이 사용된다. 일단 케이블/ADSL 모뎀으로 인터넷에 연결되면 라우터(Router, 공유기)를 통하여 컴퓨터나 프린터들을 연결시킨다. 라우터란 인터넷 회선에 한 개 이상의 컴퓨터와 프린터들이 공유하도록 하는 장치이다. 컴퓨터와 프린터는 유선 또는 무선으로 공유기에 연결시킬 수 있다. 무선으로 연결시킬 때는 Wi-Fi 공유기를 사용하고 유선으로 연결할 때는 Ethernet 공유기를 사용한다. 최근 출시되는 공유기는 유선과 무선을 함께 지원하고 있다. 무선 공유기인 경우 이를 AP(Acess Point)라고도 부른다. 무선 공유기인 Wi-Fi는 IEEE 802.11 표준에 기반하고 있고 IEEE 802.11은 1997년 최초로 표준이 제정된 이후 지속적으로 표준이 추가되거나 수정되어 데이터 전송속도가 점차적으로 빠르게 발전하였다. 802.11a, 802.11b, 802.11g에 이어 2009년 802.11n이 제정되어 최대속도 600Mbps에 달하는 제품이 출시되었다. IEEE 802.11n은 실내에서 70m, 실외에서 250m의 영역을 커버할 수 있다. 또한, 최근에는 케이블/ADSL 모뎀과 공유기가 하나로 통합되는 추세이다. 그림 2.13은 홈네트워크가 케이블/ADSL 모뎀과 공유기를 통해서 인터넷에 연결되는 상황을 보여주고 있다.

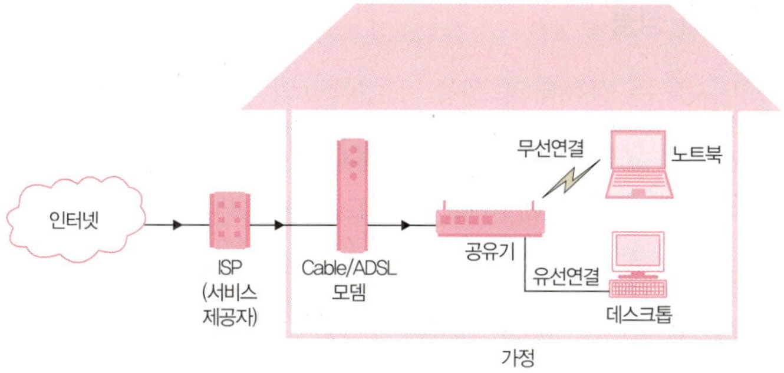

그림 2.13
홈네트워크에서 케이블/ADSL 모뎀과 공유기의 작동원리

(a) 케이블 모뎀 (b) 라우터 (c) 모뎀/라우터 통합기기

그림 2.14
홈네트워크 구성 컴포넌트

그림 2.14에서 보듯이 사무실과 같이 회사의 컴퓨터 네트워크가 많은 단말기에 인터넷 서비스를 제공하는 경우에도 라우터(공유기)나 허브와 같은 장치가 필요하다. 라우터는 다수의 컴퓨터와 프린터를 유·무선으로 인터넷에 접속하기 위한 장치이고 허브(Hub)는 하나의 인터넷 선을 또 다시 다수의 단말기가 공유하기 위한 장치이다. 그림 2.15는 라우터와 허브가 인터넷 서비스에서 어떤 기능을 담당하는지 보여주고 있다.

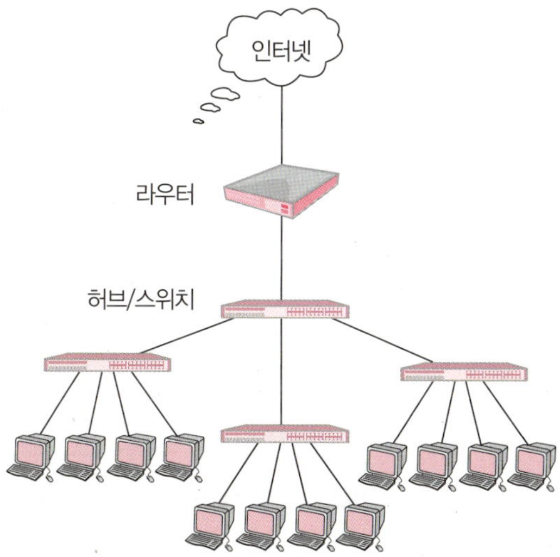

그림 2.15
인터넷에서 라우터와 허브의 기능

2.2.3 네트워크의 성능

네트워크의 속도는 컴퓨터의 성능, LAN 망의 속도, 라우터의 성능, 백본 네트워크를 구성하는 광케이블의 속도 등 많은 요소에 의해서 결정된다. Intel 사의 창업자 무어(Gordon E. Moore)는 마이크로프로세서의 성능이 18개월마다 두 배씩 증가하고 가격은 매년 1/2씩 떨어진다고 예측하였다. 예를 들면, 1995년부터 2005년 사이에 마이크로프로세서의 속도는 100배 빨라졌고, 2005년과 2015년 사이에 마이크로프로세서의 성능은 다시 100배 증가할 것으로 예상된다. 주기억장치인 RAM 메모리의 용량도 10년에 100배 증가하였다. 특히, 플래시 메모리의 용량은 최근 몇 년 동안 해마다 두 배씩 증가하고 있다. 한편, 길더(George Gilder)는 일반적으로 광섬유의 대역폭, 즉 백본 네트워크의 데이터 전송속도는 12개월에 3배씩 빨라진다고 주장하였다. 인터넷의 데이터 전송속도에 영향을 미치는 LAN을 구성하는 Ethernet의 속도도 10년에 1000배의 속도로 증가하고 있다.

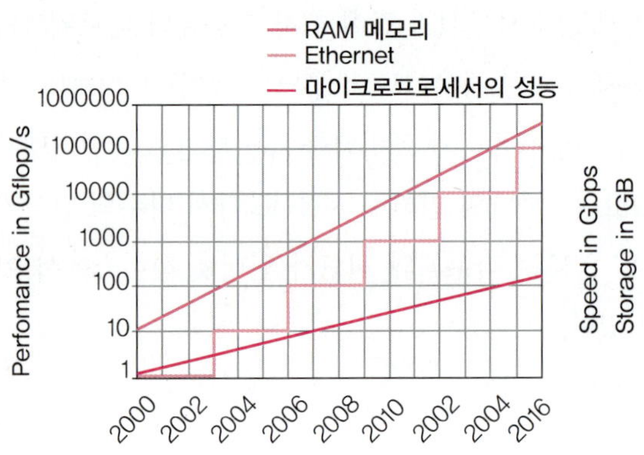

그림 2.16
연차별 마이크로프로세서의 성능, RAM 메모리 용량 및 Ethernet LAN 속도의 변화

우리나라의 초고속 인터넷망(Information Super Highway) 가입자 수는 2000년대 초 이후 급격히 늘어나 2010년 현재 1722만 명에 달했고 가구당 초고속 인터넷 서비스 보급률도 95.9%로 세계 1위를 유지하였다. 그러나 인터넷의 평균 속도는 사용자 수의 증가와 특히 사용자들이 동영상과 같은 다용량 데이터의 이용 수요가 급증하므로 실제 인터넷의 속도가 급격하게 빨라지는 것은 아니다. 초고속인터넷의 평균속도는 2010년 초 자료에 의하면 한국이 전 세계 평균치에 비해 8배 가량 높은 14.7Mbps로 세계 제 1위를 기록하고 있다. 2위는 일본으로 7.9Mbps, 미국은 평균속도가 3.9Mbps에 그쳤다. 인터넷의 평균속도는 일반적

으로 데이터의 다운로드(Down load) 속도를 의미하며 인터넷의 구성상 데이터의 업로드(Up load) 속도는 다운로드 속도보다 일반적으로 느리다.

2.3 무선인터넷

최근 공공장소, 학교, 카페를 비롯하여 무선 LAN 서비스를 지원하는 장소가 많아지면서 우리사회가 인터넷 사용하기에 매우 편리한 환경으로 변모하고 있다. 때로는 비행기나 이동 중인 버스나 기차에서도 무선 LAN을 지원하는 경우가 있다. 무선인터넷의 발전과 유형을 공부하고 무선인터넷의 활용 분야를 알아보자.

2.3.1 무선인터넷의 발전

무선인터넷이란 물리적 통신선이 없이 구성된 형태의 컴퓨터 네트워크이다. 무선 인터넷을 일명 무선 LAN 또는 Wi-Fi 망으로 부르기도 한다. 케이블의 연결이 불필요하므로 쉽고 설치비용이 저렴하다는 장점이 있다. 무선 LAN은 AP(Access Point)라는 무선안테나를 통해서 인터넷을 접속하는 방식이다(그림 2.17 참조). 핫스팟(Hotspot)은 AP를 중심으로 반경 수십 미터 내에서 컴퓨터가 신호를 받을 수 있는 지역을 의미한다. 컴퓨터는 핫스팟 내에서 무선 연결을 통해 인터넷망에 접속할 수 있다.

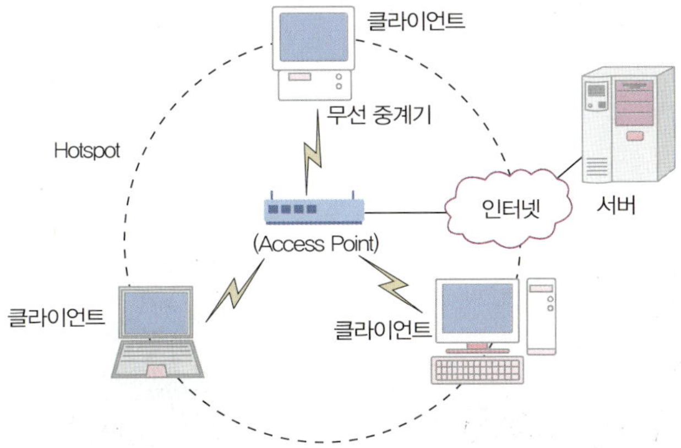

그림 2.17
AP를 사용한 무선 인터넷망의 구조

일반적으로 컴퓨터 네트워크의 종류는 그림 2.18에서 보듯이 서비스 범위에 따라서 PAN(Personal Area Network: 개인영역통신망), LAN(Local Area Network: 근거리통신망), WAN(Wide Area Network: 광역통신망)으로 나눌 수 있으며, 망의 연결 방식에 따라 유선망, 무선망, 모바일망으로 구분할 수 있다.

그림 2.18
컴퓨터 네트워크의 구분과 이를 지원하는 프로토콜

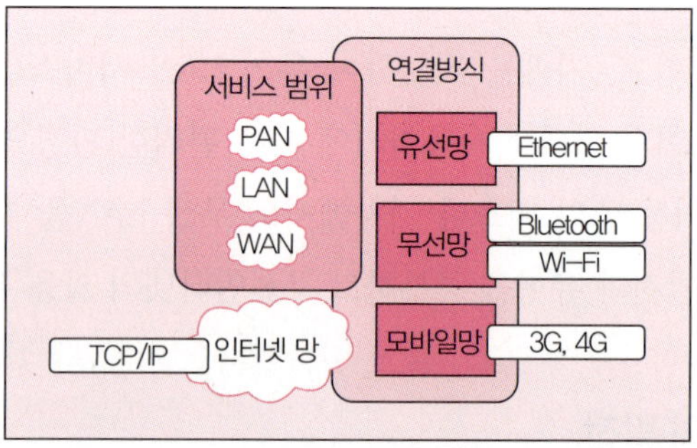

무선 통신망은 앞에서 설명한 무선 LAN(Wi-Fi, IEEE 802.11) 외에도 Bluetooth(IEEE 802.15), 적외선 통신(IrDA), UWB, ZigBee 등이 있다. 이들은 매우 가까운 근거리의 PAN(개인영역통신망)을 지원하기 위한 통신망이다. 무선 PAN은 수 미터(m) 이내에서 동작하는 네트워크이며 주로 휴대용 기기를 무선으로 지원한다. 이에 비해, 유선 PAN은 디지털 카메라와 컴퓨터 사이의 통신이나 MP3와 컴퓨터 사이의 통신을 유선으로 지원하기 위한 통신망으로 USB 또는 Firewire를 이용한다. 무선 PAN은 적외선 통신(Infra Red), 블루투스(Bluetooth), ZigBee, UWB(Ultra-WideBand) 등을 이용하여 무선으로 데이터를 전송한다. 대표적인 무선 PAN인 블루투스의 예로는 핸즈프리 이어폰과 모바일폰, 컴퓨터 본체와 무선 키보드, 무선 마우스, 무선 프린터의 연결을 들 수 있다.

그림 2.19
블루투스 헤드셋과 프린터

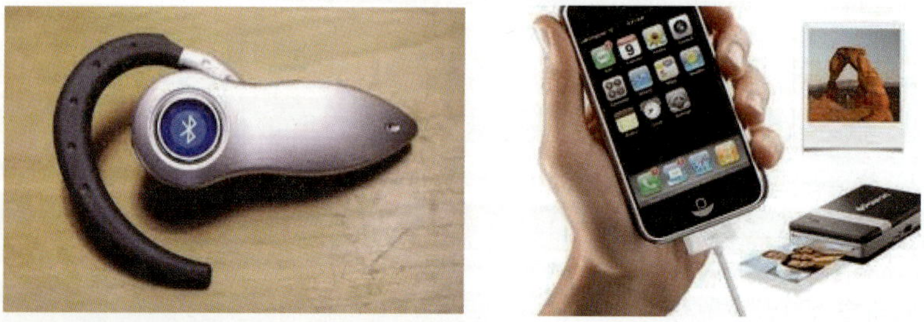

이에 비해, NFC(Near Field Communication)는 10~20cm 이내 거리에서 정보를 무선으로 전송하고 수신도 가능한 쌍방향 서비스이다. NFC 기술을 이용한 전자지갑은 온라인 쇼핑, 온라인 할인쿠폰, 티켓팅, 소액 결제 등에서 이용된다. 한 예로 Google Wallet은 대표적인 전자지갑이며, 2015년 전 세계 휴대폰의 약 절반이 전자지갑 기능을 가지게 될 것으로 전망된다. NFC 기기는 기존의 비접촉식 카드와 같이 이용될 때 카드 애뮬레이터 기능을 수행하며, 리더 모드에서는 NFC 기기가 수동형 RFID 태그의 내용을 읽을 수 있다. 또한, P2P 모드에서는 두 NFC 기기 간에 음악, 데이터와 같은 정보를 교환할 수 있다.

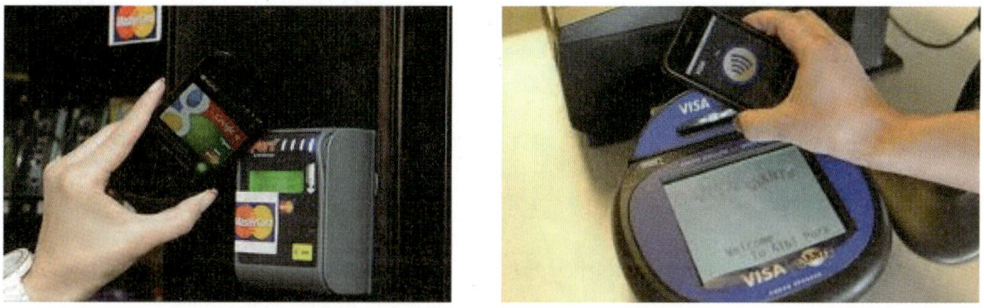

그림 2.20
NFC 기기의 활용

이와 같은 근거리 무선통신은 해마다 약 20%씩 성장하고 있다. 현재, 블루투스와 Wi-Fi가 무선 통신망에서 가장 많은 부분을 차지하며, 블루투스를 이용한 소비자 가전 및 가정용 엔터테인먼트 제품은 향후 5년간 지속적으로 성장할 것으로 예상된다. RFID는 사물에 RFID칩을 부착하여 사물과 관련된 정보를 실시간으로 읽어 들여 실시간 통제나 제어를 할 수 있는 유비쿼터스 환경에서 주로 사용되고 있다. 적외선 통신(IrDA)은 수 미터 이내의 직접 노출된 곳(Line-of-Sight)에 존재하는 기기간의 무선통신을 지원하며 노트북, 모바일폰, 프린터, 의료기기 간의 안전한 데이터 전송을 보장한다. 최근 블루투스가 적외선 통신을 대신하는 경우가 많아지고 있으나 보안이 요구되는 경우에는 적외선 통신이 선호되고 있다. 표 2.1은 NFC, RFID, IrDA 및 블루투스 간을 셋업시간, 커버하는 거리, 유용성 측면에서 비교하고 있다.

표 2.1
NFC, RFID, IrDA 및 블루투스의 비교

	NFC	RFID	IrDa	Bluetooth
셋업시간	<0.1 ms	<0.1 ms	~0.5 sec	~6 sec
거리	10cm까지	3m까지	5m까지	10m까지
유용성	사용자 중심, 용이함, 직관적, 빠름	사물 중심, 용이함	데이터 중심, 용이함	데이터 중심, 보통
선택성	높음, 주어짐, 보안성	일부 주어짐	직접 노출된 곳	Who are you?
이용분야	소액결제, 서비스 시작, 접근/공유, 용이한 셋업	사물의 트래킹	제어 및 데이터 교환	데이터 교환을 위한 네트워크, 헤드세트
사용자 경험	접촉, 간단히 연결	사물에 관한 정보를 취득	용이함	구성이 필요함

무선 인터넷은 앞에서 설명한 무선 LAN(Wi-Fi)과 같은 고정형 무선인터넷과 이동형 무선인터넷으로 구분된다. 고정형 무선인터넷은 AP(Access Point)라는 무선안테나가 한 지점에 고정되어 있고 AP가 커버하는 수 십미터 이내에서만 인터넷 서비스가 가능하다. AP는 학교, 공공기관, 기업 등에서 정해진 구역 내에 설치된 무선 LAN이나 역, 공항, 카페 등 핫스팟 지역에 설치되어 있다. 무선 LAN은 AP가 설치된 지역 내에서만 인터넷 서비스가 가능하고 AP 지역을 벗어나는 순간 서비스가 중단된다. 무선 LAN의 이용은 무료이거나 정액제 요금을 지불하면 제한없이 사용할 수 있다. 이에 비해, 이동형 무선인터넷(흔히 모바일 인터넷이라 부름)은 3G나 4G와 같은 이동통신망을 이용한 인터넷 서비스로 일반적으로 이용시간과 데이터 전송량에 따라 요금이 부과된다. 이동형 무선인터넷에 대해서는 2.4절에서 다시 설명하기로 한다.

그림 2.21
무선 인터넷 서비스를 제공하는 Wi-Fi Zone의 사인

2.3.2 무선인터넷의 이용

가정에서 사용되는 무선 인터넷 서비스는 라우터를 이용하여 유선 인터넷과 동시에 제공되고 있다. 사용자는 라우터를 통하여 Wi-Fi 기능이 있는 프린터도 무선으로 이용할 수 있다. 이에 비해, 옥외의 인터넷은 KT의 Nespot 서비스와 같은 유료 Wi-Fi 서비스가 곳곳에 존재한다. 명동, 코엑스 '올레 Wi-Fi 스트리트'와 같이 사람이 많이 왕래하는 곳을 비롯하여 대부분의 공공장소, 카페 등에 Wi-Fi가 설치되어 있다. 우리나라는 2010년경부터 무선 LAN 서비스가 크게 증가하고 있는 추세이다. 또한 버스, 지하철, 기차 등에서는 모바일형 Wi-Fi(무빙 핫스팟)가 구축되어 있어 탑승자들에게 무료로 제공되고 있다.

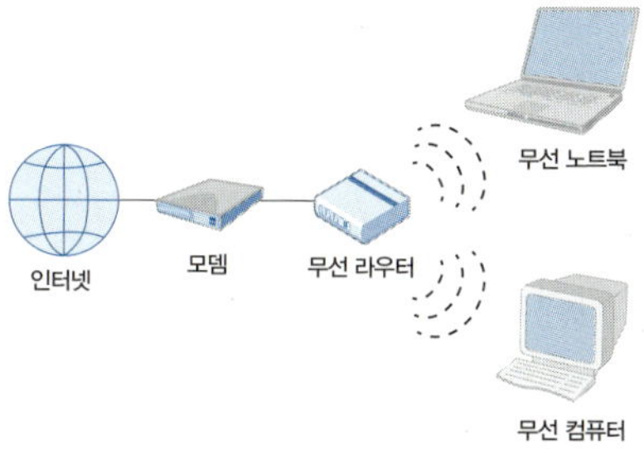

그림 2.22
라우터를 이용한 가정의 무선 인터넷과 모바일 Wi-Fi 버스

무선 인터넷 서비스는 과거 유료 방식에서 최근에는 무료 인터넷 서비스(Free based Model)로 변화하고 있다. Wi-Fi 서비스를 지원하고 있는 기업은 차별적 고객혜택 서비스를 제공하기 위하여 Wi-Fi망을 개방하고 있고 비즈니스 파트너십 구축을 위하여 커버리지를 확대하고 있다. 특히, Starbucks, McDonald, Barns & Noble과 같은 카페, 패스트푸드점, 서점 등은 경쟁사회에서 차별화와 고객유치를 목적으로 무료 인터넷 서비스를 제공하고 있다. 또한 공공도서관, 관공서, 공항과 같은 공공 지역에서도 방문객과 지역주민을 위한 무료/저가 인터넷 서비스가 자주 제공된다. 한 예로, AT&T는 전 세계 89개국 389개 공항 및 7만개 이상의 핫스팟 존을 설치하여 Wi-Fi 접속이 가능하고 전 세계 15만개의 핫스팟을 설치하여 무료로 인터넷 서비스를 제공하고 있다. 영국의 BT는 50만개의 핫스팟 네트워크를 구축하였고, KT는 2011년 말까지 10만개의 공용 Wi-Fi 지역을 설치하였다. 무료 인터넷 서비스에 비해 광고 스폰서 방식(AD Supported Model)은 고객이 배너광고나 짧은 동영상을 시청한 후에 이용자가 무료 인터넷 서비스

를 사용할 수 있게 해주는 방식이다.

그림 2.23
스마트폰을 이용한 '올레 Wi-Fi 존'의 안내서비스

2.4 모바일 인터넷

최근 스마트폰과 태플릿 PC와 같은 모바일 기기가 확산되면서 이제 이러한 기기를 이용하여 이동 중에도 인터넷 서비스를 이용하는 것이 매우 자연스러운 일이 되었다. 모바일 인터넷 서비스의 개념을 이해하고 활용 분야에 대하여 알아본다.

2.4.1 모바일 인터넷의 개념

모바일 인터넷 서비스는 사용자가 언제, 어디서나 모바일 인터넷을 통해 실시간으로 정보를 주고받는 등 실시간 소통을 가능하게 해 주었다. 우리 사회는 바야흐로 모바일 사회에 접어들었다. 전 세계 스마트폰과 같은 모바일 단말기 이용자 수가 2010년 2.5억 명에서 2013년 5억 명으로 증가하여 개인의 라이프 스타일이 크게 변화하고 있다. 또한 기업들도 모바일 사회에서 새로운 시장의 개척과 새로운 비즈니스 모델의 개발을 위해 노력하고 있으며 기업 간의 경쟁구도가 빠르게 변화하고 있다.

모바일 인터넷 서비스를 지원하기 위한 모바일 네트워크는 셀(Cell) 개념에 기반하고 있다. 셀 네트워크는 고정된 기지국(Base station)들이 설치되어 있고 기지국을 중심으로 일정한 지역을 커버하는 셀(Cell) 지역이 존재한다. 이러한 셀은 일반적으로 육각형이나 원 모양의 영역내의 데이터 송수신을 담당한다. 이용자가 하나의 셀을 벗어나서 다른 지역으로 이동하면 그 지역을 담당하는 이웃 셀이 다시 데이터 송수신을 담당하게 된다. 하나의 셀을 담당하는 기지국은 다수의 주파수(예, F1~F6)를 사용하여 데이터 송수신을 수행한다(그림 2.24 참조). 이 때, 전파간의 간섭을 방지하기 위하여 이웃의 셀들은 동일한 주파수 대역을 사용할 수 없으나 이웃하지 않은 셀은 다시 이 주파수 대역을 사용함으로써 셀 네트워크의 용량을 극대화할 수 있다.

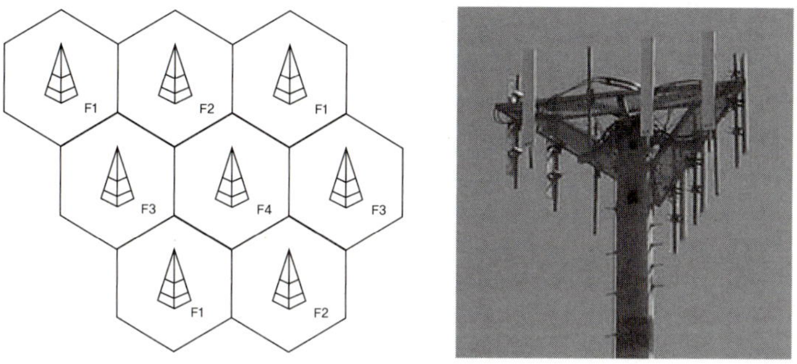

그림 2.24
셀 네트워크에서 주파수 대역의 재사용과 기지국 안테나

모바일 인터넷 서비스는 3G(3세대 이동통신) 네트워크인 WCDMA에서 EVDO-rev.A, HSDPA, HSPA+를 거쳐 최근에는 4G(4세대 이동통신)기술인 LTE와 WiBro(WiMax)로 발전하고 있다. LTE는 대표적인 4세대 이동통신 기술로 3G에 비해 데이터 전송속도가 5~10배 빠르다. 따라서, 3세대 이동통신(WCDMA)에서는 일반화질의 영화나 TV 시청이 가능한데 비해 LTE에서는 고화질의 동영상 시청이 가능하다. LTE를 이용하면 고속으로 이동 중에도 고화질의 동영상과 입체(3D)영상, 대용량의 온라인 게임 및 고화질 영상통화가 가능하게 된다. 3G에서는 음성을 회로기반으로 전송하고 데이터는 패킷기반으로 전송하는 데 비해 4G에서는 오직 패킷기반으로 음성과 데이터를 전송한다. SK텔레콤과 LG U+는 2011년 중반부터 LTE 서비스를 시작하였고 2013년경에는 전국 대부분의 도시로 확장되었다.

3G 기지국은 5~10km의 영역을 커버하며 4G 기지국은 1~5km 지역을 커버한다. 그림 2.25에서 보듯이 송신자가 수신자에게 전화를 걸거나 데이터를 전송하면 송신자가 위치한 셀로부터 시작하여 수신자의 셀까지 이웃하여 연결된 셀들

을 통하여 데이터가 전송된다. 이 때, 모바일 스위칭 센터는 구체적으로 어떤 셀을 통해 데이터를 라우팅할지를 정해준다. 다만, 데이터가 모두 같은 경로로 전송되는 것이 아니고 전송할 데이터를 패킷 단위로 나누어 각 패킷이 다른 경로를 통해 전송될 수 있다. 이것이 패킷교환 네트워크의 특징이며 3G 네트워크와 4G 네트워크는 패킷교환 방식을 따른다. 송신자가 이동하면 송신자를 포함하는 새로운 이웃 셀로 넘겨주게 되는데 이러한 것을 핸드오버(Handover)라고 부른다. 핸드오버를 통해 모바일 인터넷 이용자가 이동 중에도 인터넷을 끊김현상 없이 인터넷을 사용할 수 있다.

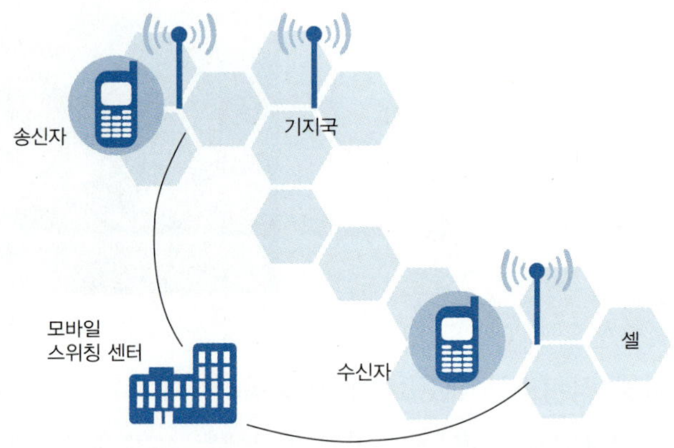

그림 2.25
모바일 인터넷에서 기지국 간의 핸드오버

2.4.2 모바일 인터넷의 활용

이용자가 이동 중에도 인터넷을 사용할 수 있게 됨으로써 새로운 인터넷의 활용 분야가 나타나게 되었다. 특히, 3G 네트워크에서는 데이터의 전송속도가 늦어 모바일 인터넷 서비스의 활용이 매우 제한적이었으나 4G 네트워크가 활성화되면서 새로운 '킬러 애플리케이션'이 출현하게 되었다. 스마트폰과 태블릿 PC 사용자 수의 가파른 증가로 모바일 인터넷 트래픽의 증가가 확연히 나타나고 있다. 한국인터넷진흥원 자료에 의하면 201년 1월 국내 이동통신 3사의 모바일 인터넷 트래픽은 월 448TB(Terra Byte)에서 2013년 1월 53,882TB로 3년 사이에 120배 넘게 증가하였다. 이에 따라, 이동 통신사업자들은 기존 통신망의 용량확대, Wi-Fi 등을 통한 트래픽의 분산, LTE 서비스의 추진, 펨토셀(Femtocell) 설치 등 트래픽 폭증에 대응하는 다양한 노력을 마련하고 있다.

모바일 인터넷 활용은 이동성, 즉시 연결성, 지역성, 상호작용성, 개인성의 특징을 가진다. 모바일 인터넷 서비스는 장시간 이용하기보다는 비교적 짧은 시간 이용하는 경향이 있으므로 인터넷에 즉시 연결되어야 한다. 또한, 모바일 인터넷을 사용하는 이용자의 위치가 수시로 변하므로 현 위치와 관련된 정보를 활용하는 지역성의 특성을 가진다. 모바일 인터넷의 대표적인 활용 분야는 브라우저를 이용한 웹사이트 검색, 커뮤니케이션, 동영상 이용, SNS, 엔터테인먼트, e-커머스 외에 위치기반서비스(LBS), 텔레매틱스(Telematics), 홈 네트워크 서비스 등을 들 수 있다.

위치기반서비스(LBS: Location Based Service)는 모바일 기기의 GPS 기능을 이용하여 현 위치와 관련된 다양한 정보를 인터넷으로부터 검색하여 모바일 기기의 화면에 즉시 디스플레이해주는 서비스이다. 대표적인 LBS 서비스는 현 위치 부근의 음식점, 카페, 극장, 주유소, 주차장 등 특정 장소를 찾거나 친구 찾기나 원하는 실내에서 물건을 찾는 데 이용되기도 한다. 버스, 지하철, 택시와 같은 이동 중인 차량의 위치를 파악하고 도착 시간을 알려주기 위한 LBS 서비스도 자주 활용되고 있다. 때로는 스마트폰을 건물이나 거리를 향하여 들고 있으면 증강현실(AR) 기술을 이용하여 건물이나 장소와 관련된 정보를 사물에 겹쳐서 보여준다(그림 2.26 참조). LBS는 이동 중인 차량을 추적하고 통제하는 데도 이용된다. 또한 사용자의 현 위치를 파악하여 날씨 정보를 보여주고 위치기반 게임을 즐길 수도 있다.

그림 2.26
위치기반서비스의 예: 업소 찾기, 친구 찾기, AR(증강현실)의 활용

텔레매틱스라는 용어는 'Telecommunications(이동통신)'과 'Informatics(정보)'의 합성어로 몇 가지 의미로 사용되고 있다. 텔레매틱스는 이동통신망을 통해

인터넷으로부터 가져온 정보를 활용하여 운행 중인 차량의 현 위치와 관련된 정보를 디스플레이하거나 이동 중인 차량을 제어한다. 이 때 현 위치를 인식하고 차량의 움직임을 파악하기 위하여 GPS나 자이로스코프, 가속도 측정장치를 사용한다. 텔레매틱스가 GPS를 활용한 가장 대표적인 예로 카내비게이션 시스템을 들 수 있다. 카내비게이션은 도로의 트래픽과 상황을 실시간으로 파악하여 지도를 이용해서 운전자에게 최적이동경로나 우회도로를 알려준다. 또한 텔레매틱스는 이동 중인 차량들이나 사물들의 위치나 속도를 파악하여 효율적으로 통제하고 관리하는 기능을 수행한다. 이 때, GPS는 물론 차량이나 물건의 상황과 이동을 파악하기 위하여 각종 센서, RFID 등을 사용한다.

그림 2.27
텔레매틱스의 개념과 활용

기존의 모바일 통신망이 서비스 제공자 중심으로 발전해 왔다면 앞으로의 모바일 통신은 수요자의 요구를 충족시켜주는 방향으로 발전해 나갈 것으로 예상된다. 모바일 인터넷 이용자들이 유선인터넷과 같은 수준의 속도와 품질을 요구하며 보다 저렴한 가격에 인터넷 서비스를 사용하기를 원하고 있다. LTE와 같은 4G 서비스가 가능하게 되면서, 특히 대용량 동영상의 스트리밍 서비스, 모바일 클라우드 서비스, 모바일 스마트워크 등 새로운 킬러 애플리케이션이 출현할 것으로 전망된다. 따라서 모바일 인터넷의 트래픽은 앞으로도 지속적으로 증가할 것으로 예상되며 기존의 제한된 통신망 인프라와 주파수 자원을 효율적으로 할당하고 이용하는 것이 중요한 과제이다.

2.5 인터넷 서비스의 융합

인터넷 서비스는 유선 인터넷, 무선 인터넷 및 모바일 인터넷을 통해 이용자에게 제공된다. 인터넷 이용자 측면에서는 유 · 무선 인터넷과 모바일 인터넷이 융합된 환경에서 언제, 어디서나 다양한 단말기를 통해 인터넷에 접속하고 기기 간에 정보의 자유로운 이전이 가능하게 된다. 또한 IPTV, 모바일 멀티미디어 방송, 스마트 TV에서는 통신과 방송을 구분할 필요 없이 융합한 형태로 서비스가 제공된다.

2.5.1 유 · 무선 및 모바일 인터넷의 융합

유선인터넷은 데이터 전송속도가 매우 빠르지만 지역적으로 매우 제한적이다. 이에 비해 무선인터넷은 비용이 저렴하지만 핫스팟 지역에서만 가능하고 이 지역을 벗어나면 모바일망을 이용하여야 한다. 그러나 모바일망은 통신속도가 제한적이고 비용이 높은 단점이 있다. 이와 같이, 유선, 무선 및 모바일 간에는 특성과 한계성이 존재한다. 인터넷망의 융합서비스는 상황에 따라서 유무선 및 모바일망 간에 자연스러운 핸드오버를 통하여 이용자에게 편리한 인터넷 서비스를 제공한다. 즉, 융합서비스란 다양한 네트워크가 하나의 네트워크로 통합되어 작동하는 것을 의미한다. 대표적인 융합서비스로는 FMC(Fixed Mobile Convergence)와 FMS(Fixed Mobile Substitution)가 있다(그림 2.28 참조).

FMC는 유무선통합서비스라 불리며 모바일 기기를 가정에서는 AP(Wi-Fi)를 통한 초고속 인터넷 서비스를 이용하며 가정을 벗어나는 순간 인터넷 서비스가 자연스럽게(Seamless) 3G나 4G와 같은 네트워크로 전환되어 모바일망을 이용하는 방식이다. FMC의 목적은 하나의 단말기를 이용하여 유무선망과 모바일망 간에 데이터, 음성 및 동영상의 전송을 상황에 따라 자연스럽게 전환하는 것이다. FMC는 유 · 무선 네트워크에 모두 접속 가능하여 상황에 따라 가장 유리한 네트워크를 선택하여 이용하게 된다. FMS는 유 · 무선대체서비스라 불리며 가입자가 미리 지정해둔 지역 내에서는 할인요금을 적용받아 통신요금을 절감할 수 있는 방식이다. FMS는 장소에 상관없이 항상 이동통신 네트워크를 이용하되 특정 지역에서 저렴한 요금을 적용 받는다. FMS 서비스는 기존 유선망을 이용한 음성 및 데이터 전송을 이동통신망으로 대체하는 결과를 초래한다. FMS 서비스 지역 내에서는 인터넷전화 요금으로 어떤 곳에나 음성과 데이터를 전송할 수 있다. KT는 QOOK & SHOW라는 FMC 서비스를 SK텔레콤은 T-zone이라는 FMC 서비스를 제공하고 있다. FMS는 유무선대체를 지원하기 위하여 가정이나 소규모 비즈니스를 위해 '펨토셀(Femtocell)'이라는 셀기반 기지국을 설치한다. 펨토셀은 반경 수십 미터 정도의 지역을 커버하는 셀로서 인터넷서비스 공급자(ISP)의 브로드밴드(케이블이나 xDSL)를 통해 지원된다. 현재, 3G 네트워크뿐만 아니라 LTE와 같은 4G 네트워크도 펨토셀을 활용할 수 있다. 이러한 펨토셀을 통하여 이동통신 사업자는 기존 3G망 또는 4G망의 트랙픽을 분산시킬 수 있는 장점이 있다.

그림 2.28

FMC와 FMS 서비스의 비교(출처: 조선일보 2009. 10. 31)

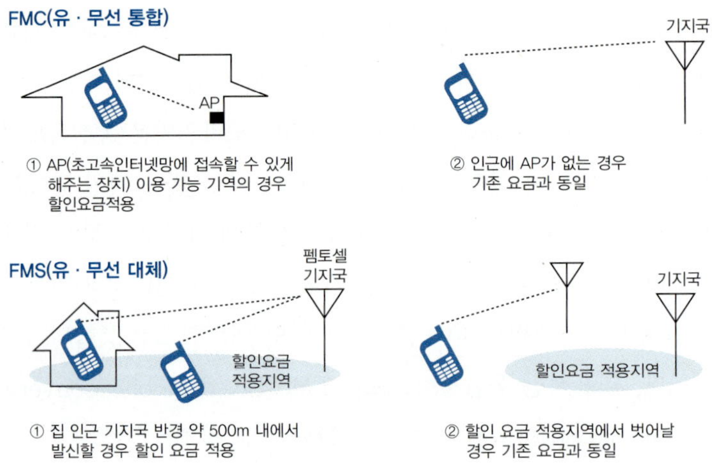

4G의 중요한 인터넷 서비스 개념인 클라우드 컴퓨팅은 이용자가 자신의 모바일 단말기에 데이터와 소프트웨어를 갖고 있지 않고 서버 컴퓨터로부터 가져오거나 빌려서 사용하는 방식이다. 클라우드 컴퓨팅은 개인이나 기업이 고가의 소프트웨어나 저장장치를 직접 구매하지 않고 클라우드 컴퓨팅 서버 제공업체에서 빌려서 사용한다. 클라우드 컴퓨팅이 성공하기 위해서는 유 · 무선을 가리지 않고 언제, 어디서나 서버 컴퓨터에 접속할 수 있는 강력한 통합된 통신망이 필요하다. 따라서, 유 · 무선인터넷과 모마일망의 융합서비스는 4G의 클라우드 컴퓨팅 환경을 지원하기 위하여 효과적인 인프라 역할을 할 수 있다. 또한, PC, 노트북, 스마트폰, 스마트 TV 들 간의 기기의 융합도 '스마트'한 인터넷 서비스를 위해 필요하

다. N-스크린 개념은 장소와 기기에 상관없이 사용하는 콘텐츠와 응용프로그램의 자연스러운 이전 및 공유를 요구한다. PC는 유선 초고속인터넷을 이용하고 스마트폰은 모바일망을, TV는 인터넷 또는 방송망을 이용한다. 따라서 이러한 기기들의 융합을 지원하기 위해서도 유・무선인터넷, 모바일망 및 방송망의 융합은 매우 중요하다.

2.5.2 인터넷망과 방송망의 융합

과거에는 음성, 이미지, 비디오 등의 정보가 서로 다른 아날로그 형태로 존재했기 때문에 하나로 묶기가 어려웠다. 그러나 1990년대 중반 이후 디지털 미디어 처리기술이 발전하면서 이러한 정보나 데이터가 모두 같은 디지털 형태로 수렴하게 되었다. 즉, 상이한 유형의 정보를 디지털 세상에서는 융합할 수 있는 길이 열렸는데 이를 '디지털 융합(Digital convergence)' 또는 '미디어 융합(Media convergence)'이라고 부른다. 방송과 통신 간에도 과거에는 콘텐츠와 데이터의 생성, 전송 및 저장 방식이 달랐으나, 디지털 방송에서는 모든 프로그램이 디지털 방식으로 제작, 전송되므로 방송과 통신이 융합되는 추세이다. 이제, 더 이상 방송과 통신 간의 경계가 불확실하게 되어가고 있다.

IPTV는 방송과 통신을 융합하는 서비스로 주로 대형 통신업체들에 의하여 제공되고 있다. IPTV는 콘텐츠 측면에서는 방송과 마찬가지이지만 그 전송방식에서는 초고속인터넷 이용하고 있다. 통신업체들은 광통신망을 기반으로 전용 네트워크(Proprietary network)를 구축하여 서비스를 제공하고 있다. IPTV를 지원하는 인터넷망은 일반 공공망(Public network)과는 달리 서비스 가입자만 프로그램을 시청할 수 있으며 보안성이 보장되는 네트워크이다. IPTV 서비스는 일종이 폐쇄망(Closed network)으로 사용자의 프로그램 선택 등과 같은 이용기록을 모니터하고 이러한 정보를 타깃광고의 용도로 이용할 수 있다. IPTV 이용자는 콘텐츠와 상호작용(Interactivity)을 통해 부가적인 정보를 받아볼 수 있으며 보다 개인화된 서비스를 받을 수 있다. 스마트 TV도 인터넷망을 이용하여 TV프로그램을 전송하고 웹 콘텐츠를 검색하고 응용프로그램을 수행한다는 점에서는 노트북, 스마트폰, 태블릿 PC와 다름이 없다. 또한 스마트 TV는 PC 및 스마트폰 간의 콘텐츠의 자유로운 이전 및 공유가 가능하다는 점에서 기기 간의 융합이 지원되고 있다. IPTV가 폐쇄망을 이용하는 데 비해 스마트 TV는 공공망을 이용하여 데이터를 전송하고 있다.

그림 2.29
스마트 TV를 통한 미디어 융합(Media convergence)

스마트 TV와 같은 기기가 확산되고 인터넷망을 통하여 엄청난 양의 동영상 데이터가 전송되므로 스마트 TV가 인터넷망 트래픽의 상당 부분을 차지하게 되었다. 따라서, 인터넷서비스 공급자(ISP)는 브로드밴드 인터넷망이 스마트 TV 서비스와 같은 특정 서비스로 인하여 인터넷망이 데이터 전송용량에 지대한 영향을 받게 되어 스마트 TV 제조업자가 인터넷 인프라 구축 비용의 일부를 지불해야 한다는 입장이다. 이에 반하여, 스마트 TV 제조업자는 '네트워크 중립성(Network Neutrality)' 정신에 입각하여 인터넷망은 어떠한 인터넷 서비스도 차별해서는 안 된다는 주장을 펴고 있다.

실습 Lab. 0 인터넷 접속

인터넷에 접속하는 방식은 유선 방식과 무선 방식으로 구분할 수 있다. 유선 방식은 일반적으로 데스크톱 PC와 같이 고정되어 있는 컴퓨터에 인터넷 선이 항상 연결되어 있는 방식으로 보다 안정적이라 할 수 있다. 이에 비해, 무선 방식의 인터넷 서비스는 노트북, 태블릿 PC 등과 같이 이동성이 요구되는 컴퓨터에 무선 방식으로 연결된 인터넷 서비스를 의미한다. 유 · 무선 방식 모두 인터넷 서비스를 제공하는 ISP(Internet Service Provider)가 요구되며 가정에서 인터넷 서비스를 제공받기 위해서는 모뎀, 라우터와 같은 장비가 필요하다. 라우터를 이용하면 무선 방식으로 인터넷 서비스를 이용하는 것도 가능하다. 사무실과 같이 회사나 기관의 컴퓨터 네트워크가 많은 단말기에 인터넷 서비스를 제공하는 경우에는 게이트웨이, 허브와 같은 장비도 필요하다. 또한, 최근 공공장소, 학교, 카페를 비롯하여 무선 인터넷 서비스를 지원하는 장소가 많아지고 있다. Wi-Fi 또는 무선 LAN이라 불리는 무선 인터넷 서비스는 AP(Access Point)라는 무선안테나를 통해서 인터넷을 접속하는 방식이다. AP를 중심으로 반경 수십 미터 핫스팟(Hotspot) 내에서 컴퓨터가 인터넷 신호를 받을 수 있다.

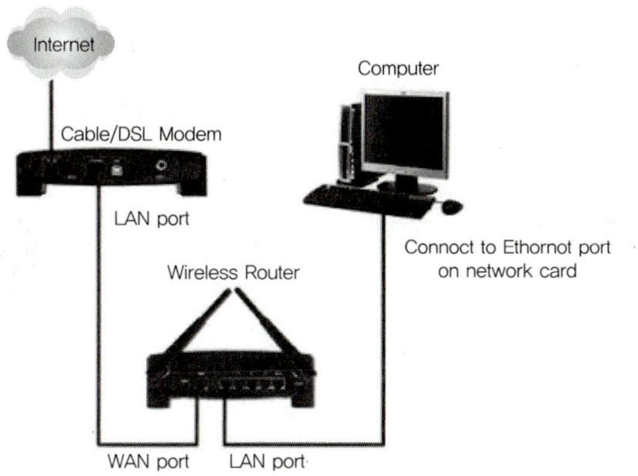

그림 L0.1
인터넷 서비스를 위한 모뎀 및 라우터 장비

1. 인터넷 연결을 위해 필요한 사항

인터넷에 연결하려면 ISP(인터넷 서비스 공급자)와 다음의 장비가 필요하다. DSL(Digital Subscriber Line) 또는 케이블과 같은 광대역 연결의 경우 DSL 또는 케이블 모뎀이 바로 그 장비다. 이러한 하드웨어는 광대역 계정을 등록할 때 ISP에서 제공하는 하드웨어에 포함되어 있을 수 있다. 전화 접속 연결의 경우 전화 접속 모뎀이 필요하다. 대부분의 컴퓨터는 전화 접속 모뎀이 이미 설치된 상태로 제공된다.

ISP는 인터넷 서비스를 제공해 준다. 전기, 수도 등의 서비스를 신청하듯이 ISP 계정에 등록하면 된다. 국내 ISP로는 한국통신(KT QOOK), SK 브로드밴드(구 하나포스), LG U+(파워콤) 등이 있다. 대부분의 ISP는 IP 주소와 DNS 서버 주소를 자동으로 할당한다. 그런 경우, ISP에 가입하여 하드웨어에 연결하면 자동으로 인터넷에 접속된다. 일반적으로는 ISP에서 자동할당해 주지만 만약 자동으로 할당해 주지 않는 경우에는, 학교, 회사 같은 곳의 고정 IP 주소를 사용해야 한다. 이 때, 설정 방법은 다음과 같다.

1) [시작] 아이콘을 눌러서 [제어판]을 클릭한다.
2) 제어판에서 [네트워크 및 인터넷] 설정으로 들어간다.
3) [네트워크 및 공유센터]에서 '네트워크 연결'을 클릭하면 그림 L0.2(a)와 같은 창이 뜬다. 이 창에서 '네트워크 및 공유 센터 열기'를 클릭한다. 그림 L0.2(b)와 같은 창이 나타나면 가운데 부분의 '로컬 영역 연결'을 클릭하면 왼쪽과 같은 새 창이 나타난다. 이 창의 하단 위치의 '속성' 버튼을 클릭한다.

그림 L0.2
네트워크 공유 센터 열기와 로컬 영역의 열기

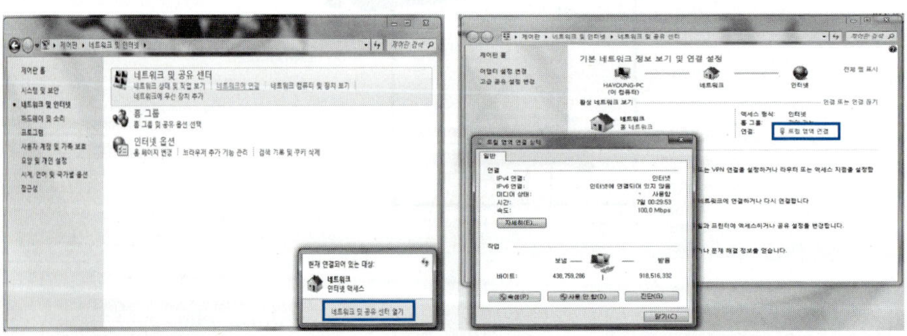

(a) 네트워크 및 공유 센터 열기　　(b) 로컬 영역의 열기

4) 그림 L0.3의 왼쪽 그림에서 [Internet Protocol Version 4]를 클릭한 후 '속성' 버튼을 클릭하면 오른쪽 그림이 나타난다. 네트워크가 IP 자동 설정 기능을 지원하면 그림의 [자동으로 IP 주소]를 선택하고, 아니면 [다음 IP 주소 사용]을 선택하고 IP 주소, 서브넷 마스크, 기본 게이트웨이값을 입력한다. 같은 방법으로 [자동으로 DNS 서버 주소 받기]를 선택하거나 아니면 [다음 DNS 서버 주소 사용]을 선택하고 기본 설정 DNS 서버값을 입력한다. [보조 DNS 서버]는 선택 사항이므로 입력하지 않아도 된다.

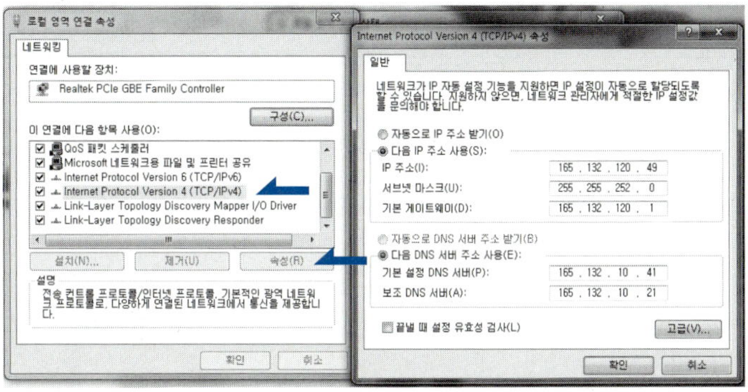

그림 L0.3
프로토콜 선택과 주소값의 입력

2. 무선 환경에서 인터넷 사용하기

데스크톱 PC에서는 주로 유선인터넷을 사용하지만 노트북은 주로 무선인터넷 서비스를 사용한다. 물론 데스크톱 PC에서도 무선인터넷 안테나(무선랜)을 설치하면 사용이 가능하다. 무선 인터넷을 사용하기 위해서는 무선 인터넷을 지원하는 공유기(라우터)를 설치해야 하며, 사용하려는 컴퓨터에 무선랜이 설치되어 있어야 한다.

1) [시작] 아이콘을 눌러서 [제어판]을 차례대로 클릭하여 나타나는 화면에서 [네트워크 및 인터넷]을 클릭한다. 새로 나타나는 화면에서 '네트워크 및 공유 센터'를 클릭한다. 다시 나타나는 새 화면의 [네트워크 설정 변경] 아래의 '네트워크 연결'을 클릭한다.
2) 무선 인터넷에 접속할 수 있는 목록이 그림 L0.4(a)에서와 같이 나열되어 표시된다. 이 목록에서 연결하려는 네트워크를 선택한다. 그림 L0.4(b)에서 보

듯이 선택한 네트워크에 암호가 있으면 암호를 입력해야 한다.

그림 L0.4
접속 가능한 네트워크 선택과 보안키의 입력

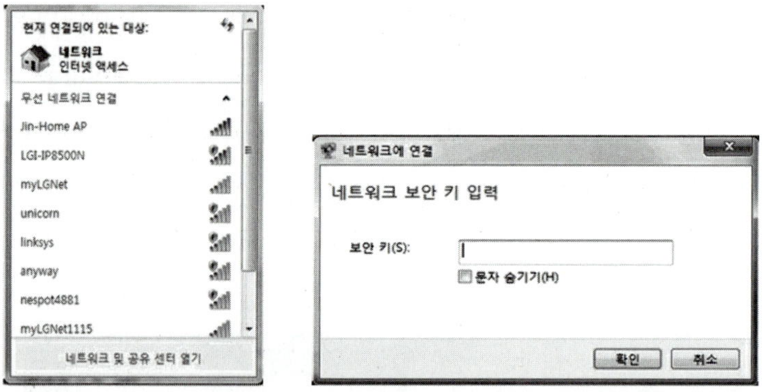

(a) 접속할 수 있는 네트워크 목록 (b) 네트워크 보안키의 입력

3) 연결을 설정하는 동안 다음과 같은 화면이 표시된다.

4) 자신이 사용하는 공유기의 설정을 바꾸려면 인터넷 브라우저에서 주소창에 공유기 주소(예 192.168.0.1)를 입력하여 공유기 설정 메뉴에 접속한다.

참고문헌

http://www.webstepbook.com/supplements/slides/ch01-internet.shtml
"모바일 인터넷 서비스 S · M · A · R · T 해야 한다", 김종대, LG경제연구원, 2010. 2
"해외 사례를 통해 본 WiFi 활용 전략", 임언석, 이혜진, KT 경제경영연구소
"인터넷이 바꾸는 산업의 지도", 권기덕, SERI 경제 포커스, 2008. 7
"4G 기술, 무선통신사업의 대변화 예고", 이상민, LG경제연구원, 2009. 6
FMC의 개념도, 조선일보 2009. 10. 31
"2010년, IT 융합 서비스 시대가 열린다", 서기만, LG경제연구원, 2010. 1
[그림 2.3] http://leonard.kr/wiki.cgi?%C7%D1%B1%B9%B3%D7%C6%AE%BF%F6%C5%A9%C1%F6%B5%B5
[그림 2.4] http://dbbians.com/forums/showthread.php?t=89457
[그림 2.6] http://www.erg.abdn.ac.uk/~gorry/course/intro-pages/ps.html
http://jcmc.indiana.edu/vol1/issue4/december.html
[그림 2.7] http://www.cisco.com/web/about/ac123/ac147/archived_issues/ipj_9-3/ipv6_internals.html
[그림 2.8] http://cict.bhtafe.edu.au/golang/socket/chapter.html
[그림 2.16] http://www.ietf.org/proceedings/50/slides/burp-1/sld004.htm
[그림 2.24] http://en.wikipedia.org/wiki/Cellular_network
[그림 2.25] http://casestudy-itgs.wikispaces.com/Terminology+-+Cell+Phone+Mobile+Phone
[그림 2.27] http://virtualfleetsupervisor.com/2011/07/what-is-telematics/
[표 2.1] http://share.pdfonline.com/732baf00865a49169e785e45f091539f/NFC%20Report.htm

연습문제

01 컴퓨터 네트워크의 종류는 서비스 범위에 따라 PAN, LAN 및 WAN으로 구분할 수 있다. 각 통신망이 커버하는 범위를 비교하고 데이터 전송속도가 어떻게 다른지 설명하라.

02 기간망이라 부르는 백본 네트워크(Backbone network)는 LAN망과 WAN망의 속도를 좌우하게 된다. 백본 네트워크로 사용되는 기술에는 어떤 것들이 있는지 기술하고 각 기술의 장단점을 논하라.

03 인터넷의 기본 프로토콜이라 할 수 있는 TCP/IP 프로토콜에 대하여 설명하라. 특히, TCP/IP 프로토콜은 패킷(Packet)이라는 핵심 개념에 기반하고 있다. 디지털 데이터의 전송에서 패킷교환방식(Packet switching network)이 기존의 서킷 스위칭(Circuit switching) 방식에 비해 유리한 이유를 설명하라.

04 IP주소로 사용되는 4바이트 체계(IPv4)의 한계성을 논하고 IPv4가 차세대 인터넷 주소 체계인 IPv6와 어떻게 다른지 구체적으로 설명하라.

05 2장에서 설명한 프로토콜들 중에서 OSI 5~7층에 해당하는 응용층(Application Layer)에는 어떠한 것들이 있는지 간단히 기술하고, 각 프로토콜의 기능을 간단히 설명하라.

06 인터넷 서비스를 제공 받기 위하여 필요한 ISP와 IX가 어떻게 다른지 설명하라. 각 사람의 가정에 제공되는 인터넷 서비스를 어떤 ISP를 이용하고 있는지 알아보고 사용되고 있는 네트워크 연결 장비에 대하여 조사하여 그 기능들을 설명하라.

07 각자가 자주 방문하는 카페나 패스트 푸드점에 설치되어 있는 AP(Access Point)가 커버하는 영역을 조사하고 AP를 통하여 인터넷을 사용하는 방법에 대하여 알아보라.

08 네트워크(인터넷)의 성능에 미치는 요소들에 대하여 설명하고, 각자 가정의 인터넷 속도가 어떤 수준인지 알아보라.

09 PAN과 NFC에 대하여 간단히 비교하고 각각 어떠한 기술을 사용하는지 설명하

라. 또한 PAN과 NFC의 활용 분야에 대하여 설명하라.

10 모바일 인터넷 서비스는 셀(Cell) 개념에 기반하고 있다. 각 셀의 담당하는 기지국이 커버하는 영역의 크기가 3G 및 4G의 경우 어떻게 다른지 비교하라. 또한, 각 기지국들 간의 핸드오버(Handover)란 무엇을 의미하는가?

11 유 · 무선 인터넷망과 모바일망 간의 융합 서비스로 FMC와 FMS를 들 수 있다. 이 두 가지 방식이 어떻게 다른지 차이점을 설명하라.

12 미디어 융합(Media convergence)의 예로 IPTV와 스마트 TV를 들 수 있다. IPTV가 웹 환경에서 제공되는 웹 TV와 어떻게 다른지 설명하라.

INTERNET

CHAPTER

03

인터넷 서비스

CHAPTER 03

인터넷 서비스

본 장에서는 가장 기본이 되는 인터넷 서비스에 대하여 공부한다. 인터넷 서비스는 웹을 기반으로 하는 활용, 인터넷을 기반으로 하는 커뮤니케이션, 인터넷 망을 이용한 데이터 전송으로 구분할 수 있다. 웹을 기반으로 하는 서비스는 웹 페이지, 웹 환경에서 정보검색, 블로그, 소셜 미디어, SNS, 위키 등을 들 수 있다. 커뮤니케이션 서비스는 e-메일과 VoIP를 기반으로 하는 인터넷 전화가 대표적이다. 데이터 전송 서비스는 FTP를 비롯하여 팟캐스팅, 미디어 스트리밍 서비스가 있다. 웹 페이지의 작성과 브라우징에 대해서는 4장과 5장에서 설명한다.

3.1 인터넷 서비스의 발전

인터넷 서비스가 어떻게 발전해 왔는지 알아보고 그 배경을 이해하자. 인터넷의 활용이 경제 및 비즈니스 영역에 미치는 영향을 알아보고, 특히 인터넷 쇼핑 및 인터넷뱅킹에 대하여 설명한다. 인터넷 서비스 산업의 변화는 매우 빠르고 최근에는 모바일 사회에서의 활용으로 변화하고 있다. 또한 인터넷 기술과 전통적 산업 분야와의 융합 현상이 매우 빠르게 진행되고 있다.

3.1.1 인터넷 서비스 발전의 개요

인터넷 활용이 시대적으로 어떻게 변해 왔는지 1.1.3절에서 자세히 설명하였다. 여기서는 인터넷 서비스의 발전 과정을 그림 3.1과 같이 다시 요약하여 설명한다. 인터넷의 초창기인 1970년대부터 1990년 초반까지는 컴퓨터간의 데이터 및 정보 전달이 가장 중요한 목적이었다. 1972년 UNIX 환경에서 e-메일(전자우편)이 최초로 개발되었고, 1971년 TCP 기반 네트워크(인터넷)상에서 두 호스트 컴퓨터 간에 파일을 전송하기 위한 프로토콜 FTP 표준이 발표되었다. 또한, 실시간 인터넷 채팅을 가능케 해주는 IRC가 1988년 개발되었고 1992년 CU-SeeMe를 필두로 GUI 기반 메시징 시스템이 사용되기 시작하였다. 이와 같이, 1세대에는 통신위주의 서비스가 인터넷의 주요 서비스로 자리 잡았다.

1990년 웹이 발명되고 1993년 Mosaic 웹 브라우저가 출현하면서 수많은 웹페이지들이 제작되었다. 이러한 웹 페이지들을 검색하기 위하여 1990년대 중반 Yahoo, AltaVista, Lycos와 같은 포털 사이트와 1998년 Google과 같이 성능이 우수한 검색 사이트가 개발되었다. 따라서, 1990년대 초반부터 1990년대 후반에 이르는 2세대에는 포털 및 검색 엔진을 통한 정보검색이 가장 중요한 이슈가 되었다. 1990년대 후반부터 2000년대 중반에 이르는 시기인 3세대에는 인터넷의 상업적 활용과 e-비즈니스 분야가 급속히 발전해 왔다. 인터넷 쇼핑몰 및 인터넷뱅킹이 일반화되었고 새로운 온라인 광고 모델이 개발되었다.

2000년대 중반(4세대)부터 웹 2.0 개념이 확산되면서 인터넷 개발자와 이용자들의 참여, 공개 및 공유 개념이 인터넷 서비스의 핵심 개념이 되었다. 이러한 추세에 따라 2004년 Flickr, 2005년 YouTube와 같은 소셜 미디어와 2004년 Facebook, 2006년 Twitter와 같은 소셜 네트워크 서비스(SNS) 사이트들이 출현하였다. 이 기간 중 가장 획기적인 변화는 '모바일 혁명'이라 부르는 모바일 인터넷에 의한 우리사회의 변화이다. 2000년대 후반부터 무선인터넷 기술이 발전하면서 모바일 사회가 시작되었고 비즈니스 방식뿐만 아니라 삶의 스타일과 인간의 사고에까지 큰 영향을 미치게 되었다. 2008년 Apple 사의 스마트폰 iPhone으로 시작된 모바일 인터넷 시대는 무선인터넷을 인프라로 스마트폰, 태블릿 PC와 같은 모바일 기기를 통해서 응용 소프트웨어(Apps, 앱스) 및 음악, 동영상과 같은 콘텐츠를 서비스 받는 생태계(Ecosystem)가 인터넷 서비스의 중요한 개념으로 떠오르게 되었다.

그림 3.1
연대별 인터넷 서비스의 발전 과정

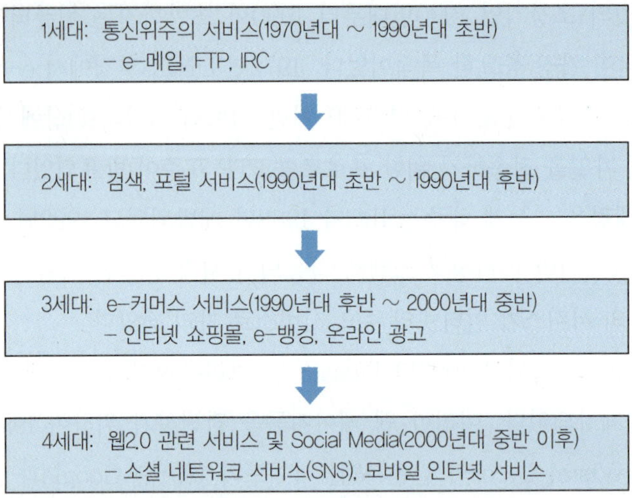

3.1.2 인터넷 서비스와 비즈니스

최근 인터넷이 경제에 미치는 영향이 지속적으로 증가하고 있다. 대표적인 사례로 인터넷 쇼핑(온라인 쇼핑)과 인터넷뱅킹을 들 수 있다. 인터넷 쇼핑은 1979년 개발되어 1984년 B2C(Business to Customer) 방식의 온라인 쇼핑이 시작되었으나 본격적으로 시작된 것은 팀 버너스리가 1990년 웹을 발명한 이후이다. 1994년 GUI 기반의 웹브라우저 Mosaic이 개발되었고 같은 해 피자헛이 웹 페이지를 이용하여 고객으로부터 주문을 받기 시작하였다. 또한, 1994년 처음으로 인터넷뱅킹이 시작되었다. 당시 Mosaic 브라우저는 데이터 전송 시 보안을 위하여 SSL 암호화 기법을 사용하였다. 인터넷 쇼핑 역사상 가장 획기적인 사건은 1995년 세계 첫 인터넷 서점이라 할 수 있는 Amazon과 경매 사이트 eBay이다. 2000년경에는 이미 많은 미국 및 유럽의 기업들이 웹을 통해 전자상거래 서비스를 시작하였다.

전자상거래란 일반적으로 e–커머스와 거의 같은 의미로 사용되며 e–커머스란 인터넷과 웹을 이용하여 상품과 서비스를 사고팔며 결제하는 것을 의미한다. e–커머스는 기업과 기업 간의 상거래를 의미하는 B2B(Business to Business), 기업과 고객 간의 상거래인 B2C, 고객과 고객을 직접 연결시켜주는 C2C(Customer to Customer)가 존재한다. 우리에게 익숙한 인터넷 쇼핑은 B2C나 C2C에 속한다. 이에 비하여, e–비즈니스란 e–커머스보다 포괄적인 의미로 사용되며 인터넷,

웹 및 기업내부의 인트라넷을 이용하여 기업의 자재 구매, 생산, 마케팅, 판매, 기획, 고객관리 등 많은 영역에서의 데이터 교환과 비즈니스 활동을 의미한다. e-비즈니스란 용어는 원래 1996년 IBM이 사용하기 시작한 용어로 오늘날에는 기업의 자원관리를 위한 ERP, 공급망 관리를 위한 SCM, 고객관리를 위한 CRM 등을 포한한 포괄적 의미를 담고 있다.

오늘날 인터넷 쇼핑은 매우 빠르게 발전하고 있다. 전 세계적으로 e-커머스 시장은 2007년 ~ 2011년 동안 연평균 16%씩 성장하여 6180억 달러에 이르렀고, 미국과 유럽의 경우 인터넷 쇼핑은 2010년 ~ 2015년 사이 연평균 10%씩 성장하여 2015년에 각각 2790억 달러 및 1340억 유로에 도달할 것으로 예상된다(Forrester 사 연구 자료). 한국의 경우에 인터넷 쇼핑에 의한 거래가 국내 총 소매거래의 11%를 차지하고 있다. 인터넷 쇼핑을 통해 판매자는 비용을 줄이거나 소비자의 만족도를 높여서 결과적으로 매출을 증가시킬 수 있다는 장점이 있다. 소비자는 직접 매장에 가지 않아도 되어 훨씬 편리하고 쇼핑 물품 간의 다양한 비교를 할 수 있으므로 선택의 만족도를 높일 수 있다. 그러나 소비자 입장에서는 실제 제품을 직접 보지 않고 구매하기 때문에 전자상거래 사기의 위험이 따르며 거래 시 보안문제가 심각하게 대두될 수 있다. 최근 스마트폰을 비롯한 모바일 기기의 빠른 확산으로 모바일 인터넷망의 이용이 PC를 통한 인터넷 접속을 능가할 것으로 예상되고 있다. 따라서 모바일 인터넷을 이용한 인터넷 쇼핑이 e-커머스에서 또 하나의 기회가 될 것이다.

한편, 온라인 뱅킹은 1980년대 초 전화선을 이용한 홈뱅킹 개념으로 시작하여 1980년대 후반에 확산되기 시작하였다. 그러나 인터넷을 이용한 뱅킹 서비스는 1994년에 가서야 가능하게 되었다. 인터넷뱅킹에서 가장 중요한 요소는 고객과 은행 간에 데이터 송수신 시의 발생하는 보안 문제이다. 고객의 재정관련 자료는 매우 중요한 정보이므로 불법적인 온라인 접근을 철저히 방지할 수 있는 기법이 요구된다. 사용자는 먼저 은행에 등록하고 패스워드인 PIN 및 보안코드인 TAN을 통해서 보안을 확보한다. TAN 코드는 은행으로부터 직접 발급 받거나 때로는 휴대전화를 통한 메시지 서비스를 이용하여 코드를 받아 사용하기도 한다. 데이터 전송 시 웹 브라우저는 SSL과 같은 암호화 기법을 사용한다.

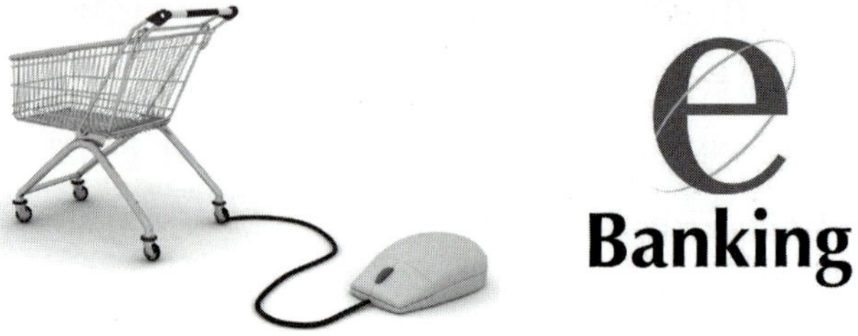

그림 3.2
인터넷 서비스의 사례: 인터넷쇼핑과 인터넷뱅킹

3.2 e-메일과 FTP 서비스

e-메일 서비스는 인터넷 환경에서 가장 자주 사용되는 커뮤니케이션 수단이다. 이 절에서 e-메일 시스템의 유형과 작동원리를 설명한다. 또한, 다른 곳에 있는 컴퓨터로부터 데이터나 파일을 용이하게 받아보기 위한 데이터 전송 수단인 FTP 서비스를 알아보자.

3.2.1 e-메일 서비스

e-메일은 디지털 메시지를 작성하여 저작자가 한 사람 이상의 사람에게 전송하고 싶을 때 사용하는 인터넷기반 서비스이다. 초창기의 인터넷 서비스는 인스턴트 메시지(또는 채팅)와 같이 송신자와 수신자가 동시에 온라인상으로 연결되어 있어야 전자우편을 보낼 수 있었다. 그러나 오늘날의 e-메일 시스템은 저장 후 전송 모델(Store-and-forward model)을 따르고 있어서 수신자나 수신자의 컴퓨터가 동시에 온라인상으로 연결되어 있을 필요가 없다. e-메일 이용자는 메시지를 보낼 때만 이메일 서버 컴퓨터에 연결할 필요가 있다. 1972년 Unix 환경에서 시작된 초창기의 e-메일은 두 컴퓨터가 온라인으로 연결된 상태에서 텍스트 정보를 전송하였으나, 오늘날의 e-메일 시스템은 텍스트 외에 이미지, 사운드, 동영상 콘텐츠도 MIME(Multipurpose Internet Mail Extension) 메시지 형식으로 전송할 수 있게 되었다. 인터넷과 같은 네트워크 환경에서 e-메일을 보내기 위하여 1982년에 SMTP 프로토콜이 제정되었다.

e-메일 시스템은 POP3 기반 e-메일, IMAP 기반 e-메일 및 웹기반 e-메일(웹메일)로 구분할 수 있다. POP3와 IMAP은 일반적으로 이용자의 이메일 계정

이 등록되어 있는 기업이나 기관의 자체 이메일 서버가 존재하는 경우에 전자우편 이용자(Client)가 웹 서버로부터 e-메일을 접근하는 표준 프로토콜을 의미한다. POP3와 IMAP 프로토콜에서는 클라이언트 컴퓨터에 설치된 전자우편 서비스 프로그램(MUA: Mail User Agent)을 통해 전자우편을 이메일 서버의 메일 서브미션 에이전트(MSA: Mail Submission Agent)로 전송한다. MUA는 사용자가 MSA는 SMTP 프로토콜의 목적지 주소를 보고 수신 컴퓨터로 보낸다. 이 때 목적지 주소는 "사용자_ID@수신 컴퓨터_주소"의 형식을 가지고 있다. 예를 들어, 목적지 주소가 bob@b.org라면 사용자_ID가 bob이고 수신 컴퓨터_주소는 b.org이다. 가장 자주 사용되는 전자우편 서비스 프로그램으로 Microsoft사의 Outlook Express와 Thunderbird를 들 수 있다. POP3 프로토콜에서는 이메일 서버가 수신자 컴퓨터에 전자우편을 전송하고 메일 서버의 전자우편은 자동적으로 지워진다. IMAP 프로토콜에서는 수신자 컴퓨터에 전자우편의 헤더(제목, 송신자_이름 등)만 전송하고 수신자가 메일 내용을 다운로드하여도 일반적으로 이메일 서버에 전자우편이 남아있게 된다.

이에 비하여, 웹기반 e-메일(웹메일)에서는 사용자가 웹브라우저를 이용하여 이메일 계정으로 들어간다. 웹메일은 웹기반 이메일 서버인 Gmail, Yahoo mail, Hotmail, Naver, Hanmail 등과 같이 대부분의 이메일 사용자들에게 매우 익숙한 방식이다. 이 때 목적지 주소는 "사용자_ID@웹메일_서버컴퓨터"의 형식을 가지고 있다. 예를 들어, 목적지 주소가 alice@gmail이라면 사용자_ID가 alice이고 웹메일 서버컴퓨터는 gmail이다. 웹메일을 이용하면 웹브라우저를 이용하여 장소에 상관없이 어떤 컴퓨터에서나 웹브라우저를 이용하여 자신의 이메일 계정으로 들어가서 이메일을 읽고 작성할 수 있는 장점이 있다. 그러나 이메일을 읽기 위해서는 항상 웹메일 서버가 연결되어 있는 상태이어야 하는 단점도 있다.

그림 3.3에서 POP3(Post Office Protocol) 프로토콜을 이용한 이메일 시스템의 작동원리에 대하여 설명한다.

①, ② 이메일 송신자(Alice)가 Outlook Express와 같은 전자우편 서비스 프로그램(MUA)를 이용하여 이메일을 작성하고 bob@b.org에게 이메일을 보내기 위하여 MUA의 "send" 버튼을 누른다. 이 때, alice의 이메일 서버는 a.org이다. 송신자 이메일 서버의 SMTP 프로그램(smtp.a.org)은 SMTP

프로토콜에 따라 수신자의 이메일 주소를 확인한다.

③ 수신자 컴퓨터 b.org의 DNS 서버(ns.b.org)는 송신자 이메일 주소를 확인한 후 송신자 이메일 서버 메일박스(mx.b.org)에 이메일을 보낼 것을 요청한다.

④ 송신자 컴퓨터의 smtp.a.org가 SMTP 프로토콜에 이용하여 이메일을 수신자 컴퓨터의 메일박스(mx.b.org)로 보낸다.

⑤ 이메일 수신자(Bob)가 자신의 전자우편 서비스 프로그램(MUA)의 "get mail" 버튼을 누르면, MUA는 POP3를 이용하여 이메일을 메일박스(mx.b.org)로부터 가져온다.

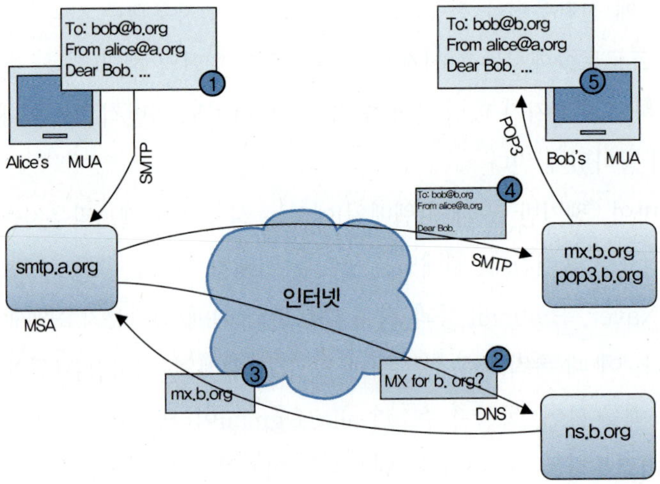

그림 3.3
POP3 기반 이메일 시스템의 작동원리

3.2.2 FTP 서비스

1971년 TCP 기반 네트워크(인터넷)상에서 두 호스트 컴퓨터 간에 파일을 전송하기 위한 프로토콜 FTP 표준이 발표되었다. FTP는 다른 곳에 있는 컴퓨터로부터 데이터 파일이나 프로그램을 받아 볼 수 있게 해주는 서비스이다. 웹이 탄생하기 이전에 FTP는 이메일과 함께 가장 인기 있는 서비스였으며 여전히 많은 사람들이 사용하고 있다. 주로 문서, 프로그램 및 이미지, 동영상과 같은 데이터를 파일형태로 다운로드 받거나 웹 페이지를 만들기 위해 파일을 웹 서버에 전송하는 경우에 이용한다. FTP를 이용하면 전자우편으로 전송하기 어려운 대용량의 파일들을 쉽게 주고받을 수 있기 때문에 여러 가지로 유용하다.

FTP는 파일전송 프로토콜(File Transfer Protocol)의 약자로 인터넷 환경에서 파일을 송수신하기 위한 인터넷 표준 프로토콜이다. FTP는 인터넷 서비스 이름이자 이를 이용하기 위한 클라이언트 프로그램의 이름도 FTP이다. Windows 환경이 널리 사용되기 이전에 Unix나 DOS 환경에서는 직접 명령어를 입력하여 FTP 서비스를 사용하였다. 그러나 근래에는 메뉴 방식의 FTP 클라이언트 프로그램들이 제공되고 있어서 사용하기에 매우 편리하다. 웹하드(www.webhard.co.kr) 사이트나 최근의 클라우드 메모리인 dropbox(www.dropbox.com) 등의 웹 서버는 FTP 프로토콜을 이용하여 문서, 프로그램, 데이터 파일들을 올려놓고 다수의 사용자가 공유할 수 있는 환경을 제공하고 있다.

그림 3.4에서 FTP 서비스의 작동원리를 설명한다.

① 사용자가 클라이언트상의 FTP 프로그램을 이용하여 송신할 파일이나 데이터를 지정한다.
② 클라이언트의 FTP 인터프리터가 서버 컴퓨터의 FTP 인터프리터와 커뮤니케이션을 통하여 서로 연결된다. 이 때, 서버 컴퓨터의 포트 21에 응답한다.
③ 클라이언트 컴퓨터가 서버 컴퓨터에 파일을 전송한다(DTP: Data Transfer Process).
④ 서버 컴퓨터에 액세스 허가를 받은 모든 이용자는 서버로부터 파일을 가져갈 수 있다.

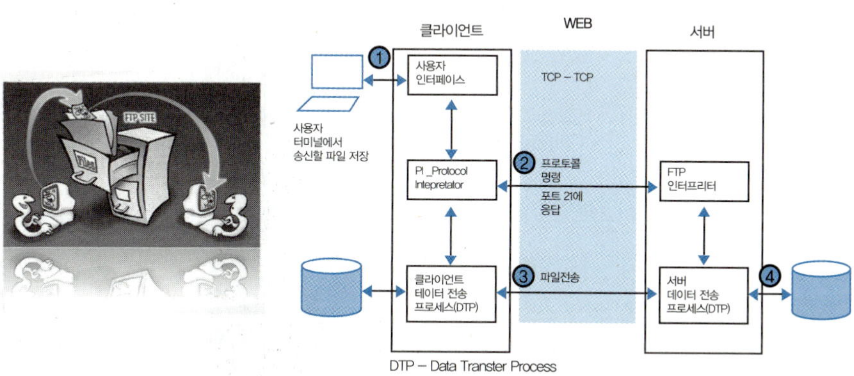

그림 3.4
FTP 서비스의 개념과 작동원리

3.3 포털 사이트와 검색엔진

인터넷 포털 사이트의 발전 역사를 알아보고, 그 기능과 대표적인 포털에 대하여 설명한다. 또한, 검색엔진의 발전과 대표적인 검색엔진으로 알려진 Google에 대하여 알아보고 검색엔진의 구성과 작동원리에 대하여 설명한다.

3.3.1 포털 사이트

1995년 야후(Yahoo)에서 웹사이트에 대한 검색 서비스를 제공한 이래 검색기능의 발전과 함께 e-메일, 뉴스, 커뮤니티, 카페, 블로그 등 종합적인 서비스를 제공하는 포털 사이트의 형태로 발전하였다. 1990년대 후반 많은 웹 포털들이 출현하였다. AOL, Go.com, Prodigy, Excite, Lycos 등이 많은 관심을 받았으나 2000년경 닷컴 버블의 붕괴로 AOL, MSN, Yahoo를 제외하고 다수의 포털들이 사라지게 되었다. 포털(Portal)의 사전적 의미가 '현관' 또는 '관문'을 뜻하듯이 포털 사이트란 사용자가 인터넷에 접속할 때 현관처럼 처음 거쳐야 하는 사이트를 의미한다. 일반적으로 인터넷에 접속하면 웹브라우저에 포털 사이트가 처음 나타나도록 설정하므로 사용자가 필요로 하는 다양한 서비스들을 모아 놓는다. 정보 검색이나 e-메일, 뉴스, 카페, 지도 서비스, 블로그, 게임, 인터넷 쇼핑과 같이 정기적으로 이용하는 서비스를 제공하여 많은 수의 등록된 고정 방문객을 확보하게 되면 포털 사이트 입장에서는 광고수익이나 사용자 정보를 이용한 마케팅 수입이 증가하게 된다.

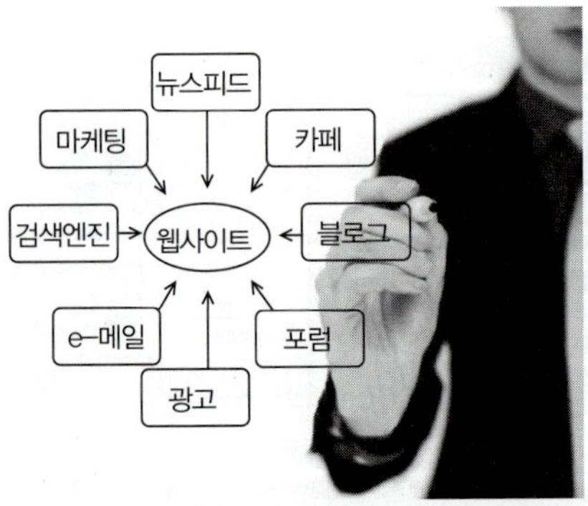

그림 3.5
다양한 기능을 가지는 인터넷 포털

우리나라의 경우, 다음(Daum)은 1995년 한메일 전자우편 서비스를 시작으로 순수한 포털 사이트로 확장하였다. 한편, 1999년 사업을 시작한 네이버(Naver)는 게임 등 다양한 전략을 구사하여 우리나라 1위의 포털로 부상하였다. 2014년 국내 포털 사이트의 점유율은 네이버 79.8%, 다음 16.7%, Google 1.9%, Zum 0.9%로 네이버가 절대적인 우위를 차지하고 있다. 포털 사이트의 광고수입은 등록 고객 수, 고객의 홈페이지 사용량 등에 따라 결정되므로 포털 사이트들은 더 많은 고객이 자사의 포털에서 더 많은 시간을 보낼 수 있도록 최선의 노력을 경주하고 있다. 이와 같이 국내의 포털 사이트들은 미국의 Google과 같은 검색엔진에 비해 매우 폐쇄적으로 운영되고 있다. 이러한 현상이 국내 인터넷 서비스의 발전에 장애 요인으로 작용하고 있다.

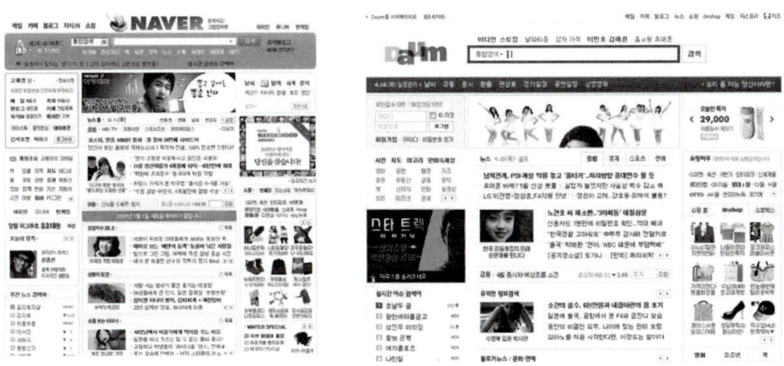

그림 3.6

한국의 대표적 포털 사이트 네이버와 다음의 홈페이지

웹 포털은 관점에서 다음과 같이 분류할 수 있다. 수평적 포털이 다양한 활용 영역의 포털 역할을 수행하는 데 비하여 수직적 포털은 특정한 시장이나 기업영역을 커버하는 포털이다. 또한, 포털의 유형은 기업 포털, 정부 포털, 개인 포털, 문화 포털 등 다양한 유형의 포털이 존재한다. 개인, 기업, 기관 등의 포털을 만드는 저작도구로 iGoogle, Netvibes, Pageflakes, My Yahoo!, Windows Live Personalized Experience 등이 존재한다. 예를 들어, iGoogle은 자체적으로 제공하는 가젯(Gadget)들을 이용하여 웹 포털을 만든다. 가젯들을 웹페이지의 화면에 자유롭게 위치시키고 각 가젯은 지원하는 응용 또는 데이터를 가진다. 가젯은 타이머, 달력, 날씨, 지도, 사진, 동영상 디스플레이, 채팅 룸뿐만아니라 RSS 기술을 이용하여 외부 리소스로부터 동적으로 변하는 정보를 화면에 디스플레이할 수 있다. 또한, 제3의 업체들이 다양한 가젯들을 제공하고 있다. 그림 3.7은 iGoogle 및 My Yahoo!를 사용하여 제작한 포털의 사례를 보여주고 있다.

그림 3.7

iGoogle 및 My Yahoo!를 사용하여 제작한 포털의 예

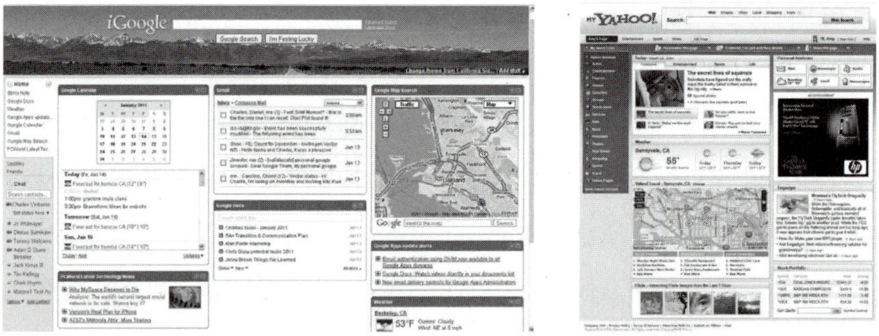

(a) iGoogle (b) My Yahoo!

3.3.2 검색 서비스의 발전

앞에서 설명한 포털 사이트는 다양한 정보와 서비스를 제공하면서 동시에 정보 검색기능을 지원하고 있다. 이에 비하여, 검색 엔진(Search engine)은 말 그대로 웹 검색 기능만을 제공하고 있다. 네이버, 다음, Yahoo가 포털 사이트라면 Google은 가장 대표적인 검색엔진이라 할 수 있다. 웹 검색엔진은 웹에 있는 정보를 찾아와서 결과를 검색엔진 결과 페이지(SERP: Search Engine Results Pages)로 제시한다. 결과물은 웹 페이지, 이미지, 정보, 또는 파일 형태가 될 수 있다. 웹 디렉토리의 경우 편집자가 결과물을 관리를 해야 하는 데 비해 검색엔진에서는 웹 크롤러(Web crawler)의 알고리즘에 의하여 실시간 정보가 자동적으로 검색된다. 검색엔진 서비스의 유형은 텍스트 검색 외에도 이미지 검색, 블로그 검색, 뉴스그룹 검색, 지도 검색, 지식정보 검색, 사운드(노래, 음악) 검색 등이 있다.

1990년 웹이 발명된 이후 1994년 Lycos, Go.com, 1995년 Yahoo, AltaVista, Daum, Excite, 1996년 Inktomi, HotBot 등이 개발되었으며 1998년 Google이 설립되었다. 그 후 1998년 MSN Search, 1999년 Naver, 2000년 Baidu, 2004년 Yahoo Search, 2005년 AOL, Ask.com 등 많은 검색엔진들이 개발되었다. 이들 중 검색엔진 역사상 가장 성공적인 Google 검색엔진은 기본적으로 PageRank 알고리즘에 의해서 작동하며 검색위주의 간단한 홈페이지를 제공하고 있다. 2009

년 Google에 대항하여 Microsoft사가 Bing이라는 검색엔진을 개발하였으나 아직 Google이 검색엔진에서 독보적인 위치를 유지하고 있다. 2015년 4월 시장조사에 의하면 전 세계적으로 검색엔진 분야에서 Google 88.4%, Bing 4.1%, Yahoo! 1.7%, Baidu 0.6%로 조사되었다.

검색엔진은 일반적으로 웹 크롤링, 인덱싱 및 검색 기능을 순서에 따라 수행한다. 웹 크롤링(Web crawling)이란 웹 페이지를 찾아다니며 정보를 수집하는 것을 의미하며, 인덱싱(Indexing)은 찾아온 정보에 기반하여 색인을 만들어서 사용자의 검색질의(Query)에 따라 결과 페이지를 찾아 올 수 있게 해준다. 여기서, 가장 성공적인 Google의 검색엔진이 기반하고 있는 PageRank 알고리즘을 설명한다. PageRank 개념은 1995년경부터 스탠포드 대학의 페이지(Larry Page)와 브린(Sergey Brin)에 의해서 개발되었으며 당시 스탠포드 대학이 관련 특허를 보유하게 되었다. 1998년 설립된 Google 사는 PageRank 알고리즘을 독점 사용하는 조건으로 스탠포드 대학은 주식 180만 주를 받았고 2005년에 이를 3억3천6백만 달러에 매각하였다.

PageRank 알고리즘은 인덱스를 만드는 과정에서 모든 웹페이지를 분석하여 노드와 하이퍼링크로 구성된 웹그래프(Web graph)를 구축한다. 각 웹페이지는 노드(Node)가 되고 페이지들 간을 연결시켜주는 하이퍼링크(Hyperlink)가 그래프의 에지(Edge) 역할을 한다(그림 3.8 참조). 웹 그래프 내의 각 페이지의 중요성 또는 품질(Importance 또는 Quality)과 사용자 질의에 대한 관련성(Topical relevance)이 PageRank 알고리즘에 의하여 계산된다. 페이지의 PR(PageRank) 값은 이 페이지로 향한 링크 수(Incoming link)와 이 링크가 어떤 페이지로부터 나오는지에 따라 결정된다. 예를 들어, www.cnn.com, www.nytimes.com 과 같이 매우 권위 있는 사이트가 특정 페이지로 링크를 갖고 있다면 이러한 링크는 더욱 중요하게 인식된다. 즉, 특정 페이지가 받아들이는 링크의 수뿐만 아니라 외부로 향한 링크(Outbound link)를 가지고 있는 페이지의 중요성도 PR 값에 영향을 미친다. 어떤 페이지가 외부로부터 들어온 링크를 많이 가지고 있다고 꼭 중요한 것이 아니고 이 페이지를 링크한 페이지의 품질과 주제와의 관련도가 PageRank 알고리즘에서 계산된다.

그림 3.8
PageRank 알고리즘의 개념(원은 페이지, 화살표는 링크를 의미함)

1998년 출판된 초기 PageRank 알고리즘에서 웹 엘리먼트 A의 PageRank 값을 PR(A)이라 할 때, 페이지 B, C, D, ... 가 페이지 A로 향한 링크를 각각 L(B), L(C), L(D), ... 개 가지고 있다면 페이지 A의 PageRank PR(A)는 다음과 같이 계산된다.

$$PR(A) = 1 - d + d\left(\frac{PR(B)}{L(B)} + \frac{PR(C)}{L(C)} + \frac{PR(D)}{L(D)} + \cdots\right).$$

단, d = 감폭 인자(Damping factor)로서 사용자가 임의의 링크를 클릭할 경우를 감안하여 보통 0.85의 값을 사용한다.

위의 공식에서 보듯이 만일 페이지 B의 중요성이 크면 PR(B)가 크므로 PR(A)에 더 큰 영향을 미친다. 또한, L(B)는 페이지 B가 가지고 있는 링크의 수를 의미하며 페이지 B가 페이지 A를 향한 링크를 가지고 있을 때 PR(B) 값을 L(B)로 나눈다. PageRank 알고리즘은 웹의 민주적인 특성을 이용하며 어떤 페이지가 다른 페이지로 링크를 가졌다면 그 페이지를 향한 지지표(Vote)로 생각할 수 있다. 위의 예에서는 페이지 B가 페이지 A를 지지한다고 이해할 수 있다.

위의 PageRank 공식을 적용하면 그림 3.9의 예에서 보듯이 ID=1 페이지는 4개의 들어오는 링크(Incoming link)와 5개의 나가는 링크(Outbound link)를 가지고 있다. ID=2 페이지는 ID=1 페이지로 향한 하나의 링크만 가지므로 링크 값이 PR(ID=2)/L(ID=2) = 0.166/1 = 0.166이 된다. 그러나 ID=3 페이지는 나가는 링크 수가 2개이므로 ID=1로 향하는 링크 값은 PR(ID=3)/L(ID=3) = 0.141/2 = 0.071이다. 이와 같이, PageRank 공식을 ID=1 페이지로 들어오는 모든 링크에 적용하면, PR(ID=1) = PR(ID=2)/L(ID=2) + PR(ID=3)/L(ID=3) + PR(ID=5)/L(ID=5) + PR(ID=6)/L(ID=6) = 0.166 + 0.071 + 0.045 + 0.023 = 0.304가 된다. 설명을 간단히 하기 위하여, 이 예에서는 PageRank 공식의 감폭 인자 d = 1.0으로 두었다.

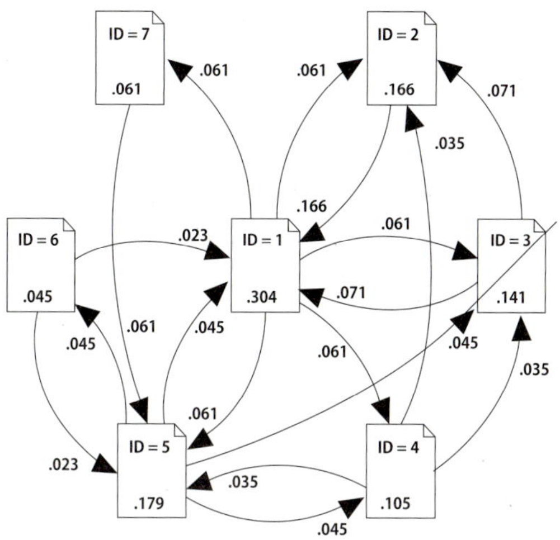

그림 3.9
PageRank 공식의 적용 사례
(http://www.vicconsult.com/seo/)

실제 Google 검색엔진에서 검색엔진 결과 페이지(SERP)를 나열하는 순서는 매우 복잡하다. PageRank 알고리즘의 PR 값 외에도 200여 가지 요소값(Google에서는 Signal이라 부름)들을 고려하여 결과 페이지의 나열순서를 정한다. 그러나, Google 검색엔진의 가장 핵심 개념은 PageRank 알고리즘이다.

웹페이지를 소유한 기업, 기관 및 개인은 자신의 웹페이지가 가급적 검색엔진 결과 페이지(SERP)의 앞부분에 나오기를 희망한다. 앞부분에 나오는 웹 사이트가 더 많은 이용자의 방문을 기대할 수 있기 때문이다. 이와 같이, 웹사이트가 검색엔진에 의하여 검색결과의 앞 부분에 나올 수 있도록 웹페이지를 효율적으로 구성하고 자신을 향해 링크하는 PR 값이 높은 페이지를 더 많이 확보하는 노력을 검색엔진 최적화(SEO: Search Engine Optimization)라고 한다. 인터넷 사용자의 90%가 원하는 웹페이지를 찾기 위하여 검색엔진을 사용하고 있고 57%는 웹을 매일 검색한다. 또한, 웹 검색엔진 이용자들이 광고성 검색결과(예, Google의 Sponsored search results)보다는 검색엔진이 찾아온 결과(예, Google의 Organic search results)를 70% 경우 선호한다. 통계에 의하면 검색엔진 이용자들은 60%의 경우 검색엔진 결과 페이지(SERP)의 처음 3 사이트를 클릭하고 75%의 경우 첫 결과 페이지를 벗어나지 않는다. 따라서, 각 기업 및 기관들은 광고비를 들이지 않고 경쟁사에 비해 검색엔진 결과 페이지의 앞에 나오기 위한 노력을 추구하고 있다. 이러한 배경에서 1997년경부터 기업의 인터넷 마케팅 전략을 돕기 위한 검색엔진 최적화(SEO)를 추구하는 기업들이 나타나기 시작하였다. SEO 기업은 온페이지 SEO 요소(On-Page SEO factor)와 오프페이지 SEO 요소(Off-Page SEO factor)를 분석하여 검색엔진으로부터 더 높은 PageRank 값을 받도록 노력한다. 온페이지 SEO 요소는 웹 사이트 내의 URL, 타이틀(Title), 헤딩(Heading), 하이퍼텍스트, 콘텐츠 내용, 키워드, 사이트 구조 등을 의미한다. 또한, 오프페이지 SEO 요소는 웹 사이트로 들어오는 링크의 수와 링크의 품질에 관한 사항이다. SEO 기업들은 주요 검색엔진의 작동 알고리즘을 이해하기 위하여 노력하고 있으나 Google과 같은 검색엔진 기업은 보다 공정한 검색결과를 나열하기 위하여 사용하고 있는 내부 알고리즘을 공개하지 않고 있다. 실질적으로 이러한 알고리즘은 매우 복잡하고 지속적으로 업데이트되고 있다(Google의 경우 200개 이상의 Signal을 이용하고 있음). 또한, 최근에는 검색엔진 이용자들의 히스토리를 분석하여 이용자에게 개인화되어 있는 맞춤식 검색결과를 제시한다.

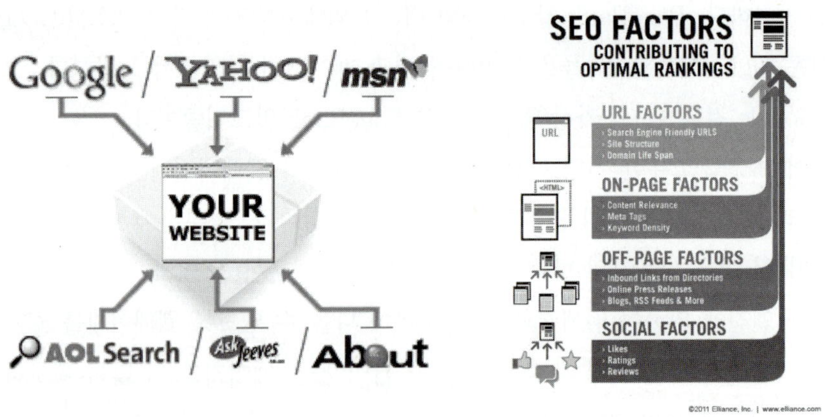

그림 3.10
검색엔진의 SEO 요소의 이해와 최적화

3.4 커뮤니케이션 서비스

인스턴트 메시지(IM)와 VoIP 전화는 인터넷을 이용한 커뮤니케이션으로 오늘날 많이 이용되고 있다. 본 절에서는 인스턴트 메시지와 채팅의 발전과정을 살펴보고 인터넷 전화인 VoIP의 작동원리를 알아본다.

3.4.1 커뮤니케이션 서비스의 발전

인스턴트 메시지(IM: Instant Message)는 인터넷을 이용한 커뮤니케이션 수단으로 송신자가 수신자에게 텍스트 메시지를 보낸다. 인스턴트 메시지는 두 사람 간에 포인트-투-포인트(Point-to-point) 통신 또는 한 송신자가 여러 수신자에게 보내는 멀티캐스트(Multicast) 통신 방식을 사용하고 있다. 최근의 인스턴트 메시지는 텍스트 외에 음성전송 및 비디오 채팅을 가능케 해 주고 하이퍼링크를 이용해서 미디어를 포함시킬 수도 있다.

인스턴트 메시지는 온라인 채팅 개념에 속한다. 인스턴트 메시지와 온라인 채팅 모두 인터넷을 이용하여 두 사람 이상 사이의 양방향 소통을 지원하는 실시간 텍스트 기반 커뮤니케이션이라는 점에서는 비슷하다. 그러나 인스턴트 메시지가 선택된 알려진 참여자들(예, Contact list, Buddy list, Friend list) 간을 연결하는 메시징 클라이언트에 기반하고 있는 데 비해서, 온라인 채팅은 대화방(채팅룸) 내에서 다수의 사용자가 직접적으로 말을 거는 방식으로 익명의 참여자들을 실시간으로 지원하는 웹 응용이다.

웹이 등장하기 이전 Unix의 "talk" 명령이 인스턴트 메시지의 전신이었다. 초기의 인스턴트 메시징 프로그램은 문자가 타이프되는 즉시 상대방의 화면에 나타나는 텍스트 기반의 시스템이었다. 1980년대와 1990년대 초기에 많이 사용된 Unix의 "talk"은 그림 3.11에서 보듯이 사용자의 스크린을 둘로 나누어 사용하는 명령어기반 시스템이었다. 오늘날 GUI 기반의 메시징 클라이언트는 1992년에 개발된 CU-SeeMe가 최초 프로그램으로 텍스트뿐만 아니라 음성과 비디오도 지원하고 있다. 다수의 사용자가 인터넷을 이용하여 Windows 사용자들을 즉시 연결시켜주는 메시징 클라이언트로 ICQ가 1996년 개발되었다. 메시징 클라이언트(Messaging client) 또는 메신저 프로그램이란 사용자가 인터넷에서 별도의 대화방을 개설하지 않고 실시간으로 메시지와 데이터를 주고받을 수 있는 클라이언트 프로그램이다. 메시징 클라이언트는 사용자의 현장정보(Presence)를 기반으로 하여 대화식 메시지를 주고받는다. 현장정보란 사용자의 현장 상태를 표현하는 정보로 사용자의 접속 상태나 위치정보 등을 의미하며 이 때 메시징 클라이언트는 '상대방의 상태를 확인 후 전송(See before you connect)' 방식을 따른다.

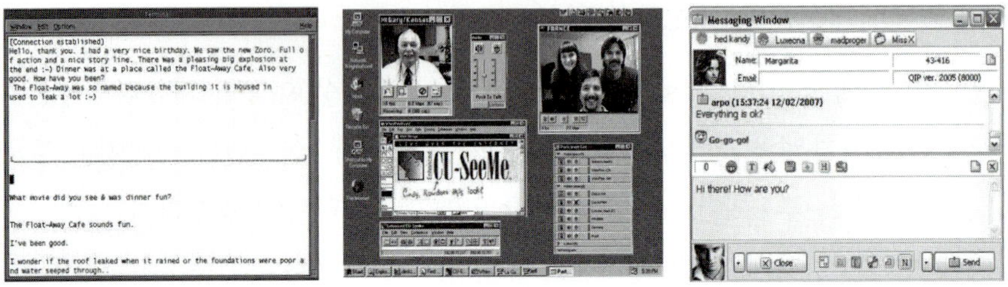

(a) Unix "talk" (b) CU-SeeMe (c) ICQ

그림 3.11 초기의 Unix "talk" 명령어 방식과 메시징 클라이언트 CU-SeeMe 및 ICQ

오늘날 대부분의 메시지 클라이언트 프로그램은 인스턴트 메시지뿐만 아니라 다자간 실시간 채팅도 지원하며 음성과 동영상도 가능한 환경을 지원하고 있다. 초기 인터넷 환경에서는 문자 위주의 간단하고 작은 메시지를 전송하였으나, 현재는 다양한 멀티미디어 메시지의 전송이 가능하다. 인스턴트 메시지를 서비스하는 메시징 클라이언트에는 여러 가지 개념이 보강되어 칠판(Whiteboard), 메모판(Scratch pad), 다자간회의(Netmeeting) 기능이 포함되어 있다. 현재, 인터넷 환경에서는 매우 활발히 사용되고 있고 모바일 환경과 연동하는 유무선 통합 인스턴트 메시지 서비스가 추구되고 있다. 잘 알려진 메시징 클라이언트로 MSN Messenger, Yahoo Messenger, Google Talk, AOL AIM 등이 많이 사용되고 있다. 모바일 인스턴트 메시지 서비스로 잘 알려진 카카오톡(Kakao Talk)은 모바일 환경에서 인스턴트 메시지와 그룹 채팅 서비스를 무료로 지원하며 국내 및 해외 이용자 수가 2012년 3월 현재 4000만 명을 넘어섰다. 모바일 인스턴트 메시지는 기본 특성인 즉시 연결성에 모바일 기기의 특성인 이동성이 추가되어 현장정보를 활용함으로써 새로운 차원의 가치를 창출하고 있다. 한편, 모바일폰 환경에서 제공하는 SMS(Short Message Service)와 MMS(Multimedia Message Service)는 휴대폰을 이용하여 일반적으로 100~200자 정도 길이의 문자 전송이 가능하다. MMS는 문자 외에도 이미지, 오디오, 비디오 등의 멀티미디어 정보도 지원하고 있다. SMS나 MMS의 작동 방식은 '저장 후 전송(Store-and-Forward)' 방식을 따르고 있다. 즉, 송신하는 쪽에서 메시지를 보내면 메시지 서버에서 메시지를 받아서 저장하였다가 수신자의 단말기가 수신 가능한 상태면 바로 메시지를 전송하고 수신 불능 상태면 메시지 서버에 보관하였다가 주기적으로 수신자의 단말기에 메시지 전송을 시도한다.

(a) MSN 메신저　　(b) Yahoo 메신저　　(c) 카카오톡

그림 3.12
MSN 메신저, Yahoo 메신저 및 카카오톡

3.4.2 인터넷 전화(VoIP)

인터넷 전화란 공공교환전화망(PSTN: Public Switched Telephone Network)이나 이동 통신망이 아닌 인터넷 망을 통하여 음성 및 동영상을 전송하는 커뮤니케이션 서비스를 의미한다. 기존의 전화나 휴대폰은 PSTN망이나 이동 통신망을 사용하고 있고 일반적으로 전화를 걸 때마다 비용이 발생한다. 특히, 국제전화를 걸 때는 더 많은 비용이 발생한다. 그러나 인터넷 전화를 사용하면 거의 무료로 국내 및 국제 전화를 사용할 수 있다. 인터넷 전화는 VoIP(Voice over Internet Protocol)에 기반하고 있고, VoIP는 인터넷 망과 같은 IP 네트워크을 이용하여 음성 및 동영상과 같은 멀티미디어 정보를 전송하기 위한 프로토콜, 방식 및 전송기술을 의미한다. VoIP 전화는 상대방 수신자에게 신호를 보내 미디어 채널을 확보하고, 음성이나 동화상과 같은 아날로그 신호를 디지털 신호로 변환한다. 그리고 디지털 신호를 인코딩하고 인터넷 망에 일정 크기의 패킷 단위로 나눈다. 이러한 IP패킷들은 패킷교환 네트워크(Packet-switched network)을 통해 수신자에게 전달된다. 수신자 측에서는 IP패킷들을 수신한 후 앞의 과정을 역순으로 처리한다. 즉, 패킷들을 디코딩하고 디지털 데이터를 아날로그 신호로 변환한 후 원래의 음성과 동화상 스트림을 재생한다. 초기의 인터넷 전화는 전통적인 전화망을 이용하여 서비스를 제공하였고, Skype와 같은 2세대 인터넷 전화는 사용자들에게

자체 폐쇄망을 통한 무료 전화로 제한하였다. 그러나, Google Talk과 같은 3세대 인터넷 전화는 통합 VoIP 개념을 채택하여 전용 IP 네트워크나 공공 IP 네트워크와 같은 서로 상이한 영역의 인터넷 망에서도 연결이 가능하도록 지원한다.

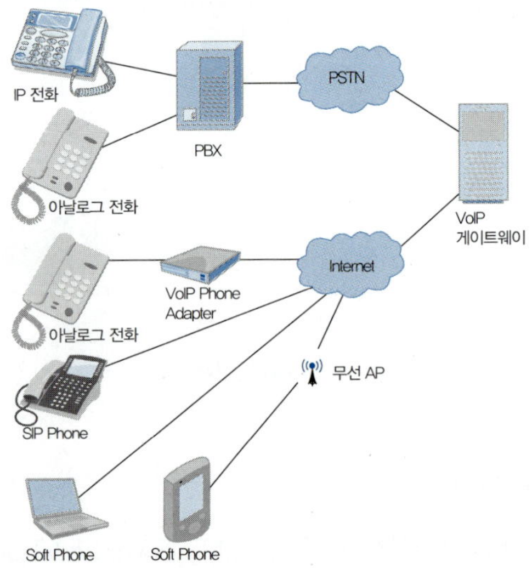

그림 3.13
인터넷 전화의 구성과 VoIP 인터넷 전화의 작동 과정

VoIP 시스템은 수신자와 전화를 시작하고 종결하기 위하여 SIP(Session Initiation Protocol), H.323과 같은 세션제어 프로토콜을 사용한다. 또한, 아날로그 음성과 디지털 데이터 간의 변환을 위해 코덱(Codec: Coding and Decoding)이 필요하다. VoIP 전화를 IP 네트워크상에서 구현하기 위하여 다양한 코덱이 사용되는데, 코덱의 선택은 인터넷 전화의 사용 목적, 네트워크의 용량(Bandwidth) 등에 따라 정해진다. 일반적으로 G.711의 u-law 및 a-law 코덱이 자주 사용되고 있고 보다 고품질의 코덱을 위해서 G.722의 HD Voice가 사용되기도 한다. VoIP는 스마트폰을 비롯한 모바일 기기와 다양한 인터넷 기기들에서 3G 망이나 Wi-Fi 상에서 이용될 수 있다. VoIP는 하나의 인터넷 망을 통해서 음성 데이터뿐 아니라 동화상과 멀티미디어 데이터도 동일한 네트워크를 통해서 전송하므로 통신망 설치비용 측면에서 유리하다. VoIP 전화로 가장 유명한 Skype는 초창기 친구 사이의 인터넷 전화로 시작하였으나 나중에 기업에도 인터넷 전화를 제공하기 시작하였다. Skype 전화는 Skype 네트워크 상의 사용자에게는 무료로 제공되나 PSTN 전화에 걸 때는 일정한 요금을 받는다. VoIP 전화를 이용하

는 가장 큰 이유는 비용 절감에 있으며, 특히 국제전화의 경우에 VoIP를 이용하면 무료이거나 매우 저렴하기 때문이다. 그러나 VoIP 전화는 통화 품질 면에서 전통적 전화에 비해서 미흡할 수 있고 112나 119(한국), 911(미국, 캐나다)과 같은 비상 전화를 걸 수 없는 한계성을 가지고 있다. Skype사는 2003년 설립된 이후 2010년 현재 전 세계 5억 2천만 명이 사용하고 있으며 국제전화의 13%를 점유하고 있다. Skype는 2011년 Micrsoft사에 85억 달러에 팔렸으며 2011년 9월 당시 전 세계적으로 6억 6천만 명의 등록 회원을 보유하고 있다. Skype는 모바일 OS를 포함한 거의 모든 OS플랫폼을 지원하며 인터넷상에서 음성 외에도 화상전화, 인스턴트 메시지, 그룹 채팅, 파일 전송, 비디오 컨퍼런스 등의 기능을 지원하고 있다. 세계 최대 소셜 네트워크 사이트(SNS)인 Facebook은 Skype와 제휴하여 사용자 간의 무료 영상통화를 지원하고 있다. 이에 대항하여 Google사는 Google SNS인 Google+ 서비스를 2011년 시작하였고 Hangouts 기능을 통하여 무료 영상통화와 비디오 컨퍼런스를 지원하고 있다.

그림 3.14
VoIP 전화 Skype와 Google+의 Hangouts

3.5 블로깅과 Podcasting

개인 미디어로서 블로그를 정의하고 활용 분야와 우리사회에 미치는 영향에 대하여 알아보고 블로그에서 사용되는 RSS 기술에 대하여 설명한다. 또한, 팟캐스팅에서 iPod나 모바일 기기로 RSS 기술을 이용하여 원하는 음악이나 비디오 파일을 가져오는 기법에 대하여 설명한다.

3.5.1 블로그 서비스

웹(Web)과 로그(Log)의 합성어인 블로그는 네티즌 자신의 관심사에 따라 일지를 작성하듯이 정보를 기록하고 콘텐츠를 저작하여 다른 사람과 공유하는 서비스이다. 블로그는 개인출판의 성격일 뿐 아니라 대표적인 개인 중심적인 커뮤니티 서비스 도구이다. 블로그에 올려지는 글이나 콘텐츠는 시간적으로 역순으로 게재된다. 즉, 가장 최근의 글이 먼저 나타난다. 1990년대 후반부터 확산되기 시작한 블로그 서비스에 힘입어 전문가가 아닌 일반인들도 콘텐츠 포스팅 도구를 이용하여 쉽게 웹 출판을 할 수 있게 되었다. 초창기에는 주로 개인 미디어로서 이용되었으나 시간이 지남에 따라 기업, 정부기관, 정당, 언론사, 싱크 탱크, 이해 단체 및 그룹들도 블로그를 저작하기 시작하였다. 기업, 정부기관 및 이해 단체들은 자신의 단체를 홍보하고 활동을 알리기 위하여 블로그를 이용한다. 블로그의 가장 큰 특징은 상호작용성을 지원한다는 점이다. 다른 방문자들이 블로그에 GUI 방식의 위젯(Widget)을 통하여 댓글이나 메시지를 남길 수 있다. 블로그에는 자신이 게시한 콘텐츠에 대해 갱신된 내용의 알림 기능이나 댓글달기 기능 등이 있어서 또 다른 커뮤니티 서비스 기능을 제공하고 있다. 블로그를 작성하기 위해서는 저작 환경을 제공하는 블로깅 도구를 이용한다. 대표적인 블로깅 도구로 Blogger.com, Wordpress.com, Tumblr.com, LiveJournal.com 등이 존재한다.

그림 3.15
블로깅 저작도구 Blogger와 Tumblr

블로그가 인기를 끌게 됨에 따라 여러 유형의 블로그가 출현하였다. 개인 블로그를 비롯하여 많은 기업과 기관의 블로그가 만들어졌다. 또한, 장르별로 블로그는 정치, 헬스, 여행, 음식, 정원 가꾸기, 하우스, 패션, 교육, 클래식 음악, 퀴즈, 법률 등 특정 주제에 대한 많은 블로그들이 생겨나게 되었다. 2011년 2월 현재 전

세계적으로 1억5천만 개 이상의 블로그가 존재한다. 블로그 미디어의 유형도 사진위주의 블로그(photoblog), 비디오 블로그(vlog), 링크를 주로 담고 있는 블로그(linklog) 등이 있다. 또한, 사용자가 사용하는 기기의 유형에 따라 다양한 블로그가 존재한다. 특히, 스마트폰과 같은 모바일 기기를 이용하여 Twitter와 같은 마이크로 블로그(Microblog)를 통해서 단문 위주의 블로그를 생성할 수 있다. 블로그들로 구성된 커뮤니티의 집합을 블로고스피어(Blogosphere)라 부르며 블로그는 상호 연결되어 있어서 이들이 모여서 다양한 이슈에 대한 대중의 견해와 트렌드를 형성하게 된다.

블로그는 주기적으로 갱신된다. 때로는 블로거(Blogger)가 매일 새로운 내용을 작성하거나 추가하기도 한다. 블로그는 텍스트를 기본으로 하고 있지만 사진, 이미지, 아트, 비디오, 음악, 사운드 등도 포함할 수 있고 다른 웹 사이트나 블로그로 링크를 가질 수 있다. 또한, 블로그는 다른 웹 사이트나 블로그로부터 RSS 피드 형식으로 새로운 콘텐츠를 공급 받을 수 있다. RSS는 "Really Simple Syndication"의 첫 글자로 만든 용어로 웹 사이트 간의 콘텐츠를 교환하기 위한 XML 기반의 표현 방식이다. 기존의 웹 사이트는 북마크를 저장해 두었다가 원할 때 다시 해당 웹 페이지를 방문하여 원하는 정보를 다시 보는 방식으로 직접 방문하지 않고서는 정보가 갱신되었는지 알 수 없다. 그러나 블로그 사이트에서는 링크로 연결된 사이트에서 RSS 피드라는 형식을 통하여 업데이트된 해당 정보를 자동적으로 보내준다(그림 3.16 참조). RSS 피드는 웹 사이트나 블로그 제작자로 하여금 다른 웹 페이지로부터 콘텐츠를 자동적으로 활용(신디케이트)할 수 있게 해준다. RSS 피드는 사용자가 관심 있는 웹 사이트들로부터 새로운 내용이 갱신될 때마다 한 곳(즉, 자신의 웹사이트 또는 블로그)으로 모두 가져와서 통합하여(Aggregate) 사용할 수 있는 기능을 제공한다.

(a) 기존의 웹 링크 (b) RSS 피드를 적용

그림 3.16
블로그에서 RSS 피드의 개념

블로그 사이트에서 먼저 RSS 피드를 지원하는 웹사이트의 URL 주소를 포함하는 사이트 정보를 RSS 리더에 등록한다. 그림 3.16(b)에서 보듯이 RSS 리더라는 프로그램에서 사용자는 해당 사이트에서 제공하는 RSS 피드를 통하여 사이트의 갱신 유무를 확인할 수 있다. RSS의 활용은 텍스트 및 이미지 위주의 블로그 사이트에 국한되지 않고 멀티미디어 자료의 유통에도 적용되고 있으며, 대표적인 예가 iPod의 팟캐스팅(Podcasting)이다. 사용자 개인의 iPod에서 사용할 MP3 음악 파일을 iTunes라는 프로그램에서 RSS 형식으로 배포해 준다. 팟캐스팅에 대해서는 3.5.2절에서 다시 설명한다.

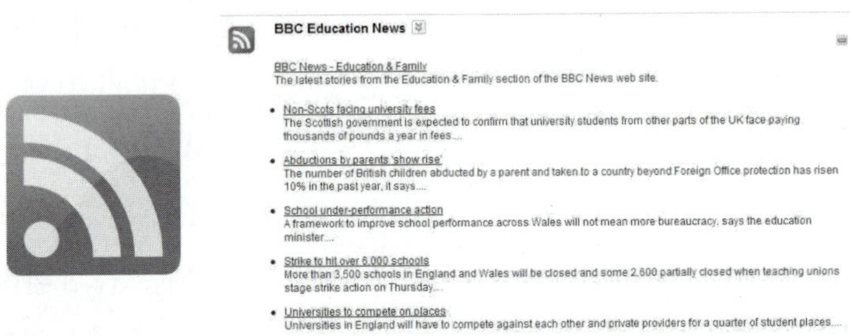

그림 3.17
RSS 피드 로고와 RSS 피드를 제공하는 BBC 사이트의 예

3.5.2 팟캐스팅

팟캐스팅(Podcasting)이란 Apple의 MP3 플레이어 'iPod'와 'Broadcasting'의 합성어로 수많은 음악파일을 보유하고 있는 iTunes 사이트에서 사용자가 원하는 음악을 설정하여 자동적으로 다운로드 받는 방식에서 시작되었다. Apple사에서 2004년 시작한 iTunes는 음악 콘텐츠 서비스의 후발 주자에 속하지만, 웹 2.0 시대의 디지털 콘텐츠 분야에서 유통혁명을 일으킬 정도로 큰 영향을 주고 있다. 2011년 통계에 의하면 iTunes는 온라인 음악 시장의 70~80%를 차지하고 온라인 및 오프라인 시장을 합하여 전체 음악 시장 매출의 33%를 점유하여 세계 최대 음악판매 회사로 떠올랐다. iTunes 뮤직스토어에서 사용자가 자신이 원하는 콘텐츠를 설정해두면 콘텐츠가 갱신될 때 RSS 피드를 통해 사용자 PC의 뮤직스토어(iTunes)에 다운로드된다. 사용자는 MP3 단말기인 iPod를 PC에 접속하여 해당 콘텐츠를 단말기에 전송할 수 있다. 이 때 iPod라는 단말기에 방송되는 것처럼 배포된다 하여 팟캐스팅이라는 용어가 탄생되었다. 최신 음악뿐만 아니라 비디오도

배포하고 있으며, iPod 외에 무선 인터넷 개념이 적용된 스마트폰인 iPhone에 콘텐츠를 다운 받을 수 있다.

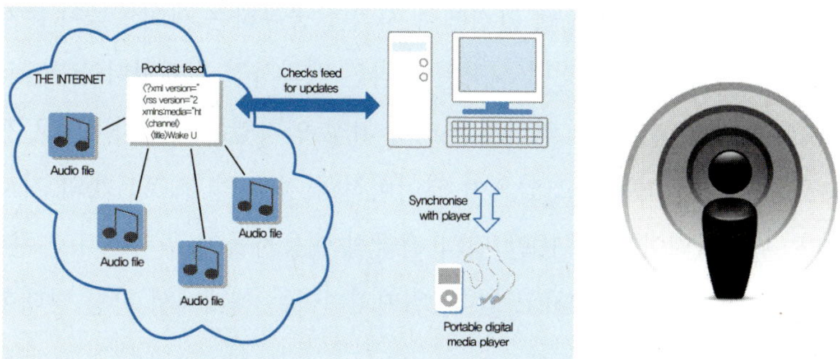

그림 3.18
iPod에서 팟캐스팅의 개념과 로고

팟캐스팅은 오디오, 웹 및 미디어 플레이어의 융합된 미디어로 이해될 수 있으며 이것은 기존 라디오 방송 모델에서 완전히 벗어나는 방송 방식이다. 팟캐스팅은 모든 사용자가 콘텐츠의 생산자가 되며 동시에 소비자 역할을 할 수 있도록 지원하고 있다. 이러한 측면에서 팟캐스팅은 수평적인 미디어라 할 수 있다.

3.6 지식공유 서비스와 소셜 미디어

1990년 시작된 웹 개념이 2004년경부터 참여, 공유 및 개방 개념을 지원하는 웹 2.0으로 발전하였다. 웹 2.0의 개념은 이용자 제작콘텐츠(UCC), 위키, 블로그, 소셜 미디어 등에 잘 나타나 있다. 본 절에서는 웹 2.0에 기반한 지식공유 서비스, 소셜 미디어 및 SNS에 대하여 설명한다.

3.6.1 지식공유 서비스

웹 2.0 개념은 사용자의 참여와 공유를 의미한다. 웹 2.0 사이트는 사용자들의 참여에 의한 집단지성(Collective intelligence)에 기반하여 사이트 내의 콘텐츠를 생성하고 다른 사람과 공유한다. 웹 2.0 개념에 의하면 정보의 생산자가 동시에 소비자가 된다. 이것을 프로슈머(Prosumer)라고 하며 프로슈머는 생산자(Producer)와 소비자(Consumer)의 합성어이다. 웹 사이트는 사용자가 콘텐츠를 쉽게 만들고 편집할 수 있는 환경을 제공한다. 더 많은 사용자가 웹 사이트에 가입할수록 콘텐츠가 풍부해지므로 웹 사이트의 가치도 증가한다. 즉, 웹 2.0 사이트는 사용자들의 집단지성에 의해서 형성된다.

웹 2.0의 개념에 기반하여 웹 환경에서 지식을 공유하는 사이트들이 존재한다. 가장 대표적인 사이트로 2003년 시작된 온라인 백과사전 위키피디아(Wikipedia)를 들 수 있다. 위키피디아는 인터넷 역사상 가장 인기있는 참고사이트로 전 세계 3억 6천 5백만 명이 이용하고 있으며 영어버전의 경우 약 390만 개의 기사를 가지고 있다. 위키피디아는 약 10만 명의 적극적 이용자들이 위키피디아 콘텐츠를 지속적으로 편집, 추가, 수정하고 있다. 위키피디아는 세계에서 가장 방대한 지식 공유 사이트라 하겠다.

한편, Google의 Knol(www.knol.com), Ask.com, 네이버 지식iN, 엠파스 지식발전소 등의 사이트는 사용자로부터 질문을 받아 가장 합당한 답을 제공해주는 사이트이다. Knol에는 2007년에 시작된 프로젝트로 다양한 주제에 대하여 사용자가 작성한 기사들을 포함하고 있다. Knol은 특히 건강 및 의학 관련 기사가 많은데 저자의 의견과 상품에 관한 설명 및 평가 같은 기사를 가지고 있다. 이용자들은 기사에 관한 자신의 긍정적 또는 부정적 댓글을 달 수 있다. 이에 비하여, Ask.com은 웹 환경에서 찾기 어려운 현실적으로 복잡한 문제에 대한 질문에 대하여 웹 검색과 사용자의 응답을 혼합하여 답을 제공하는 Q&A 형식의 사이트이다. 네이버의 지식iN도 사용자가 올린 질문이나 궁금한 내용, 고민에 대하여 다른 사용자가 자발적으로 답변을 다는 사이트이다. 2008년 기준으로 질문의 수가 5000만 개가 넘으며 1000만 명 이상이 사용하고 있다. 네이버는 스마트 에디터를 제공함으로써 사용자가 쉽게 답하고 댓글을 달 수 있는 기능을 제공하고 있다.

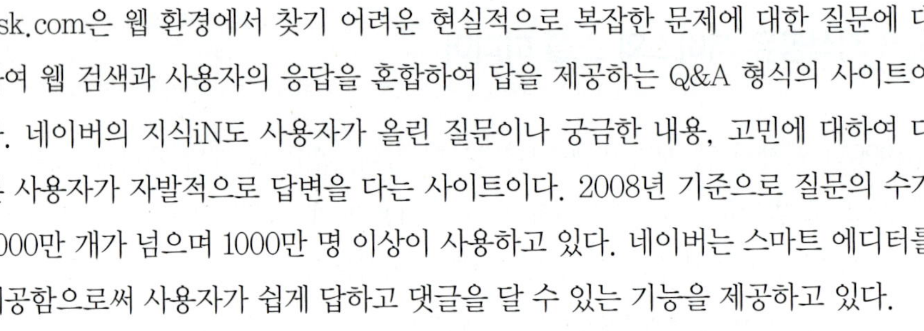

그림 3.19
지식공유 사이트 Knol과 Ask.com

3.6.2 소셜 미디어와 SNS

소셜 미디어란 이용자들에게 일방적으로 정보나 콘텐츠를 제공하는 것이 아니고 상호작용성(Interactivity)을 통해 쌍방향으로 이용자가 정보를 생성하고 제공받는 수단을 의미한다. 소셜 미디어는 웹 2.0의 참여, 공유 및 개방 개념에 기반하고 있다. 소셜 미디어는 이용자들의 자발적인 참여에 기반 하므로 웹 사이트가 이용자의 참여를 용이하게 지원하고 적극적 참여를 유도하는 방향으로 구성되어야 한다. 소셜 미디어는 그 목적과 용도에 따라 미디어 공유사이트, 소셜 뉴스 사이트, 소셜 네트워크 사이트(SNS), 소셜 북마킹, 위키 등 다양한 소셜 미디어가 존재한다. 소셜 미디어와 SNS에 관한 내용은 11.2절에 다시 자세히 설명되어 있다.

소셜 미디어는 이용자들이 글, 사진, 동영상과 같은 디지털 미디어를 출판할 수 있는 공간이다. 이용자들은 이러한 디지털 미디어를 서로 공유하고 취미를 마누며 의견을 소통하고 소셜 인터랙션(Social interaction)을 통해 사용자가 그룹을 형성하고 영향력을 구사한다. 소셜 미디어는 각 사용자들이 자신들을 표현하고 친교하기 위한 장소, 도구 및 서비스를 제공한다. 가장 대표적인 미디어 공유사이트로 사진 공유사이트 Flickr, 동영상 공유사이트 YouTube 등을 들 수 있다. 미디어 공유사이트는 사용자의 참여를 추구하는 사용자 제작 콘텐츠(UCC)이다.

한편, 소셜 네트워크 서비스(SNS: Social Network Service)는 웹상에서 친구, 동료 등 지인과의 인맥관계를 강화시켜 주고 또 새로운 사람들과 인맥관계를 쌓으며 폭넓은 인적 네트워크를 형성할 수 있는 환경을 제공한다. 이러한 인적관계를 형성하기 위하여 이용자는 자신의 인적사항(Profile) 정보를 등록하고 친구관계(Friend 또는 Connection)를 지정하며 동일한 관심 분야나 취미를 가진 그룹(Group 또는 Network)을 구성하며 블로그를 작성하거나 상호 토론의 장을 가질 수 있다. 가장 대표적인 SNS로는 Facebook, MySpace, Google+, Twitter, LinkedIn 등을 들 수 있다. 기존의 웹상의 카페, 동호회 등의 커뮤니티 서비스가 특정 주제에 관심을 가진 집단이 그룹화하여(Group-centered service) 폐쇄적으로 정보를 공유한다. 그러나 SNS는 나 자신 즉 개인이 중심(Individual-centered service)이 되어 자신의 관심사와 정보를 공유하는 개념에 기반하므로 SNS를 1인 미디어라 부르기도 한다.

그림 3.20
대표적인 소셜 미디어와 SNS의 인적 네트워크 개념

실습 Lab. 1 인터넷 전화 – Skype

Skype(http://www.skype.com)는 룩셈부르크의 스카이프 테크놀로지사가 개발한 무료 VoIP 전화 소프트웨어이다. Skype는 2003년 8월 처음 개발되었으나 2011년 Microsoft 사에 의해 85억 달러에 인수되었다. Skype는 P2P 기술을 이용하고 있어, 비교적 느린 속도에서도 높은 통화품질의 안정된 통화를 실현할 수 있는 것이 특징이다. 2010년 말 현재 전 세계적으로 6.6억 명 이상이 사용하는 인터넷 전화 서비스로 국내에서도 많은 사용자를 확보하고 있으며, 다른 인터넷 전화처럼 같은 Skype 사용자 간의 통화는 무료로 사용할 수 있는 장점을 가지고 있다. 다만, 기존의 유선전화나 휴대폰에 전화를 거는 것은 유료이며 크레딧 상품을 구매하여 사용할 수 있다.

Skype는 Window, Linux, Mac 등을 지원하며, 특히 무선 공유기(라우터)가 설치된 곳이라면 휴대폰을 이용하여 PC를 켜지 않아도 일반 전화기처럼 사용할 수 있기 때문에 컴퓨터를 모르는 사람도 쉽게 이용할 수 있다. 과거에 Skype는 PC를 통해 인터넷으로 무료로 통화할 수 있는 프로그램이었다. 성능 또한 일반 전화 못지않은 통화 품질을 제공하기 때문에 업무상 장기간 통화하는 경우나 국제 전화를 하기 위해 특히 유용하였다. 다만, PC를 이용해야 한다는 제한성 때문에 일반 사용자가 이용하는 데 있어서는 많은 제약이 있었다. 그러나, 최근 모바일 네트워크 기기의 발전과 스마트폰의 대중화로 Skype는 다시 한 번 각광을 받고 있다. 3G 통신을 이용하는 단말기라면 무선 공유기가 없는 장소에서도 무료통화가 가능하다.

또한, Skype는 일대일 통화뿐만 아니라 그룹 채팅, 그룹 통화도 가능하며 컴퓨터 화면 공유, 파일 전송 등 여러 가지 기능을 가지고 있다. 통화한 내용을 녹화 및 동영상으로 저장할 수 있는 기능도 제공한다.

1. Skype 설치 및 사용 방법

1) Skype 사이트 접속 및 계정 등록

http://www.skype.com/intl/ko/get-skype/on-your-computer/windows

위의 Skype 윈도우 버전 다운로드 페이지에 접속하여 'Skype 다운로드' 버튼을 클릭한다. 계정을 만들거나 로그인하라는 페이지로 접속되고 이름과 성, 이메일 주소 그리고 간단한 프로필을 작성하여 계정을 등록한다. 프로필을 Skype 상의 모든 사용자들이 볼 수 있는 정보이므로 주의를 기울여야한다. Skype 이름은 Skype를 수행하기 위한 고유 사용자 이름으로 아이디와 동일하다. Skype 이름(아이디)과 비밀번호를 입력하고 '동의합니다' 버튼을 클릭한다.

2) Skype 다운로드 및 설치

"Skype를 선택해 주셔서 감사합니다"라는 메시지가 나오고 자동으로 다운로드가 시작된다. 다운로드가 시작되지 않으면 '다시 시도' 버튼을 클릭한다. 다운로드가 끝나면 SkypeSetup 파일을 클릭하여 실행하고 설치 마법사의 안내에 따라 설치를 완료한다.

3) Skype 실행 및 로그인

다음 그림과 같은 Skype 프로그램이 실행되고 본인의 Skype 이름과 비밀번호를 입력하여 로그인한다. 음성 및 영상 통화가 가능한지 확인하고 친구, 가족 및 동료가 쉽게 찾을 수 있도록 프로필 사진을 설정한다.

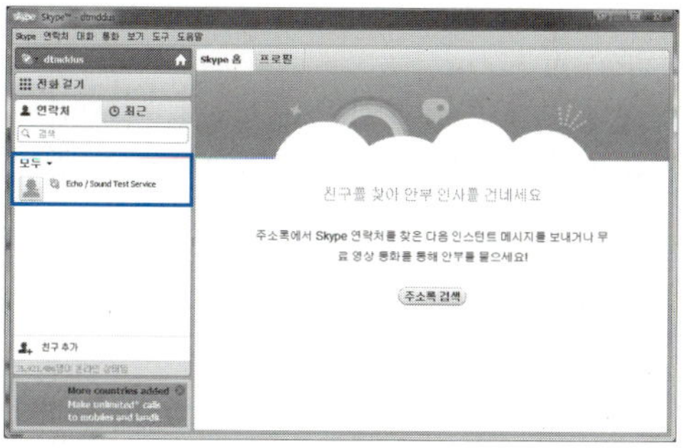

4) 친구 추가

'친구 추가' 버튼을 클릭하고 전화를 걸고자 하는 상대방의 정보를 입력한다. 친구의 이메일 주소 또는 Skype 이름을 알아야 무료로 통화할 수 있다. 친구가 Skype 아이디가 없다면 무료 통화를 할 수 없다. 전화를 받는 상대방이 Skype 아이디가 없는 경우 전화번호를 입력하고 Skype에서 일반전화로 연결되는 유료 통화를 사용할 수 있다. 여기서는 Skype 아이디가 있는 친구를 등록하여 무료통화를 이용한다. 정보 입력 완료 후 '친구 추가' 버튼을 누르면 상대방에게 요청서 보내기 창이 나오고 간단한 메시지를 입력하여 요청서 보내기 버튼을 클릭한다.

5) 무료 통화 걸기

Skype 메인 창 좌측의 연락처 목록에서 전화를 걸고자 하는 친구를 클릭하면 우측에 친구에 대한 정보가 나오는데 '휴대폰으로 전화하기' 버튼의 화살표를 누르면 'Skype 통화' 버튼이 나오고 클릭하여 통화를 시도한다.

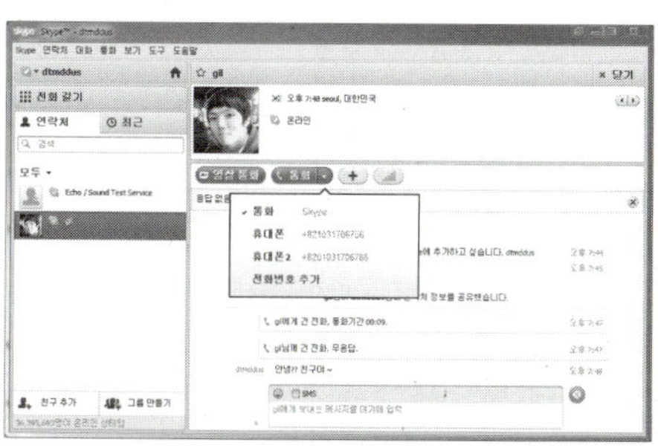

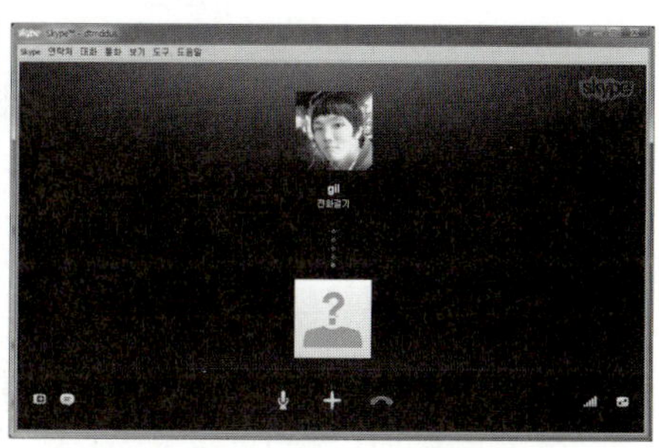

6) SMS 전송

Skype 메인 창 좌측의 연락처 목록에서 SMS 메시지를 보낼 친구를 클릭한 다음 우측 화면의 하단에 SMS 입력 폼을 작성하고 '메시지 전송' 버튼을 클릭한다.

2. Skype로 파일 전송하기

1) 친구 목록에서 파일을 전송 받을 친구를 선택하고 우측에 친구 정보가 나오면 '+' 아이콘을 클릭하여 첫 번째 메뉴, 파일 보내기를 클릭한다.

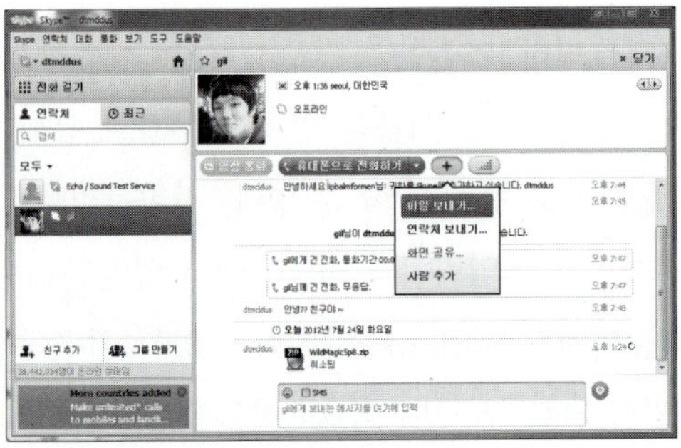

2) 탐색창이 뜨면 전송할 파일을 선택한다.

3. Skype로 그룹통화하기

1) Skype 메인 창 좌측의 연락처 목록에서 전화를 걸고자 하는 친구를 클릭하여 통화를 시도한다.
2) 통화 연결이 성공하면 중앙에 '+' 아이콘을 클릭하여 네 번째 메뉴, '이 통화에 다른 사람 추가'를 클릭한다.

3) 친구 목록이 메뉴로 나오고 함께 통화하고자 하는 친구를 선택하여 '통화에 추가하기' 버튼을 클릭하여 친구를 추가한다.

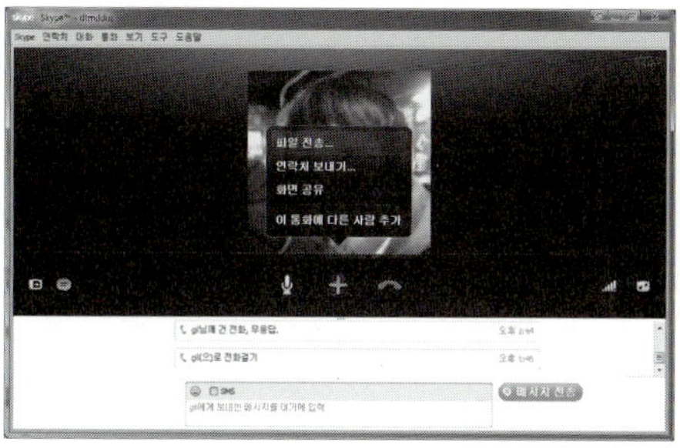

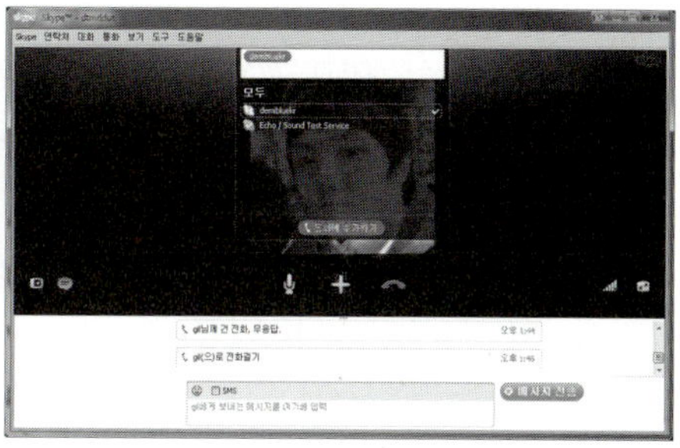

실습 과제

1. 웹캠(Webcam)을 설치하여 친구와 영상통화를 한다.
2. 스마트폰에서 Skype 앱을 다운로드하여 친구의 PC로 또는 스마트폰에서 스마트폰으로 무료통화를 한다. Google의 플레이스토어나 Apple의 앱스토어에 접속하여 Skype를 검색한다. Skype 앱이 검색되면 설치하여 PC 환경과 동일하게 로그인 절차를 거친다. 아래 오른쪽 그림과 같은 Skype 메인 화면에 접속할 수 있다.

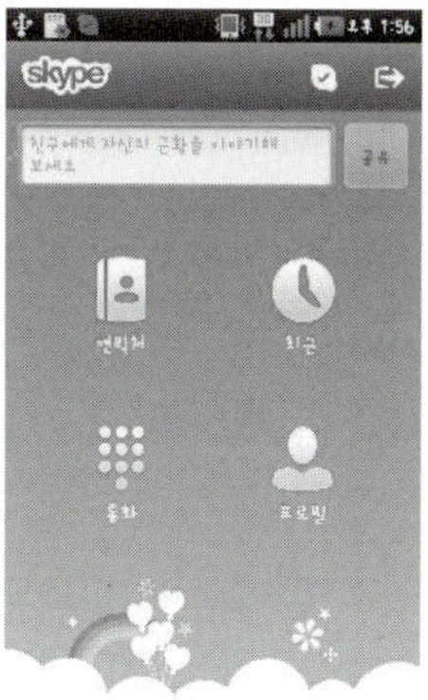

3. Viber, 카카오톡과 같은 다른 무료 인터넷 전화 서비스를 알아보자.

참고문헌

이종운의 IT 역사, http://www.linxus.co.kr/blog/list_post.asp?blogid=fastidio

http://web.ics.purdue.edu/~smatei/435/techwiki/index.php?title=Online_Shopping

http://en.wikipedia.org/wiki/Online_shopping

http://www.vicconsult.com/seo/

PageRank, http://en.wikipedia.org/wiki/PageRank

http://www.knowledge.com/en/seo/

http://www.seocox.com/

"국내 e-커머스 시장동향", 이상록, KT경제경영연구소, 2009. 10

"인터넷이 바꾸는 산업의 지도", 권기덕, SERI 경제 포커스, 2008. 7

"전면전에 나선 구글과 마이크로 소프트", 이준환, SERI 경영노트, 삼성경제연구소, 2009. 8

"모바일 컨버전스 현황 및 시사점", 이재형, KT 경제경영연구소

"전면전에 나선 구글과 마이크로 소프트", 이준환, SERI 경영노트, 삼성경제연구소, 2009. 8

"U-헬스 시장을 향한 ICT업계의 본격화된 경쟁", 정강현, 박재헌, 김자원, KT 경제경영연구소, 2010. 8

"모바일 컨버전스 현황 및 시사점", 이재형, KT 경제경영연구소

Email http://en.wikipedia.org/wiki/email

Ftp http://en.wikipedia.org/wiki/FTP

2011 한국인터넷 백서, KISA(한국인터넷진흥원), 2011. 7

블로깅의 의미(역할)와 영향, http://www.sifry.com/alerts/archives/000493.html

[그림 3.3] https://en.wikipedia.org/wiki/Email

[그림 3.4] http://www.aitel.hist.no/prosjekter/ekstern/mecpol/poi/lessons/10/

[그림 3.8] http://www.zdnet.com/blog/security/researchers-borrow-from-google-pagerank-for-network-defense-service/1540

[그림 3.9] http://www.seoconsult.com/seoblog/seo-techniques/is-pagerank-a-useful-metric.html

[그림 3.10] http://www.sijison.com/services/seosem-services
http://www.elliance.com/aha/infographics/seo-factors.aspx
[그림 3.18] http://jonathandellicour.wordpress.com/

연습문제

01 Microsoft사의 Outlook Express의 POP3(Post Office Protocol)에 기반한 전자우편 서비스가 Google사의 gmail과 같은 웹기반의 웹메일 서비스와 어떻게 다른지 비교 · 설명하라.

02 전자우편 서비스 프로그램인 Output Express와 Thunderbird에서 사용하고 있는 POP3 프로토콜의 작동원리를 설명하라.

03 파일전송 프로토콜인 FTP의 작동 원리를 설명하라. FTP가 전자우편(e-메일) 서비스의 첨부파일 방식과 어떻게 다른지 그 차이점을 설명하라.

04 우리나라의 경우 네이버, 다음과 같은 포털 사이트가 국내 포털 사이트의 90% 이상을 점유하고 있다. 이러한 포털들은 검색엔진 방식에 비해 매우 폐쇄적으로 운영되고 있다. 국내 포털들이 인터넷 서비스 산업의 발전에 장애 요인으로 작용한다는 견해가 있다. 그 이유가 무엇이라고 생각하는지 자신의 의견을 제시하라.

05 Google 검색엔진은 모든 웹페이지를 분석하여 웹그래프(Web graph)를 만들 때 PageRank라는 알고리즘에 기반하여 사용자 질의에 대한 웹페이지의 관련성을 계산한다. 아래의 웹그래프에서 페이지 C가 페이지 E에 비해 들어오는 링크(Incoming link)수가 적은데도 불구하고 더 높은 PageRank 값을 가지는 이유를 설명하라.

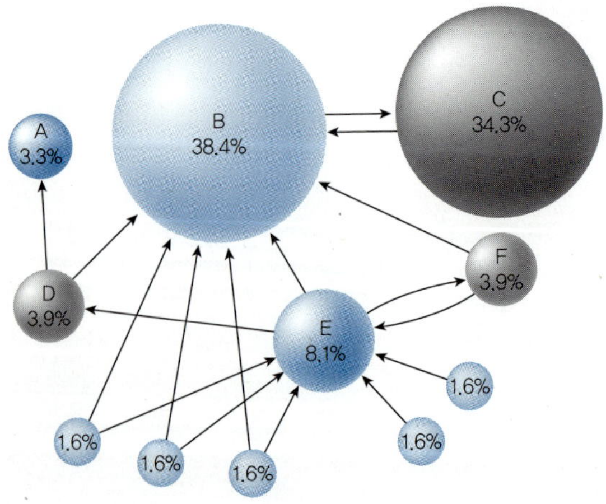

06 SMS(Short Message Service)와 MMS(Multimedia Message Service)의 작동 방식은 '저장 후 전송(Store-and-Forward)' 방식을 따른다. '저장 후 전송' 방식을 따르는 이유가 무엇이라고 생각하는가?

07 인터넷 전화(VoIP)가 전통적인 음성전화 방식과 원리 면에서 어떻게 다른지 설명하라. 인터넷 전화가 무료 또는 거의 무료로 제공되는 이유를 설명하라.

08 블로그(Blog) 서비스를 개인출판이라고 부르는 이유를 설명하라. 블로그에서 사용하는 RSS 기술은 어떠한 기능을 수행하는가? 이 때, RSS 피드와 RSS 리더의 의미는 무엇인가?

09 iTunes에서 이용자가 원하는 음악파일을 가져 오는 방식을 팟캐스팅(Podcasting)이라고 부른다. 팟캐스팅에서 RSS 기술이 어떠한 역할을 수행하는지 설명하라.

10 집단지성 개념에 기반한 위키피디아(Wikipedia) 콘텐츠가 대표적인 백과사전이라 할 수 있는 브리태니커(Britannica) 사전에 비해 어느 정도의 질적 정확도를 가지고 있는지 조사하라. 또한, 콘텐츠의 수를 비교하라.

INTERNET

CHAPTER 04

웹페이지와 웹브라우저

CHAPTER 04

웹페이지와 웹브라우저

현재 우리의 일상생활에 없어서는 안 되는 존재가 되어버린 인터넷에는 앞 장에서 소개한 바와 같이 여러 가지 서비스 방식이 있다. 그 중에서 1989년 팀 버너스리가 제안한 웹(WWW) 방식이 우리가 늘 인터넷에 접하여 사용하고 있는 방식이며, 오늘날 전세계에 인터넷 사용이 보급되고 활성화되는 데 결정적인 기여를 하였다. 이러한 웹 방식의 인터넷 서비스에서 기본적인 정보는 웹 페이지에 표현하고 있으며, 이를 화면에서 볼 수 있도록 해 주는 프로그램이 웹브라우저이다. 본 장에서는 우선 웹 방식의 가장 핵심 개념인 하이퍼미디어의 발전과정과 웹의 기본적인 개념을 살펴본다. 그리고 웹페이지와 웹사이트, 홈페이지의 개념을 이해하고 웹브라우저의 역사 및 종류, 사용법 및 특징에 대해 자세히 설명한다.

4.1 하이퍼미디어와 웹의 개념

웹(Web)은 스위스의 유럽입자물리연구소(CERN, European Center for Nuclear Physics Research)에서 개발되었다. 본래 목적은 유럽 각지에 흩어져 있는 CERN 소속의 연구원들이 다양한 유형의 정보를 공유하기 위한 것이었다. 이를 위해 이전에 선보였던 하이퍼텍스트라는 개념을 채택하였다. 하이퍼텍스트는 연관된 여러 데이터를 링크로 연결하여 사용자가 필요한 정보를 탐색할 수 있게 도와주는 정보탐색 구조를 말한다. 하이퍼미디어는 여러 가지 종류의 미디어 데이터를 링크로 연결한 것으로 웹브라우저 상에서 미디어 데이터를 탐색할 수 있게 하였다.

4.1.1 하이퍼텍스트의 개념

(1) 하이퍼텍스트(Hypertext)

하이퍼텍스트는 상호연관(Association)된 텍스트 조각(Text Fragment)들을 비순차적(Non-sequential)으로 연결하여 구성한 정보이다. 하이퍼텍스트란 개념은 1965년 테드 넬슨(Ted Nelson)이 Xanadu 프로젝트에서 처음으로 소개하였다. 그림 4.1에서 보듯이 전통적인 책(Text)은 순차적으로 구성되어 있으나, 하이퍼텍스트는 정보조각들 간에 비순차적으로 연결되어 있다. 이때 텍스트 정보조각의 단위를 노드(Node)라고 하며 이러한 노드를 연결하는 포인터를 링크(Link)라고 한다.

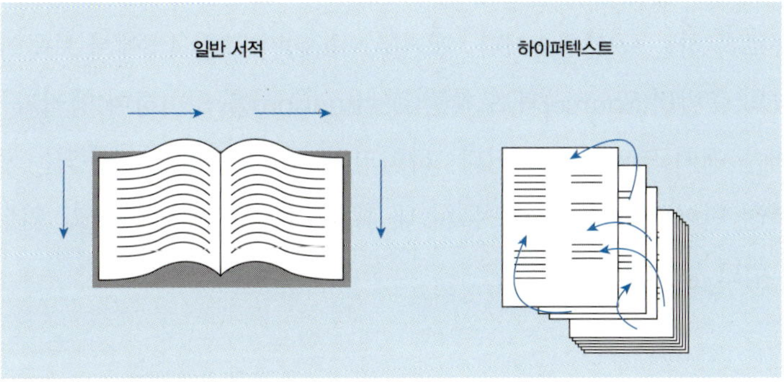

그림 4.1
하이퍼텍스트의 구조

(2) 하이퍼미디어(Hypermedia)

하이퍼텍스트는 텍스트나 이미지 위주의 문서가 링크로 연결되어 있는 것을 말하며, 하이퍼미디어는 텍스트뿐만 아니라 이미지, 그래픽, 사운드, 애니메이션, 비디오 등의 멀티미디어 정보가 서로 연결되어 있는 것을 말한다. 경우에 따라서는 하이퍼텍스트의 의미가 확대되어 하이퍼미디어를 일컫기도 한다.

하이퍼미디어에서 각 정보단위는 링크에 의해 상호 연결되며 경우에 따라 별도의 윈도우에서 나타난다. 하나의 정보가 몇 화면에 걸쳐서 나타나는 경우에도 다음 화면의 내용과는 링크로 연결된다. 이와 같이 모든 정보의 열람은 반드시 연결링크를 선택하여 탐색항해(Navigation)함으로써 이루어진다. 그림 4.2는 링크를 따라 멀티미디어 정보들이 서로 연결된 모습을 보여주고 있다.

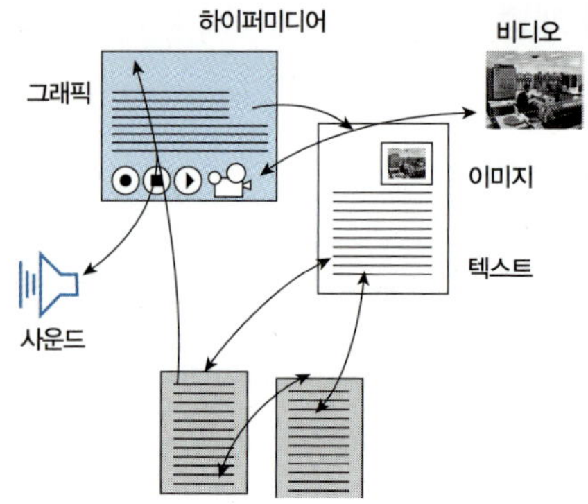

그림 4.2
하이퍼미디어의 구조

(3) 노드와 링크

하이퍼미디어 정보는 노드와 링크로 구성되어 있다. 노드는 멀티미디어 정보를 표현하기 위한 기본단위로서 정보의 저장단위이고, 링크는 노드들을 연결하여 탐색이 가능토록 하는 구성요소이다. 앵커(Anchor)란 그림 4.3에서 보듯이 노드 내에서 링크의 출발점(Source)과 도착점(Destination)을 의미하며 앵커가 설정되어 있는 영역을 앵커 영역이라고 한다. 하이퍼미디어 문서에서 사용되는 링크의 종류로는 특정 단어나 이미지에서 문서 내 혹은 다른 문서로의 링크, 외부 URL로 연결하는 링크 등이 있다.

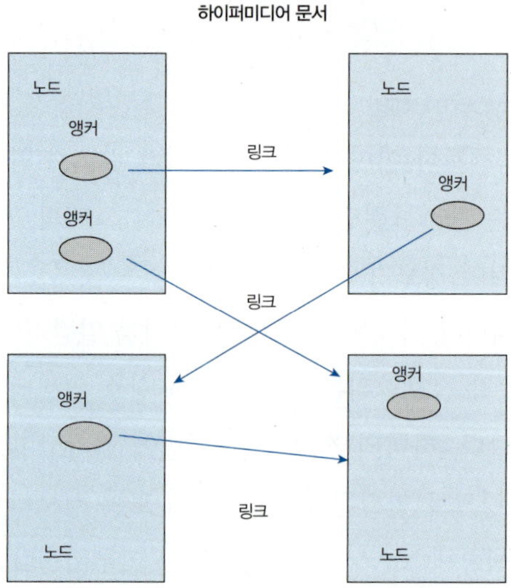

그림 4.3
노드와 링크

4.1.2 하이퍼미디어의 발전과정

하이퍼미디어는 1945년 하이퍼텍스트의 개념이 생겨난 이래 하드웨어와 소프트웨어의 발전에 힘입어 하이퍼텍스트가 꾸준히 발전되어 온 개념이다. 여기서 하이퍼미디어의 발전과정을 간단히 알아보자.

(1) Memex(1945)

Memex는 바네바 부시(Vannevar Bush)에 의해 최초로 제시된 하이퍼텍스트 개념에 입각한 시스템으로 대규모의 온라인 텍스트 및 그래픽 데이터를 기록하고 브라우징하기 위한 가상적인 기계였다. 아쉽게도 Memex 시스템은 하나의 논문으로 그쳤을 뿐 실제로 구현되지는 못했다.

(2) Xanadu(1965)

테드 넬슨(Ted Nelson)이 제안한 시스템으로 하이퍼텍스트라는 용어가 처음으로 사용되었다. 세계의 모든 문헌을 하나의 하이퍼텍스트로 묶겠다는 계획을 세웠으나 완전히 구현하지는 못하였다. 이 시스템은 다중 사용자 기능과 다중 윈도우 기능을 지원하였다. 이러한 넬슨의 시도가 현재의 인터넷과 HTML을 통하여 현실화된 것이다.

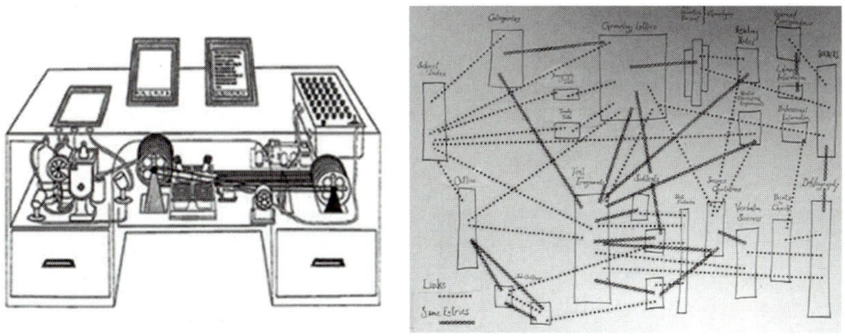

(a) Memex(1945)　　(b) Xanadu의 기본개념(1965)

그림 4.4
하이퍼텍스트 개념의 시작

(3) NLS(oNLine System, 1968)

엔젤바트(Doug Engelbart)는 마우스, 하이퍼텍스트, 이메일, 화상회의 등을 최초로 구현한 HCI 분야의 개척자이다. 1968년 발표된 NLS는 최초로 하이퍼텍스트 개념이 구현된 그룹웨어 시스템이다. 전자문서를 작성하고 이메일로 전송하며, 현재의 웹브라우저처럼 하이퍼텍스트 형태의 문서를 탐색할 수 있다. 또한 마우스와 GUI를 최초로 구현하여 선보이기도 하였다.

(4) Aspen Movie Map(1978)

MIT의 리프만(Andrew Lippman)이 개발한 최초의 하이퍼미디어 시스템으로 이미지간의 브라우징을 제시하였다. 스키휴양지로 유명한 미국 콜로라도주 Aspen 시를 가상으로 여행할 수 있도록, 지도를 보여주는 화면과 현재 위치에서 광경을 보여주는 화면으로 구성되었다. 사용자가 방향을 선택하면 그 곳으로 이동하거나 그 방향의 사진을 보여준다.

(5) HyperCard(1987)

애플사에서 개발한 대중적인 하이퍼미디어 저작도구로 카드방식(Card Metaphore)에 기반하여 하이퍼미디어 시스템을 제작하도록 해준다. 이 저작도구는 Hypertalk라는 스크립트 언어를 지원하며 그 당시 널리 보급되어 사용되었다.

(6) Web(1989)

유럽입자물리연구소(CERN)에서 팀 버너스리(Tim Berners-Lee)가 개발한 인터넷 상에서 정보교환을 위해 구현한 최초의 하이퍼미디어 시스템이다. HTML을 사용하여 문서를 표현하였으며 초기에는 텍스트 위주의 하이퍼텍스트 시스템이었다.

그림 4.5
하이퍼미디어의 발전 과정

(a) Aspen Movie Map(1978년)

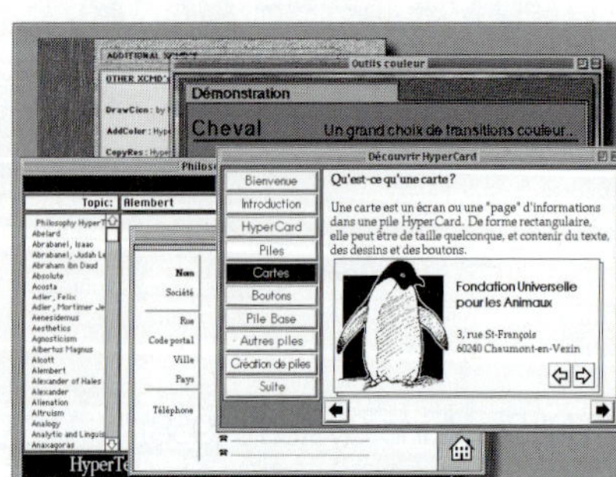

(b) HyperCard(1987년)

4.1.3 웹의 기본 개념

1989년 유럽입자물리연구소(CERN)에서 근무하던 팀 버너스리는 인터넷 상의 정보교환을 위한 분산형 멀티미디어 하이퍼텍스트 시스템(Distributed Multimedia Hypertext System)을 구축하는 프로젝트를 제안하였다. 'World-Wide Distributed Hypertext'라고 명명된 이 프로젝트는 서로 다른 기종의 컴퓨터에서 서로 다른 유형의 파일이나 데이터를 호환성 있게 교환하는 것이 목적이었다. 즉, 하이퍼링크를 이용하여 필요한 정보를 탐색해 나갈 수 있도록 자료의 송수신 프로토콜 및 표현방법을 정했던 것이다. 그림 4.6은 1989년 당시 제안되었던 개념을 설명하는 도표이다.

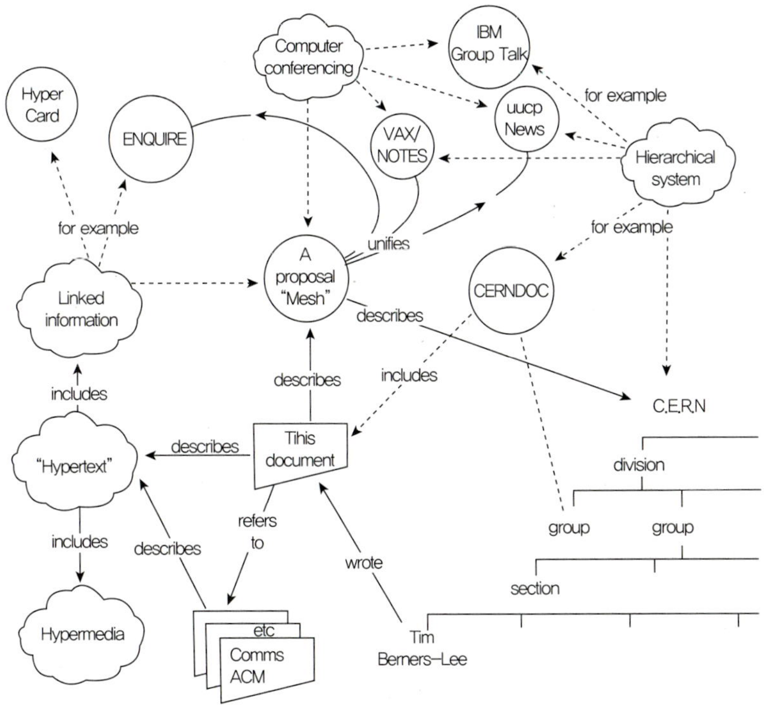

그림 4.6
웹 프로젝트 제안서
(출처: W3C)

웹은 인터넷 서비스 중의 한 가지 방법으로 하이퍼링크 개념과 그래픽 환경의 GUI를 제공하고, 멀티미디어 정보를 다룰 수 있다는 점이 가장 큰 특징이다. 팀 버너스리는 웹에서 하이퍼링크 개념을 가장 핵심적인 기술로 적용하고 이를 활용하기 위한 몇 가지 표준 기술을 개발하였다. 인터넷 상의 정보를 표현하는 언어로

HTML(HyperText Markup Language)을 개발하였고, 웹페이지 정보를 사용자 컴퓨터에 전송하기 위한 HTTP(HyperText Transfer Protocol) 서비스 프로토콜을 개발하였다. 서비스 프로토콜이라는 것은 TCP/IP 통신 프로토콜 위에서 인터넷 애플리케이션이 서비스되기 위한 규약이다. 웹이 등장하기 이전부터 지금까지도 인터넷에서 사용하고 있는 이메일, FTP, Telnet 등이 여기에 해당한다. 또 하나의 특징적 기술로 URL(Uniform Resource Locator)이라는 표준 주소표기 방식을 이용하였다. URL은 "프로토콜://컴퓨터주소/파일경로" 형태를 가지므로 웹의 기본 서비스인 HTTP뿐만 아니라 기존의 다른 서비스 프로토콜도 웹브라우저 내에서 이용할 수 있다.

이러한 기술을 이용하여 컴퓨터 화면에서 웹 정보를 볼 수 있도록 만든 프로그램이 웹브라우저이다. 1993년 미국 일리노이 대학의 연구원인 마크 안드리센(Marc Andreessen)이 모자익(Mosaic)이라는 웹브라우저를 개발한 이후 편리한 사용성 때문에 인터넷 사용자가 폭발적으로 증가하게 되었다. 이러한 웹 브라우저 방식이 오늘날 인터넷이 전세계적으로 널리 사용되게 한 결정적인 기술인 것이다.

웹서비스의 기본적인 운영 방식은 클라이언트-서버 모델에 근거하고 있다. 그림 4.7에서 보듯이 웹의 애플리케이션은 웹서버에서 실행되고, 해당 정보는 웹서버에 웹사이트라는 형태로 저장되며, 웹서버는 데이터 교환이나 웹사이트를 제공하는 호스트 역할을 한다. 웹브라우저는 클라이언트 역할로 사용자의 입력을 받아서 해당하는 요청을 URL 형태로 웹서버에 전송하며, 처리결과를 웹서버로부터 수신 받아 화면에 보여주는 역할을 한다.

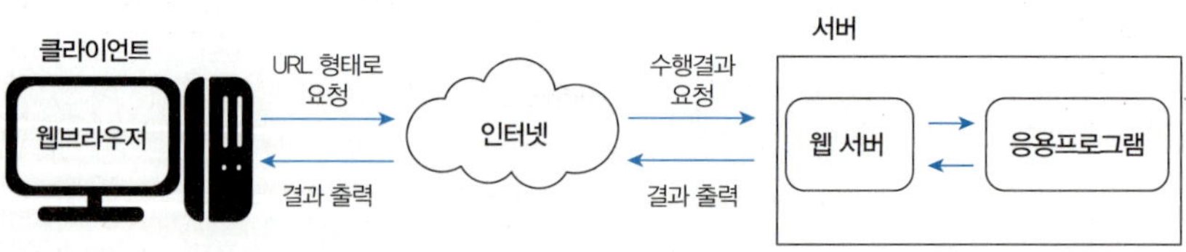

그림 4.7
웹서버와 웹브라우저의 관계

4.1.4 웹 컨소시엄(W3C)의 소개

팀 버너스리는 앞에서 소개한 바와 같이 1989년 인터넷 사용을 위한 웹 방식의 서비스를 처음으로 제안하고 HTTP와 HTML 등 관련 기술을 개발하는 등 웹의 확산과 표준화를 위해 노력하였다. 그 후 웹이 전세계적으로 널리 사용하기 위한 노력의 일환으로 팀 버너스리를 중심으로 여러 관계자들이 모여 웹 관련 표준안을 제정하고 이를 기술적으로 사회적으로 확산하기 위한 컨소시엄을 1994년 10월에 결성하였다. 이 단체의 명칭은 "World Wide Web Consortium"으로 보통 웹 컨소시엄 혹은 줄여서 W3C라고 호칭한다.

웹 컨소시엄은 미국 MIT 대학교, 유럽 INRIA 연구소, 일본 게이오 대학 세 곳에 대륙별 호스트 서버를 설치하고 전세계의 네트워크를 연결하여 운영하고 있다. 그리고 웹 컨소시엄에서는 각 지역의 거점역할을 하는 지역 사무국을 운영하고 있으며, 우리나라의 경우에는 한국전자통신연구원(ETRI)에서 W3C 대한민국 사무국을 운영하고 있다.

현재 웹 컨소시엄에는 전 세계의 300여개 단체가 회원으로 소속되어 있으며 각 회원들은 웹에 관련된 다양한 기술의 발전에 대해 논의하고 기술표준안을 개발하는 공동작업에 참여하고 있다. 보통 'W3C Recommendation'이라고 불리는 W3C 표준안은 HTML, CSS, XML, XSL, DOM 등의 기본적인 웹문서 관련 기술뿐 아니라 모바일, 시맨틱 웹, 웹 접근성 등 다양한 활용분야에 관련된 기술도 포함하여 웹 컨소시엄의 각 워킹그룹에서 제정되고 있다. 웹 컨소시엄에서 제정하는 표준안은 임의 단체의 표준이지만 웹에 관련한 분야에서는 W3C 표준이 가장 중요한 기준으로 국제공인표준과 동등하게 인정받고 있다.

표준안의 개발 이외에도 웹 개발자나 사용자를 위한 정보를 공유하고 신기술에 대한 모델을 개발하여 시험하는 등 다양한 웹 관련 소프트웨어의 개발 및 교육에도 많은 노력을 하고 있다. 또한 웹의 각종 분야 및 기술에 관하여 토론할 수 있도록 1994년 이래 매년 봄에 정기적인 WWW 컨퍼런스를 개최하고 다양한 포럼을 운영하고 있다. 웹 컨소시엄의 창립을 주도하고 W3C 의장을 맡고 있는 팀 버너스리는 지금까지도 W3C의 여러 가지 기술발전을 주도하며 활발히 활동하고 있다.

그림 4.8
W3C 로고와 팀 버너스리(Tim Berners-Lee)

4.2 웹페이지의 개념

인터넷에서 원하는 정보를 검색하거나 원하는 작업을 실행하려면 해당하는 정보나 실행 프로그램이 저장되어 있는 사이트를 찾아가야 한다. 이 때 해당 페이지를 웹사이트, 혹은 웹페이지라고 부른다. 이 절에서는 웹페이지, 웹사이트, 홈페이지와 관련된 개념을 구분하여 살펴보기로 한다.

4.2.1 웹페이지의 개념과 이해

웹에서 접근하는 자료들은 대개 하이퍼텍스트 형식의 문서를 중심으로 다양한 미디어 자료들이 포함되어 있다. 인터넷을 사용할 때 검색되고 각종 인터넷 요청을 처리하여 결과가 기록되는 대부분의 문서들은 웹서버에 저장되어 있으며 일반적으로 이를 웹페이지(Webpage)라고 부른다. 앞 절에서 설명한 바와 같이 웹문서 내에는 텍스트나 이미지 외에도 그래픽, 오디오, 비디오 등 다양한 멀티미디어 자료들이 포함될 수 있으며 문서의 내용과 구성은 문서표현 언어로 기술된다. 웹페이지를 표현하는 가장 대표적인 언어는 HTML(HyperText Markup Language)이며 보통 더 정교한 레이아웃 스타일을 위해 CSS(Cascading Style Sheet)를 같이 사용하거나 풍부한 인터랙션을 위해 자바스크립트(Javascript) 코드를 포함하기도 한다. 또한 웹페이지가 단순히 문서를 보여주는 것에서 더 나아가 정보의 교환이나 다양한 활용을 원할 때에는 XML(eXtensible Markup Language)로 표현되기도 한다.

웹서버에 저장되어 있는 모든 웹페이지는 URL 형식의 주소를 가지고 있으며 일반 사용자들은 이 주소를 통해 원하는 웹페이지에 접근할 수 있다. 그림 4.9에서 보듯이 인터넷을 사용하는 일반 사용자는 보통 웹브라우저를 통해 자신이 원하는 웹페이지에 접근하여 정보를 획득한다. 사용자는 웹브라우저의 주소창에 원하는 웹페이지의 주소를 "www.google.co.kr"과 같이 적거나, 혹은 화면상에서 원하는 하이퍼링크를 클릭하여 사용자의 웹브라우저로부터 "http://www.newdaily.co.kr/news/article.html?no=101915"와 같이 URL이 포함된 요청이 웹서버로 전달된다. 웹서버에서는 이 요청을 접수받아 해당하는 웹페이지를 찾아서 응답하거나 혹은 요구하는 작업을 실행한 후 그 결과를 HTML 문서로 작성하여 웹브라우저에 응답을 해준다. 사용자는 웹 브라우저 화면에서 최종적으로 수신 받은 웹문서를 수행 결과로 볼 수 있게 된다.

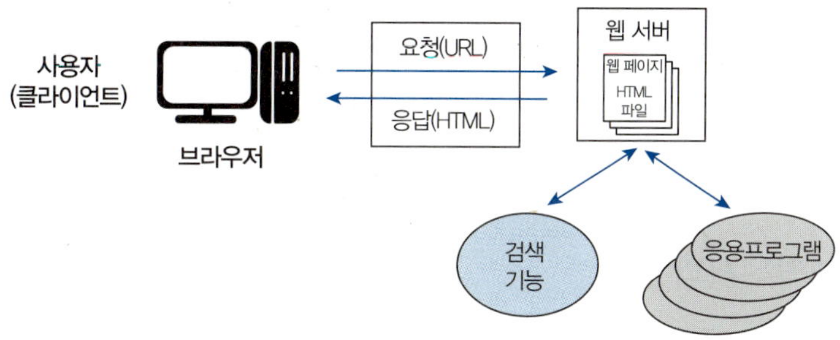

그림 4.9
웹페이지의 요청과 웹서버의 응답 과정

4.2.2 웹사이트와 홈페이지

우리가 일반적으로 말하는 사이트라는 것은 보통 웹사이트(Website)를 줄여서 부르는 것으로 관련된 웹페이지들의 묶음을 말한다. 그림 4.10에서 보듯이 하나의 웹사이트는 하나의 웹페이지로도 구성될 수 있지만 대개는 하이퍼링크로 연결된 여러 개의 웹페이지로 구성된다. 대부분의 회사나 학교, 기관 들은 URL 주소를 가지는 웹사이트를 운영하고 있으며 흔히 홈페이지라고도 부른다. 대개 회사나 기관에서는 이를 홍보나 서비스의 수단으로 활용하고 있다. 최초의 웹사이트는 팀 버너스리가 1990년에 CERN에서 만든 "info.cern.ch"로, 지금도 운영되고 있으며 최초의 웹브라우저 등 웹의 역사에 대한 간단한 소개를 하고 있다.

홈페이지(Homepage)는 특정 도메인이나 웹사이트에서 특별히 대표성을 가지는 웹페이지를 말하며, 원하는 도메인이나 웹사이트에 접속했을 때 맨 처음 나타나는 페이지이다. 홈페이지를 방문하면 웹사이트에서 링크로 연결된 모든 페이지를 접속하여 볼 수 있다. 시작 페이지의 파일이름을 보통 index.html이라는 이름으로 저장해두면 웹사이트의 주소까지만 입력해도 자동으로 홈페이지가 실행된다. 즉, 홈페이지 파일의 주소가 http://visual.sm.co.kr/index.html인 경우 웹사이트 혹은 홈페이지 주소는 http://visual.sm.co.kr까지만 포함하면 된다.

그림 4.10
웹사이트, 웹페이지, 홈페이지

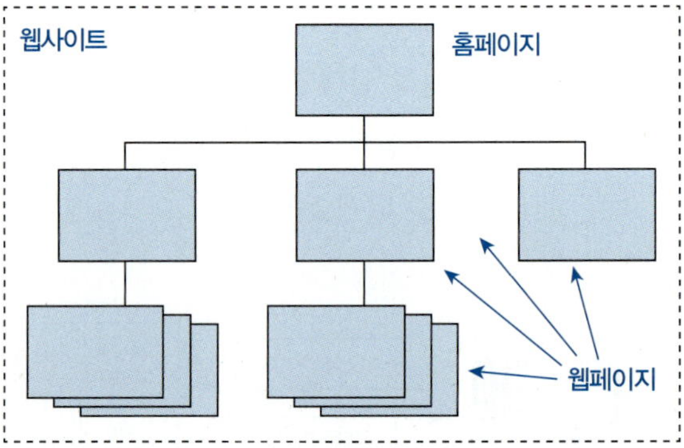

4.3 웹브라우저의 종류

일반 사용자가 인터넷을 사용하려면 대개의 경우 PC 혹은 모바일 기기에 있는 웹브라우저를 통해 접속하게 된다. 웹브라우저는 하이퍼텍스트를 탐색하는 도구로서 HTML로 작성된 웹문서를 볼 수 있게 해주는 클라이언트 프로그램이다. 웹브라우저는 어떤 프로그램을 사용하더라도 같은 내용의 웹페이지를 볼 수 있어야 하지만 제품에 따라 보여지는 정보에 약간의 차이가 있을 수 있다. 인터넷 항해를 도와주는 웹브라우저란 어떤 기능을 가지고 있는지 일반적인 특징과 대표적인 웹브라우저 간의 차별적인 특징을 알아보자.

4.3.1 웹브라우저의 소개

웹브라우저는 사용자 쪽의 클라이언트 소프트웨어로 웹서버에 저장되어 있는 하이퍼텍스트와 하이퍼미디어 정보를 사용자 기기의 화면에 보여주는 역할을 한다. 단순히 내용을 보여주는 것만이 아니라 하이퍼링크의 내비게이션(Navigation)을 도와주는 기능도 포함하고 있는 도구이다. 웹브라우저에서는 텍스트와 이미지뿐만 아니라 하이퍼미디어 자료를 제공하는 인터넷의 특성상 멀티미디어 처리 기능까지 포함하고 있다. 인터넷과 웹이 지금과 같이 폭발적인 인기를 얻는 데에는 컴퓨터 운영체제인 윈도우의 보급이 큰 역할을 했다. 윈도우의 특징인 그래픽 사용자 인터페이스(GUI)와 멀티미디어 처리 기능은 웹브라우저가 필요로 하는 하이퍼미디어 기능을 쉽게 표현해 줄 수 있었기 때문이다.

인터넷 관련 기술 중에서도 웹은 기술의 발전 속도가 매우 빠른 분야이다. Dynamic HTML, HTML5, CSS, Javascript, DOM, XML, SVG, VRML, mobile Web 등이 모두 관련된 기술이다. 이들 기술은 표준안이 정착되기도 전에 새로운 기술이 개발되어 신속히 적용되기 때문에 웹브라우저 프로그램은 출시된 버전에 따라서 제공되는 정보의 종류들이 달라진다. 한 예로, HTML5의 기술사양은 2007년 W3C 워킹 그룹이 결성된 이후, 최근인 2014년 10월 최종 표준안이 확정되었다. 최종 표준안이 확정되기까지 상당한 기간이 소요되었지만 여러 웹브라우저에서는 미리 그 기술을 포함하도록 구현하여 일반 사용자들이 웹브라우저에서 미리 HTML5 문서를 실행하여 볼 수 있었다.

웹브라우저는 하이퍼텍스트를 탐색하는 도구이기 때문에 다른 서비스들과는 다른 몇 가지 기능들이 요구된다. 다른 서비스의 경우에는 접속하는 프로그램과 주소만 가지고 있다면, 이를 이용하여 접속한 후 계정을 입력하고 초기화면에서 원하는 작업을 수행하면 별다른 기능이 필요하지 않다. 그러나 웹의 경우에는 무수한 자원들이 있고, 이를 찾아가는 방법들도 다양하기 때문에 별도로 주소 관리 기능이 필요하다. 또한 다양한 서비스를 통합하여 제공하고 화면 자체가 하나의 문서이기 때문에 이러한 기능들을 관리하기 위한 기능들도 요구된다. 웹브라우저가 제공하는 기본적인 기능들은 다음과 같다.

- 웹페이지 열기
- 최근 방문한 URL 목록 제공
- 자주 방문하는 즐겨찾기 주소록 관리
- 웹페이지의 저장 및 인쇄
- 탭을 이용하여 여러 화면 보기
- 소스파일(HTML) 보기
- 보안 및 필터에 관련된 각종 도구

4.3.2 웹브라우저의 역사

웹브라우저는 그 기능만큼이나 다양한 종류들이 있다. 최초의 웹브라우저는 웹의 역사와 함께 CERN에서 시작하였고, 한때 인터넷 익스플로러(Internet Explorer)가 널리 사용되었지만 현재는 몇몇 웹브라우저가 치열하게 각축을 하고 있다. 이 중에서 주목할 만한 웹브라우저 관련 사건들을 살펴보도록 하자.

(1) WorldWideWeb(1991)

팀 버너스리가 1991년 개발한 최초의 웹브라우저로 넥스트(Next) 워크스테이션에서만 사용 가능하였다. 간단한 메뉴로 구성되었지만 'Back(뒤로)', 'Next(다음으로)', 'Previous(이전 링크로)' 등의 버튼이 있어서 내비게이션을 편하게 해 주었다. 그림 4.11(a)는 WorldWideWeb 브라우저의 실행 화면이다.

그림 4.11
초창기 웹브라우저

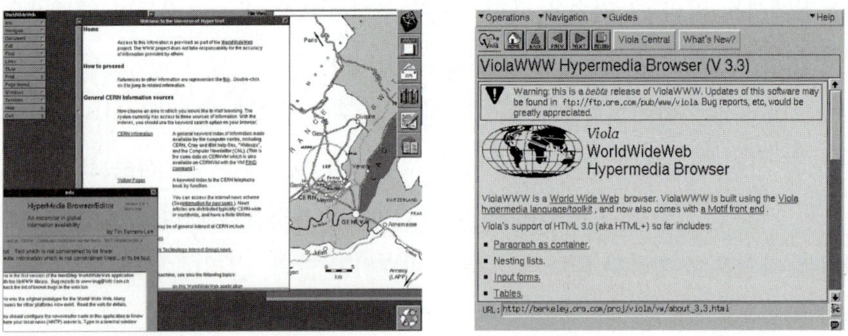

(a) WorldWideWeb 브라우저

(b) ViolaWWW 브라우저

(2) GUI 방식의 웹브라우저들(1992)

웹의 등장 이후 여러 군데에서 하이퍼미디어 기능이 구현된 웹브라우저를 개발하기 시작하였다. 최초의 시도는 핀란드의 헬싱키 공대 학생들에 의해 1992년 개발된 Erwise이었다. Erwise는 유닉스(Unix) 시스템의 X-윈도우 환경에서 실행되었으며, 상업화에는 성공하지 못하였다. 한편 UC Berkley 학생인 Pei-Yuan Wei가 1992년 개발한 ViolaWWW도 웹브라우저로 환영받았으며, 마찬가지로 유닉스의 X-윈도우 환경에서 실행되었다(그림 4.11(b)). 그밖에도 MidasWWW, MacWWW 등의 브라우저가 개발되어 사용되었다.

(3) 모자익(Mosaic, 1993)

일리노이 대학교의 NCSA(National Center for Supercomputing Applications) 슈퍼컴퓨팅 연구센터의 연구원이었던 마크 안드리센(Marc Andreessen)과 에릭 비나(Eric Bina)는 1993년 GUI 방식으로 본격적인 웹브라우저를 개발하여 널리 보급시켰다. 처음에는 유닉스 플랫폼 전용으로 개발하였으나 곧바로 매킨토시와 PC의 윈도우용으로 개발함으로써 웹의 대중화에 결정적인 기여를 하였다. 일리노이 대학교에는 최초의 GUI 방식 PC 웹브라우저인 모자익(Mosaic)의 개발을 기념하기 위하여 그림 4.12(b)와 같이 학교 교정에 기념비를 세워놓고 있다.

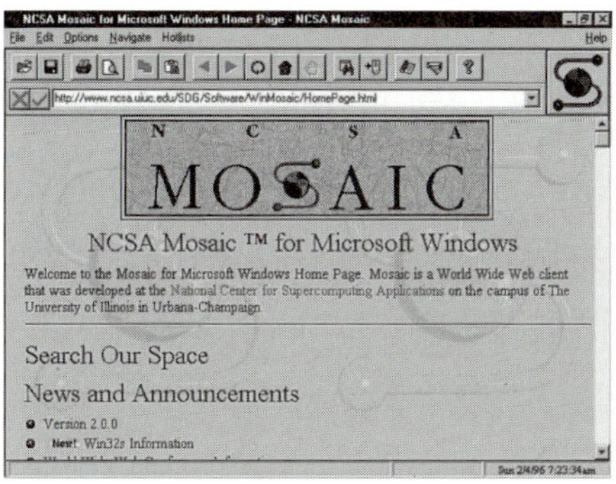

(a) 모자익 브라우저 실행화면

(b) 모자익 브라우저 기념비

그림 4.12
모자익 브라우저
(출처: 위키디피아)

(4) 넷스케이프(Netscape)의 상업화 (1994~1999)

모자익의 개발자 중 마크 안드리센이 Netscape Communications라는 회사를 설립하고 모자익을 더욱 발전시켜 상업화에 성공하였다. 넷스케이프 내비게이터(Netscape Navigator)의 장점은 다양한 플랫폼을 지원하므로 윈도우뿐만 아니라 리눅스, 유닉스와 같은 운영체제에서도 사용이 가능하며 상당히 빠르고 안정적이었다. 또한 사용자에게 여러가지 편리한 도구를 제공하여 급격히 사용자가 증가해 웹 시대가 빨리 오는 데 큰 기여를 하였다. 한편 넷스케이프사는 닷컴기업 성공시대의 대표적인 회사로 1995년 주식 상장시 주당 28달러의 당일 주가가 70달러까지 상승하여 닷컴기업 성공시대를 열었던 회사이었다.

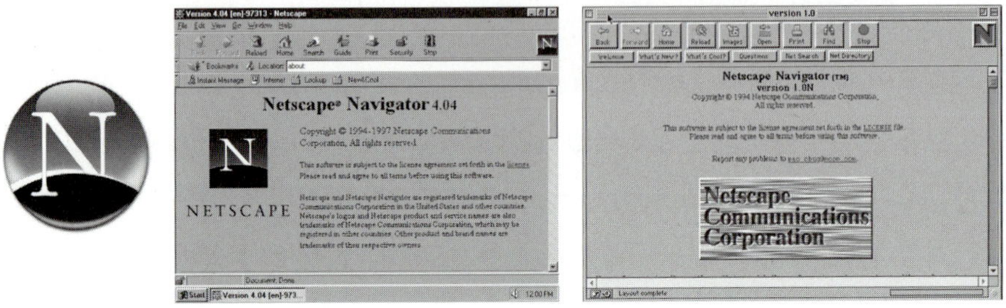

그림 4.13
넷스케이프 로고와 넷스케이프 실행화면

(5) 넷스케이프와 익스플로러의 브라우저 전쟁 (1995~1999)

IT 분야에서 웹이 중요한 위치를 차지하게 될 것이 확실해지자 마이크로소프트사는 인터넷 분야로 사업을 진입하기로 결정하고 1995년 인터넷 익스플로러(Internet Explorer)를 출시하였다. 처음 출시된 익스플로러 버전은 당시 넷스케이프에 비교하여 느리고 웹사이트 호환성도 좋지 못했지만 윈도우95와 함께 묶음으로 제공함으로써 점유율을 높이려고 노력하였다. 익스플로러는 출시 3개월 만에 2.0 버전을 출시하고, 1996년에는 메일 및 멀티미디어 기능이 대폭 강화된 3.0 버전을 출시하였다. 그러나 같은 시기에 넷스케이프 사에서도 계속 새로운 버전을 출시하여 경쟁함으로써 80% 이상의 시장점유율을 유지하였다.

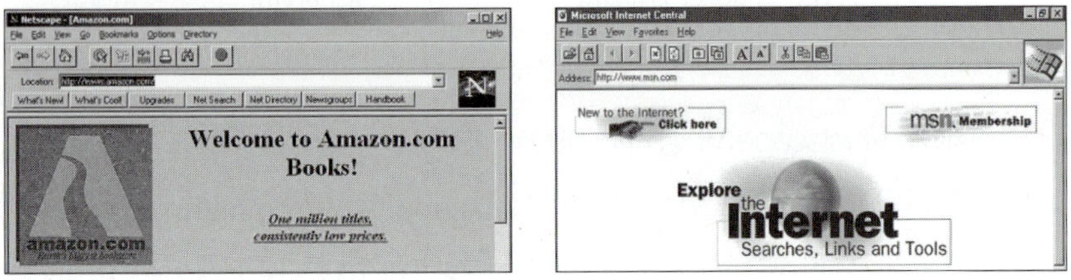

그림 4.14
넷스케이프와 인터넷 익스플로러 초기 버전

1997년 익스플로러 4.0버전이 출시되면서 넷스케이프의 독주시대가 마감되었다. 익스플로러 4.0버전은 Dynamic HTML 및 mp3 기능 등이 지원되었고, 넷스케이프사도 커뮤니케이터(Communicator)라는 이름으로 4.0버전의 브라우저를 출시하였으나 마이크로소프트의 윈도우 끼워팔기(번들) 전략으로 인해 점유율이 급격히 하락되었다. 결국 1998년 넷스케이프사는 웹브라우저에 대해 오픈소스 라이선스 정책을 채택하였고, 이어서 AOL 사가 넷스케이프사를 인수하여 내비게이터를 계속 출시하였으나 점유율은 회복하지 못하였다. 그 이후 2002년까지 익스플로러의 시장점유율은 95%까지 차지하게 되었다.

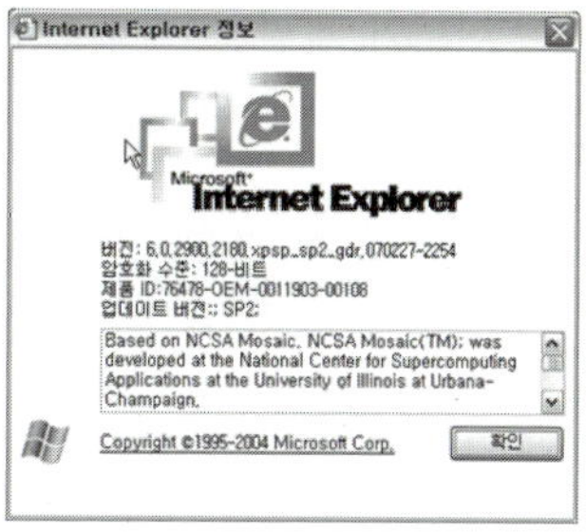

그림 4.15
넷스케이프 커뮤니케이터와 인터넷 익스플로러 6.0버전

마이크로소프트가 익스플로러를 윈도우95에 묶음으로 판매하는 것에 대해 1998년 미국 법무부는 불공정 거래 행위라고 마이크로소프트사를 제소하여 반독점 소송이 시작되었다. 마이크로소프트사에서 익스플로러가 기본으로 포함된 윈도우95를 PC에 탑재할 경우 다른 경쟁업체의 응용 소프트웨어를 탑재하지 못하도록 PC제조사와 계약을 추진하였던 것이다. 미국 연방지방법원은 마이크로소프트사의 불공정거래 사실을 일부 인정하여 끼워팔기 행위에 대해 금지 조치를 판결하였으나, 마이크로소프트사는 윈도우와 익스플로러는 운영체제에서 분리될 수 없는 통합된 제품이라고 항소를 하였다. 몇 년간의 법정 소송 끝에 2000년 미국 연방대법원에서는 마이크로소프트사가 독점금지법을 위반하였다고 최종적으로 판결하였다. 이로써 PC 제조사는 마이크로소프트사의 윈도우와 경쟁업체의 응용 소프트웨어를 동시에 탑재하여 판매할 수 있게 되었다. 그러나 이미 넷스케이프는 시장에서의 영향력을 상실한 다음이었다.

(6) 모질라 재단

모질라 재단은 1998년 넷스케이프의 웹브라우저 소스가 공개된 이후 AOL에서 넷스케이프 브라우저를 지속적으로 개발하던 모질라 프로젝트에서 시작되었다. 2003년 AOL에서 더 이상 지원하지 않자 독자적으로 비영리 재단을 설립하여 보다 나은 오픈소스 기반의 브라우저 개발을 위해 노력하였다. 2004년에 모질라 재단에서는 파이어폭스(Firefox)라는 이름의 자유 소프트웨어 기반의 웹브라우저를 발표하였다. 파이어폭스는 안정적이며 웹표준에 호환성이 높으며, add-on 기능, 탭브라우징, RSS 리더 등의 기능을 포함하여 웹 사용자로부터 호응이 좋았다. 그 결과 2000년대 초반 90% 이상 차지하였던 인터넷 익스플로러의 시장점유율이 상당히 하락하여, 그림 4.16에서 보듯이 현재 모질라 기반의 웹브라우저는 인터넷 익스플로러와 치열한 시장경쟁을 하고 있다.

그림 4.16
웹브라우저의 시장점유율 전쟁(1996~2010년, 출처: Wikipedia)

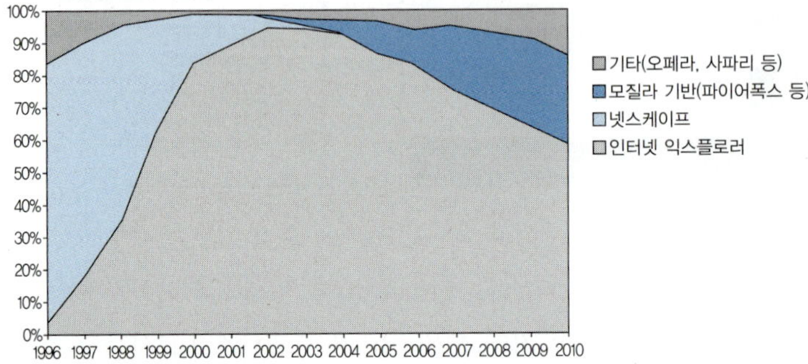

4.3.3 대표적인 웹브라우저들

1998년 인터넷 익스플로러가 넷스케이프와의 시장경쟁에서 승리하면서 시장을 독점하기도 하였으나 2000년대 중반 이후 여러 개의 경쟁 제품이 등장하여 현재 치열한 시장경쟁을 하고 있다. 주요 웹브라우저로는 인터넷 익스플로러 외에 파이어폭스, 크롬, 사파리, 오페라 등이 그림 4.17과 같은 시장점유율의 변화를 보이고 있다. 여기서는 대표적인 웹브라우저들의 특징을 살펴보기로 하자.

그림 4.17
주요 웹브라우저의 시장점유율
(출처: StatCounter)

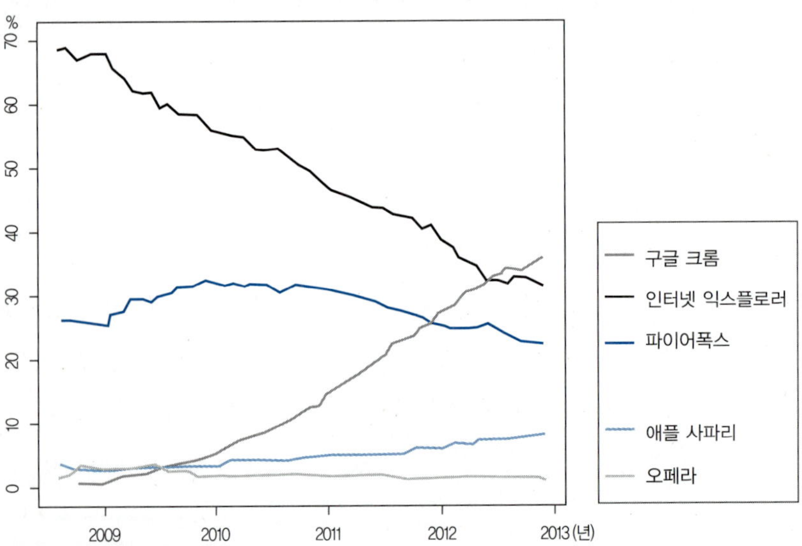

▶ 인터넷 익스플로러(Internet Explorer; IE)

인터넷 익스플로러는 윈도우95 운영체제에 기본으로 포함되어 제공된 후부터 사용자가 급격히 증가하였고, 1998년 넷스케이프 몰락 이후 전세계에서 가장 널리 사용되는 웹브라우저가 되었다. 특히 2001년 발표된 6.0버전은 시장점유율이 한때 95%를 상회하기도 하였다. 이전까지 매년 새로운 버전을 출시하던 익스플로러는 6.0버전 이후 몇 년이 지나 다른 브라우저와의 경쟁이 거세진 다음 2007년 7.0버전을 출시하였다.

웹브라우저 시장을 이끌어온 선두주자이었지만 보안에 취약하고 느린 속도가 문제가 되었다. 이후 새로운 버전의 개발을 통해 보안성을 강화하고 속도개선을 하여 편리성을 많이 강화하였다. 그러나 실질적으로 웹표준 호환성이 떨어지는 편이라서 다른 브라우저와 갈등을 빚고 있으며, 특히 국내의 경우 온라인 뱅킹 등 많은 사이트에서 웹표준과 전혀 상관없는 액티브X를 사용하고 있어서 보안이나 표준 호환성이 매우 취약하다.

▶ 모질라 파이어폭스(Mozilla Firefox)

비영리 단체인 모질라 재단에서 2004년 1.0버전을 발표하였고, 모든 개발 작업은 오픈소스 개발 자원자를 통해 이루어지고 있다. 현재는 모질라 재단 내에서 gecko라고 불리는 레이아웃 엔진을 기반으로 하는 자유 소프트웨어 웹브라우저로 개발되고 있다. 전세계 웹브라우저 시장에서 크롬 및 익스플로러와 함께 시장점유율 선두를 다투고 있다.

파이어폭스는 다양한 운영체제에서 실행이 가능하며, 현재의 웹표준 대부분을 구현하여 표준준수율이 매우 높은 편이다. 국내의 경우 액티브X를 사용하는 사이트가 많아서 불편하지만 웹표준을 준수하는 사이트에 대해서 가장 호환성이 뛰어난 편이다. 또한 다양한 부가기능을 제공하여 사용편리성이 좋은 편이며, 한 예로 'IE탭'이라는 기능을 제공하여 액티브X 컨트롤을 사용하는 사이트에 접속을 가능하게 하고 있다.

▶ 구글 크롬(Google Chrome)

구글에서 2008년 출시한 크롬은 오픈소스 웹브라우저로 '웹킷(Webkit)' 기반의 레이아웃 엔진을 사용하여 간단하면서도 효율적인 사용자 인터페이스를 제공하고 있다. 타 제품에 비교하여 더 나은 속도와 안정성 및 보안성을 갖는 것을 목표로 개발되었고, 등장할 때부터 실행속도 면에서 우수한 성능을 보이고 있다. 웹표준을 준수하는 사이트에 대한 호환성이 우수하며, 크롬 역시 액티브X를 대신 접속할 수 있는 'IE탭' 기능을 제공하고 있다. 크롬이란 단어는 원래 그래픽 사용자 인터페이스의 창틀을 의미하며 이 영역을 최소화시키자는 목표를 가지고 있다. 현재 크롬은 출시 후 모바일 안드로이드 환경과의 호환성으로 인하여 점유율이 대폭 상승하여 2014년 말 현재 웹브라우저 시장의 3파전에서 상당한 우위를 점하고 있다.

▶ **애플 사파리(Safari)** Safari

2003년 애플이 매킨토시용으로 개발한 웹브라우저로서 아이폰과 아이패드 등 애플사의 모바일 기기에서도 동일한 브라우저를 사용할 수 있다. 아이튠즈와 유사한 북마크 관리 체계와 탭브라우징 인터페이스를 사용하고 있는 등 모바일용 사파리 브라우저는 아이폰의 성공에 이어서 성능개선에 힘쓴 결과 많은 호평을 받고 있다.

▶ **오페라(Opera)** OPERA software

노르웨이의 수도 오슬로에 위치하고 있는 오페라 소프트웨어가 1996년부터 출시하여 지금까지 명맥을 유지하고 있는 웹브라우저이다. 웹브라우저 초창기부터 발표된 제품으로 작은 용량과 빠른 속도가 가장 큰 특징이다. 다양한 플랫폼을 대상으로 개발되었으며 iTV나 닌텐도 게임기 등에서 사용하는 브라우저로도 개발되었다. 모바일 시장이 확대됨에 따라 오페라 브라우저는 가볍고 속도가 빠르다는 장점으로 모바일용 웹브라우저 시장에서 상당한 주목을 받고 있다.

4.4 웹브라우저의 기능 및 설정

다양한 웹브라우저가 개발되어 사용되고 있지만 웹브라우저의 목적은 웹서버에 저장되어 있는 웹페이지 혹은 웹서버에서 원하는 응용 프로그램의 실행결과를 사용자의 클라이언트 화면에서 보는 것이 가장 기본이다. 이 절에서는 웹브라우저들의 기본적인 기능 및 부가적인 기능의 설정 방법들을 살펴보기로 한다.

4.4.1 웹브라우저의 작동 원리

웹브라우저의 작동순서는 우선 사용자가 URL 형식으로 자료를 요청하고, 해당 서버는 요구하는 정보를 찾아온 후, 이를 브라우저에서 받아서 보여주게 된다. 이 때 웹브라우저는 사용자 입력을 받고 결과를 보여주는 사용자 인터페이스 역할을 한다. 웹브라우저에서 이 과정을 순서대로 살펴보자.

(1) 웹서버에 문서 요청

일반적인 경우 웹브라우저의 주소 표시줄에 원하는 웹페이지의 주소를 URL(Uniform Resource Locator) 형식으로 입력하여 웹서버에 자료를 요청한다. URL 주소 형식은 프로토콜을 표시하는 접두사가 나오고 그 뒤에 웹서버 및 문서의 경로를 표기한다. 프로토콜을 표시하는 접두사는 웹서버에 접속하는 경우 흔히 http 혹은 https를 사용하지만 웹이 아닌 다른 프로토콜을 사용하는 경우 ftp, mailto, usenet, telnet, file 등으로 접속할 수도 있다. 그림 4.18의 포털사이트 화면에서 수행 가능한 URL 형식의 요청 사례는 다음과 같다.

① http://www.daum.net/ 다음 포털사이트 주소(주소창)
② http://media.daum.net/issue/498?newsId=20130703202404140 뉴스문서 주소(링크)
③ http://search.daum.net/search?w=tot&DA=YZRR&t__nil_searchbox=btn&sug=&q=%EC%95%84%EC%9D%B4%EC%9C%A0 검색요청(버튼)
④ http://media.daum.net/economic/ 미리 분류된 목록

그림 4.18
웹브라우저에서 서버에 요청하는 형식

가장 대표적인 경우가 ①브라우저의 주소창에 직접 주소를 입력하는 경우이고, 그 외에도 ②문서에 링크되어 있는 하이퍼링크를 클릭하여 웹서버에 원하는 실행 결과를 요청할 수 있다. 하이퍼링크를 클릭하는 경우 링크로 연결된 문서의 주소를 주소창에서 요청하는 것과 동일한 과정을 거쳐서 해당 문서를 찾아오게 된다.

단순히 링크된 주소로 웹서버에 요청을 하는 경우 이외에 검색 조건 등의 데이터를 전달해 주어야 하는 경우가 있다. 그림 4.18에서 ③검색창에 단어를 입력하여 검색요청을 하거나 ④분류되어 있는 뉴스를 검색 요청하는 경우에 원하는 뉴스의 분류를 전달해 주어야 한다. 이와 같은 경우에는 버튼이나 링크에 부착된 〈form〉태그의 설정에 따라 해당 프로그램의 실행을 요청하는데 이 때 전달할 내용을 URL 주소 뒤 물음표(?) 다음에 파라메터로 전달한다. ③의 경우 검색조건으로 "query=아이유"를 전달하고, ④의 경우 뉴스 중에서 분류가 "economic"인 경우를 요청한다.

(2) 서버 전달 및 실행 결과

웹브라우저에서 입력받은 사용자의 요청은 일단 사용자 측의 웹서버에 전달된다. 사용자 측의 웹서버에서는 원하는 문서를 찾거나 응용프로그램을 실행시키는 요청이 해당하는 서버에 도달하도록 게이트웨이를 통해 요청을 전송한다. 그림 4.19에서 보듯이 요청이 해당하는 서버에 도착하면 단순 자료요청의 경우 해당하는 문서나 자료를 찾아오고, 응용프로그램 실행 요청의 경우에는 프로그램 실행

결과를 HTML 문서로 구성하여 처리결과를 반환한다.

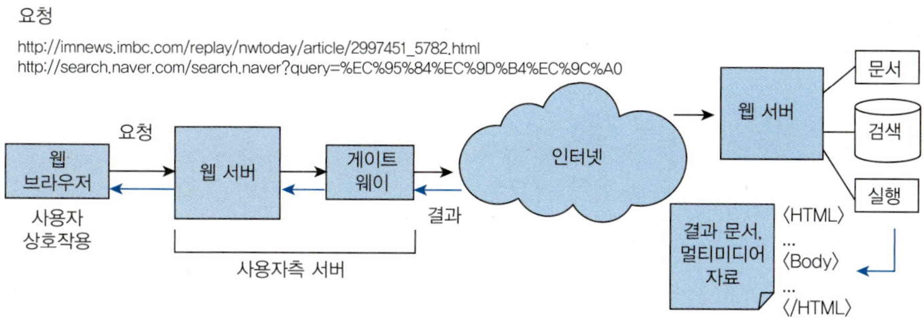

그림 4.19 웹브라우저의 요청 및 서버의 처리 과정

(3) 수행결과 보기

서버에서 반환받은 검색결과 혹은 프로그램 실행결과는 일반 텍스트로만 구성될 수도 있지만 이미지, 비디오, 자바 애플릿, 스트리밍 파일 등 다양한 형식의 자료로 구성될 수 있다. 플래시 애니메이션이나 퀵타임 비디오의 경우 플러그인 프로그램을 요구하며, 브라우저에서 지원하지 않는 형식의 파일인 경우에는 다운로드 할 것인지 여부를 사용자에게 물어보기도 한다. 웹브라우저에서는 전송받은 결과 파일을 화면에 그려주고 다양한 상호작용을 처리해 줌으로써 사용자 인터페이스 역할을 한다. 수행결과의 문서에서 자바스크립트나 Ajax 코드가 실행되는 경우에는 브라우저에서 더욱 많은 사용자 상호작용 기능을 수행하게 된다.

웹브라우저에서는 다양한 형식의 파일이나 다양한 기능을 수행해야 하므로 표준의 역할이 중요해진다. 따라서 웹컨소시엄에서는 브라우저에서 지원해야 하는 표준문서에 포함되는 미디어 파일의 형식을 HTML 문서 표준안으로 작성하여, 각 브라우저에서 이 표준안을 준수할 것을 권고하고 있다. 웹브라우저의 표준 호환성이란 결국 HTML 문서의 표준규격을 얼마나 충실하게 구현하였는지 정도를 뜻하며, 궁극적으로 동일한 HTML 문서가 브라우저에 관계없이 동일하게 보이도록 하는 것이 목표이다. 웹브라우저에서 지원하도록 권고하는 대표적인 표준 형식들은 다음과 같다.

- 프로토콜: HTTP, HTTPS
- 문서 파일: HTML, XML, CSS 등 하이퍼텍스트 문서 및 스타일시트
- 그래픽 파일: GIF, PNG, JPEG 등 이미지, SVG 등 그래픽 파일

- 미디어 파일: MPEG 등 비디오 파일, MIDI, MP3 등 오디오 파일
- 스크립트: 자바스크립트, Ajax
- 기타: 쿠키, 디지털 인증서 등

4.4.2 웹브라우저의 기본 기능

웹브라우저의 가장 근본적인 역할은 멀티미디어 데이터가 포함된 HTML 문서를 화면에 보여주는 것이다. 이러한 근본 역할을 잘 수행하고 특히 사용자가 편리하게 이용하기 위하여 웹브라우저는 다양한 기능을 제공하고 있다. 여러 웹브라우저가 공통적으로 제공하는 기능으로는 우선 주소를 찾아가는 데 관련된 기능, 문서를 보거나 저장하는 기능, 그 외에 사용을 편리하게 하는 기능들이 있다. 여기에서는 파이어폭스 브라우저를 대상으로 기본적인 기능들을 살펴보기로 한다.

(1) 브라우저 창의 구성

웹브라우저 창의 화면 구성은 출시된 제품마다 약간씩 다르지만 일반적으로 제목표시줄, 메뉴모음, 탭제목, 주소창, 문서탭(메인 화면), 상태(주소)표시줄 등으로 이루어져 있다. 파이어폭스나 구글 크롬 등 최근 출시된 브라우저에서는 가급적 기본화면을 간단하게 보이기 위하여 제목표시줄이나 메뉴모음도 초기 설정에서는 보이지 않게 해 두고 있다. 이 외에도 각종 도구들을 화면에 배치하여 볼 수 있도록 설정할 수 있다.

▶ **제목표시줄(Windows Title Bar)**: 현재 웹페이지의 제목을 표시한다.

▶ **메뉴모음(Menu Bar)**: 파일, 편집, 보기, 이동, 북마크, 도구, 도움말에 대한 풀다운 메뉴로 구성되어 있다.

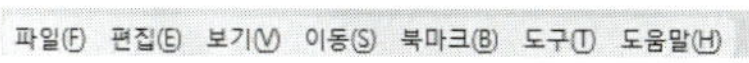

▶ **탭 표시(Tab Browsing)**: 항상 선택된 탭의 제목 표시가 앞에 보이도록 한다.

▶ **주소창(Address Bar)**: 방문을 원하는 사이트의 URL 주소를 입력한다.

▶ **웹페이지 영역(Page Display)**: 접속한 웹페이지의 내용을 보여준다.

(2) 주소 찾아가기

원하는 주소를 찾아가는 방법으로는 기본적으로 주소창에 URL 주소를 입력하면 된다. 또한 바로 전에 방문했던 페이지인 뒤로 가기, 앞으로 다시가기, 시작페이지로 가기 위한 아이콘 버튼들이 있다. 한편, 사용자가 방문하였던 사이트 주소를 '히스토리'로 관리해주는 기능을 제공하며, 사용자가 자주 방문하거나 기억해 두고 싶은 주소는 '즐겨찾기' 혹은 '북마크'로 저장하여 관리함으로써 원하는 사이트에 편리하게 접속할 수 있다.

▶ **주소창에 URL 입력하기 및 자동완성**

최근 버전의 웹브라우저에서는 주소를 입력하거나 검색어를 입력할 때 주소의 일부분만 입력하면 이전에 방문하였던 주소나 추천하는 주소목록을 풀다운 메뉴로 보여주어 웹사이트 방문을 매우 편리하게 해주는 '주소 자동완성' 기능을 제공해 준다.

▶ 찾아가기 아이콘 버튼

방문했던 사이트로(뒤로) 가기, 다시 앞으로 가기, 페이지 새로고침, 다운로드 중지, 시작페이지로 가는 홈 버튼 등이 있다.

▶ 방문기록 도움받기

주소창의 오른쪽 삼각형 버튼(▼)을 누르면 최근 방문했던 사이트 주소목록이 풀다운 메뉴로 나타난다. 혹은 방문기록 창을 열면(보기 ⇒ 탐색창 ⇒ 방문기록) 페이지 영역 왼쪽에 방문기록이 날짜별로 정리되어 나타난다. 이를 이용하면 편리하게 원하는 페이지에 접속할 수 있다. 이동 메뉴를 이용하여 최근 방문했던 사이트에 바로 접속할 수도 있다. 이동 메뉴에서는 방문기록을 다양한 경우로 나누어 보여준다.

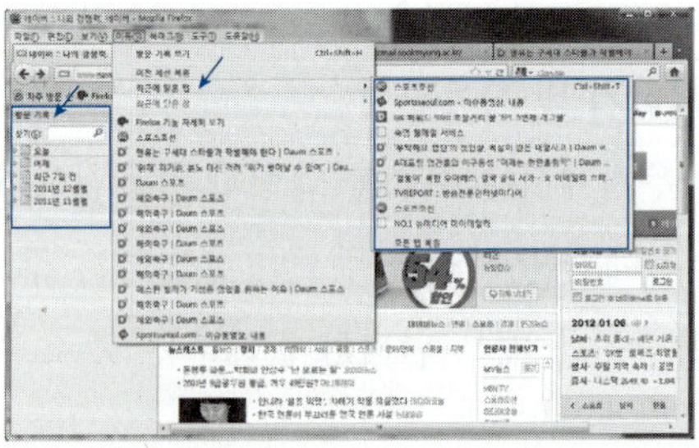

▶ 북마크(즐겨찾기) 이용하기

자주 방문하는 사이트의 주소를 북마크에 등록해 놓으면 해당 사이트를 편리하게 접속할 수 있다. 북마크 등록은 주소창 오른쪽 별모양 버튼(☆)을 누르면 되고 북마크 창을 열면(보기 ⇒ 탐색창 ⇒ 북마크) 페이지 영역 왼쪽에 북마크에 등록된 주소가 미리 설정한 분류대로 정리되어 나타난다.

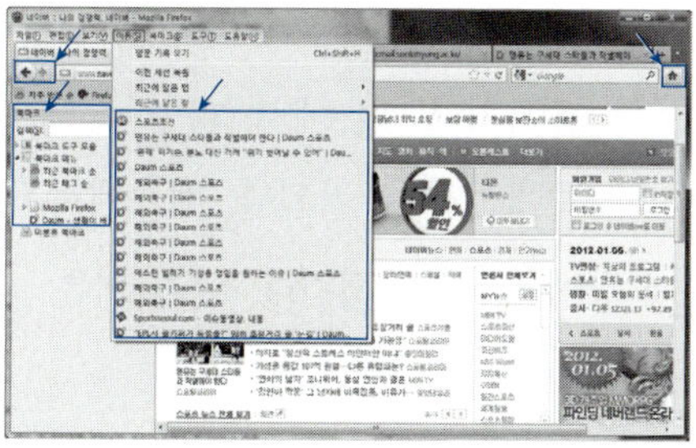

▶ **RSS 피드 받아보기**

최근에는 뉴스나 정보 제공 사이트, 혹은 블로그 사이트에서 업데이트되는 정보를 RSS 피드로 제공하고 있다. 웹브라우저에서 RSS 피드 주소의 구독을 등록해 놓으면 해당 사이트의 업데이트 정보를 쉽게 받아볼 수 있다. 파이어폭스의 경우 북마크에서 '현재 페이지 구독하기'를 실행하면 라이브 북마크로 피드가 등록된다(익스플로러의 경우 '피드' 등록). 등록된 RSS 피드는 다음과 같이 피드 이름과 업데이트된 정보의 제목이 목록으로 나타난다.

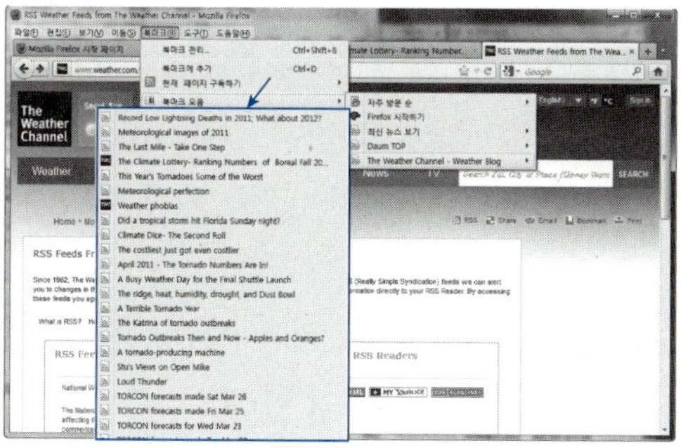

(3) 페이지 보기 및 파일 관리하기

브라우저 탭 내의 페이지 영역에서 문서를 보기 위해서 우선 새로운 탭 혹은 창을 열거나 닫는 기능을 제공하고, 그리고 각종 도구를 선택적으로 보여주기, 글자의 크기를 조정하기, 문자인코딩 선택하기 등의 보기관련 기능을 제공하고 있다. 또한 문서 내에서 단어찾기, 인쇄하기, 파일로 저장하기 등 파일을 관리하는 기능을 제공한다.

▶ 새탭 열기, 새창열기

새탭 열기 버튼(+)을 이용하거나 메뉴에서 (파일 ⇒ 새 탭)을 실행하면 내용이 비어있는 새로운 탭이 오른쪽에 하나 추가된다. 메뉴에서 (파일 ⇒ 새 창)을 실행하면 새로운 웹브라우저 창이 하나 더 생긴다. 닫기 버튼 × 을 이용하면 탭이나 창을 닫을 수 있다.

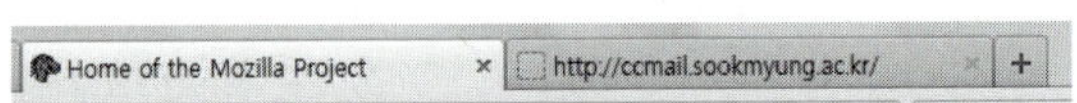

▶ 각종 도구 및 탐색창 보기 선택

메뉴 바, 주소창 모음, 북마크 모음, 부가기능 모음 등을 선택적으로 브리우저 창에 항상 나타나게 할 수 있다. 또한 북마크 창과 방문기록 창도 선택적으로 화면에 항상 보이게 할 수 있다.

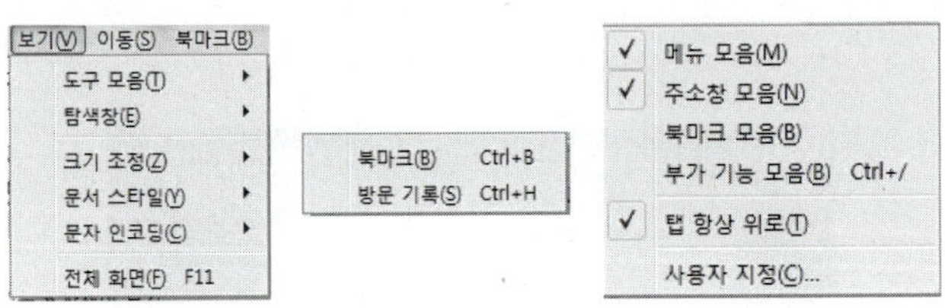

▶ 보기 메뉴 선택

글자의 크기 조정, 문서의 스타일시트 적용 여부, 언어에 따른 문자 인코딩 등을 선택하여 다양한 방법으로 문서를 볼 수 있다.

▶ 편집 기능

문서의 일부분 선택하기, 복사하기, 문서 내에서 단어 찾기 등의 기능을 제공한다.

▶ **파일 관련 기능**

문서 인쇄하기, 인쇄 미리보기, 다른 이름으로 저장하기 등 파일관련 기능을 제공한다.

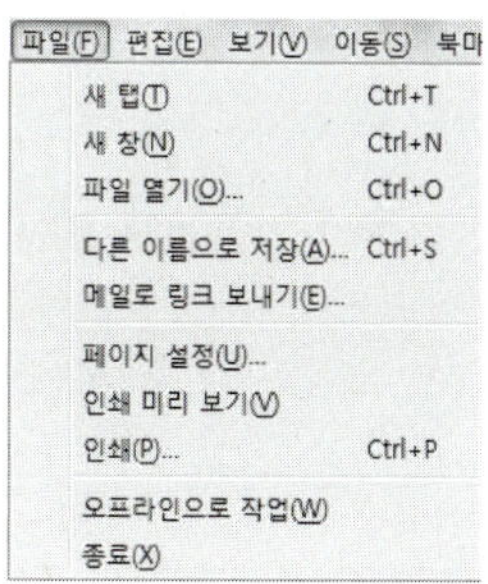

(4) 환경 설정 및 보안 기능

웹브라우저를 실행할 때 사용자의 개인적인 취향이 서로 다를 수 있다. 이를 위해 사용자가 자신의 웹브라우저 실행 환경을 설정할 수 있으며, 웹페이지를 접속할 때 보안 및 오류복구 등 여러 가지 부가적인 기능을 제공하고 있다.

▶ **플러그인 확인 및 관리 기능**

다양한 형식의 미디어 파일을 보려면 각 제조사에서 제공하는 플러그인이 있어야 한다. 플러그인을 편리하게 확인하고 관리해 주는 기능을 제공한다.

▶ **도구모음 선택**

버튼이나 아이콘 등의 도구모음을 사용자가 원하는 대로 선택하여 추가할 수 있다.

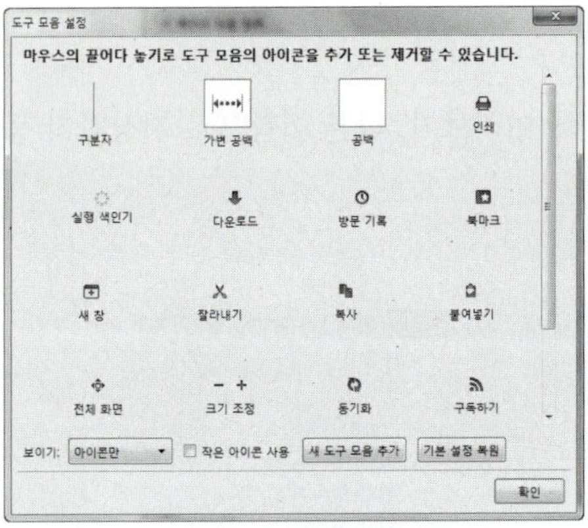

▶ **개인 사용정보 보호하기**

원하는 경우 최근 방문기록을 지울 수 있으며, 사생활 보호 모드를 설정하면 방문기록이 저장되지 않는다. 특정 광고 사이트에서 사용자의 온라인 행위를 추적하는 경우가 있는데 이러한 추적을 거부할 수 있으며, 또한 어떤 콘텐츠가 적법한지 알려주는 기능을 제공한다.

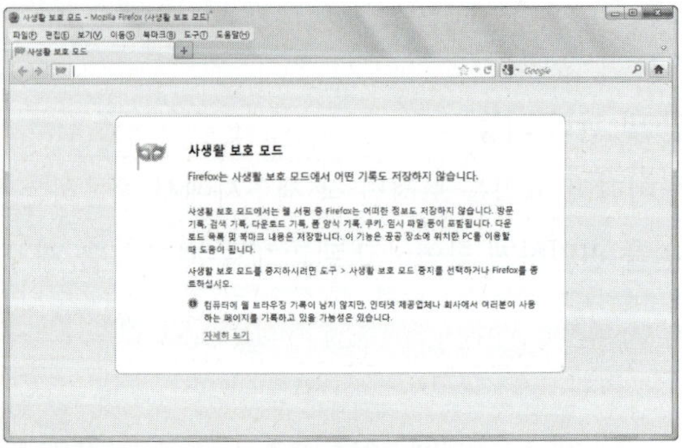

▶ 안전하게 사이트 방문하기

파이어폭스의 경우 의심스러운 사이트를 확인하는 기능을 제공하여 위조 사이트나 위험 사이트를 피할 수 있도록 하고 있다. 피싱이나 악성 바이러스 및 스파이웨어로부터 보호해주고, 애드온이나 외부 소프트웨어를 설치할 때 안전한 연결을 확인해 준다.

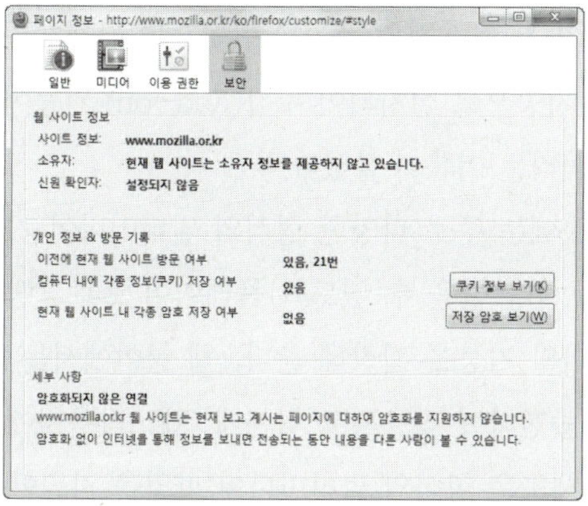

▶ 개인화 설정

많은 수의 디자인을 제공하여 사용자가 자신이 원하는 스타일을 선택하여 웹브라우저 스킨을 설정할 수 있다.

4.5 웹브라우저와 멀티미디어

정보 제공자들은 인터넷을 통해 다양한 형식의 멀티미디어 파일을 제공하고 있으며, 정보를 열람해 보는 사용자들은 웹브라우저를 통해 다양한 멀티미디어 파일을 접하게 된다. 그러나 웹브라우저에서 기본으로 지원해주는 형식이 아니면 파일을 실행해 볼 수 없으므로 해당 멀티미디어 파일을 실행시킬 수 있는 웹브라우저 플러그인 프로그램이 필요하다.

4.5.1 멀티미디어 플러그인이란?

일반적으로 소프트웨어에서 플러그인 프로그램이란 자체적으로 실행하지 못하는 기능을 추가적으로 설치하여 소프트웨어의 기능이 확장된 것처럼 원하는 작업을 지원해주는 프로그램이다. 전원 플러그를 꽂으면 가전제품이 기능을 수행하는 것처럼 꽂기만 하면 자동으로 설치되어 추가(Add-on) 기능이 실행된다는 의미로 플러그인(Plug-in)이라는 이름이 붙었다.

웹브라우저의 경우에는 주로 다양한 형식의 멀티미디어 기술을 적용하여 제작한 미디어 파일을 보거나 들을 수 있도록 플레이어 프로그램을 플러그인 형태로 제공하여 웹브라우저의 기능을 확장해 준다. 웹 분야에서는 나날이 새로운 멀티미디어 처리기술이 출현하여 적용되고 있는데, 웹브라우저에 플러그인 프로그램들을 설치함으로써 새로운 형식의 멀티미디어 파일을 지원할 수 있게 된다. 플러그인을 설치하면 마치 웹브라우저에서 원래부터 실행되는 것과 같은 효과를 제공하며 지속적으로 새로운 버전으로 갱신할 수 있으므로 매우 편리하게 미디어 파일을 지원할 수 있다. 그림 4.20에서는 파이어폭스 웹브라우저에서 현재 설치되어 있는 플러그인을 확인하고 관리해주는 플러그인 관리 기능을 보여주고 있다.

그림 4.20
플러그인 관리 기능

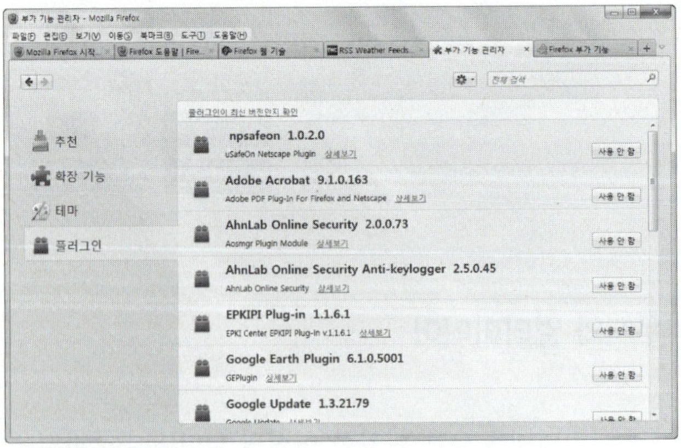

4.5.2 대표적인 플러그인 프로그램

플러그인 프로그램으로 지원하는 파일의 종류는 문서, 이미지, 비디오, 오디오, 애니메이션, 가상현실 등 매우 다양하며, 미디어 파일 외에도 브라우저 관리 기능이나 보안 관련 프로그램, 최근에는 게임 프로그램도 플러그인 형태로 제공되고 있다. 여기서는 멀티미디어 파일의 실행을 위하여 자주 사용되는 대표적인 플러그인 프로그램을 소개한다.

▶ Adobe PDF Reader

PDF 파일 형식은 대표적인 문서 형식 중에 하나로서 어도비사가 개발한 어도비 아크로뱃(Adobe Acrobat)으로 작성하거나 다른 형식의 문서로부터 변환하여 작성할 수 있다. 화면에서의 모습이 최종 인쇄출력 모습과 유사하여 많이 애용되고 있다. 어도비 리더(Adobe Reader) 플러그인 프로그램은 어도비사의 웹사이트로부터 무료로 다운로드를 받아 사용할 수 있으며 PDF 파일의 보기와 인쇄를 지원한다.

▶ Adobe Flash Player

웹페이지에서 2차원 애니메이션을 실행하여 결과를 볼 수 있는 대표적인 프로그램이 어도비사의 플래시(Flash)이다. 무수히 많은 웹사이트에서 플래시 애니메이션을 사용하고 있지만, W3C 표준이 아니므로 웹브라우저에서 기본으로 제공하지 않는 경우에는 플러그인을 설치해야 한다. 플래시는 벡터 그래픽스를 기반으로 하고 있으므로 벡터 그래픽 애니메이션에 적합하며, 최근에는 비디오 스트리밍 기능을 강화하여 UCC 동영상 및 TV 동영상 플레이어 기능도 지원하고 있다.

▶ SVG viewer

웹 컨소시엄에서 제정한 벡터 그래픽스 표준인 SVG 파일을 실행하려면 SVG를 기본으로 지원하지 않는 웹브라우저에서는 SVG 뷰어 플러그인을 설치하여야 한다. 어도비나 오페라 등 여러 회사에서 SVG 뷰어를 개발하여 플러그인으로 제공하고 있다. HTML5부터는 기본 사양에 포함되어 있으므로 향후에는 웹브라우저에서 기본으로 지원하리라 예상된다.

▶ Apple QuickTime Player

퀵타임(QuickTime)은 애플사가 멀티미디어 기술을 표현하기 위해 개발한 파일 형식으로 퀵타임 비디오가 제일 널리 알려져 있다. 퀵타임 형식은 디지털 영상뿐 아니라 사운드, 텍스트, 애니메이션, 그리고 몇 가지 종류의 퀵타임 VR을 지원하고 있으며, 멀티미디어 파일 내에서 사용자 인터랙션 기능도 제공하고 있다. 퀵타임 형식의 파일을 실행시키기 위해서는 애플사가 무료로 제공하는 퀵타임 플레이어 플러그인을 설치하여야 한다.

▶ RealPlayer (RealNetworks)

리얼네트웍스 회사에서 개발한 리얼플레이어(RealPlayer)는 가장 대표적인 스트리밍 방식의 미디어 플레이어이다. 리얼 오디오와 리얼 비디오 등의 자체 코덱뿐 아니라 MP3, MPEG-4, 퀵타임 등 50여 가지의 미디어 파일을 재생한다. 비디오 및 오디오의 재생과 관리를 위한 다양한 기능을 제공하고 있다.

▶ Microsoft Windows Media Player

마이크로소프트 윈도우 운영체제에서 기본으로 지원하는 미디어 플레이어로서 스트리밍 오디오 및 비디오, 애니메이션, 웹 프레젠테이션 등 다양한 형식의 멀티미디어를 웹브라우저의 플러그인 혹은 독립적으로 실행시킬 수 있는 프로그램이다.

▶ **곰플레이어**(Gretech Online Movie Player)

국내 기업인 그래텍에서 제작한 동영상 재생 프로그램으로 프리웨어로 플러그인 프로그램이 제공된다. 국내에서 가장 많이 사용하고 있는 미디어 플레이어로 알려지기도 하였으며, 매우 다양한 형식의 코덱 및 미디어 파일을 지원하고 있다.

참고문헌

인터넷 배움터, 최윤철, 한탁돈, 조성배. 생능출판사, 2001

How The Internet Works, 8th ed. Preston Gralla, QUE, 2006

2012 한국인터넷백서, 한국인터넷진흥원, 2012

"The World Wide Web – Past, Present, And Future, George Jones, Network Computing", Sept. 14, 2006, http://www.networkcomputing.com/wireless/analysis-the-world-wide-web-past-pres/229610964

"각 웹 브라우저의 12가지 독특한 기능들", Peter Wayner, IT월드, 2011.5, http://www.itworld.co.kr

"인터넷 웹 브라우저, 당신은 무엇을 선택하시겠습니까?", 이기성, IT동아 IT자료실, 2010.11, http://it.donga.com/openstudy/3675/

웹 컨소시엄(W3C), http://www.w3.org

인터넷 익스플로러: http://windows.microsoft.com/ko-kr/internet-explorer/

구글 크롬: http://www.google.com/chrome/

파이어폭스: http://www.mozilla.or.kr/ko/

애플 사파리: http://www.apple.com/kr/safari/

오페라 브라우저: http://www.opera.com/browser/

[그림 4.6] http://www.w3.org/History/1989/proposal.html

[그림 4.11(a)] http://info.cern.ch/NextBrowser.html

[그림 4.11(b)] http://browser.is/

[그림 4.17] http://gs.statcounter.com/#browser-ww-monthly-200907-201301

연습문제

01 스위스의 유럽입자물리연구소(CERN)에서 개발된 웹은 각지에서 흩어져 있는 CERN 소속 연구원들이 다양한 유형의 정보를 공유하는 것이 목적이었다. 이를 위해 하이퍼텍스트와 하이퍼미디어라는 개념을 채택하였는데 하이퍼텍스트와 하이퍼미디어란 무엇인지 설명하라.

02 하이퍼텍스트의 노드, 링크, 앵커란 무엇인지 그림을 통하여 설명하라.

03 인터넷을 사용할 때 검색되고 각종 인터넷 요청을 처리하여 결과가 기록되는 대부분의 문서들은 웹서버에 저장되며 일반적으로 이를 웹페이지라고 부른다. 웹페이지를 표현하는 언어로는 무엇이 있는지 서술하라.

04 사용자 쪽의 클라이언트 소프트웨어인 웹브라우저는 웹서버에 저장되어 있는 하이퍼텍스트와 하이퍼미디어 정보를 사용자 기기의 화면에 보여주는 역할을 한다. 웹브라우저의 기본적인 기능에는 무엇이 있는지 열거하라.

05 GUI 방식의 본격적인 웹브라우저인 모자이크(Mosaic)를 더욱 발전시켜 상업화에 성공한 웹 브라우저가 있다. 이것은 다양한 플랫폼을 지원하여 윈도우뿐만 아니라 리눅스, 유닉스와 같은 운영체제에서도 사용이 가능하며 상당히 빠르고 안정적이다. 이 브라우저는 무엇인가?

06 오늘날 많이 사용되는 웹브라우저인 인터넷 익스플로러, 모질라 파이어폭스, 구글 크롬, 애플 사파리, 오페라에 대하여 각각 간단히 설명하라.

07 웹브라우저는 사용자의 입력을 받고 결과를 보여주는 사용자 인터페이스 역할을 한다. 그것을 위한 첫 번째 과정인 "웹 서버에 문서 요청"과정에서는 URL형식으로 웹서버에 자료를 요청하게 된다. URL 주소 형식에 대하여 기술하라.

08 웹브라우저에서 입력받은 사용자 요청은 사용자 측의 웹서버에 전달된다. 웹서버에서는 원하는 문서를 찾거나 응용프로그램을 실행시키며 게이트웨이를 통해 해당 서버에 도달하게끔 요청을 전송한다. 웹브라우저의 요청 및 서버의 처리 과정을 그림으로 표현하라.

09 서버에서 반환받은 검색결과 혹은 프로그램 실행 결과는 다양한 형식의 자료

로 구성될 수 있기 때문에 표준의 역할이 중요하다. 웹브라우저에서 지원하도록 권고하는 프로토콜과 문서파일의 대표적인 표준 형식에는 무엇이 있는지 기술하라.

10 사용자들은 인터넷을 통해 다양한 형식의 멀티미디어 파일을 제공받는데, 웹브라우저에서 기본으로 지원해주는 형식이 아니라면 해당 플레이어 프로그램을 설치하여야 한다. 이때 설치되는 플레이어 프로그램의 형태를 무엇이라고 하는가? 또, 이것의 대표적인 예로는 무엇이 있는가?

INTERNET

CHAPTER 05

웹페이지의 작성

CHAPTER 05

웹페이지의 작성

인터넷을 이용하다보면 어느 순간 자신이 소유하는 정보를 사이버 공간에 표현하고 싶은 욕구가 생기게 된다. 사이버 공간에 정보를 표현하는 가장 기본적인 방법이 웹 형식에 맞는 문서를 작성해야 하는데 이것을 가능하게 하는 것이 HTML(HyperText Markup Language) 언어이다. 웹 문서를 표현할 때 단순히 정보만을 보여주는 것이 아니라 사용자와의 상호작용을 원하는 경우가 많다. 이를 위해 HTML에 자바스크립트와 CSS를 보강하여 동적 HTML을 개발하였다. 또한, HTML 문서 내에서 웹서버가 보유하고 있는 기능을 실행하고 그 결과를 볼 수 있도록 요청을 해야 하므로, 이를 위한 서버 프로그래밍 방법이 필요하다. 앞의 장에서는 인터넷을 사용하는 방법에 대해 알아보았다면 여기에서는 자신의 정보를 인터넷에 표현하는 방법을 배운다. 한편, 정보의 표현에서 더 나아가 정보의 교환 목적으로 널리 사용되고 있는 XML과 최근 HTML의 기능을 대폭 개선하여 애플리케이션 개발에 적합한 HTML5에 대해서도 알아본다.

5.1 홈페이지와 HTML 문서

웹문서를 작성하는 데 이용되는 문서형식인 HTML은 웹문서에 문자, 이미지, 오디오, 비디오를 포함하고 이들을 연결해주는 하이퍼텍스트를 표현할 수 있다. 이러한 HTML 문서는 웹브라우저에서 보여질 문자열과 이를 감싸고 있는 태그(Tag)들로 이루어진다. 태그들은 감싸고 있는 문자열이 어떻게 웹브라우저에서 보여줄 것인가를 지정하고 있으므로, 이를 이용하여 문자열의 크기나 색상은 물론 테이블이나 목록 등의 표현 형식까지 결정해 줄 수 있다. 태그를 적절히 활용함으로써 다양하고 효과적인 웹문서를 만들 수 있도록 하는 것이 HTML의 특징이다. 이 절에서는 이러한 HTML의 역사와 HTML 문서에서 사용되는 기본 태그에 대해 설명한다.

5.1.1 HTML의 역사

팀 버너스리(Tim Berners-Lee)는 인터넷 상에 있는 다양한 형태의 정보를 하이퍼텍스트 형태로 연결하여 볼 수 있도록 웹(WWW; World Wide Web) 방식을 제안하고, 1991년 웹에서 하이퍼텍스트를 구현하기 위한 문서 형식으로 HTML(HyperText Markup Language) 언어를 제시하였다. HTML 언어에서 각 태그는 웹브라우저에 보여질 문자의 속성을 정의하거나 여러 가지 미디어 파일에 하이퍼링크를 연결하는 데 사용된다. 마크업 언어라는 용어는 그림 5.1에서 보듯이 예전의 활자인쇄 시대에 인쇄 교정지에 표시하는 수기형태의 주석을 뜻하는 '마크-업(Mark-up)'에서 유래하였다. 즉, HTML에서는 문서의 속성을 설정하기 위한 마크업을 태그의 형태로 표시하며, 웹에서 사용되는 대표적인 마크업 언어로는 SGML, HTML, XML 등이 있다. HTML 언어는 SGML 표준에 따라 정의되었으며, 일반 텍스트 형식의 파일로 저장되며 확장자는 *.html 또는 *.htm이다.

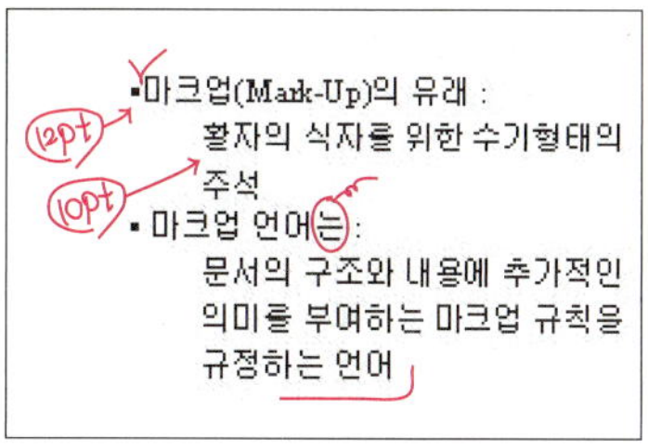


```
〈li〉〈font size="12pt"〉마크업(Mark-Up)의 유래 :〈/
font〉
〈br〉〈font size="10pt"〉활자의 식자를 위한 수기 형태
의 주석〈/font〉〈/li〉
〈li〉〈font size="12pt"〉마크업 언어 :〈/font〉
〈br〉〈font size="10pt"〉문서의 구조와 내용에 추가적
```

그림 5.1 마크업의 예와 HTML 문서의 예

HTML의 기반이 되는 SGML(Standard Generalized Markup Language)은 다양한 형식을 가지는 전자문서들의 구조와 내용을 기술하기 위한 방법을 정한 국제표준이다. 1980년대 PC의 보급에 따라 다양한 종류의 문서작성기가 보급되고 이에 따라 여러 가지 형식의 문서가 작성되어 서로 호환이 되지 않는 불편함이 있었다. 1986년 국제표준기구인 ISO에서는 시스템 및 응용에 독립적으로 문서를

호환하기 위하여 SGML을 국제표준으로 제정하였다. SGML 언어의 가장 큰 특징은 태그를 정의하는 메타언어(Meta Language)라는 것이다. 즉, SGML 언어는 문서의 내용을 기술하는 것이 아니라 문서의 유형을 만드는 역할을 한다는 것이다. SGML은 고대의 문자표현은 물론 전자도서, 전자상거래 문서 및 거래 기록, 음악 악보에 이르기까지 다양한 문서의 형식을 정의하는 데 사용되며, HTML은 SGML로 정의된 문서 형식 중의 하나로서 주로 웹문서를 작성하는 데 사용되고 있다.

HTML 언어는 매우 간단하여 배우기 쉽고 사용하기 편리하여 인터넷의 대중화에 매우 큰 기여를 하였다. 웹컨소시엄(W3C)이 결성되던 1994년 HTML 버전 2.0이 제정되었으며, 1997년 HTML 3.2와 HTML 4.0버전이 제정되었다. HTML은 사용하기 간편한 반면에 사용가능한 태그가 제한적이고 확장성이나 유연성이 부족하여 정교한 페이지를 표현하기에는 부족하였다. 따라서 HTML 4.0에서는 동적 HTML(Dynamic HTML) 문서를 표현하기 위해 스타일시트(Stylesheet)를 설정하는 CSS 기능과 상호작용의 스크립팅을 위한 자바스크립트(Javascript) 언어가 추가되었다.

그러나 웹브라우저 제조사는 시장 경쟁을 위해 스크립트 언어나 스타일 표현 언어에 자신만의 기능을 추가하는 확장안을 제시하여 서로 호환되지 않는 경우가 많이 발생하였다. 또한 웹에서 단순히 문서를 표현하는 데 그치지 않고 문서나 자료의 교환이 필요한 경우에 HTML 언어로는 부족하여 새로운 언어의 요구가 대두되었다. 이러한 이유로 SGML을 간소화한 XML이 1998년 제정되었고, 사용자들은 XML 언어를 이용하여 자신이 원하는 문서 형식을 정의하여 다양한 정보를 표현하고 교환할 수 있게 되었다. 이러한 추세에 따라서 HTML 언어도 1999년 4.01버전이 제정된 이후 그림 5.2에서 보듯이 XML에 기반한 XHTML로 발전하였다. XHTML 1.0의 경우 문서형식의 정의(DTD)를 하는 데에만 XML을 기반으로 한 것으로 태그의 명칭과 기능은 HTML과 동일하므로 일반 사용자는 HTML과 XHTML의 차이를 느끼지 못하도록 되어있다.

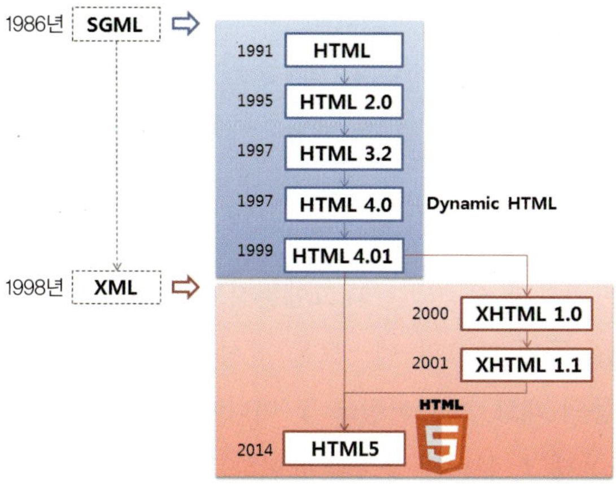

그림 5.2
HTML의 발전 역사

그 이후 웹문서 표현 기능의 발전을 위하여 HTML/XHTML의 개발을 진행하는 데 많은 요구가 있었으나 W3C에서 이를 적절히 수용하지 못하였다. 2004년 W3C의 개발 회의에서 발생한 의견차이로 몇몇 웹브라우저 개발사들이 별도의 HTML 표준 개발 기구를 구성하였다. 모질라, 애플, 오페라 등이 주도하여 2006년 웹 하이퍼텍스트 워킹그룹(WHATWG; Web Hypertext Application Technology Working Group)이라는 공개 커뮤니티를 결성하여 W3C와 별도로 HTML의 후속 모델을 논의하였다. W3C의 회원사가 아니더라도 HTML을 혁신하자는 목표로 누구나 표준안 논의에 참여하여 상당한 성과를 만들어냈다. 성공적인 WHATWG의 활동에 영향을 받아 W3C에서도 XHTML의 실패를 인정하고 WHATWG과 W3C가 협력하여 공동으로 HTML을 발전시키기로 하고 2007년 HTML5 워킹그룹을 신설하였다. 그 후 수년간 많은 논의를 거쳐 2014년 10월 28일 최종 표준안이 완성되었다.

5.1.2 HTML 문서의 구조와 텍스트 관련 태그

HTML은 HyperText Markup Language의 약자로서 앞 절에서 설명했듯이 웹(WWW)을 위한 하이퍼텍스트 문서를 작성하는 언어로서 웹브라우저를 통하여 사용자에게 보여지는 문서의 내부형식을 규정하고 있다. HTML 문서의 요소(Element)는 내용과 이를 둘러싼 태그로 구성되어 있다. 태그는 다음과 같은 형식을 취하며, 기본적으로 시작태그와 끝태그로 구성되며 문서의 내용은 태그 사이에 있어야 한다. 끝태그는 〈/태그이름〉의 모양을 가진다. 태그에 속성이 필요한 경우에는 〈p align="center"〉와 같이 이름 다음에 속성 목록을 기록한다.

- 〈태그이름 속성1="값" 속성2="값"〉문서의 내용〈/태그이름〉

HTML에서 빈번하게 사용되는 태그에는 문서의 구조를 표현하는 〈html〉, 〈head〉, 〈body〉 등의 태그와 텍스트를 작성하는 데 사용되는 〈h1〉, 〈h2〉, ..., 〈p〉, 〈br〉 등의 태그, 하이퍼링크 및 미디어 요소를 표현하는 〈a〉, 〈img〉, 〈video〉, 〈audio〉 태그, 문단의 구조를 표현하는 〈table〉, 〈ul〉, 〈ol〉, 〈dl〉 등의 태그가 있다. 여기서는 우선 HTML 문서를 구성하기 위한 태그를 보도록 하자. 기본적으로 HTML 문서의 구조는 〈html〉 태그 내에 〈head〉와 〈body〉로 구성된다. 다음의 간단한 예를 보면서 태그의 의미와 사용법을 이해하도록 하자.

- 〈!DOCTYPE〉 : 문서의 형식을 지정한다. HTML5는 간단히 html로 적는다.
- 〈html〉 : 이 문서 전체가 HTML 문서임을 표시한다.
- 〈head〉 : 문서의 헤드부분으로 〈title〉, 〈meta〉 등의 태그가 포함될 수 있다.
- 〈body〉 : 문서의 내용을 표현하는 부분으로 여러 가지 태그가 사용된다.

문서의 내용을 나타내는 태그중 가장 기본으로 사용되는 텍스트 관련 태그를 살펴보자. 제목줄이나 문단, 줄바꾸기, 가로선 등을 표현하는 태그가 있다. 다음의 예제를 보면서 태그의 의미를 설명한다.

```
〈!DOCTYPE html〉
〈html〉
  〈head〉
    〈title〉첫번째 예제〈/title〉
  〈/head〉
  〈body〉
    〈h2〉HTML 시작하기〈/h2〉
    〈p〉HTML 문서는 HEAD와 BODY 태그로 구성된다.〈/p〉
    〈p〉HEAD에는 TITLE 이나 META 태그가 올 수 있다.〈br〉
      BODY에는 내용을 구성하는 여러가지 태그가 사용된다.
    〈/p〉
    〈!-- 주석문은 이렇게 작성 --〉
  〈/body〉
〈/html〉
```

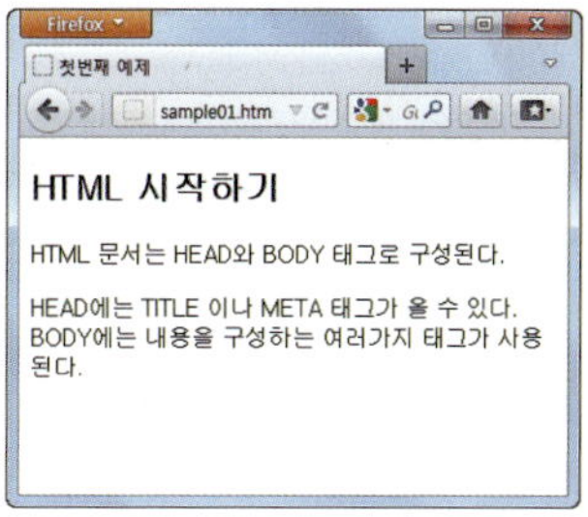

그림 5.3
HTML 시작 예제

- 〈h1〉, 〈h2〉 ~ 〈h6〉 : 문서의 제목줄을 표시하는 태그이다. 〈h1〉이 제일 크고, 크기에 따라 6가지가 있다.
- 〈p〉 : 문단을 나타내는 태그이다. 문단 뒤에는 공백 줄이 있어서 공간을 띄운다.
- 〈br〉 : 출력 화면상에서 단순히 줄만 바꾼다.
- 〈hr width="길이" size="굵기" align="정렬"〉 : 수평선을 그린다.
- 문자속성 태그로 〈strong〉은 강조할 글자, 〈sub〉은 아래첨자, 〈sup〉은 위첨자, 〈small〉은 작은글자를 표현하는 데 사용된다.
- 특수문자는 &로 시작하여 해당 이름을 적고 ;로 끝맺음하여 표기한다.
  예를 들어, 특수문자 &, 〈, 〉, ", (공백) 등은 & < > "   로 표기한다.

```
〈html〉
  〈head〉
    〈title〉두번째 예제〈/title〉
  〈/head〉
  〈body〉
    〈h3〉HTML 기본 태그〈/h3〉
    〈p〉기본 태그로는 제목을 나타내는 h1 ~ h6 태그가 있고,〈br〉
       문단을 표현하는 p 태그, 줄바꾸기 br 태그가 있다.〈/p〉
    〈hr width="80%" color="blue" align="center"〉
    〈p〉문자속성 태그로 〈strong〉강조할 글자〈/strong〉, 〈sub〉아래첨자〈/sub〉,
      〈sup〉위첨자〈/sup〉, 〈small〉작은글자〈/small〉를 표현할 수 있다.〈/p〉
    〈p〉특수문자는 &quot;&amp;이름;&quot; 형식으로 표기한다.〈/p〉
  〈/body〉
〈/htm〉
```

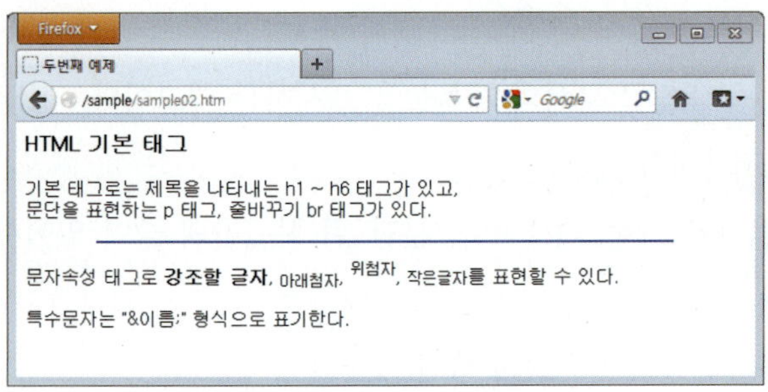

그림 5.4
HTML 기본 태그 예제

5.1.3 하이퍼링크 및 멀티미디어 포함하기

HTML 문서에는 다른 문서나 다른 장소로의 연결 기능과 멀티미디어 요소의 포함 기능이 있어서 인터넷에 연결되어 있는 어떤 컴퓨터의 정보라도 쉽게 접근할 수 있도록 해준다. 이는 HTML의 가장 큰 장점 중의 하나로 관련된 정보를 쉽게 얻을 수 있게 해준다. 하이퍼링크 기능은 〈a〉 태그로 표현되고, 이미지의 표현은 〈img〉 태그, 멀티미디어 파일의 삽입은 〈embed〉 태그로 표현한다. HTML5에서는 〈video〉, 〈audio〉 태그를 사용하여 더욱 풍부한 멀티미디어 요소를 표현하는 것이 가능해졌다.

다음 예제에서는 다른 파일에 하이퍼링크되어 있거나 다른 홈페이지에 연결되어 있는 하이퍼링크의 사례를 보여주고 있다. 실행 화면에서 밑줄이 쳐있는 "비디오보기"라는 문자열을 클릭하면 비디오파일을 보여주는 화면(sample04.htm)으로 연결되며, W3C 로고 이미지를 클릭하면 W3C 홈페이지(http://www.w3c.

org)로 이동한다. 한편 이 페이지가 로드되면 배경음악으로 'starry_night.mp3'가 플레이된다.

- 〈a href="연결하려는 문서의 주소 혹은 장소의 #ID"〉 ... 〈/a〉 : 하이퍼링크를 연결한다.
- 〈img src="이미지 파일의 주소" width="가로" height="세로"〉 : 이미지 파일을 삽입한다.
- 〈embed src="비디오/오디오 파일 주소"〉 : 비디오/오디오 파일을 삽입한다.
- 〈video controls src="비디오 파일 주소"〉 : HTML5 문서에서 비디오 파일을 삽입한다.
- 〈audio controls src="오디오 파일 주소"〉 : HTML5 문서에서 오디오 파일을 삽입한다.

```
<html>
  <head> <title>하이퍼링크 예제</title> </head>
  <body>
    <h2>하이퍼링크 예제</h2>
    <p>예제를 보려면 <a href="sample04.htm">비디오보기</a>를 클릭하시오.</p>
    <p>아래 로고를 클릭하면 W3C 홈페이지로 갑니다.</p>
    <p>
      <a href="http://www.w3.org/">
         <img src="w3c_logo.gif" width="144" height="79"> </a>
    </p>
    <embed src="starry_night.mp3" hidden="true">
      (배경음악 실행 중)
  </body>
</html>
```

sample04.htm

```
〈html〉
  〈head〉 〈title〉비디오 예제〈/title〉 〈/head〉
  〈body bgcolor="#FFFF99"〉
    〈h2〉비디오 예제〈/h2〉
    〈video controls
            src="http://media.w3.org/2010/05/bunny/movie.ogv" width="400"〉
      웹브라우저가 HTML5 Video 태그를 지원하지 않습니다.
    〈/video〉
    〈br〉원본출처: http://www.w3.org/wiki/HTML/Elements/video
  〈/body〉
〈/html〉
```

(a) 하이퍼링크 예제 화면 (b) 비디오 실행 화면

그림 5.5
하이퍼링크 및 비디오 예제

5.1.4 다양한 형식의 내용 구성하기

문서를 효과적으로 작성하려면 일반적인 텍스트 문장만 사용되는 것이 아니라 테이블이나 목록을 이용하여 제시하고자 하는 내용을 더 잘 표현해 줄 수 있다. 여기서는 문서를 효율적으로 보여주기 위한 목록 작성 태그와 테이블 작성 태그를 설명한다. 목록에는 순서없는 목록(Unordered List), 순서있는 목록(Ordered List), 정의 목록(Definition List)이 있다.

- 〈ul〉 ... 〈/ul〉 : 순서없는 목록 정의하기
- 〈ol〉 ... 〈/ol〉 : 순서있는 목록 정의하기
- 〈li〉 : 순서없는 목록 또는 순서있는 목록의 항목 나열하기
- 〈dl〉 ... 〈/dl〉 : 정의목록 정의하기
- 〈dt〉...〈/dt〉, 〈dd〉...〈/dd〉 : 정의목록의 단어항목과 설명항목 나열하기

```
〈html〉
 〈head〉 〈title〉목록 예제〈/title〉 〈/head〉
 〈body〉
  〈h3〉과목별 참고도서 목록〈/h3〉
  〈ol〉
   〈li〉멀티미디어 이해〈/li〉
    〈ul〉
      〈li〉최윤철, 임순범 공저, 멀티미디어배움터 2.0〈/li〉
        〈li〉T.Vaughan, Multimedia: Making It Work, 7th Ed.〈/li〉
        〈li〉Z.Li and M.S.Drew, Fundamentals of Multimedia〈/li〉
    〈/ul〉
   〈li〉인터넷 개론〈/li〉
    〈ul〉
      〈li〉최윤철, 임순범 공저, 인터넷배움터 2.0〈/li〉
        〈li〉최윤철, 한탁돈, 임순범, 컴퓨터와 IT 기술의 이해〈/li〉
    〈/ul〉
  〈/ol〉
  〈dl〉
   〈dt〉지정도서〈/dt〉〈dd〉도서관에 여러권 비치되어 있으며 항상 열람 가능〈/dd〉
  〈/dl〉
 〈/body〉
〈/html〉
```

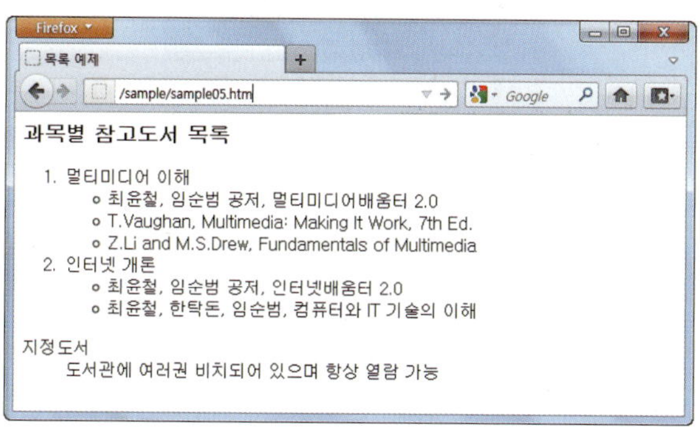

그림 5.6
HTML 목록 예제

테이블은 〈table〉 태그 내에 각 줄은 〈tr〉...〈/tr〉로 표현하고, 다시 각 줄 내에서 각 칸은 〈td〉...〈/td〉로 구분하여 내용을 표현한다. 테이블에서 사용하는 속성으로는 크기를 정해주는 width, height가 있으며, 테이블 내에서 셀을 합치는 경우에는 〈td〉 태그 내에 rowspan="행의 수"이나 colspan="열의 수" 속성을 사용하여 표현한다. 테이블의 제목이나 주석은 〈caption〉 태그를 사용하여 지정할 수 있다. 다음의 예제에서 여러 가지 경우를 보여주고 있다.

```
<html>
  <body>
    <h3>과목별 참고도서 목록</h3>
    <table border="1">
      <tr><th>과목명</th><th>도서명</th></tr>
      <tr><td rowspan="3">멀티미디어 이해</td>
          <td>최윤철, 임순범 공저, 멀티미디어배움터 2.0</td></tr>
      <tr><td>T.Vaughan, Multimedia: Making It Work, 7th Ed.</td></tr>
      <tr><td>Z.Li and M.S.Drew, Fundamentals of Multimedia</td></tr>
      <tr><td rowspan="2">인터넷 개론</td>
          <td>최윤철, 임순범 공저, 인터넷배움터 2.0</td></tr>
      <tr><td>최윤철, 한탁돈, 임순범, 컴퓨터와 IT 기술의 이해</td></tr>
      <caption align="bottom"> <p align="left">* 지정도서는 도서관에 여러권 비치되어 있으며 항
상 열람 가능</p></caption>
    </table>
  </body>
</html>
```

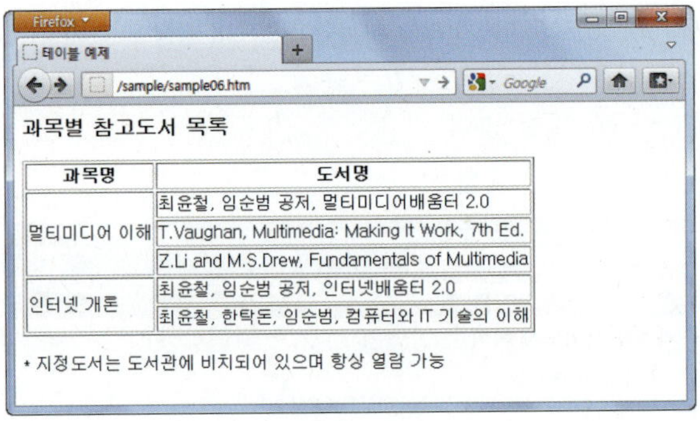

그림 5.7
HTML 테이블 예제

5.2 동적 웹페이지

동적 HTML(Dynamic HTML 또는 DHTML)이란 기존의 정적인 웹페이지에 동적인 기능을 추가하고자 하는 뜻에서 만들어진 것이다. 여기에서의 '동적'이라는 의미는 단순히 움직이는 것을 의미하는 것이 아니라 상호작용의 의미를 포함하고 있다. 서버와의 정보교환을 위한 상호작용 이외에 웹페이지 내에서의 상호작용을 지원하기 위하여 HTML 4.0부터 문서객체모델(DOM), 스타일시트(Stylesheet), 스크립트 언어(Script Language)의 세 가지 기술이 포함되어 있다.

5.2.1 동적 HTML의 특징

동적으로 상호작용이 가능한 웹페이지를 구성하기 위한 방법은 여러 가지가 있을 수 있다. 대표적으로 PHP, JSP, ASP, CGI 등을 이용하여 서버와의 상호작용을 구현하는 방법이 있다(5.3절 참조). 이 경우에는 웹브라우저에서 먼저 사용자의 입력을 받아 서버에 보내고, 서버에서는 사용자의 요구에 따라 정보를 처리한 결과를 보여주는 웹페이지를 새로 구성하여 다시 사용자에게 보내준다. 따라서 사용자가 입력 후 그 결과를 얻기까지 상당한 시간이 걸리며, 서버에서 입력을 처리하므로 서버의 부담이 크게 된다. 또 다른 방법으로 자바 언어를 기반으로 한 애플릿을 작성할 수 있는데, 이 경우에 웹페이지에서 실행되기까지 시간이 오래 걸리며 개발 과정도 간단하지 않다.

웹서버에 있는 정보를 처리하거나 복잡한 상호작용이 아닌 간단한 상호작용 기능을 웹페이지에 구현하기 위해 동적 HTML이 개발된 것이다. 동적 HTML은 별도의 플러그인 없이 웹브라우저 내에서 자체적으로 실행되는 기술이므로, 서버의 부담이 없고 이벤트에 즉각적인 반응을 할 수 있다는 장점이 있다. 동적 HTML은 사용자의 입력에 따라 웹페이지를 변화할 수 있으며, 웹페이지의 외형을 자유로이 지정할 수 있다. 동적 HTML 문서에서는 웹브라우저에서 스타일시트 기능을 적용하여 구성요소의 위치, 장식 등을 지정해주어 문서의 내용을 원하는 곳에 위치시키거나 원하는 스타일로 문서를 만들 수 있다.

동적 HTML로 무엇을 할 수 있는지 다음의 예제를 살펴보자. CSS 스타일 기능을 이용하여 제목줄에 빨간색 이중선 테두리를 70% 크기로 설정하였으며, 마우스를 움직여보라는 설명문은 텍스트 색상을 파란색으로 지정하였다. 마우스가 C(Cyan), M(Magenta), Y(Yellow) 색상 테이블 위로 움직이면 선택한 색상의 이름이 나오면서 배경색이 바뀐다.

그림 5.8
동적 HTML 문서 구성 예제

우선 실행 코드를 간단히 살펴보자. 헤드 부분에서 정의한 스타일시트에 따르면 <h2>의 스타일에 테두리와 내부여백의 스타일 속성 값의 설정을 추가하였으며, <b>태그에는 글자크기와 글자색상을 추가로 설정하였다. 또한 id가 'example1'인 내용 객체에는 배경색을 초기에 녹색으로 설정해 두었다. 실행 시에 색상 테이블에서 원하는 색상을 마우스로 클릭하면 'bgChange(색상명)'라는 자바스크립트 함수가 호출되고, 이 함수 내에서 'example1'이라는 id를 가진 객체의 배경색이 선택한 색상으로 바뀐다. 이 때 원하는 객체를 찾아가거나 background나 innerHTML과 같은 속성을 찾아갈 때는 문서객체모델 DOM(Document Object Model)의 개념이 적용된다. 문서객체모델은 웹문서 내에서 텍스트, 이미지, 폼 등 각 요소들에 이름을 붙이고 이들을 객체로 정의함으로써 HTML 문서 내에서 'ex.style.background'와 같이 각 요소들에 접근이 가능하도록 해준다.

```
<html>
<head>
  <style type="text/css">
    h2 { display: block; border-style:double; border-color:red; padding: 5px; width: 70% }
    b { font-size: small; color: blue; }
    #example1 { display: block; margin: 3%; padding: 5%; background-color: limegreen }
  </style>
  <script type="text/javascript">
    function bgChange(bg) {
        ex=document.getElementById("example1");
        ex.style.background = bg;
        cn=document.getElementById("cname");
        cn.innerHTML= bg+" 선택";
    }
  </script>
</head>
<body>
  <h2>동적 HTML 예제</h2>
  <b>원하는 색상을 마우스로 클릭하시오</b>
  <table width="150" height="50" cellspacing="6">
    <tr align="center">
      <td onClick="bgChange('cyan')" bgcolor="cyan">C</td>
      <td onClick="bgChange('magenta')" bgcolor="magenta">M</td>
      <td onClick="bgChange('yellow')" bgcolor="yellow">Y</td>
    </tr>
```

```
  </table>
  <div id="example1">
    CSS + JavaScript + DOM 예제
    <p> ... 배경 색상 보기 ... <span id="cname"> </span>
  </div>
</body>
</html>
```

한편 DHTML을 이용하여 동적인 문서뿐만 아니라 그림 5.9의 예제와 같이 웹 브라우저에서 실행되는 게임도 구현할 수 있다. 하노이 탑의 선반을 드래깅하여 다른 축으로 옮길 수 있으며 잘 모를 때는 애니메이션으로 정답을 보여주기까지 한다. 이와 같이 동적 HTML이란 스타일시트를 이용해 웹페이지의 서식과 구성 요소의 위치를 지정하고, 스크립트 언어를 이용해 마우스의 움직임이나 폼의 입력 등 웹페이지에서 일어나는 이벤트를 받아들여 문서 객체모델로 정의된 문서 내의 객체를 동적으로 변환시키는 것이라 말할 수 있다.

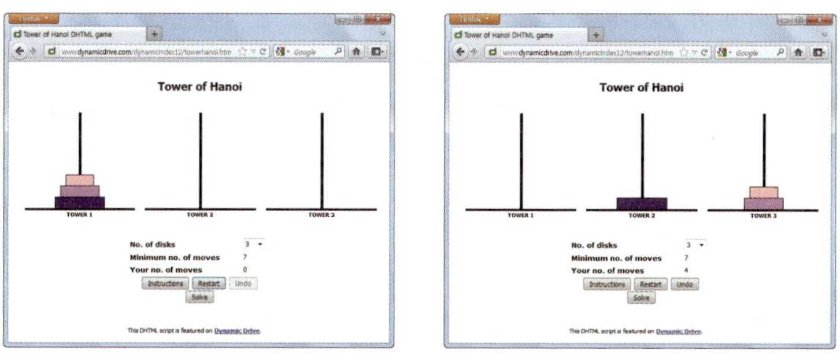

그림 5.9
동적 HTML을 이용하여 구현한 하노이탑 게임

5.2.2 스타일시트의 개념 및 CSS

스타일시트(Stylesheet)는 웹문서 외형의 스타일을 좀 더 손쉽고 빠르게 적용하고, 일반적인 HTML 태그로는 외형을 지정할 수 없었던 부분에 스타일을 설정하기 위하여 사용된다. 스타일시트를 이용하면 웹문서의 구성요소에 크기, 색상 등의 스타일을 일괄적으로 적용할 수 있을 뿐만 아니라 글자간격, 문단간격, 위치 등 자세한 부분까지 제어가 가능하다. HTML 문서에서 적용되는 스타일시트로는 일반적으로 CSS(Cascading Style Sheet)가 사용된다. CSS는 W3C에서 웹문서에 적용하기 위해 개발된 스타일시트 언어로서 기능의 복잡도에 따라 레벨

1, 레벨2, 레벨3으로 나뉜다. 1996년 CSS 레벨1이 제정되었고 1998년 CSS 레벨2인 CSS2가 제정되었으며, 레벨3인 CSS3는 2005년 이후 모듈별로 구분하여 작성되어 있으며 현재 개발 중에 있다. 그림 5.10은 W3C의 CSS 홈페이지로서 CSS의 고급기능을 이용하여 본문 글자의 크기나 색상은 물론 문단의 배경이나, 문서의 테두리에 그림자까지 적용하여 작성된 사례이다.

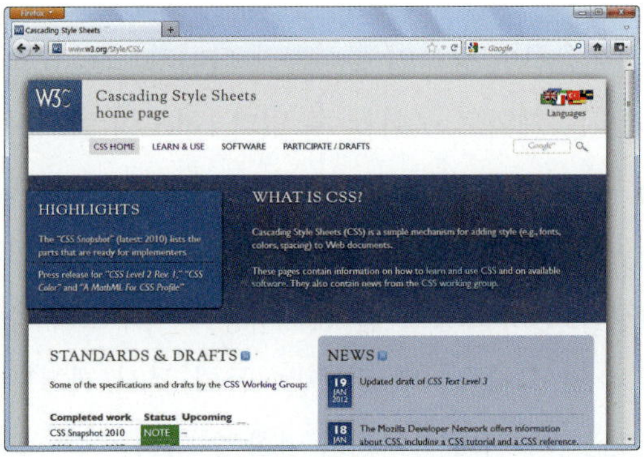

그림 5.10
스타일시트를 적용한 CSS 홈페이지

HTML 문서에서 CSS를 이용하여 스타일시트를 정의하는 방법에는 몇 가지가 있다. 아래의 예를 보면서 이해하도록 하자. 우선 〈head〉 태그 내에서 사용하는 〈style〉태그를 이용하는 방법이 있다. 〈style type="text/css"〉 태그 안에 스타일 정보는 다음과 같은 방법으로 설정한다.

- 선택자 스타일속성 : 값 ; 스타일속성 : 값; ...
  예) h2 { display: block; border-style: double; border-color: red; padding: 5px; }

여기에서 선택자는 문서 내에서 사용되는 HTML 태그의 이름 혹은 작성자가 문서 내에 정의해 놓은 id 이름이 나온다. 아래 예제에서는 〈h2〉의 원래 스타일에 배경색을 cyan으로 지정하는 스타일 속성을 추가하였다. 또한 〈p〉 태그의 스타일에 글자 폰트 속성에 대해 bold 지정과 blue 색상을 추가하였다. 선택자에 id 이름이 사용되는 경우에는 #으로 시작하며 문서 내에서 해당 id 이름으로 지정된 요소 하나만 스타일이 변경된다.

다른 방법으로는 문서의 본문에서 사용되는 태그 내에 style 속성에 스타일 정보를 별도로 지정하는 인라인(inline) 스타일 지정 방법이 있다. 이 경우에는 해당 요소에만 스타일이 적용되는데, 아래 예제에서 두 번째 〈p〉태그에 폰트 스타일을 이탤릭으로 지정하여 해당 문장만 이탤릭으로 바뀐 것을 볼 수 있다. 또 다른 방법으로는 CSS 설정을 별도의 파일에 작성하고 이를 〈link〉 태그를 이용하여 포함하는 경우도 있다.

```
〈html〉
  〈head〉
    〈style type="text/css"〉
      h2 { display: block; background-color: cyan}
      p { font-weight: bold; color: blue;}
      #example { font-size: small; color: red; }
    〈/style〉
  〈/head〉
  〈body〉
    〈h2〉CSS 시작하기〈/h2〉
      〈p〉p 태그의 속성이 바뀌었다. { font-weight: bold, color: blue}〈/p〉
      〈p style="font-style:italic"〉p 태그의 속성이 또 추가되었다. {font-style: italic} 〈/p〉
      〈p id="example"〉id=&quot;example&quot;인 경우만 바뀐다. {size: small, color: red}〈/p〉
  〈/body〉
〈/html〉
```

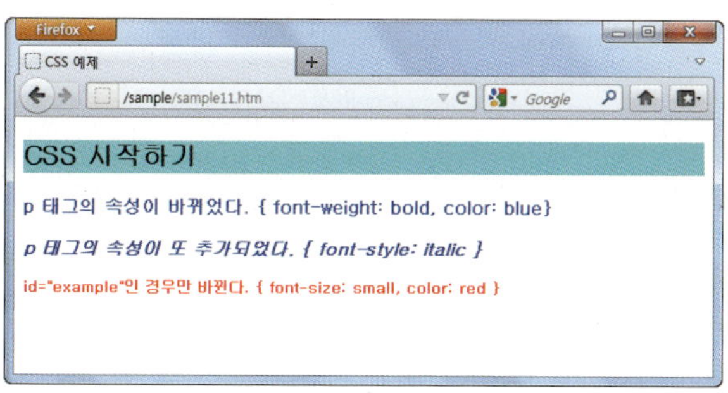

그림 5.11
CSS 지정 방법

CSS에서 자주 사용되는 스타일 속성에는 폰트에 관련된 속성, 텍스트 관련 속성, 배경 및 색상 관련 속성, 목록 관련 속성, 박스모델 관련 속성 등이 있으며 자주 사용되는 속성 이름은 다음과 같다.

- 폰트 관련 속성 : font-family, font-size, font-style, font-weight, font-variant
- 텍스트 관련 속성 : letter-spacing, word-spacing, vertical-align, line-height, text-align, text-indent, text-transform, text-decoration
- 배경 및 색상 관련 속성 : color, background-color, background-image
- 목록 관련 속성 : list-style-type, list-style-position, list-style-image
- 박스모델 관련 속성 : margin, padding, border-style, border-width, border-color

CSS에서 문단 혹은 요소의 스타일을 설정할 때 display 속성을 설정할 수 있으며, 이 때 속성 값은 block, in-line, list-item, none 등이 있다. block인 경우에는 줄을 바꿔주고, in-line인 경우에는 줄을 바꾸지 않으며, 만약 값이 none인 경우에는 화면에 보여주지 않는다. 배경이나 테두리를 지정할 때는 그림 5.12와 같은 박스모델이 적용되어 문서의 내용(분홍색 부분)과 외부공백(margin, 회색 부분) 및 내부여백(padding, 흐린 분홍색 부분)을 조절하며 경계선(border) 지정도 할 수 있다.

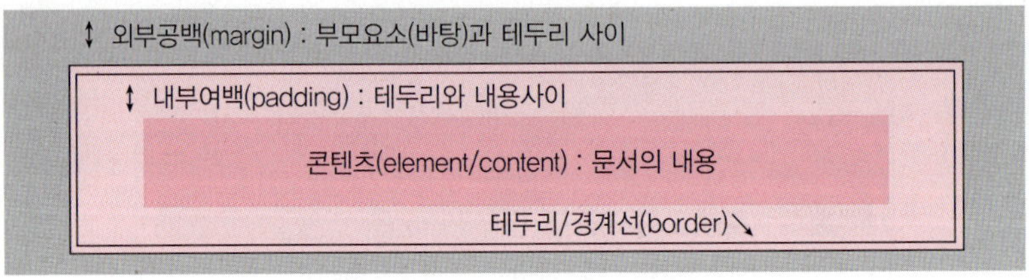

그림 5.12
박스모델의 구성 요소

한편, 동적 HTML에서는 웹문서의 구성요소 위치를 자유롭게 지정하기 위하여 레이어(Layer)라는 개념을 이용한다. 레이어를 만들기 위해 사용되는 HTML 요소는 〈div〉와 〈span〉이 있으며, 본문 내에 사용된 태그에 id 혹은 class 이름을 설정한 후 스타일을 적용하면 원하는 장소에 자유로이 위치할 수 있다. 〈div〉 요소는 문서에서 원하는 부분을 블록으로 묶는 데 사용되므로 시작과 끝에서 줄 바꿈이 일어나며, 〈span〉 요소는 인라인 형태로 사용되는 부분을 묶는 데 사용된다. 다음 예제에서 보듯이 〈div〉, 〈span〉 요소를 이용하여 박스의 left 및 top의 위치를 (40, 80) 픽셀 좌표에 놓이도록 하였다.

```
<html>
<head>
  <style type="text/css">
    #ex
    { position:absolute; left:40px; top:80px;
      width:440px; height:80px; border:2px solid; border-radius:25px; padding:6px;
      box-shadow: 10px 10px 2px #888888; background-color:yellow;
      transform: rotate(-20deg);  column-count:2;
    }
    #word2
    { text-shadow: 3px 3px 5px #FF0000; }
  </style>
</head>
<body>
  <div id="ex">  <b>CSS3 예제</b>
    <ul><li>경계선 라운드 처리</li>
        <li>배경 그림자 효과</li>
        <li>멀티 컬럼</li>
        <li>2D 변환: -20도 회전</li>
        <li><span id="word2">텍스트 그림자</span> 효과</li>
        <li>(애니메이션도 가능)</li>
    </ul>
  </div>
</body>
</html>
```

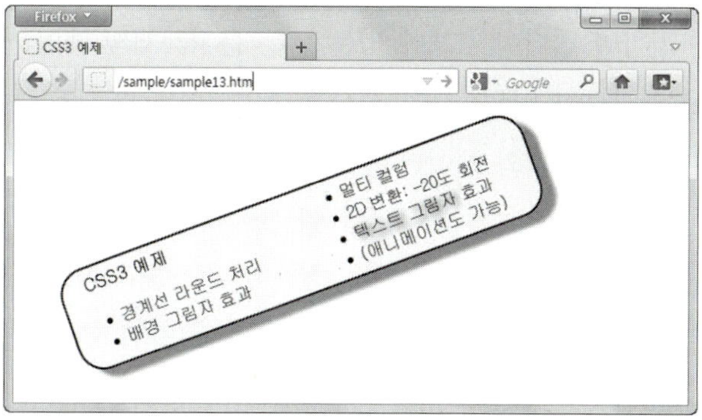

그림 5.13
CSS3 적용 예제

최근 개발 중인 CSS3에는 더욱 다양한 스타일 지정 기능을 포함하고 있다. 앞의 예제에서는 박스의 모서리 처리, 그림자 효과, 다단(Multi-column) 지정,

2D/3D 기하변환, 텍스트의 그림자 등 다양한 효과가 설정된 것을 볼 수 있다. CSS3에서 다양한 효과를 나타내기 위해 지정할 수 있는 주요 속성은 다음 목록과 같으며, 이 외에도 장면 변환(Transition), 애니메이션, 사용자 인터페이스 관련 속성을 지정하여 더욱 다양한 웹문서를 작성할 수 있게 되었다. 또한 스타일 지정을 위한 선택자에도 단순히 요소에서 더 세분하여 각 줄 단위나 자식 요소 단위로 일부분만 지정할 수 있게 함으로써 더욱 정교한 스타일 설정이 가능하게 되었다.

- 박스 및 배경 관련 속성 : border-radius, box-shadow, border-image
- 폰트 지정 규칙 : @font-face
- 문자 관련 속성 : text-shadow, word-wrap, word-break, text-outline, text-justify
- 배경 관련 속성 : background-size, background-origin, background-clip
- 2D/3D 변환 함수 속성 : translate(), rotate(), scale(), skew(), matrix()
- 다단 관련 속성 : column-count, column-gap, column-rule, column-width

5.2.3 자바스크립트(Javascript) 및 DOM의 작동 원리

자바스크립트는 HTML 문서와 사용자 사이의 상호작용을 가능하게 하고 멀티미디어 자료와 애니메이션을 효과적으로 표현할 수 있도록 한다. 마우스의 클릭, 객체의 변화, 페이지간의 이동, HTML 폼의 입력 등 웹페이지 상에서 일어나는 모든 사건을 처리하며 웹페이지 내에 있는 모든 문서객체의 제어가 가능하다. 자바스크립트 코드는 HTML 문서 사이에 직접 삽입되어 HTML과 같이 웹브라우저에서 실행되기 때문에 서버와 데이터를 송수신하는 일이 없이 바로 처리할 수 있다. 따라서 프로그램이 쉬울 뿐만 아니라 웹브라우저를 기반으로 강력한 기능을 제공한다.

자바스크립트는 C언어의 문법을 모태로 하여 개발된 객체기반의(Object-based) 스크립트 언어이다. 넷스케이프사는 초기에 라이브스크립트(LiveScript)라는 언어를 개발하였으며, 그 뒤에 자바를 만든 선마이크로시스템즈사와 함께 라이브스크립트를 확장시킨 자바스크립트(JavaScript)를 발표하였다. 표준으로서의 정확한 명칭은 유럽 표준기구에서 명명한 ECMAScript이지만, 일반적으로 자바스크립트라는 이름으로 더 널리 사용되고 있다. 자바스크립트는 C언어나 자바 언어와 문법구조는 유사하지만 성격이 다른 스크립트 언어이다. 컴파일 과정을 거치지 않고 웹브라우저에서 직접 실행되므로 자바스크립트를 지원하는 브라우저만 있으면 윈도우나 Mac과 같이 서로 다른 플랫폼(Platform)에서도 동일한 실행이 가능하다.

- 〈script type="text/javascript"〉 자바스크립트 코드 〈/script〉

자바스크립트는 HTML 문서 내에서 사용하려면 〈script〉 요소 내에 프로그램 코드를 삽입하면 된다. 아래의 예제에서는 자바스크립트 코드를 이용하여 문서의 〈title〉 값과 문서작성 시각을 화면에 출력한다. 현재 실행되고 있는 문서객체의 이름은 'document'로 시스템에서 미리 설정되어 있다. 문서의 〈title〉 값은 document.title 속성으로 찾아가고, 문서작성 시각은 document.lastModified 속성으로 찾아가면 된다. 화면에 출력하려면 화면 역시 현재 문서이므로 write()라는 메소드를 이용하여 document.write()를 실행하면 된다.

```
〈html〉
  〈head〉
    〈title〉JavaScript 예제 1〈/title〉
  〈/head〉
  〈body〉
    〈h2〉Javascript 시작하기〈/h2〉
      〈script type="text/javascript"〉
          document.write("〈HR width=80%〉");
          document.write("** 문서제목: ");
          document.write(document.title + "〈BR〉");
          document.write("** 문서작성시각: ");
          document.write(document.lastModified);
      〈/script〉
  〈/body〉
〈/html〉
```

그림 5.14
Javascript 예제

자바스크립트 언어는 문법이 C언어와 많이 유사하지만 보다 간단하게 프로그램을 작성하도록 되어 있다. 특히, 변수의 선언은 매우 간단하다. 변수가 필요할 때 사용하면 바로 변수의 선언이 이루어지고 데이터 유형은 별도로 지정할 필요 없이 지정된 값에 따라 변수의 데이터 유형이 결정된다. 아래의 코드에서 변수 char3는 문자형이 되고, 변수 num2와 num3는 정수가 된다. 변수 result1과 result2는 문자형과 정수형을 연산한 결과로 정수형이 문자로 바뀌어 문자열 연산이 적용된다. 변수 result3는 정수형끼리 연산한 결과로 정수의 더하기 연산이 적용된다.

```
var  char3 = '3', num2 = 2, num3=3;
var  result1 = num2 + char3;    // result1 = '2'+'3' = '23', string 연산 (Concatenation)
var  result2 = char3 + num2;   // result2 = '3'+'2' = '32', string 연산 (Concatenation)
var  result3 = num2 + num3;   // result3 = 2+3 = 5, plus 연산
```

자바스크립트의 연산자로는 +, -, *, /, ++, --, % 등의 산술연산자, &&, ||, ! 의 논리연산자, ==, !=, 〉, 〉=, 〈, 〈= 의 비교연산자가 허용된다. 제어문으로는 C언어와 마찬가지로 if 문, switch 문, for 문, while 문이 사용되고 객체의 제어를 위해 for...in 문과 with 문, 그리고 new 연산자가 사용된다.

객체지향 혹은 객체기반 프로그램에서 기본적인 작동원리는 이벤트 발생과 함수 호출이라고 볼 수 있다. 웹브라우저에서 사용자의 모든 행위는 이벤트로 해석되며, 발생되는 이벤트에 따라 함수를 호출하게 된다. 예를 들어, 버튼을 클릭하는 행위, 하이퍼텍스트 링크 위로 마우스가 지나는 행위, Form 내의 텍스트 영역에서 커서를 이동시키는 행위 등이 이벤트이다. 자바스크립트 언어에서 사용되는 이벤트의 이름에는 load, unload, click, mouseover, mouseout, error 등 여러 가지가 있다. 자바스크립트의 이벤트 프로그램은 이벤트가 발생하는 해당 요소의 태그에 다음과 같은 형태로 표기한다.

- 〈태그 이벤트처리기="자바스크립트 함수 혹은 프로그램"〉
  예) 〈td onClick="bgChange('cyan')" bgcolor="cyan"〉C〈/td〉

이벤트처리기는 이벤트의 이름 앞에 on을 붙이면 된다. 즉, 클릭 행위의 이벤트처리기는 onClick, 페이지 로드의 이벤트 처리기는 onLoad, 마우스가 객체 위

로 올라가는 경우 onMouseover 가 된다. 함수의 정의는 <head>나 <body> 어느 부분에 위치해도 되는데 단지 호출되기 이전에만 나오면 된다.

• 함수의 예

```
function bgChange(bg) {
    ex=document.getElementById("example1");
    ex.style.background = bg;
}
```

다음의 예제에서는 몇 가지 이벤트 처리과정을 보여주고 있다. 일단 이 페이지가 로드될때 alert() 함수 창이 실행된다. 즉, onLoad 이벤트처리기가 작동되는 것이다. 마우스 커서를 구글이나 애플사의 로고 위로 움직이면 onMouseover 이벤트처리기가 실행되어 writeAddr()이라는 함수를 호출하고, 로고에 테두리가 생기면서 해당 이름과 주소가 아래 줄에 나타난다. 다시, 마우스 커서가 로고 이미지 위에서 빠져 나오면 onMouseout 이벤트가 발생되어 원래 상태로 복구하는 함수 clearAddr()를 호출한다.

```
<html>
<head>
 <title>JavaScript 예제 2</title>
 <script type="text/javascript">
  function writeAddr(obj, num) {
   switch (num) {
    case 1: addr="구글 http://www.google.com"; break;
    case 2: addr="애플 http://www.apple.com"; break;
    default: addr = "_";
   }
   ex=document.getElementById("intro"); ex.innerHTML = addr;
   obj.border = "3";
  }
  function clearAddr(obj) {
   ex=document.getElementById("intro"); ex.innerHTML = "_";
   obj.border = "0";
  }
 </script>
```

```
</head>
<body bgcolor="#FFFFCC" onLoad="alert('환영합니다.');">
  <h2>자바스크립트 이벤트</h2>
  <p>
   <img src="google_logo-small.png" border="0"
        onMouseover="writeAddr(this,1);" onMouseout="clearAddr(this);">
   <img src="Apple.jpg" width="80" height="80" border="0"
        onMouseover="writeAddr(this,2);" onMouseout="clearAddr(this);" ></p>
  <p>회사 소개 : <span id="intro">_</span></p>
</body>
</html>
```

그림 5.15
이벤트 처리 예제

자바스크립트 언어에는 웹문서에 기반한 여러 객체(Object)가 있으며, 각 객체는 다양한 속성(Property)과 메소드(Method)를 가지고 있다. 객체에는 document, window, history, location, Array, Math, Form, String과 같은 시스템 내장 객체와 사용자가 웹문서에서 정의한 모든 요소들인 사용자 정의 객체가 있다. 앞 예제의 경우 웹문서 자체인 document라는 내장 객체를 사용하였고, 사용자 정의 객체로는 구글로고 이미지의 객체 및 〈span〉으로 설정된 회사소개 텍스트 객체를 다루었다. 이 때 〈span〉 요소에는 id= "intro"로 설정하여 언제든지 찾아갈 수 있지만, 이미지 객체는 별도의 이름을 지정하지 않아서 찾아가기 힘들 수 있으므로 'this'라는 이름으로 현재 객체의 주소를 전달하였다.

문서객체모델(Document Object Model, DOM)에서는 문서 내의 각 요소에 대해 별도의 id가 설정되지 않더라도 문서 내 모든 객체에 접근하고 수정하는 것이 가능하도록 API를 규정하였다. W3C에서 제정한 DOM 표준안은 HTML 문서 및 XML 문서에 적용이 가능하며, DOM API 프로그래밍은 어느 언어를 사용해도 가능하도록 하였다. 즉, 문서객체를 취급하는 스크립트언어로 자바스크립트나 VB 스크립트, 혹은 C/C++언어나 자바 언어를 사용할 수도 있다.

DOM의 기본 개념은 웹문서를 하나의 트리 형태로 표현하여 모든 객체를 노드로 표현하는 것이다. 즉, 〈html〉, 〈head〉, 〈body〉 요소도 하나의 노드로 표현되고 <p>, <img>도 각각의 노드로 표현된다. 또한 속성 및 내용 텍스트도 별도의 속성노드, 텍스트노드로 표현되어 모든 객체에 접근이 가능하게 된다. 일단 DOM 트리로 구성이 되면 트리 운행 방식에 따라 모든 노드를 접근할 수 있도록 여러 가지 속성 및 함수 API가 제공된다. 다음 예제에서는 본문에 두 개의 <p> 문단이 있는 경우로, 이 문서에 대한 DOM 트리는 그림 5.16처럼 구성된다. DOM 트리가 구성되면 원하는 노드에 접근이 가능한데, 예를 들어, 첫 번째 <p>단락에 접근하려면 document.documentElement.lastChild.firstChild로 찾아갈 수 있으며, 해당 노드에서 text 노드의 값을 찾으면 "첫번째 단락"이라는 문장을 구할 수 있다. 여기서 원래 문서의 루트요소는 documentElement라는 이름으로 찾아가도록 되어 있다.

```
<html>
  <head>
    <title>DOM 예제</title>
  </head>
  <body bgcolor="yellow">
    <p>첫번째 단락</p>
    <p>두번째 단락</p>
  </body>
</html>
```

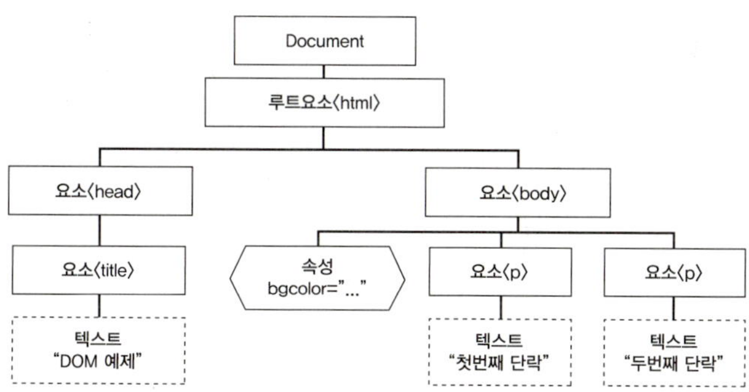

그림 5.16
DOM 트리 구성 예제

5.3 서버 연동 웹페이지

앞 절에서 웹페이지에 상호작용을 가능케 하여 동적인 웹문서를 만들기 위한 기법으로 자바스크립트와 동적 HTML을 소개하였다. 이들은 클라이언트인 웹브라우저에서 실행되므로 빠른 속도로 사용자에 반응할 수 있다. 그러나 때로는 클라이언트에서 입력 받은 데이터를 전송하여 서버에 있는 응용프로그램에서 처리하고 그 결과를 다시 웹브라우저가 화면에 보여주는 경우가 있다. 이러한 경우에 CGI 프로그램을 이용하여 서버 측의 작업 처리나 다양한 데이터베이스 접근이 가능하도록 한다. CGI 프로그램을 작성하는 데 과거에는 C나 Perl, Python과 같은 언어를 많이 사용하였으나, 최근에는 서버의 부담이 적고 작성하기 쉬운 ASP, JSP, PHP 등이 많이 사용되고 있다.

5.3.1 CGI 원리와 Form 요소

앞 절에서 설명한 HTML 기능만으로는 사용자로부터 입력을 받아서 서버에 저장된 정보를 검색하여 제공해 준다든지, 보안이 필요한 웹페이지의 경우 사용자로부터 등록 정보를 입력받고 이를 확인하는 등의 기능을 구현할 수 없다. 이러한 목적을 위해 개발된 것이 CGI(Common Gateway Interface)이다. CGI 프로그램은 방명록이나, 게시판, 온라인 설문조사, 전자상거래 등의 분야에서 활발히 이용되고 있다.

CGI는 웹브라우저와 웹서버, 응용프로그램 간의 일종의 인터페이스이다. 사용자가 클라이언트의 웹브라우저를 통해 정보를 입력하면 브라우저는 웹서버에 CGI를 통해 요청한다. 그러면 서버는 브라우저로부터 들어온 정보를 서버의 응용프로그램으로 전달하며, 응용 프로그램은 데이터베이스와 연동하여 이 정보를 처리한다. 처리결과는 HTML 페이지로 구성되어 다시 서버를 통해 사용자의 웹브라우저로 전달하여, 그 결과를 화면에서 볼 수 있도록 출력된다. CGI란 이 모든 전달과정에 사용되는 인터페이스를 뜻한다. 그림 5.17에는 이러한 CGI의 작동원리를 간단히 도식화하였다.

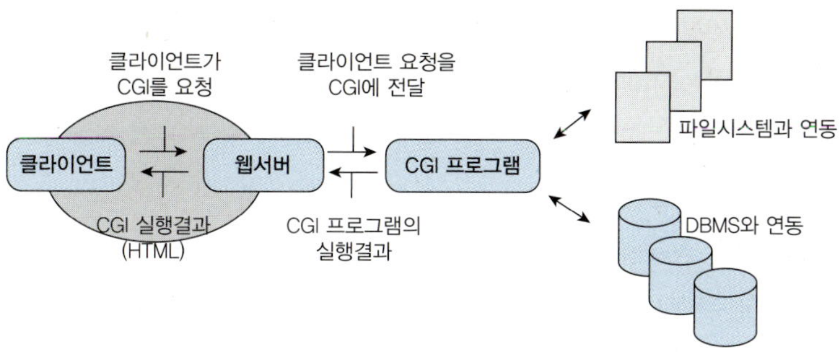

그림 5.17
CGI의 작동 원리

- 〈form action="서버프로그램 주소" method="GET 또는 POST"〉 ...입력양식... 〈/form〉

HTML 문서에서 서버 프로그램으로 데이터를 전달하는 데 사용되는 것이 〈form〉 요소이다. 이 태그의 내부에서 서버로 전달될 다양한 데이터의 입력이 이루어지며, 서버 프로그램의 URL을 지정하는 action과, 데이터 전달방식을 지정하는 method를 속성으로 갖는다. method 속성 값이 GET인 경우 CGI 환경변수를 통해 데이터를 전달하며, POST인 경우 표준 입력방법에 따라 입력을 받으므로 길이에 제한이 없다.

- 〈input type="입력필드의 형식" name="입력필드의 이름" value="초기값"〉

  입력필드의 형식에는 text(텍스트 입력), password(암호 입력), radio(라디오 버튼 선택), chechkbox(체크박스 선택), submit(전송버튼), reset(취소버튼), buttom(일반 버튼)이 있다.

〈form〉 요소 안에서 입력 양식을 지정해 주는 것이 〈input〉 요소이다. type 속성에 지정되는 입력필드의 형식에 따라 다양한 입력 양식을 제공하는데, HTML4까지는 앞에 나열한 몇 가지만 지원하였다. name은 웹서버로 전송할 때 필요한 변수 이름이고 value는 각 필드의 초기값을 설정한다. 이외에 긴 텍스트의 입력이나 목록에서의 선택을 위한 요소가 별도로 있다.

- 긴 텍스트 : 〈textarea name="입력필드의 이름" rows="라인수" cols="폭"〉
- 선택목록 : 〈select name="" size=""〉 〈option〉...항목...〈/option〉 ... 〈/select〉

긴 텍스트를 입력받을 때에는 〈input〉 요소로는 제약이 있으므로 〈textarea〉 요소를 사용하며, rows와 cols 속성으로 텍스트 박스의 크기를 정해준다. 또한, 여러 개의 항목 중 하나를 고르는 선택목록을 만들 때는 〈select〉 요소를 사용하고, 각 선택가능 항목은 〈option〉 태그를 사용하여 만든다. 이 때 〈select〉 요소의 size 속성은 선택 가능한 항목의 수를 지정한다. 다음은 〈form〉 요소와 여러 가지 입력 형식을 사용하여 사용자 입력을 받는 웹문서의 예제이다.

```
<html>
<head> <title>FORM 태그의 사용</title> </head>
<body>
 <form method="post" action="cgi">
  <p>아이디   : <input type="text" name="id">
  <br>비밀번호: <input type="password" name="pass"></p>
  <p>성별: <input type="radio" name="sex" value="male">남성
        <input type="radio" name="sex" value="female">여성
  <br>구입 희망 도서 (복수선택 가능):
    <input type="checkbox" name="book" value="a">경제
    <input type="checkbox" name="book" value="b">상식
    <input type="checkbox" name="book" value="c">컴퓨터</p>
  <p>간단한 자기소개:<br>
    <textarea name="my" rows="4" cols="40">...</textarea>
  <br>직업:
    <select name="job" size="1">
      <option> 학생 </option>
      <option> 회사원 </option>
      <option> 공무원 </option>
      <option> 기타 </option>
    </select></p>
  <hr>
  <p align="center">
    <input type="submit" value="SEND">
    <input type="reset" value="RESET"> </p>
 </form>
</body>
</html>
```

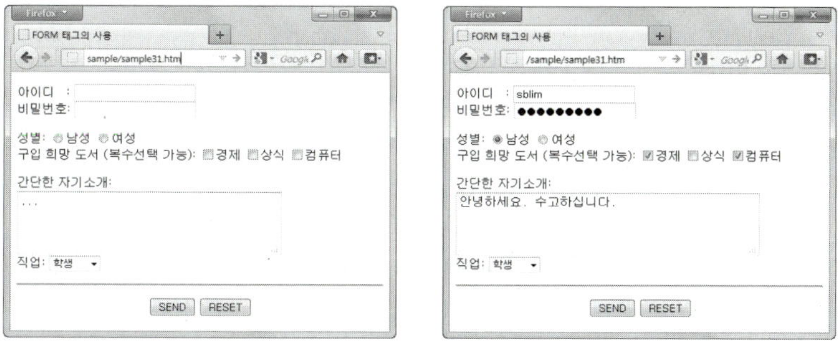

그림 5.18
form과 입력 태그의 사용

최근 개발된 HTML5의 form 기능은 사용자의 편리성을 위해 많이 개선되었다. 이전에는 숫자의 범위를 제한할 수 없었고, 색상을 지정할 때도 색상이름이나 색상값을 적어야 하므로 불편했다. 아래의 예제에서 보듯이 HTML5에서는 색상 테이블을 이용하여 색상을 선택하고, 달력을 이용하여 날짜를 쉽게 입력하도록 하였고, 숫자 범위를 제한하거나 스크롤바를 이용하여 사용자가 편하게 데이터를 입력할 수 있다. 새로 추가된 입력 유형은 다음과 같다.

- type = datetime, date, month, week, time : 달력에서 날짜 및 시간을 입력
- type = number, range : 제한된 범위의 숫자로 입력하거나, 스크롤바로 입력
- type = color, file, search : 색상표에서 색상 선택, 파일보기에서 파일 선택
- type = tel, url, email : 데이터의 형식이 맞는지 유효성 확인을 해 준다.

기존에는 〈select〉 요소를 이용하여 스크롤 목록을 작성한 반면, 〈datalist〉 요소를 이용하면 펼침 목록을 작성할 수 있다. 또한 데이터를 서버에 전송할 때 데이터의 암호화를 위해 〈keygen〉 요소에서 제공한 암호키를 선택하도록 할 수 있다. 다음 예제에서는 새로운 input 유형의 일부를 실행하였는데, 아직 HTML5 사양이 완전히 구현된 브라우저는 없지만 그 중에서 오페라(Opera) 브라우저를 이용하여 실행한 결과이다.

```
〈html〉
  〈head〉 〈title〉HTML5 input 태그〈/title〉〈/head〉
  〈body〉
    〈form method="get"〉
      〈p〉원하는 색상을 선택하시오: 〈input type="color" name="mycolor" /〉 〈/p〉
      〈p〉작성일 (일자/시각): 〈input type="datetime" name="mydaytime" /〉 〈/p〉
      〈p〉숫자선택(1에서 9사이): 〈input type="number" name="mynum" min="1" max="9"/〉〈/p〉
      〈p〉범위: [1]〈input type="range" name="point" min="1" max="100" /〉[100] 〈/p〉
      〈p〉사이트 주소 입력: 〈input type="url" name="addr" /〉 〈/p〉
      〈hr〉
      〈p〉웹페이지 선택: 〈input type="url" list="url_list" name="link" /〉 〈/p〉
      〈datalist id="url_list"〉
         〈option label="W3Schools" value="http://www.w3schools.com" /〉
         〈option label="Google" value="http://www.google.com" /〉
         〈option label="Microsoft" value="http://www.microsoft.com" /〉
      〈/datalist〉
      〈p〉성명: 〈input type="text" name="myname"  size="14"/〉
         암호키: 〈keygen name="security" /〉
      〈input type="submit" /〉 〈/p〉
    〈/form〉
  〈/body〉
〈/html〉
```

그림 5.19
HTML5에서 새로운 form input 의 기능

5.3.2 CGI 프로그래밍

CGI 프로그램은 웹브라우저로부터의 사용자 요구를 받아들여 웹서버와 응용 프로그램을 연결하는 프로그램이다. 웹서버에서 응용프로그램의 실행을 요청하고, 그 결과를 받아 HTML 문서 형태로 브라우저에 반환한다. CGI 프로그램의 대표적인 예는 웹문서 검색 시스템인데, 사용자의 요구에 따라 데이터베이스를 검색한 다음 그 결과를 그 사용자에게 HTML 문서로 보여준다. 이러한 CGI 프로그래밍으로는 CGI 규칙만 지키면 어떠한 언어라도 사용할 수 있는데, 일반적으로 Perl이나 C/C++, Python 등의 언어를 많이 사용하고 있다. 이 절에서는 C언어를 사용한 예제를 보여준다.

HTML 문서에서 CGI를 실행시키는 방법에는 두 가지가 있다. 한 가지는 앞 절에서 설명한 〈form〉 요소를 이용하여 submit 버튼으로 전송하는 방법이고 또 하나는 〈a〉 요소와 href 속성을 이용하는 것이다. 이 방법을 이용하는 경우 전달인자를 직접 적어주어야 한다.

- 〈a href="서버프로그램주소?변수명=값&변수명=값&..."〉...〈/a〉

  예, 〈a href="/cgi-bin/sample35.cgi"〉 ... 〈/a〉

  〈a href="http://news.naver.com/sports/index?ctg=news&&title=jspark"〉...〈/a〉

변수명은 사용자 데이터를 전달받은 CGI 프로그램 내에서 데이터를 처리할 변수의 이름이다. 〈form〉 요소를 사용하는 경우에는 변수명을 〈input〉 요소의 name 속성에 설정해 두면 입력된 데이터가 name=value 형식으로 전달된다. 마찬가지로 〈a〉에서도 주소 뒤에 이어서 전달할 정보를 적어준다. 이때 전달 데이터가 2개 이상일 경우에는 '&'로 연결되며, 공백은 '+'로 변형시키고 특수문자나 한글의 경우 '%' 뒤에 16진수로 표현한다.

CGI 프로그램에서 실행결과를 HTML 형식으로 출력하여 다시 웹브라우저에 보내주려면 "Content-type: text/html"과 같은 헤더 정보를 먼저 출력해야 한다. 그리고 해당하는 결과를 〈html〉 파일 형식에 맞추어 출력하면 된다. 한편 웹서버에서는 CGI 프로그램이 사용할 수 있는 환경변수를 가지고 있어서, 이를 이용하여 CGI 프로그램 내에서 전달인자를 전송받거나 필요한 정보를 구할 수 있다. 다음의 예에서와 같이 환경변수로는 사용자의 IP 주소(REMOTE_ADDR), 서버의 도메인 이름(SERVER_NAME), 실행된 CGI 프로그램 이름(SCRIPT_NAME), 전달방식(REQUEST_METHOD), 데이터 길이(CONTENT_LENGTH), 전달 문자열(QUERY_STRING) 등이 사용된다.

다음의 예는 CGI 프로그램을 이용하여 간단히 HTML 문서를 출력하는 것이다. 간단한 C 프로그램이므로 쉽게 이해할 수 있을 것이다. form이나 하이퍼링크에서 전달된 전달인자는 환경변수의 값을 읽어오는 getenv( ) 함수를 통해 사용될 수 있다.

```
<html>
<head> <title>CGI 실행 예제</title> </head>
<body>
 <p>1. form으로 CGI 프로그램 실행</p>
  <form action="cgi-bin/sample35.cgi" method="get">
   유형 선택 : <input type="radio" name="ctg" value="news">뉴스
          <input type="radio" name="ctg" value="blog">블로그
          <input type="radio" name="ctg" value="site">사이트 <br>
   제목 입력 : <input type="text" name="title">=&gt; <input type="submit" value="CGI 전달">
  </form>
 <p>2. 링크로 CGI 프로그램 실행 가능</p>
  [분류] 뉴스 – 기사 보기 :
  <a href="cgi-bin/sample35.cgi?ctg=news&title=jisung+park">jisung park</a>
</body>
</html>
```

CGI 프로그램: sample35.c

▶ 컴파일 방법: cc[gcc] –o sample35.cgi sample35.c

```
#include <stdio.h>

main()
{
  printf("Content-type: text/html₩n₩n");
  printf("<html>");
  printf("<body>");
  printf("<h2>환경변수의 값</h2>");
  printf("REMOTE_ADDR : %s", getenv("REMOTE_ADDR"));
  printf("SERVER_NAME : %s", getenv("SERVER_NAME"));
  printf("QUERY_STRING : %s", getenv("QUERY_STRING"));
  printf("</body>");
  printf("</html>");
}
```

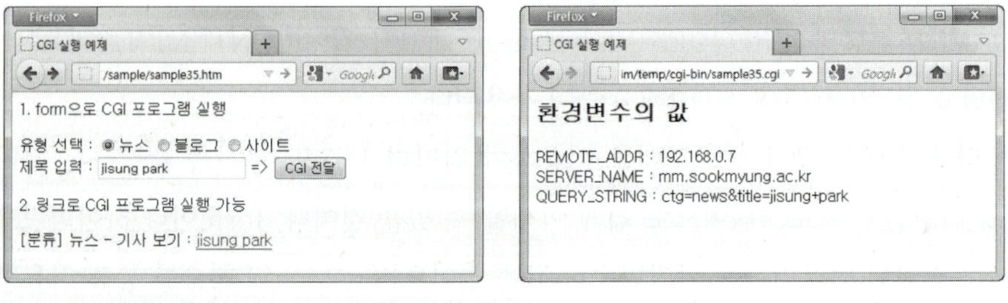

그림 5.20
CGI 프로그램 실행의 예

5.3.3 웹서버 프로그램 PHP

PHP(Professional Hypertext Preprocessor)는 사용자가 웹페이지를 동적으로 사용할 수 있도록 하기 위하여 고안된 스크립트 언어이다. PHP 프로그램은 자바스크립트, Perl, ASP와 같은 스크립트 프로그래밍 도구로 CGI와 마찬가지로 서버측에서 실행되는 프로그램이다. 그러나 PHP는 CGI와는 달리 HTML 문서안에 스크립트를 넣어 사용하며 PHP 스크립트가 서버에서 처리된다. 그리고 그 결과물인 HTML 태그만이 클라이언트에서 보여주게 되어 사용자는 소스코드에 접근하지 못하므로 소스코드의 보안성이 보장된다.

PHP는 윈도우 또는 유닉스 및 리눅스 운영체제에 Aphache 서버를 설치하여 사용할 수 있다. 사용되는 스크립트 언어는 Perl이나 C 혹은 자바와 유사한 문법을 가지며 클래스(Class) 개념을 가지고 있어 객체지향 프로그램의 특성을 갖는다. PHP의 가장 큰 장점 중 하나는 다양한 데이터베이스 서버에 대해 사용하기 간편한 인터페이스를 제공한다는 점이다. PHP에서 지원하는 데이터베이스로는 ODBC, MS SQL, Oracle, Informix, Sybase와 같은 데이터베이스 시스템은 물론, 유닉스 환경의 MySQL과 같은 데이터베이스를 지원하고 있다. PHP와 조합하여 가장 많이 사용되는 형태가 리눅스 환경에서 Apache 서버를 설치하고 PHP와 MySQL을 연동해서 사용하는 것으로, 이를 보통 LAMP 환경이라고 부른다.

PHP의 모든 스크립트 코드는 HTML 문서 내에서 〈?php 와 ?〉 사이에 위치해야 하며, 이 스크립트 코드들은 서버에서 실행된 후 결과가 HTML 문서 내에 포함된다. 변수는 $로 시작하며, 배열은 Array 함수를 이용하여 선언하고, 출력은 echo 함수를 사용하면 된다. 제어문이나 기타 문법은 C 언어와 유사하다. 아래의 예제는 요일에 따라 다른 메시지를 웹문서에 출력하는 간단한 PHP 프로그램이다. date() 함수에서 요일 형식으로 얻은 값을 변수 $week에 저장한 후, if 문에서 요일을 확인하여 메시지를 선택적으로 화면에 출력하도록 하였다.

sample36.php

그림 5.21
PHP 실행 예제

```
〈html〉
 〈head〉〈title〉PHP 실행 예제〈/title〉〈/head〉
 〈body〉
  〈p〉PHP 실행 예제〈/p〉
  〈?php
   $week=date("D");
   if ($week=="Fri")
      echo "[$week] Have a nice weekend!";
   elseif ($week=="Sun")
      echo "[$week] Have a nice Sunday!";
   else
      echo "[$week] Have a nice day!";
  ?〉
 〈/body〉
〈/html〉
```

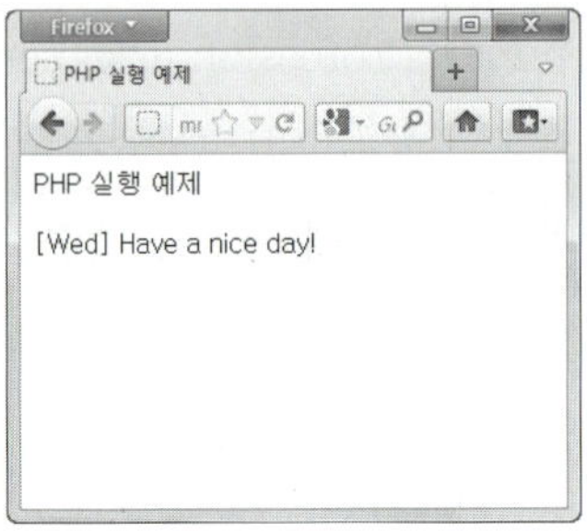

HTML 문서에서 〈form〉 요소로 입력받은 값을 PHP 프로그램에서 사용하려면 GET/POST 메소드에 따라 다음과 같은 시스템 변수를 통해 전달받을 수 있다. 아래의 예제는 〈form〉 요소에서 입력받은 값을 PHP 프로그램에서 편집하여 출력하는 예이다.

- GET 메소드의 경우 : $_GET["변수명"]
- POST 메소드의 경우 : $_POST["변수명"]

```
〈html〉
 〈head〉〈title〉PHP 실행 예제〈/title〉〈/head〉
 〈body〉
  〈p〉form으로 PHP 프로그램 실행〈/p〉
  〈form action="cgi-bin/sample39.asp" method="GET"〉
    유형 선택 : 〈input type="radio" name="ctg" value="news"〉뉴스
             〈input type="radio" name="ctg" value="blog"〉블로그
             〈input type="radio" name="ctg" value="site"〉사이트 〈br〉
      제목 입력 : 〈input type="text" name="title" size="15"〉=&gt; 〈input type="submit"
value="PHP 실행"〉
   〈/form〉
 〈/body〉
```

sample37.php

```
<html>
  <head> <title>PHP 실행 결과</title> </head>
  <body>
    <p>form으로 데이터 전송 결과 (PHP 프로그램)</p>
    <p>기사 유형 : <?php echo $_GET["ctg"]; ?> </p>
    <p>제목은 [ <?php echo $_GET["title"]; ?> ] 입니다.</p>
  </body>
</html>
```

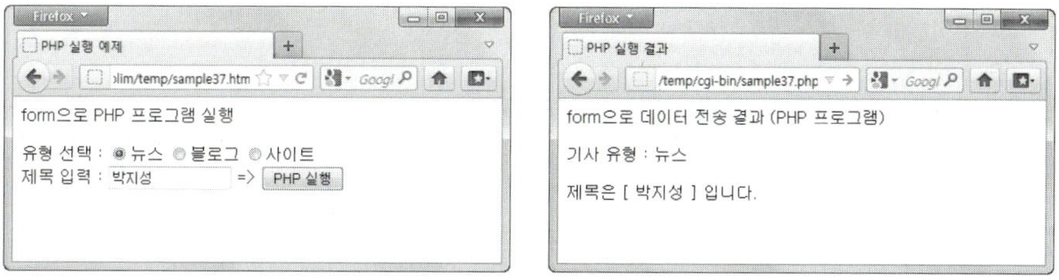

그림 5.22
form을 이용한 PHP 프로그램 실행

5.3.4 웹서버 프로그램 ASP와 JSP

(1) ASP의 개요

ASP(Active Server Page)는 PHP와 마찬가지로 웹페이지를 동적으로 사용하도록 개발된 스크립트 언어이다. ASP를 사용하려면 윈도우 기반 웹서버인 IIS(Internet Inofrmation Server) 3.0 버전 이상이 필요하다. PHP나 ASP는 CGI에 비하여 작성하기 쉽고 서버의 부담을 훨씬 줄여주므로 많이 사용되고 있다.

ASP는 비주얼베이직 스크립트(VBScript)나 자바스크립트(JavaScript)를 사용하여 프로그램을 작성한다. HTML 문서에 이러한 스크립트 명령을 사용하며 서버에서 이를 해석하여 실행한 결과를 클라이언트로 보내주는 서버측 스크립트이다. ASP의 모든 스크립트들은 HTML 문서 내에서 〈% 와 %〉 태그 사이에 위치한다. 이 부분은 서버에서 처리되어 HTML 태그로 변환된 후 사용자에게 보여지는 부분이다.

다음의 예에서는 변수 사용과 함수의 사용 예를 보여주고 있다. 〈% 와 %〉 사이에 있는 스크립트 코드에 VBScript 문법에 따른다. 단, 출력은 Response라는 서버측 객체에 write 메소드를 사용하여 Response.write로 수행하는데 흔히 축약형으로 〈%= 표기를 많이 사용하고 있다. 마지막 줄에서는 시스템 내장 함수 Time을 호출하였다.

그림 5.23
ASP 실행 예제

```
<html>
  <head> <title>ASP 실행 예제</title> </head>
  <body>
    <% for i=1 to 3 %>
      <% ptsize = 10+i*4 %>
      <p style="font-size: <%= ptsize %>">
              font-size : <%= ptsize %>pt </p>
    <% next %>
    현재 시각은 <%= Time %>입니다. (Time 함수 사용)
  </body>
</html>
```

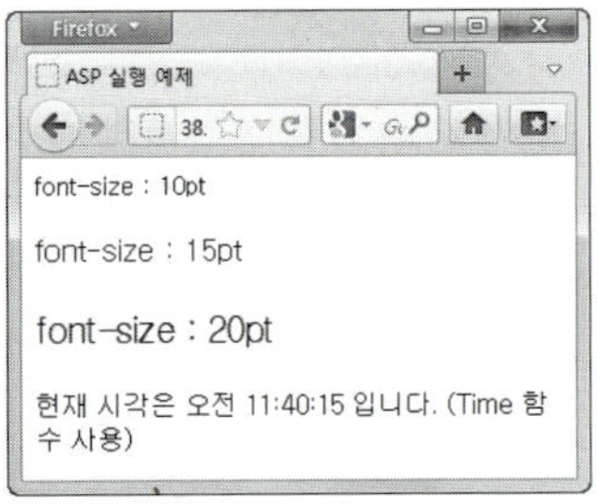

다음 예제에서는 앞 절의 예제와 마찬가지로 〈form〉 요소를 이용하여 사용자 입력을 전송한다. ASP 프로그램 내에서는 Response 객체의 form("변수명") 메소드로 사용자 입력을 전달받아 요청하는 정보를 처리하게 된다.

```
<html>
  <body>
    <p> form으로 ASP 프로그램 실행</p>
    <form action="cgi-bin/sample37.php" method="GET">
      유형 선택 : <input type="radio" name="ctg" value="news">뉴스
                  <input type="radio" name="ctg" value="blog">블로그
                  <input type="radio" name="ctg" value="site">사이트 <br>
      제목 입력 : <input type="text" name="title" size="15">=&gt; <input type="submit"
value="ASP 실행">
     </form>
  </body>
</html>
```

sample39.asp

```
<html>
  <head> <title>ASP form 예제</title> </head>
  <body>
    <p> form으로 데이터 전송 (ASP 프로그램)</p>
    <p>기사 유형 : <%Request.form("ctg")%> </p>
    <p>제목은 [ <%Request.form("dept")%> ] 입니다.</p>
  </body>
</html>
```

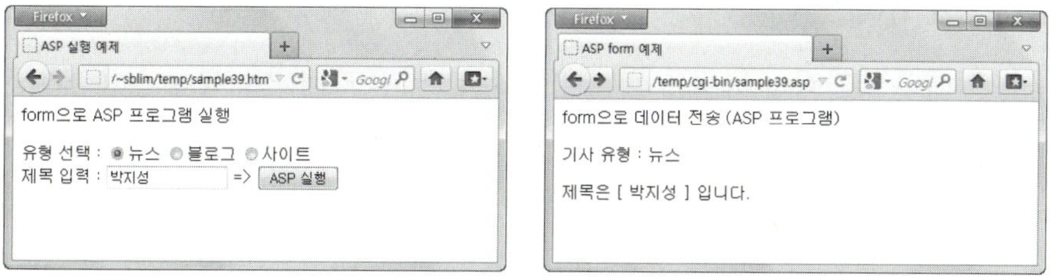

그림 5.24
form ASP 프로그램 실행의 예

(2) JSP

JSP(Java Server Page)는 ASP와 매우 유사한 점이 많은 서버측 스크립트이다. JSWDK(Java Server Web Development Kit)라는 자바 서버를 설치하여 사용하기 때문에 플랫폼에 구애받지 않고 사용이 가능하다. ASP와 마찬가지로 HTML 문서 내에서 <% 와 %> 사이에 스크립트 코드를 삽입하며, ASP가 VBScript를 사용하는 반면 JSP는 자바를 사용한다. JSP는 자바를 사용하기 때문에 다양한 운영체제에서 실행이 가능하며, 자바 프로그램의 모듈 재사용이 가능하여 기존의 자바 프로그램과 연결이 가능해진다.

자바 프로그램은 JDBC를 통해 데이터베이스를 액세스하고 SQL 문을 이용하여 데이터베이스를 검색할 수 있다. JDBC는 선마이크로시스템즈 사에서 개발한 SQL 접근 인터페이스로 JDBC API는 데이터베이스 연결, SQL 명령문, 메타데이터 등을 표현할 수 있는 자바 클래스들을 정의한다.

5.4 웹문서 교환 표준 XML

앞에서 HTML 문서의 구성에 대해서 공부하였다. HTML 문법은 간단하여 사용하기 쉽고 웹 정보를 표현하기에는 대체로 적절하지만, 단순히 보여주는 차원을 넘어서 웹문서를 교환하거나 저장하고 특히 원하는 정보만을 효율적으로 검색하기 위해서는 보다 강력한 태깅 언어가 필요하게 되었다. 이러한 이유에서 XML(eXtensible Markup Language)이 출현하였다. 본 절에서는 XML의 출현 배경과 필요성에 대하여 설명하고, XML의 문서작성 방법 및 활용분야에 대해 간단히 설명한다.

5.4.1 XML의 개요

웹 검색의 일반적인 방법은 웹페이지로부터 키워드 검색을 통해 사용자가 원하는 웹페이지를 검색하는 것이다. 사용자는 해당하는 페이지를 찾아와서 원하는 데이터를 일일이 찾아보는 방식으로 정보를 얻어왔다. 이 때 웹페이지에서 특정 유형의 정보만을 찾아서 처리한다는 것은 매우 어려운 일이었다. 왜냐하면 HTML 문서가 구조화(Structured)되어 있지 않아서 특정 유형의 정보만을 검색한다는 것이 불가능했기 때문이다.

그러나 인터넷 환경이 일반화되면서 사람들은 보다 고차원적인 웹문서의 이용을 원하게 되었다. 한 예로, 전자상거래에서 고객들은 자신이 원하는 상품을 저렴한 가격과 좋은 서비스로 제공하는 사이트를 찾고 싶어한다. 이 경우 웹문서들이 상품가격과 서비스 항목에서 XML 문서형식으로 구조화되어 있다면 원하는 정보만을 찾아서 처리하여 보여주는 것은 매우 쉬운 일이다. 이러한 이유로 인터넷 환경에서 XML 기술이 큰 관심을 끌기 시작하였다.

XML은 HTML의 개선된 버전이라는 개념보다는 SGML(Standard Generalized Markup Language)을 대체하기 위한 후속 버전의 개념으로 개발되었다. SGML은 마크업 언어가 아니고 마크업 언어를 정의하기 위한 메타언어(Meta Language)로, 문서의 구조를 기술하기 위해 필요한 태그들을 정의하고, 여기에서 정의된 태그를 이용하여 사용자가 문서의 내용을 작성한다. 특히 시스템이나 플랫폼에 독립적이며 문서의 논리적 구조, 문서의 내용, 출력 스타일을 각각 개별적으로 분리하여 표현할 수 있다는 것이 SGML의 가장 큰 특징이다.

인터넷의 대중화에 큰 기여를 한 HTML은 SGML로 태그를 정의하여 개발한 언어로 일반 사용자가 간단히 웹문서를 작성하는 데 사용하기 매우 편리하다. 그러나 HTML은 서버에 있는 웹문서를 가져와 웹브라우저에서 정보를 보기에는 적절하지만 사용가능한 태그가 미리 고정되어 있어 기능이 제한적일 수밖에 없다. 이와 같이 HTML은 확장성이 부족하고 또한 정교한 웹 페이지의 형태를 출력하는 것도 곤란하다는 단점으로 인해 새로운 마크업 언어의 필요성이 대두되었다.

SGML은 매우 강력한 기능을 지원하나 복잡하고 사용하기 까다로운 언어이므로 웹 환경에서 일반 개발자가 사용하기에 부적합하였다. 따라서 SGML보다는 훨씬 간단하면서 SGML의 장점을 가진 마크업 언어로 XML이 출현하게 되었다. 이러한 발전 과정은 그림 5.25에 나타나 있다. XML은 웹 컨소시엄에서 1998년 제정한 웹문서 표준양식으로 사용하기 까다로웠던 SGML을 간소화시켜 사용자가 쉽게 사용할 수 있도록 하였다.

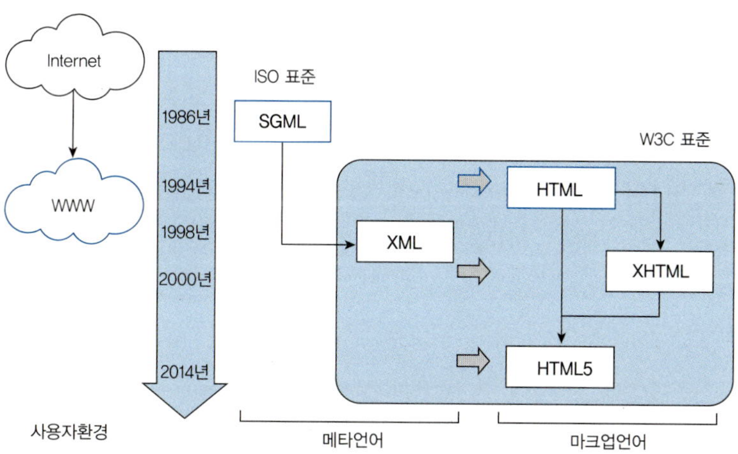

그림 5.25
XML의 발전 과정

HTML이 문서를 웹 환경에서 보여주기 위한 것이라면 XML은 웹 환경에서 문서를 저장하고 원하는 정보를 검색하거나 교환하기 위하여 제정된 표준이라 할 수 있다. XML은 구조화된 문서를 작성할 수 있어 구조화되지 않은 HTML 문서의 단점을 개선하였다. 또한 XML은 SGML과 마찬가지로 메타언어이다. 문서의 구조를 마크업으로 정의할 수 있으며, 문서의 내용과 표현 스타일을 분리하여 지정할 수 있다는 점에서 SGML의 특징과 동일하다. 특히 문서의 구조를 정의하고 이를 활용한다는 점이 큰 장점이 되고, 이는 태그의 의미를 활용할 수 있다는 것이 된다. 태그의 의미를 활용하여 검색한다면 원하는 유형의 정보를 찾아가는 것이 가능해지는 소위 의미기반 검색이 실현될 수 있다. 또한 전자상거래의 경우 태그의 정보를 및 구조를 활용하여 웹문서 내의 정보를 데이터로도 활용할 수 있다.

이러한 장점을 가진 XML은 그 사양이 SGML보다 훨씬 사용하기 간략하게 만들어져 현재 웹 환경에서 널리 사용되고 있다. 기존의 HTML은 문서를 웹 환경에서 보여주기 위한 것으로 지속적으로 발전하고 있으며, XML은 웹 환경에서 문서를 저장하고 원하는 정보를 검색하거나 교환하기 위한 목적으로 발전하고 있다. XML은 전자상거래의 데이터 교환뿐 아니라 전자책이나 디지털 콘텐츠 등의 문서 교환의 목적으로도 널리 사용되고 있다.

5.4.2 XML 문서 작성 원리

XML의 가장 큰 특징은 메타언어라는 점과 또 하나는 문서의 구조 정의, 내용 작성, 스타일 지정을 분리하여 작성할 수 있다는 점이다. 문서의 구조를 정의한다는 것은 태그를 정의하는 작업을 의미하며 XML에서 구조를 정의한 부분을 문서형 선언부(DTD: Data Type Definition)라고 한다. 이 DTD에서 정의한 규칙에 따라 작성된 XML 문서를 실제문서(DI: Document Instance)라고 부르며, 문서의 출력 스타일은 CSS(Cascading Style Sheet)나 XSL(eXtensible Stylesheet Language) 스타일시트 언어를 이용하여 지정한다. 이들 관계를 그림 5.26에 보여주고 있다.

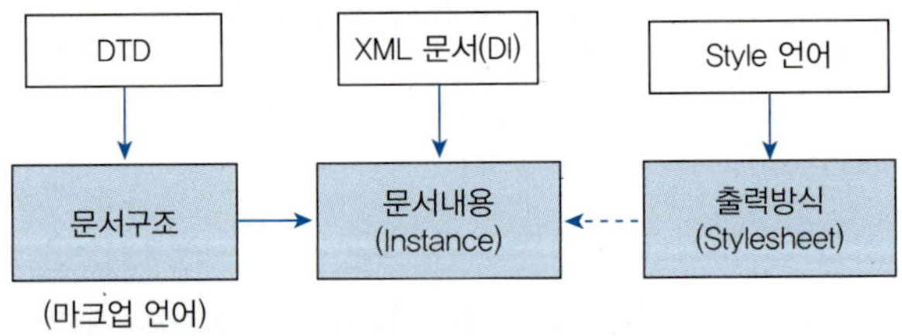

그림 5.26
XML DTD, DI, Stylesheet와의 관계

(1) DTD로 문서구조 정의하기

문서의 구조를 정의하는 방법으로는 DTD, Schema, RelaxNG 등의 방법이 있으며 최근 RelaxNG가 많이 사용되지만 여기에서는 간단히 작성할 수 있는 DTD에 대해서 소개한다. DTD는 XML 문서의 구조를 나타내고 각 태그들의 관계들을 설정하고 속성값들을 정의한다. XML 문서는 계층적인 구조를 가지고 있는데,

이러한 구조가 DTD에 정의되어 있어 DTD만 보고도 문서의 구조를 쉽게 파악할 수 있다. XML에서는 태그를 ELEMENT 단위로 선언하며 태그의 속성값들은 ATTLIST로 정의한다. 아래의 예는 6개의 엘리먼트와 1개의 속성값으로 구성된 간단한 계층구조를 가지는 XML 문서의 DTD 선언부이다.

```
〈?xml version="1.0" encoding="EUC-KR"?〉
〈!DOCTYPE 방명록 [
   〈!ELEMENT 방명록 (성명, 전자우편, 내용)〉
      〈!ELEMENT 성명 (성, 이름)〉
         〈!ELEMENT 성 (#PCDATA)〉
         〈!ELEMENT 이름 (#PCDATA)〉
      〈!ELEMENT 전자우편 (#PCDATA)〉
      〈!ELEMENT 내용 (#PCDATA)〉
         〈!ATTLIST 내용 종류 (TEXT|HTML) "HTML"〉
]〉
```

이 DTD에서는 간단한 신상정보와 메시지를 남기는 방명록의 문서구조를 정의하고 있으며, 다음의 XML 문서는 이 구조에 따라 작성된 실제문서의 예이다.

```
〈?xml version="1.0" encoding="EUC-KR"?〉
〈방명록〉
  〈성명〉
     〈성〉홍〈/성〉
     〈이름〉길동〈/이름〉
  〈/성명〉
  〈전자우편〉gildong@email.com〈/전자우편〉
  〈내용 종류="HTML"〉안녕하세요? 만나서 반갑습니다.
   〈/내용〉
〈/방명록〉
```

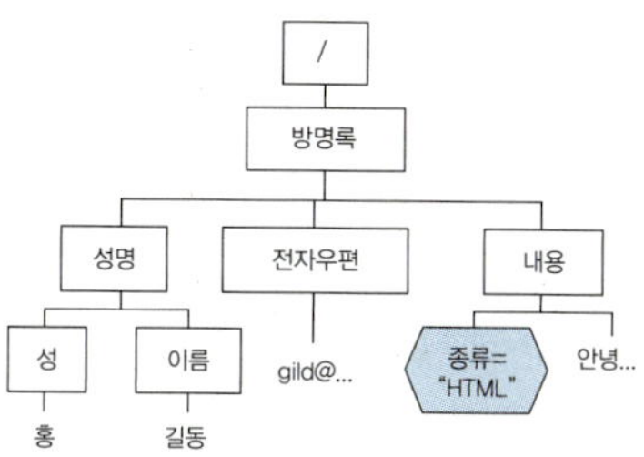

그림 5.27
문서 구조 트리의 예

이 XML 문서는 오른쪽 그림과 같은 계층구조를 가지고 있다는 것을 DTD를 통해 쉽게 알 수 있다. 이 XML 문서는 〈방명록〉이라는 최상위 요소와 자식 요소로 〈성명〉, 〈전자우편〉과 〈내용〉을 가지고 있으며, 〈내용〉 요소는 TEXT 또는 HTML을 속성값으로 취할 수 있다.

HTML은 사용하기 쉽다는 장점이 있으나 미리 고정된 태그만을 사용함으로써 문서정보를 효과적으로 표현하지 못하며, HTML 문서에서 원하는 정보만을 추출하기 어려워 문서의 교환 및 재사용에 불리하다. 따라서 HTML 문서는 효과적인 정보검색과 이용이 어렵다. 예를 들어, HTML 문서에서 요약만을 추출하거나 참고문헌만을 추출하는 것은 불가능하다. HTML의 이러한 문제점을 XML에서는 응용분야에 가장 적절한 문서구조를 정의함으로써 원하는 정보만을 추출할 수 있는 길을 열어 놓았다.

(2) 문서의 출력을 위한 스타일시트 작성하기

XML에서는 HTML 문서와는 달리 문서구조와 내용은 XML 문서에 들어 있으나 출력 양식은 별도의 스타일시트인 XSL(eXtensible Stylesheet Language)을 이용하여 정의한다. XSL은 XML 문서의 각 엘리먼트가 어디에 배치(Layout)되고 어떤 형태로 보여지는지(Display)를 지정하고 있다. XML 문서는 DHTML에서 문서의 출력을 위해 사용하는 CSS(Cascading Style Sheet)를 이용하여 문서의 스타일을 지정할 수도 있다. 다음의 예제는 앞의 방명록 문서에 CSS 스타일시트를 적용한 결과이다. 〈성명〉과 〈전자우편〉은 block으로 지정하여 줄이 바뀌도록 하였고, 〈성〉과 〈이름〉은 줄이 바뀌지 않는다. 한편, 〈내용〉은 테두리 경계선을 그리도록 하고 적절히 바깥 여백과 안쪽 여백을 지정하였다.

```
〈?xml version="1.0" encoding="EUC-KR"?〉
〈?xml-stylesheet type="text/css" href="memo52.css"?〉
〈방명록〉
   〈성명〉 〈성〉홍〈/성〉 〈이름〉길동〈/이름〉 〈/성명〉
   〈전자우편〉gildong@email.com〈/전자우편〉
   〈내용 종류="HTML"〉
      안녕하세요? 만나서 반갑습니다.
   〈/내용〉
〈/방명록〉
```

memo52.css

```
방명록 { display:block; margin: 8px; }
성명 { display:block; }
성 { font-weight:bold; }
이름 { font-style:italic; }
전자우편 { display:block; color:blue; font-size:small}
내용 { display:block; margin-top: 5px;
  border-style: solid; border-width:1px; padding: 10px; }
```

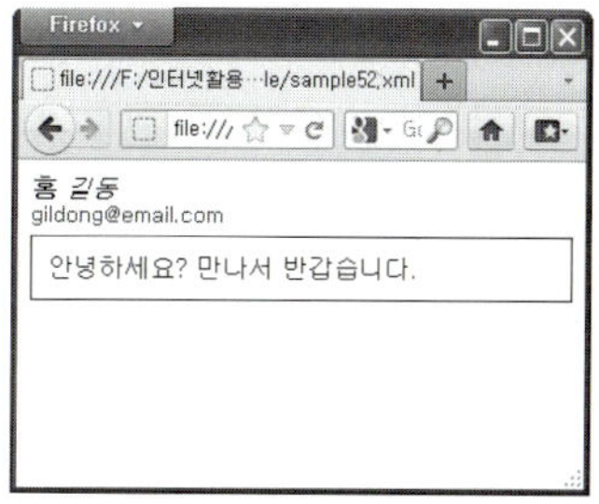

그림 5.28
XML 문서에 CSS 적용 예

이와 같이 XML은 문서의 논리적 구조(Logical Structure) 및 내용(Contents)과 출력형식(Physical Structure or Formatting Information)을 분리하는 것을 원칙으로 설계되었다. 그림 5.29는 DTD 정의와 문서작성, 출력 스타일 지정이 어떻게 처리되는지 일련의 과정을 보여주고 있다.

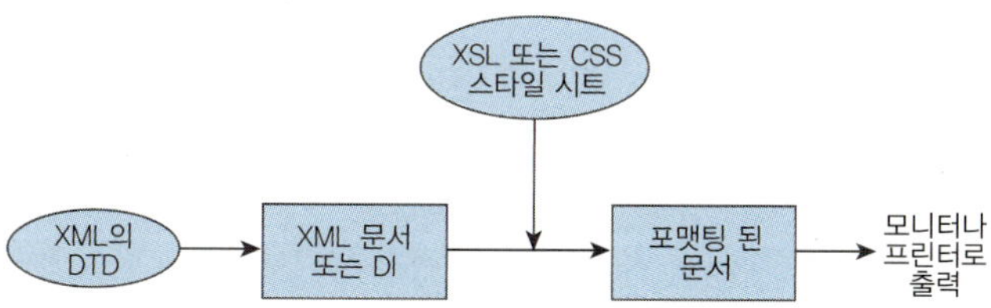

그림 5.29
XML 문서의 출력과정

(3) 응용 프로그램 개발을 위한 API

XML 브라우저는 XML 문서와 정의된 DTD를 읽어 문서의 적합성을 검증하고 해석하기 위해 XML 프로세서를 내장하고 있다. XML 프로세서는 문서 내용을 XML 프로그래머가 XML 문서를 접근, 변경, 처리 작업을 원활히 수행할 수 있도록 API를 제공하고 있다. 표준화된 대표적인 API로 DOM(Document Object Model)과 SAX(Simple API for XML) 방식이 존재한다. 이 중 DOM은 객체 모델에 기반한 접근 방법으로 XML 문서를 해석하여 문서의 구성요소들을 표현한 객체를 메모리 상에 올려놓고 이들을 이용하는 방법이다.

5.4.3 XML 문서의 활용

최근 XML이 활성화되면서 가장 자주 활용되는 분야가 전자상거래와 전자문서 분야이다. 전자상거래에서 에이전트는 이용자의 구매 취향을 파악하고 상거래 사이트의 제품 카탈로그 데이터를 검색하여 이용자가 원하는 상품을 보여준다. 아래 코드에서 보듯이 판매도서 카탈로그를 HTML로 표현하면 어떤 태그로 묶여있는 것이 상품명이고 어떤 것이 가격인지 불분명하므로 에이전트가 원하는 정보를 찾아오기 어렵다.

```
〈html〉
〈body〉
〈ol〉
  〈li〉title : XML Bible (재고 12권)
    〈ul〉〈li〉author : Gwyneth Paltrow
        〈li〉pages : 652
        〈li〉price : (usd)39.99
    〈/ul〉
  〈li〉title : XML 클래스 (재고 0권)
    〈ul〉〈li〉author : 임순범
        〈li〉pages : 458
        〈li〉price : 19000원
    〈/ul〉
   ...
〈/ol〉
〈/body〉
〈/html〉
```

```
〈?xml version="1.0" encoding="EUC-KR"?〉
〈list〉
 〈book InStock="12"〉
    〈title〉XML Bible〈/title〉
    〈author〉Gwyneth Paltrow〈/author〉
    〈pages〉652〈/pages〉
    〈price currency="usd"〉39.99〈/price〉
 〈/book〉
 〈book InStock="0"〉
    〈title〉XML 클래스〈/title〉
    〈author〉임순범〈/author〉
    〈pages〉458〈/pages〉
    〈price〉19000〈/price〉
 〈/book〉
 ...
〈/list〉
```

그러나 오른쪽 코드에서와 같이 XML로 정의하면 책제목은 〈title〉, 저자는 〈author〉, 가격은 〈price〉라는 태그를 통하여 에이전트는 빠르고 정확하게 제품 정보를 검색하여 이용자에게 보여 줄 수 있다. 이러한 개념은 전자상거래 이외에도 인터넷 검색엔진에도 적용되어 XML 기반 검색엔진에 관한 연구가 활발히 진행되고 있다. 이와 같이 XML은 광범위한 애플리케이션 사이에서 정보교환 언어로 발전하고 있으며 전자상거래나 의미기반 검색 등에서의 데이터 교환 분야뿐만 아니라 전자출판이나 디지털 콘텐츠의 표현 및 교환을 위한 문서교환 분야에서도 큰 역할을 하고 있다. 최근 마이크로소프트 오피스에서 문서 파일의 이름이 docx나 pptx인 경우 문서의 내용 및 스타일 정보가 XML 파일 형식으로 저장되어 있는 것이다.

XML은 그 자체로도 활용가치가 뛰어나지만, 활용분야에 가장 적합한 DTD를 정의함으로써 새로운 마크업 언어를 생성할 수 있다. 한 예로, MathML은 웹 환경에서 수학 공식을 표현하고 전달하기 위한 수학공식 포맷언어로 XML에 기반하여 개발되었다. 최근 관심을 많이 받고 있는 전자책의 표준으로는 ePub 형식이 많이 사용되고 있으며 이 또한 XML을 기반으로 정의되었다. 이외에도 XML의 활용 분야로서 웹문서에서 벡터그래픽을 표현하기 위한 SVG(Scalable Vector Graphics) 언어가 있는데, SVG는 HTML5에 포함되어 있고 모바일웹에서 벡터그래픽 표현에 많이 사용될 것으로 전망된다. 아래의 코드는 모바일에서 실행된 SVG 코드와 실행결과이다. 멀티미디어 데이터의 동기화 표현을 위한 SMIL(Synchronized Multimedia Integration Language) 언어는 웹환경에서 비디오나 오디오 스트림 등 멀티미디어 정보의 시간적 및 공간적 동기화를 지정하여 웹캐스팅이 가능하도록 해준다. XML의 가장 대표적인 활용사례는 XHTML과 HTML5로서 이들은 SGML이 아니라 XML로 정의된 태그를 기반으로 언어가 개발되었다.

```
〈?xml version="1.0" encoding="UTF-8"?〉
〈!DOCTYPE svg PUBLIC "-//W3C//DTD SVG 1.1 Tiny//EN"
"http://www.w3.org/Graphics/SVG/1.1/DTD/svg11-tiny.dtd"〉

〈svg width="100" height="100" version="1.1" baseProfile="tiny"〉
    〈title〉SVGT example〈/title〉
    〈circle cx="50" cy="50" r="30" fill="green" /〉
    〈circle cx="25" cy="60" r="10" fill="red" /〉
    〈rect x="45" y="70" width="10" height="30" fill="brown"/〉
〈/svg〉
```

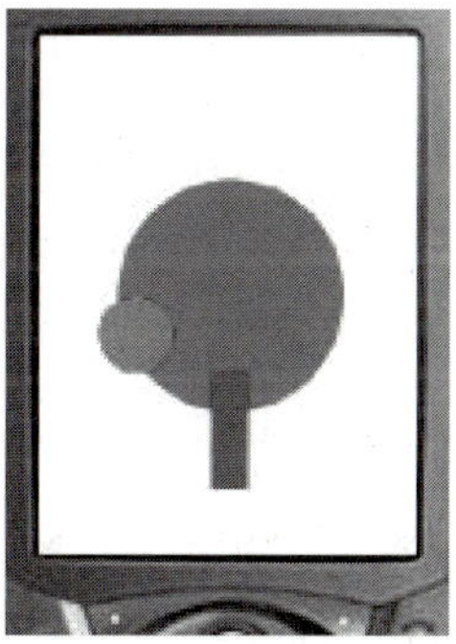

그림 5.30
모바일 SVG의 실행 예제

5.5 새로운 문서 표준 HTML5

현재 W3C에서 표준안 개발을 하고 있는 HTML5는 차세대 웹문서 표준안으로 많은 관심이 집중되고 있다. 특히, 표준안 개발에 마이크로소프트, 모질라, 애플, 구글, 오페라 등 대다수 웹브라우저 개발사가 참여하고 있고, 그동안의 웹 기술의 발전을 많이 반영하여 모바일을 포함한 차세대 웹서비스 개발의 주요 기술로 주목받고 있다. 이 절에서는 HTML5가 제정되게 된 배경과 특징을 먼저 알아보고, HTML5의 새로운 태그 및 추가적으로 지원하는 다양한 API(Application Programming Interface)에 대하여 주요 기능 위주로 설명한다.

5.5.1 HTML5의 탄생 배경 및 특징

HTML 4.0이 1997년 발표된 이후 벌써 10년 이상이 경과되었는데, IT 업계에서 10년이면 매우 긴 시간이다. 그 사이에 웹 환경도 많은 변화가 있었으며, 그 중 가장 큰 변화가 XML 및 Ajax 등에 기반한 웹2.0 기술의 발전이다. HTML의 버전은 4.01에서 중단되고, 그 이후에는 XML에 기반한 XHTML에서 이러한 변화에 부응하고자 후속 버전의 개발을 추진하였다. 그러나 XHTML의 발전은 별다른 진전을 보지 못하고 있는 사이, 2006년 결성된 웹 하이퍼텍스트 워킹그룹(WHATWG: Web Hypertext Application Technology Working Group)에서 HTML 후속 버전의 개발을 추진하게 되었다. 그 이후 W3C가 WHATWG과의 협력 하에 HTML5 워킹그룹을 신설하여 표준안 개발을 추진해 왔다.

HTML 4.0 이후 웹환경에서 웹메일과 같은 애플리케이션의 활용이 많이 증가하면서 다양한 인터페이스를 구현하는 데 필요한 기능을 HTML만으로는 충분히 제공하지 못하게 되었다. 이에 대한 해결책으로 어도비 플래시나 마이크로소프트 실버라이트 등의 플러그인을 이용하여 리치 사용자 인터페이스(Rich User Interface)를 구현하였다. 또한 유튜브 등의 UCC 사이트에서는 다양한 형식의 미디어 파일을 다루어야 하며 구글 지도의 경우에는 Ajax 등의 기법을 이용하여 비동기 처리를 해주고 있다. 최근에는 다양한 리치 인터넷 애플리케이션(RIA: Rich Internet Application)을 개발하는 데 XML, CSS, 자바스크립트, Ajax와 같은 웹 표준 기술을 사용하자는 의견이 대세를 이루고 있다.

이러한 추세에 맞추어 HTML5의 사양은 마크업에는 주로 의미를 부여하고, 모양을 지정하는 스타일은 가급적 분리하여 CSS3를 많이 활용하도록 하였다. 그리고 플러그인을 적게 사용하고 최대한 웹 표준을 적용하기 위하여 SVG와 MathML을 기본으로 지원하고 자바스크립트와 HTTP도 지원하도록 하였다. 또한 리치 인터넷 애플리케이션(RIA)을 편리하게 개발하기 위하여 다양한 API를 제공하여 HTML5에서 사용할 수 있도록 하였으며 특히 위치 관련 및 오프라인 등 모바일 환경까지 고려한 API를 제공하고 있다. 다음의 예는 HTML 문서 내에 SVG 및 MathML 요소를 포함하고 있어서 텍스트와 2D 벡터 그래픽스, 그리고 수학공식이 하나의 문서로 표현된 예이다.

```
<html>
  <head> <title> HTML5 SVG & MathML 예제 </title> </head>
  <body bgcolor="#FFFF88">
   <h3>HTML 문서 내에 svg와 MathML이 포함</h3>
   텍스트와 벡터그래픽이
   <svg width="80" height="80">
      <circle cx="40" cy="30" r="30" fill="green" />
      <circle cx="15" cy="40" r="10" fill="red" />
      <rect x="35" y="50" width="10" height="30" fill="brown"/>
   </svg>같은 영역에 섞여 있다.
   <p>수학공식
   <math> <semantics>
      <mrow> <mi>y</mi> <mi>=</mi> <msup><mi>ax</mi><mn>2</mn></msup>
              <mo>+</mo> <mi>b</mi> </mrow>
      <annotation>y=ax^{2}+b </annotation>
      </semantics>
   </math> 도 MathML을 이용하여 텍스트와 같이 쓸 수 있다. </p>
  </body>
</html>
```

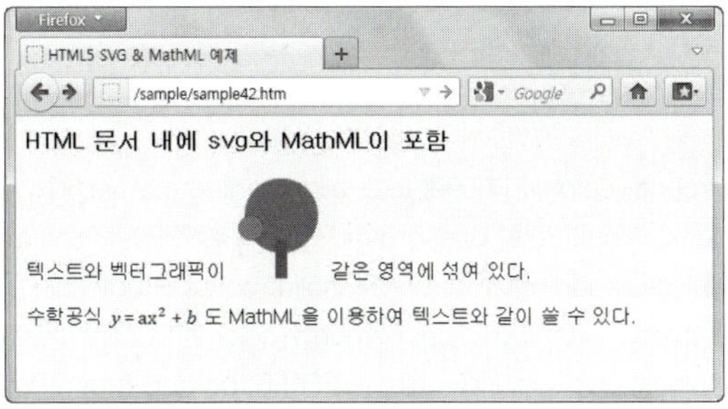

그림 5.31
HTML 문서 내에 SVG 및 MathML이 포함된 예

5.5.2 HTML5에서 변경된 엘리먼트

HTML4는 간략한 웹문서를 작성하기 위한 표준안이었기 때문에 콘텐츠를 교환하기 위한 정보를 충분히 표현할 수 없었다. 이를 위해 기존의 HTML과는 호환이 되면서도 새로이 XML 문법으로 작성된 HTML5 규약을 작성하였다. 여기서는 HTML5 규약에서 새로이 포함된 요소와 사용중단을 권고하는 요소를 소개한다.

(1) 의미를 부여할 수 있는 구조적 마크업

우선 HTML5의 문서형 선언을 간단히 하여 〈!doctype html〉이라고만 작성하면 된다. 그리고 페이지 단위의 문서 구조를 표현할 수 있는 구조적 마크업을 추가하여 다양한 형태의 페이지를 설계하고 출력 스타일을 지정할 수 있게 되었다. 〈header〉 요소는 머리글 부분, 〈footer〉 요소는 꼬리말 부분, 〈nav〉 요소는 메뉴의 내비게이션을 표현할 수 있다. 본문 내용은 〈section〉 요소로 표현하고, 그 안에서 〈hgroup〉 요소는 제목줄, 〈article〉 요소는 세부 내용을 표현한다. 〈aside〉 요소에서는 별도의 내용, 예를 들어, 광고나 이벤트 안내 등의 내용을 분리된 위치에 보여줄 수 있다.

다음의 예제는 서점에서 도서 검색 결과를 보여줄 수 있는 화면 구성을 간단히 작성해 본 HTML5 문서이다. 〈nav〉를 이용하여 메뉴를 구성하였으며, 각 검색 결과는 유형별로 〈article〉 요소 내에 작성하여 보여준다. 광고는 〈aside〉 태그에 포함시켰으며, 각 태그들의 모양이나 위치는 CSS3 스타일을 이용하여 지정하였다.

```
〈!doctype html〉
〈html〉
〈head〉
  〈title〉 HTML5 example 〈/title〉
  〈style〉
      body { background-color:#AAAAAA; border:double; border-width:medium;
margin:10px; }
    header { background-color:#FFFF99; text-align:center; margin:5px; padding:5px; }
    nav { display:block; width: 20%; background-color: #99FF99; float: left; }
    nav a { display:block; padding:2px;  border:solid; border-width:thin; }
    section { display:block; width:50%; background-color:#FFCC99; float:left; margin:10px; }
    article { display:block; background-color:#FFFFFF; border-radius:9px; margin:9px; }
    aside { display:block; width:20%; background-color:#AAFFAA; float:right; margin:5px; }
    footer { clear:both; background-color:#FFFF99; text-align:center; margin:5px; }
    article ul { margin: 1px;  }
  〈/style〉
〈/head〉
〈body〉
   〈header〉[header] SM_Bookstore
     〈nav〉[nav] 메뉴
       〈a href="..."〉[a] 단행본〈/a〉 〈a href="..."〉[a] 간행물〈/a〉
```

```
    </nav>
  </header>
  <section> [section]
    <article>[article] 베스트셀러
      <ul> <li>최윤철, 임순범, 인터넷배움터 2.0</li>
          <li>최윤철, 임순범, 멀티미디어배움터</li> </ul>
    </article>
    <article>[article] 추천도서
      <ul> <li>Vaughan, Multimedia: Making It Work</li>
          <li>Li and Drew, Fundamentals of Multimedia</li> </ul>
    </article>
  </section>
  <aside>[aside]<p>이벤트</p><p>광고</p>...<p>정보</p></aside>
  <footer>[footer] 작성자: 홍길동 </footer>
</body>
</html>
```

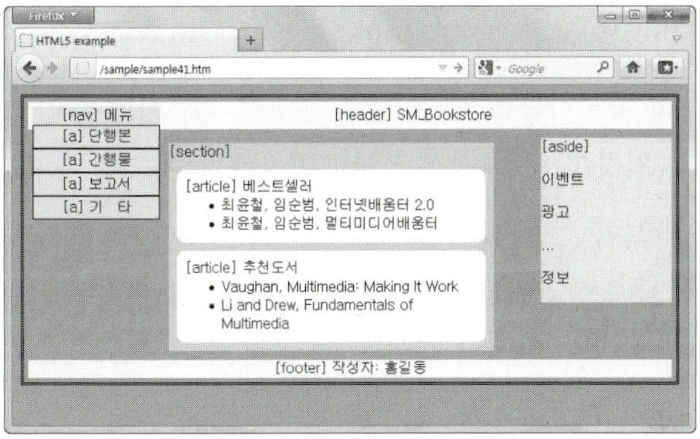

그림 5.32
HTML5 구조화 엘리먼트 소개

(2) 다양하고 편리한 웹 폼(WebForm) 입력 기능

HTML5는 리치 사용자 인터페이스 개발을 위해 개발자의 수고를 덜어 줄 Form 기능을 대폭 개선하였다. 5.3.1절에서 이미 소개했듯이 〈input〉 요소에 다음과 같은 각종 type 속성이 추가되어 입력 인터페이스를 매우 편리하게 작성할 수 있도록 다양한 기능을 제공해 준다. 그 외에도 입력 콤보박스를 작성할 수 있는 〈datalist〉, 암호키를 선택하는 〈keygen〉 등의 요소가 추가되었다.

(3) 웹 미디어 기능의 강화

HTML5에서 주목받는 기술 중에 하나가 멀티미디어 및 그래픽스에 관련된 추가 기능이다. 유튜브나 각종 라이브캐스트 사이트에서 보듯이 동영상이나 비디오 스트리밍을 이용하는 애플리케이션이 많이 증가하고 있어서 고성능의 멀티미디어 처리 기능이 요구되고 있다. 〈video〉 요소와 〈audio〉 요소가 추가되었고, 개발자들이 사용자 인터페이스를 직접 만들 수 있는 API를 제공하므로 개발자들이 스크립트 코드를 작성하여 인터페이스를 제어하거나 원하는 기능을 구현할 수 있다. 〈video〉 요소를 활용한 예제는 이미 5.1.3절에서 소개하였고, 여러 개의 멀티미디어 파일을 보여주는 경우 〈source〉 요소를 사용하여 미디어 소스 파일을 지정하면 된다.

한편, 〈canvas〉 요소가 추가되어 웹페이지 내에서 래스터 그래픽스를 기반으로 각종 도형을 자유로이 그리고 사용자의 조작 등 원하는 처리를 할 수 있게 되었다. 그래프의 변화나 게임 등 동적인 비트맵 그래픽스를 표현하는 데 사용하면 된다. SVG는 확대 축소가 자유로운 벡터 그래픽스를 기반으로 하는 반면 캔버스는 이미지 형태로 저장이 되는 래스터 그래픽스를 기반으로 하고 있다. HTML 페이지의 〈body〉 내에서 캔버스의 크기 및 위치를 〈canvas〉요소로 지정하고, 캔버스에 그림을 그리거나 상호작용을 지정하는 것은 〈head〉의 〈script〉 요소에서 작성한다. 캔버스에 그림을 그리기 위한 API가 제공되고 있으니 이를 이용하여 스크립트를 작성하면 된다. 다음 예제는 웹페이지 내에 캔버스를 정의하고 그 안에 고호 그림 이미지 파일과 액자 이미지 파일을 배치한 것이다. 테두리와 마지막 액자를 가리기 위한 덧칠은 사각형으로 그렸고, 갤러리 이름은 캔버스 내에서 텍스트로 그렸다.

```
<html>
<head> <title>HTML5 canvas 예제</title>
 <script>
  function myDraw() {
   var canvas = document.getElementById("myCanvas");
   var ctx = canvas.getContext("2d");

   ctx.strokeStyle = "rgb(220, 0,0)";
   ctx.strokeRect (5, 10, 900, 200);      // 배경 사각형 테두리
   ctx.strokeText ("Vincent Van Gogh Memorial Gallery", 10,220,800);  // 하단 갤러리 이름

   var gogh_img=new Array(4);
   gogh_img[0]="../pics/gogh01.jpg";       // 고호 그림 파일 주소
   gogh_img[1]="../pics/gogh02.jpg";
   gogh_img[2]="../pics/gogh03.jpg";
   gogh_img[3]=" ";

   var frm=new Image();
   frm.src="../pics/frame.png";      // 사진액자 프레임

   for (var i=0;i<gogh_img.length;i++) {
        var img=new Image();
        img.src=gogh_img[i];
        if (img.src != " ") ctx.drawImage(img,54+i*220,56);  // 고호 그림 배치
        ctx.drawImage(frm,30+i*220,30);                      // 액자 배치
   }
   ctx.fillStyle = "rgba(255,255,0,0.5)";
   ctx.fillRect (690,30,190,161);  // 마지막 불투명 덧칠
  }
 </script>
 </head>
 <body onload="myDraw();">
  Canvas 위에 바탕 사각형을 그리고, 그 위에 이미지 배치(마지막은 사각형을 반투명으로 덧칠)
  <canvas id="myCanvas" width="920" height="230"></canvas>
 </body>
</html>
```

그림 5.33
HTML5 캔버스 예제

(4) 의미(Semantics)를 가지는 요소

새로 추가된 요소에는 의미를 가지는 마크업이 상당수 포함되어 있어서 향후 검색엔진에서 이를 활용하면 많은 도움이 될 것이다. 앞 절에서 설명한 〈section〉 등의 문서구조 태그가 가장 대표적이고, 이 외에도 그림의 캡션이라든지 시간 표현, 루비 텍스트 등을 표현하는 의미 기반 요소가 추가되었다.

- 비디오, 오디오를 포함한 그림은 〈figure〉로, 캡션은 〈figcaption〉으로 표현한다.
- 〈time〉은 시간을 표현하는데, 〈mark〉는 별도로 표시한 콘텐츠를 표시하는 데 사용한다.
- 방점 등 루비 텍스트를 표현하는 데 〈ruby〉, 〈rt〉, 〈rp〉 요소를 사용한다.

(5) 사용중단 요소

CSS로 완전 대체 가능한 〈basefont〉, 〈center〉, 〈big〉, 〈font〉, 〈s〉, 〈strike〉, 〈tt〉 〈u〉 등과 같은 스타일 기반 요소는 많이 배제되었다. XML에서와 같이 가급적 출력스타일은 문서의 내용과 분리하여 CSS로 표현하자는 것이 기본 취지이다. 또한, 웹접근성에 많은 지장을 초래하고 있는 〈frame〉과 사용법에서 혼란을 주는 〈applet〉, 〈acronym〉 등과 같은 요소들도 사용하지 않도록 권장하였다.

5.5.3 애플리케이션 개발을 위한 다양한 API

HTML5에서는 웹 애플리케이션 개발에 많은 도움을 줄 수 있는 다양한

API(Application Programming Interface)를 제공한다. 앞 절에서 이미 소개한 〈video〉와 〈audio〉 요소를 제어하는 API 및 〈canvas〉 요소에 그림을 그리는 API 이외에도 드래그앤 드롭, 문서편집, 오프라인 웹 애플리케이션 API 등이 있다. 그리고, HTML5 사양에는 포함되지 않지만 별도의 사양으로 분리된 웹 소켓, 웹 워커, 웹 스토리지, 로컬 데이터베이스, 웹 메시징, 위치정보 등의 API도 지원하여 넓은 범위에서 보면 이들 모두가 HTML5의 기능이라고 볼 수 있다. 웹페이지 내에 이러한 API를 이용하여 자바스크립트로 구현하면 매우 다양하고 강력한 기능의 웹사이트나 웹 애플리케이션을 구현할 수 있다.

▶ 드래그앤드롭(Drag & Drop) API

웹브라우저 내에서 아이콘, 텍스트, 이미지, 파일 등 다양한 요소를 드래깅(Dragging)할 수 있어서 매우 편리한 사용자 인터페이스를 구현할 수 있게 해주는 API로서, 다양한 요소를 드래깅할 때 필요한 동작을 제어할 수 있다. 다만, 스마트폰에서는 지원하지 않아 아쉬움이 있다. 드래그앤드롭 기능을 사용하려면 우선 해당하는 엘리먼트에 드래그 속성을 draggable="true"로 설정한다. 드래깅 이벤트에는 dragstart, drag, drop, dragend, dragover, dragenter, dragleave 등이 있어서 이에 대한 이벤트처리기를 자바스크립트로 작성해주면 된다.

▶ 오프라인 웹 애플리케이션(Offline Web Applications) API

사용자가 인터넷에 접속할 수 없는 경우에도 계속해서 웹 애플리케이션이나 웹 문서들을 사용할 수 있도록 하기 위한 기능이다. 온라인에서 실행되는 애플리케이션을 오프라인에서 동작시키기 위하여 필요한 각종 파일 및 관련 리소스를 애플리케이션 캐시(Application Cache)에 보관해 두도록 하였다. 애플리케이션 캐시 기능은 크게 매니페스트(Manifest) 파일과 자바스크립트 인터페이스의 두 개의 부분으로 나눌 수 있다. 매니페스트는 캐시에 저장해야 할 리소스의 목록을 나열한 텍스트 파일이며, 자바스크립트 인터페이스는 캐시된 파일을 실행하거나 관리하기 위한 API를 제공하고 있다.

▶ 웹 스토리지(Web Storage) API

웹 스토리지 API를 이용하면 사용자가 입력한 데이터를 클라이언트 쪽의 로컬 스토리지에 저장하는 애플리케이션을 개발할 수 있다. 이전에는 사용자가 서버에 정보를 요청할 때 유지해야 할 데이터를 쿠키에 저장하거나 웹서버에 직접 저장을 해야 하므로 불편한 점이 많았다. 그러나 웹 스토리지를 이용하여 오프라인에서도 애플리케이션을 실행시킬 수 있으며, 서버에 보내고 싶지 않은 개인 정보를 클라이언트 단말기에 보관할 수 있게 되었다.

웹 스토리지에는 키(Key)-값(Value)의 형태로 저장하여 키 값으로 연결된 값을 찾아올 수 있다. 웹 스토리지는 세션 스토리지(Session Storage)와 로컬 스토리지(Local Storage)로 나누어진다. 세션 스토리지는 실행을 하는 동안 세션의 데이터를 기억하고 있다가 브라우저 창을 닫으면 모두 지워지며, 로컬 스토리지는 세션이 끝나도 계속하여 데이터가 저장된다.

▶ **로컬 데이터베이스(Indexed Database) API**

로컬 데이터베이스는 클라이언트에 데이터베이스로 저장하자는 목적으로 제안된 것이다. HTML5 개발 초기에는 SQL을 통하여 관계형 데이터베이스를 사용할 수 있는 웹 SQL 데이터베이스 API의 개발을 추진하였다. 그러나 최근에는 인덱스드(Indexed) 데이터베이스로 표준 개발 방향이 변경되었다. 웹 SQL 데이터베이스의 경우 SQL에 익숙한 개발자는 편리하지만 아닌 경우에는 SQL을 별도로 배워야 했고 표준화에도 걸림돌이 되었다. 그러나 인덱스드 데이터베이스에서는 오브젝트 스토어(ObjectStore)라는 저장 공간에 데이터를 저장하고 인덱스를 통하여 검색할 수 있도록 하며 스크립트를 이용하기에 최적화된 인터페이스를 제공하고 있어서 개발이 용이하고 검색 속도를 빠르게 하였다.

▶ **파일(File) API**

웹 애플리케이션에서 클라이언트 내에 있는 로컬 파일에 접근하여 내용을 읽고 쓸 수 있는 기능을 제공한다. 파일을 애플리케이션의 특정 영역으로 드래깅하여 파일을 업로드하거나, 사용자로부터 요청 받은 파일의 이름, 경로, 크기 등 파일 정보를 제공할 수 있다.

▶ **웹 워커(Web Workers) API**

기존의 웹브라우저는 작업을 하나의 스레드(Thread)로만 처리하기 때문에 하나의 작업이 처리시간을 많이 필요로 할 때 사용자의 다른 조작은 불가능하여 웹브라우저가 '응답 없음' 상태가 되는 경우가 자주 있었다. 이러한 문제를 해결하기 위하여 여러 프로그램이 동시에 실행되는 멀티스레드(Multi-thread) 기능을 웹워커 API에서 제공해 준다. 특히 시간이 오래 걸리는 작업을 백그라운드에서 실행하면서 웹브라우저 사용자의 작업이 방해받지 않도록 애플리케이션을 개발할 수 있다.

▶ **웹 소켓(Web Sockets) API**

웹 소켓은 서버와 브라우저 사이에 양방향 통신 채널을 제공해 주는 기술로, 애플리케이션에서 서버에 접속하여 메시지를 주고받을 수 있게 해준다. 기존의 HTTP 프로토콜은 웹브라우저가 요청하면 서버가 응답을 하는 구조인 반면, 웹소켓은 서버와 브라우저가 연결을 유지한 상태에서 양방향 통신을 할 수 있다. 따라서 실시간으로 메시지를 주고받는 채팅 프로그램을 구현할 수 있으나, 아쉽게도 스마트폰에서는 지원하지 않는다.

▶ **웹 메세징(Web Messaging) API**

여러 개의 창에서 실행되는 애플리케이션 간에 메시지를 주고받을 수 있게 해주는 기능을 제공한다. 이전에는 다른 애플리케이션을 통한 접근으로 인한 보안문제 때문에 브라우저에서 애플리케이션 간의 통신이 제한되었다. 그러나 최근 매쉬업의 경우와 같이 브라우저 내에서 사이트 간 통신을 해야 하는 필요성이 많이 발생하고 있다. 따라서 웹 메시징 API를 이용하여 브라우저 내에서 통신을 하는 효율적인 애플리케이션을 개발할 수 있게 하였다.

▶ **지오로케이션(Geo-Location) API**

사용자가 조작하고 있는 PC 혹은 모바일 단말기에서 현재 위치를 파악할 수 있게 해주는 기능을 제공한다. 모바일 기기의 경우 단말기에 부착된 GPS 센서로부터 정보를 제공받고, PC의 경우 인터넷에 접속한 IP 정보로부터 위치를 파악하기도 한다. 사용자가 동의한 경우에 위치를 요청하면 웹브라우저가 위치 정보를 반환한다. 위치 정보로는 기본적으로 위도 및 경도 좌표가 포함되고 이외에 정확도, 고도, 방향, 속도 등의 추가적인 데이터가 제공된다. 이러한 위치정보를 이용하여 맛집 찾기, 친구 찾기, 배송 추적 등 다양한 위치기반 애플리케이션을 개발할 수 있다.

5.5.4 모바일 웹

최근 데스크탑 환경에서 HTML5가 크게 주목을 받기 시작하였으며 이에 따라 각 회사의 웹브라우저들이 HTML5 기능을 지원하기 시작하였다. 그러나 모바일 환경에서는 일찍부터 HTML5를 지원하는 웹브라우저를 탑재하고 있다. 현재 모바일 환경은 대부분 아이폰이나 안드로이드에 기반하고 있고, 화면의 미세한 크기 차이 이외에는 동등하게 HTML5의 실행이 가능하다. 따라서 웹브라우저마다 구현 상황이 서로 다른 데스크톱 환경보다는 모바일 환경이 HTML5 애플리케이션을 개발하기에 더 나은 입장이다.

모바일 환경에서 HTML5의 특별한 기능을 별도로 사용하는 것이 아니다. 기존의 HTML에서는 고려하지 못하였지만 몇 가지 새로운 기능이 모바일 환경을 고려하여 작성된 것이다. 대표적으로 위치 정보는 모바일 환경의 애플리케이션 개발에 최적으로 활용될 수 있으며, 모바일 환경에서 접속이 끊기거나 트래픽을 최적화하는 데 오프라인 기능이 매우 요긴하게 활용될 수 있다. 모바일 환경에서 중요하게 활용될 수 있는 HTML5 기능은 다음과 같다.

- 모바일 환경에서는 플래시(Flash)보다는 HTML5 미디어 요소인 〈video〉, 〈audio〉, 〈canvas〉와 SVG를 통하여 표준화된 방법으로 지원을 한다.
- 새로운 유형의 입력 폼을 다양하게 지원하여 모바일 애플리케이션의 사용자 인터페이스 개발 및 사용이 더욱 편리해졌다.
- 지오로케이션 API를 이용하여 모바일 환경의 가장 큰 특징인 위치정보를 활용하는 애플리케이션 개발이 가능하다.
- 모바일 환경에서 오프라인 애플리케이션 API를 이용하여 인터넷 접속이 끊기는 경우를 대비할 수 있다. 오프라인이 될 경우에 로컬 스토리지, 웹 데이터베이스, 애플리케이션 캐시 등이 유용하게 활용될 수 있다.

(a) 교통검색 애플리케이션

(b) TV/동영상 시청 애플리케이션

그림 5.34
모바일 웹 애플리케이션 사례

실습 Lab. 2 홈페이지 제작하기

우리는 인터넷에서 정보를 찾기 위해 다양한 홈페이지에 방문을 한다. 기업이나 단체, 그리고 개인도 자신이나 자신의 상품을 알리기 위하여 홈페이지를 가지고 있다. 이러한 홈페이지를 구축하기 위해서는 기획, 제작, 서버 업로드의 과정을 거친다.

기획 단계에서는 우선 어떤 용도로 만들 것인지 결정해야 한다. 크게 구분해서 개인용, 상업용, 정보제공용, 커뮤니케이션용이 있는데 어떤 용도인지를 결정한다. 이 단계에서 홈페이지의 콘셉트, 목적, 구성을 작성하는 데 홈페이지의 구성을 위해 사이트 맵과 레이아웃을 작성하게 된다. 기획 단계 후에는 본격적으로 홈페이지를 제작한다. 각 페이지는 일관된 디자인으로 제작을 하여 탐색이 용이하도록 하는 것이 중요하다. 홈페이지 제작이 끝나면 다른 사람들도 접속이 가능하도록 서버에 업로드해야 한다. 홈페이지 업로드할 서버를 직접 구성하거나 호스팅 업체를 통해 웹 서버를 임대 받아 사용이 가능하다. 작은 규모의 홈페이지라면 웹 호스팅을 많이 이용한다. 호스팅이란 웹 서버와 공간을 개인에게 제공해 주는 것으로 업체에 따라 무료 혹은 유료로 제공하고 있다. 호스팅 업체가 정해졌으면 계정을 신청하고 웹서버에 FTP 프로그램을 통해 접속하여 파일을 주고받는다.

지금은 개인 PR 시대로 나만의 개성 있는 웹사이트를 제작하여 자신을 표현하는 사람들이 늘어나고 있다. 본 실습에서는 개인 PR 홈페이지를 만들기 위해 기획하고, 프로필 페이지를 만들어 본다.

1. 홈페이지 기획하기

우선 홈페이지의 용도를 '개인 PR 홈페이지'로 정하고, 홈페이지 기획을 해보도록 하자. 홈페이지 기획 단계에서 사이트 맵 작성과 레이아웃 구성을 해보자.

1) 사이트 맵 그려보기

사이트 맵은 홈페이지 구조를 어떻게 할 것인지 그림으로 작성해 보는 것이다. 메뉴를 구성하고 각 페이지를 어떻게 연결시키고 어떤 내용을 담을 것인지 기획한다.

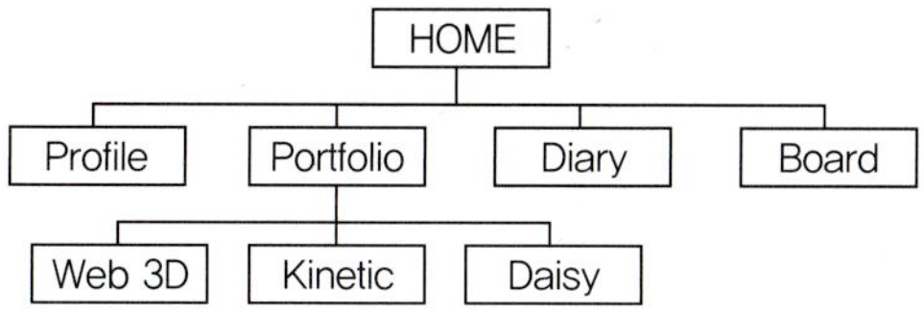

그림 L2.1
홈페이지 기획을 위한 사이트 맵

2) 레이아웃 그려보기

사이트 맵을 작성하였다면 내용을 어떻게 구성할 것인지 레이아웃을 그려본다. 레이아웃은 각 페이지마다 다를 수 있지만 일관된 디자인으로 하는 것이 바람직하다. 특히, 레이아웃을 구성할 때에는 종이 위에 손으로 그려보거나 파워포인트를 활용해서 그려보는 것이 좋다. 물론 실제로 그렸던 레이아웃 그대로 구현되지 않을 수도 있지만 일일이 그려 보면 아이디어를 도출하거나 내용을 검토하기가 쉬워진다.

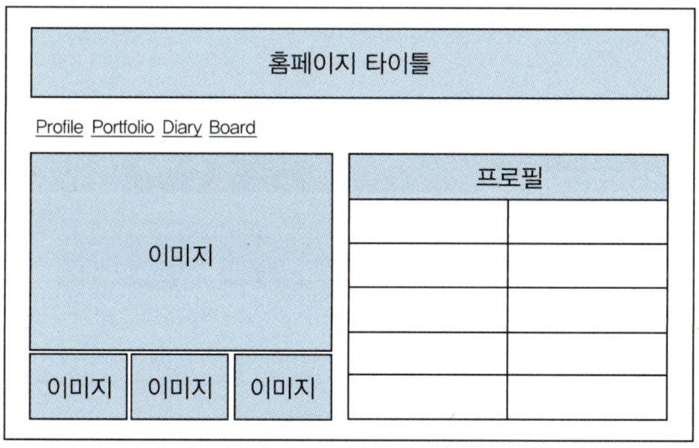

그림 L2.2
프로필 페이지 레이아웃 구성

2. 홈페이지 제작하기

앞에서 그려본 프로필 페이지를 HTML 프로그램으로 구현해보자. 기본적인 태그를 사용해서 타이틀과 메뉴를 작성하고, 자바스크립트를 사용하여 이미지 슬라이드를 구현해 본다. 또한, CSS를 이용하여 표의 스타일을 지정하여 프로필 정보를 화면에 표시해 보자.

1) 타이틀과 메뉴를 만들기 위해 다음 다음과 같은 HTML 코드를 작성한다. 타이틀은 CSS를 통해 스타일을 지정하였고, 메뉴는 링크를 위해 〈a〉 요소를 사용하였다.

```
〈html〉
  〈head〉
    〈title〉My HomePage〈/title〉
    〈style type="text/css"〉
      #title {display: block; padding:2%; font-size: 18pt; font-family: Arial;
              background-color: limegreen ; width: 630 ; text-align: center }
      #menu {display: block; font-size: 14pt;  font-family: Arial; margin-bottom: 1em }
    〈/style〉
  〈/head〉
  〈body〉
    〈h2 id="title"〉 Who Am I 〈h2〉
    〈div id="menu"〉
      〈a href="profile.html"〉Profile〈/a〉    
      〈a href="portfolio.html"〉Portfolio〈/a〉    
      〈a href="diary.html"〉Diary〈/a〉    
      〈a href="board.html"〉Board〈/a〉
    〈/div〉
  〈/body〉
〈/html〉
```

그림 L2.3
타이틀과 메뉴 결과 화면

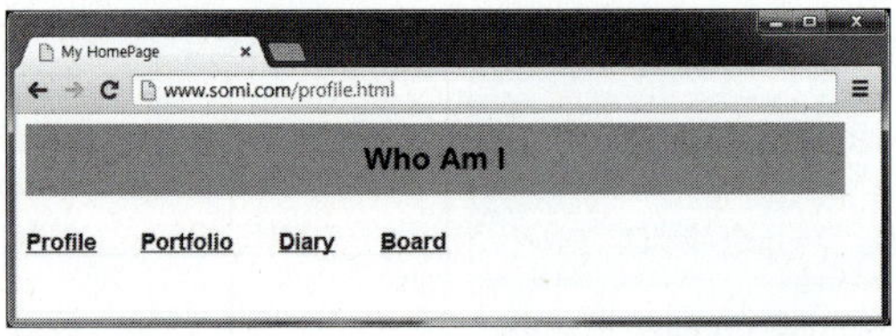

2) 동적인 HTML 문서로 구현하기 위해 자바스크립트를 활용하여 이미지 슬라이드를 만들어보자. 아래의 작은 이미지를 클릭하면 위의 큰 이미지가 선택한 이미지로 변경되도록 다음의 HTML 코드를 작성한다.

```
〈head〉
  ... 중간 생략 ...
  〈script language="javascript"〉
    function imageChange(select) {
        document.image_b.src=select
        return;
    }
```

```
  </script>
 </head>
 <body>
  ... 중간 생략 ...
  <div id="my_img">
    <img src="d.png" width="320" height="220" onClick=imageChange("d.png")><br>
    <img src="d_1.png" width="100" onClick=imageChange("d_1.png")>
    <img src="d_2.png" width="100" onClick=imageChange("d_2.png")>
    <img src="d_3.png" width="100" onClick=imageChange("d_3.png")>
  </div>
 </body>
```

그림 L2.4
이미지 슬라이드 결과 화면

3) 프로필 정보를 표의 형태로 나타내보자. 프로필 정보로는 이름, 생일, 전공, 취미, 링크에 대한 정보를 삽입하고 CSS를 적용하여 표의 스타일을 지정한다. 다음과 같은 HTML 문서를 작성한다.

```
<head>
  <style type="text/css">
    #my_img { text-align:center; float:left; }
    #my_table { border: 1px solid black; width: 340; height:300;
               font-size: 14pt;  font-family: Arial;  }
    #my_table th { border: 1px solid black; font-size: 14pt; height: 40px}
    #my_table td { border: 1px solid black; font-size: 12pt; text-align: center }
  </style>
</head>
<body>
  ... 중간 생략 ...
```

```
 <table id="my_table">
   <tr>
     <th colspan=2>Profile</th>
   </tr>
   <tr>
     <td>Name</td> <td>Somi Lee</td>
   </tr>
   ... 중간 생략 ...
   <tr>
     <td>Link</td>
     <td><a href="http://www.sm.ac.kr">Sookmyung Women's University</a></td>
   </tr>
 </table>
</body>
```

4) HTML 코드를 다 작성하면, 그림 L2.5와 같은 최종적인 결과 화면이 나타난다.

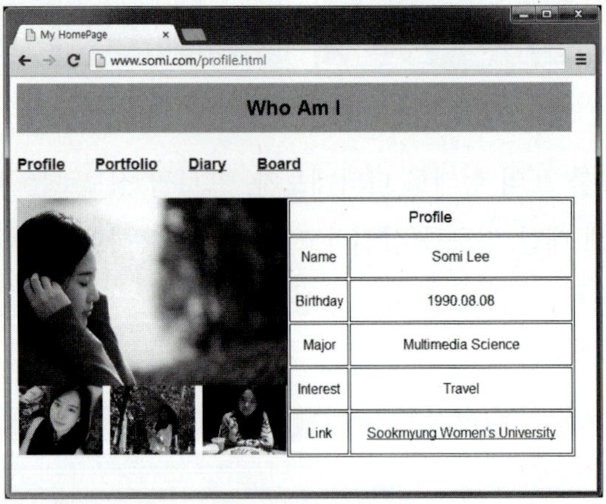

그림 L2.5
프로필 페이지의 최종 화면

실습 과제

1. 자신을 홍보할 수 있는 홈페이지 제작을 위해 기획안을 작성하라.
2. 작성된 기획안을 토대로 HTML 프로그램을 작성하여 홈페이지를 구현하라.
3. 무료 호스팅을 사용하여 홈페이지를 웹 서버에 업로드해서 남들이 자신의 홈페이지에 접속이 가능하도록 하라.

참고문헌

인터넷 배움터, 최윤철, 한탁돈, 조성배. 생능출판사, 2001

실용 인터넷, 최윤철, 한탁돈, 조성배. 생능출판사, 2001

HTML5 웹 프로그래밍 입문, 임순범, 박희민, 이창환, 생능출판사, 2013

How The Internet Works, 8th ed. Preston Gralla, QUE, 2006

HTML 튜토리얼, http://www.w3.org/wiki/HTML/Training

웹 언어 튜토리얼, http://w3schools.com

웹 표준 강좌, ClearBoth, http://www.clearboth.org/lecture/

모질라 개발자 네트워크, https://developer.mozilla.org/ko/

HTML 홈페이지, http://www.w3.org/html/

Javascript 최근사양, https://developer.mozilla.org/en-US/docs/Web/JavaScript

CSS 홈페이지, http://www.w3.org/Style/CSS/

XML 홈페이지, http://www.w3.org/standards/xml/

CGI: Common Gateway Interface 사양, http://www.w3.org/CGI/

PHP: Hypertext Preprocessor, http://php.net

ASP 홈페이지, http://www.asp.net/

HTML5 Reference, http://dev.w3.org/html5/html-author/

연습문제

01 HTML이 무엇인지 설명하고 그 한계에 대해 간단히 설명하라.

02 〈hr width="200px" size="5px"〉라는 요소를 사용하여 문서를 만들었더니 수평선이 그려졌다. 이 수평선의 길이를 전체 화면의 80%로 조정하고 파란색으로 변경하려면 〈hr〉 요소에 어떤 속성을 수정해야 하는지 설명하라.

03 구조적인 문서를 작성하기 위해서는 목록을 만드는데, 목록을 만들 때는 〈UL〉, 〈OL〉, 〈DL〉 요소를 사용하고, 목록의 항목을 나열할 때에는 〈LI〉, 〈DT〉, 〈DD〉 요소를 사용한다. 이 요소들의 사용법에 대하여 설명하라.

04 DHTML(Dynamic HTML)은 기존의 정적인 웹페이지에 동적인 기능을 추가한다. 동적으로 상호작용이 가능한 웹페이지를 구성하기 위해서는 어떤 방법이 있는지 설명하라.

05 DHTML에서는 웹문서의 구성요소 위치를 자유롭게 지정하기 위하여 레이어라는 개념을 이용한다. 레이어를 만들기 위해 사용되는 〈div〉와 〈span〉 요소에 대하여 설명하라.

06 자바스크립트는 HTML 문서와 사용자 사이의 상호작용을 가능하게 하고 멀티미디어 자료와 애니메이션을 효과적으로 표현할 수 있도록 한다. 자바스크립트 언어에서 사용되는 이벤트의 이름에는 무엇이 있으며, 각각은 무엇을 표현하는지 기술하라.

07 CGI는 웹브라우저와 웹서버, 응용프로그램 간의 일종의 인터페이스이다. CGI의 작동원리를 그림과 함께 간단히 설명하라.

08 긴 텍스트를 입력받을 때에는 〈input〉 요소로는 제약이 있으므로 〈textarea〉 요소를 사용할 수 있다. 4줄을 입력받고 60칸을 입력하는 'my'라는 이름의 텍스트 박스를 만들어보라.

09 CGI프로그램은 웹브라우저로부터 사용자 요구를 받아들여 웹서버와 응용프로그램을 연결하는 프로그램이다. HTML 문서의 〈form〉 요소에서 CGI 프로그램에 데이터를 전달하는 두 가지 방법이 무엇인지 설명하라.

10 클라이언트에서 입력받은 데이터를 전송하여 서버상의 응용프로그램에서 처리한 후 그 결과를 다시 웹브라우저가 화면에 보여주는 경우에 PHP나 CGI 프로그램을 사용할 수 있다. 이 둘의 차이점은 무엇인지 설명하라.

11 XML은 문서의 논리적 구조 및 내용과 출력형식을 분리하는 것을 원칙으로 설계되었다. DTD와 XML문서(DI), 그리고 스타일시트와의 관계를 그림으로 표현하여 설명하라.

INTERNET

CHAPTER

06

인터넷의 활용

CHAPTER 06

인터넷의 활용

최근 우리의 일상생활에서 인터넷은 이미 없어서는 안 되는 존재가 되었으며, 우리가 생활을 영위하기 위하여 곳곳에서 인터넷을 활용하고 있다. 2014년 7월 인터넷 이용 실태조사에 따르면 우리나라 만 3세 이상의 인터넷 이용률은 83.6%이며, 인터넷 이용자의 대부분인 98.2%는 주 1회 이상 인터넷을 이용하고 있으며, 하루에 1회 이상 인터넷을 이용하는 사람도 89.8%에 달하고 있다.

인터넷을 이용하는 주된 목적은 자료 및 정보 획득, 이메일이나 메신저 등 커뮤니케이션, 음악과 게임 등 엔터테인먼트, 상거래 및 금융거래, 교육 및 학습, 홈페이지 및 커뮤니티 운영 등의 순서로 조사되었다. 이 장에서는 인터넷이 우리의 삶을 어떻게 변화시키고 있는지 알아보도록 한다. 인터넷의 주된 활용분야로 정보의 획득, 여가 생활, 상거래 및 금융거래, 교육 및 전자출판으로 구분하여 우리생활에서의 활용 현황을 살펴본다.

6.1 인터넷 정보 제공

우리 주변에서 점차 종이신문보다는 인터넷에서 뉴스를 접하고 새로운 정보를 획득하는 경우가 더 많아졌다. 또한 TV도 기존의 공중파 방송 이외에 인터넷 기반의 다양한 방송을 청취할 수 있게 되었다. 이 절에서는 인터넷신문과 인터넷방송의 대표적인 서비스 유형과 사례를 살펴보고, 최근 본격적인 서비스가 시작된 IPTV와 앞으로 많은 발전이 기대되는 스마트TV에 대해서도 알아본다.

6.1.1 인터넷 뉴스 미디어

우리 생활에 필요한 정보나 뉴스를 획득하는 주된 경로는 신문 등의 출판 매체에서 라디오, TV 등의 방송 매체로 변하였고, 최근에는 인터넷으로 변하고 있다. 종이신문은 인쇄술의 발달과 19세기 산업혁명과 함께 크게 성장하였다. 그러나 20세기 들어오면서 라디오와 TV 등의 새로운 방송 매체가 등장하면서 종이신문의 위상이 떨어지기 시작하였다. 21세기 들어서 본격적으로 성장하고 있는 인터넷신문은 종이 신문에 가장 큰 위협이 되고 있으며, 이에 따라 종이신문의 구독률은 지속적인 하락추세를 보이고 있다. 2012년 인터넷 이용 실태조사에 따르면 뉴스기사를 획득하는 주된 경로로는 TV가 92.3%로 가장 높았고, 다음으로 70.5%가 인터넷을 통해 뉴스기사를 보는 것으로 조사되었다. 특히 인터넷 이용자의 경우에는 90%가 인터넷을 통해 뉴스를 접하고 있는 것으로 나타났다(그림 6.1 참조).

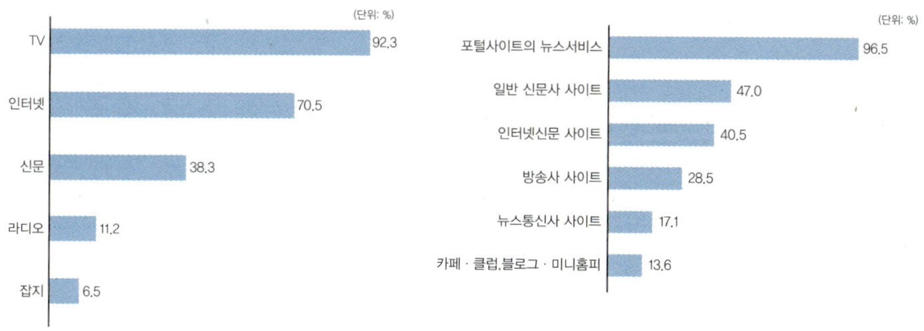

(a) 뉴스 획득 경로 (b) 인터넷 뉴스 이용 경로

그림 6.1
뉴스기사 획득 경로
(자료 출처: 2012 인터넷 이용 실태조사, NIPA)

인터넷신문은 기자가 작성한 뉴스나 정보를 종이가 아닌 인터넷을 통해 제공하는 뉴스 서비스를 말한다. 초기에는 종이신문을 발행하는 주류 언론사의 웹사이트에서 제공되었으나, 지금은 인터넷에서만 뉴스를 제공하는 독립형 인터넷신문도 많이 등장하였고 포털사이트에서 각 언론사의 뉴스기사를 취합하여 기사 서비스를 제공하기도 한다.

언론사 및 방송사의 온라인사이트로 운영되는 종속형 인터넷신문은 기존 언론사에서 직접 운영하거나 혹은 자회사로 분사하여 운영하기도 한다. 디지털조선, 동아닷컴, 조인스닷컴 등 많은 회사들이 자회사 형태로 인터넷신문 서비스를 운영하고 있다. 인터넷신문의 가장 큰 장점은 신속한 정보제공이 가능하다는 점이다. 기존의 종이신문이 조간이나 석간 등 정해진 시간에 발행되는 것에 비하여 인터넷신문은 기사가 작성되는 대로 업로드하여 서비스가 제공될 수 있다. 또한 종이신문이 뉴스를 일방적으로 전달하는 것에 비하여 인터넷신문에는 댓글을 통하여 독자의 의견을 반영하거나 조회수나 댓글수 등 인기도에 따라 뉴스 목록의 배치를 변경하기도 한다.

그림 6.2
종속형 인터넷신문의 예

(a) 디지털조선 조선닷컴

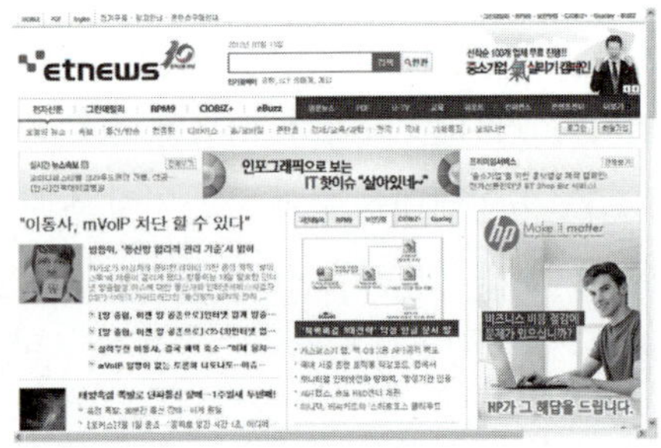

(b) 전자신문 etnews

독립형 인터넷신문은 종이신문의 발행 없이 인터넷에서만 뉴스를 제공하고 있지만 기존의 종이신문 못지않은 신문의 성격과 체계를 갖추고 있다. 일반 언론으로는 오마이뉴스, 프레시안, 뉴데일리 등이 많이 알려져 있고, IT 분야로는 아이뉴스24, 이데일리, 지디넷, 블로터닷넷 등이 있으며 금융 분야로는 머니투데이, 머니오케이 등의 인터넷신문이 있다. 일부 독립형 인터넷신문은 시민기자 제도를 운영함으로써 2002년 월드컵과 촛불시위 등의 뉴스 보도과정에서 기존의 언론사와 차별화된 여론을 형성하기도 하였다. 더 나아가 블로터닷넷과 같이 언론사가 아니라 개인 자격의 기자가 각기 기사를 작성하여 협업출판의 형태로 인터넷신문을 출판하여 서비스하는 형태로도 발전하고 있다. 그러나 순수 독립형 인터넷신문은 수익모델의 부재와 취약한 자본력으로 자립기반이 부족하다는 점과 신문기사의 중립성에 대한 신뢰가 부족하다는 점 등 해결해야할 점이 아직 많이 남아있다.

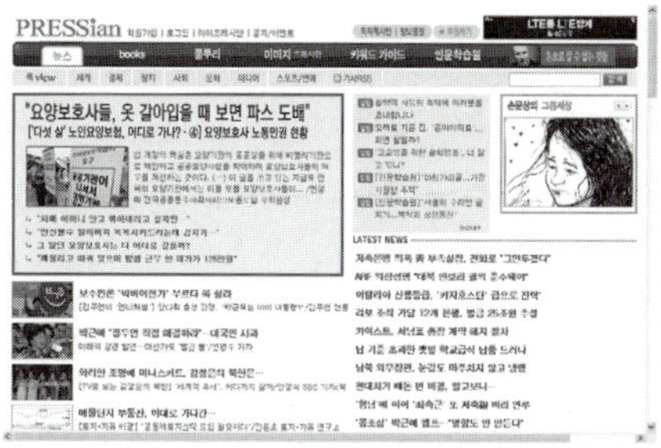

(a) 프레시안

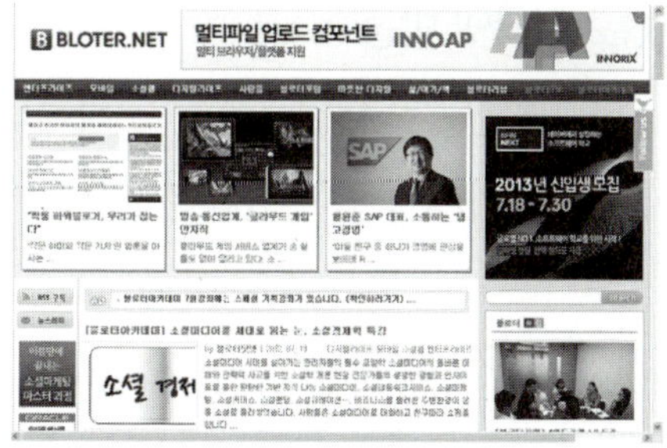

(b) 블로터닷넷

그림 6.3
독립형 인터넷신문의 예

매개형 혹은 인덱스형 인터넷신문은 포털사이트에서 자체 제작하거나 타 언론사에서 제공된 다양한 뉴스를 재구성하여 뉴스 서비스를 제공하는 경우를 말한다. 네이버, 다음, 네이트 등의 포털사이트에서는 뉴스 제공 사업자로부터 뉴스를 제공받아 이를 포털사이트의 홈페이지에 배치하고 한편으로는 검색엔진과 결합하여 다양한 뉴스제공 서비스를 실시하고 있다.

앞에서 언급한 조사결과에서 인터넷 이용자의 다수가 포털사이트에서 뉴스를 보고 있으며, 이는 인터넷뉴스를 서비스하는 미디어 패러다임이 변하고 있다는 사실이다. 포털사이트의 영향력 확대는 기존의 신문 방송 등 언론사와 포털사이트 사이에 뉴스서비스에 대한 갈등이 증폭되었고, 포털사이트에서 인터넷뉴스 서비스의 편집권한에 대한 공정성과 중립성 논란이 심화되었다. 한편, 2009년 7월 개정된 신문 진흥법에서는 언론기사를 인터넷을 통하여 계속적으로 제공하거나 매개하는 전자간행물에 대해 '인터넷뉴스 서비스'로 정의하고 정정보도 청구대상에 포함시켰다. 포털사이트에도 언론에 준하는 책임을 부여하여 인터넷 뉴스 미디어에 대한 사회적 책무를 지도록 한 것이다.

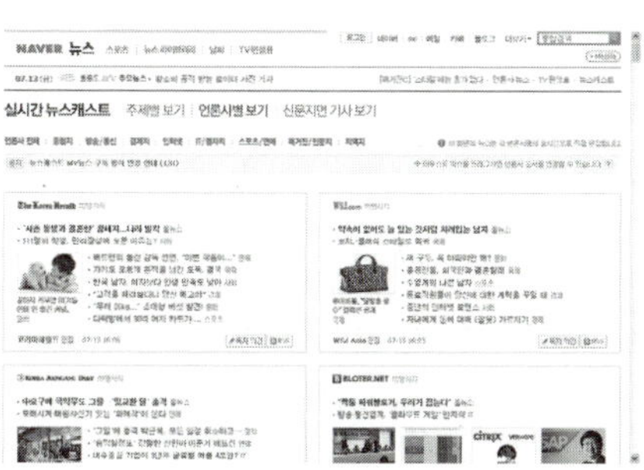

(a) 네이버의 뉴스캐스트

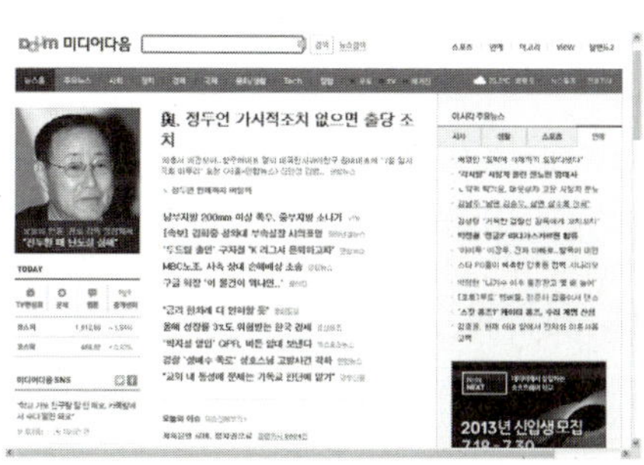

(b) 다음의 미디어다음

그림 6.4
포털사이트의 인터넷뉴스서비스

6.1.2 인터넷 방송

인터넷 기술의 발전은 방송 분야에도 큰 영향을 미쳐 방송과 통신이 융합된 새로운 매체가 등장하여 인터넷을 통해 전송되는 TV와 라디오를 PC나 스마트폰에서 즐기는 경우가 많아졌다. 공중파 방송의 다시보기뿐만 아니라 생중계도 볼 수 있으며, 개인들이 제작하여 송출하는 방송도 시청할 수 있다. 이와 같은 인터넷 방송이란 인터넷을 통해 오디오나 비디오 등 멀티미디어로 제작된 방송 콘텐츠를 서비스하는 것을 말한다. 인터넷방송은 일반적으로 웹캐스팅(Web Casting)이라고도 부르며 전송방식에 따라 주문형(On-Demand) 서비스와 생중계(Live Broadcasting) 서비스로 구분될 수 있다.

주문형 인터넷방송 서비스는 시간에 구애받지 않고 언제나 원하는 프로그램의 선택이 가능하도록 해준다. 고객의 주문에 따라 방송국의 비디오 서버에서 콘텐츠를 'Pull' 방식의 서비스로 제공하며, 일반적으로 스트리밍 기술을 이용하여 대용량이 멀티미디어 정보를 전송해 준다. 기존의 방송국 사이트에서 인기 방송물의 '다시보기'에 많이 이용되고 있다. 국내 KBS, iMBC, SBS 등 방송사와 미국 CNN 등 대부분의 방송사에서 홈페이지나 별도의 사이트에서 인터넷방송을 볼 수 있도록 운영하고 있다.

그림 6.5
인터넷방송 서비스

(a) MBC 방송국 사이트

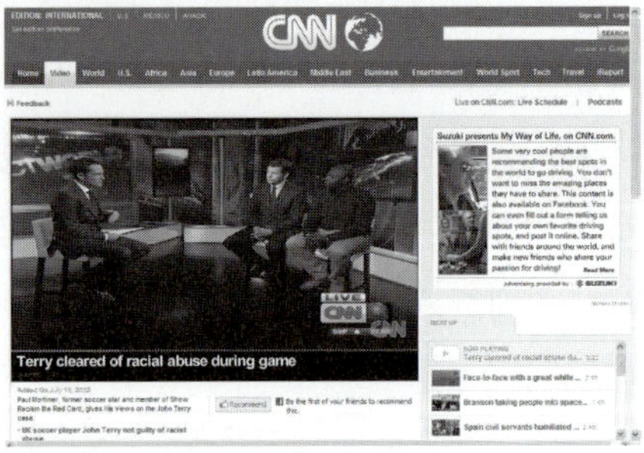

(b) CNN 방송국 사이트

생중계 서비스는 인터넷을 통해 여러 사용자에게 실시간으로 비디오나 오디오를 중계하는 인터넷방송을 말한다. 1996년 애틀랜타 올림픽 때 미국 NBC 방송국이 처음 시험방송을 하여 전세계 인류가 인터넷을 통해 중계방송을 실시간으로 시청할 수 있었다. 대다수 방송국의 홈페이지에서는 이와 같이 자사의 방송 콘텐츠를 실시간 중계 서비스와 주문형 서비스를 병행하여 시청자들이 언제 · 어디서나 방송을 볼 수 있다. 실시간 인터넷방송 중계를 하려면 여러 사용자에게 동시에 비디오/오디오 스트리밍 데이터를 전송해주는 IP 멀티캐스팅 기술과 등록된 클라이언트에게만 전송해주는 'Push' 기술이 적용된다.

웹캐스팅 기술을 이용하여 기존의 전통적인 방송국에서만 방송 서비스를 하는 것이 아니라 임의의 기관이나 심지어 개인이 인터넷 방송 서비스를 송출할 수 있다. 인터넷에서만 개국한 인터넷방송국은 음악, 스포츠, 증권, 교육 등 각종 전문 분야의 방송을 하거나 기업이나 각종 기관에서 홍보용 혹은 사내 방송으로 활용하고 있다. 개인이 인터넷 방송국을 개설하려는 경우 인터넷 방송 서버와 촬영 장비를 구축하여 방송을 하기도 하지만 인터넷 개인방송 사이트를 이용하면 카메라 하나로 간단히 개인방송을 송출할 수 있다. 대표적인 인터넷 개인방송 사이트로는 아프리카 TV, 윙크TV, 유스트림 등이 있다. 그러나 개인방송의 경우 방송 미디어의 다양화라는 장점이 있는 반면, 선정성이나 방송조작 등 불법 방송의 규제 여부에 대해서는 많은 논란이 되고 있다.

그림 6.6
인터넷 개인방송 사이트 – 아프리카TV

한편 단순히 주문형이나 생중계가 아닌 팟캐스트 형태의 인터넷방송 서비스도 많은 인기를 끌고 있다. 아이팟(iPod)과 방송(Broadcasting)을 합성한 신조어로서 아이폰이 널리 보급되면서 팟캐스트 방송서비스도 많이 활성화되었다. 실시간 방송시간에 구애받지 않고 원하는 프로그램을 등록해 놓으면 해당 프로그램을 자동으로 수신 받아 원하는 시간에 아무 때나 보거나 들을 수 있다. 기존의 대다수 방송사들은 자사의 프로그램에 대해 팟캐스트 서비스를 실시하고 있으며 정부나 기관에서도 홍보물 방송에 대한 팟캐스트 서비스를 하고 있다. 2010년 딴지일보에서 시작한 팟캐스트 방송인 '나는 꼼수다'가 많은 관심을 얻은 이후 개인 팟캐스트 방송도 활성화되고 있다.

6.1.3 IPTV / 스마트TV

인터넷방송은 PC에서 인터넷을 통해 방송을 보는 반면, IPTV(Internet Protocol TV) 혹은 인터넷TV는 가정용 TV에서 공중파나 케이블이 아닌 인터넷 회선을 통해 TV 프로그램을 수신하는 것이다. IPTV의 모습은 가정용 TV에 인터넷접속 기능을 가진 셋톱박스(Set-Top Box)를 외장 혹은 내장한 형태이며 실시간 방송과 양방향 통신 서비스가 융합된 '인터넷 기반 TV 서비스'이다. IP기반 인터넷망을 통해 전송된 TV, 비디오, 오디오, 인터넷 등의 콘텐츠 서비스를 셋톱박스에서 수신하여 TV 모니터에 보여주게 된다. TV 채널을 선택하여 시청을 할 경우에는 멀티캐스팅 방식으로 방송을 송수신하고, 비디오나 인터넷 서비스는 주문형 방식으로 이루어진다.

IPTV의 특징은 채널 선택의 폭이 넓어지고 데이터방송으로 인해 상호대화식 서비스가 가능해진 점이다. 또한 VOD 시청 및 인터넷 접속이 가능해짐으로써 TV 포털 개념이 가능하게 되었다. IPTV의 상용서비스는 2008년 '인터넷 멀티미디어 방송사업법'이 제정된 이후 KT, SK브로드밴드, LG U+가 IPTV 제공 사업자로 허가되어 2009년 1월부터 본격적인 IPTV 서비스가 실시되었다. 서비스개시 2년 만인 2010년 12월 실시간 가입자가 300만 명을 초과하는 등 뉴미디어로의 발전 기반을 형성하고 다매체 다채널 시대를 열게 되었다.

(a) KT Qook 서비스 (b) LG U+TV

그림 6.7
IPTV 서비스 사이트

인터넷 기술의 발전을 근간으로 한 인터넷과 미디어의 융합은 IPTV에 이어 스마트TV까지 등장하게 하였다. 스마트TV에서는 기존의 인터넷방송 서비스 외에도 인터넷에서 사용하던 다양한 콘텐츠와 애플리케이션까지도 TV에서 이용할 수 있도록 발전한 것이다. 2010년 구글TV가 등장하여 애플TV와 경쟁하면서 스마트TV는 더욱 활성화될 전망이다. 스마트TV는 단순한 TV 단말기가 아니라 컴퓨팅 기능을 갖춘 미디어 플랫폼의 역할을 갖추고 있으므로 앞으로 다양한 서비스를 제공할 것으로 발전되리라 기대하고 있다.

6.2 게임과 엔터테인먼트

PC가 처음 보급될 때 게임이 큰 역할을 했듯이 인터넷 보급에도 역시 게임이 큰 역할을 하였다. 특히 온라인게임의 경우에는 중독성이 심하여 학생은 물론 성인까지도 중독의 심각성이 문제가 되고 있다. 이 절에서는 온라인게임의 발전 과정에서 대표적인 사례를 알아보고 게임 시장의 여러 문제점들을 살펴본다. 게임 이외에 엔터테인먼트 콘텐츠로 사람들이 많이 즐기고 있는 온라인 음악 서비스의 사례도 살펴본다.

6.2.1 온라인게임의 종류

디지털 게임은 최신 IT 기술과 멀티미디어 기술이 총 망라된 첨단 디지털콘텐츠로서 디지털 시대에 대표적인 엔터테인먼트 산업을 형성하고 있다. 2011년 국내 게임시장의 규모는 약 8조8천억 원을 상회하고 있으며, 게임 시장의 플랫폼별 유형으로는 온라인게임, 비디오(콘솔)게임, 모바일게임, PC게임, 아케이드게임, 그리고 PC방게임이 있다. 그 중 온라인게임이 6조 2천억원 규모로 전체 게임 시장의 70%를 상회하고 있으며 온라인게임이 주축인 PC방의 점유율 19.5%를 더하면 게임시장에서 온라인게임의 비중은 매우 크다. 온라인게임이란 컴퓨터 네트워크를 통해서 혼자서 플레이하거나 더 나아가 많은 사람이 동시에 플레이하는 게임을 말한다. 최근에는 XBOX나 플레이스테이션 등 비디오게임 단말기에서도 인터넷으로 접속하여 온라인게임의 실행이 가능하다.

초기의 온라인게임은 여러 명의 사용자가 인터넷으로 접속하여 게임을 실행하는 머드(MUD, Multi-User Dungeon) 장르로 주로 텍스트를 이용하여 화면을 구성하였다. 국내에서는 1994년 마리텔레콤에서 개발한 '단군의 땅'이 대표적인 머드게임이었다. 이어서 머드게임의 화면을 그래픽으로 처리한 머그(MUG, Multi-User Graphic) 게임으로는 1996년 넥슨에서 선보인 '바람의 나라'가 대표적이며, 게임화면이 그래픽으로 더욱 실감나게 처리되어 이후 온라인게임이 발전하는 기틀을 갖추었다.

한편 네트워크 서버 기술과 그래픽스 기술의 발달로 인해 온라인게임은 매우 많은 수의 사용자가 동시에 접속하는 MMOG(Massively Multiplayer Online Game) 유형으로 크게 발전하였다. 국내 온라인게임 시장에서 가장 큰 영향을 미친 제품은 엔씨소프트에서 1998년 출시한 '리니지'로 국내 MMORPG(Massively Multiplayer Online Role Playing Game)의 혁명이 시작된 게임이라고 평하고 있다. 비슷한 시기에 미국의 대형 게임제작사인 블리자드에서도 실시간전략(RTS, RealTime Strategy) 게임인 '스타크래프트'와 롤플레잉게임(MORPG)인 '디아블로'를 출시하여 전세계 온라인 게임시장에서 선풍적인 인기를 끌어 아직까지도 블리자드사가 전세계 게임시장을 주도하고 있다. 이 시기 PC방을 중심으로 국내의 온라인 게임시장에서는 '바람의나라', '리니지', '스타크래프트', '워크래프트' 4개의 제품이 시장을 점령하고 각축을 벌여왔다.

그림 6.8
대표적인 MMOG 게임 실행화면

(a) 리니지

(b) 스타크래프트2

이후 2000년대 들어와서 3D 그래픽으로 처리하여 더욱 현실감 있게 화면을 구성한 MMORPG는 '뮤'를 시작으로 '리니지2', '월드 오브 워크래프트(WOW)', '메이플스토리', '아이온', '테라' 등이 널리 인기를 끌고 있다. 특히 넥슨에서 개발한

'메이플스토리'는 웅장한 규모의 전쟁이 아니라 캐주얼 스타일의 MMORPG로, 여학생을 비롯하여 많은 사람들이 편하게 즐기는 게임이 되었다. 한편, RTS 게임으로는 '스타크래프트2', '리그 오브 레전드' 등이 꾸준히 인기가 있으며, 전세계의 고대 및 현대 문명을 게임으로 제작한 '문명'도 큰 관심을 끌고 있다.

(a) 메이플스토리 (b) 문명

그림 6.9
최근 온라인 게임 실행화면

온라인게임의 다른 유형에는 주로 혼자서 즐길 수 있는 액션 및 캐주얼 스타일의 브라우저 기반 게임(Browser Game)이 있다. 웹브라우저에서 자바로 구현된 게임이 실행되기도 하지만 자바스크립트나 플래시로 구현되어 브라우저에서 가볍게 실행되기도 한다. 최근에는 Ajax 기술을 적용하여 여러 사람이 동시에 즐길 수 있는 브라우저 게임으로 구현하기도 한다. 브라우저 게임으로 제작되는 장르로는 액션, 스포츠, 레이싱, 페트육성, 퍼즐 등 혼자서 혹은 여러 사람이 접속하여 점수를 획득하는 유형의 게임이 주로 인기를 얻고 있다.

많은 사용자들을 거느린 다중사용자게임(MMOG)의 경쟁상대는 액션 장르와 FPS(First Person Shooting)라 불리는 일인칭 슈팅 게임 장르에서 나왔다. '던전앤파이터'와 '서든어택'은 온라인게임 점유율 상위에 오르며 대단한 인기를 바탕으로 아시아까지 영역을 넓히고 있다. 한편 스포츠나 레이싱, 포커 등 인터넷 사용자들이 편하게 즐길 수 있는 캐주얼 스타일의 게임은 꾸준한 관심을 끌고 있다. '포트리스'에 이은 넥슨의 '메이플스토리'와 '카트라이더'는 소위 국민게임이라는 호칭을 들을 정도로 많은 사람들이 즐기는 게임이다. 2002년 월드컵의 인기와 유럽 프로축구의 인기를 반영한 '피파온라인', 국내 프로야구의 인기에 바탕을 둔 '마구마구'는 게임시장에서 많은 사랑을 받고 있다.

그림 6.10
FPS와 캐주얼 게임

(a) 서든어택

(b) 피파온라인3

6.2.2 국내 온라인 게임 시장의 현황과 문제점

국내의 온라인 게임시장은 2011년 6조 2천억원 규모로 30.8%의 성장률을 보이고 그 이후 지속적으로 성장하지만 큰 성장은 주춤할 것으로 예상되고 있다. 오히려 모바일게임 시장은 규모자체는 온라인 시장규모의 10분의 1 수준이지만 2010년 이후 스마트폰 열풍에 힘입어 매우 큰 폭으로 성장했다. 이러한 추세에 맞추어 유무선 연동 게임이 개발되거나, 기존의 온라인 게임을 모바일 버전으로 선보이고 있다. 한편, 온라인게임 시장 성장이 주춤한 이유는 PC방 등에서의 게임이용자의 증가세가 둔해지고, 게임장르의 쏠림현상 때문이라고 분석되고 있다. 대형 RPG 게임의 성공으로 인하여 게임 개발사들이 RPG 유형의 게임에 편중된 개발을 하고 있으며, 일부 성공적인 게임들이 시장독점 현상까지 보이고 있다.

그림 6.11
국내 온라인게임의 시장 규모와 성장률 (자료출처: 2012 인터넷백서, NIPA)

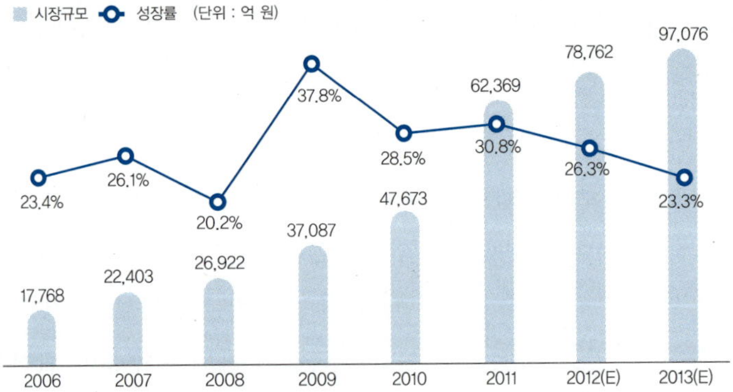

국내 산업계에서 게임 업체들의 지위가 많이 상승하고 있다는 것도 주목할 만한 점이다. 국내 IT 산업에서 네이버나 다음 등의 인터넷포털 업체는 이미 국내 대기업 순위에서 상위에 위치하고 있으며, 엔씨소프트, 넥슨, CJ E&M, 네오위

즈 등과 같은 게임업체 들도 연매출 1조원 규모의 대기업 반열에 들어가고 있다. 2011년 엔씨소프트는 프로야구 구단을 창단하여 화제를 불러 모았으며, 2012년 6월 게임 업체 1위인 넥슨이 2위인 엔씨소프트를 인수함으로써 전세계 10대 게임 기업으로 부상하였다. 넥슨의 엔씨소프트 지분 인수는 글로벌환경에서 국제경쟁력을 확보하기 위한 전략적 제휴로 해석되고 있다. 실제로 넥슨은 일본, 중국, 유럽 등 해외시장의 매출 비중이 65% 이상을 차지하고 있다. 네오위즈도 해외 매출 비중이 늘어나고 있는 등 국내 온라인 게임 업체들은 중국과 아시아권의 시장 개척에 이어 유럽 및 북미 시장에도 진출을 확대하고 있다.

최근 국내 인터넷 환경에서 게임 산업의 가장 큰 이슈는 게임 이용에 대한 규제 방안이었다. 청소년들이 온라인게임에 너무 몰입하여 게임 내의 아이템을 얻기 위해 불법적으로 거래를 하고 폭력을 휘두르는 등 게임과 현실을 구분 못하는 경우도 발생하고 있다. 2010년 일어난 한 청소년 살인사건의 원인이 되기도 한 청소년들의 게임 중독으로 인해 여러 가지 부작용이 발생하면서 게임 규제에 대한 방안이 주목을 받고 있다. 2011년에는 청소년의 게임이용을 규제하는 여성가족부의 "청소년보호법"과 문화체육관광부의 "게임산업진흥에 관한 법률"이 제정되어 시행에 들어갔다. "청소년보호법"에 근거한 강제적 셧다운제는 16세 미만의 청소년이 자정부터 오전 6시까지 인터넷 게임의 접근을 차단시키는 제도이며, "게임산업진흥법"에 근거한 선택적 셧다운제는 18세 미만의 청소년을 대상으로 본인이나 법적보호자의 요청이 있을 경우 온라인게임의 이용 방법이나 시간에 대해 선택적으로 제한을 두는 제도이다. 그러나 이러한 셧다운제가 과연 실효가 있을 것인지에 대한 논란이 있으며, 특히 강제적 셧다운제는 게임 산업계의 발전을 가로막을 수 있다는 우려도 있다.

6.2.3 온라인 음악 사이트

2000년대 초부터 시작된 온라인 음악 산업은 폭발적인 성장을 보이다 2000년대 중반 성장세가 둔화되었는데, 이는 불법 시장의 성장과 모바일 서비스의 발전에 기인한 것으로 판단되고 있다. 최근 불법 유통에 대한 인식개선과 함께 유무선 연동 서비스로 전체 디지털 음악 시장은 꾸준한 성장세를 보이고 있다. 현재 국내 인터넷 음악 서비스 사업은 음악전문 포털사이트와 모바일 통신사업자가 주도하고 있다. 대표적인 음악전문 포털사이트로는 '벅스', '엠넷', '소리바다' 등이 있으며, 각 이동통신사에서 제공하는 서비스로는 SKT의 '멜론', KT의 '지니' 등이 있다.

그림 6.12
국내 온라인 음악 서비스 사이트

인터넷 음악 서비스의 형태는 크게 두 가지 방식이 있다. 다운로드 서비스는 유무선망을 통해 음악파일을 하드디스크 또는 단말기에 저장하여 음악을 즐기는 방식이고, 스트리밍 서비스는 디지털 음악파일을 원할 때 실시간으로 전송받아 재생하여 MOD(Music On Demand) 방식으로 음악을 감상할 수 있다. 무선인터넷에서는 다운로드 및 스트리밍 서비스 이외에 통화연결음, 벨소리 등의 서비스도 있다. 한편 음악 서비스의 요금체계는 다운로드 서비스의 경우 곡당 지불하거나 정해진 개수의 곡을 패키지로 구매하는 방식을 주로 적용하고 있으며, 스트리밍 서비스의 경우 주로 월정액을 지불하는 방식을 적용하고 있다. 최근에는 다운로드와 스트리밍 서비스가 결합된 형태의 복합 상품도 있어서 PC, mp3 플레이어, 휴대폰 등 개인이 소유하고 있는 여러 기기에서 일정기간 동안 음악을 서비스 받을 수 있다.

인터넷 음악 서비스 시장에서 가장 관심이 모아지고 있는 이슈는 불법유통과 과금방식이다. 2000년대 초반 인터넷 음악시장이 형성되기 시작하던 시절에 소리바다나 벅스 등 무료서비스를 기반으로 하는 사업자나 P2P 파일 공유서비스의 등장으로 기존의 유료 음악 서비스는 설 자리를 잃어버렸다. 광고를 주 수익원으로 하는 음악의 무료서비스는 소비자에게 음악은 무료라는 인식을 심어주어 음악 저작권자의 권익을 무시하게 되고 결국은 전체 시장이 위축되는 결과를 낳았다. 특히 P2P 파일공유 사이트에서는 일반 사용자들이 음원을 업로드하고 공유함으로써 불법 유통이 되는 결과를 낳았다. 이러한 온라인 무료서비스에 대해서는 법적소송을 통해 2005년과 2006년 기존의 음악 서비스 사업자들로 하여금 유료서비스를 하도록 하는 판결을 받은 바 있다. 한편 P2P 파일공유 사이트에서는 지속적인 단속과 소송을 통해 불법유통의 확산을 방지시키고 있다.

최근 디지털 음악 시장의 규모가 커지면서 정부에서는 음악 저작권 단체들과 음원 사용료 규정의 개선에 대해 논의하고 있다. 현재 국내의 음원 사용료는 외국에 비해 턱없이 적은 금액으로 음악 저작권자의 권리를 제대로 보장하지 못하는 수준이라고 평가받고 있다. 주요 논의 사항은 정액제 상품 서비스를 폐지하고 곡당 사용료를 징수하는 음원 종량제를 도입하자는 것과 곡당 저작권료를 인상하고 음원 판매수익의 분배구조를 개선하자는 것이다. 이는 외국의 음악서비스 사업자가 국내시장에 진출하기 전에 디지털음악 시장의 체질 개선을 통해 건전한 시장구조를 형성해 놓을 필요가 있다는 인식에서 다양한 논의를 하고 있다.

그림 6.13
정액제 음악 서비스 사례
(출처: 블로터닷넷, 2012. 3.30)

6.3 전자상거래

최근 우리의 일상생활 중에는 쇼핑이나 은행 업무를 인터넷으로 수행하는 경우가 빈번해졌다. 이러한 전자상거래에는 쇼핑몰에서의 개인 구매뿐 아니라 기업 간의 거래 등 다양한 거래가 있다. 인터넷 쇼핑몰에서 구매 행위가 이루어지려면 인터넷 결제 수단이 마련되어야 하며 계좌이체 등의 인터넷뱅킹도 가능해져야 한다. 이 절에서는 이러한 인터넷에서의 상거래 및 지불, 뱅킹에 대한 유형을 살펴보고, 안전하게 인터넷 상거래를 하기 위한 주의사항도 알아본다.

6.3.1 전자상거래의 소개

전자상거래(e-Business, e-Commerce)란 디지털 방식을 이용하여 이루어지는 모든 상거래에 관련된 행위를 말한다. 즉, 디지털 기기를 이용하여 일상적인 상거래뿐 아니라 대 고객 마케팅이나 광고, 상품의 생산, 구매, 배달, 물품의 조달 등 모든 상거래 서비스에 필요한 제반정보를 교환하는 행위를 포함한다. 인터넷이 널리 사용되기 이전부터 기업간에 상거래에 관한 전자문서를 교환해 왔으며, PC통신의 홈쇼핑이나 홈뱅킹 등 다양한 형태로 전자상거래가 이루어져 왔다. 인터넷이 널리 보급된 이후에는 대다수의 전자상거래는 유무선 인터넷 공간에서 매우 다양한 형태로 이루어지고 있다. 거래되는 상품으로는 완제품이나 전자부품과 같은 실물 이외에도 뉴스, 음악과 같은 디지털 콘텐츠와 교육, 진료 등의 서비스도 포함하고 있으며 이들의 비중이 점점 증가하고 있는 실정이다.

전자상거래를 거래 주체인 기업(Business), 정부(Government), 일반소비자(Customer)간의 거래로 구분해 보면 기업간의 B2B, 기업 · 정부간의 B2G, 기업 · 소비자간의 B2C, 소비자간의 C2C 시장이 있다. B2B 시장에서는 기업간에 물품이나 용역에 대한 상거래 업무를 처리하고 있으며, 전자거래관리를 통해 비용이 최소화되고 기업경영의 경쟁력이 강화되므로 대부분의 기업간 거래는 인터넷 기반의 전자상거래로 이루어지고 있다. 한편 정부에서도 모든 정부조달거래의 투명성 및 효율성을 증진시키기 위해 B2G 전자상거래를 통해 업무를 처리하고 있다. B2C 및 C2C 시장은 일반 사용자가 자주 접하는 상거래로 인터넷 쇼핑몰이나 오픈마켓 혹은 웹사이트를 통해 물품이나 서비스를 거래하고 있다. 한국인터넷진흥원 통계에 따르면 2011년 현재 시장별 국내 전자상거래 시장 규모는 표 6.1과 같다.

표 6.1
국내 전자상거래 시장 규모 동향(출처: 2012 한국인터넷백서)

(단위: 십억원)

	2006년	2007년	2008년	2009년	2010년	2011년
B2B	366,191	464,456	560,255	592,965	746,090	912,562
B2G	34,435	36,801	52,266	59,455	52,772	58,378
B2C	9,132	10,226	11,359	12,046	16,005	18,522
C2C	82	5,032	6,207	8,012	8,524	9,788
합계	413,584	516,514	630,087	672,478	824,392	999,250

우리가 자주 접하는 인터넷 쇼핑몰은 일반 소비자들이 인터넷에서 물품을 구매하거나 일반 사용자간의 매매를 하는 사이버쇼핑 창구 역할을 한다. 미국에서 대표적인 전자상거래 업체로는 최대 인터넷 쇼핑몰 업체인 아마존(Amazone)과 오픈마켓 플레이스인 이베이(eBay)가 있다. 국내에서는 1996년 인터파크가 국내 최초로 쇼핑몰 사업을 시작한 이래 여러 기업이나 개인들이 쇼핑몰을 오픈하여 일반 소비자들과 거래를 하고 있다. 1999년에는 옥션에서 인터넷 경매라는 개념으로 소비자 간의 C2C 거래도 시작하였다. 2000년부터는 G마켓이 본격적으로 오픈마켓 형태의 상거래 사이트를 시작하였으며, 2009년에는 미국의 이베이가 G마켓과 옥션을 인수하여 운영하고 있다.

개인 소비자 대상의 전자상거래 사이트는 그림 6.14에서 보듯이 개별 쇼핑몰과 오픈마켓 그리고 쇼핑게이트웨이의 가치사슬로 구성되어 있다. 개별 쇼핑몰은 해당 상품의 구매에서부터 상품배송, 애프터서비스에 대한 1차적인 책임을 진다. 오픈마켓은 회원 누구나 판매자가 될 수 있는 사이트로서 판매자가 상품을 직접 등록하는 방식으로 플랫폼 사업자는 판매금액의 일정비율을 수수료로 받는다. 오픈마켓 방식은 같은 상품이라도 여러 사람이 등록할 수 있는 등 입점식 판매 방식과 차이가 있으며 수수료도 적은 편이다. 최근에는 여러 쇼핑몰에서 사용자가 원하는 상품을 검색해 주거나 가격을 비교해주는 일종의 쇼핑 포털 역할을 해주는 쇼핑게이트웨이 사이트도 많이 애용되고 있다. 쇼핑게이트웨이에서는 고객이 만족할 만한 상품을 오픈마켓이나 개별 쇼핑몰로 연결해주고 약간의 수수료를 받고 있으나 점차 주 수익원으로는 광고 등 기타수익의 비중을 높이고 있다.

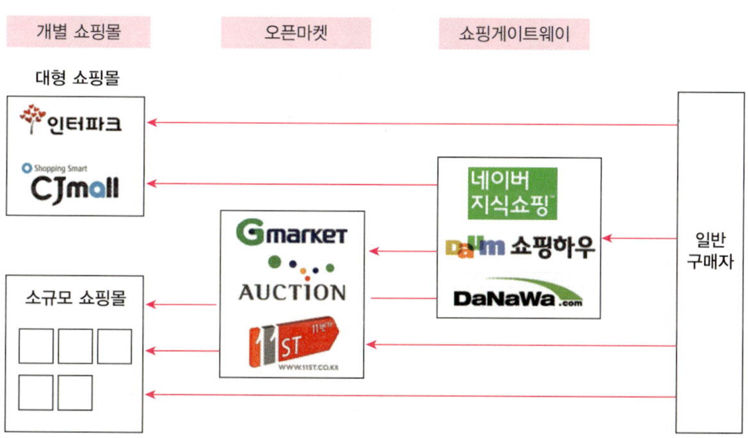

그림 6.14
사이버 쇼핑을 구성하는 가치사슬(출처: KT경제연구소)

6.3.2 금융거래 서비스

우리가 생활하면서 인터넷 시대에 살고 있다는 것을 가장 잘 느낄 수 있는 경우 중의 하나가 은행에 가지 않고 인터넷을 통해 자신의 예금계좌 잔고를 조회하고 다른 계좌로 이체하거나 카드 결제를 하는 등 인터넷 금융거래 서비스(e-Banking & e-Payment)를 접할 때이다. 이와 같은 인터넷 금융거래에는 대표적으로 인터넷뱅킹(혹은 온라인뱅킹)과 인터넷결제 서비스가 있다. 세계 최초의 인터넷뱅킹 서비스는 1995년 미국 SFNB(Security First Network Bank)에서 시작하였다.

우리나라는 1997년 7월 신한은행에서 국내 최초로 인터넷뱅킹 서비스를 시작한 이후 인터넷 금융거래의 규모는 계속 확장되어 왔다. 2012년 금융감독원 자료에 따르면 국내 각 금융기관에서 인터넷뱅킹을 위해 등록된 고객수는 7,352만 명으로 한 사람이 여러 개의 인터넷뱅킹 계좌를 보유하고 폭넓게 이용하고 있는 것으로 파악되고 있다. 인터넷뱅킹 서비스를 이용하면 예금계좌의 신규개설 및 해지, 계좌조회, 계좌이체, 해외송금, 공과금납부, 지로납부 등의 업무를 컴퓨터나 모바일 기기에서 처리할 수 있다.

인터넷뱅킹 서비스를 이용할 때 가장 중요한 점은 보안문제로 현재 국내 인터넷뱅킹 서비스는 여러 단계의 보안장치를 갖추고 있다. 우선 인터넷뱅킹 서비스를 이용하려면 공인인증서를 받아야 한다. 은행 혹은 정부공인 인증기관에서 직접 아이디와 비밀번호를 발급받은 후, 공인인증 사이트에서 인증서를 자신의 기기에 다운 받으면 된다. 공인인증서는 보통 PC에 저장하기보다는 휴대용 메모리나 모바일 기기에 저장하여 가지고 다니다가 인터넷뱅킹 계좌에 로그인하거나 온라인거래 시에 사용하면 된다.

인터넷뱅킹의 확실한 보안을 위해서 추가로 보안카드나 OTP(One Time Password) 생성기를 이용하고 있다. 그림 6.15(a)에서 보듯이 보안카드에는 등록번호와 30~40개의 4자리 숫자가 있으며 은행에서 각기 다른 내용의 카드를 개인별로 지급해 준다. 매번 거래가 발생할 때마다 뱅킹사이트에서 물어보는 순서의 비밀번호 4자리를 답하는 방식이다. 그림 6.15(b)의 OTP 발생기는 거래가 있을 때마다 기기에서 6자리의 새로운 비밀번호를 은행과 개인에게 발생시켜 주며, 이 번호를 사이트에 입력하면 된다. 보안카드와는 달리 번호가 노출되어 있지 않아 가장 보안성이 뛰어난 매체이다.

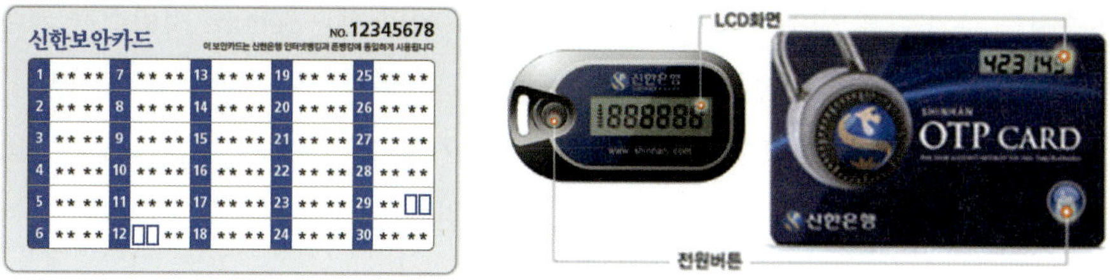

(a) 보안카드 모형(숫자대신 **표시) (b) OTP 발생기

그림 6.15
인터넷뱅킹 보안 장치
(출처: 신한은행)

인터넷에서 전자상거래를 하는 경우 상품이나 서비스를 판매하고 그 대금을 온라인으로 지불할 수 있는 안전하고 편리한 수단을 필요로 하고 있다. 특히, 개인거래의 경우에 물품을 구매하는 쪽이나 판매하는 쪽이나 지불결제의 안전한 보장이 없이는 인터넷 상거래가 이루어지기 힘들다. 인터넷 지불결제 서비스는 신용카드나 계좌이체 등 결제 수단을 이용하여 전자상거래의 대금을 판매자나 구매자 양쪽이 안전하게 지불하고 거래하도록 해주며, 서비스의 유형으로는 신용카드 결제대행 서비스와 신용카드 온라인결제 서비스가 있다.

작은 규모의 쇼핑몰의 경우 모든 카드사와 각각 계약을 체결하여 고객의 카드결제를 지원해주기 곤란하므로 결제대행 사업자와 지불결제대행(PG; Payment Gateway) 계약을 체결하여 물품 구매 시 카드결제, 거래승인 및 정산 등 일련의 서비스를 처리한다. 대표적인 인터넷 결제대행 PG사로는 미국의 페이팔(Paypal)이 있다. 국내에서는 신용카드의 결제대행 및 계좌이체의 지불대행 업무를 수행하는 PG사로는 이니시스, 한국사이버결제(KCP), LG U+ 등의 기업이 있고 기관으로는 금융결제원이 있다.

카드결제 서비스로는 인터넷 안전결제(ISP; Internet Secure Payment) 방식과 안심클릭 방식이 있다. 인터넷 안전결제 ISP는 기존의 전자상거래에서 온라인 쇼핑을 할 때 카드번호, 비밀번호, 주민등록번호 등을 입력하여 발생될 수 있는 개인정보 유출의 문제점을 방지하기 위한 인터넷 환경에서의 지불수단이다. 인터넷 안전결제 ISP는 국민카드와 비씨카드 등에서 사용하고 있으며, 최초 거래 시에 카드정보를 입력하여 ISP 전자인증서를 받은 후 온라인 결제 시에는 ISP 비밀번호만으로 거래하기 때문에 매우 안전하고 편리한 거래인증 및 지불수단으로 사용되고 있다. 안심클릭도 마찬가지로 개인정보의 입력을 하지 않고 안심클릭서비스 비밀번호만으로 거래를 하도록 하고 있으며, 30만원 이상의 거래 시에는 공인

인증서를 추가로 확인한다. 안심클릭은 비자(VISA)의 3D-Secure 서비스를 국내에 적용시킨 서비스로 신한카드, 외환카드 등 그밖의 카드회사가 이용하고 있다. 온라인 결제 시 해당 카드사의 안심클릭 페이지가 나오면 카드번호, 안심클릭 비밀번호, CVC 번호를 입력하여 결제하고, 30만원 이상의 결제에는 공인인증서까지 확인한다.

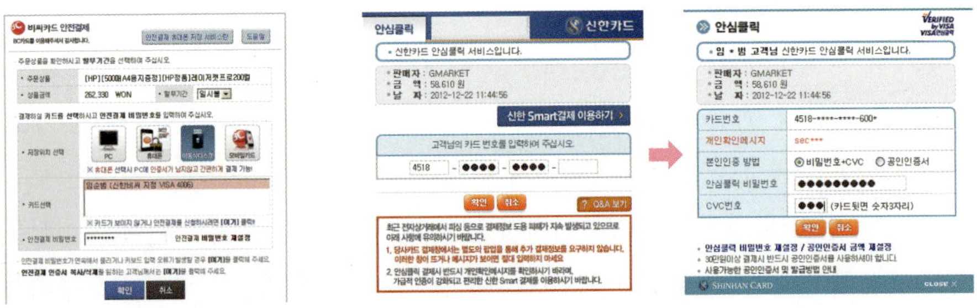

그림 6.16 인터넷 카드결제 서비스 실행화면

(a) ISP 안전결제(비씨카드) (b) 안심클릭(신한카드)

6.3.3 안전한 인터넷 상거래

인터넷 상거래시에 가장 주의를 해야 하는 점이 안전한 상거래 사이트인지, 전자상거래 시 개인정보 유출은 없는지, 해킹(Hacking)이나 피싱(Phishing) 등 위험은 없는지 등의 보안 문제이다. 최근 해킹 기술이 고도화되어 2012년에는 안심클릭을 위장한 피싱이나 안전결제(ISP) 인증서를 해킹하여 실제 피해 사례가 발생하기도 하였다. 심지어 정확한 웹사이트 주소를 입력해도 가짜 웹페이지에 접속되어 개인정보가 유출되는 파밍(Pharming) 수법까지 가세하여 피해가 늘고 있다.

해킹 수법이 교묘해지면서 카드사 시스템의 보안만으로는 안전한 상거래를 지키기에는 역부족이므로 고객들 스스로도 개인 정보를 보호하는 데 신경써야 할 것이다. 우선 보안서버를 구축한 사이트인지를 확인하고 거래를 해야 한다. 보안서버를 구축했는지의 여부는 인터넷 주소가 'https://'로 시작하는지 확인해보면 된다. HTTPS(Hypertext Transfer Protocol over Secure Socket Layer)는 웹의 통신 프로토콜인 HTTP에 통신 인증과 암호화를 보강하여 넷스케이프사에서 개발한 버전으로 전자상거래 사이트에서 널리 사용되고 있다.

그러나 HTTPS가 완벽하게 정보를 보호해주는 것이 아니라 웹서버와 브라우저

사이에 전송되는 정보를 암호화하여 보호하기 때문에 서버에 저장된 정보나 브라우저에서 입력되고 있는 정보의 유출까지는 방지할 수 없다. 안전한 전자상거래를 위해 은행이나 정부기관에서 인터넷뱅킹이나 금융거래시의 각종 주의사항을 공지하고 있다. 다음의 표 6.2에서는 최근 국내의 한 보안 솔루션업체가 안전한 전자상거래를 위해 발표한 인터넷 쇼핑 시 주의사항 10계명을 소개한다.

표 6.2
인터넷 쇼핑 시 주의사항 10계명(출처: 카스퍼스키 랩)

10계명	설명
① 신뢰할 수 있는 쇼핑몰인지 확인하자.	정상적으로 사업자등록과 통신판매업신고가 되어 있는 쇼핑몰인지 확인한다. 대개 해당 정보는 쇼핑몰 하단에 노출되어 있다.
② 비밀번호를 어렵게 만들자.	길고 어려운 비밀번호는 유추를 어렵게 해 해킹 방지에 도움이 된다. 또한, 정기적으로 비밀번호를 변경해 주고 여러 웹사이트에서 동일한 비밀번호를 사용하지 않는다.
③ 보안 서버를 구축한 쇼핑몰을 이용하자.	로그인, 구매, 결제 시 웹사이트 주소가 https://로 시작하는 쇼핑몰을 이용하는 것이 안전하다. 이는 개인정보를 웹 서버로 전송할 때 안전하게 보호해 준다는 것을 의미한다.
④ 신용카드는 한 개만 사용하자.	온라인 쇼핑을 할 땐 가급적 한 개의 신용카드만 사용하는 것이 좋다. 신용정보가 유출되더라도 그 피해를 최소화할 수 있다.
⑤ 피싱 공격에 주의하자.	휴대폰 문자나 이메일 등에 표시된 링크나 팝업 창에는 절대로 개인정보를 입력하지 말아야 한다. 필요할 경우 직접 해당 웹사이트의 주소를 입력하거나 즐겨찾기를 이용하는 것이 더 좋다.
⑥ 업데이트, 업데이트, 업데이트!	악성 코드에 의한 개인정보 노출을 막기 위해, 반드시 보안 소프트웨어를 최신으로 업데이트해야 한다.
⑦ 보안 소프트웨어를 사용하자.	악성 코드가 PC나 모바일에 감염되지 않도록 보안 소프트웨어를 반드시 설치해야 하며, 정기적으로 시스템을 전체적으로 검사하는 것이 좋다.
⑧ 소셜네트워킹 링크를 조심하자.	페이스북이나 트위터를 통해 친구들과 판촉 행사 정보를 링크로 공유하는 경우가 많다. 하지만 그 링크가 악의적인 링크라면 그 피해도 순식간에 늘어나게 된다. 반드시 판촉 행사와 관련된 정보는 해당 업체의 공식 웹사이트를 통해 사실 확인을 먼저 해야 하며, 의심스러운 링크는 누르지 말아야 한다.
⑨ 출처를 알 수 없는 앱은 설치하지 말자.	모바일 악성 코드는 공식 사이트가 아닌 비공식 경로로 앱을 유포하는 경우가 많다. 제작자와 출처를 알 수 없는 앱은 설치하지 말고, 공식 사이트의 앱이라도 기능에 비해 과도한 실행 권한을 요구하는 앱은 설치를 삼가는 것이 좋다.
⑩ 공개 Wi-Fi는 사용하지 말자.	무료로 이용 가능한 공개 와이파이는 보안에 취약한 경우가 많다. 휴대 기기로 인터넷뱅킹이나 결제 시 통신사의 3G/4G 망을 이용하는 것이 보다 안전하다.

6.4 e-러닝 및 전자책

우리의 일상생활에서 인터넷이 효과적으로 활용되는 분야 중의 하나가 교육 및 출판 분야이다. 인터넷 기반 학습인 e-러닝(e-Learning)은 인터넷이 널리 보급되던 초기부터 많은 사람들의 관심을 받아 왔으며, 현재 다양한 학습사이트 이외에 사이버 대학도 운영되고 있다. 인터넷 기반 전자책 역시 지속적인 관심을 받아오다 최근 전자책 단말기와 태블릿PC의 보급으로 전자출판 시장이 크게 활성화되리라 기대하고 있다. 이 절에서는 e-러닝과 사이버대학, 그리고 전자책과 전자도서관에 대해 현황과 활용사례를 알아보기로 한다.

6.4.1 e-러닝의 소개

IT 기술의 급속한 발전과 인터넷의 확산으로 지식의 보급이나 확산이 가능한 e-러닝이 디지털콘텐츠 산업의 주요 분야로 자리잡고 있으며, 국내의 경우 잘 갖추어진 인터넷 환경을 바탕으로 e-러닝 전문업체와 사이버대학 등이 활발히 사업을 전개하고 있다. 2011년 e-러닝산업 실태조사에 따르면 2011년 국내 e-러닝 산업은 약 1,656개 사업자가 2조 4513억원의 매출을 올린 것으로 파악되고 있다. 2004년 "이러닝산업 발전법" 제정 이후 연평균 약 10%씩 성장하여 현재 대표적인 지식서비스산업으로 자리잡고 있다.

e-러닝은 정보통신기술을 활용하여 언제(anytime), 어디서나(anywhere), 누구나(anyone) 다양한 유형의 원하는 학습을 하는 체제를 말한다. 초기의 e-러닝은 컴퓨터 기반 학습(CBT; Computer Based Training), 웹기반교육(WBT; Web Based Traning), 원격학습(Distance Learning), 사이버교육(Cyber Education) 등 여러 형태로 발전해 왔다. 근래의 e-러닝을 좁은 범위로 정의해 보면 인터넷을 기반으로 한 학습자 중심의 수준별 맞춤형 학습이라고도 할 수 있다. 한편, 정보통신기기의 발전으로 인해 e-러닝의 사용환경이 발전하여 모바일 환경의 m-러닝, 유비쿼터스 환경의 u-러닝 개념으로 발전하고 있으며, 최근 스마트 기기의 보급으로 스마트교육이라는 개념에도 관심이 높아지고 있다.

e-러닝의 수요자로는 일반 개인의 학습뿐만 아니라 기업이나 공공기관 등의 사업체 내의 교육까지도 해당된다. 일반 개인의 경우 많이 접하는 e-러닝 콘텐츠

분야는 그림 6.17에서 보듯이 외국어학습이나 교과학습 등 학업관련 분야가 다수를 차지하고, 사업체의 경우는 직무, 리더십, 기본소양, 마케팅 등 업무관련 학습 분야가 주를 이루고 있다. 이들이 사용하는 매체는 주로 인터넷 사이트나 방송으로 조사되고 있으며, 모바일 기기의 사용이 증가하고 있는 추세이다.

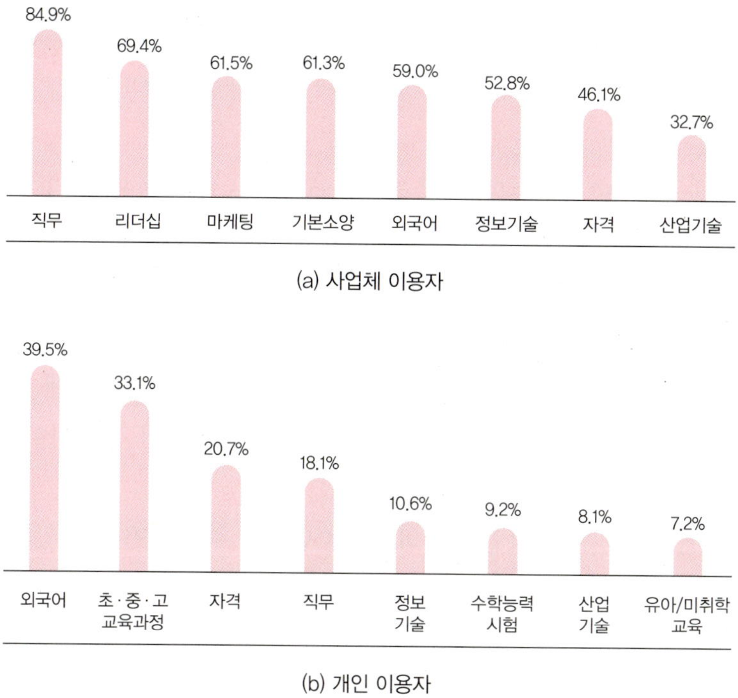

그림 6.17 e-러닝 이용분야-중복응답(자료 출처: 2011 이러닝산업실태조사)

e-러닝의 공급자는 e-러닝 산업의 주요 축으로서 콘텐츠 사업자, 솔루션 사업자, 서비스 사업자로 구성된다. 콘텐츠 사업자는 교육 자료를 보유하여 이를 멀티미디어 콘텐츠로 개발하고 제작하여 유통시키는 업체로 기존의 교재 제작업체나 신규 개발업체로 구성된다. 솔루션 사업자는 교육관련 시스템의 소프트웨어 및 하드웨어를 개발하여 공급하는 업체로서 기존의 IT 기술 업체들이 주로 참여하고 있다. 서비스 사업자는 온라인 학습이나 교육 서비스를 직접 제공하며 e-러닝 산업에서 매출 비중이 가장 크다. 대표적인 e-러닝 전문업체로는 크레듀, 메가스터디, YBM 시사닷컴 등이 있고 삼성SDS나 KT 등의 대기업도 참여하고 있다.

그림 6.18
e-러닝 서비스 사이트

(a) 크레듀(www.credu.com)

(b) 메가스터디(www.megastudy.net)

사이버대학(Cyber University)은 인터넷 공간에서 대학교 교과과정을 운영하여 온라인 교육을 실시한다는 점에서 방송통신대학과는 차별성이 있다. 2007년 고등교육법의 개정에 따라 사이버대학은 일반대학과 동일한 위상을 획득하여 강좌당 학점을 부여할 뿐 아니라 일정 요건을 갖추면 일반대학과 동등한 학사학위를 수여한다. 2013년 현재 경희사이버대, 서울디지털대, 서울사이버대, 글로벌사이버대 등 전국에 11개 사이버대학이 운영되고 있으며 2012년 전체 사이버대학의 졸업생 수는 4,966명으로 집계되었다.

e-러닝은 기존의 오프라인 교육의 보조수단으로 주로 사용되고 있지만 기존 교육에 비해 여러 가지 장점이 있다. 우선, 기존의 오프라인 교육과는 달리 시간적이나 공간적인 제약이 없이 사용자가 원하는 시간이나 장소에서 학습할 수 있으며, 교육비용이 획기적으로 절감될 수 있다. 그리고 자기학습 방식으로 교육이 이루어지므로 개인 취향에 맞는 학습자중심의 맞춤교육이 가능해진다. 또한, e-러닝은 주로 인터넷 환경에서 이루어지므로 다양한 인터넷 서비스를 제공받으며 교육내용의 변화 및 최신 기술을 신속히 반영할 수 있다. 이러한 장점으로 인해 사회적으로는 평생교육의 실현과 빈부격차해소 및 지역균형발전까지도 기대하고 있다.

최근 웹2.0 기술과 스마트 기기의 발전은 e-러닝 분야에도 많은 영향을 미쳐서 단순히 혼자서 보고 듣는 콘텐츠에서 새로운 e-러닝 학습환경이 조성되고 있다. 우선 증강현실 기술이 적용되어 재미는 물론 몰입할 수 있는 환경이 제공되고 있다. 그리고 인체추적 등의 인식기술과 각종 혼합현실 기술이 적용되어 가상체험이 가능하고 현실에서 불가능한 실험을 시뮬레이션으로 해 볼 수 있는 학습환경이 제공된다. 또한 공유와 참여가 특징인 웹 2.0 기술로부터 공유, 토론, 평가 등이 이루어지는 협력학습과 개인 맞춤형 학습이 가능해지고 있다.

6.4.2 전자책 및 디지털도서관

전자책은 디지털음악 및 디지털영화와 함께 대표적인 디지털 엔터테인먼트 콘텐츠로 종이책과 유사한 인터페이스를 제공하는 디지털콘텐츠를 말한다. 즉, 도서나 간행물 등의 저작물을 종이책 대신 디지털 파일 형태로 글을 읽는 서적으로서 eBook이라고 한다. 전자책은 일반적으로 웹 언어를 이용해 만든 디지털화 된 책으로 PC나 전용단말기에서 뷰어를 이용하여 내용을 보거나 들을 수 있다.

2000년대 초반까지는 전자책이 관심에 비해 보급이 활발하지 못하다가 2007년 12월 아마존에서 킨들(Kindle)이라는 전용단말기를 출시하면서 전자책 시장은 본격적으로 성장하기 시작하였다. 화면이 종이처럼 읽기 편한 e-Ink 디스플레이 기술을 적용한 전자책 전용 단말기에 이동통신을 이용한 무선인터넷 기능을 탑재하여 사용자가 원하는 전자책을 다운로드 받도록 하였다. 2009년에는 또 다른 대형 서적판매회사인 반스앤노블(Barnes&Noble)에서 누크(Nook)라는 단말기를 출시하였으며, 그 후 국내외 여러 출판사에서 전자책 단말기를 출시하며 경쟁이 시작되었다.

2010년 애플에서는 아이패드(iPad)라는 태블릿PC를 발표하여 엔터테인먼트 및 전자책을 위한 종합단말기로 큰 주목을 받았고, 이어 삼성전자에서는 갤럭시탭(Galaxy Tab)을, 2012년 구글에서는 넥서스탭(Nexus Tab)을 발표하여 태블릿 PC의 보급이 전자책 시장을 활성화시키고 있다. 한편, 스마트폰을 비롯한 휴대폰에서도 전자책 서비스를 하고 있으며 이 경우 uBook이라고도 부른다.

(a) 아마존 킨들 (b) 킨들파이어 (c) 반스앤노블 누크 (d) 애플 아이패드 (e) 넥서스탭

그림 6.19
전자책 단말기 및 태블릿 PC

현재 유통되고 있는 전자책 콘텐츠는 HTML 또는 XML 기반의 형식 혹은 PDF 등의 형식으로 제작되어 서비스되고 있다. 미국 및 유럽에서 널리 사용되고 있는 사실상 업계 표준인 ePub 형식은 HTML5를 기본 문서 형식으로 하고 여기에 하나의 책으로 포장하여 유통하기 위한 패키징 형식이 추가되어 있다. 국제디지털출판포럼인 IDPF에서 표준으로 제정한 ePub 형식은 국내에서도 전자책 표준으로 추진하고 있다. 전자책 콘텐츠에는 일반도서뿐만 아니라 e신문, e잡지 등의 간행물과 e교과서도 해당이 되며, 이들 콘텐츠 표현에 ePub 형식을 적용할 수 있다.

그러나 저작권 보호 장치가 미비되어 있고 또한 전자책 유통규조가 취약하여 아직 전자책 콘텐츠 서비스 시장이 크게 성장하지 못하고 있는 실정이다. 일반도서 시장 이외에 전자책이 널리 적용되기를 기대하고 있는 분야는 디지털 도서관과 디지털 교과서이다. 현재 대부분의 도서관에서는 홈페이지를 운영하며 종이책의 대출 상황을 관리할 뿐 아니라 전자책의 경우에는 직접 대출 및 반환 등 도서대여 업무를 처리하고 있다. 전자책의 경우에는 동시에 대여가능 개수로 사용 권한을 구입한 후 도서관 사용자에게 대여가능 개수의 범위 내에서 온라인 대출을 해준다.

한편, 국립중앙도서관을 중심으로 국가의 주요 도서관들을 연계한 국가전자도서관을 구축하여 국가적 정보자원을 일반 국민들에게까지 공유할 수 있는 체제를 갖추었다. 이는 21세기 지식정보사회에서 국가경쟁력을 강화하고자 개발된 시스템으로 국립중앙도서관 이외에 국회도서관, 법원도서관, 한국과학기술정보연구원, KAIST 과학도서관 등 고등 참여기관까지 연계하여 필요한 정보나 전자책을 온라인으로 제공하고 있다.

그림 6.20
디지털 도서관 사례

(a) 국가전자도서관

(b) dibrary 통합 검색 사이트

실습 Lab. 3 인터넷 방송 실습하기

아프리카TV(afreecaTV)는 인터넷 개인 방송 서비스로 (주)아프리카TV에서 운영하고 있으며, 방송 및 시청 전용 프로그램과 채널 목록, 채팅 기능 등이 제공된다. 동영상을 송출하는 방송 진행자를 BJ(Broadcasting Jockey)라 부르며, 시청자는 전용 프로그램을 이용해 송출중인 채널의 목록 중에서 보고 싶은 채널을 선택해 접속한다. BJ의 채널 설정 및 베스트 BJ 여부에 따라 한 채널에 최소 50명에서 최대 1100명까지 동시에 접속할 수 있고, 아프리카TV 방송 대상에서 대상을 수상한 BJ는 1600명까지 동시에 접속할 수 있다. 또한 '퀵뷰'라는 유료 아이템을 시청자가 구매하거나 다른 시청자가 자신이 보고 있는 채널을 '중계'해 주는 중계 채널을 시청함으로써 동시 접속 제한을 피할 수 있다. '중계 채널'은 채널 목록에서는 원 채널과 연동되어 관리되며, 약간의 시차만 두고 원 채널이 그대로 재송출된다.

인터넷 개인 방송은 게임방송을 넘어서 택시 방송 등 직업 활동 방송까지 확장되고 있으며, BJ도 젊은 층을 넘어서 나이든 사람까지, 일반인에서 연예인까지로 그 폭이 확대되고 있다. 이번 실습에서는 직접 인터넷 개인 방송을 진행해보고, 다른 인터넷 개인 방송 채널을 즐겨보도록 한다.

1. 방송 환경 준비하기

1) 아프리카TV에 가입을 한다. 가입과정은 일반적인 웹사이트와 동일하다. 회원 가입 후 로그인을 하면 우측에 [설치형 시청하기], [WEB형 시청하기], [방송하기] 버튼(그림 L3.1에서 ①)과 상단에 위치한 메뉴에서 [모바일] 메뉴(그림 L3.1에서 ②)를 통하여 방송을 즐길 수 있다. 설치형 플레이어의 경우 자신의 컴퓨터에 아프리카TV 시청 모듈을 다운로드하는 것이며, WEB형 플레이어는 실버라이트 기반의 웹 플레이어로 대부분의 브라우저에서 최소한의 설치만으로 이용이 가능한 플레이어이다.

그림 L3.1
아프리카TV 메인화면

2) [설치형 시청하기] 버튼을 누르면 아프리카TV를 위한 플러그인 설치과정으로 넘어간다. 플러그인을 설치를 통하여 아프리카TV를 즐길 수 있는 환경을 구성한다. 그림 L3.2(a)의 설치형 플레이어 화면에서는 상단메뉴(①)로 창의 종류를 선택하며, 채팅창(②)과 방송리스트(③)가 보이도록 하였다.

3) [WEB형 시청하기]를 위한 WEB형 플레이어에서도 설치형 플레이어와 마찬가지로 리스트형 방송리스트뿐만 아니라 이미지형의 방송리스트를 제공하고 있다(그림 L3.2(b)의 ①).

그림 L3.2
설치형 플레이어와 WEB형 플레이어의 화면

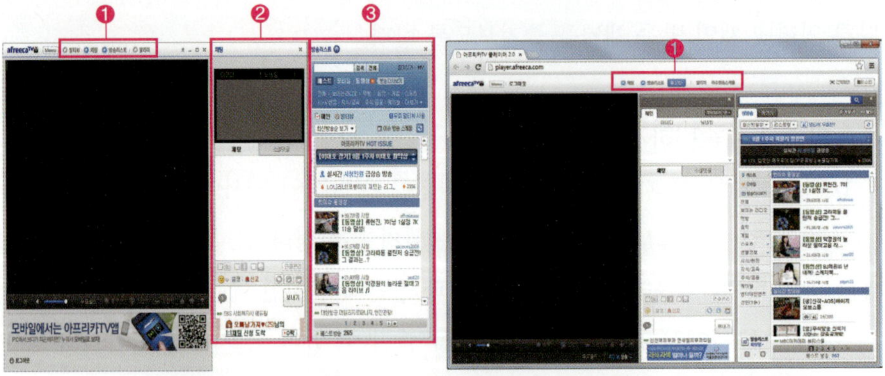

(a) 설치형 플레이어의 화면 (b) WEB형 플레이어의 화면

2. 방송 채널 선택 및 방송 즐기기

1) 웹페이지 메인의 메뉴(앞쪽 그림 L3.1의 ③)나 플레이어에서 시청하고 싶은 방송을 선택한다. 설치형 플레이어나 WEB형 플레이어의 방송리스트(그림 L3.3(a)에서 ①)를 통하여 시청하고 싶은 방송을 선택한다.

2) 원하는 방송을 선택하여 BJ가 방송하는 동영상(그림 L3.3(b)에서 ①)을 본다. 생방송일 경우, 방송을 보고 있는 사용자들과 BJ가 채팅(그림 L3.3(b)에서 ②)을 함께 할 수 있다.

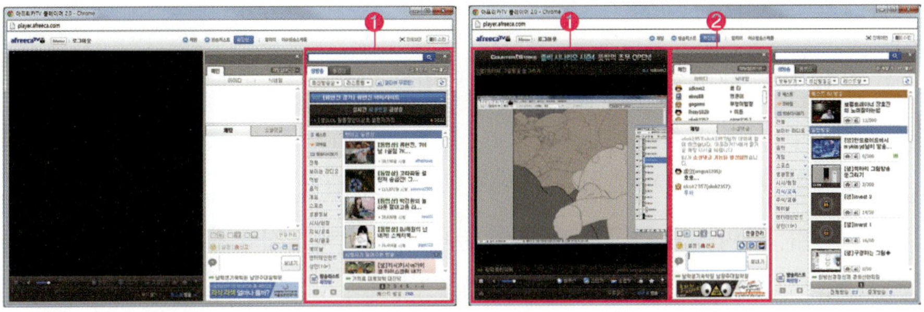

(a) 방송리스트에서 방송 선택하기

(b) 선택한 방송 보기

그림 L3.3
WEB형 플레이어의 방송리스트에서 방송 선택 및 방송 보기

3. 개인 방송 준비하기

1) 아프리카TV의 방송은 마이크와 웹캠만으로 간단하게 시작할 수 있다. 아프리카TV 메인페이지에서 방송하기 버튼(그림 L3.1에서 ①)을 통하여 개인의 인터넷 방송을 할 수 있다.

2) 제어판 창의 방송정보(그림 L3.4에서 ①)에 기획한 방송의 제목과 테마, 방송 설명을 기입한다. 방송 테마는 보이는 라디오, 프로야구, K리그, 음악, 게임, 생활/정보, 시사/현장, 지식/교육, 주식/금융, 엔터테인먼트 등이 있다.

3) 제어판 창의 방송장치(그림 L3.4에서 ②)에서 컴퓨터에 설치되어 있는 방송장치를 선택한다. 아프리카TV는 TV수신카드, 웹 캠 등을 통해 방송할 수 있다. TV 수신카드나 웹캠이 없어도, 아프리카TV에 자체 내장된 '아프리카TV 라이브 캠'을 이용하면 쉽게 방송할 수 있으며, 비디오 장치만 선택하면 따로 비디오 인코더를 설정하지 않아도 아프리카TV 방송이 가능하다. 기본적인 방송 설정을 한 후 오디오 입력에 'stereo mix'를 선택한다.

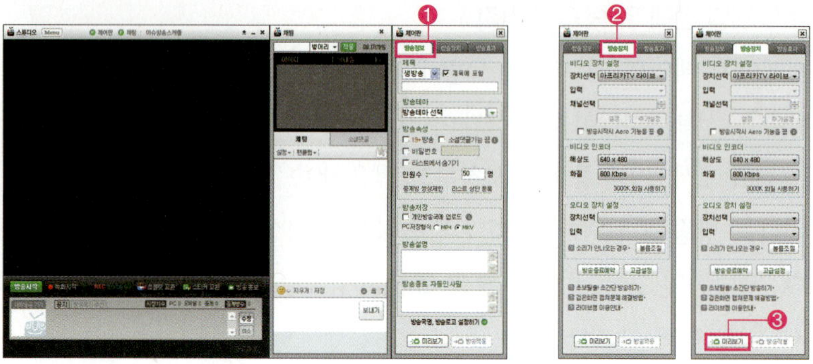

그림 L3.4
개인 방송하기

4. 개인 방송하기

1) 설정이 잘 되었는지 확인을 위하여 미리보기(그림 L3.4에서 ③)를 눌러 라이브 캠을 실행한다.
2) 방송할 화면을 실행(그림 L3.5에서 ①)하고, 캡처 영역으로 라이브 캠을 이동한다. 라이브 캠의 캡처 버튼을 클릭하면 캡처가 진행된다.
3) 스튜디오에서 [방송시작] 버튼(그림 L3.5에서 ②)을 클릭하고, 라이브 캠의 캡처 시작 버튼이 클릭되어 있으면 해당 부분이 방송된다.

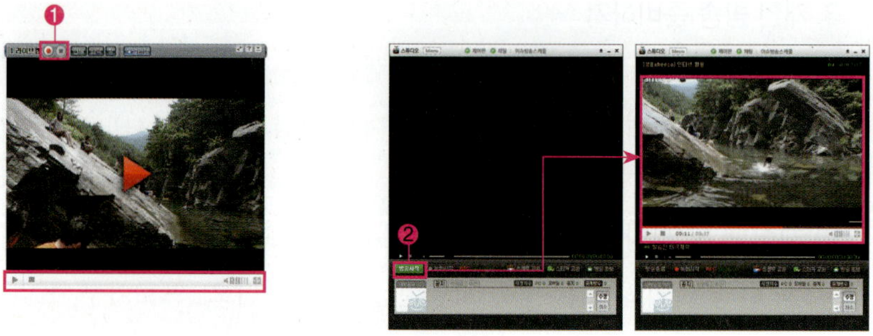

그림 L3.5
라이브 캠과 화면을 맞춘 후 방송 시작하기

5. 모바일 기기로 즐기기

1) 아프리카TV의 모바일 앱은 안드로이드와 iOS 탑재 스마트폰, 삼성 캠코더 등의 모바일 기기에서 이용 가능하며, 각각의 앱마켓에서 다운로드한다.
2) 아프리카TV 앱을 실행하고 방송하기 버튼(그림 L3.6에서 ①)을 누른다. 애플리케이션을 처음 실행한 경우 로그인이 필요하며, 한번 로그인 한 후에는 로그아웃하기 전까지는 바로 이용할 수 있다.

3) 방송하기 버튼(그림 L3.6의 ③)을 통하여 방송을 시작한다. 방송 도중에 채팅(그림 L3.6의 ④)을 할 수 있으며, 방송 종료 버튼(그림 L3.6의 ⑤)으로 방송을 끝낸다.

4) 실행되는 방송을 보려면 시작버튼(그림 L3.6의 ②)을 누르고 방송 목록 중에 원하는 방송을 선택하여 시청한다.

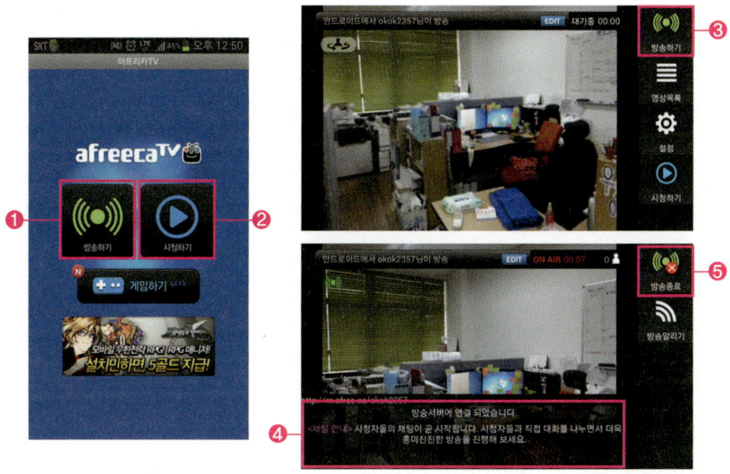

그림 L3.6
모바일 기기로 방송하기

실습 과제

1. 아프리카TV 방송에서 시청률이 높은 방송을 검색하여 그 중 하나의 방송을 보며 화면을 갈무리해보라.
2. 아프리카TV 방송에서 유명 BJ 한 명을 선택하여 방송을 보며 채팅에 참여해 본 후 화면을 갈무리하라.
3. 임의의 콘텐츠를 기획하여 아프리카TV에 개인 방송을 개설하고, 웹캠이나 모바일 기기로 개인 방송을 진행해 보라.

참고문헌

2012 한국인터넷백서, 한국인터넷진흥원, 2012
2011년 인터넷이용실태조사, 한국인터넷진흥원, 2011.12
2012 대한민국 게임백서, 한국콘텐츠진흥원, 2012.1
2010 음악산업백서, 한국콘텐츠진흥원, 2010
2010년 이러닝산업실태조사, 정보통신산업진흥원, 2010.12
"인터넷신문과 종이신문, 당신의 선택은?", IT동아, 2012.7.2
"온라인 게임의 역사", http://www.onlifezone.com/, 2009.11
"콘텐츠산업 동향과 분석 - 게임", 한국콘텐츠진흥원, 2011.11
"'무제한' 정액제가 음악산업 발목 잡아", 블로터닷넷, 2012.3.20,
"국내 e-커머스 시장 동향", 이상록, KT 경제경영연구소 Issue Reports, 2009.10
"이러닝 동향 및 전망", 권수갑, 전자정보센터, KETI, 2011.3
"세계 전자책(e-Book) 시장의 현황과 이슈 분석", 코카포커스, 한국콘텐츠진흥원, 2012.10
[그림 6.2(a)] 디지털조선 조선닷컴, http://www.chosun.com
[그림 6.2(b)] 전자신문 etnews, http://www.etnews.com/
[그림 6.3(a)] 프레시안, http://www.pressian.com/
[그림 6.3(b)] 블로터닷넷, http://www.bloter.net/
[그림 6.4(a)] 네이버 뉴스캐스트, http://news.naver.com
[그림 6.4(b)] Daum 미디어다음, http://media.daum.net
[그림 6.5(a)] iMBC, http://www.imbc.com/
[그림 6.5(b)] CNN, http://www.cnn.com
[그림 6.6] 아프리카TV, http://www.afreeca.com/
[그림 6.13] 블로터닷넷, http://www.bloter.net/archives/103600?utm_medium=twitter&utm_source=twitterfeed
[그림 6.14] "국내 e-커머스 시장 동향", 이상록, KT 경제경영연구소 Issue Reports
〈표 6.2〉 카스퍼스키 랩, http://www.kaspersky.co.kr
[그림 6.20] 국가전자도서관, http://www.dlibrary.go.kr/

연습문제

01 오늘날 우리의 일상생활에서 인터넷은 없어서는 안 될 존재가 되었다. 인터넷을 통해 새로운 정보를 획득하고 상거래 및 금융거래를 한다. 대표적인 사례인 '인터넷 뉴스 미디어'를 어떻게 활용하고 있는지 설명하라.

02 인터넷신문에는 독립형 인터넷신문과 매개형 혹은 인덱스형 인터넷신문이 있다. 이 둘의 특징과 차이점은 무엇인가?

03 인터넷방송은 전송 방식에 따라 주문형 서비스와 생중계 서비스로 구분될 수 있다. 주문형 서비스와 생중계 서비스의 차이점은 무엇인가?

04 인터넷방송은 주문형 서비스와 생중계 서비스가 아닌 팟캐스트 형태의 인터넷 방송 서비스도 많은 인기를 끌고 있다. 팟캐스트 방송서비스란 무엇인가?

05 인터넷 기반 TV 서비스인 IPTV의 특징 세 가지를 서술하라.

06 온라인게임에는 MMOG 유형이 있다. MMOG 유형이란 무엇인지 설명하고 그 예를 나열하라.

07 3D그래픽으로 처리하여 더욱 현실감 있게 화면을 구성한 온라인 게임은 어떤 유형에 속하는가?

08 인터넷 음악 서비스의 형태는 크게 두 가지 방식이 있는데, 그 방식은 무엇인가?

09 우리의 일상생활에서 쇼핑이나 상거래를 인터넷으로 수행하는 등 전자상거래 행위를 자주 하게 된다. 전자상거래란 무엇인지 설명하라.

10 개인 소비자 대상의 전자상거래 사이트는 개별쇼핑몰, 오픈마켓, 쇼핑게이트웨이의 가치 사슬로 구성되어 있다. 이 가치 사슬을 그림을 통하여 설명하라.

11 전자상거래를 할 때, 해당 사이트가 보안서버를 구축했는지의 여부는 'https://'로 시작하는지 확인해보면 된다. 여기에서 HTTPS란 무엇을 의미하는지 설명하라.

12 국제 디지털 출판 포럼인 IDPF에서 표준으로 제정한 이 형식은 국내에서도 전자책 표준으로 추진하고 있다. 이 형식에 대해 설명하라.

INTERNET

CHAPTER

07 모바일 인터넷의 활용

CHAPTER 07

모바일 인터넷의 활용

지금까지는 PC가 디지털 정보를 활용하는 데 가장 중요한 위치에 있었지만 이제는 다양한 모바일 기기로 무선 인터넷을 이용하고 비즈니스를 처리하는 모바일 시대에 살고 있다. 시장조사기관인 IDC의 자료에 의하면 2012년 미국에서 모바일 기기로 인터넷을 접속하는 이용자가 1억 7천만 명이고 PC로 인터넷에 접속하는 이용자는 2억 4천만명이었지만 2015년을 기점으로 모바일 인터넷 접속자가 PC 접속자의 수를 넘어설 것으로 예상하고 있다.

이러한 추세는 이동통신망과 모바일 기기가 발전하여 무선인터넷에 접속하는데 충분한 환경을 제공하고 있으며 다양한 모바일 애플리케이션이 개발되어 우리의 평상시 생활에 널리 활용되고 있기 때문이다. 이장에서는 모바일 인터넷 환경이 어떻게 발전해 왔는지 살펴보고, 모바일 기기의 플랫폼과 모바일 콘텐츠의 특성을 알아본다. 그리고 스마트폰이 우리 생활에 큰 영향을 끼쳐서 스마트 라이프라고 불리우고 있는데, 이러한 모바일 인터넷이 우리 생활에 얼마나 영향을 미치는지 모바일 앱 활용 현황을 살펴보기로 한다.

7.1 모바일 인터넷 환경의 발전

이동통신기술과 인터넷이 만나서 시간과 공간을 초월하여 인터넷 접근이 가능해지고, 이에 따라 인터넷을 보다 쉽고 편리하게 이용할 수 있도록 인터넷 이용환경이 발전하고 있다. 이 절에서는 우선 인터넷 환경의 발전과 이동통신 기술의 발전현황을 소개하고, 무선 인터넷의 구성요소를 살펴보기로 한다.

7.1.1 인터넷 환경의 발전

컴퓨터와 통신망 기술의 발전에 따라 정보통신 환경은 그림 7.1과 같이 진화를 해왔다. 1980년에는 주로 전화망을 이용하여 PC 통신이나 초기 형태의 인터넷에 접속하여 사용자간에 정보를 교환하거나 의사소통을 하였다. 1990년대 초반에 웹 방식의 인터넷이 보급됨에 따라 우리 사회는 인터넷 혁명이라고 할 수 있는 큰 변화를 가져왔다. 그러나 2000년대 들어서 모바일 기기가 보급되면서 인터넷에서 정보를 주고받는 방식이 크게 변하였으며, 2010년대에 스마트 기기가 널리 보급되면서 모바일 인터넷 시대가 만개하고 있다. 특히, 2010년대에는 스마트폰뿐만 아니라 기기 간에도 인터넷 접속이 가능한 사물통신(M2M; Machine To Machine) 환경까지 제공되어 본격적인 스마트 라이프 시대를 맞이하고 있다.

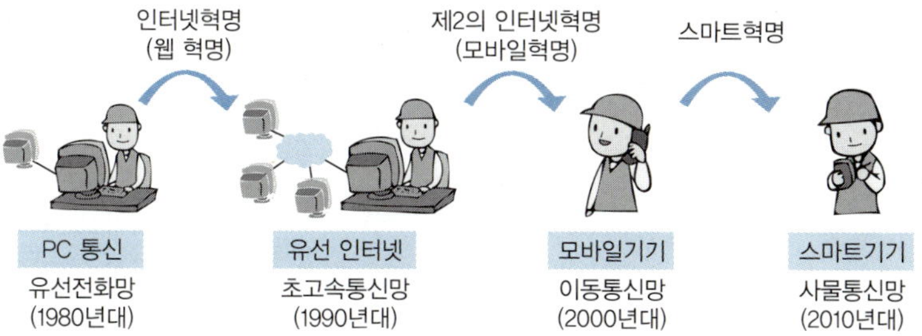

그림 7.1
정보통신 환경에 따른 인터넷 환경의 발전

2007년 6월 애플사가 아이폰(iPhone)을 출시하면서 본격적으로 스마트폰 시대가 전개되었으며, 국내에서도 2009년 11월 아이폰이 도입되면서 스마트폰 열풍이 시작되었다. 전세계 일반 휴대폰 가입자가 2008년 40억명, 2010년 50억명이었고, 2011년에는 60억명이 넘었으며, 이중 약 42%가 스마트폰을 사용하고 있는 것으로 조사되었다. 스마트폰 사용자 비율은 계속 증가하는 추세로서 오히려 음성통화 시장은 감소되지만 모바일 인터넷을 이용한 데이터 서비스의 요구는 급증될 것으로 예상되고 있다.

이동통신망의 발전과 스마트폰의 보급, 그리고 다양한 모바일 애플리케이션은 기존의 인터넷을 사용하는 패러다임을 바꾸어 놓았다. 단순히 음성통화를 위한 이동통신이나 사용중 이동이 곤란한 PC기반 인터넷에서 24시간 언제, 어디서나, 그리고 이동 중에도 인터넷 접속이 가능한 환경에서 스마트 기기를 통해 정보를 공유하고 의사소통을 하는 것이 가능해졌다. 출퇴근 시간에 지하철에서 온라인 게임을 하거나 친구와 메신저 통화를 하고, 업무상 메일을 송수신하며, 필요시 어디에서나 원하는 식당을 검색하는 등 어느덧 모바일 인터넷은 우리 생활의 일부분이 되었다. 과거 유선 인터넷이 닷컴기업 등 기존 산업의 재편을 가져왔듯이 스마트폰 열풍은 모바일 활성화를 통해 새로운 비즈니스 모델의 변화뿐만 아니라 스마트 라이프 등 생활의 혁명도 주도하고 있다.

7.1.2 이동통신 기술의 발전

이동통신 기술은 모토롤라사가 개발한 세계최초의 휴대폰인 DynaTac이 1983년 상용화된 이후 매우 빠르게 발전을 이루어 왔다. 국제전기통신연합 ITU는 이동통신 서비스를 4세대로 구분하여 규정하고 있다. 그림 7.2는 우리나라의 이동통신 발전 상황에 따른 각 세대별 통신망 기술과 대표적인 서비스를 보여주고 있다.

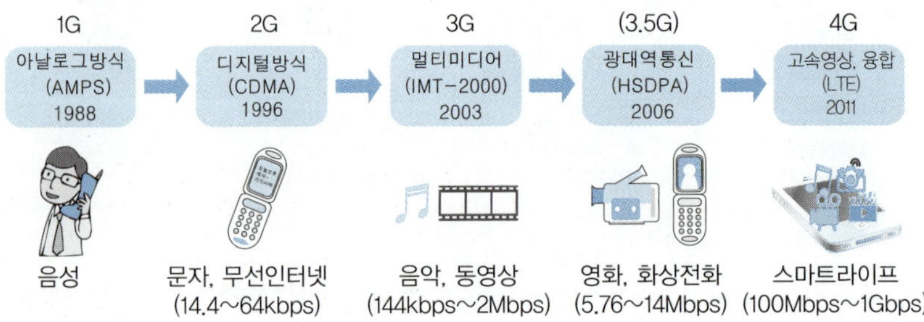

그림 7.2 이동통신 서비스 기술의 발전

1세대인 아날로그 방식은 음성통화를 목적으로 개발되었으며, 1990년대 초에 상용화된 2세대 디지털 방식에서는 음성 이외에 데이터의 송수신이 가능하다. 2G 이동통신은 우리나라 및 태평양 지역에서 사용하는 CDMA 방식과 유럽에서 사용하는 GSM 방식이 대표적이다. 2000년대 들어서면서 기술적으로 한 단계 진화되어 모바일 기기에서 문자위주의 무선인터넷 서비스가 시작되면서 모바일 인터넷 시대가 개막되었다.

2003년경 3세대 이동통신 시대로 접어들면서 음악이나 동영상과 같은 멀티미디어 서비스가 가능하게 되어 본격적인 모바일 인터넷의 활용이 가능해졌다. 3G 이동통신 기술은 IMT-2000이라 명명되었으며 우리나라 및 미국에서 사용되는 CDMA2000 방식과 유럽에서 사용되는 W-CDMA 방식이 대표적이다. 그러나 3G 기술의 전송속도(최대 2Mbps)로는 사용자가 원하는 품질의 멀티미디어 서비스를 만족시키기에는 미흡하여 2007년부터 HSDPA라고 불리는 3.5G 서비스를 시작하였다. HSDPA는 전송속도를 획기적으로 개선하여 최대 다운로드 속도 14Mbps와 업로드 속도 5.76Mbps를 지원하였다. 한편 이동중에도 연속적인 무선 인터넷 접속이 가능하도록 하는 LTE 및 WiBro 기술도 개발되었다.

ITU의 정의에 따르면 4세대 이동통신은 정지시 1Gbps 및 고속 이동시 100Mbps의 데이터 전송속도를 지원하는 것으로 규정하였다. 국내에서는 2011년 7월 SK텔레콤과 LG U+에서 4G LTE(Long Term Evolution) 서비스를 시작하고 2012년 1월 KTF에서 4G WiBro(Wide Broadband) 서비스를 시작하면서 본격적인 4G 이동통신 시대가 개막되었다. 4G 통신망에서는 높은 전송속도를 지원하여 온라인 게임, 모바일 TV, 각종 스트리밍 콘텐츠 등의 초고속의 초고화질 멀티미디어 서비스가 가능해져서 진정한 스마트폰 혁명이 예상되고 있다.

7.1.3 무선인터넷 서비스

무선인터넷(Wireless Internet)이란 무선 이동통신과 인터넷 서비스의 결합으로서, 무선으로 모바일 단말기를 이용하여 인터넷 환경의 정보나 멀티미디어 데이터를 송수신하는 것을 말한다. 즉, 휴대폰, PDA, 태블릿PC, 노트PC 등의 각종 무선단말기를 이용하여 WiFi, WiBro, LTE 등 무선데이터 통신망이나 이동통신망을 통해 인터넷에 접속하여 데이터 서비스를 받는 것이다. 무선인터넷 서비스는 언제, 어디서나 이용할 수 있는 편리성을 제공하고, 실시간 대화식으로 정보교환을 할 수 있는 즉시성을 부여하며, 휴대형 단말기를 통해 다양한 콘텐츠를 활용할 수 있다.

(1) 무선인터넷 서비스의 유형

무선인터넷 서비스에는 그림 7.3에서 보듯이 장비의 이동여부에 따라 제한된 구역 내에서 이용이 가능한 고정형과 이동중에도 이용이 가능한 이동형으로 나뉜다. 고정형 무선인터넷은 학교, 공공기관, 기업 등에서 정해진 구역에 설치된 무선 LAN이나 역, 공항, 카페 등 핫스팟(HotSpot) 지역을 설치하여 인터넷 서비스를 가능하게 한다. 인터넷에 접속이 되면 지정된 구역 내에서는 이동이 가능하지만 해당 지역을 벗어나는 순간 서비스가 중단된다. WiFi와 같은 고정형 무선인터넷의 사용은 가입자에게 무료이거나 정액제의 요금을 지불하면 제한없이 이용할 수 있는 장점이 있다.

그림 7.3
무선인터넷 서비스 유형

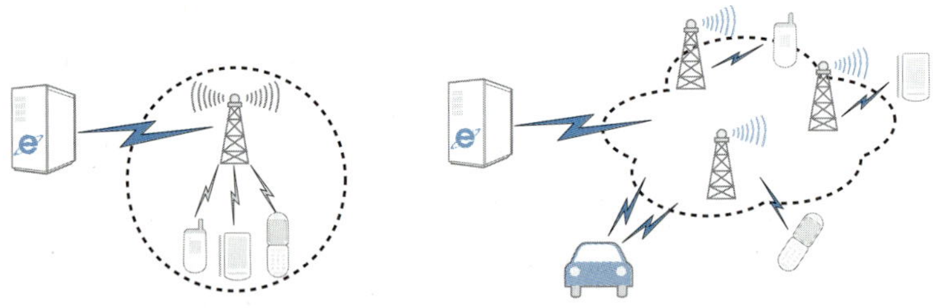

(a) 고정형 무선인터넷 서비스 (b) 이동형 무선인터넷 서비스

이동형 무선인터넷은 휴대폰이나 스마트 기기를 이용하여 이동통신망으로 인터넷에 접속하여 각종 애플리케이션 서비스를 제공하는 것을 의미하며 협의의 이동형 무선인터넷을 모바일 인터넷이라고 부른다. 모바일 인터넷은 이동 중에도 사용이 가능한 이동성, 실시간으로 정보를 송수신하는 즉시연결성, 어디에서나 휴대가 간편한 휴대성이 가장 큰 특징이다. 한국인터넷진흥원의 2012년 무선인터넷 이용실태조사에 따르면 모바일 인터넷을 사용하는 이유로는 장소에 상관없이 이용가능, 필요할 때 즉시 이용가능, 여유시간 무료함을 달래기 위해서, 주변에 유선인터넷 이용장소가 없어서 사용한다는 순으로 조사되었다. 그러나 모바일 인터넷은 사용료가 이용시간과 데이터 전송량에 따라 부과되는 경우 많은 비용부담이 발생하는 문제점이 있다.

(2) 모바일 인터넷 서비스의 구성요소

모바일 인터넷 서비스가 가능하기 위해서는 여러 가지 구성요소가 필요하다. 사용자가 멀티미디어를 포함하는 인터넷 정보를 받을 수 있는 단말기를 가지고 있어야 하고, 인터넷 데이터를 효과적으로 전달할 수 있는 이동통신망이 구성되어 있어야 한다. 또한, 사용자에게 전달될 모바일 콘텐츠가 존재해야 하며 이러한 콘텐츠를 작성하고 실행할 플랫폼이 필요하다. 그림 7.4는 이러한 구성요소들이 통합적 환경에서 어떤 역할을 수행하는지 보여주고 있다. 모바일 인터넷 환경에서 각 구성요소의 다양한 예를 나열하면 다음과 같다.

1) 단말기 : 휴대폰, PDA폰, 스마트폰, 태블릿PC, eBook 단말기
2) 네트워크 : 이동통신망, 위성통신망, 무선 LAN, 휴대인터넷망
3) 플랫폼 : 모바일 운영체제, 모바일 웹브라우저, 앱 스토어
4) 콘텐츠(애플리케이션 및 데이터) : 정보, 엔터테인먼트, 커뮤니케이션 등

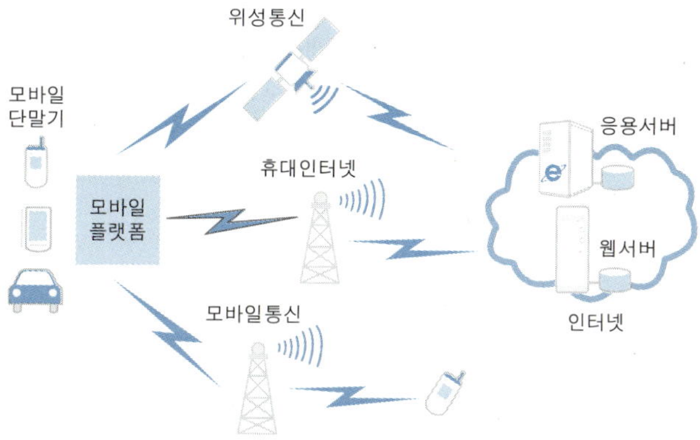

그림 7.4
모바일 인터넷 환경의 구성요소

7.2 모바일 기기와 플랫폼

모바일 인터넷 서비스를 구성하고 있는 요소 중에서 사용자가 처음 접하게 되는 것은 모바일 단말기이며, 이를 사용하려면 모바일 플랫폼과 애플리케이션 등 모바일 소프트웨어를 접하게 된다. 이절에서는 다양한 모바일 단말기와 여기에 탑재되어 있는 모바일 소프트웨어의 역할에 대해 이해하도록 한다.

7.2.1 모바일 인터넷 기기

모바일 기기는 PC나 노트북에 비해 개인이 휴대하기 간편하여 이동성이 좋다는 이점이 있는 대신 여러 가지 한계성도 가지고 있다. 우선 모바일 기기는 휴대하기 편하도록 크기가 작아야하고 무게도 가벼워야 하므로 화면의 크기가 작고 프로세서의 성능도 PC에 비해 차이가 난다. 무선방식으로 데이터를 송수신하려

면 전송속도도 떨어지며, 배터리의 충전능력이 매우 큰 제약사항이므로 전력소모량이 큰 프로세서는 장착이 어렵다.

모바일 기기는 휴대하고 다니기 때문에 PC에서 사용하는 크기의 키보드나 마우스와 같은 편리한 입력장치를 사용할 수 없다. 이러한 이유로 모바일 기기의 입력 수단은 몇 개의 버튼, 터치스크린, 펜입력장치 등을 이용해야 하는 한계성을 지니고 있다. 따라서, 모바일 기기의 효과적인 사용을 위해서는 무엇보다도 사용자 경험을 잘 반영한 편리한 사용자 인터페이스가 요구된다. 반면, 음성입력, 카메라, 위치정보 등 모바일 기기의 센서 기능으로 탑재된 입력 수단이 있어서 이를 활용하면 오히려 더 편리한 새로운 인터페이스를 제공할 수도 있다. 모바일 인터넷을 위해 많이 사용되는 모바일 단말기에는 일반적으로 다음과 같은 종류가 있다.

▶일반 휴대폰

휴대폰의 원래 목적은 음성통신이지만 요즈음 '피쳐폰(Feature Phone)'이라고 불리는 대부분의 3G 혹은 3.5G 휴대폰은 음성통화 이외에도 무선인터넷 및 정보처리를 위한 컴퓨팅 기능을 내장하여 제공하고 있다. 또한 대부분의 피쳐폰에서 카메라 기능과 위치정보를 제공하는 GPS 기능도 내장하고 있다.

▶스마트폰

스마트폰(Smart Phone)은 단순 음성통화를 위한 기기라고 하기보다는 일반 PC와 같이 고기능의 범용 운영체제를 탑재하여 인터넷, 이메일, 전자책, 게임 등 다양한 애플리케이션을 자유롭게 설치하여 실행할 수 있는 고기능 휴대폰을 말한다. 일반 휴대폰에 비해 넓은 화면과 터치 기능 등 편리한 인터페이스와 멀티미디어 기능을 지원하여 '손 안의 PC'라고도 불린다. 2012년 현재 스마트폰 시장은 애플의 아이폰과 삼성전자의 갤럭시폰이 양강구도를 형성하고 있다.

▶태블릿 PC

2010년 4월 애플사에서 9.7인치 화면에 약 0.5인치 두께의 아이패드(iPad)를 발표하면서 태블릿PC 시장이 새롭게 열리게 되었다. 가볍고 큰 화면으로 주로 들고 다니며 모바일 인터넷을 통해 멀티미디어를 감상하거나 이메일 송수신 등의 간단한 업무를 처리할 수 있어서 스마트라이프 혁명에 큰 역할을 하고 있다. 이후 삼성전자에서 출시한 7인치 크기의 갤럭시탭, 애플사의 아이패드2, 아이패드3에 이어서 나온 아이패드 미니, 구글사의 넥서스탭이 태블릿 PC 시장에서 치열한 경쟁을 하고 있다.

▶전자책 단말기

2007년 아마존에서 발표한 전자책 단말기인 킨들(Kindle)은 전자책 시장이 본격적으로 형성되는 촉매제 역할을 하였다. 아마존 킨들은 전자책이나 신문 등의 출판 콘텐츠를 무선 인터넷으로 받아 볼 수 있어서 이동 중에 휴대형 단말기를 통해 출판물을 구독할 수 있게 되었다. 최근 발표된 아마존 킨들파이어는 출판물뿐만 아니라 멀티미디어 데이터도 모바일 인터넷을 통해 받아 보는 등 태블릿 PC와 동등한 수준의 모바일 인터넷 기능을 제공하고 있다.

(a) 일반 휴대폰 (b) 스마트폰 (c) 아이패드 (d) 킨들파이어

그림 7.5
모바일 단말기

7.2.2 모바일 기기 소프트웨어

모바일 단말기가 구동하기 위해서는 일반적인 컴퓨터 시스템과 마찬가지로 모바일 단말기용 시스템 소프트웨어를 필요로 하며 이 역할을 모바일 운영체제(OS)에서 수행하고 있다. 모바일 기기에서 실행되는 소프트웨어는 그림 7.6에서 보듯이 다음의 세 가지로 구분할 수 있다. 다운로드 애플리케이션은 사용자가 인터넷이나 앱스토어에서 직접 다운로드하여 실행하는 소프트웨어로서 게임, 음악, 이러닝, 교통정보 등 다양한 종류의 앱(App)이 있으며 모바일 운영체제 상에서 실행된다. 모바일 웹브라우저는 모바일 기기에서 실행되는 웹브라우저로서 인터넷 서버로부터 각종 모바일 콘텐츠를 제공하는 역할을 한다. 단말기 고유의 내장 애플리케이션은 모바일 운영체제 위에서 직접 구현된 프로그램으로 바탕화면 등 휴

대폰 자체에 내장된 기능을 위하여 사용된다.

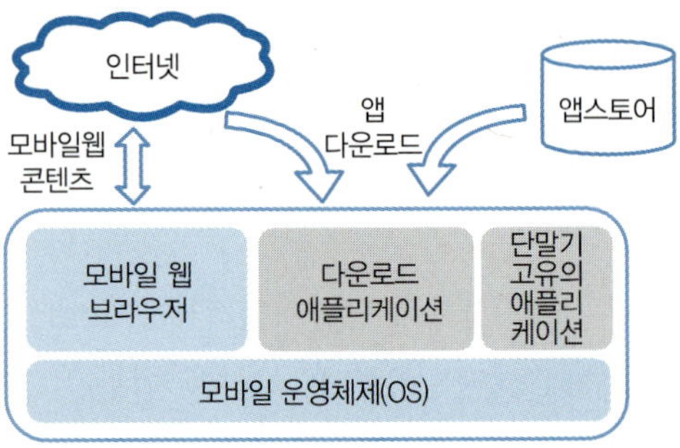

그림 7.6
모바일 기기 소프트웨어의 구성

모바일 운영체제(OS)는 휴대폰에서 PC의 운영체제와 같은 역할을 수행하며 스마트폰을 구성하고 있는 프로세서, 메모리, 화면 등의 하드웨어를 관리하고 운영하는 프로그램으로 모바일 플랫폼이라고도 불린다. 운영체제의 역할은 하드웨어 구동 이외에 다양한 응용 서비스를 포함하는 모바일 애플리케이션이 실행되는 소프트웨어 플랫폼 역할을 하며, 스마트폰 출현 이후 모바일 플랫폼으로 더욱 중요한 위치를 차지하고 있다.

스마트폰 이전의 모바일 운영체제는 이동통신 사업자나 단말기에 종속되어 폐쇄적인 형태로 일부 단말기 모델들에 적용되었으나, 최근에는 플랫폼 역할을 하는 공개형(Open) 모바일 운영체제가 대세로 자리잡고 있다. 폐쇄형 플랫폼에서는 모바일 애플리케이션을 개발하는 데 필요한 운영체제의 API(Application Program Interface)를 이동통신사로부터 허락받은 사람만이 접근이 가능했지만, 공개형 플랫폼에서는 API를 공개함으로써 누구나 해당 플랫폼의 애플리케이션을 개발하는 것이 가능해졌다. 애플, 구글, 심비안, 마이크로소프트 등 모바일 운영체제 사업자들은 개발자들에게 API 및 개발도구를 무료로 제공해주어 자신의 모바일 운영체제에 실행되는 애플리케이션이 더 많이 개발되도록 공개 전략을 추진하고 있다.

7.2.3 모바일 운영체제 현황

모바일 운영체제 시장에서는 구글 안드로이드(Android) 플랫폼을 탑재한 안드로이드 폰의 비중이 매우 큰 것으로 조사되고 있다. 시장조사기관 IDC 및 가트너에 따르면 2012년 스마트폰 판매량에서 안드로이드를 탑재한 폰이 전체의 70%를 차지하고, 다음으로 애플의 아이폰이 15% 정도를 차지하였다. 그 다음의 모바일 운영체제로는 블랙베리(Blackberry), 심비안(Symbian), 마이크로소프트 윈도우즈, 삼성전자 바다 등이 있다.

그림 7.7
대표적인 모바일 운영체제

▶애플 iOS

애플사의 iOS는 아이폰과 아이패드에 탑재된 모바일 운영체제로서 키패드 없이 멀티터치, 큰 화면, 다중작업 기능이 주요 특징으로 단말기 및 인터페이스 디자인이 큰 경쟁력을 가지고 있다. 특히, 애플리케이션 개발을 위한 API를 공개하고 앱스토어(AppStore)를 통해 일반 개발자들이 제작한 애플리케이션을 일반 고객이 구매할 수 있도록 하여 이동통신사에 종속적이던 모바일 앱 시장의 주도권이 모바일 플랫폼 위주로 이동하도록 하였다. 또한, 아이팟부터, 아이폰, 아이패드까지 같은 운영체제로 연결되는 수직계열화를 통해 하나의 애플리케이션이 애플사의 여러 단말기에서 실행이 되도록 하여 사용자에게 편리하고 차별화된 서비스를 제공하고 있다. 그러나 iOS는 애플사 제품에만 탑재하는 방식의 폐쇄적인 독점 전략을 추구하고 있다.

▶구글 안드로이드

반면 구글의 안드로이드 운영체제는 오픈소스(Open Source) 전략을 통하여 여러 단말기 공급사들이 모바일 플랫폼으로 채택하도록 유도하여 큰 성과를 보이고 있다. 안드로이드 API와 개발도구를 무료로 제공하고, 앱스토어와 유사한 안드로이드 마켓을 통해 일반 개발자들의 애플리케이션이 완전 개방적으로 일반 고객에게 판매가 되도록 하고 있다. 이러한 개방정책을 통해 다수의 단말기 공급사, 이동통신 사업자, 일반 개발자에게 많은 수익이 돌아갈 수 있으므로 모바일 플랫폼 경쟁에서 안드로이드가 큰 우위를 차지할 수 있었다. 구글사 입장에서는 운영체제나 앱 판매의 수익보다는 구글사의 타 제품과의 연계와 광고수익의 증대 효과가 있으므로 이러한 개방 정책이 가능한 것이다. 그 이외에 한 가지 재미있는 사실은 안드로이드 운영체제는 그림 7.8과 같이 버전별로 아이스크림 샌드위치나 젤리빈 등 간식 이름으로 별명을 부여하고 있다.

그림 7.8
안드로이드 운영체제의 버전별 별명

▶기타 모바일 운영체제

마이크로소프트에서는 초기의 스마트폰용으로 윈도우즈 모바일을 출시하였으나 큰 성공을 못하고 2010년 모바일 플랫폼의 경쟁력 회복을 위해 윈도우즈 폰7을 출시하였다. 한편, 일반 휴대폰용 운영체제로 널리 사용되던 노키아의 심비안이나 RIM사의 블랙베리는 스마트폰 시장에서는 그다지 널리 사용되지 못하고 있다. 삼성전자에서는 단말기 판매 실적에 힘입어 독자적인 모바일 플랫폼인 바다(Bada) 운영체제를 개발하였지만 모바일 플랫폼 시장에서 아직 큰 경쟁력을 가지지 못한 상황이다. 한편 리눅스 재단에서 오픈소스 프로젝트로 시작한 타이젠(Tizen)은 HTML5 기반 애플리케이션에 최적화된 운영체제로서 인텔과 삼성전자가 주축이 되어 2012년 초에 발표하여 많은 관심을 끌고 있다.

7.2.4 모바일 웹브라우저

휴대폰에서 애플리케이션이 실행되는 운영체제 이외에 또 하나의 중요한 플랫폼은 웹 콘텐츠를 볼 수 있는 모바일 웹브라우저이다. 모바일 브라우저 혹은 모바일 웹브라우저는 휴대폰이나 PDA, 태블릿 PC와 같은 모바일 기기에서 이용할 수 있도록 설계되어 인터넷의 자료나 모바일 웹 서비스에 접속할 수 있도록 한다.

초기 2G 내지 2.5G 휴대폰에서 인터넷을 웹 방식으로 접속하기에는 프로세서의 속도나 화면의 크기 등 모바일 단말기의 성능이 너무 부족하였다. 그래서 웹 방식보다 훨씬 데이터 사용량이 작은 WAP(Wireless Application Protocol) 방식의 접속규약을 제정하여 인터넷에 접속하였다. WAP 브라우저는 이동통신사에 종속적인 입장으로 개발되어 단말기별로 상이한 인터페이스를 가지고 있었으며 제한적인 범위의 콘텐츠만 서비스가 가능하였다.

그 후 3G 및 3.5G 휴대폰에서는 기기의 성능이 어느 정도 발전함에 따라 기존의 유선 인터넷 서비스를 휴대폰에서 그대로 이용하려는 요구가 급증하였다. 이러한 요구에 부응하고자 데스크톱 화면과 같은 화면을 볼 수 있다는 의미의 풀 브라우징(Full Browsing) 방식의 서비스가 시작되었다. 그러나 휴대폰에서 데스크톱 화면을 그대로 보여주기에는 화면이 작고 속도가 느리며 액티브X 등 일부 호환이 되지 않는 콘텐츠가 있어서 불편함이 있었다.

이후 스마트폰이 출현하면서 진정한 의미의 풀 브라우징이 가능하게 되었다. 모바일 단말기 특징에 맞추어 작은 화면에 최적화된 인터페이스로 구현하였으며 모바일 기기의 특성에 맞추어 빠른 속도로 인터넷 브라우징이 가능하게 되었다. 이제는 단순히 인터넷 정보에 접근하는 도구 역할에서 더욱 발전하여 인터넷 상에서 각종 서비스를 제공해주는 역할을 하고 있다. 향후에는 모바일 웹브라우저에 HTML5 기능을 완전히 탑재하여 모바일 기기의 하드웨어까지 제어가 가능한 각종 모바일 웹 애플리케이션 실행이 가능해질 것으로 기대되고 있다.

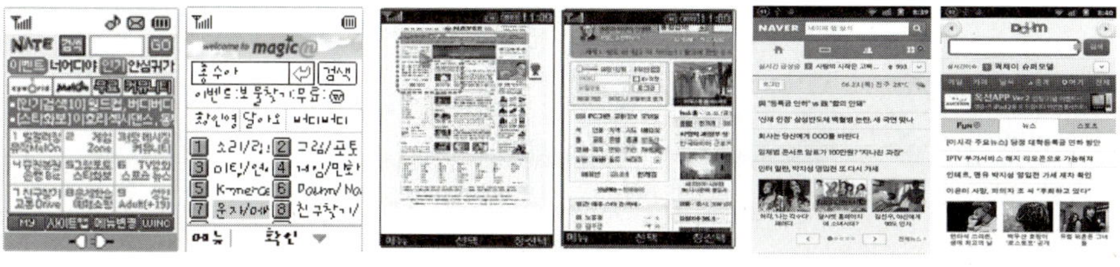

(a) 2G WAP 브라우저 (SK Nate, KT MagicN)

(b) 3G 풀 브라우저 (LGT OZ)

(c) 스마트폰 웹브라우저 (안드로이드 기본 브라우저)

그림 7.9 모바일 브라우저의 발전 과정

대부분의 사용자들은 모바일 웹에 접속하기 위해 스마트폰에 기본적으로 내장되어 있는 웹브라우저를 사용하고 있다. 아이폰은 데스크톱과 마찬가지로 사파리 브라우저가 내장되어 있으며, 안드로이드 휴대폰의 경우에는 크롬 브라우저가 아닌 안드로이드 기본 웹브라우저가 내장되어 있다. 사파리 브라우저는 아이폰뿐만 아니라 아이패드와 맥북까지 애플사 기기에 잘 맞추어져 있어 성능이 우수할 뿐 아니라 애플사 계열의 기기 간에 호환성이 뛰어나 애플 제품 매니아들이 선호하고 있다.

안드로이드 기본 웹브라우저는 안드로이드폰 사용자가 가장 많이 사용하는 브라우저이다. 모바일 기기에서 인터넷을 사용하는 데 간단하면서도 불편함 없는 기능 및 인터페이스를 제공하고 있다. 브라우저의 성능은 그다지 높지 못하여 모바일 웹 애플리케이션 실행에는 다소 부족한 부분이 있지만 웹서핑에는 전혀 불편함 없이 사용할 수 있다. 시장조사기관 StatCounter에 따르면 2012년도에 안드로이드 기본 웹브라우저가 모바일 브라우저 시장에서 점유율 1위에 올랐다고 조사되고 있다. 한편, 구글에서는 데스크톱의 크롬 브라우저를 개선한 모바일용 크롬 브라우저를 선보여, 향후 모바일 웹 분야에서 구글의 영향력이 매우 증대할 것으로 예상되고 있다.

기존의 피처폰에서 가장 널리 사용되고 있는 브라우저는 오페라 미니 브라우저이다. 국내에서는 많이 사용되고 있지 않지만 안드로이드 마켓에서 다운로드 받아 스마트폰에서 사용할 수 있다. 오페라 미니는 모바일 환경에서 사용하기 편리하도록 다양한 기능을 제공하고 있다. 그 외에도 다양한 기능을 제공하는 돌핀 웹브라우저와 데스크톱에서 인기를 얻고 있는 파이어폭스의 모바일 버전인 파이어폭스 모바일 웹브라우저가 선보이고 있다.

그림 7.10
주요 모바일 웹브라우저의 아이콘

7.3 모바일 애플리케이션

모바일 애플리케이션이란 휴대폰이나 태블릿PC 등 모바일 기기의 플랫폼에서 실행되는 소프트웨어로서 최근 스마트폰의 확산에 힘입어 우리의 일상생활을 바꾸어 놓고 있다. 모바일 애플리케이션을 크게 구분해 보면 모바일 네이티브(Native) 애플리케이션과 모바일 웹 애플리케이션, 그리고 두 방식을 혼합한 모바일 하이브리드 애플리케이션의 3가지로 구분할 수 있다. 이 절에서는 모바일 애플리케이션의 배포를 위한 모바일 앱 마켓, 모바일 웹 애플리케이션의 특징, 그리고 모바일 환경에 특화된 모바일 서비스를 소개한다.

7.3.1 모바일 앱 마켓

모바일 네이티브 애플리케이션은 아이폰이나 안드로이드 등 특정 운영체제에서 제공하는 환경에서 개발된 애플리케이션으로 보통 줄여서 모바일 앱(App)이라고 부른다. 특정 운영체제에 종속되어 개발되어야 하는 단점이 있지만 단말기의 기능을 효과적으로 사용하며 사용하기 편리하다는 장점으로 다양한 애플리케이션이 개발되어 있다. 이러한 모바일 앱은 각 플랫폼 업체들이 운영하는 모바일 앱 마켓에서 원하는 앱을 다운로드 받아 실행할 수 있다.

모바일 애플리케이션 마켓으로 널리 알려져 있는 앱스토어(App Store)는 'Application Store'의 준말로 모바일 애플리케이션을 자유롭게 사고 팔 수 있는 온라인 상의 장터(Market Place)를 의미한다. 2008년 7월 애플사가 아이폰 3G를 출시하면서 아이폰 및 아이팟용 애플리케이션을 이동통신사가 판매하는 것이 아니라 누구나 앱스토어에 등록하여 판매할 수 있도록 서비스를 시작하였다. 애플사가 처음 사용한 앱스토어라는 용어는 이후에는 보편적으로 앱을 거래하는 장터로 인식되고 있다. 최근에 명칭의 사용권리에 대해 논란이 있었으나 앱스토어는 일반적인 용어라는 판결을 받았다.

앱 마켓은 운영사가 모바일 플랫폼의 API(Application Program Interface)와 SDK(Software Development Kit)를 제공하고 일반 개발자들이 만든 애플리케이션을 등록하면 누구나 무선통신에 접속하여 자신이 원하는 애플리케이션을 휴대폰에 다운로드 받을 수 있다. 애플리케이션 판매수익은 개발자와 앱 마켓 운영사가 7:3 정도의 비율로 분배하며, 애플의 앱스토어가 큰 성공을 거두자 다른 플랫폼 개발사나 이동통신 사업자들도 자신들의 앱 마켓을 구축에 나섰다. 모바일 앱 마켓의 등장은 기존에 이동통신 사업자에 종속되어 있던 앱 개발에 변화를 가져왔다. 개발자에게는 편리하고 수익회수가 보장되고 사용자에게는 선택의 기회가 넓어졌다는 이점이 있어 모바일 생태계 활성화에 큰 기여를 하고 있다.

애플의 앱스토어 이외에 구글의 안드로이드 마켓(최근 구글 플레이로 개명), 노키아의 OVI 스토어, 마이크로소프트의 윈도우 마켓플레이스 등이 경쟁을 하고 있으며, 최근 아마존에서도 전자책 단말기에 적용될 앱스토어를 통하여 모바일 앱 시장구축에 나섰다. 국내의 경우에는 SK텔레콤의 T스토어, 삼성전자의 삼성앱스, LG U+의 OZ스토어, KTF의 올레마켓 등이 운영되고 있다. 표 7.1에서는 2011년 7월 기준 국내에서 이용가능한 앱 마켓 현황을 보여주고 있다.

표 7.1 국내에서 이용 가능한 앱 마켓 현황 (자료출처: 2011.9.21. 한국경제)

(2011.7월 기준)

서비스사	애플	구글	SK텔레콤	KTF	LG U+	MS
서비스명	앱스토어	안드로이드 마켓	T스토어	올레마켓	OZ스토어	윈도우즈마켓플레이스
등록 앱 갯수	435,445	419,886	110,000	29,055	15,387	–
사용가능 OS	iOS	안드로이드	안드로이드, 윈도모바일	안드로이드, 윈도모바일	안드로이드, 윈도모바일	윈도모바일, 윈도우폰7
이동 통신사	SKT, KTF	SKT, KTF, LG U+	SKT	KTF	LG U+	SKT, KTF, LG U+
수수료	30%	30%	30%	30%	30%	30%

7.3.2 모바일 웹

앞 절에서 언급한 바와 같이 모바일 앱은 인터넷이나 앱스토어를 통해 다운로드하여 모바일 단말기에 설치한 후 콘텐츠를 사용하게 된다. 반면에 모바일 웹은 웹브라우저를 통해 애플리케이션에 접속하여 콘텐츠를 이용하게 된다. 모바일 앱이라 불리는 네이티브 애플리케이션은 각 운영체제에 따라 해당하는 프로그램으로 개발되어 실행이 되며, 모바일 웹 애플리케이션은 HTML이나 자바스크립트 등의 웹 표준기술을 이용하여 작성되고 웹브라우저를 기반으로 실행이 된다.

모바일 앱은 모바일 미디어에 최적화하여 처리속도가 빠르며, 편리한 사용자 인터페이스를 제공하고, 모바일 기기 하드웨어를 효율적으로 제어하는 등 많은 장점이 있다. 그러나 모바일 앱이 특정 운영체제에서만 실행되는 단점이 있는 반면, 모바일 웹은 플랫폼에 종속적이지 않아서 다수의 단말기를 보유한 사용자들이 여러 플랫폼에서 동일한 웹 애플리케이션을 이용할 수 있다.

2011년 말 eMarketer의 조사에 의하면 모바일 앱과 모바일 웹은 상호 보완적으로 사용되고 있다고 한다. 일정관리, 온라인뱅킹, 뉴스서비스, 지도, 이메일,

SNS 등은 모바일 앱을 선호하며 쇼핑, 정보검색, 엔터테인먼트 등의 서비스는 모바일 웹을 더 선호한다고 조사되고 있다. Gartner에 의하면 2012년 현재 일반 소비자는 모바일 앱을 더 선호하고 있지만 향후 모바일 웹 형태의 애플리케이션이 더 많이 증가할 것으로 예상하고 있다.

현재 모바일 웹의 제약점으로 표 7.2에서 보듯이 웹 접속으로 인해 속도가 느리고 사용자 인터페이스 조작이 불편하며, 모바일 단말기의 하드웨어 제어가 제한적이고, 인터넷 연결 상태에서만 동작하는 등 아직은 단점이 많다. 그러나 이러한 문제점의 개선을 위해 HTML5 등의 표준화와 기술 개발이 뒤따르며 모바일 웹을 위한 기술은 계속 진화하는 도중에 있다. 특히 HTML5는 멀티미디어 처리기능의 개선뿐 아니라 단말기의 제어 및 오프라인 처리도 가능해지면서 차세대 모바일 플랫폼으로 크게 기대되고 있다. 조만간에 HTML5가 정착이 되면 모바일 앱에서처럼 애니메이션 등의 화려한 그래픽과 다양한 단말기 기능의 지원으로 모바일 웹이 더욱 활성화될 것으로 예상하고 있다.

표 7.2
모바일 웹과 모바일 앱의 비교

	모바일 웹	모바일 앱(네이티브 앱)
구현방식	유선 웹과 동등한 기술 사용 (HTML, Javascript, Jquery 등)	단말기 플랫폼에서 지원하는 언어로 개발 (Objective-C, Java, C++ 등)
개발	유선 웹과 같은 환경으로 한 가지만 개발	플랫폼에 따라 별도로 개발
배포	모바일 웹브라우저로 접속하여 바로 실행	앱마켓에 등록된 앱을 고객이 다운로드
설치	별도의 설치 과정 필요 없음	다운로드 받은 앱을 단말기에 설치 후 실행
업데이트	유지 관리 및 서비스 변경이 용이	개정판 배포 및 설치에 시간 소요
실행속도	네트워크 접속으로 상대적 속도 느림	단말기에 최적화되어 속도 및 성능 우수
오프라인	원칙적으로 오프라인시 사용불가	오프라인으로도 사용가능
UI 접근성	상대적으로 낮음	단말기 특성을 반영한 최적화된 인터페이스
기기 연동	단말기 기능 사용 및 데이터 저장 불가능	단말기의 기능 활용과 데이터 저장 가능

한편, 모바일 웹과 모바일 앱 방식의 장점을 최대한 살린 하이브리드 앱 방식이 등장하였다. 다양한 모바일 플랫폼에서 실행이 가능한 모바일 웹 방식과 모바일 단말기의 특성을 극대화하고 쉽게 배포가 가능한 모바일 앱 방식을 절충한 것이다. 웹 기술을 주로 이용하여 애플리케이션의 내부 구조와 인터페이스를 작성하

고 단말기 센서 등 단말기 제어 기능은 전용 API를 사용하여 코딩한 후, 일반 모바일 앱처럼 단말기에서 실행이 되도록 패키징을 한 것이다. 즉, 알맹이는 웹이고 포장은 일반 앱의 형태로 개발이나 배포가 쉬우면서도 여러 플랫폼에서 핵심 기능을 같이 사용한다는 장점이 있다.

7.3.3 주요 모바일 서비스

기존의 데스크톱 애플리케이션에 비교하여 모바일 애플리케이션은 모바일 환경의 특성에 따라 몇 가지 차별성이 있다. 모바일 단말기는 이동통신 및 무선 인터넷에 기반하고 있으므로 이동 중에서도 항상 상대방과 연결 가능한 즉시 연결성(Instant Connectivity)이 있으며, 언제 어디서나 연결이 가능하므로 현재 위치를 항상 알 수 있는 지역성(Localization)의 특징이 있다. 또한, 서버의 프로그램이나 다른 사용자와 실시간으로 데이터를 주고 받을 수 있는 전달성(Communicability)의 특징과 사용자 개인의 요구사항이나 서비스 상황에 따라 개인별 콘텐츠가 제공되는 개인성(Personalization)의 특징이 있다.

이러한 모바일 환경에 특징을 잘 반영하여 데스크톱과 차별화된 대표적인 애플리케이션으로는 지역성을 기반으로 하는 위치기반서비스, 전달성의 특징을 반영하여 실시간으로 메시지를 주고받는 모바일 커뮤니케이션 서비스, 즉시연결성의 특징을 반영한 모바일 클라우드 서비스, 그리고 개인화의 특성에 기반한 모바일 광고 서비스가 있다.

그림 7.11
모바일 애플리케이션의 특징과 차별화된 서비스

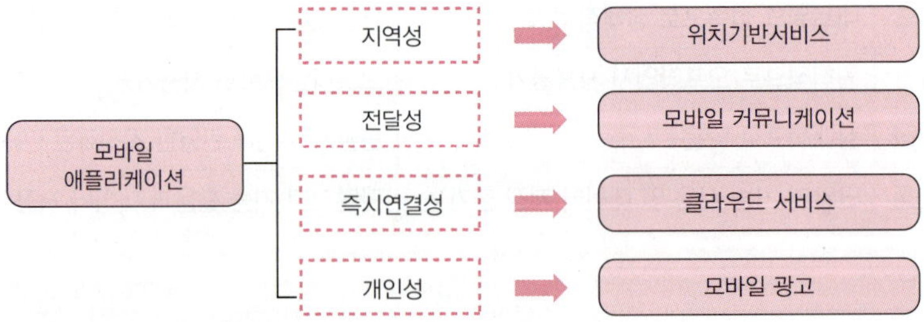

(1) 위치기반서비스(LBS; Location Based Service)

위치기반서비스는 사용자의 휴대폰에서 제공해주는 위치정보와 주변 지리정보를 이용하여 무선 인터넷을 통해 교통정보, 게임, 위치추적, 전자상거래, 광고 등을 제공하는 서비스이다. 최근 휴대폰에는 소형이면서도 가격이 저렴한 GPS(Global Positioning System)칩이 기본으로 탑재되어 스마트폰의 핵심 서비스로 자리잡고 있다. 위치정보는 기본적으로 GPS 위성으로부터 계산하므로 실내 혹은 건물밀집 지역에서는 위치를 파악하기 힘들었다. 그러나 기술이 발전하여 이동통신망과 연계하여 이런 지역에서도 위치파악이 가능해짐에 따라 위치기반서비스가 더욱 각광받고 있다. 또한 위치기반서비스는 카메라에 기반한 증강현실(Augmented Reality) 기술과 결합되어 더욱 진화된 서비스로 급속히 성장하고 있다.

위치기반서비스의 대표적인 애플리케이션 유형으로는 위치정보에 기반한 정보제공, 오락, 안전보장, 위치추적, 상거래 서비스가 있다. 위치기반 정보제공 서비스에는 교통정보나 도로상황, 길안내, 주변정보 검색 서비스 등이 있다. 지도 서비스에서 부근 식당이나 목적지를 찾아주는 서비스가 대표적이다. 최근 많은 관심을 받는 분야로 위치기반 게임 서비스 및 미팅 서비스 등도 있다. 가족간 혹은 연인간 상대방의 위치를 파악하여 개인 신변의 안전을 보장하는 서비스로는 '안심귀가', 'i-Kids', '긴급호출' 등이 있다. 전자상거래시 물류의 배송상태나, 친구의 위치 찾기, 분실폰 찾기 등 사람이나 차량, 물류의 위치를 추적할 수 있는 서비스도 대표적이다. 최근에는 위치기반의 광고나 주변 상점에서 할인쿠폰을 제공하는 서비스도 볼 수 있다. 한편 카메라와 결합하여 지도서비스에 추가하여 '거리뷰'나 건물 내부의 '실내뷰', '스토어뷰' 서비스도 제공해 주고 있다.

(a) SK T맵 서비스

(b) 안드로이드 앱 – 스마트 안심귀가

그림 7.12
모바일 위치기반서비스 사례

(2) 모바일 커뮤니케이션 서비스

원래 휴대폰은 음성통화나 화상통화 이외에도 문자메시지 서비스(SMS)나 멀티미디어 메시지 서비스(MMS)를 통하여 사용자간 데이터에 기반한 커뮤니케이션을 할 수 있다. SMS나 MMS가 이동통신망을 통하여 메시지 데이터를 전송하는 반면에 모바일 인스턴트 메신저는 스마트폰에서 무선인터넷을 통하여 실시간으로 현재의 접속자들과 문자로 대화하도록 해주는 서비스이다. 한국인터넷진흥원 자료에 의하면 2011년 국내 스마트폰 사용자의 86.4%가 모바일 인스턴트 메신저 서비스를 이용하고 있으며, '카카오톡'이 가장 대표적인 서비스이다. 오히려 스마트폰 사용 이후 문자메시지의 이용은 감소하고 있다고 한다.

한편, PC에서 시작한 소셜네트워크서비스(SNS)는 모바일 단말기와 연동되며 더욱 사용자들의 인기를 얻고 있다. SNS 서비스로 전세계적으로 가장 유명한 '페이스북(Facebook)'의 경우 PC에서는 의사소통에 어느 정도 시간차가 발생하지만, 스마트폰에서는 찍은 사진이나 글을 곧바로 올리고 실시간에 댓글을 다는 행위가 가능해진 것이다. 또한 '트위터(Twitter)'는 짧은 문장에 기반한 모바일 SNS 서비스로 의견교류와 인맥관리의 목적으로 널리 사용되고 있으며, 국내에서 개발한 모바일 SNS 서비스로는 네이버의 '미투데이(me2day)'가 있다. 스마트폰의 확산과 더불어 관계 중심의 모바일 SNS는 사용자간의 실시간이며 양방향 의사소통을 가능케하여 전세계적으로 사용자가 급증하면서 소통방식에 많은 변화를 가져오고 있다.

(a) 카카오톡 (b) 모바일 페이스북 (c) 트위터

그림 7.13
모바일 커뮤니케이션 서비스 사례

(3) 모바일 클라우드 서비스

클라우드 컴퓨팅(Cloud Computing)이란 소프트웨어나 메모리, 프로세서 등 IT자원이나 응용서비스를 사용자 컴퓨터에 직접 설치하지 않고 원격으로 빌려서 사용하는 형태의 서비스이다. 즉, 인터넷 접속을 기반으로 다수의 서버에 존재하는 다양한 컴퓨팅 자원에 접근하여 이용하고, 사용량에 따라 비용을 지불하는 서비스이다. 개인은 물론 일반 기업에서도 빠른 속도로 발전하는 컴퓨팅 자원을 직접 설치하여 운영하는 것보다는 어디서나 인터넷에 접속만 하면 저렴한 가격에 편리하게 빌려 쓸 수 있게 해주는 클라우드 서비스가 큰 각광을 받고 있다.

모바일 클라우드 서비스는 모바일 기기를 이용하여 언제 어디서나 즉시 접속하여 클라우드 컴퓨팅 서비스를 편리하게 받을 수 있다는 점에서 매우 의미가 크다. 모바일 클라우드 서비스에서는 모바일 앱을 앱스토어에서 다운로드하지 않고 웹에서 제공하는 모바일 클라우드 애플리케이션에 접속하여 바로 사용할 수 있다. 애플의 '모바일미(MobileMe)'가 대표적인 모바일 클라우드 서비스로 메일, 연락처, 일정정보를 원격으로 접속하여 사용할 수 있으며, 현재 아이튠즈 기능과 통합하여 '아이클라우드(iCloud)' 서비스로 사용자에게 제공되고 있다. 구글에서는 '구글 드라이브(Google Drive)' 서비스와 '클라우드 프린트(Cloud Print)' 서비스를 제공하여 모바일 클라우드 환경에서 음악이나 영화를 감상하거나 모바일 오피스 환경으로 작업을 할 수 있게 해준다.

(a) 모바일미 서비스 (b) 아이클라우드 서비스 (c) 구글드라이브 서비스

그림 7.14 모바일 클라우드 서비스 개념도

(4) 모바일 광고 서비스

모바일 광고는 특정 대상이나 위치에 있는 개별 이용자에게 특화된 타깃 광고가 가능하다는 점에서 모바일 환경의 특징 중 개인화뿐 아니라 지역성이나 즉시

연결성의 특성도 가지고 있다. 스마트폰 이전의 모바일 광고는 주로 Push형 문자 메시지로 효과가 그다지 크지 않았으나, 최근 스마트폰 확산으로 검색 및 배너 광고가 주류를 이루고 있으며, 또한 비디오나 앱 광고도 주목을 받고 있다. 최근, 모바일 앱 광고가 주목받으면서 모바일 광고 플랫폼의 경쟁이 가속화되고 있다. 국내에서 모바일 광고 플랫폼으로는 구글의 'Admob'과 다음의 'Ad@m'이 많은 관심을 받고 있다.

표 7.3
모바일 광고의 종류

종류	설명
메시지광고	SMS 및 MMS 형태의 광고로 모든 휴대폰에 적용 가능하다.
배너광고	모바일앱 혹은 모바일웹 내에 포함된 광고로 관심집중도가 높다.
검색광고	포털사이트에서 주도하고 있으며, 모바일웹과 함께 성장이 예상된다.
비디오광고	동영상이나 TV 시청시 앞단에 플레이되는 광고로 효과가 크다.
앱광고	스마트폰에 적합한 광고로 앱이나 플랫폼 내에 포함시킨 광고이다.

7.4 모바일 콘텐츠와 스마트 혁명

2007년 아이폰이 등장하면서 시작된 스마트폰의 열풍은 국내에서도 2009년 아이폰 도입 이후 본격적인 스마트폰 시대가 시작되었다. 스마트폰은 단순히 휴대폰에서 더 향상된 기능을 이용한 것이라고 하기에는 산업과 사회 전반에 미친 영향이 막대하여 '스마트 혁명'이라고도 부르고 있으며, 스마트폰으로 인한 사회의 변화는 앞으로 더욱 가속화되리라 전망하고 있다. 이 절에서는 스마트폰에서 사용되고 있는 모바일 콘텐츠와 실제 우리의 일상생활 및 업무에 미친 영향을 살펴보기로 한다.

7.4.1 스마트 콘텐츠

일반적으로 우리가 접하는 디지털 콘텐츠는 사용매체의 발전에 따라 인터넷 콘텐츠, 모바일 콘텐츠, 스마트 콘텐츠로 구분해 볼 수 있다. 유선 인터넷을 통해 제공되던 인터넷 콘텐츠는 휴대전화와 같은 모바일 단말기에서 제공되는 모바일 콘텐츠로 발전하였고, 최근 스마트폰이나 태블릿PC, 스마트TV와 같은 스마트기기에 적합한 스마트 콘텐츠로 발전하고 있다.

스마트 콘텐츠가 기존의 모바일 콘텐츠와 다른 특징으로는 우선 다양한 개발자가 모바일 앱 또는 모바일 웹 형태로 직접 개발하고 오픈마켓을 통해 유통에 참여한다는 것이다. 다음으로는, 큰 화면과 멀티미디어 처리기능, 위치파악 기능이나 각종 센서 기능 등 스마트기기의 특징을 충분히 활용하여 기존의 모바일 콘텐츠보다 향상된 서비스가 가능해진 것이다. 여기에서는 콘텐츠 산업분야별로 스마트 콘텐츠의 특징을 살펴보기로 한다.

▶출판 콘텐츠

스마트폰이 나오기 전 휴대폰의 화면 크기가 전자책을 보기에는 불편함이 많았지만, 스마트폰이나 태블릿PC에서는 큰 화면으로 인해 충분히 가독성이 개선되었다. 특히 전자책 전용 단말기인 아마존사의 킨들이나 태블릿PC인 애플사의 아이패드는 전자출판 시장의 활성화에 큰 기여를 하였다. 이와 같은 스마트기기 환경에서 앱마켓을 통해 전자출판물 콘텐츠가 유통되거나 대형 출판콘텐츠 유통사가 출판물 보급에 나서고 있어서 향후 전자출판 시장이 더욱 확대될 것으로 예상되고 있다. 애플사에서는 '아이북스(iBooks)'라는 이름으로 전자책 앱마켓을 운영하고 있으며, 구글사에서도 '구글북스(Google Books)'라는 이름으로 전자출판물 콘텐츠 서비스를 시작하였다. 아마존사에서는 주로 전자책 전용단말기로 출판콘텐츠를 공급하고 있었지만, 최근 자신의 앱스토어를 구축하여 각종 콘텐츠의 공급을 시작하였다.

▶게임 콘텐츠

스마트폰 앱마켓에서 출판콘텐츠 다음으로 많이 찾는 콘텐츠는 스마트폰 게임분야이다. 스마트폰 게임에는 기존의 모바일 게임과 유사한 형태의 간단한 게임도 있지만 스마트폰의 기능을 반영한 특징적인 게임도 많이 있다. 스마트폰 시장에서 많은 인기를 모으고 있는 '앵그리버드'와 같이 터치센서를 이용하거나 '템플런'이나 '바운싱볼'과 같이 중력센서 등 스마트폰의 각종 기능을 이용한 게임도 많이 선보이고 있다. 최근 많은 사람들이 즐기는 '애니팡'이나 '드래곤플라이트'의 경우 '카카오톡'과 연계되어 더 큰 인기를 얻고 있다. 한편, 화면이 커지고 해상도가 증가함에 따라 게임로프트사의 '던전헌터'와 같은 고품질 화면의 대형 모바일 RPG 게임도 출시되고 있다.

(a) 앵그리버드 (b) 애니팡 (c) 던전헌터

그림 7.15
스마트폰 게임 사례

▶음악 콘텐츠

음악 서비스는 모바일콘텐츠에서 가장 활성화된 분야 중 하나로, 모바일 음악 서비스는 SK텔레콤의 '멜론'이나 KTF의 '도시락' 등 주로 이동통신사에서 제공하는 사이트에서 이용되었다. 스마트폰 환경에서는 이동통신사뿐만 아니라 다양한 음원 서비스 업체로부터 음악콘텐츠를 제공받을 수 있게 되었고, 다운로드 중심의 사용패턴에서 스마트기기의 기능 향상으로 인해 스트리밍 서비스의 사용 비중이 많이 증가하였다.

▶영상/애니메이션 콘텐츠

영화나 방송 서비스 분야는 기존 휴대폰에서 화면 크기와 콘텐츠의 대용량 문제로 크게 활성화되지 못하였으나, 고속의 무선인터넷 접속이 가능하고 큰 화면을 가진 스마트 기기의 출현으로 본격적인 서비스가 기대되고 있다. 무료 WiFi 등 무선인터넷 이용요금의 하락과 스트리밍 방식 서비스의 확대는 영상콘텐츠 서비스의 활성화로 이어지고 있다. 특히, 큰 화면을 가지고 있는 태블릿PC는 영상이나 방송 콘텐츠를 즐기기에 최적의 스마트기기로 환영받고 있다.

▶정보 콘텐츠

스마트폰에서 사용되는 정보콘텐츠 중 관심이 많은 분야는 e-러닝 분야이다. 출판 콘텐츠와 마찬가지로 e-러닝 콘텐츠는 스마트기기에서 큰 화면으로 인해 가독성이나 멀티미디어 처리 기능이 향상되어 학생들의 교과학습이나 일반인들의 어학학습에 여러 가지 편리성을 제공하고 있다. 이 외에도 우리의 일상생활에 필요한 생활정보, 금융 법률 등 전문정보, 공연이나 취미와 같은 오락정보 등 다양한 정보를 스마트기기에서 보다 풍부한 콘텐츠로 제공하는 애플리케이션이 많이 이용되고 있다. 이러한 다양한 애플리케이션은 우리의 생활을 혁신적으로 변화시켜 스마트 라이프(Smart Life) 및 스마트 워크(Smart Work) 시대로 이끌고 있다.

7.4.2 스마트 라이프

이전에는 단순한 통화 도구였던 휴대폰이 손 안에 PC라고 불리는 스마트폰 시대로 바뀌면서 우리 생활에 없어서는 안 될 필수품이 되어가고 있다. 한국인터넷진흥원의 2011년 말 보고에 따르면 스마트폰 사용자가 평균 하루에 2.4시간 이용한다고 보고되었듯이, 스마트폰 사용자들은 이제는 스마트폰 없이 외출하는 것이 불안할 정도로 우리 생활의 일부가 되었다. 스마트폰 사용의 특징은 언제나 어디서나 휴대하고 다니며 인터넷에 항상 접속되어(Always Connected) 있는 상태로 모바일 앱이나 모바일 웹을 이용하면서 우리의 라이프스타일을 변화시키고 있다는 점이다. 스마트기기의 활용은 우리의 개인적인 일상생활이나 커뮤니케이션 수단은 물론 스마트교육, u-헬스케어 등 사회 전반적인 생활까지도 변혁시키고 있는 것이다.

약속장소를 찾아갈 때 지도나 교통안내 앱을 이용하고, 근처에 갈 만한 식당을 검색하고, 기차표나 버스표를 예매하는 등 이동에 필요한 정보를 스마트폰을 통해 제공받을 수 있다. 단순 정보에서 더 나아가 메뉴의 선호도나 가격비교 등 똑똑한 기능을 제공하는 생활밀착형 앱을 통해 비용을 절감하며 시간활용을 극대화할 수 있어서 우리의 일상생활에 많은 도움을 주고 있다.

스마트기기를 이용하여 웹서핑, 날씨, 뉴스 등의 정보검색뿐 아니라 앞 절에서 소개한 출판, 게임, 음악, 영상 등 각종 엔터테인먼트 콘텐츠를 즐길 수 있게 되어 우리의 생활은 더욱 윤택해지고 있다. 또한 그동안 신용카드나 온라인 결제를 통해 이루어지던 대금결제나 금융거래가 스마트폰에서는 다양한 전자상거래 행위가 통합하여 서비스됨으로써 모바일커머스 및 모바일금융 환경이 더욱 발전하여 스마트한 경제활동이 가능하게 되었다.

항상 접속하고 대화할 수 있다는 스마트기기의 특징에 따라 페이스북, 트위터,

카카오톡과 같은 스마트 시대의 커뮤니케이션 서비스의 이용은 대폭 증가하였다. 2011년 말 현재 스마트폰 이용자의 60% 이상이 SNS를 이용하고 있다고 한다. 양방향의 실시간 소통이 가능한 SNS나 메신저 등 스마트 커뮤니케이션은 정보교류나 인맥관리와 같은 개인간 소통수단으로 주로 사용되고 있으며, 더 발전하여 기업의 광고나 마케팅 채널로 활용되거나 정부기관의 소통수단으로도 활용되리라 전망하고 있다.

그림 7.16
생활밀착형 스마트폰 앱

7.4.3 스마트 워크

스마트 기기의 확산에 따라 우리의 일상생활뿐 아니라 직장에서도 종래의 사무실 개념을 탈피하여 언제 어디서나 업무를 수행할 수 있는 스마트 워크 시대가 도래하였다. 스마트 워크란 시간이나 장소에 얽매이지 않고 편리하고 똑똑하게 근무하는 업무환경으로 업무의 효율성을 높이기 위해 스마트 워크를 도입하고 있다. 특히 여성 및 장애인들이 재택근무로 경제활동 참여가 가능하므로 저출산 고령화 시대를 대비할 수 있으며, 환경적으로는 출퇴근 및 근무시간에 소요되는 에너지를 절감할 수 있다. 궁극적으로는 스마트 워크를 통한 일과 삶의 균형(Work & Life Balance)을 추구하여 근로자들의 만족도와 생산성을 향상시키는 것을 목표로 하고 있다.

스마트 워크 환경에서 근무방식의 유형으로는 모바일 근무, 재택 근무, 그리고 스마트워크센터에서 근무하는 방식이 있다. 모바일 근무는 이동 중이거나 현장에서 업무를 처리하는 모바일 오피스 형태로서 시공간의 제약없이 실시간으로 업무를 처리할 수 있다. 이전에는 현장 영업 및 서비스에 한정적으로 적용되었지만, 지금은 스마트 모바일기기의 확산으로 인해 모바일 근무는 누구에게나 적용할 수 있는 스마트 워크의 대표적인 경우가 되었다. 재택 근무는 개인의 가정에서 업무에 필요한 시설이나 장비를 구비하여 업무를 처리하는 홈 오피스 형태이다. 재택 근무는 육아문제가 걸림돌이 되는 여성이나 출퇴근이 불편한 장애인의 근무를 가능하게 할 뿐 아니라 환경문제에도 많은 도움이 되므로 사회적으로도 큰 기대가 되고 있다.

스마트워크센터란 자신의 원래 사무실이 아니라 자신의 주거지와 가까운 지역에 위치하고 업무처리가 가능한 원격근무용 사무실에 출근하여 근무할 수 있도록 환경을 제공하는 센터를 말한다. 센터에는 업무에 필요한 인터넷 등의 IT인프라와 사무환경은 물론 원래 사무실과 원활하게 커뮤니케이션할 수 있도록 화상회의 시스템을 마련하기도 한다. 최근에는 업무환경 이외에도 보육시설이나 휴게시설 등 편의시설을 마련하여 쾌적한 환경의 스마트 워크가 가능하도록 노력하고 있다. 결국 스마트 워크가 구현된 지식정보사회에서는 사람이 일을 찾아가는 것이 아니라 사람과 일이 같이 움직이는 시대가 되었으며, 직장이 아닌 직업을 선택하고 취업이 아닌 창업을 장려하는 시대가 된 것이다.

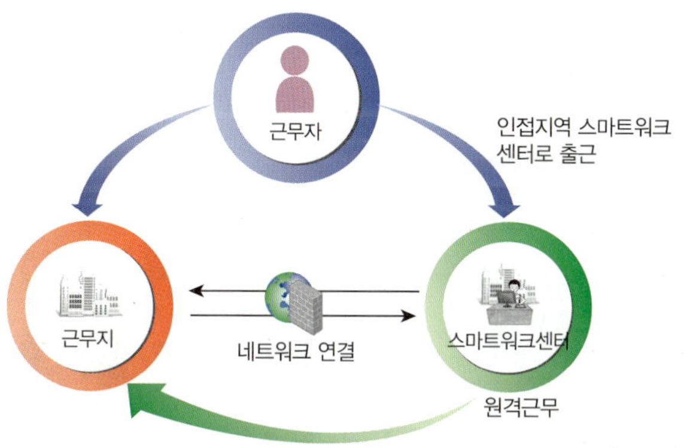

그림 7.17
스마트워크센터의 개념
(출처: 스마트워크센터)

실습 Lab. 4 모바일 앱 마켓 활용

우리는 모바일 앱 설치를 통해서 스마트 디바이스를 더욱 다양하게 활용하고 있다. 모바일 앱 마켓은 스마트 디바이스에 설치할 수 있는 갖가지 애플리케이션을 판매하고 구매할 수 있는 하나의 장터이다. 가장 큰 특징으로는 개인도 직접 애플리케이션을 개발하고 판매할 수 있어 새로운 애플리케이션이 대폭적으로 증가될 수 있었으며, 이에 따라 사용자들은 자신의 성향에 맞는 폭넓은 선택이 가능하게 되었다.

스마트폰 시장의 운영체제 점유율에서 구글의 안드로이드와 애플의 iOS가 80% 이상 차지하고 있으므로 가장 활발하게 모바일 앱이 유통되는 곳이 구글의 플레이스토어(Play store)와 애플의 앱스토어(App store)이다. 이밖에도 국내에서는 네이버앱스토어, SKT의 T스토어, KT의 올레마켓, LG U+의 U+스토어 등 다양한 모바일 앱 마켓이 있다. 최근 모바일 앱 마켓은 앱뿐만 아니라 도서와 영화, 음악까지 다양한 콘텐츠를 판매하는 플랫폼으로 변모하고 있다.

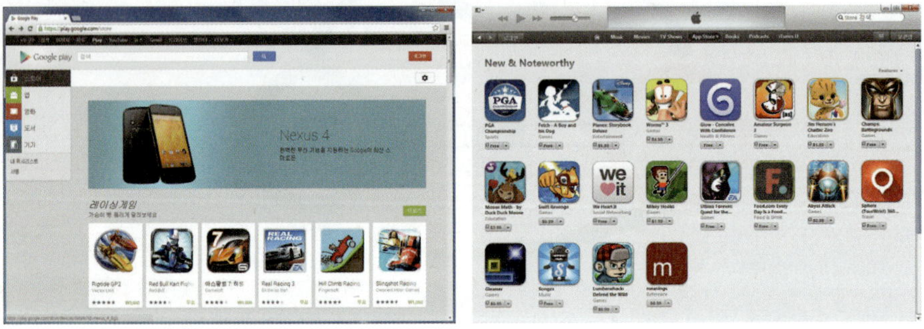

(a) 구글 플레이스토어 웹사이트 (b) 애플 앱스토어(iTunes)

그림 L4.1 모바일 앱 마켓

1. 구글 플레이스토어에서 앱 다운로드 받기

본 실습에서는 구글의 플레이스토어를 활용하여 모바일 앱을 다운로드하는 과정을 실습해본다. 다른 모바일 앱 마켓도 비슷한 구조를 가지고 있기 때문에 본 실습만 잘 연습해보면 다른 앱 마켓을 이용하는 데 어렵지 않을 것이다.

1) 구글 계정으로 로그인한다. 계정은 스마트 디바이스에서 [설정]-[계정 및 동기화]-[구글] 메뉴로 들어가 구글 홈페이지에서 미리 만들어둔 계정으로 로그인하거나, 구글 계정을 새로 만든 후 이용할 수 있다. 한 번 계정을 등록해 놓으면 자동으로 로그인이 된다.
2) 플레이스토어 아이콘을 클릭하여 실행하면 화면에 [앱], [게임], [영화], [도서]의 메뉴와 추천 콘텐츠가 화면에 나타난다. [앱]과 [게임] 메뉴는 안드로이드용으로 개발된 앱이나 게임을 탐색할 수 있고, [영화]와 [도서] 메뉴는 영화와 도서 콘텐츠를 탐색할 수 있다.

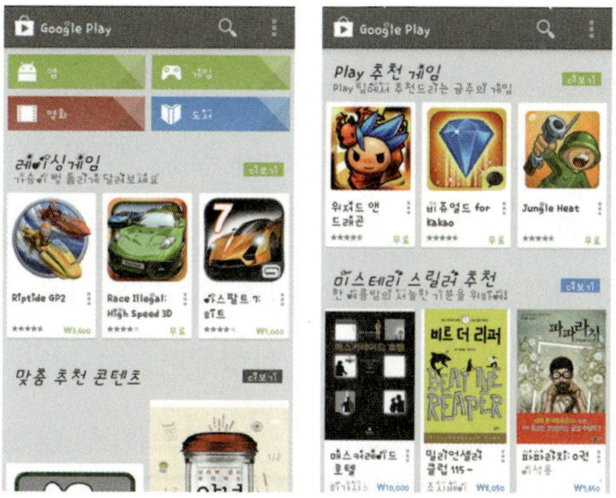

그림 L4.2
구글 플레이스토어의 홈 화면

3) [앱] 메뉴로 들어가면, 그림 L4.3(a)와 같은 페이지를 볼 수 있다. 하위 메뉴로 [카테고리], [홈], [인기 유료], [인기 무료], [최고 매출],… 등을 제공하고 있다. 앞의 메뉴를 클릭해서 들어갈 수도 있지만, 왼쪽 또는 오른쪽으로 화면을 밀면서 메뉴에 들어갈 수도 있다. [카테고리] 메뉴는 [게임], [영화], [도서] 등의 장르별로 앱을 분류하여 탐색할 수 있다.
4) [게임] 메뉴로 들어가면, 그림 L4.3(b)와 같은 페이지를 볼 수 있다. 앱 중에서 게임만 모아놓은 것으로 [앱] 메뉴와 동일한 하위 메뉴로 구성되어 있다. 그림 L4.3(c)와 같이 [도서] 메뉴로 들어가면 e-Book 형태의 도서를 다운로드할 수 있다. 하위 메뉴로 [카테고리], [홈], [인기 판매], [신간-픽션], [신간-논픽션], [인기 무료] 등을 제공한다.

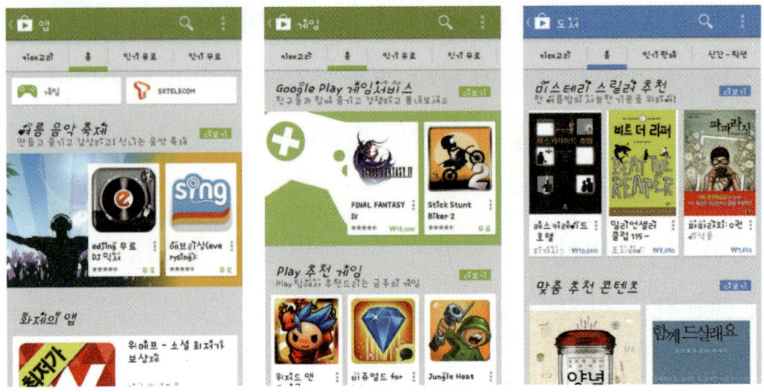

(a) 앱 메뉴 (b) 게임 메뉴 (c) 도서 메뉴

그림 L4.3
구글 플레이 스토어의 각 메뉴 화면

5) 원하는 앱을 검색하고 싶은 경우 그림 L4.4(a)와 같이 오른쪽 상단에 위치한 '검색 아이콘'을 누르면 검색창이 나오고 검색할 앱 이름을 입력한다.
6) 원하는 앱을 설치하려면 그림 L4.4(b)와 같은 '설치' 버튼을 선택한다. 그리고 해당 앱에 대한 동의를 구하는 그림 L4.4(c)와 같은 창이 뜨면 '동의'를 선택한다. 설치가 완료되면 그림 L4.4(d)와 같은 '열기'와 '제거' 버튼이 나타난다. 열기 버튼을 선택하면 해당 앱이 실행된다.

(a) 검색 화면 (b) 앱 선택 화면 (c) 설치 동의 화면 (d) 설치 완료 화면

그림 L4.4
구글 플레이스토어의 앱 검색 및 설치 과정

2. 구글 플레이스토어에서 앱 업로드하기

안드로이드용 앱을 개발하였다면, 이를 마켓에 올려 판매하고 싶을 것이다. 본 실습에서는 구글 플레이스토어에 앱을 업로드하는 과정을 살펴본다. 업로드에 관한 자세한 설명은 구글 안드로이드 개발자 사이트(https://support.google.com/googleplay/android-developer/)에 나와 있다.

1) 앱을 업로드하려면 구글 플레이 개발자 콘솔 계정을 생성하고 등록해야 한다. 해당 웹 사이트의 주소는 https://play.google.com/apps/publish이다. 기존의 구글 계정이 있다면 그림 L4.5(a)와 같이 로그인을 하면 된다.
2) 계정을 등록하기 위해서는 그림 L4.5(b)와 같은 등록 화면에서 등록 수수료를 결제하여야 한다. 등록 수수료는 25달러이고, 한 번만 청구된다. 결제가 완료되면 계정 세부정보까지 입력하는 페이지가 나오고, 개발자 프로필을 등록한 후 저장을 누르면 개발자 계정이 생성된다. 계정 등록 완료는 48시간 정도가 소요된다.

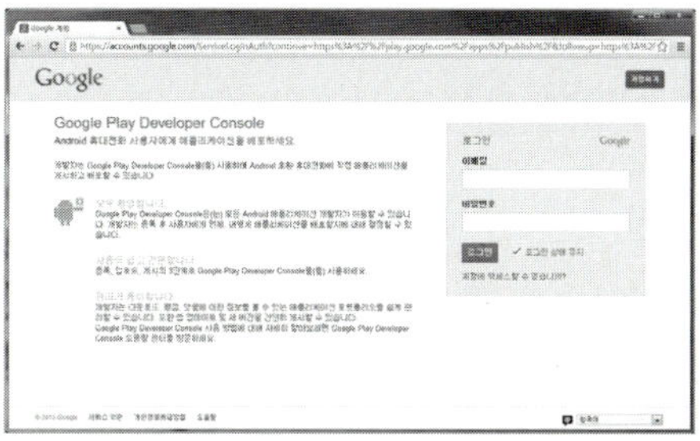

(a) 구글 플레이 개발자 콘솔 로그인 화면

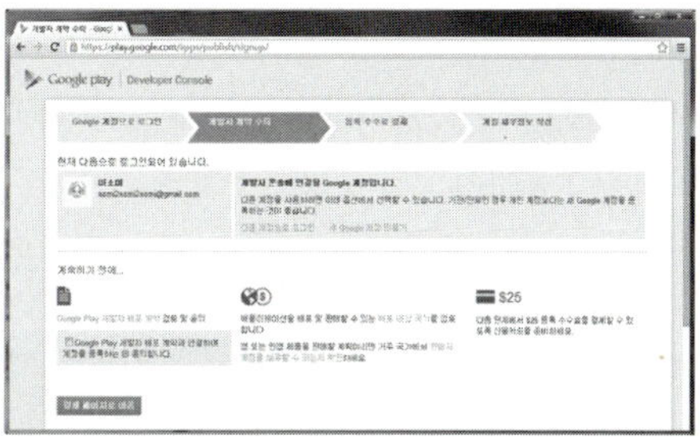

(b) 구글 플레이 개발자 등록 화면

그림 L4.5
구글 플레이 개발자 콘솔 로그인 화면

3) 계정 생성 후 앱 등록을 하기 위해 구글 플레이 개발자 콘솔에 로그인 한 후, 홈 화면에서 '새 애플리케이션 추가'를 선택한다.
4) 저작물인 앱 설치 파일(확장자 APK 파일)을 업로드 하는 팝업 화면이 뜨면, 기본 언어와 제목과 같은 기본 정보를 입력하고 APK 업로드를 진행한다. 이 때, 앱 파일의 패키지 이름은 고유하고 영구적이기 때문에 신중하게 선택해야 하고, 업로드된 APK는 삭제가 안 된다.
5) 앱을 업로드한 후, 앱에 대한 세부 정보를 입력한다. 세부정보는 언어, 제목, 설명, 최근 변경사항, 프로모션 텍스트, 애플리케이션 유형, 캡처 화면, 카테고리, 연락처 정보, 개인정보 보호정책 등이 있다.
6) 앱 업로드를 완료한다.

3. 애플의 앱스토어에서 앱 다운로드 받기

여기에서는 애플의 앱스토어를 활용하여 모바일 앱을 다운로드하는 과정에 대해 알아본다. PC용은 iTunes 내의 [앱스토어] 메뉴를 이용하거나, 모바일용 앱스토어를 통해 이용할 수 있다.

1) 애플 계정을 신청한다. 신청 방법은 [설정]-[스토어] 메뉴로 들어가서 '로그인' 버튼을 누르면 그림 L4.6(a)와 같이 [기존의 Apple ID 사용] 또는 [새로운 Apple ID 생성 메뉴] 팝업이 뜬다.
2) 앱 스토어를 실행하면 그림 L4.6(b)와 같은 추천 화면이 나온다. 메뉴 구성은 상단에 [카테고리] 메뉴가 있고, 하단에 [추천], [인기 차트], [Genius], [검색], [업데이트] 메뉴가 있다.
3) 앱 목록에서 원하는 앱을 선택해서 들어가면, 제목 아래에 [설치] 버튼이 있다. 이를 선택하면 설치가 진행되고, 설치된 앱의 아이콘을 선택하면 앱이 실행된다.

그림 L4.6
앱스토어 화면

(a) 로그인 화면　　(b) 추천 화면

실습 과제

1. 애플스토어(혹은 구글 플레이스토어)에서 뉴스 앱을 찾아서 다운로드 받아라.
2. 애플스토어(혹은 구글 플레이스토어)에서 클라우드 서비스를 위한 애플리케이션 중 가장 인기 있는 무료 앱을 다운로드 받아라.
3. 네이버앱스토어에서 위치기반서비스를 활용한 앱을 찾아서 다운로드 받아라.

참고문헌

컴퓨터와 IT기술의 이해, 수정판, 최윤철, 한탁돈, 임순범, 생능출판사, 2013. 2
모바일 멀티미디어, 최윤철, 한탁돈, 임순범, 생능출판사, 2007.1
2011년 무선인터넷이용실태조사, 한국인터넷진흥원, 2011.12
2011년 하반기 스마트폰이용실태조사, 한국인터넷진흥원, 2012.1
스마트콘텐츠 시장조사, 한국콘텐츠진흥원, 2011.12
스마트워크 앤 스마트라이프, 지용구, 매일경제신문사, 2012.10
"4G-LTE 서비스 기술개발 동향", 박세환, 주간기술동향, 정보통신산업진흥원, 2012.2
"모바일 플랫폼 시장동향", 전자정보센터, 전자부품연구원, 2012.12
"모바일 브라우저의 진화", 디지털타임스, 2012.9.4
"모바일 웹 스토어 기술 동향", 전종홍, 이승윤, 정보과학회지, 2012.11. pp.9~15
"모바일 앱과 모바일 웹의 경쟁 양상 및 전망", 이상일, 주간기술동향, 정보통신산업진흥원, 2011.4
"모바일 애플리케이션 비즈니스 현황과 전망", 이양환, KOCCA 포커스, 한국콘텐츠진흥원, 2012.2
"국내 모바일 광고 시장 및 플랫폼 사업 동향", kt 경제경영연구소, 2012.
"스마트 혁명, 세상을 바꾸다", kt 경제경영연구소, 2012.11
스마트워크센터, 행정안전부, http://www.smartwork.go.kr
[그림 7.8] 안드로이드 운영체제, http://www.google.com
〈표 7.1〉 "SKT · KT · LGU+ 앱 합쳐도 애플+구글이 압도", 한국경제, 2011.9.21
〈표 7.2〉 "모바일 웹과 앱 그 차이를 살피다.", 구중완, 월간Web, 2010.8
[그림 7.12(a)] SK텔레콤 T맵, http://www.tmap.co.kr/
[그림 7.12(b)] 스마트 안심귀가, http://www.petaframe.com/
[그림 7.14(a)] 모바일미, https://www.icloud.com/
[그림 7.14(b)] 아이클라우드, https://www.icloud.com/
[그림 7.14(c)] 구글드라이브, https://drive.google.com/
[그림 7.17] 스마트워크센터, http://www.smartwork.go.kr

연습문제

01 정보통신 환경은 PC통신에서 유선인터넷으로, 그리고 모바일 환경으로 발전해 왔다. 스마트기기의 보급과 다양한 모바일 애플리케이션은 기존의 인터넷 사용 패러다임을 어떻게 바꾸었는지 설명하라.

02 국제전기통신연합 ITU는 이동통신 서비스를 4세대로 구분하여 규정한다. 1세대부터 4세대까지 각 세대별 통신망 기술과 대표적인 서비스를 구분하여 설명하라.

03 무선인터넷 서비스의 유형에는 고정형과 이동형이 있다. 두 가지 무선인터넷 서비스의 특징에 대하여 간단히 설명하라.

04 모바일 인터넷 서비스가 가능하기 위해서는 여러 구성요소가 필요하다. 모바일 인터넷 환경에서 필요한 구성요소에는 무엇이 있는지 설명하라.

05 모바일 기기가 작동하기 위해서는 모바일 단말기용 시스템 소프트웨어가 필요하다. 모바일 운영체제는 모바일 기기에서 PC의 운영체제와 같은 역할을 한다. 모바일 운영체제에는 어떤 것이 있는지 나열하라.

06 모바일 웹브라우저는 모바일 기기에서 실행되는 웹브라우저이다. 웹브라우저의 역할 및 특징에 대하여 간단히 설명하라.

07 모바일 애플리케이션은 휴대폰이나 태블릿PC 등 모바일 기기의 플랫폼에서 실행되는 소프트웨어인데 세 가지로 구분할 수 있다. 세 가지 구분과 각각의 특징을 설명하라.

08 모바일 네이티브 애플리케이션을 줄여서 모바일 앱이라고 부른다. 모바일 앱의 장점과 단점에는 무엇이 있는가?

09 모바일 앱 마켓의 등장은 기존에 이동통신 사업자에 종속되어 있던 앱 개발에 변화를 가져왔다. 앱 마켓이란 무엇인지 설명하고 어떤 것이 있는지 나열하라.

10 모바일 앱은 다운로드하여 모바일 단말기에 설치한 후 콘텐츠를 사용하며, 모바일 웹은 웹브라우저를 통해 애플리케이션에 접속하여 콘텐츠를 이용한다. 모바일 앱과 모바일 웹의 차이점에 대하여 각각의 장단점을 위주로 비교하여 설명하라.

11 모바일 애플리케이션은 모바일 환경의 특성에 따라 네 가지 차별성이 있다. 모바일 애플리케이션의 차별성에는 무엇이 있는지 나열하고 차별화된 서비스에 대하여 간단히 설명하라.

12 스마트폰 시대가 시작되고 스마트 혁명이라고 불리는 오늘날, 스마트폰은 산업과 사회 전반에 미친 영향이 막대하다. 스마트폰으로 인하여 실제 우리의 일상생활 및 업무에 미친 영향에 대하여 설명하라.

INTERNET

CHAPTER 08

인터넷의 보안과 윤리

CHAPTER 08

인터넷의 보안과 윤리

인터넷의 급속한 확산으로 인하여, 우리는 과거에 비해 훨씬 많은 정보들을 접하고 있다. 인터넷쇼핑, 정보검색, 실시간 뉴스정보, 친구와의 메신저 등 인터넷 사용은 우리 생활의 일부가 되었다. 그러나 이러한 환경은 우리생활을 편리하고 풍요롭게 만들어 주고 있으나, 동시에 불법적으로 정보에 접근하거나 무분별하게 사용하여 이로 인한 피해가 발생하고 있다. 그 예로, 컴퓨터 바이러스나 해커의 공격을 받아서 개인의 소중한 정보가 파괴되거나 외부로 유출되는 등 사회적인 문제가 되고 있다. 또한 인터넷 공간에서 타인의 프라이버시나 저작권을 침해하여 피해를 주거나, 인터넷 중독으로 인해 본인과 주변사람이 피해를 입는 경우가 발생하고 있다.

이 장에서는 인터넷 사회의 특징을 살펴보며 인터넷 윤리에 대해 생각해 본다. 그리고 개인정보의 보호나 유해정보의 차단을 위한 인터넷 보안 방법에 대해 알아보고, 인터넷에서 중독이나 유해정보, 사이버폭력 등 여러 가지 사회적인 문제들을 살펴보고 저작권 침해와 보호 문제에 대해서도 알아본다.

8.1 인터넷과 사회

인터넷은 우리 사회 다양한 분야에 영향을 미치고 사용자가 직접 참여하는 플랫폼으로 변화하고 있다. 반면에, 그에 따른 역기능도 심각하게 발생하고 있다. 인터넷은 쇼핑, 금융거래 등 경제활동 분야에도 많이 활용되어 편리한 생활을 제공하고 있지만 안전한 거래를 위한 인터넷 보안문제가 매우 중요해지고 있다. 이러한 문제점들을 근본적으로 해결하려면 네티즌들이 인터넷 윤리에 대해 이해하고 실천하는 등 철저한 의식을 가져야 할 것이다.

8.1.1 인터넷 사회의 변화와 문제점

급변하는 정보화 시대에 기술의 발전은 소통의 매체였던 신문, 방송, 라디오, 책과 같은 미디어들을 인터넷, 전자신문, DMB 등의 새로운 미디어 형태로 변화시키고 있다. 일방적으로 읽고 즐기는 방식의 플랫폼에서 사용자가 직접 자신의 생각을 쓰고 공유하는 쌍방향 참여형 플랫폼으로 변화하여 사용자 주도적인 서비스로 진화되고 있다. 이러한 인터넷 이용의 증가는 우리 사회에 전반적으로 영향을 미치고 있으며, 특히 권력, 교육, 의식주의 측면에서 많은 변화가 진행되고 있다.

권력의 변화는 네티즌들이 단순히 신문과 방송에서 보도된 내용을 받아들이기만 했던 입장에서, 인터넷을 통해 자신의 목소리나 의견을 표명할 수 있게 된 것을 의미한다. 페이스북이나 트위터와 같은 소셜미디어 환경은 다수의 의견을 듣고 자신의 경험과 생각을 손쉽게 공유할 수 있게 되었다. 교육 분야에서는 기존의 교육과 인터넷을 통한 새로운 교육이 상호 보완적으로 변화하고 있다. 폐쇄적이었던 학교 내의 강의와 관련 지식을 Open Course Ware(OCW)의 사례에서 보듯이 인터넷 상에 누구에게나 열려 있도록 공개하여 지식 공유라는 변화를 가져왔다. 전통적인 의식주 문화에서는 변화보다는 안정된 생활을 우선시하였지만, 인터넷의 확산으로 생활이 편리해지면서 어디에도 소속되는 것을 거부하는 디지털 노마드(Digital Nomad) 그룹이 확산되고 있다. 인터넷을 통해 언제 어디서라도 맡은 일을 할 수 있으며, 일의 효율과 생산성을 높이기 위해 어디로든 이동이 가능해진 것이다.

참여, 공유, 개방을 원칙으로 가속화된 인터넷은 정보의 유통과 활용이 용이해지고, 표현의 자유가 증대하고, 새로운 커뮤니티가 탄생하는 등의 순기능을 찾아볼 수 있다. 반면에, 이와 동시에 인터넷 공간에서 다음과 같은 역기능 현상도 급속히 확산되고 있다.

1) 개인정보 유출과 사이버 범죄

IT 기술의 발달은 수많은 개인정보가 축적됨과 동시에 손쉽게 개인정보가 수집되어 불법으로 유출될 우려가 증가하고 있다. 불법으로 수집된 개인정보는 쉽게 범죄에 노출될 수 있으므로 개인정보를 보호하고 유출을 방지하기 위한 정보 보안의 중요성이 점차 커지고 있다.

2) 인터넷 중독 및 유해정보

약물이나 알코올 중독과 유사하게 현대 사회에서는 TV, 인터넷, 컴퓨터 게임에 중독되는 현상이 확산되고 있다. 현실보다는 가상의 세계에 몰입하여 가상공간과 현실을 혼돈하거나 현실세계의 대인관계나 일상생활에 적응하지 못하는 인터넷 중독은 개인이나 사회적으로 문제가 되고 있다. 또한 무분별한 유해 정보의 유통은 청소년들에게 아무런 제약 없이 노출되고 있어 큰 피해를 끼치고 있는 실정이다.

3) 사이버폭력 및 프라이버시 침해

개인이 인터넷과 컴퓨터에 있는 자신의 자료를 보호하는 행동을 인터넷 프라이버시라고 하며, 오늘날 인터넷 프라이버시 침해 문제는 심각히 대두되고 있다. 빈번히 발생하고 있는 신상털기나 악성댓글, 허위사실 유포 등이 사이버 폭력의 대표적인 예이다.

4) 저작권 침해

오늘날 인터넷 환경의 발전으로 디지털 콘텐츠의 유통은 더욱 활성화되고 있다. 그러나 콘텐츠 유통의 편리성은 인터넷에서 스토리지 공유 사이트나 블로그 등을 통해 끊임없는 불법 복제 및 유통을 촉발하고 있다. 불법 유통은 콘텐츠 저작자의 권리를 침해하는 행위로 인터넷 콘텐츠 발전에 가장 큰 저해요소로 작용하고 있다.

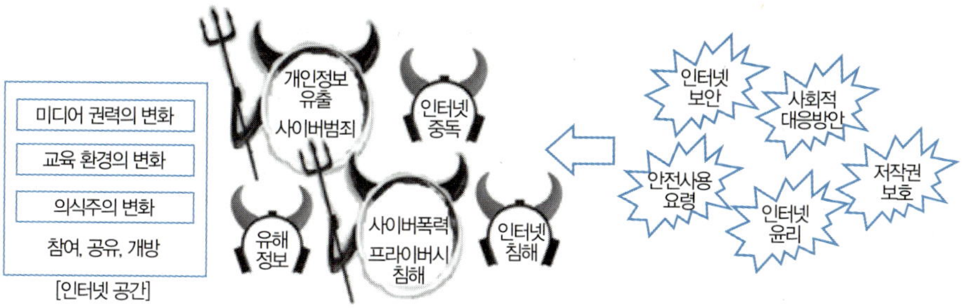

그림 8.1
인터넷 사회의 역기능과 대응책

8.1.2 인터넷 경제 활동

인터넷 기술의 발전은 경제 활동의 영역에서도 의사결정과 정보교환이 실시간으로 이루어지게 하였다. 인터넷 상에서 상품 구입이 가능하게 되었고, 직접 은행을 찾아가지 않고 사이버 금융 서비스를 이용하여 금융 거래를 하며, 공과금이나 세금도 인터넷으로 납부하는 등 편리한 생활을 영위하게 되었다. 그러나 사용자가 편리해진 만큼 주의하여야 할 점들과 보안의 문제점이 발생한다. 여기에서는 인터넷 경제 활동 시 주의 사항과 보안을 위한 대처 방안에 대해 알아본다.

앞의 6.3절에서 소개하였듯이 오픈마켓이나 인터넷 쇼핑몰은 오프라인 상점에 비해 편리하고 가격이 저렴하기 때문에 많이 이용되고 있지만 소비자의 피해 사례도 급증하고 있다. 이에 공정거래위원회는 다음의 표 8.1과 같이 '인터넷 쇼핑몰 이용 소비자 7대 안전수칙'을 제시하여, 인터넷 쇼핑을 할 때 소비자의 피해를 예방하고자 노력하고 있다.

① 사이트에 사업자의 신원정보가 기재되어 있는지 확인한다.
② 인증마크를 무조건 신뢰하면 안 된다.
③ 무료서비스, 지나치게 저렴한 가격, 사행성 판매방식(추첨식, 복권식) 등에 현혹되지 않도록 주의하여야 한다.
④ 결제가 안전하게 이루어지는 사이트인지 확인한다.
⑤ 거래조건을 꼼꼼히 확인한다.
⑥ 주문결과를 확인하고 계약정보는 출력하여 보존해 둔다.
⑦ 문제가 발생한 경우에 신속하게 대응한다.

표 8.1
인터넷 쇼핑몰 이용 소비자 7대 안전수칙(출처: 공정거래위원회, 2005)

인터넷 금융 거래는 사용의 편리성만큼 사회경제에 미치는 영향이 크기 때문에 사용자는 안전한 거래를 위해 많은 관심과 노력이 필요하다. 정기적으로 비밀번호를 변경하고, 지속적으로 사이트의 안정성을 확인하는 등 사용자는 금융거래 시스템이 무조건 안전하다는 믿음보다는 스스로 관리하는 마음으로 안전에 대한 노력을 기울여야 한다. 다음의 표 8.2는 금융위원회에서 제시한 안전한 인터넷뱅킹 이용 방법이다.

표 8.2
안전한 인터넷뱅킹 이용 방법(출처: 금융위원회, 2012)

① 인터넷뱅킹 접속 시 SMS나 E-mail에 첨부된 링크로 바로 접속하지 않는다.
② 인터넷뱅킹 접속 시 검색사이트를 통해 검색하여 접속한다.
③ 보안카드의 내용 전부를 입력하라고 하면 피싱사이트인지 의심한다.
④ 자신이 요청하지 않았는데 공인인증서가 재발급되었다는 메시지를 받았을 때는 즉시 금융기관에 신고하여 폐기 요청한다.

인터넷 상거래를 안전하게 하기 위해서는 필수적으로 사업자와 소비자의 신원 확인이 필요하다. 초기의 인터넷 금융거래에서 신원확인 수단으로 주민등록번호를 이용하였으나, 기술의 발달로 개인의 신상정보를 쉽게 수집할 수 있게 됨에 따라 개인정보의 유출이 우려되고 있다. 한번 노출된 주민등록번호는 변경이 어렵고 쉽게 복제가 가능하여 피해가 지속적으로 발생할 수 있다. 따라서 이런 피해를 줄이기 위해 개인의 신상정보를 포함하지 않고서도 유사시에 변경이 쉽고 보안에 유리한 대체 시스템으로 공인인증서나 I-PIN을 이용하고 있다.

▶공인인증서

전자상거래를 할 때 신원을 확인하고, 문서의 위조와 변조를 방지하고, 거래 사실의 입증 등을 목적으로 은행 등 공인인증기관이 발행하는 전자적 정보로서, 일종의 사이버거래용 인감증명서라고 할 수 있다. 공인인증서는 인터넷뱅킹이나 인터넷 쇼핑을 할 때 비밀키를 암호화한 비밀번호만 입력하면 자동으로 전자서명이 생성되어 공인인증서와 함께 첨부된다.

▶I-PIN(Internet Personal Identification Number)

인터넷상에서 주민번호를 대체하는 개인 식별 번호이다. 2006년 정부와 한국정보보호진흥원에서 주민등록번호의 유출과 오남용 방지를 목적으로 마련한 제도이다. 주민등록번호와는 달리 생년월일, 성별 등의 정보를 갖지 않으며 언제든 변경이 가능하여 유사시에 2차 피해를 막을 수 있다는 장점이 있다. 한국전자인증, 한국신용정보, 한국신용평가정보, 한국정보인증, 서울신용평가 등 정부가 선정한 5개 신용평가기관에서 휴대폰번호, 신용카드번호, 범용공인인증서 등을 이용해 본인임을 확인받으면 곧바로 발급이 가능하다.

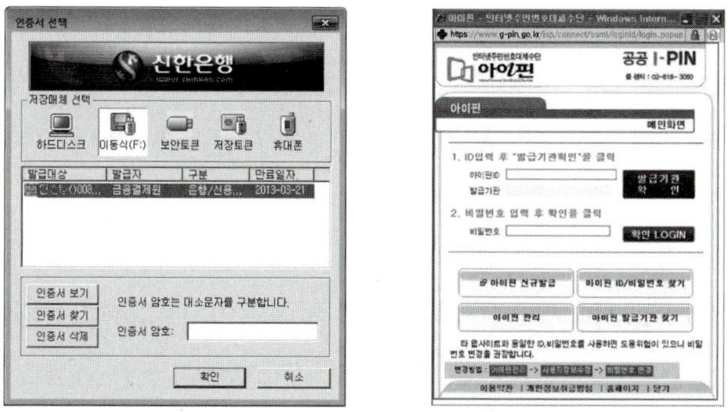

그림 8.2
공인인증서 및 I-PIN 사용 화면

8.1.3 인터넷 환경과 윤리

인터넷의 등장으로 인간의 생활방식은 급속하게 변화하여 기존의 물리적인 공간 이외에 새로운 생활공간인 사이버 공간을 탄생시켰다. 사이버 공간에서는 시공간을 초월하여 다양한 정보와 새로운 사람들을 만날 수 있는 등 우리에게 편리하고 무한한 가능성을 열어주고 있지만, 동시에 각종 문제점과 이로 인한 피해도 발생되고 있다. 인터넷 상의 정보의 범람으로 진실성을 판단하기 어려워지고, 각종 자료를 불법으로 유통하며, 청소년뿐 아니라 일반인에게도 유해한 불법 사이트가 범람하고, 사이버 공간에서의 폭력까지 등장하여 우리 사회의 안녕과 질서를 해치고 있다. 이러한 역기능을 해결하기 위해서는 무엇보다 확고한 인터넷 윤리 의식의 인식과 실천이 필요하다.

인터넷 공간에서 범죄 행위가 만연하게 된 것은 사이버 공간의 특수한 환경에 기인하고 있다. 다음과 같은 인터넷 공간의 특성이 윤리적인 문제를 야기시키고 있다.

1) 익명성

인터넷 공간은 현실세계와는 달리 자신의 신분을 드러내지 않고서도 목소리를 내는 등 여러 가지 활동을 할 수 있다. 이러한 익명성은 자신을 숨기고 상대방의 명예를 훼손시키거나 공격적인 행위들로 개인 프라이버시를 침해하는 등 비윤리적인 행위를 부추기게 된다.

2) 불특정 다수성

인터넷 공간은 불특정 다수의 이용자가 불특정 다수에게 자유롭게 정보를 제공할 수 있다. 일대다 또는 다대다의 방식으로 정보의 교환이 이루어져 제3자의 도움 없이 매우 빠른 속도로 정보를 생산하여 많은 사람에게 전달할 수 있다.

3) 시 · 공간의 무제약성

인터넷 공간은 시간과 장소의 제약 없이 언제 어디서든 활동이 가능하며, 인터넷 공간을 통해서 전 세계 어디든지 접근하는 것이 가능하다. 그러나 자신의 행위가 짧은 시간 내에 전 세계적인 영향을 미치고 부정적인 행위를 범하더라도 적발이 쉽지 않다는 점이 비도덕적인 행위를 부추길 수 있다.

4) 정보의 과다성

지나친 과잉 정보의 제공은 본연의 목적을 상실한 채 일부 계층의 사용자에게는 유해한 정보로 작용할 수 있다. 청소년의 경우와 같이 유해한 정보인지에 대한 개인의 판단력이 부족할 때 심각한 부작용을 일으킬 위험이 있다.

인터넷의 역기능 문제를 해소하고 바람직한 인터넷 문화를 창출하기 위해서는 인터넷 윤리의 역할이 매우 중요하다. 인터넷 윤리란 정보화 사회에서 일어나고 있는 윤리적 문제들을 해결하기 위한 일종의 규범 체계인데, 사이버 공간에서 기본적으로 지켜야 할 인간 생활의 행위 기준을 마련하고 책임과 의무를 규정하는 기준이라고 할 수 있다. 사이버 공간에서 발생되는 윤리적 문제를 해결하려면, 우리는 사이버 공간에서 상대방을 존중하고 자신의 행동에 책임을 지며 정의를 지키기 위해서 항상 신중하게 윤리적으로 생각하고 판단한 후 행동하려는 자세가 필요하다.

8.2 인터넷의 보안

인터넷의 급속한 발전으로 우리는 방대한 양의 유익한 정보를 접할 수 있게 되었다. 그러나 인터넷은 개방을 목적으로 하고 있기 때문에 남에게 공개되면 안 되는 정보들이 유출될 위험이 있으므로 인터넷 보안이 중요해지고 있다. 이 절에서는 인터넷 보안의 개념과 컴퓨터 유해 프로그램과 해킹으로부터 정보보안을 지키기 위한 방법에 대해 알아본다.

8.2.1 인터넷 보안의 개념과 유형

인터넷 쇼핑, 인터넷뱅킹, 정보 검색, 메신저 등으로 우리 생활은 좀 더 편리하고 풍요롭게 되었지만, 동시에 불법적으로 정보에 접근하거나 허가 없이 사용함에 따른 피해가 발생하고 있다. 그 예로 컴퓨터 바이러스나 해커의 공격으로 개인정보가 파괴되거나 외부로 유출되는 사례가 있다. 특히, 전자상거래 시 주민등록번호, 은행예금계좌, 신용카드정보 등 매우 중요한 개인정보가 유출될 수 있는 위험이 있다. 인터넷 보안이란 허락받지 않은 사람이 네트워크를 통해서 개인의 소중한 정보에 공격하거나 침입하는 것으로부터 보호하는 것을 의미한다.

인터넷 보안을 위해 외부의 공격이나 침입으로부터 시스템을 보호하기 위한 서비스 유형을 그림 8.3에서 보듯이 4가지로 나눌 수 있다. 컴퓨터 시스템의 내부 정보를 보호하기 위한 네트워크 보안, 물리적 보안, 컴퓨터 시스템 보안이 있다. 그리고 컴퓨터 사용에 주의를 기울이는 사용자 관리적 보안이 있다.

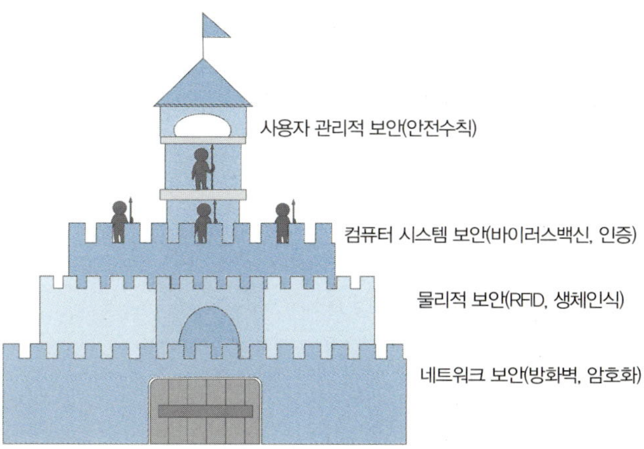

그림 8.3
정보보안 서비스의 유형

1) 네트워크 보안

해커는 네트워크를 공격하여 정보를 불법적으로 유출하거나 변조하여 불법적으로 사용할 수 있다. 네트워크 보안을 위해서는 방화벽을 통해 외부에서 네트워크를 통한 불법적인 침입을 차단하거나 암호화 기법을 통해 유출이 되더라도 해독하지 못하게 하는 방법이 있다.

2) 물리적 보안

물리적 보안이란 내부 혹은 외부 출입자에 의한 보안 사고를 차단하기 위한 방법으로 물리적 장소에 있는 컴퓨터 시스템에 접근하기 위한 출입을 통제하는 방식이다. 이 때 사용하는 방식으로는 RFID 출입증이나, 지문, 홍채, 얼굴 등 생체 인식과 같은 기술을 활용하여 출입자의 신원을 확인하고 접근을 허락한다.

3) 컴퓨터 시스템 보안

컴퓨터 시스템 보안이란 악성 프로그램이나 해킹 등의 외부 공격으로부터 컴퓨터 시스템을 보호하는 정책이다. 악성 프로그램에 대한 위협에서 컴퓨터 시스템을 보호하기 위해서는 바이러스 백신 프로그램을 통해서 주기적으로 시스템 내부를 체크하는 것이 중요하다. 또한 암호화를 통해 외부 유출을 대비하고 권한이 있는 사람만이 정보에 접근할 수 있도록 인증 서비스를 통해 정보에 접근 가능하도록 제어하는 것도 중요하다.

4) 사용자 관리적 보안

사용자가 정보 관리의 중요성에 대해 인식하여 불의의 정보 사고를 예방하고 피해를 최소화시키려면 안전수칙을 지키기 위한 개인적인 노력이 필요하다. 안전수칙의 예로, 사용자는 패스워드를 주기적으로 교체를 하거나 백신 프로그램을 통해 주기적인 시스템을 점검하고 시스템 내의 정보를 백업하여 정보 손상이 없도록 해야 한다.

8.2.2 컴퓨터 악성/유해 프로그램

멀웨어(Malware)는 악성 소프트웨어(Malicious Software)의 줄임말로 컴퓨터 시스템에 침입하여 장애를 유발하거나 시스템 자원에 불법적으로 접근하기 위해 만들어진 소프트웨어를 뜻한다. 악성 프로그램은 의도적으로 시스템을 파괴하기 위한 목적을 가지고 있으며 이에 그치지 않고 개인의 신상 정보를 해킹해 악용하는 경우도 있다. 반면, 유해 프로그램은 시스템을 파괴하지 않고 수시로 팝업 창을 띄우는 것과 같이 악의는 없으나 사용자를 성가시게 만드는 프로그램이다.

1) 컴퓨터 바이러스(Computer Virus)

컴퓨터 바이러스란 컴퓨터 시스템에 침투하는 악성 프로그램의 일종이다. 생물학적 바이러스가 세포에 침투하여 감염을 시키고, 바이러스 복제를 통해 다른 세포에 확산을 시키는 특징과 같은 기능을 가지고 있어서 컴퓨터 바이러스라고 이름이 붙여졌다. 따라서 컴퓨터 바이러스는 일단 감염이 되면 자신을 복제하여 다른 곳에 퍼트리는 전염성을 가지고 있다. 컴퓨터 바이러스는 e-메일이나 불법 소프트웨어 등을 통해 침투하여 파일을 삭제하거나 내용을 변경시키는 등 컴퓨터 시스템에 직접적인 피해를 주는 행위를 하기도 한다. 감염 부위에 따라 컴퓨터의 부팅을 방해하는 부트 바이러스, 실행파일의 정상적인 작동을 방해하여 오작동을 일으키는 파일 파이러스 및 매크로 바이러스 등이 있다.

2) 웜(Worm) 바이러스

일반 컴퓨터 바이러스는 사람이 프로그램을 실행시키는 행위를 통해 감염이 되는 반면에 웜은 인터넷에 접속하여 사용 중인 프로그램을 통해서 스스로 자신을 복제해가며 전파를 한다. 웜의 작동방식은 일단 채팅이나 메일 등을 통해 컴퓨터 내부에 잠입하여 감염시킨 후, 자신을 복제하여 시스템 과부하를 발생시키고 네트워크를 통해 계속 전파시킨다. 컴퓨터 바이러스와 웜 바이러스의 작동원리를 그림 8.4에서 보여주고 있다.

그림 8.4
컴퓨터 바이러스와 웜 바이러스의 작동 원리

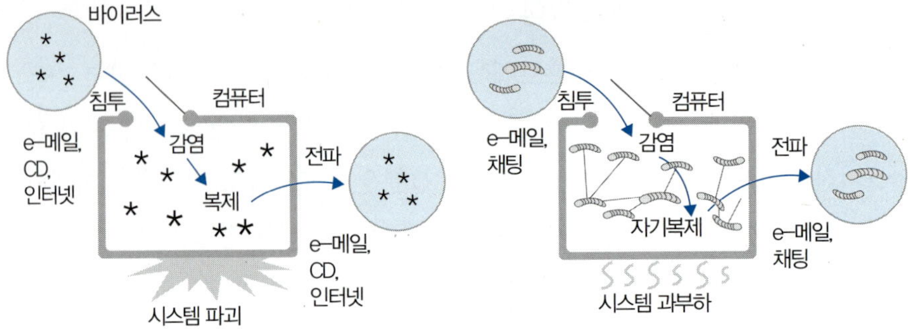

3) 트로이목마(Trojan)

트로이목마는 악성 프로그램의 일종으로서 악의적인 목적을 가지고 몰래 컴퓨터 시스템에 숨어 들어와 자료를 삭제하거나 정보를 탈취하는 행위를 한다. 이메일의 첨부 파일이나 채팅 등 인터넷을 통해 트로이목마가 침투를 하여 뒷문(Back Door)을 열어놓으면 해커가 침입하여 정보를 탈취하거나 파괴하기도 한다. 트로이목마는 일반적으로 해킹의 도구로 사용되고 있으며 컴퓨터 바이러스와 달리 복제하는 기능 없이 독립적으로 존재하므로 해당 파일만 찾아 삭제하면 치료가 가능하다.

4) 스파이웨어(Spyware)

스파이웨어란 스파이(Spy)와 소프트웨어(Software)의 합성어이다. 사용자의 컴퓨터에 몰래 숨어 있다가 정보를 빼가는 악성 프로그램으로, 주로 개인정보나 시스템정보 등을 수집하는 스파이 행위를 한다. 스파이웨어는 컴퓨터 바이러스처럼 자기복제는 하지 않으며 사용자가 자신도 모르는 사이에 설치하는 경우가 많다. 예를 들어, 액티브X로 구현된 설치프로그램을 통해 사용자들은 의심 없이 '예'를 선택할 때 스파이웨어가 설치된다. 스파이웨어는 팝업광고를 반복해서 띄우거나 특정 사이트로 방문을 유도하기 위한 바로가기 아이콘을 수시로 생성하기도 한다.

5) 키로거(Key-logger)

키로거는 감염된 컴퓨터의 키보드를 통해 입력되는 정보를 중간에서 몰래 빼내는 악성 프로그램이다. 주로 사용자의 ID, 패스워드, 계좌번호, 카드번호 등 중요한 개인정보를 빼내기 위한 용도로 사용되며 이로 인한 금융상의 피해가 크기 때문에 심각한 문제를 야기할 수 있다. 그림 8.5에서는 트로이목마, 스파이웨어, 키로거의 작동원리를 보여주고 있다.

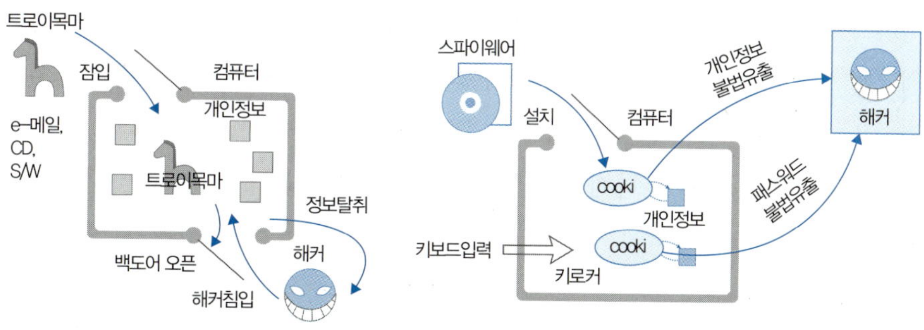

(a) 트로이목마　　(b) 스파이웨어와 키로거

그림 8.5 트로이목마와 스파이웨어와 키로거의 작동 원리

8.2.3 해킹

인터넷의 발달과 함께 뛰어난 컴퓨터 실력을 기반으로 네트워크를 이용한 범죄가 사회적 문제로 대두되고 있다. 해킹(Hacking)이란 불법적으로 컴퓨터 시스템에 침입하여 특정 사이트를 공격하기도 하고 각종 정보를 유출하거나, 훼손 및 변조하는 행위를 말한다. 원래 해커는 자신의 컴퓨터 실력을 과시하기 위해서 다른 사람의 컴퓨터에 침입하는 것이 목적이었으나, 최근에는 정보를 유출하여 상업적 이득을 얻을 목적으로 범죄에 이용되고 있다. 이렇게 범죄 행위에 사용되는 경우를 크래킹(Cracking)으로 구분하고 있으나 일반적으로는 해킹과 크래킹은 같은 의미로 통칭하여 해킹으로 불리고 있다. 해킹의 대표적인 유형에는 다음과 같은 것이 있다.

1) 네트워크를 통한 불법 침입

해커는 네트워크와 컴퓨터 시스템의 보안상의 취약점을 이용하여 불법적으로 침입을 시도한다. 먼저 해커는 네트워크 정보, 시스템 정보, 방화벽 정보 등을 수집하여 취약한 부분을 찾아내서 공격을 하게 된다. 예를 들어, 시스템을 속여서 접근 권한을 얻어낸 후에 침투하거나 사용자의 비밀번호를 알아낸 뒤에 계정에 침투하여 정보를 유출하는 방법이 있다.

2) 서비스 거부(DoS: Denial of Service) 공격

서비스 거부공격이란 인터넷을 통해 특정 서비스를 일시적으로 중지시켜서 해당 서비스로의 접근을 방해하는 방법이다. 시스템을 파괴하지는 않으나 정상적인 서비스 수행을 하지 못하게 함으로써 사용자에게 불편을 준다. 예를 들어, 네트워크에 연결된 다수의 컴퓨터를 이용하여 공격목표가 되는 서비스 서버에 동시에 접속을 시도한다. 이러한 공격이 네트워크 폭주를 야기하여 서버에 과부하를 만들어 정상적인 작동을 못하게 한다. 이때 공격에 사용한 컴퓨터를 좀비(Zombie) 컴퓨터라고 부른다.

3) 피싱(Phishing)과 파밍(Pharming)

피싱은 사용자 계정, 비밀번호, 금융 정보 등의 개인정보를 불법적으로 취득하여 범죄행위에 사용하는 해킹기술이다. 개인정보(Private Data)와 낚시(Fishing)의 합성어로 불특정 다수에게 이메일 등을 발송하여 위조된 사이트로 접속을 유도한 후 개인정보를 불법으로 수집하여 금전적인 피해를 끼치는 행위이다. 파밍은 피싱과 비슷한 해킹 유형으로, 인터넷 주소창에 있는 방문하고자 하는 사이트의 URL을 가짜 사이트로 이동시키는 해킹 방법이다. 파밍은 피싱과 달리 도메인 자체를 중간에서 바꾸는 방식으로 다수의 사용자를 속이기 때문에 대규모 피해를 줄 수 있다.

그림 8.6
다양한 해킹 수법

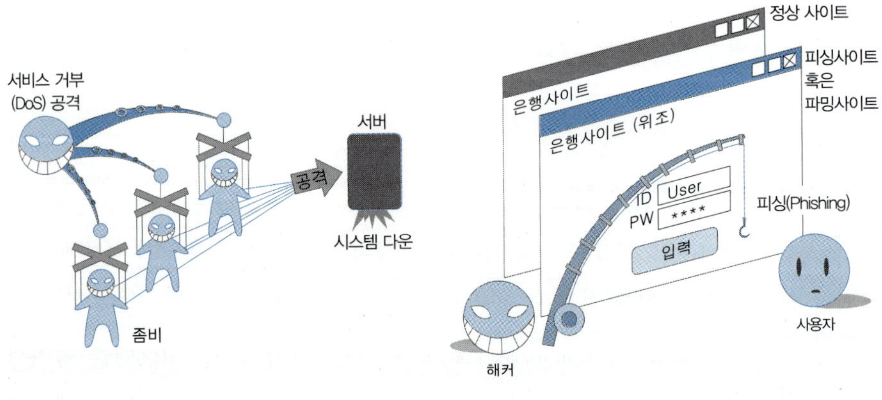

(a) 서비스 거부 공격 (b) 피싱과 파밍

8.2.4 인터넷 보안을 위한 대책

인터넷이 발달할수록 인터넷을 통한 범죄가 증가하고 있기 때문에 사용자는 인터넷 보안에 대한 관심을 기울일 필요가 있다. 인터넷을 안전하게 사용하기 위해서는 방화벽을 사용하고 정보를 암호화시켜 보호하며 사용자 인증을 통해 접근을 통제하는 방안이 필요하다. 또한, 악성 프로그램과 해킹으로부터 피해를 방지할 수 있도록 안전수칙을 숙지해야 한다.

1) 방화벽(Firewall)

방화벽이란 시스템에 불법적으로 침입하는 것을 차단해서 외부로 정보를 유출하거나 시스템을 파괴하는 행위를 방지하는 보안 소프트웨어 혹은 하드웨어 장비이다. 방화벽의 목표는 외부로부터의 공격에 네트워크가 그대로 노출이 되지 않게 외부로부터의 접근을 통제하고 인가된 접근만을 허용하여 내부 네트워크를 보호하는 역할을 한다.

2) 암호화(Encryption) 기술

인터넷을 통해서 비밀을 유지해야 하는 정보를 주고받을 때 정보를 암호화해서 허락받지 않은 사람이 보지 못하도록 하는 것이 암호화 기술이다. 암호화 기술은 글자의 배열 순서를 바꾸거나 특정한 키 값을 설정하여 문자의 조합을 혼합한다. 대표적으로 많이 사용되는 공개키(Public Key) 암호화 방식은 공개키와 개인키(Private Key) 두 개의 비대칭적인 키를 이용하여 정보를 암호화하는 방식이다. 송신 측은 공개키를 가지고 정보를 암호화하여 전송하면 수신 측에서 자신의 개인키로 복호화하여 열어볼 수 있다.

3) 사용자 인증(Authentication)

인증은 교환되는 정보의 위조나 변조 혹은 사용자의 진위 여부를 확인하는 과정이다. 비밀번호 설정이나 RFID 및 스마트카드 등을 활용한 인증, 지문이나 홍채, 음성 등의 생체 인식과 같은 사용자 인증 방법, 전자 서명과 같은 메시지 인증 방법이 있다.

4) 악성 프로그램 방지를 위한 안전수칙

개인의 부주의로 인하여 컴퓨터 시스템이 악성 프로그램에 감염되는 경우가 많다. 주로 인터넷에서 파일을 다운로드할 때나 감염된 자료나 소프트웨어를 불법 복제할 때, 여러 사람이 공동으로 사용하는 컴퓨터를 이용할 때, 이메일에서 첨부 파일을 읽을 때 감염될 수 있다. 악성 프로그램으로부터 컴퓨터를 보호하기 위해서는 정품 소프트웨어를 사용하고 불분명한 출처의 이메일이나 자료를 열어보지 않아야 한다. 컴퓨터는 주기적으로 업데이트를 하고 백신 프로그램과 같은 악성 제거 프로그램을 설치해서 항상 대비를 해야 한다.

5) 해킹 방지를 위한 안전수칙

해킹으로부터 자신의 컴퓨터를 안전하게 지키기 위해서는 특별한 소프트웨어가 존재하지 않기 때문에 개인 차원의 안전수칙을 잘 알고 있어야 한다. 먼저 불필요한 웹사이트에 회원 가입을 자제하고, 공용 인증시스템을 사용하여 정보가 변형되거나 위조되는 것을 방지해야 한다. 방화벽을 설치해서 해커의 접근을 방지하고 무선인터넷을 사용할 때는 비밀번호를 설정하여 허가 안 된 사용자가 접근하는 것을 방지해야 한다. 공용 컴퓨터는 보안이 취약하기 때문에 되도록 개인 및 금융정보가 필요한 서비스는 이용하지 않는 것이 좋다. 또한 피싱 방지를 위해 위조된 사이트인지 확인을 하고 메신저와 같은 채팅 프로그램에서 비밀번호나 개인정보를 보내지 말아야 한다.

그림 8.7
인터넷 보안 대책

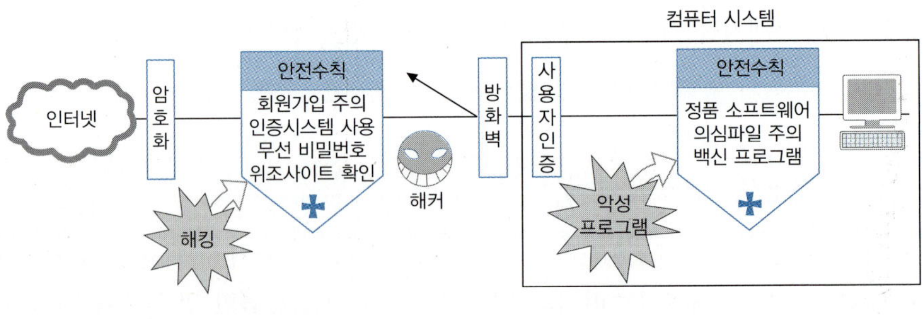

8.3 인터넷의 사회적 문제

인터넷이 탄생하면서 사이버 공간이라는 새로운 생활공간이 만들어졌으며, 이러한 인터넷의 공간에서는 여러 가지 장점도 있지만 우리 생활에 미치는 부정적인 측면도 있다. 약물중독과 마찬가지로 사이버공간과 현실세계를 혼돈할 정도의 인터넷 중독이 문제시되고 있으며, 각종 유해정보가 범람하고 사이버 공간에서 새로운 유형의 폭력이 개인의 생활을 위협하고 있다. 이 절에서는 인터넷 공간에서 이러한 사회적인 문제들을 살펴보고 바람직한 네티즌의 행동양식에 대해 생각해 본다.

8.3.1 인터넷 중독과 예방

최근 우리 사회에서 한시라도 인터넷을 하지 않으면 초조해지고 불안해지는 인터넷 중독이 위험 수위를 넘어서고 있다. 인터넷 중독(Internet Addiction)이란 강박적으로 인터넷을 사용하여 인터넷 사용에 대한 금단현상과 내성을 지니고 있으며 이로 인해 일상생활에 장애가 유발되는 상태를 말한다. 한국정보화진흥원에서 실시한 "2011년 인터넷 중독 실태 조사"의 결과를 보면, 우리나라의 인터넷 중독의 심각성을 알 수 있다. 만 5세~49세 인터넷 이용자 중 인터넷 중독률은 7.7%로 인터넷 중독자 수는 약 234만 명이며, 그 중에서 인터넷 중독 고위험 사용자군은 약 52만 명(1.7%)으로 조사되고 있다.

우리가 인터넷에 중독될 수 있는 요소는 여러 가지가 존재하고 있으며, 한국정보화진흥원에서는 인터넷 중독의 유형을 다음과 같이 채팅, 게임, 사이버섹스, 사이버거래, 정보검색 중독으로 구분하고 있다.

1) 사이버 채팅 중독

사이버 채팅 중독은 인터넷 사용자가 지나치게 채팅방이나 동호회에 집착하여 과다한 접속으로 일상생활에 심각한 지장을 받고 있는 상태를 의미한다. 이로 인해 현실에서는 대인관계에 장애를 일으키거나, 학교나 직장에서는 제대로 적응하지 못하며, 가족과 갈등을 일으킬 수 있다.

2) 사이버 게임 중독

일상생활의 대부분 시간을 게임에 소비하고 집착하여 게임을 하지 못하면 초조하고 불안해지는 상태를 말한다. 게임에 중독된 사람들은 게임에 몰두하느라 현실에서 다른 사람과의 관계를 기피하고, 불규칙한 생활로 신체적 장애까지 유발하기도 한다.

3) 사이버 섹스 중독

사이버 공간에서 음란물을 보거나 매매 행위를 하며, 성인 채팅방을 통해 사이버 섹스에 몰입하는 것을 말한다. 사이버 섹스 중독은 학교 공부나 업무 생산성에 심각한 지장을 초래할 뿐만 아니라 성에 대한 왜곡된 인식을 갖게 하며, 심지어 성 범죄를 유발할 수도 있다.

4) 사이버 거래 중독

인터넷상에서의 사이버 거래에 집착하는 것을 의미한다. 사이버 거래에 중독된 사람들은 도박이나 과도한 쇼핑으로 인해 직업을 상실하거나 신용불량이 되고, 가정이 파탄되는 등 심각한 재정적 위기에 처하게 된다.

5) 정보 검색 중독

정보 검색 중독은 웹서핑이나 자료검색을 과도하게 하는 경우이다. 이들은 특정한 목적 없이 다양한 인터넷 사이트를 다니며 웹서핑을 한다. 자신의 활동 목적에 부합하지 않고 생산성도 없이 오랜 시간 정보검색이나 웹서핑으로 자신의 일을 하지 못하고 있다면 정보 검색 중독을 의심해 보아야 할 것이다.

이처럼 개인과 가정, 사회에 막대한 해를 초래할 수 있는 인터넷 중독을 해결하려면 현실에서 신체적 활동을 하거나 여가생활을 할 수 있는 건전한 놀이문화의 조성이 필요하다. 단순히 인터넷 사용을 통제하고 차단하는 것은 인터넷 중독의 해결책이 되지 못하므로 구성원 모두의 노력이 필요하다. 우선 각 개인은 인터넷 중독을 사전에 진단하고 예방해야 한다. 한국정보화진흥원에서는 인터넷 중독 대응센터에서는 인터넷 중독 자가진단 프로그램을 개발하여 보급하고 있으며, 홈페이지(http://www.iapc.or.kr/)를 방문하면 인터넷 중독 진단, 온라인게임 중독

진단, 스마트폰 중독 진단 검사를 통해 스스로 진단할 수 있다. 또한 인터넷 중독 대응센터에서는 다음 표 8.3과 같이 인터넷 중독 예방지침을 권장하고 있다.

① 특별한 목적 없이 컴퓨터를 켜지 않는다.
② 컴퓨터 사용 시간을 가족들과 협의하여 결정한다.
③ 컴퓨터 사용 시간과 내용을 사용일지에 기록하는 습관을 들인다.
④ 컴퓨터 옆에 알람시계를 두어 사용 시간을 수시로 확인한다.
⑤ 인터넷 사용 이외에 운동이나 취미활동시간을 늘린다.
⑥ 인터넷 때문에 식사나 취침시간을 어기지 않는다.
⑦ 스스로 인터넷 사용조절이 어려울 경우, 시간관리 소프트웨어를 설치한다.

표 8.3
인터넷 중독 예방지침 (출처: 한국정보화진흥원 인터넷중독대응센터, 2011)

그림 8.8
인터넷중독 대응센터 홈페이지(http://www.iapc.or.kr/)

8.3.2 유해정보의 차단

인터넷에는 우리에게 유익한 정보만을 제공하지는 않는다. 2011년 여성가족부에서 실시한 청소년 유해환경 실태조사에서 우리나라 중 · 고등학생의 37.3%가 온라인을 통해 음란물을 접해 보았으며, 음란물 첫 경험 연령도 초등학생 때나 중학교 1~2학년 등 저연령화된 것으로 나타나 청소년의 정서적 성장에 큰 피해를 주고 있다.

모든 사물의 속성이 양면적이듯이 인터넷에서 제공하는 정보도 양질의 정보가 있는 반면 사용자에게 해가 되는 정보가 있다. 인터넷을 통해 제공 받는 수많은 정보 중에서 사용자에게 정신적 · 경제적 · 시간적인 피해를 끼치는 나쁜 정보를 유해정보라고 한다. 방송통신심의위원회에서는 이를 더 세분하여 불법정보, 유해정보, 권리침해정보 등 분야별로 구분하여 심의하고 있다. 불법정보로는 도박 등

사행성을 조장하거나 법질서 및 사회질서를 위반하는 정보가 있고, 유해정보로는 음란성, 선정성 및 폭력성, 잔혹성, 혐오감을 주는 정보가 있으며, 권리침해정보로는 명예훼손, 초상권, 지적재산권 등 권리를 해치는 정보가 해당된다.

유해정보에 제대로 대응하고 사용자를 보호하기 위해서는 무엇보다도 교육이 필요하다. 특히 청소년의 경우 학교와 학부모를 통해 인터넷 사용 및 유해정보의 대응 교육을 지속적으로 실시하는 것이 가장 중요하다. 교육을 실시하는 방법 이외에 유해사이트를 기술적으로 차단하는 방법도 있으며 등급을 부여하여 이용자의 범위를 지정해주거나 유해정보 차단 프로그램을 사용하는 방법도 있다.

유해 사이트를 기술적으로 차단하는 방법에는 주소 기반의 차단방식과 콘텐츠 기반의 차단방식이 있다.

1) 주소 기반의 차단방식

웹사이트의 주소를 차단목록(Black List) 혹은 접근허용목록(White List)으로 작성하여 선별기술을 적용하는 방식이 있다. 청소년 유해정보를 포함하고 있는 사이트의 주소 목록을 소프트웨어가 차단목록(Black List)으로 기억하고 있다가 사용자가 이 목록에 있는 유해 사이트에 접속할 때 사이트 접속을 차단한다. 허용목록(White List)에는 청소년에게 안전한 것으로 검증된 사이트의 주소를 수집하여 사전에 등록해 두고 이 목록에 있는 사이트만 접근을 허용하고 이외의 사이트는 모두 차단하는 방식이다. 두 가지 목록 모두 해당 사이트들에 대한 정보를 주기적으로 갱신하고 관리해주어야 한다.

2) 콘텐츠 기반의 차단방식

웹 문서 내의 멀티미디어 콘텐츠를 인식하여 유해정보 여부를 판별함으로써 수많은 유해사이트의 콘텐츠에 대해 효과적으로 대처할 수 있다. 기존의 정적인 주소목록 차단방식이 아니라 문자, 이미지, 동영상 등의 내용을 필터링 기술을 이용하여 검사하고 분석하여 효과적인 유해정보의 차단을 가능하게 한다.

등급부여에 따른 차단방식은 인터넷 서비스 제공자가 콘텐츠의 음란성, 폭력성, 사이버언어 등을 기준으로 사전에 콘텐츠의 내용물에 등급을 부여하고, 인터넷 이용자는 나이나 자격에 따라 허용된 등급만 볼 수 있게 하는 방법이다. 이를 위해서는 콘텐츠 내용의 유해 정도를 판단하여 사전에 콘텐츠의 등급을 부여하는 절차와 인터넷 콘텐츠에 접속할 때 자격에 따라 허용된 등급만 볼 수 있도록 제어하는 절차가 필요하다.

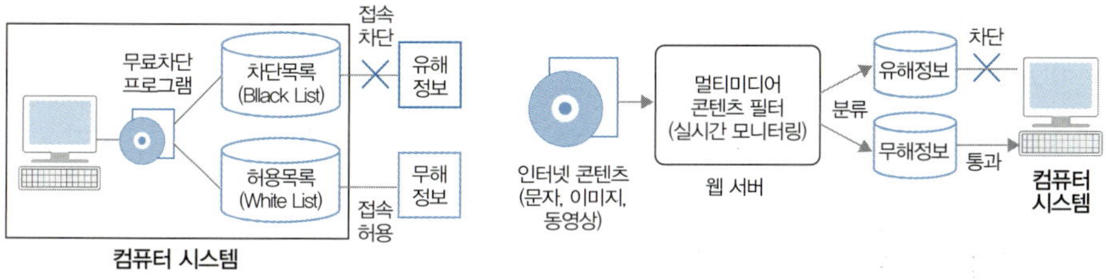

(a) 주소기반의 차단방식 (b) 콘텐츠 기반의 차단 방식

그림 8.9
유해사이트 차단 기술의 비교

8.3.3 사이버 폭력과 대응 방안

인터넷은 21세기의 가장 영향력 있는 매체로 부상하였다. 특히 인터넷이 이용자에게 매우 매력적인 커뮤니케이션 수단으로 각광 받으면서, 명예훼손, 모욕, 스토킹, 성폭력과 같은 타인에게 피해를 주는 행위가 급증하고 있다. 가수 타블로 사건이 대표적인 사이버폭력의 사례이다. 사이버 공간의 익명성에 몸을 숨기고 악의적인 언어폭력으로 한사람(예를 들면 가수 타블로)의 인생에 명예훼손뿐만 아니라 정신적 · 물질적인 고통까지 주기도 하였다.

사이버 폭력이란 인터넷에서 글이나 말, 음향, 영상 등을 이용해 다른 사람의 사생활에 피해를 입혀 정신적 물질적 고통을 주거나, 다른 사람의 명예 또는 권익을 침해하는 행위를 말한다. 사이버 공간에서 직접 얼굴이나 실제 이름을 보지 않는 특징인 비대면성과 익명성으로 인해 사이버 폭력은 빠르게 전파되며 피해도 더 커지게 된다. 이러한 사이버 폭력의 특징을 살펴보자.

우선, 사이버 폭력의 피해는 빠르게 확산된다. 사이버 공간에서 특정인에 대한 근거없는 비방이나 욕설 등을 게시하면 빠른 시간 안에 수많은 사람들이 보게 되며, 이를 조기에 발견하여 모두 삭제한다는 것은 매우 어렵다. 다음으로, 익명성으로 인해 누구나 쉽게 사이버 폭력 행위를 저지를 위험이 있다. 상대방이 자신의 이름을 모른다는 안도감으로 말을 할 때 거리낌이 없어지고 폭력성이 드러나기도 하므로 조심을 해야 한다. 마지막으로, 자신도 모르게 사이버 폭력 행위를 하고 있는 경우가 있다. 많은 사람들이 잘못된 댓글을 올릴 때 이것이 사이버 폭력이라는 인식 없이 무의식적으로 남의 권리를 침해할 수 있으므로 인터넷에서 글을 작성할 때에는 신중해야 한다.

이러한 사이버 폭력의 유형은 다음과 같이 사이버 명예훼손, 사이버 모욕, 사이버 성폭력, 사이버 스토킹의 4가지로 구분해 볼 수 있다.

1) 사이버 명예훼손

인터넷 게시판에 타인의 명예를 훼손하는 글이나 사진을 게시하거나, 전자우편 등을 통해 불특정 다수인에게 유포하여 상대방의 명예를 실추시키는 행위가 사이버 명예훼손이다. 인터넷 게시판에 타인의 사생활이나 확인되지 않은 사실을 공개적으로 게시한 경우에 그 정보가 사실이든 사실이 아니든 상대방의 명예를 훼손시킨다면 사이버 명예훼손에 해당된다.

2) 사이버 모욕

사이버 모욕은 인터넷상에서 특정한 사람에 대하여 모욕적인 언사나 욕설의 글을 올리거나 메일로 전송하는 등의 행위에 해당한다. 사이버 모욕은 구체적인 사실을 적지 않더라도 욕설이나 모욕적인 표현으로 상대방의 인격을 깍아내리는 행위까지 포함되며, 특정 사람이 대상이 아니라 인터넷 게시판 댓글에 욕설로 도배를 하는 언어폭력도 사이버 모욕 행위에 해당한다.

3) 사이버 성폭력

인터넷상에서 음란한 대화를 강요하거나 음란물을 유통시켜 상대방에게 성적 수치심을 주는 등 정신적 피해를 입히는 행위가 사이버 성폭력이다. 사이버 성폭력의 유형에는 사이버 공간에서 상대방에게 성적인 욕설이나 성적인 묘사로 수치심을 일으키는 언어 성폭력, 그림이나 합성사진 등을 통해 성적 수치심을 유발시키는 이미지 성폭력, 그리고 인터넷을 통해 성적인 만남을 유도하는 사이버 성매매가 있다.

4) 사이버 스토킹

사이버 스토킹이란 인터넷에서 상대방이 원하지 않는 접근을 지속적으로 시도하여 상대방에게 공포심을 일으키는 등 반복적으로 괴롭히는 행위이다. 사이버 스토킹은 현실이 아닌 사이버 공간에서 이루어지며, 괴롭히는 행위가 자신이나 가족의 안전에 위협을 느낄 만한 정도가 되어야 사이버 스토킹이라 할 수 있다.

사이버공간에서는 자신의 숨길 수 있는 익명성 때문에 현실세계와는 달리 폭력적이거나 예의에 어긋난 말을 쉽게 하게 된다. 사이버 폭력을 행하는 사람들은 이런 행동이 자신을 범죄자로 만들 수 있다는 사실과 특정 사람에게 큰 피해를 줄 수 있다는 사실을 자각하지 못하는 경우가 많이 있다. 인터넷상에서 다른 사람에게 큰 상처를 주는 사람이 되지 않기 위해서, 또한 자신이 사이버 폭력의 피해자가 되지 않기 위해서 다음의 표 8.4와 같은 사이버 폭력 예방책을 준수하는 것이 바람직하다.

표 8.4
사이버 폭력의 예방과 대응책(출처: 방송통신심의위원회, 2009)

- 다른 사람에게 피해를 주지 않는 요령
  ① 음란한 용어나 욕설이 포함된 아이디나 닉네임을 사용하지 않는다.
  ② 글을 쓸 때에는 바른 언어를 사용한다.
  ③ 게시판에 글을 올리기 전에 다시 한 번 읽어본다.
  ④ 무심코 한 장난이 범죄가 될 수 있음을 명심한다.
  ⑤ 논쟁이 발생할 때 절제할 줄 안다.
  ⑥ 현실에서처럼 상대방을 존중한다.

- 나의 권리를 내가 지키는 요령
  ① 중성 아이디를 사용한다.
  ② 개인정보를 철저히 관리한다.
  ③ 원하지 않는 메일에 답하지 않고, 필터링 소프트웨어를 사용한다.
  ④ 온라인 대화 시 상대방을 주의한다.
  ⑤ 온라인상에서 만난 사람과 직접 만나는 일은 신중히 생각한다.
  ⑥ 상대방의 성적인 유혹에는 절대로 대응하지 않는다.
  ⑦ 불법 · 유해 사이트는 신고센터에 신고한다.
  ⑧ 불법 · 유해 사이트는 피하고, 건전한 사이트를 이용한다.

8.3.4 사이버 언어와 바람직한 네티켓

1) 사이버 언어

사이버 언어는 컴퓨터 통신에서부터 인터넷이나 휴대전화에서 문자로 표현되는 모든 언어를 의미한다. 사이버 언어는 기존의 언어를 여러 형태로 변형하여 사용되며, 다음의 네 가지 형태가 대표적인 변형이다. 첫째, '주세요'를 '주삼'으로 '불법다운로드'를 '불펌'으로 사용하는 것과 같은 경우의 형태변이이다. 둘째, '베스트프렌드'를 '베프'라고 사용하는 축약과 줄임말의 형태이다. 셋째, '축하'를 '추카'로 '있어요'를 '이써요'라고 소리나는 대로 사용하는 형태이다. 넷째, '축하합니다'를 'ㅊㅋ'로 의성어와 의태어로서 소리나거나 표현되는 형태로 표기하는 형태이다.

이러한 사이버 언어는 그 언어를 사용하는 사용자 간의 강한 공동체 의식을 형성하고, 기존 문자와 다른 다양한 감정을 표현할 수 있고, 온라인상의 의사소통이 원활해지는 등의 이점으로 활발히 사용되고 있다. 그러나 이와 같이 변형된 사이버 언어의 무분별한 사용은 한글을 파괴하거나 세대간의 의사소통을 단절시키는 등 부작용을 발생시키기도 한다. 그렇기에 건전한 사이버 언어의 사용을 위한 노력이 필요하다.

2) 네티켓

네티켓(Netiquette)이란 통신(Network)과 에티켓(Etiquette)의 합성어로서 인터넷 사용자들이 인터넷 공간에서 지켜야 할 상식적인 예절을 말한다. 법적 제재를 가하는 타율적 해결보다는 인터넷 사용자 스스로 자율적으로 사이버 공간의 문제를 미리 방지하고 이성적으로 해결해 나가자는 적극적 의미를 가지고 있다. 네티켓은 사이버 공간에서 지켜야 할 예의범절에 대한 조항이며, 네티켓을 지켜나갈 때 건전한 사이버 사회가 조성될 수 있다. 정보통신 윤리위원회에서 제정한 '정보통신 윤리강령'은 표 8.5와 같은 네 가지 기본개념을 담고 있다.

① 사이버 공간의 주체는 인간이다. ② 사이버 공간은 공동체의 공간이다. ③ 사이버 공간은 누구에게나 평등하며 열린 공간이다. ④ 사이버 공간은 네티즌 스스로 건전하게 가꾸어 나간다.

표 8.5
정보통신 윤리강령 (출처: 정보통신 윤리위원회, 2000)

한편, 미국 플로리다 대학교의 버지니아 셰어(Virginia Shea) 교수는 '네티켓의 핵심원칙'(The Core Rules of Netiquette)으로 소위 '네티켓 10계명'을 발표하였다. 사이버 공간에서 활동할 때 명심해야할 기본 원칙으로 그 내용은 표 8.6과 같다.

① 인간임 기억하라. ② 실제 생활에서 적용된 것처럼 똑같은 기준과 행동을 고수하라. ③ 현재 자신이 어떤 곳에 접속해 있는지 알고, 그 곳 문화에 어울리게 행동하라. ④ 다른 사람의 시간을 존중하라. ⑤ 온라인상의 당신 자신을 근사하게 만들어라. ⑥ 전문적인 지식을 공유하라. ⑦ 논쟁은 절제된 감정으로 행하라. ⑧ 다른 사람의 사생활을 존중하라. ⑨ 당신의 권력을 남용하지 마라. ⑩ 다른 사람의 실수를 용서하라.

표 8.6
버지니아 셰어의 네티켓 10계명(출처: 버지니아 셰어, 1994)

8.4 인터넷 저작권

이제는 사람들이 일생생활의 일부로 인터넷을 통해 친구들과 이야기도 나누고 사진도 공유하면서 인터넷 세상을 즐기고 있다. 그러나 인터넷의 활성화는 자신의 정보가 쉽게 노출이 되면서 개인정보가 침해당하고 피해를 입는 사례가 있다. 뿐만 아니라 다른 사람의 콘텐츠를 쉽게 복제할 수 있게 되면서 저작권 침해가 발생하기도 한다. 이 절에서는 개인정보와 저작권에 대해 알아본다.

8.4.1 개인정보의 침해

개인정보란 개인을 식별할 수 있는 모든 종류의 정보로 이름, 나이, 성별, 주민등록번호, 주소, 전화번호와 같은 일반적인 정보뿐만 아니라 특정 개인을 구별할 수 있는 신체적 정보나 사회적 신분 및 거래행위와 같은 활동 정보도 포함하고 있다. 현재 국내의 경우 인터넷과 정보통신기술의 사용이 일상화되면서 개인정보에 대한 중요성을 인식하여 법률로 그 범위를 정하고 있다. '정보통신망이용촉진 및 정보보호 등에 관한 법률' 제2조에서 개인정보를 "생존하는 개인에 관한 정보로서 성명, 주민등록번호 등에 의하여 당해 개인을 알아볼 수 있는 부호, 문자, 음성, 음향 및 영상 등의 정보"라고 규정하였다.

인터넷 기술의 발달로 수많은 개인정보가 컴퓨터를 통해 쉽게 수집되어 저장할 수 있게 되었다. 당사자의 동의 없이 개인정보가 무단으로 수집되거나 불법으로 유출되어 부적절하게 이용되는 행위를 개인정보 침해라고 한다. 특히, 인터넷이 널리 사용되면서 다양한 사이트에 가입하고 본인의 글이나 사진 등을 게시하며 공유하는 것이 활성화되었다. 이 때 개인정보가 타인에 의해 무단으로 사용되거나 공개가 되면서 프라이버시 침해로 이어지는 등 개인정보 유출에 대한 사회적 문제가 계속 대두되고 있다.

개인정보는 수집부터 저장 및 관리, 이용 및 제공, 파기되기까지 4단계로 구성된 생명주기를 가지고 있다. 이러한 생명주기에 따른 개인정보 침해 유형을 표 8.7에 정리하였다.

표 8.7
생명주기 단계별 개인정보 침해 유형

단계	개인정보 침해 유형
수집 단계	• 동의 없이 개인정보를 수집하고 이를 고지하지 않는 경우 • 해킹과 같은 불법 수단으로 개인정보를 수집하는 경우 • 불법 수집된 개인정보를 구매한 경우
저장 및 관리 단계	• 내부에서 관리 소홀로 인해 개인정보가 유출된 경우 • 외부인의 불법 접근으로 인해 개인정보가 유출된 경우
이용 및 제공 단계	• 개인정보 수집할 때 고지한 이용목적외에 이용한 경우 • 동의하지 않은 개인정보를 무단으로 제공한 경우
파기 단계	• 개인정보 삭제에 대한 요구를 불응한 경우 • 개인정보 수집 후 목적 달성 후 미파기한 경우

개인정보는 자신 스스로가 잘 관리하는 것이 개인정보 유출을 막는 최선의 방법이며, 개인정보를 안전하게 보호하기 위한 몇 가지 방법을 숙지하면 도움이 될 것이다. 개인정보가 침해되지 않도록 하는 사전 대응방안과 개인정보가 침해되었

을 때를 대처할 사후 대응방안은 다음과 같다.

1) 사전 대응방안

인터넷 웹 사이트를 방문할 때 사용자에 대한 기록을 남겨놓는 쿠키(Cookie) 정보를 삭제하여 개인정보 유출을 방지할 수 있다. 또한, 회원가입을 할 때 약관을 꼼꼼히 살펴보아야 하고, 주민등록번호 대체수단인 I-PIN을 사용하면 개인정보의 오 · 남용을 줄일 수 있다. 한국인터넷진흥원에서는 '주민등록번호클린센터'를 운영하고 있으며 주민등록번호 이용내역 및 회원탈퇴 요청내역을 확인할 수 있는 서비스를 제공하고 있다. 이를 통해 자신의 주민등록번호가 도용되었는지 확인을 해서 피해를 줄일 수 있다. 컴퓨터를 사용할 때에는 자동 보안 업데이트 프로그램을 통해 악성 프로그램이나 해킹으로부터 보안을 강화하여 미리 방지해야 한다. 또한, 인터넷 상에는 개인정보가 포함된 자료들은 가급적 게시하지 않고 공용으로 사용하는 컴퓨터에서는 문서 작업이나 개인정보를 복사하는 행위를 자제해야 한다.

2) 사후 대응방안

개인정보가 침해된 경우 그 사실을 '개인정보침해신고센터'에 신고를 하는 방법이 있다. 신고가 접수되면 수사를 통해 당사자를 조사하여 법규 위반 여부와 위반 사항 정도를 조사하여 시정권고와 과태료를 부과하기도 한다. 분쟁이 발생한 경우에는 소송제도의 대안으로 시행되고 있는 분쟁조정제도를 통하면 비용이 들지 않으며 처리시간을 단축시킨다. 개인정보분쟁 조정위원회에서는 신청인이 사건을 접수하면 사실조사를 통해 합의를 권고하고 합의가 이루어지지 않으면 위원회를 통해 조정절차가 진행된다.

그림 8.10
개인정보 침해 예방 및 신고센터 홈페이지

(a) 주민등록번호클린센터(clean.kisa.or.kr)　　(b) 개인정보침해신고센터(privacy.kisa.or.kr)

8.4.2 저작권의 침해

블로그에 신문기사를 그대로 옮겨와서 게시하거나, 유투브(Youtube)에 재미있는 영상을 올릴 때에 배경음악을 무심코 사용하면 저작권 침해가 될 수 있다. 저작권법에서 보호 대상이 되는 저작물은 주로 문학이나 예술에서의 창작물부터 최근에는 컴퓨터 프로그램까지 창작자가 만든 모든 저작물이 포함된다. 저작권법 제2조에 의하면 저작물이란 인간의 사상 또는 감정을 표현한 창작물이라고 말하고 있다. 저작물의 종류로는 어문저작물, 음악저작물, 연극저작물, 미술저작물, 건축저작물, 사진저작물, 영상저작물, 도형저작물, 컴퓨터 프로그램 저작물이 있으며 번역, 편곡과 같은 2차적 저작물과 백과사전, 데이터베이스와 같이 편집저작물로 나눌 수 있다. 반면, 사실의 전달에 불과한 기사 내용이나 법률, 조약, 법원의 판결과 같이 사회공공의 이익을 위해 정책적으로 저작권법에 보호를 받지 못하는 저작물도 있다.

저작권이란 저작물을 창작한 저작자가 가지는 권리로 다른 사람이 자신의 창작물을 사용하는 것을 허락하거나 금지하는 권리를 행사할 수 있다. 저작권의 보호 기간은 저작자가 생존하는 기간과 사후 50년간 보장된다. 저작권 침해란 저작권자의 허락 없이 저작권법에 보호되는 저작물을 무단으로 사용한 행위를 말한다. 비록 저작권자의 이용허락을 받았더라도 이용 범위나 방법이 벗어난 경우도 저작권 침해에 해당된다. 저작권은 표 8.8과 같이 저작인격권, 저작재산권, 저작인접권으로 나누고 있다.

구분	설명
저작인격권	저작물에 대한 저작자의 명예와 인격을 보호하고 훼손되지 않도록 하는 비금전적 권리를 의미한다. 저작인격권에는 공표권, 성명표시권, 동일성유지권이 있다.
저작재산권	저작물을 타인이 이용하는 것을 허락하고 그 대가를 받을 수 있도록 재산적 이익을 보호하는 권리로 복제권, 공연권, 전시권, 배포권, 공중송신권, 대여권, 2차적 저작물 작성권이 있다.
저작인접권	창작자 외에도 가수, 연기자와 같이 저작물을 가창, 연기, 구연, 낭독한 실연자, 음반제작자, 방송사업자에게 부여되는 저작권이다. 저작자 이외에 실연이나 방송 등을 통하여 저작물의 전파에 기여한 사람들의 권리를 인정해주는 것이다.

표 8.8
저작권의 유형

한국저작권위원회가 조사한 바에 따르면 저작권 침해의 주요 경로는 웹하드, P2P, 블로그, 홈페이지, 마켓 순으로 나타나고 있으며 주로 인터넷에서 업로드에 따른 저작권 침해가 많이 발생한다. 한편 저작권법 제30조에는 "공표된 저작물을 영리 목적으로 하지 아니하고 개인적으로 이용하거나 가정 및 이에 준하는 한정된 범위 안에서 이용하는 경우에는 그 이용자는 복제할 수 있다."라고 규정하고 있어 개인이 사적으로 이용한 경우에는 저작권 침해가 되지 않는다. 그러나 인터넷을 이용하다보면 사적이용에 해당되는지 아니면 저작권 침해가 되는지 잘 모르는 경우가 많다. 여기서는 저작물 다운로드, SNS, 댓글의 경우에 발생하는 저작권침해의 여부를 살펴본다.

▶저작물 다운로드

음악이나 TV 프로그램을 PC에 저장하거나 책의 일부를 복사하여 개인적으로 이용하는 경우와 같이 인터넷 사이트에서 자료를 다운로드 받아 사용하는 것은 사적이용을 위한 복제에 해당한다. 그러나 불법 사이트 혹은 불법 복제물인줄 알면서도 이를 다운로드 받는 것은 사적이용에 해당되지 않는다고 법원에서 판결된 바 있다. 따라서 불법이라고 의심되는 P2P 사이트나 웹스토리지에서 자료를 다운로드 받는 것을 조심해야 한다.

▶SNS 콘텐츠

페이스북이나 트위터 등 SNS에서는 여러 사람이 작성한 텍스트로부터 사진 및 동영상 등의 다양한 형태의 콘텐츠를 공유하고 있으므로 저작권 문제에 노출되어 있다. SNS에서 자신이 작성한 콘텐츠를 제공하거나 그것을 제 3자가 회람(리트윗)한 경우는 문제없지만 다른 사람의 저작물을 SNS에 제공하거나 불법으로 제공된 콘텐츠를 퍼뜨리는 행위도 저작권 침해가 된다. 또한, SNS에서 제공된 콘텐츠를 SNS 운영사가 아닌 제 3자가 다른 목적으로 이용하는 행위도 저작권 침해에 해당한다.

▶블로그 및 게시판의 댓글

인터넷에서 블로그나 각종 게시판에는 다양한 형태의 댓글이 무수히 많이 있는데, 이러한 댓글에도 저작권 침해가 발생할 수 있다. 댓글이 저작물로 인정받으려면 창작성과 어느 정도의 분량이 있어야 저작권으로 보호받을 수 있다. 남의 것을 모방하지 않는 것은 당연하고 누가 쓰더라도 비슷하게 할 수밖에 없는 일상적인 표현이 아니어야 하며 단순히 사실정보를 전달하는 것이 아니어야 한다. 분량도 10여줄 이상으로 자신의 의견을 확실히 밝힌 댓글이어야 저작물 권리를 인정받을 수 있다.

8.4.3 저작권 관리 기술

2009년도에 영화 '해운대'가 극장에서 상영되고 있는 도중에 인터넷에서 DVD급 화질의 불법 복제물이 유출된 사건이 발생하였다. 해외에도 개봉될 예정이었으나 이미 개봉 전에 불법 복제된 영상들이 중국에 유통되고 있었으며 이 사건으로 영화 '해운대'는 막대한 피해를 입었다. 이와 같이 디지털 콘텐츠의 유통이 활성화되면서 저작권 보호가 중요한 사회적 이슈가 되었다. 디지털 콘텐츠는 품질이 떨어지지 않는다는 특징이 있기 때문에 인터넷을 통해 대량으로 유통시키는 것이 가능해졌다. 이에 따라 콘텐츠의 불법 복제 및 유통을 방지하기 위한 다양한 저작권 보호 기술이 필요하다.

1) 디지털 저작권 관리(DRM: Digital Rights Management)

디지털 콘텐츠의 생성 및 유통 과정에서 저작권자의 권리와 불법복제로부터 보호하기 위한 목적으로 제공되는 기술 및 서비스를 의미한다. 저작물을 안전하게 전달하기 위해 권한이 주어진 사용자만이 콘텐츠에 접근하여 적절한 요금을 지불할 수 있도록 하는 기술이다. 기술적 특징에 따라 콘텐츠의 암호화를 통해 불법 복제를 방지하는 복제방지 방식, 적법한 사용자만 접근을 가능토록 하는 접근제어 방식, 유통과정에서 사용료 부과 및 제어를 위한 사용제어 방식으로 구분된다.

2) 디지털 워터마킹(Digital Watermarking)과 포렌식 워터마킹(Forensic Watermarking)

디지털 워터마킹은 디지털 콘텐츠에 인간이 쉽게 감지하기 어려운 표식을 삽입하여 불법복제를 방지하는 기술이다. 디지털 콘텐츠에 저작권자를 식별할 수 있는 ID를 삽입하여 지적재산권 분쟁이 일어날 경우 원본의 출처를 확인할 수 있다. 이와 비슷한 기술로 포렌식 워터마킹이 있다. 포렌식 워터마킹은 디지털 콘텐츠에 구매자의 정보나 사용자의 복제 정보를 콘텐츠에 삽입하도록 하는 기술로 유통과정에서 불법으로 유출되는 경로를 파악할 수 있어 불법 복제자를 추적할 수 있다.

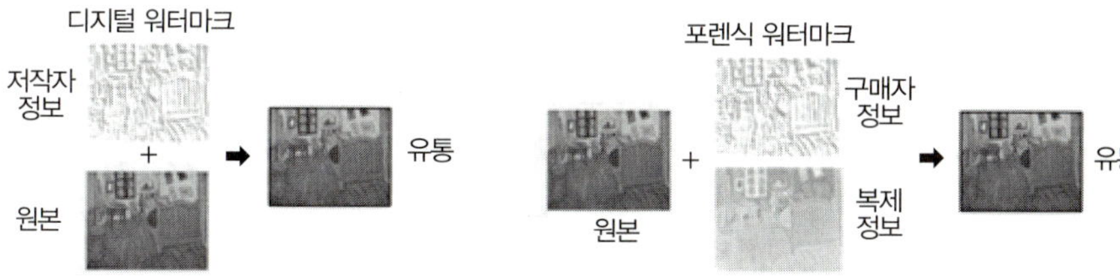

(a) 디지털 워터마킹 (b) 포렌식 워터마킹

그림 8.11 워터마킹 기술

3) 콘텐츠 필터링(Contents Filtering)

P2P 사이트 등에서 저작권법에 의해 보호되는 콘텐츠가 불법적으로 유통되는 것을 방지하기 위해 콘텐츠의 전송을 제어하거나 차단하기 위한 기술로 콘텐츠 필터링 기술이 있다. 텍스트 기반의 필터링 기술로 검색이 되지 않도록 키워드를 막아두는 키워드 필터링과 내용 기반 필터링 기술로 콘텐츠가 가지는 고유의 특징을 수치화하여 추출하는 특징점 필터링 방식이 있다.

4) 크리에이티브 커먼즈 라이선스(CCL: Creative Commons License)

자신의 창작물에 다른 사람들이 이용할 수 있는 조건을 자신이 직접 표기하는 것으로 수동적인 입장에서 저작권 보호를 하는 방식이다. 여러 사람이 혼돈하지 않고 일일이 허락을 구하지 않도록 자신의 저작물에 대하여 표 8.9와 같이 저작자 표시 의무, 비영리 사용제한, 변경 금지, 동일조건 변경 허락 등 이용방법 및 조건을 콘텐츠에 표시해 놓으면 된다.

표 8.9
크리에이티브 커먼즈 라이선스의 조건
(참조: CCL Korea)

	종류	의미
CCL 구성요소 및 의미	저작자표시	저작물의 원작품이나 복제물을 공표하거나 이용하려면 반드시 저작자의 성명, 출처 등 저작자에 관한 표시를 해야 한다.
	비영리	저작물을 영리 목적으로 이용할 수 없다. 영리 목적으로 이용하려면 저작자와 별도 계약이 필요하다.
	변경금지	저작물을 이용한 2차 저작물을 물론 저작물의 내용, 형식 등의 단순 변경도 금지한다.
	동일조건변경허락	2차적 저작물의 작성을 허용하되 원저작물과 동일한 내용의 라이선스를 적용해야 한다.

표시사례(저작자가 원하는 조건만 표시)	
저작자표시	저작자표시-동일조건변경허락
저작자표시-비영리	저작자표시-비영리-동일조건변경허락
저작자표시-변경금지	저작자표시-비영리-변경금지

참고문헌

컴퓨터와 IT기술의 이해, 최윤철, 한탁돈, 임순범, 생능출판사, 2013. 2

2012 한국인터넷백서, 한국인터넷진흥원, 2012

2012 인터넷윤리문화 실태조사, 한국인터넷진흥원, 2012

U시대의 인터넷 윤리, 개정판, 인터넷윤리실천협의회, 이한출판사, 2008.9

"인터넷윤리교육정보서비스", 한국인터넷진흥원. http://www.nethics.kr/new_intro.jsp

"인터넷 윤리의 개요 및 국내 현황", 유진호, 정보과학회지, 2012.10

"악성코드 현황 및 탐지 기술", 강부중, 한경수, 임을규, 정보과학회지, 2012.1

"인터넷윤리를 돕는 정보보호기술", 김영현, 김명주, 정보과학회지, 2012.10

"인터넷 상에서의 저작권 문제", 채명기, 정보과학회지, 2012.10

〈표 8.1〉 "인터넷 쇼핑몰 이용 소비자 안전수칙", 공정거래위원회, 2005

〈표 8.2〉 "안전한 인터넷 뱅킹 이용 방법", 금융위원회, 2012

〈표 8.3〉 "인터넷 중독 예방지침", 한국정보화진흥원 인터넷중독대응센터, 2011

[그림 8.8] 인터넷중독 대응센터, http://www.iapc.or.kr/

〈표 8.4〉 "사이버 폭력의 예방과 대응책", 방송통신심의위원회, 2009

〈표 8.5〉 "정보통신 윤리강령", 정보통신 윤리위원회, 2000

〈표 8.6〉. "The Core Rules of Netiquette", Virginia Shea, http://www.albion.com/netiquette/introduction.html

[그림 8.10(a)] 주민등록번호클린센터, http://clean.kisa.or.kr

[그림 8.10(b)] 개인정보침해신고센터, http://privacy.kisa.or.kr

〈표 8.9〉 크리에이티브 커먼즈 라이선스, http://www.cckorea.org

연습문제

01 참여, 공유, 개방을 원칙으로 인터넷의 보편화가 가속화되어 인터넷이 우리 생활의 일부가 되었다. 이러한 인터넷 사회의 순기능과 역기능에는 무엇이 있는지 간단히 설명하라.

02 공정거래위원회는 인터넷 쇼핑몰 이용 소비자 7대 안전수칙을 발표하였다. 그렇다면 안전수칙이 필요한 이유는 무엇인가?

03 초기의 인터넷 금융거래에서는 신원확인 수단으로 주민등록번호를 이용하였다. 오늘날 주민등록번호를 대체하여 사용할 수 있는 것은 무엇인지 설명하라.

04 인터넷 공간에서 범죄 행위가 만연하게 된 것은 사이버 공간의 특수한 환경에 기인하고 있다. 이와 같이 윤리적인 문제를 야기하는 인터넷 공간의 특성에는 무엇이 있는지 설명하라.

05 인터넷 보안을 위해 외부의 공격이나 침입으로부터 시스템을 보호하기 위한 서비스 유형은 네 가지로 나눌 수 있다. 네 가지 정보보안 서비스의 유형에 대하여 설명하라.

06 컴퓨터 바이러스와 웜에 대하여 설명하고, 그 차이를 비교하라.

07 스파이웨어는 스파이와 소프트웨어의 합성어이고, 키로거는 컴퓨터의 키보드를 통해 입력되는 정보를 중간에서 몰래 빼내서 기록하는 악성 프로그램이다. 스파이웨어와 키로거의 작동원리를 설명하라.

08 서비스 거부공격에 사용된 컴퓨터를 좀비 컴퓨터라고 부른다. 서비스 거부공격이란 무엇인가?

09 인터넷이 발달할수록 인터넷을 통한 범죄가 증가하고 있다. 인터넷 보안을 위한 대책방법에는 어떤 것이 있는가?

10 인터넷이 발달할수록 인터넷을 통한 범죄가 증가하고 있다. 또한 우리에게 유익한 정보만을 제공하지 않는다. 유해 정보의 차단을 위한 방식에는 주소 기반의 차단방식과 콘텐츠 기반의 차단방식이 있다. 각각 어떤 방법인지 설명하라.

INTERNET

CHAPTER 09

웹 2.0의 소개

CHAPTER

09 웹 2.0의 소개

웹의 초창기에는 이용자가 웹에 올려져 있는 정보를 단순히 사용하는데 머물렀다. 그러나 웹이 개방적으로 변하고 웹상에서 이용자들이 참여하면서 정보의 제공자 역할을 수행하는 웹 2.0 시대로 변화하였다. Podcasting, RSS, Wiki, Mashup, UCC, Social media, SNS, 등은 웹 2.0에 기반한 대표적인 개념과 서비스이다.

이 장에서는 웹 2.0의 철학과 트렌드에 대하여 설명하고 웹 2.0 서비스가 비즈니스 측면에서 어떤 경제 개념에 기반하고 있고 어떤 비즈니스 모델에 근거하는지 설명한다. 또한 웹에서 정보의 생산자 및 이용자 역할을 동시에 담당하는 프로슈머의 개념과 웹에서 참여자들이 제작하는 이용자 제작콘텐츠(UCC: User Created Content)에 대하여 공부한다. UCC 중 가장 성공적인 사례인 Wiki의 개념과 적용 사례를 알아보자. 마지막으로 개방 플랫폼으로서의 웹을 이해하고 그 특성과 효과를 설명한다.

9.1 웹 2.0의 물결

오늘날 웹 2.0의 개념은 블로그, 위키, 미디어 공유사이트, 소셜 미디어와 같이 이용자의 참여를 통해 웹이 완성되어 나감을 의미한다. 이러한 이유로 타임 매거진은 콘텐츠를 만들어 나가는 각 주체에 해당하는 '유(You)'를 2006년 올해의 사람(Person of The Year)으로 선정하였다.

9.1.1 웹 2.0 트렌드

웹의 출현이후 고속으로 성장하던 인터넷 관련 업체들이 2000년대 초 닷컴(.com) 버블의 붕괴로 말미암아 많은 업체들이 사라졌다. 그러나 인터넷 벤처기업의 거품이 붕괴되는 가운데에서 구글과 아마존 같은 회사는 오히려 더 성장하였다. 2004년 10월 미국의 오라일리(O'Reilly)사가 주최한 컨퍼런스에 모인 사람들이 인터넷에서 약 10년간 발생한 웹의 환경 변화와 발전 방향을 정의한 것을 웹 2.0으로 부르기로 하였다. 일반 상품이나 서비스 등에서의 버전 2.0이라는 뜻이 아니라 제2세대 웹이라는 의미에 더 가깝다.

웹 2.0의 본질은 인터넷 사용자들이 단순히 수동적으로 웹상의 정보를 이용하는데 그치지 않고 능동적으로 참여하는 생산자의 역할을 수행하고 적극적으로 상호 관계를 맺게하는 기술과 서비스를 의미한다. 즉, 웹 2.0 서비스는 사용자들의 참여를 통한 정보의 공유와 협업을 유도한다. 그림 9.1에서 오라일리사는 웹 1.0의 개념과 웹 2.0 개념을 비교하고 있다. 과거의 웹 1.0에서는 웹상의 정보가 미디어 기업이나 전문가들에 의해 생성되고 일반 사용자는 단순히 이용하는 수준에 머물었다. 그러나 웹 2.0 시대에는 일반 사용자들 특히 관련 분야에 관심이 있는 사용자 그룹이 직접 웹 정보를 생성하고 평가하고 분류하는 작업을 수행하게 된다. 즉, 기존의 웹 환경은 사용자의 참여가 없는 일종의 폐쇄된 공간이었으나 웹 2.0 환경은 사용자의 참여와 정보의 공유를 위해 오픈 시스템 형태로 존재한다. 이러한 사용자 환경을 오픈 플랫폼(Open Platform)이라 부르며 오픈 플랫폼은 사용자의 적극적인 참여를 유도하기 위하여 다양한 소프트웨어 도구를 제공한다. 예를 들어, Android 플랫폼은 모바일 사용자들을 위하여 응용 프로그램을 용이하게 개발할 수 있는 API를 비롯한 도구를 제공하고 Apple사의 AppStore 플랫폼도 사용자가 응용 프로그램을 개발할 수 있는 생태계(Ecosystem)와 도구들을 제공한다. 또한, Facebook과 같은 SNS나 Flickr나 YouTube와 같은 미디어 공유 사이트들도 일반 사용자가 사진이나 동영상을 저작하여 웹상에 올릴 수 있는 도구를 제공하고 있다. Flickr나 YouTube의 예에서 보듯이 더 많은 사용자가 웹상에 참여할수록 그 웹 사이트의 가치가 증가하게 된다.

그림 9.1
웹 1.0과 웹 2.0 개념의 비교

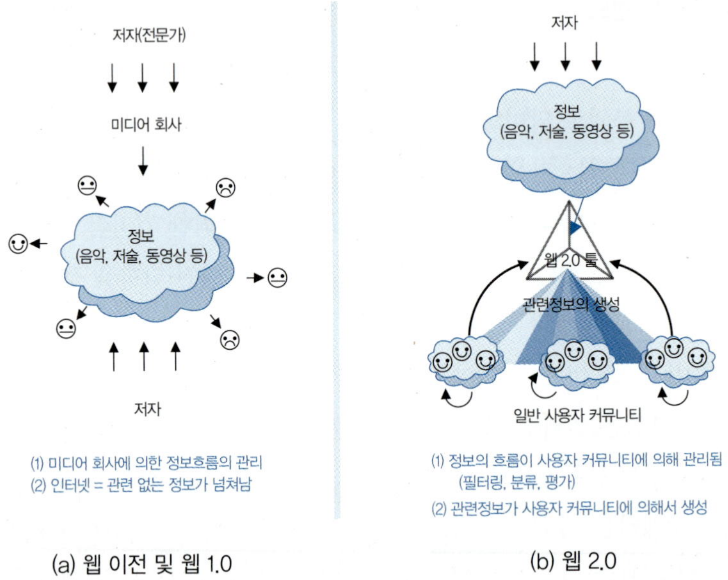

이러한 웹 2.0 개념에 따라 많은 인터넷 기업들이 설립되었고 이들 중에 최근 급성장하는 기업이나 서비스가 출현하게 되었다. 최근에 언론이나 미디어 사회에서 잘 알려진 TGIF(or GIFT)가 이러한 현상을 가장 잘 대변하고 있다. TGIF는 Twitter, Google, iPhone, Facebook의 앞 글자들로 구성된 신조어로 이러한 기업들은 모두 웹 2.0의 개념을 충실히 따르고 있다.

웹 2.0 기업의 특징을 다음과 같이 설명할 수 있다(그림 9.2 참조). 웹 2.0 사이트는 단순히 정보를 제공하는 데 그치지 않고 기업의 목적에 따라 사용자들에게 특정한 서비스를 제공한다. 사용자들은 이러한 서비스를 이용하여 웹 2.0 사이트에 무의식적으로 참여하게 된다. 이러한 참여는 사이트의 가치를 향상시키는 방향으로 작용한다. 즉, 웹 2.0 사이트의 가치는 전적으로 사용자들의 참여와 공유에 의해서 창출된다. 물론 사용자가 사이트의 가치를 높이기 위해서 의도적으로 참여하는 것은 아니지만 결과적으로 사이트에 자료가 축적됨으로써 사이트의 존재가치가 생겨난다. 사용자 한 사람의 역할은 그리 큰 게 아니지만 무수히 많은 사용자들의 참여가 축적되어 의미 있는 가치가 창출된다. 이러한 관점에서 웹 2.0 사이트는 사용자들의 집단지성(Collective intelligence)을 이용하게 된다. 소수의 사람의 참여는 큰 의미가 없지만 평범한 다수의 참여가 모여 의미 있는 결과를 낳게 되며 이러한 개념을 롱테일(Long tail)이라 부른다. 일반 사용자들의 적극적인 참여를 활성화하기 위하여 웹 2.0 사이트는 편리한 사용자 인터페이스를 제공하는 것이 매우 중요하다.

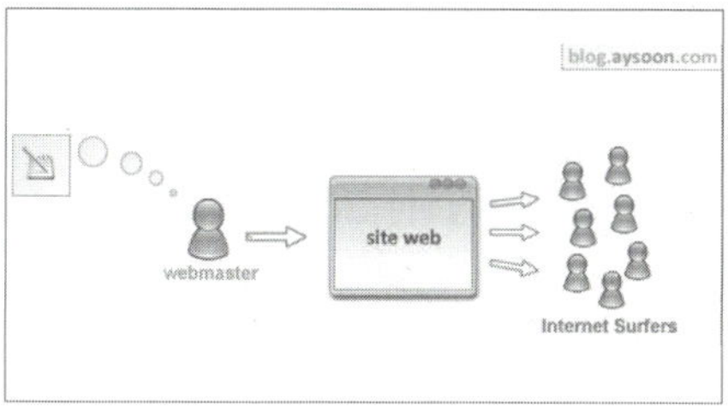

(a) 웹 1.0 기업

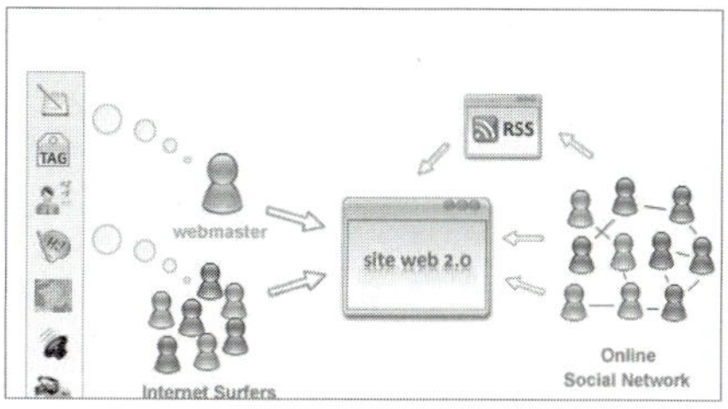

(b) 웹 2.0 기업

그림 9.2
웹 2.0 기업의 개념

2004년 출현한 '웹 2.0'이라는 용어가 한때 유행어가 된 데 대해 웹의 창시자인 팀 버너스리(Tim Berners-Lee)에 의하면 웹의 목적이 처음부터 이용자가 참여하고 협업하는 것을 목적으로 했기 때문에 결코 새로운 개념이 아니고 '수사적 표현(a piece of jargon)'에 지나지 않는다는 평가도 있다. 웹 2.0 서비스를 위해서 과거에 없던 새로운 기술을 적용한 것은 아니고 새로운 개념에 의한 비즈니스 모델과 서비스 트렌드로 이해될 수 있다.

그렇다면 왜 웹 2.0이 중요하고, 오늘날 우리사회에 어떠한 영향을 미치는가? 웹 2.0 개념은 블로그, 위키, 미디어 공유사이트, 소셜 미디어, SNS, 팟캐스팅, 매시업 서비스 등 다양한 영역에 적용되고 있지만 여기서는 가장 대표적인 웹 2.0 사이트인 Google 및 Facebook의 사례를 통해서 웹 2.0의 개념을 설명한다. Google은 검색 사이트로 시작하였고 아직까지 가장 많은 사람들이 Google 검색 엔진을 이용하여 웹 사이트 및 정보를 검색하고 있다. 사용자들이 정보를 검색할 때 Google은 사용자가 원하는 것에 가장 근접한 사이트를 찾아주는 'PageRank' 알고리즘에 따라 작동한다. 또한, 검색결과 페이지 오른쪽 영역에는 사용자가 원하는 사이트와 관련성이 있는 사이트들을 광고 형식으로 나열한다. 이러한 방식을 AdWords라고 부른다. 뿐만 아니라, AdSense 광고 기법을 통하여 임의의 웹 사이트에 관련 광고가 자동적으로 디스플레이될 수 있게 해줌으로써 사용자가 해당 광고를 클릭하면 임의의 웹 사이트에게 일정한 대가를 지불하고 있다. 따라서, 과거에 과다한 비용으로 인하여 광고를 하지 못하던 업자도 AdWords를 이용하여 Google 광고에 노출될 수 있게 되었고, AdSense에 가입한 임의의 웹 사이트도 광고 수입을 올릴 수 있게 되었다. AdWords와 AdSense는 수많은 중소업체나 웹 사이트들로 하여금 참여를 통해서 목적을 달성하고 이것이 궁극적으로 Google의 영역을 넓히는 데 도움을 주고 있다. Google은 이외에도 지도 서비스, 이메일 서비스, 문서저작 서비스 등을 무료로 제공하여 수많은 사용자들을 모음으로써 Google의 가치를 상승시키는 방향으로 작동하는 시스템을 구축하였다. 이에 비해, Facebook은 소셜 네트워크 서비스(SNS)로 시작하였다. SNS란 사용자의 인맥을 통해서 정보를 생성, 공유, 평가하는 서비스로 사용자는 자신의 가까운 인맥이나 관심이나 성향이 유사한 사람들의 의견이나 평가를 더욱 신뢰한다는 사실에 기반하고 있다. 웹 2.0 사이트가 '집단지성' 개념을 이용하는 데 비해 Facebook과 같은 사이트는 '소셜지성(Social Intelligence)' 개념에 기반하고 있다. 소셜지성이란 인맥으로 형성된 사용자들이 제공하는 정보를 사용자가 더욱 가치있게 여긴다는 의미를 담고 있다. 사용자들은 Facebook 사이트에서 자신의 인맥을 구축하고 자신에 관한 데이터를 올리고 자신의 글, 정보, 의견, 사진, 평가 등을 수시로 Facebook에 올려놓게 된다. 인맥으로 형성된 사용자들은 자연스럽게 Facebook 서비스를 이용하게 되고 주위의 사람들에게 Facebook에 가입하도록 추천하게 된다. Facebook이 최근에 개발한 'Open Graph' 기능은 그림 9.3(a)에서 보듯이 다른 사이트를 통해서도 Facebook의 정보를 접근하거나 Facebook의 기능을 활용할 수 있다. 그림 9.3(b)는 영화 정보사이트인 IMDb를 통해서 Facebook의 'Like' 기능을 이용하여 Facebook에 "The Rock"이라는 영화에 관한 평가를 올려놓을 수 있음을 보여주고 있다. 이 예에서 보듯이 Facebook의 Open Graph 기능은 더 많은 사용자를 확보하기 위한 수단으로 사용됨을 알 수 있다.

그림 9.3
Facebook의 'Open Graph' 기능

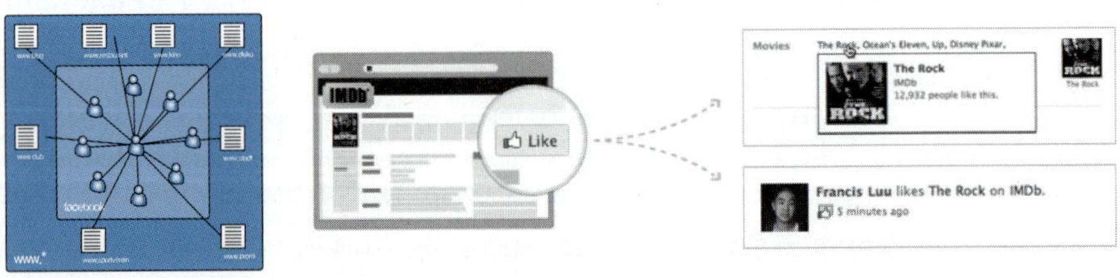

(a) 다른 사이트를 통한 Facebook의 기능 이용

(b) Facebook의 'Like' 기능을 통한 영화 평가 올려놓기

9.1.2 웹 2.0의 철학

웹 2.0은 '플랫폼으로서의 웹(Web as Platform)' 개념에 기반하고 있다. 이 플랫폼에서 사용자는 '집단지성(Collective Intelligence)'을 활용하여 콘텐츠를 제공하고 공유한다. 웹 2.0은 사용자의 참여를 적극적으로 지원하기 위하여 오픈 플랫폼(Open platform)을 제공하며 활발한 사용자들의 참여를 유도하여 웹 사이트의 가치를 증가시키는 전략을 가지고 있다. 결론적으로 웹 2.0을 참여, 개방, 공유의 개념으로 특징지을 수 있다(그림 9.4 참조).

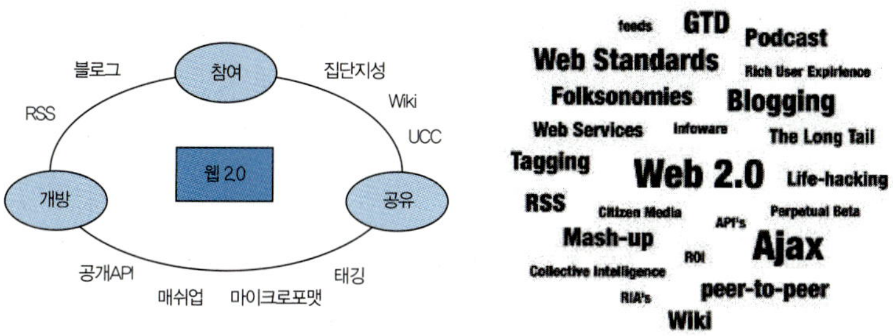

그림 9.4
웹 2.0의 기본 개념과 기법

그림 9.4에서 보듯이 웹 2.0은 사용자의 참여라는 개념에 기반하고 있다. 예를 들면, Wikipedia와 같은 위키(Wiki)는 사용자들의 공동작업 환경을 제공하며 또한 사용들의 정보공유를 전제로 하고 있다. 사진 공유사이트인 Flickr, Pinterest, Instragram이나 동영상 공유사이트인 YouTube와 같은 UCC 사이트들도 사용자의 적극적인 참여와 공유 개념에 기반하고 있다. 또한, 세계 최대의 온라인 스토어 Amazon은 서적, 비디오, 뮤직, 기타 상품에 관해 사용자들이 평가 및 의견을 상호 공유함으로써 추가적인 상품 구입의 기회를 창출하고 있다. Amazon 사이트의 평가 정보는 전적으로 사용자들의 참여에 기반하며 Amazon은 상품에 관해 고객들이 쉽게 평가할 수 있는 환경을 제공하고 동시에 이러한 정보와 자료를 외부에 공개하고 있다.

그림 9.5
웹 2.0에서 사용자 참여 개념을 이용하는 기업

사용자 참여는 집단지성의 개념에 기반하고 있다. 과거 웹 사이트가 일방적으로 제공하는 정보는 한계성을 가지며 역동성에서 부족한 측면이 있었다. 한 기업이 수많은 상품이나 서비스에 관하여 다양한 정보를 제공하고 시간이 흐름에 따라 동적으로 업데이트 시켜 나가는 일에 한계성을 가지고 있었다. 웹 2.0 기업은 대중의 지혜(Wisdom of Crowds)를 빌려 이러한 일이 사용자 참여에 의해 이루어질 수 있는 메카니즘을 제공하고 있다. 온라인 백과사전인 Wikipedia, Amazon의 고객 리뷰, eBay의 집단지성, 지식생산 도구로서의 블로그는 모두 사용자의 적극적인 참여에 기반하고 있다. 특히, SNS는 집단지성이라는 임의의 사용자 대신에 자신의 인맥이 제공하는 정보와 자료에 기반한 소위 '소셜지성(Social intelligence)'에 의존하고 있다.

그림 9.6
온라인 백과사전 Wikipedia와 대표적인 블로깅 사이트 Blogger

웹 2.0 사이트에 사용자의 참여를 유도하기 위해서는 무엇보다도 사이트가 개방되어 있어야 한다. 오픈 소스 운영체제인 Linux, Mozilla 재단의 오픈소스 브라우저 Firefox 등도 소스코드 공개를 통해서 다양한 이용자와 전문가들에 의한 소프트웨어의 발전과 향상을 도모해 왔다. 최근 스마트폰의 개방형 플랫폼으로 널리 알려진 안드로이드도 개방을 통해 스마트폰 개발사들에 소프트웨어 개발환경을 무료로 제공하고 있다. 개방의 개념은 미니 웹 프로그램인 위젯(Widget)에도 나타나 있다. 위젯은 시계, 주식시황, 날씨, 게임, 카드, 동영상, 슬라이드 등 다양한 콘텐츠나 서비스를 블로그나 카페 등 다른 곳에서 쉽게 퍼갈 수 있도록 설계되어 있다. 대표적인 위젯 제공 사이트로는 slide.com, flektor.com, rockyou.com, widgetbox.com 등이 있다. 또한, 스탠포드 대학의 로렌스 레식 교수가 주도하는 '크리에이티브 커먼스 라이선스(CCL: Creative Commons License)' 운동은 콘텐츠를 만들 때 당면하는 지적재산권 문제를 해결하기 위한 개방 개념의 한 가지 예이다.

웹 2.0은 RSS 기술을 이용하여 웹 사이트에서 용이하게 콘텐츠를 가져갈 수 있는 개방 전략을 지원하고 있으며 블로그, 팟캐스팅에서 RSS를 이용하여 콘텐츠를 공유할 수 있다(10장 참조). 또한, 웹 2.0 사이트가 제공하는 공개 API와 매시업 기술도 개방 개념에 기반하고 있다. 예를 들어, Google Maps는 자신의 API(Application Program Interface)를 공개함으로써 다른 웹 사이트에서 Google Maps의 지도를 활용하여 자신들의 서비스를 더 풍부하게 할 수 있다. API라는 것은 다른 응용 프로그램을 개발할 때 해당 모듈을 쉽게 사용할 수 있도록 해주는 개발환경으로 보통 라이브러리 형태나 이를 이용한 규약의 형태로 제공된다. 자신의 사이트에서 제공되는 웹 서비스 기능을 다른 사이트에서 활용할 수 있도록 API를 제공해 주는 것을 공개 API라고 한다. 공개된 API를 이용하여 두 가지 이상의 웹 서비스를 조합하여 새로운 웹 서비스를 제공하는 방법을 매쉬업(Mashup) 이라고 한다. 개방 개념을 적극적으로 지원하는 공개 API 및 매쉬업 기술은 웹 2.0 사이트를 플랫폼으로 더 많은 활용 웹 사이트들이 개발됨으로써 더 많은 사용자들을 확보하기 위한 효과적인 수단으로 사용되고 있다.

그림 9.7
오픈 소스 개념에 기반한 Mozilla, Firefox 및 안드로이드 플랫폼

한편 웹 2.0은 사용자들 간의 정보 공유를 지원하기 위하여 소셜 태깅의 기능을 제공한다. 예전에 웹 검색의 경우 미리 정해져 있는 카테고리에 따라 자료를 분류하여 검색하는 디렉토리 방식의 검색 서비스를 제공하였다. 소셜 태깅(Social tagging)은 미리 정의된 카테고리에 따라 분류하는 것이 아니라 사용자가 적절한 키워드를 임의로 붙이고 이들을 검색하는 기법을 말한다. 사용자가 자유롭게 붙인 태그는 그대로 레이블링을 하여 정보를 분류하므로 이를 참여자들이 분류한다는 의미로 폭소노미(Folksonomy: Folk + Taxonomy)라고 부른다(그림 9.8(a) 참조).

웹 사이트나 이미지 등의 자료에 원하는 수만큼 태그를 붙일 수 있기 때문에 여러 분류에 속할 수 있으며, 이미지나 동영상의 경우 태그를 이용한 내용 검색이 가능하다. 태그를 적용한 대표적인 서비스로 소셜 북마킹 사이트인 딜리셔스(del.icio.us)와 이미지 공유사이트인 플리커(Flickr)가 있다. 그림 9.8(b)는 사용자들이 붙여놓은 태그들을 한눈에 보이도록 표시한 태그 구름(Tag cloud)으로 많은 사람이 사용한 태그는 큰 글자로 표시되어 있다. 국내의 사례로 네이버나 다음 등의 검색 사이트 및 UCC 사이트에서 구름 형태의 태그목록을 사용하고 있다.

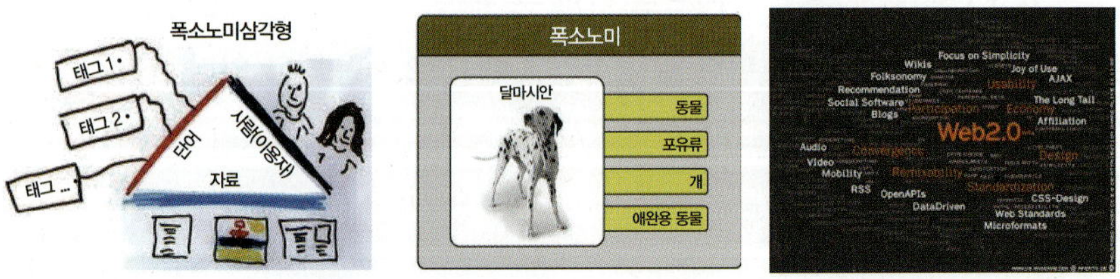

(a) 폭소노미의 개념 (b) 태그 구름

그림 9.8
폭소노미의 개념과 태그 구름

9.2 웹 2.0의 경제학

웹 2.0의 개념이 비즈니스 측면에서 어떻게 성공할 수 있는가? 본 절에서는 웹 2.0의 경제학적 개념이라 할 수 있는 롱테일 경제학에 대하여 설명하고 웹 2.0 기업의 비즈니스 모델과 광고 모델에 대하여 설명한다. 웹 2.0 개념을 도입하여 성공한 사례로는 Google, Apple, eBay, Amazon, Groupon, Zynga 등과 SNS 기업인 Facebook, Twitter 등과 한국의 사이버월드, 티켓몬스터, 일본의 Mixi, 모바게타운, GREE 등 많은 인터넷 기업들이 있다.

9.2.1 롱테일 경제학(롱테일 법칙)

2004년 가을 '와이어드(Wired)'지의 편집장 크리스 앤더슨(Chris Anderson)이 롱테일 개념을 제창한 이래 인터넷 세상에 롱테일 현상이 확산되게 되었다. 그에 의하면 미국 최대 서점 체인인 Barns & Nobles사는 13만 타이틀의 서적을 보유하고 있는데, 당시 온라인 서점 Amazon.com은 전체 매출의 절반 이상을 13만 등 이외의 책에서 올리고 있다고 발표하였다. 오프라인 서점은 매장공간을 확보하는 데 많은 비용이 들기 때문에 '잘 팔리지 않는 책'을 재고 비용 때문에 서가에 비치하지 않는다. 이에 온라인 서점은 책 목록을 추가하는 데 드는 비용이 거의 '제로(Zero)'에 가깝기 때문에 당시 Amazon은 230만 종 이상의 서적을 다룰 수 있었다. 오프라인 서점이나 유통업계에서는 공간확보 비용 및 재고관리 비용 등으로 인하여 거의 팔리지 않는 상품을 취급하지 않고 있지만 인터넷 세상에서는 IT기술의 발전, 서버 비용의 절감, 인터넷의 브로드밴드화 등으로 인하여 디지털사회에서 인터넷 서비스 비용이 거의 제로에 가까워지고 있다.

경제학자 파레토는 80/20 법칙이라 부르는 파레토 법칙을 발표하였고 이 법칙이 오늘날까지 우리 사회 곳곳에서 적용되어 왔다. 이 법칙을 "매출의 80%는 20%의 상품에서 나온다", "80%의 이익은 20%의 우량 고객에서 나온다" 등을 통해서 이해할 수 있다. 파레토 법칙은 중요한 것은 의미있는 소수이며, 대다수는 거의 불필요한 존재라는 개념에 기반하고 있다. 이 법칙이 우리 사회, 경제 및 다양한 영역에서 통용되어 왔다. 과거 아날로그 세상에서는 이 법칙이 통용되는 법칙으로 인정되어 왔으나 오늘날의 디지털 세상, 특히 인터넷 세상에서는 더 이상

적용되기 어려운 개념이 되었다. 이제는 많은 기업들, 특히 웹 2.0 기업은 인터넷 사회에서 롱테일 법칙에 따라 인기 없는 다수의 상품, 또는 평범한 다수의 사람들이 많이 모이면 그 중요성이 인기 있는 제한된 수의 상품 못지않게 중요한 의미를 가진다고 판단하고 새로운 전략을 수립하기 시작하였다(그림 9.9 참조).

그림 9.9
파레토 법칙과 롱테일 법칙

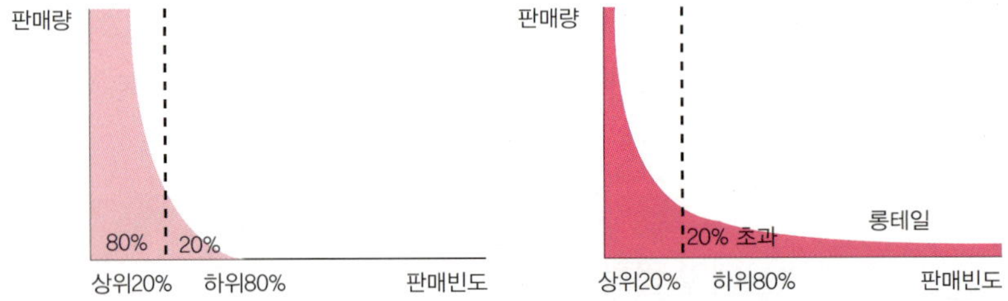

(a) 파레토 법칙 (b) 롱테일 법칙

과거 유통업계에서는 '(거의 팔리지 않는 상품) × (무한대에 가까운 상품 종류) = (큰 의미 없는 결과)'라는 개념이 통용되어 왔으나, 인터넷 세계에서는 '(거의 팔리지 않는 상품) × (무한대에 가까운 상품 종류) = (가치 있는 결과)'의 법칙이 인정되고 있다. 롱테일 현상이 가장 잘 적용되는 영역은 서적, DVD, 뮤직, 게임과 같은 미디어나 유통업계라 할 수 있다. 롱테일 법칙을 가장 적극적으로 활용한 기업으로 Amazon(소매유통업), eBay(경매), Google(웹 검색), Apple의 iTunes(온라인 음악), Netflix(비디오 렌탈), Audible(오디오 북)을 들 수 있다. Amazon은 잘 팔리지 않던 수많은 종류의 서적을 판매해 결과적으로 의미 있는 매출을 달성했을 뿐 아니라 과거에 독자들이 구입할 수 없었던 책들을 사용자들의 '리뷰(Review)'라는 추천모델을 통해 소개함으로써 독자들에게 도움을 주고 새로운 시장을 창출할 수 있었다. Google사는 AdSense라는 새로운 광고 기법을 통해 롱테일에 해당하는 과거 잘 팔리지 않던 수많은 상품이나 서비스를 소기업들이 광고를 통해 판매할 수 있는 길을 열어 주었고, 이를 통해 Google은 이러한 수많은 소기업들로부터 엄청난 광고수입을 얻을 수 있었다. Google은 누구라도 새로운 시장에 진입할 수 있도록 광고 시장의 장벽을 사실상 허물어 버렸다. 이러한 배경으로 Google은 2005년 애널리스트들과의 모임에서 "Google은 롱테일을 추구하는 기업"이라고 선언하였다. 한편, Netflix는 비디오 대여 시장에서 중앙집중식 비디오 창고를 통해서 훨씬 많은 비디오를 확보하는 전략을 채택하였다. 경쟁관계에 있던 비디오 대여업체가 제한된 수의 인기 있는 비디오 위주로 운영해 온데 비해서 Netflix사는 인기없는 비디오 대여를 통해서 더 많은 수익을 올릴 수 있었다. 최근 비디오 대여가 인터넷을 통해 이루어지고 있는 현실에서 롱테일 법칙은 Netflix사의 비즈니스 모델에 더욱 힘을 실어줄 수 있게 되었다. 이에 비해, 전략적으로 인기 있는 비디오 대여를 위주로 운영해온 Blockbuster사는 인터넷 시대에 더 이상 설 땅을 잃어버렸다.

아직도 롱테일 현상에 대해 회의적인 견해를 갖고 있는 기업이나 전문가도 존재한다. 2000년 미국의 유명 완구 소매업체 Toys'Rus는 Amazon과 10년간 독점 계약을 맺고 아마존 플랫폼에서 온라인 사업을 시작하였다. 그러나 Amazon이 독점적 계약에도 불구하고 Toys'Rus가 판매하고 있지 않는 다른 완구 회사의 제품을 Amazon에서 판매하기 시작하였다. 아마존의 롱테일(Long tail) 전략과 Toys'Rus의 쇼트테일(Short tail) 전략이 충돌하기에 이르렀고 양사는 계약을 해지하게 되었다.

9.2.2 웹 2.0 비즈니스 모델

웹 2.0 기업은 참여, 개방 및 공유 개념에 기반하고 있다. 웹 2.0 기업이 성공하기 위해서는 다른 인터넷 기업처럼 비즈니스 모델이 필요하다. 초기에는 참신한 아이디어로 출발하여 벤처 캐피탈의 투자를 받을 수 있으나 언젠가는 확실한 수익 모델이 뒷받침되어야 한다. 본 절에서는 웹 2.0 기업의 비즈니스 모델을 세 유형으로 구분하여 설명한다. 첫째, 인터넷을 통해 상품과 서비스의 판매를 목적으로 하는 기업, 둘째, 광고 모델을 기반으로 하는 인터넷 서비스 기업, 셋째, 플랫폼 개방을 통해 다양한 응용 소프트웨어 및 앱의 개발을 추구하는 기업으로 나눌 수 있다.

인터넷을 통한 상품과 서비스의 판매를 목적으로 하는 웹 2.0 기업으로 Amazon, eBay, Apple iTunes, Netflix를 들 수 있다. Amazon은 세계 최대의 온라인 쇼핑 기업으로 초기에는 서적 판매로 시작하여 DVD, CD, MP3로 확대하였고 지금은 소프트웨어, 비디오 게임, 전자제품, 옷, 가구, 음식류, 장난감 등 거의 모든 상품을 취급하고 있다. Amazon은 롱테일 개념에 기반하여 수많은 종류의 상품을 매우 효율적으로 관리하고 고객이 원하는 상품을 쉽게 검색하기 위해서 '리뷰(Review)'라는 추천 시스템을 제공하고 있다. 실제 추천시스템을 통해서 발생하는 매출이 전체 매출의 30%~35%에 이를 만큼 추천시스템의 유용성이 높다. Amazon사는 오프라인 기업들을 대신하여 인터넷 쇼핑몰을 제공하고 2000년부터 아마존 마켓플레이스(Amazon Marketplace)를 통해 일반 이용자들이 누구나 Amazon을 통해서 인터넷 쇼핑몰을 차릴 수 있도록 허용하고 있다. 마켓 플레이스는 수많은 중소기업들이 아마존 마켓에 들어와 상품이나 서비스 판매를 할 수 있도록 허용함으로써 롱테일 개념을 잘 활용하고 있다. 한편, eBay사는 세계 최대의 온라인 옥션(경매) 방식의 비즈니스 모델을 가지고 있으며 인터넷을 이용하여 고객(판매자)과 고객(구매자)을 연결시켜 주는 방식으로 e-커머스를 수행한다. 현재 eBay는 세상의 거의 모든 상품 및 서비스를 취급하고 있으며 많은 이용자들을 확보하고 있어 롱테일 개념에 의한 비즈니스 모델을 가지고 있다. e-커머스의 획기적인 비즈니스 모델은 Apple사의 온라인 음악사이트 iTunes를 중심으로 시작되었다. iTunes는 오프라인 뮤직스토어에 비해서 엄청난 종류의 음악을 보유하고 있으며 이용자들의 성향을 분석하여 이용자의 취향과 선호도에 따라 가장 적합한 음악을 제시해 준다. 따라서, iTunes도 롱테일 개념과 추천시스템을 따르는 비즈니스 모델을 가지고 있다. 웹 2.0 기업은 상품이나 서비스를 판매할 때 추천시스템을 자주 사용한다. 추천시스템은 Netflix, Amazon, iTunes, Pandora, YouTube 사이트에서 음악, 서적, 영화 등을 구입할 때 자주 활용하는 방식으로 고객의 성향과 선호도를 예측하여 고객이 아직 고려하지 않고 있는 아이템(상품)을 추천해 주는 시스템이다. 추천시스템은 일반적으로 협업 필터링(Collaborative filtering)과 콘텐츠기반 필터링(Content-based filtering)을 이용하여 고객들에게 아이템들을 추천한다(그림 9.10 참조). 협업 필터링은 고객의 과거 행위(구입 패턴 및 아이템에 대한 평가 등)를 분석하고 다른 이용자들의 유사한 판단을 근거로 하여 고객이 관심 있을 것 같은 아이템을 추천한다. 콘텐츠기반 필터링은 각 콘텐츠 또는 아이템의 속성을 분석한 데이터에 기반하여 특정 고객이 구입하려는 아이템과 유사한 속성을 가진 아이템들을 추천한다.

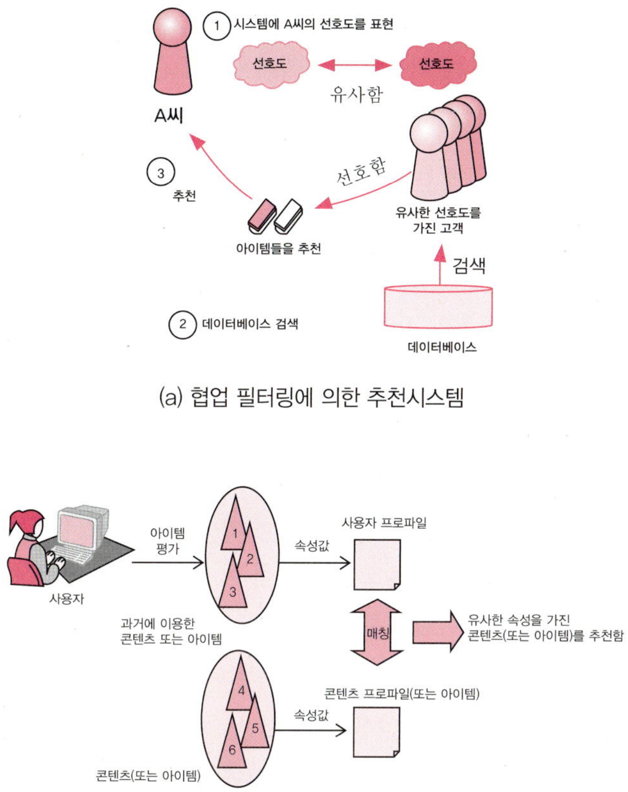

(a) 협업 필터링에 의한 추천시스템

(b) 콘텐츠기반 필터링에 의한 추천시스템

그림 9.10
협업 필터링 및 콘텐츠기반 필터링에 의한 추천시스템의 개념

Google, Facebook과 같은 웹 2.0 기업은 수입의 대부분을 광고를 통해서 얻고 있다. Yahoo, 네이버, 다음과 같은 인터넷 검색 업체도 수입의 상당 부분을 광고를 통해 확보한다. 미국의 경우 온라인 광고시장에서 검색광고가 차지하는 비율은 약 50%에 이른다. 초창기 인터넷 사이트들이 배너광고 위주의 수익모델로 시작하였으나 지금은 검색연동형 광고로 발전하게 되었다. Google사는 검색형 연동 광고 모델로 성공하였고 1999년 설립된 NHN사도 게임, 검색광고로 2003년부터 국내 1위를 차지하고 있다. 이후 나타난 검색광고 모델로는 검색연동형 광고와 콘텐츠 매치광고가 있다. Google사의 AdWords는 검색연동형 광고로 이용자가 검색엔진을 통하여 원하는 정보나 웹사이트를 검색하면 검색과 관련 있을 만한 웹사이트나 광고가 게시되는 방식이다. Google의 AdWords 소프트웨어는 검색엔진 이용자가 검색창에 검색명령을 입력하면 Google 엔진은 가장 관련성이 높은 검색 결과(그림 9.11의 Organic search results) 순으로 제시하고 동시에 결과화면의

오른쪽 또는 때로는 상부에 스폰서 검색결과가 나타난다(그림 9.11의 Sponsored search results). 검색결과는 이용자의 검색내용과의 관련성 정도, 광고주의 경매가격, 광고주의 위치 등을 고려하는 복잡한 알고리즘에 따라 순서대로 스폰서 광고를 제시한다. 이용자가 AdWords를 클릭했을 경우에만 광고주가 비용을 지불하는 PPC(Pay Per Click) 방식을 따르고 있다. 이에 비해, Google의 AdSense 소프트웨어는 콘텐츠 매치광고로서 제휴광고의 특성을 가진다. 많은 소규모의 웹사이트들은 광고를 직접 게시하거나 마케팅할 능력이나 자원을 가지고 있지 않다. 이러한 경우 웹사이트가 AdSense 광고시스템에 등록하면 Google은 인터넷 검색기술을 적용하여 해당 웹사이트를 철저히 분석한 후 가장 관련성이 높은 사이트들을 "Ads by Goooooogle" 난에 순서대로 게시해 준다. 일반 이용자가 인터넷 검색엔진 Google을 통하여 정보를 검색할 때 검색결과에 나타나는 웹사이트를 방문하여 AdSense가 찾아준 제휴광고를 클릭하는 경우 AdSense에 등록한 웹사이트는 자동적으로 일정액의 수수료를 받는다. 특히, 내용이 풍부한 웹사이트는 많은 제휴광고를 야기시킬 수 있으므로 더 많은 수수료를 얻을 수 있다. 각 웹사이트가 발생시키는 광고료는 크지 않을 수 있지만 수많은 웹사이트들이 발생시키는 AdSense 매출액은 커지게 된다. 이러한 의미에서 AdSense는 웹 2.0의 롱테일 개념에 기반하고 있다. YouTube, Flickr, Instgram, Pinterest와 같은 이미지 및 동영상 공유 사이트들도 광고를 통해 수입을 창출하고 있으며 앞으로는 인터넷 광고가 모바일 환경에서 모바일 광고로 빠르게 변화해 나갈 것으로 예상된다.

그림 9.11
Google의 AdWords 광고 모델

마지막으로 플랫폼 개방을 통해 다양한 응용 소프트웨어 및 앱의 개발을 추구하는 사례로 Apple의 iOS와 Google의 Android를 들 수 있다. Apple은 2007년 1월 스마트폰 iPhone을 7월에는 App Store를 통해서 제3자가 개발한 응용 소프트웨어(Apps)를 판매하기 시작하면서 모바일 시장에 새로운 비즈니스 모델을 창출하게 되었다. 2010년 1월에는 iPhone과 동일한 OS를 기반으로 하는 태블릿 PC인 iPad를 판매하면서 모바일 시장의 장악력을 더욱 확대하게 되었다. Apple의 모든 기기들은 동일한 OS 환경을 이용함으로 플랫폼 생태계 개념에 기반한 비즈니스 모델을 가장 성공적으로 적용한 기업이 되었다. 또한, 하드웨어 기기와 콘텐츠 및 응용 소프트웨어가 동시에 개발되고 제공되는 생태계를 구축함으로써 고객들이 지속적으로 Apple사의 제품 및 서비스에서 떠나지 않도록 하는 전략을 사용하였다. 이에 비해, Google은 소프트웨어 개발자와 이용자의 참여를 적극적으로 장려하기 위하여 개방 전략을 지속적으로 추구해 왔다. Google API, Map, Gmail, Calendar, Office 소프트웨어를 통해서 더 많은 응용 소프트웨어 개발자와 이용자를 확보할 수 있었다. 또한, Google은 개방형 모바일 OS인 Android를 통해서 모바일 시장의 점유를 확대하고 있다. 특히, Android는 소스코드를 공개함으로써 더 많은 모바일 기기회사들이 Android 기반 스마트폰 및 태블릿 PC를 개발하고 많은 이용자들이 앱스를 개발함으로써 이용자 그룹의 증가를 추구할 수 있게 되었다.

9.3 프로슈머와 UCC

웹 2.0 기업은 사용자들의 참여와 공유 개념에 기반하고 있다. 즉, 사용자들이 웹 2.0 서비스 환경에서 참여하여 콘텐츠를 생산하고 또한 공유를 통해 소비하는 역할을 동시에 수행한다. 프로슈머(Prosumer)란 사용자가 생산자와 소비자의 역할을 동시에 수행함을 의미한다. 본 절에서 프로슈머의 개념이 웹 2.0 월드에서 어떻게 작용하고 어떤 결과를 야기하는지 이해하자. 또한 사용자 제작 콘텐츠(UCC)의 유형과 실제 사례를 알아본다.

9.3.1 프로슈머의 개념

2006년 12월호 타임매거진은 'Person of the Year'를 'You'로 선정하였다. 과

거에 대부분의 평범한 'You'는 콘텐츠 생산에 큰 역할을 하지 못하고 전문가 그룹이나 특별한 일부 사람들이 콘텐츠를 기획하고 제작하는 역할을 담당하였다. 제한된 일부 사람들이 일방적으로 만든 콘텐츠를 대부분의 이용자는 원하는 콘텐츠를 찾아서 사용하는 것에 지나지 않았다. 이전에는 정보의 생산자와 소비자, 콘텐츠 제작자와 사용자 간의 구분이 확실했으나 웹 2.0 시대에는 이제 생산자(Producer)와 소비자(Consumer)를 구분한다는 것이 큰 의미가 없게 되었다. 프로슈머(Prosumer)란 '프로듀서(Producer)'와 '컨슈머(Consumer)'의 합성어이다. 웹 2.0 기업은 다양하고 많은 사용자들을 모으고 그들로 하여금 콘텐츠를 스스로 생산하도록 유도하는 환경을 제공하는 것을 목적으로 하고 있다. 그림 9.12에서 보듯이 이제 소비자('You')는 한 사람의 시민, 고객, 생산자, 소비자, 참여자, 커뮤니티의 일원의 역할을 동시에 수행할 수 있게 되었다.

그림 9.12
프로슈머(Prosumer)의 개념

프로슈머의 개념은 오늘날 블로그, 위키, 소셜미디어, SNS 등의 영역에서 가장 중요한 개념으로 자리 잡고 있다. 1990년대 말부터 웹 환경에서 저작도구가 활성화 되면서 일반 사용자들도 손쉽게 웹 환경에서 자신의 글, 일기, 사진 등을 올려놓고 상호작용성을 지원하여 다른 사람이 코멘트를 달거나 글에 링크를 달수 있게 되었다. 저널리즘은 과거 일부 전문가들의 전용물이었으나 이제는 누구나 웹 환경에서 자신의 글을 쓸 수 있게 되었다. 때로는 기업이나 기관이 홍보를 목적으로 블로그에 콘텐츠를 올리는 경우도 있다. 위키는 콘텐츠를 누구나 생산하고 편집하며 공유할 수 있는 웹 사이트를 의미한다. 따라서, 위키는 협업을 통한 작업과 편집이 가능한 환경을 지원하고 있다. 모든 사람이 콘텐츠를 생산하고 또한 소비할 수 있는 협업 환경을 의미한다. 소셜 미디어와 SNS도 많은 이용자, 즉 콘텐츠의 프로슈머가 존재함으로써 가능한 인터넷 서비스이다. 소셜 미디어 사이트는 이미지, 동영상과 같은 콘텐츠를 생산, 공유하는 사이트로 9.3.2절 UCC에서 구체적으로 설명하기로 한다. 한편, 소셜 북마킹 서비스인 del.icio.us는 웹 북마크를 저장, 공유, 탐색하는 사이트로 이용자가 북마크의 생산자이며 동시에 소비자의 역할을 수행한다.

9.3.2 UCC(UGC)

UCC(User Created Content) 또는 UGC(User Generated Content)는 사용자가 저작한 콘텐츠로 동영상 공유사이트인 YouTube를 비롯하여 이미지 공유사이트인 Flickr, Google Picasa, Facebook의 사진 공유사이트 등을 의미한다. 웹 2.0 사이트에서 UCC는 프로슈머 개념에 기반하여 생성되고 공유된다. UCC는 2005년경부터 웹 퍼블리싱의 형태로 뉴 미디어의 한 유형으로 자리 잡았다. 넓은 의미의 UCC는 질의/응답 데이터베이스, 포럼, 블로그, 팟캐스팅, 리뷰 사이트, SNS, 동영상, 모바일 사진, 위키 등을 포함한다. 이외에도, UCC는 오픈 소스, 무료 소프트웨어, 그리고 공유 및 협업을 지원하는 라이선싱 등도 포함할 수 있다.

UCC의 출현은 웹 사이트로 하여금 전문가가 아닌 일반 사용자들이 자신의 콘텐츠를 저작할 수 있는 환경을 지원하는 방식으로 변화하는 것으로 시작한다. 또한, UCC는 일방적이 아닌 상호작용적(Interactive)인 미디어로 이해될 수 있다. 양방향 미디어는 웹 2.0의 주요 개념으로 사용자로 하여금 자신의 콘텐츠를 저작할 뿐 아니라 다른 사용자가 코멘트를 붙일 수 있도록 해준다. UCC라는 뉴 미디어 덕분에 과거 수동적 사용자가 이제는 상호작용성을 통해 인터넷 환경에서 적극적으로 참여할 수 있게 되었다. 오늘날 능동적으로 참여하는 창의적인 사용자는 인터넷이라는 미디어 환경에서 저작도구와 응용 소프트웨어를 이용하여 용이하게 콘텐츠를 저작하고 있다.

UCC는 일반적으로 다음의 세 가지 조건을 만족시킨다. 첫째, UCC 콘텐츠는 웹이나 SNS상에서 공개적으로 퍼블리싱되어 누구나 공유할 수 있는 형태로 존재한다. 따라서 이메일이나 메시지 같은 것은 UCC에 속하지 않는다. 둘째, UCC

는 사용자가 만든 창의적 콘텐츠이거나 기존의 콘텐츠를 가져와 가치성을 추가하여 새로운 것으로 저작했을 때 의미를 가진다. 흔히, UCC는 협업을 전제로 한다. 협업을 통해 웹 사이트를 저작하고 편집하기도 한다. 동영상의 일부를 가져와 단순히 웹 사이트에 올리는 것을 UCC라고 하지는 않는다. 사용자가 자신이 생성한 사진을 블로그에 올린다면 이것은 당연히 UCC가 된다. 셋째, UCC는 전문가가 아닌 일반 사용자에 의해서 수익이나 금전적 보상을 바라지 않고 자신을 표현하고 싶은 욕망이나 다른 사람과 연결하고 싶은 의도로 만들어진다. 사용자가 콘텐츠를 생성했을 때 콘텐츠 사이트에 돌아오는 이득은 분명하지만 사용자의 동기는 불분명하다. 웹 사이트는 사용자들로 하여금 콘텐츠 저작을 유도하기 위하여 다양한 동기를 부여하기도 한다. 이러한 동기부여가 명시적일 수도 있고 암시적이기도 하다. 암시적 보상은 사용자 자신이 커뮤니티의 적극적 참여자라는 느낌을 가질 수 있게 해주거나 Facebook의 친구나 Twitter의 팔로워처럼 이용자 간의 관계를 포함할 수도 있다. 때로는 콘텐츠를 생성하는 이용자의 등급이나 레벨을 상승시켜 주기도 한다. 이에 비해, 명시적 보상은 바우처, 쿠폰, 마일리지와 같은 재정적 지불을 포함한다. 이러한 방식의 단점은 웹 사이트에서 소셜 동기를 추구하기 어렵고 사용자의 지속적인 참여를 위해 비용이 많이 드는 점이다.

UCC 사이트는 몇 가지 비즈니스 모델을 가질 수 있다. 무료 모델(Freemium model), 가상상품 모델(Virtual goods model) 및 광고 모델 등이 존재한다. 무료 모델에서는 UCC의 기본 이용은 무료이지만 고급 기능이나 서비스를 이용하는 경우에는 일정한 비용을 지불한다. Flickr, Vimeo, LinkedIn 등이 이에 속한다. 가상상품 모델은 선물, 무기, 악세서리와 같은 아이템을 구입하기 위하여 비용을 지불하는 경우로 Facebook Gifts, 싸이월드가 이러한 비즈니스 모델을 가지고 있다. 광고 모델은 UCC 사이트가 가장 많이 활용하는 비즈니스 모델로 이용자 수가 많을수록 광고 단가가 올라간다. 또한, 사용자의 연령, 성별, 위치, 관심 분야에 따라 광고 단가가 달라지기도 한다. Facebook, Yahoo!, MySpace, Flickr, YouTube 등이 이러한 비즈니스 모델을 따른다.

그림 9.13
대표적인 UCC 사이트 Flickr, YouTube, Google Picasa

UCC를 제작할 때 다른 콘텐츠에서 가져와서 저작 시 사용하거나 변경하여 사용하는 경우가 자주 발생한다. 저작권법은 원칙적으로 저작권 소유자의 허가 없이 콘텐츠를 가져와 전체 또는 부분을 사용하거나 배포하는 것을 금하고 있다. 그러나, 저작권 예외 조항은 콘텐츠의 적정한 사용(fair use)을 경우에 따라 허용한다. 적정한 사용이란 저작물이 영리적 목적으로 이용되는지 아니면 비영리적, 교육적 목적으로 이용되는지 여부, 저작물의 특성, 사용된 저작물의 범위, 저작물의 가치와 피해받은 정도에 따라 결정된다. 한편, 크리에이티브 커먼즈 라이선스(CCL: Creative Commons License) 운동은 저작자가 자신의 콘텐츠에 대해 이용범위를 설정함에 따라 이용자가 혼돈하지 않고 콘텐츠를 공유할 수 있는 여건을 제공해 준다. 특히, UCC 환경과 같이 여러 사람이 콘텐츠를 저작하거나 블로깅을 할 때 남의 콘텐츠를 활용하는 경우에 적용하면 저작권 침해 문제를 많이 방지할 수 있다.

9.4 위키(Wiki)

위키는 협업과 공유의 저작환경으로 우리 주변에 널리 사용되고 있다. 위키의 개념과 의미를 알아보고 그 작동원리를 소개한다. 또한 가장 성공적인 위키라 할 수 있는 위키피디아를 비롯하여 위키 개념의 적용 사례들을 알아본다.

9.4.1 위키의 개념

위키란 사용자들이 간단한 웹 브라우저를 이용하여 콘텐츠를 추가, 편집, 수정, 제거할 수 있게 지원하는 웹 사이트로 다수 사용자의 협업 환경을 지원한다. 위키는 위키피디아의 예에서 보듯이 다수 사용자가 백과사전을 저작하거나 소수 그룹의 사람들이 프로젝트, 클래스 등에서 아이디어와 콘텐츠 저작을 공유하는 경우, 또한 문서관리 도구 및 지식관리 도구로 사용된다. 위키(Wiki)라는 용어는 세계 첫 위키라 할 수 있는 WikiWikiWeb의 개발자 워드 커닝햄(Ward Cunningham)이 붙인 이름으로 하와이 말로 '빨리 빨리(Wiki Wiki)'를 뜻한다. 즉, 빨리 손쉽게 저작할 수 있는 웹('Quick web')을 의미한다. 누구나 쉽게 위키의 페이지를 작성하고 편집하며 수정할 수 있다. 위키 개념의 속성을 다음 세 가지로 요약할 수 있다. 첫째, 위키는 모든 사용자가 위키 웹 사이트 내에서 심플한 브라우저를 이용하여 페이지를 편집하고 새로운 페이지를 작성할 수 있다. 둘째, 다른 페이지들 간에 상관관계를 링크를 이용하여 손쉽게 연결시켜 주는 기능을 가지고 있다. 셋째, 위키 사이트는 지나가는 방문자가 어쩌다 한번 들리는 사이트가 아니고 사용자들의 협업, 저작 및 관리를 통해 지속적으로 변화해 나가는 사이트이다. 위키는 커뮤니티나 그룹의 사람들로 하여금 간단한 마크업 언어와 웹 브라우저를 이용하여 문서를 협업을 통해서 만들어 나가도록 지원해 준다. 따라서 위키를 콘텐츠 관리시스템(CMS: Content Management System)의 일종으로 이해할 수 있다. 콘텐츠를 이용하는 사람이 기존의 콘텐츠를 수정하거나 새로운 콘텐츠를 추가할 수 있다. 위키 웹 사이트의 한 페이지를 "위키 페이지"라 부르고 전체 페이지들은 하이퍼링크(Hyperlink)를 통해서 위키로 구성된다.

이제, 위키 엔진(Wiki engine)의 작동원리를 이해해 보자. 사용자들은 그림 9.14의 왼쪽에 나와 있는 것처럼 위키를 방문하여 페이지를 읽는다. 사용자가 페이지 내용 중 오류를 발견하면 쉽게 수정할 수 있다. 누구나 위키 페이지를 편집할 수 있다. 그림 아래의 편집과정에서 보듯이 모든 수정은 기록된다. 위키의 레코드는 그림 9.14에서 보듯이 과거 페이지와 새 페이지 간의 차이점(그림 9.14의 diff: 〈old stuff ... 〉 new words)이 일일이 Recent Changes라는 특수 페이지에 기록된다. Recent Changes가 그림 9.14의 오른쪽에 나타나 있고 일반 사용자가 페이지의 새로운 내용을 읽고 동의하지 않으면 토론하거나 이동하거나 다시 원상태로 복구시킬 수 있다. 페이지에 스팸이 존재하는 경우에도 Recent Changes를 통해서 원상복구시킬 수 있다. 또한, 사용자가 새로운 페이지를 저작하고 싶은 경우에도 저작이 용이하고 기존의 다른 페이지로부터 새로운 페이지로 링크를 쉽게 붙일 수 있다. 따라서, 위키의 모든 페이지들은 자동적으로 상호 링크되며 새로운 페이지들이 생성됨에 따라 위키가 유기적으로 성장하게 된다. 이러한 과정이 그림 9.14의 상단에 페이지들의 복잡한 링크로 나타나 있다. 페이지의 편집과정이 매우 용이하므로 사용자가 위키를 재구성하는 일도 간단하다. 사용자가 인덱스 페이지, 타이틀 페이지, 단락, 카테고리 등을 만드는 것도 매우 쉬운 일이다.

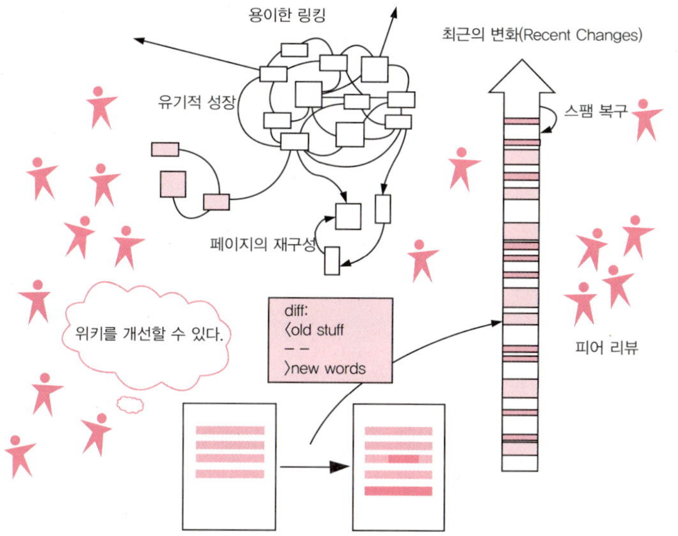

그림 9.14
위키의 작동 원리

위키는 다양한 목적을 위해 사용될 수 있다. 위키는 커뮤니티 웹 사이트나 인트라넷으로 사용될 수 있다. 인트라넷이 기업 내부에 존재하는 경우에는 사용자의 범위를 제한할 수 있다. 커뮤니티의 그룹웨어로 이용되는 경우 위키는 소수의 사용자들 간의 상호 소통의 수단으로 활용될 수 있다. 사용자 그룹은 클래스, 친구, 프로젝트 팀, 게임 그룹 등이 될 수 있다. 이 경우 사용자들은 서로 직접 만나는 대신 위키를 이용하여 서로 소통하고 채팅하며 협업을 통해 콘텐츠 내용을 만들어 나갈 수 있다. 때로는 위키가 문서관리 도구로 이용된다. 특히, 문서가 주로 텍스트로 구성되어 있는 경우 새로운 페이지를 저작하고 링크를 붙이며 문서를 저장하고 검색하는 일이 매우 편리하다. 또한 위키가 지식관리 도구로 이용되는 경우 사용자가 지식이나 정보를 수집하여 페이지로 저작하고 링크로 구성하기에 매우 편리한 환경을 제공한다. 지식은 지속적으로 변화하고 새롭게 추가되고 상호 연관되어 있으며 위키는 지식관리 도구로 매우 적합하다. 위키를 고의적으로 파괴(Vandalism)하려는 시도나 스팸에 대해서 위키는 페이지의 일부에 편집 제한이나 액세스 제한(Lock pages)을 부여할 수 있다.

9.4.2 위키의 적용사례

위키의 사례로 가장 유명한 사이트는 2001년에 시작된 위키피디아이다. 위키피디아(Wikipedia)는 커뮤니티에 가입하면 누구나 사전편찬 작업에 참여할 수 있는 백과사전으로 집단지성으로 작성되는 UCC의 대표적인 사례이다. 위키피디아는 2003년 지미 웨일즈(Jimmy Wales)에 의해 비영리재단으로 설립된 위키미디어(Wikimedia)의 핵심 위키이다. 위키미디어는 이외에도 Wiktionary, Wikiquote, Wikibooks, Wikisource, Wikimedia Commons, Wikispecies, Wikinews, Wikiversity, Wikimedia Incubator 등을 운영하고 있다. 이들은 각각 사전 및 동의어 사전, 인용문 위키, 전자책 위키, 소스 문서, 이미지/사운드/동영상, 생명체 사전, 뉴스 소스, 교육 및 연구 위키 등을 의미한다.

2012년 6월 현재 위키미디아는 285개 언어로 저작되어 있으며 인터넷상의 가장 인기있는 참고 사이트로 알려져 있다. Alexa사의 조사에 의하면 위키피디아는 페이지뷰 면에서 Alexa 랭크 6위를 차지했고 전 세계 3억 6천 5백만 명의 이용자를 가지고 있으며 약 10만 명의 적극적 이용자들이 위키피디아의 콘텐츠를 지속적으로 편집, 추가, 수정하고 있다. 그러나 이것은 현실적으로 이용자의 0.7%에 해당하는 극소수의 헌신적인 이용자가 위키피디아 콘텐츠의 편집의 50%를 차지하는 것으로 조사되었다. 영어버전 위키피디아는 390만개의 기사(Articles)를 가지고 있으며 그림 9.15에서 보듯이 지속적으로 증가하고 있다. 한편, 미국의 과학잡지 네이처(Nature)가 조사한 결과 정확도 면에서 위키피디아가 브리태니커 백과사전에 필적하는 것으로 보고되고 있다.

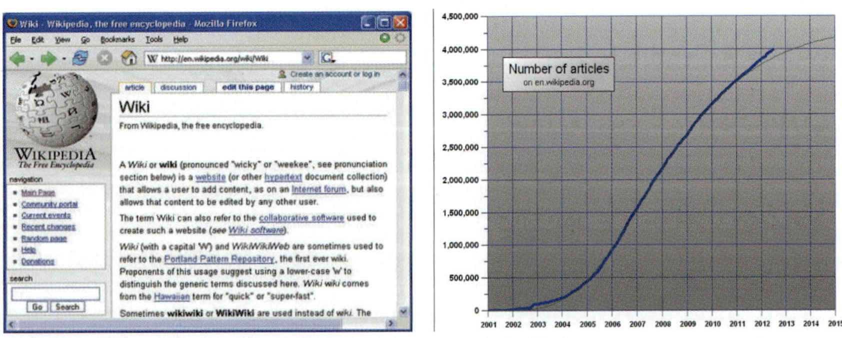

그림 9.15
위키피디아의 사례와 기사 수의 증가곡선

위키를 만들기 위해서는 사용자들이 협업을 통해 페이지를 저작하고 편집, 추가, 수정 할수 있는 저작도구가 필요하다. 대표적인 저작도구로는 WetPaint, Wikia, JotSpot, MediaWiki 등이 있다. 이러한 저작도구를 활용하여 만든 위키의 사례로는 웹 환경에서 여행 가이드를 협업을 통해 구성하는 프로젝트인 Wikitravel이 있다. Wikitravel은 2003년 시작된 프로젝트로 영어버전은 2011년 현재 24,500개의 여행관련 기사를 보유하고 있다. Wikitravel의 모든 기사를 이용자들은 라이선스 없이 무료로 활용할 수 있으며 Wikitravel은 웹 사이트에 광고를 소개함으로써 수익을 올리고 있다. WikiHow는 세계에서 가장 방대한 "How-to" 매뉴얼로 이용자들의 협업을 통해 만들어진 위키이다. WikiHow는 일상의 다양한 문제와 이슈에 대한 명확하고 간결한 해답을 제공하고 있다. 한편, 위키리크스(WikiLeaks)는 일반인에게 공개되지 않은 비밀의 민감한 미디어를 익명의 소스나 고발자들로부터 제공받아 세상에 공개하는 국제적 비영리 사이트이다. 위키리크스는 2006년 시작되었으며 위키의 형태를 가지며 약 120만 건의 기밀 문서를 보유하고 있는 것으로 알려져 있다. 다만, 위키리크스의 경우 제공되거나 수정된 모든 문서를 위키리크스의 편집자들이 면밀히 검증하고 관리하고 있다고 주장한다. 위키리크스는 최근 아프카니스탄 전쟁, 이라크 전쟁, 퀸타나모 수용소 등 비공개의 민감한 자료를 공개함으로써 합법성 및 신뢰성 측면에서 많은 논란을 야기시켰다.

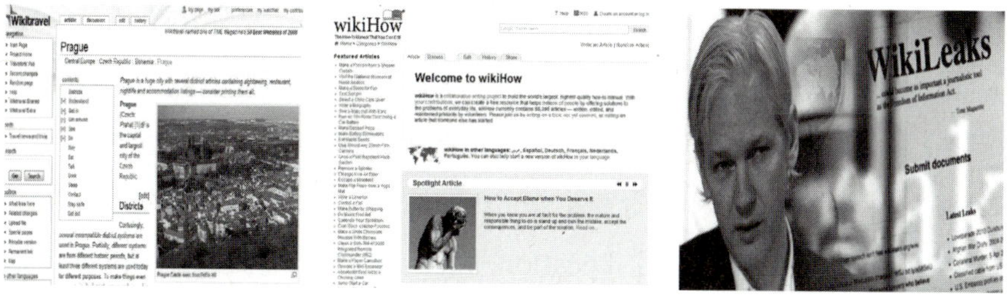

그림 9.16
위키의 사례: Wikitravel, WikiHow, WikiLeaks

9.5 플랫폼으로서의 웹

플랫폼으로서의 웹은 웹 2.0의 가장 핵심 개념의 하나이다. Windows는 오랫동안 데스크탑 PC나 노트북의 OS로 응용 프로그램의 플랫폼의 기능을 해 왔다. 오피스 소프트웨어, 미디어 플레이어, 메신저를 비롯하여 많은 소프트웨어들이

Windows OS를 기반으로 개발되었기 때문에 Microsoft사는 Windows라는 플랫폼을 통해 소프트웨어 시장을 장악하였다. 한때 Netscape사가 웹 브라우저 넷스케이프를 먼저 개발하였으나 Windows 플랫폼을 장악하고 있는 Microsoft사의 익스플로러 끼워 팔기 전략으로 인하여 웹 브라우저 시장을 빼앗기게 되었다. 이와 같이 플랫폼은 매우 중요한 위치를 차지하고 있다.

웹 환경에서 플랫폼이란 응용 소프트웨어, 서비스, 콘텐츠 등이 개발되는 환경 또는 인프라를 의미한다. 모든 응용 소프트웨어와 서비스는 플랫폼을 기반으로 작동하므로 웹 환경에서 어떤 플랫폼을 기반으로 하느냐는 것은 매우 중요한 문제이다. Google사는 기존에 OS상에서 존재하던 오피스 소프트웨어를 웹상에서도 구현할 수 있음을 보여주었다. 이것은 웹이 오피스 소프트웨어의 플랫폼이 될 수 있음을 보여주고 있다. 이 경우 사용자는 Google 오피스 소프트웨어를 구입할 필요 없이 웹 환경에서 하나의 애플리케이션으로 사용할 수 있게 된다. 이것을 서비스로서의 소프트웨어라고 부른다(SaaS: Software as a Service). Google은 웹 환경에서 많은 API들을 제공하여 프로그램 개발자가 이러한 API들을 활용하여 다양한 애플리케이션을 개발할 수 있다. Google은 API 개방을 통해 더 많은 응용 소프트웨어 및 서비스를 확보하여 웹 세계에서 영역을 확장할 수 있게 된다. 한편, YouTube와 Flickr 같은 사이트는 동영상 콘텐츠와 사진 콘텐츠를 추가하고 공유할 수 있는 서비스 플랫폼을 통하여 더 많은 이용자들을 확보할 수 있다. 웹사이트에서 서비스 및 콘텐츠는 사용자들의 참여에 의하여 생성되고 이 사이트는 단순히 서비스 플랫폼으로 존재한다. 또한, Google을 비롯하여 많은 웹 플랫폼이 오픈 API의 제공하여 개방되어 있어서 누구나 매쉬업 서비스(Mashup service)를 개발하여 새로운 부가가치를 창출할 수 있다. 특히, 지도 서비스를 API로 지원하면 많은 위치기반 서비스(LBS: Location-Based Service)를 매시업 형태로 개발할 수 있다.

이와 같은 개방형 플랫폼 전략(Open Platform)은 모바일 환경에서 Apple의 iOS와 Google의 Android 플랫폼에도 잘 나타나 있다. 이러한 개방형 플랫폼에서 제공하는 API들을 이용하여 누구나 모바일 앱(Apps)을 개발할 수 있다. iOS에서는 API만 공개하고 있고 Android의 경우에는 소스 코드까지 모두 공개함으로써 웹 2.0을 더욱 잘 따르고 있다. 뿐만 아니라, 소셜 네트워크 서비스들도 오픈 플랫폼 전략을 통해서 API를 공개하여 더 많은 응용 프로그램과 서비스를 확보하고 다른 웹 사이트들과 연계할 수 있도록 지원하고 있다. 개방형 플랫폼 전략은 개인이나 기업 누구든지 응용 프로그램, 콘텐츠, 서비스 등을 제작하여 올릴 수 있도록 플랫폼을 개방하여 더 많은 제작자를 플랫폼에 끌어 모으려는 전략이다. 특히, SNS 사이트는 개방형 플랫폼 전략을 많이 이용한다. 소셜 네트워크 서비스는 이용자의 연령, 직업, 취향 등에 관한 데이터를 공개하고 그것을 이용하여 그룹을 형성하여 회원끼리 정보를 공유하고 오픈 API를 통하여 애플리케이션을 개발할 수 있게 한다. 따라서, 개방형 플랫폼 전략은 더 많은 참여자를 유치하여 네트워크 효과를 유발하여 플랫폼의 가치를 상승시킨다. 즉, UCC 개념에 입각하여 이용자가 직접 콘텐츠나 응용 프로그램의 제작에 참여하도록 유도해준다.

개방형 플랫폼 전략을 증진시키기 위해서 Google은 오픈소셜(OpenSocial)이라는 개념을 도입하였다. 오픈소셜은 공통으로 기반할 수 있는 플랫폼을 제공하여 어떤 소셜 네트워크 서비스에서도 동일한 API를 사용할 수 있게 된다(그림 9.17 참조). SNS 사이트에서 API는 사용자의 프로파일 정보, 인맥 데이터 및 활동 데이터를 응용 프로그램에서 사용할 수 있게 해 준다. 한번 개발한 애플리케이션을 오픈소셜을 채택한 SNS에서 공통으로 사용할 수 있다. LinkedIn, Friendster, hi5, Ning, Bebo, Orkut, Mixi, GREE 등 많은 SNS들이 오픈소셜을 채택하고 있다.

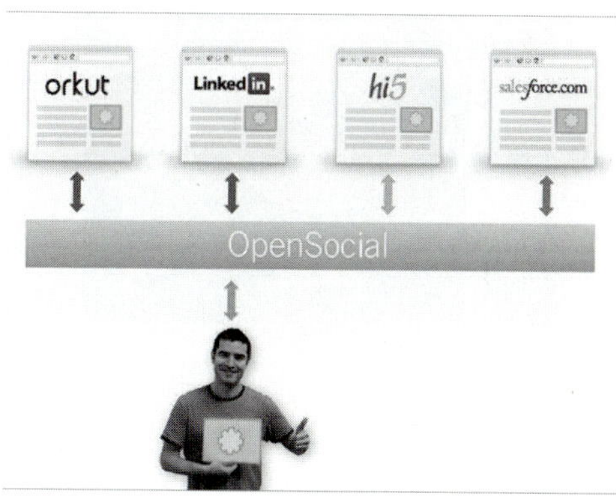

그림 9.17
개방형 전략(ref: 플랫폼 전략)

한편, Facebook사는 2010년부터 오픈 그래프 API(Open Graph API) 개념을 지원하여 다른 웹 사이트에서도 이러한 API들을 통해서 신상 정보, 소셜 그래프(인맥 정보), 액티비티 스트림(사용자가 업데이트한 정보)을 비롯하여 Like 버튼,

Recommendation 버튼, Activity Stream 버튼과 같은 플러그인(Plugin)들을 웹 사이트에 삽입하여 사용할 수 있다(그림 9.18 참조). 또한, 임의의 웹 사이트가 Facebook Login 버튼을 플러그인으로 가지면 Facebook을 로그인하지 않아도 Facebook의 자료를 접근할 수 있다. 따라서, 오픈 그래프는 웹 사이트의 페이지에서 Facebook 페이지의 모든 기능을 사용할 수 있게 해준다. Facebook의 오픈 그래프는 개방, 공유, 참여라는 웹 2.0의 개념을 잘 적용하고 있다.

그림 9.18

Facebook의 오픈그래프(Open Graph) 개념과 API를 통한 신상 정보, 소셜 그래프 및 액티비티 스트림의 접근

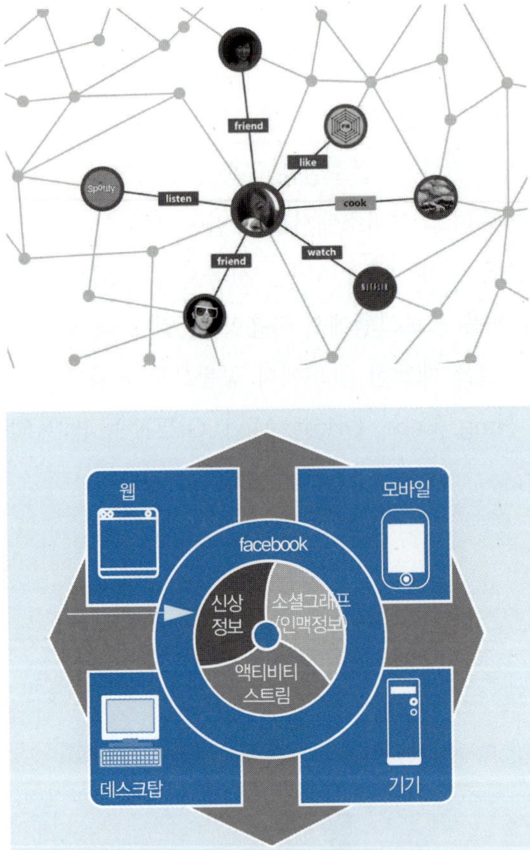

실습 Lab. 5 YouTube에 비디오 올리기

YouTube(http://www.youtube.com)는 세계 최대의 동영상 공유 사이트로 사용자가 동영상을 업로드하고 다른 이용자와 자유롭게 공유할 수 있는 인터넷 공간이다. YouTube는 2005년 2월 Paypal 직원이었던 채드 헐리(Chad Meredith Hurley), 스티브 첸(Steve Shih Chen)과 자웨드 카림(Jawed Karim)에 의해 공동으로 설립되었으며, 2006년 구글(Google)에 인수되어 운영되고 있다.

YouTube는 다양한 파일 포맷(.WMV, .AVI, MPEG, .MOP4 등)의 동영상을 업로드할 수 있으며, 업로드된 파일들을 플래시 동영상(.FLV) 포맷으로 변환한 뒤 사용자들이 PC, 노트북, 모바일기기 등을 이용하여 시청할 수 있다. 최근에는 Adobe 사의 플래시 플레이어 플러그인을 통하지 않고서도 동영상을 공유하기 위한 시도로 HTML5를 이용하고 있다. YouTube는 누구나 동영상을 시청(View)하고, 업로드(Upload)하며 공유(Share)할 수 있게 해 준다. 이러한 YouTube의 특성으로 인터넷의 다양한 분야에서 활용되고 있으며, 최근에는 모바일을 통한 인터넷 활용이 증가하면서 모바일폰으로부터 3GP 파일의 업로드가 가능해졌다.

YouTube에서는 개인이 제작한 UCC 콘텐츠나 TV 및 영화 동영상 클립, 뮤직비디오, 교육 비디오 등 다양한 동영상을 공유한다. 개인이 듣고 싶은 동영상 콘텐츠를 찾아보고, 그에 따른 시청자 의견(User comments)을 달 수 있다. 또 시청자는 자신이 원하는 영상들을 선택하여 목록을 구성할 수 있으며, 그 목록들을 타인과 공유할 수 있다. 그러나 이러한 동영상 공유에서 더 나아가 기업의 홍보영상을 제작하여 마케팅 수단으로 활용되기도 하며, 강의 동영상이나 개인의 취업 공모, 신곡의 발표 등 시청자의 관심과 참여가 가능한 다양한 분야에서 활용되고 있다.

YouTube에서 동영상을 시청하기 위해서는 회원가입이 필요치 않으나 동영상을 올리기(Upload) 위해서는 회원가입(Registration)이 요구된다. 회원가입을 위해서는 YouTube 화면 오른쪽 상단의 '계정 만들기'를 클릭한다. 가입양식 화면이 뜨면, 빈 칸 속에 자신에게 맞는 사항들을 기입하고 오른쪽 아래의 '다음 단계' 버튼을 클릭하면 가입이 완료된다.

1. 동영상 업로드하기

내 컴퓨터에 있는 동영상을 업로드하는 방법에 대하여 알아보자. YouTube는 일반적으로 사용자가 업로드할 수 있는 동영상의 길이를 15분으로 제한하고 있다. 업로드에 관한 YouTube의 자세한 설명은 다음 주소에 있다.

http://support.google.com/youtube/bin/answer.py?hl=ko&answer=57924#

1) 가입한 아이디로 로그인을 한다.
2) 위쪽에 위치한 '업로드' 버튼을 클릭한다.
3) 그림 L5.1(a)와 같은 창이 뜨면 '컴퓨터에서 파일 선택'을 클릭한다.
4) 파일 탐색창이 뜨면, 자신의 컴퓨터에서 올리고 싶은 동영상 파일을 선택한다.
5) 그림 L5.1(b)와 같은 업로드 화면이 나오고 상단에 위치한 푸른색 진행상황 바가 완료되면, 업로드가 완료된 것이다.

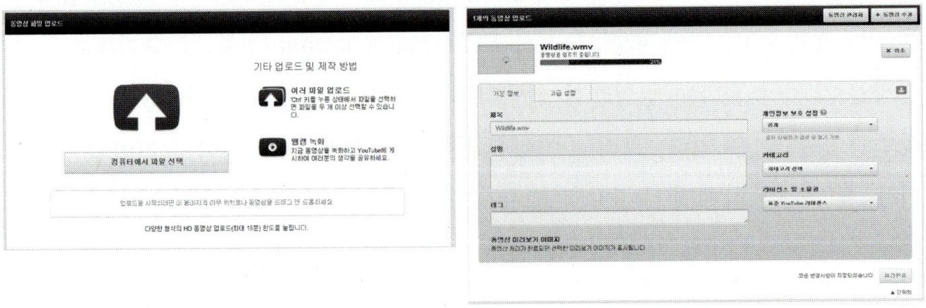

그림 L5.1
동영상의 업로드 과정

(a) 컴퓨터에서 업로드할 파일의 선택 (b) 업로드의 진행 장면

6) 동영상 업로드가 완료되면 그림 L5.2와 같이 동영상에 대한 간단한 이미지들이 화면에 나타난다.

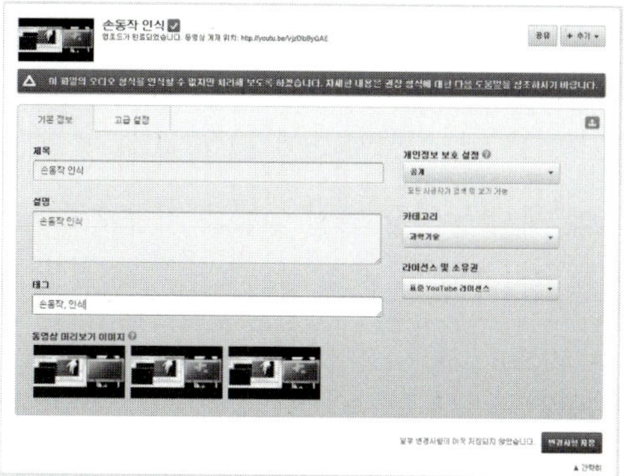

그림 L5.2
동영상의 제목, 설명, 카테고리 및 태그의 설정

7) 그림 L5.2에서 가운데 윗부분에 자신이 올린 동영상의 위치주소가 '동영상 게재위치' 옆에 뜨는 것을 확인할 수 있다. 그러나 동영상에 대한 설명이나 제목이 부족하므로 내용들을 더 추가해 보자.

8) '제목'과 '설명'에 자신이 업로드하는 동영상에 맞는 글들을 작성 후, '태그'에는 동영상을 검색할 때 사용할 적절한 키워드들을 기록한다.

9) '동영상 미리보기 이미지'에서 검색되었을 때 디스플레이될 마음에 드는 첫 이미지를 선택한다.

10) '카테고리'에서 적절한 카테고리를 선택한 후, 오른쪽 아래 부분에 위치한 '변경사항 저장' 버튼을 클릭하여 저장한다. 그러면 '변경사항 저장' 버튼이 '저장완료' 버튼으로 바뀌는 것을 볼 수 있다.

11) 가운데 윗부분에 위치한 '동영상 게재 위치' 옆의 주소를 클릭해 동영상의 업로드를 확인한다.

2. 즐겨찾기 목록작성하기

이제 사용자가 즐겨 찾는 동영상들의 목록을 작성해 보자. 예를 들어, 다른 사람이 올린 "독도 홍보 동영상"에 대한 영상을 검색해보고 그 영상을 즐겨찾기 목록에 올려보자.

1) 시작 페이지 위에 위치한 검색창에 "독도 홍보 동영상"을 입력한 후 확인한다.

2) 검색하여 나온 여러 동영상들 중 찾고자 하는 '독도 홍보 동영상'을 클릭하면, 그림 L5.3과 같이 "독도 홍보 동영상.WMV" 제목의 동영상이 재생되는 것을 확인할 수 있다. WMV는 비디오 파일 포맷 중 하나인데, 동영상 게시자가 YouTube에 게시 동영상 파일 이름을 자동으로 제목을 정해주는 것을 수정하지 않고 올렸기에 앞과 같은 제목을 가지게 된 것이다.

그림 L5.3
동영상의 실행 장면

3) 우선 즐겨찾기 목록을 구성하는 방법에 대하여 알아보자. 그림 L5.3의 하단에 있는 '추가' 버튼을 클릭하면, 다음과 같은 추가 창이 뜬다.

4) 앞의 그림의 '즐겨찾기'와 '즐겨찾기 목록' 중 하나를 클릭하면 그 곳에 해당 동영상이 즐겨찾기 목록으로 추가된 것을 확인할 수 있다.

3. 동영상의 공유

1) 동영상을 다른 사람과 공유하고 싶은 경우, 그림 L5.3의 '공유' 버튼을 클릭한다. 다음과 같은 추가 창이 나타난다.

2) 추가 창에 왼편에 http://youtu.be/klcZ40-XMG로 시작하는 주소를 복사하여 공유하고 싶은 곳에 주소를 붙여 넣거나, 옆의 메뉴인 소스코드를 클릭하여 뜨는 코드를 복사하여 게시하고자 하는 게시판에 붙여넣기를 하면 지금 보는 동영상을 다른 사람이 볼 수 있도록 공유할 수 있다.
3) Facebook, Twitter, Google+에서 동영상을 공유하고 싶으면, 오른쪽에 위치한 해당 사이트의 아이콘을 누르면 다음 그림과 같은 창이 바로 떠서 링크를 쉽게 공유할 수 있다.

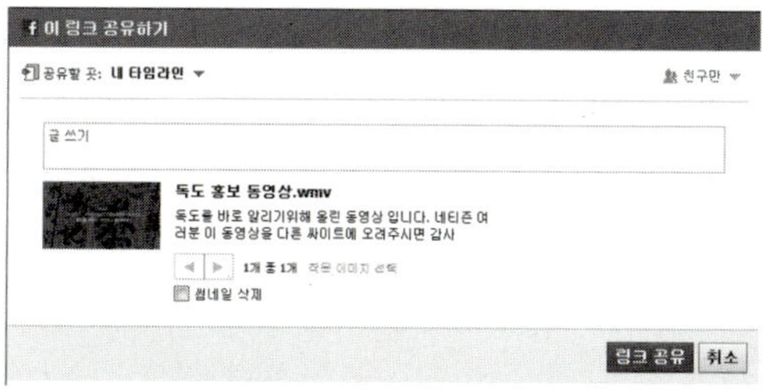

4) 또한 앞 그림의 추가창의 오른편 아래쪽에 'g+ Hangout' 버튼을 누르면, Google에서 제공하는 Hangout 화상채팅 서비스를 통해 해당 동영상을 동시에 시청하며 바로 채팅할 수 있다.

실습 과제

1. YouTube에서 "세계 속의 한글-영문 홍보영상"을 검색하여 자신의 YouTube 계정의 즐겨찾기에 등록하고, Facebook에서 동영상을 공유하라.
2. 자신의 컴퓨터에 가지고 있는 동영상을 YouTube에 업로드하고, 그 동영상의 주소를 친구의 e-mail로 전송하라.
3. YouTube 동영상을 자신의 노트북이나 모바일기기에 다운로드 받고 싶은 경우, 다운로드 소프트웨어를 무료 다운로더 사이트로부터 다운받아 사용한다. 무료 다운로더의 예로 ytd 비디오 다운로더(ytddownloader.com), 알툴바(ALToolbar, www.altools.co.kr) 등이 있다. 무료 다운로더를 이용하여 원하는 YouTube 동영상을 다운로드하라.

참고문헌

"What Is Web 2.0: Design Patterns and Business Models for the Next Generation of Software", Tim O'Reilly, http://oreilly.com/web2/archive/what-is-web-20.html, 2005. 9. 30.

"Web 2.0이란 무엇인가 : 다음 세대 소프트웨어를 위한 디자인 패턴 및 비즈니스 모델", 팀 오라일리, 한동훈 역, 2005. 10

http://en.wikipedia.org/wiki/Web_2.0

컴퓨터와 IT기술의 이해, 최윤철, 한탁돈, 임순범, 생능출판사, 2013. 2

del.icio.us

wikipedia.org,

wikia.com,

wetpaint.com

[그림 9.1] http://yarikson.wordpress.com/2008/04/24/web-20-generalization/

[그림 9.2] http://www.sizlopedia.com/2007/08/18/web-10-vs-web-20-the-visual-difference/

[그림 9.3] http://blog.mayflower.de/551-Facebook-Open-Graph.html
http://atlantajones.com/blog/make-your-site-more-likable-with-facebook

[그림 9.8] http://openlearning.wordpress.com/2008/02/03/folksonomies-of-interest/

[그림 9.10] http://www.aist.go.jp/aist_e/aist_today/2004_13/hot_line/hot_line_39.html
https://www.ntt-review.jp/archive/ntttechnical.php?contents=ntr200804le1.html

[그림 9.12] http://darmano.typepad.com/logic_emotion/2007/12/peace-on-earth.html

[그림 9.14] http://www.oddmuse.org/cgi-bin/oddmuse/What_Is_A_Wiki

[그림 9.15] https://en.wikipedia.org/wiki/History_of_Wikipedia

[그림 9.18] http://whttp://www.insidefacebook.com/2012/02/15/facebook-opens-up-open-graph-targeting-options/ww.pivotcon.com/5-ways-facebooks-open-graph-impacts-your-marketing/
http://pixelloop.org/blog/open-graph-for-business/

연습문제

01 웹 2.0 기업이 웹 1.0 기업과 어떻게 다른가? 웹 2.0 기업의 가치는 어떻게 창출되는지 구체적 예를 들어 설명하라.

02 Google의 광고모델인 AdWords와 AdSense가 웹 2.0의 개념을 어떻게 적용하고 있는지 설명하라. 이러한 광고모델은 과거 인터넷 배너(Banner) 광고 방식과 어떻게 다른가?

03 웹 2.0의 기본 개념은 무엇인가? 집단지성 개념은 무엇인가? 집단지성 개념에 성공적인 웹사이트들의 사례를 기술하라.

04 웹 2.0 기업인 Amazon은 롱테일 개념을 지원하기 위하여 상품이나 서비스를 판매할 때 추천시스템을 사용한다. 추천시스템이란 무엇인가? 추천시스템의 두 가지 형태인 협업 필터링과 콘텐츠기반 필터링을 설명하라.

05 검색형 광고 모델이란 무엇을 의미하는가? Google의 검색형 광고인 AdWords와 AdSense가 어떻게 광고 수입을 창출하는지 설명하라.

06 프로슈머(Prosumer)의 개념이 가장 잘 나타나는 웹 2.0 서비스들의 사례를 들라. 프로슈머 개념에 입각한 UCC(User Created Content) 콘텐츠의 세 가지 조건을 제시하라.

07 UCC 사이트가 취하는 비즈니스 모델에 대하여 설명하고, Flickr, Vimeo, LinkedIn 사이트가 따르는 비즈니스 모델은 어떤 것인가? 동영상 공유사이트인 YouTube는 어떤 비즈니스 모델을 가지고 있는가?

08 웹 환경에서 위키(Wiki)란 무엇을 의미하는지 설명하고 세 가지 속성을 기술하라. 또한, 위키가 존재하기 위하여 필요한 위키 엔진(Wiki engine)이 작동하기 위하여 어떠한 기능이 필요한지 설명하라.

09 '플랫폼으로서의 웹'은 웹 2.0의 핵심 개념이다. '플랫폼으로서의 웹' 개념을 설명하라. 또한, Apple과 Google이 취하고 있는 개방형 플랫폼 전략(Open Platform)의 장점이 무엇인지 설명하라.

10 Google의 개방형 플랫폼 전략인 오픈 소셜(OpenSocial)이 Apple사의 전략과 어떻게 다른지 설명하라.

INTERNET

CHAPTER

10

웹 2.0 서비스의 구현기술

CHAPTER 10

웹 2.0 서비스의 구현기술

참여, 공유, 개방이라는 특징을 가지고 있는 웹 2.0 서비스는 웹의 발전과 함께 진화해 왔다. 이제 웹 2.0 서비스는 플랫폼으로서의 웹 환경에서 사용자들의 집단지성을 활용하여 콘텐츠를 제공하고 공유할 수 있게 되었다. 이러한 웹 2.0 환경에서 사용되는 기술은 개별적인 특정 기술의 분류가 아니라 끊임없이 진화하고 있는 웹 발전의 연장선상에서 유기적으로 연계되고 비즈니스 측면에서 활용된 복합적인 기술들을 지칭한다.

이 장에서는, 콘텐츠 유통 채널의 혁명을 가져온 RSS 기술과 콘텐츠의 웹 출판 및 공유를 가능케한 블로그 및 팟캐스팅 기술을 소개한다. 그리고 기존의 콘텐츠에 의미를 부여하여 시맨틱웹으로 발전해 가는 디딤돌이 되는 태깅와 마이크로 포맷을 설명하고, 웹 애플리케이션에서 인터페이스 개발을 편리하게 해주는 웹 클라이언트의 RIA 기술을 설명한다. 마지막으로 웹 서비스의 개발 방법에 진화를 가져온 오픈 API에 기반한 매쉬업 기술을 소개한다.

10.1 콘텐츠 유통을 위한 RSS 기술

기존의 웹 콘텐츠는 생산자가 일방적으로 자신의 홈페이지에 게시를 해 놓거나 이메일로 전송을 해 주면 이를 받아 해석을 하는 과정을 거쳤다. 이 경우에 언제 어느 콘텐츠가 새로이 갱신되었는지 파악하는 것은 매우 어려우며 또한 웹문서에는 다양한 형식의 콘텐츠가 사용되므로 더더욱 갱신 여부나 그 내용을 파악하기에 많은 수고가 필요하였다. 이 절에서는 이러한 콘텐츠의 유통에 혁신을 가져온

RSS 기술을 소개하도록 한다.

10.1.1 데이터 유통채널의 변화와 RSS의 등장

콘텐츠 신디케이션(Contents Syndication)이란 콘텐츠 생산자(Contents Provider)가 제공하는 콘텐츠를 다른 수요자에게 연결해주는 온라인 콘텐츠의 배급 및 유통을 위한 중개사업을 말한다. 주로 웹에서 콘텐츠를 공급하는 웹 신디케이터(Web Syndicator)는 콘텐츠를 직접 생산하지 않지만 우수한 웹 콘텐츠를 수집하여 콘텐츠 혹은 요약정보를 다른 여러 웹사이트 운영자에게 제공함으로써 콘텐츠가 유통되도록 한다.

영화유통의 예를 보면, 배급업체가 영화의 판권을 제작업체로부터 사들여 동영상 형식으로 변경한 후 여러 종류의 영화감상 혹은 VOD 사이트 운영자에게 판매하여 영화배급을 하게 된다. 대표적으로 활용되고 있는 또 다른 사례로는 뉴스의 공급이 있다. 신문사나 방송사 등 언론사에서 제작한 뉴스가 일정한 포맷으로 저장되어 각종 유통사에 배급이 되고 있다. 따라서 일반 사용자는 언론사 사이트뿐만 아니라 포털사이트에서 제공되는 뉴스나 검색 결과 등에서 뉴스정보를 접할 수 있게 되었다.

이와 같이 콘텐츠 신디케이션의 유통 환경이 변함에 따라 콘텐츠를 공급하고 배급하는 유통 채널에도 변화가 요구되었다. 온라인 웹 환경에서 공급되는 콘텐츠는 무수히 많으므로 단순히 웹사이트에 게시하는 것만으로는 사용자에게 정보가 충분히 전달될 수 없으므로 새로운 콘텐츠에 대한 정보를 일반 사용자에게 별도로 제공해 주어야 한다. 지금도 많이 사용되고 있는 이메일이나 메시징 방식에서 정기적으로 정보를 제공받기 위해서는 사용자의 메일 주소를 일단 등록한다. 등록한 후에는 필요로 하지 않는 정보도 같이 포함된 정보를 제공받아 그 중에서 필요한 정보만 추려내야 한다. 메일의 경우에는 개인메일과 스팸메일도 포함되어 있어서 필요한 콘텐츠 정보만 골라내는 것도 귀찮은 작업이 될 수 있다. 이러한 문제점을 극복하고 사용자가 원하는 정보만을 적절한 시기에 손쉽게 제공 받거나 찾아 볼 수 있도록 하기 위하여 웹피드(Web Feed) 개념이 등장하였다.

콘텐츠 신디케이션을 위한 웹피드의 핵심 요소는 콘텐츠의 정보를 사용자에게 전달하기 위한 피드라는 개념의 웹문서 파일 형식이다. 현재 가장 널리 사용되는 형식으로는 RSS가 있으며, 여기에는 제공하고 있는 콘텐츠의 목록 및 개요 등 관련 정보를 포함하고 있다. 해당 웹사이트에서 정기적으로 콘텐츠 정보를 제공받기 원하는 사용자는 웹피드의 주소를 자신의 구독기에 등록을 하여 최신 정보를 제공받을 수 있다. 콘텐츠 구독기는 등록된 웹 사이트의 피드 파일에서부터 주기적으로 갱신된 정보만을 찾아와서 보여줌으로써 사용자가 손쉽게 새로운 정보만을 접할 수 있게 된다. 그림 10.1에서는 이메일과 웹피드를 이용하여 콘텐츠를 배포하는 방식을 비교하여 보여주고 있다.

그림 10.1
이메일 배포와 웹피드 배포의 차이

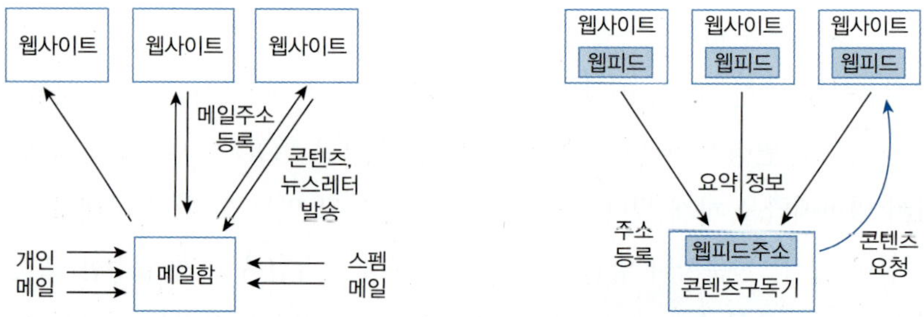

(a) 이메일을 이용한 배포 방식　　(b) 웹피드에 의한 배포 방식

RSS는 'RDF Site Summary' 혹은 'Really Simple Syndication' 등의 이름을 지칭하며 웹사이트에서 콘텐츠의 갱신 정보를 요약하여 게시해주는 웹피드의 표준형식 중 하나로서 뉴스, 비디오, 음악, 블로그 등의 배포에 널리 사용되고 있다. RSS 문서는 콘텐츠의 요약 정보와 메타데이터를 포함하고 있으며 표준 XML 파일 형식을 따르므로 콘텐츠 신디케이션에서 여러 사람이 공유하는 데 유리하다. 콘텐츠 제작자는 유통방법에는 신경쓰지 않고 새로운 콘텐츠가 추가될 때 RSS 피드의 정보만 새로운 내용으로 갱신해 주면 된다.

사용자는 원하는 사이트의 갱신정보를 콘텐츠 구독기를 사용하여 한군데에서 받아볼 수 있으며, 콘텐츠 구독기로는 별도의 RSS 리더(RSS Reader) 혹은 웹브라우저 내의 RSS 피드 기능을 이용하면 된다. 사용자는 원하는 사이트에서 제공하고 있는 RSS 버튼을 통해 RSS 파일 주소를 자신의 리더에 등록하면서(①) 콘텐츠 구독을 시작하게 된다. RSS 리더는 등록된 주소의 RSS 피드 내용을 점검하여 새로 갱신된 정보만을 요청하여(②) 화면에 보여준다. 결국 사용자는 모든 사이트를 직접 방문하여 새로운 내용이 있는지 점검할 필요가 없이 RSS 리더가 등록된 피드 주소로부터 갱신된 내용만을 취합해 줌으로써(③) 갱신된 정보를 볼 수 있다. 이 때 갱신된 콘텐츠의 내용을 보기 원하는 경우에는 연결되어 있는 링크로부터 직접 방문하여 내용을 볼 수 있다(④). 그림 10.2는 RSS의 기본적인 작동 개념을 보여주고 있다.

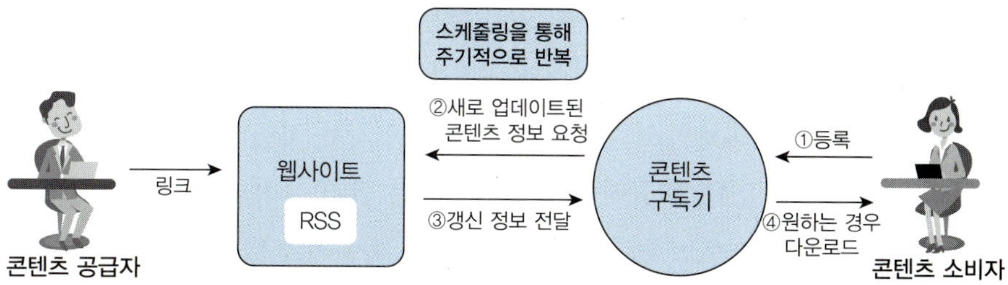

그림 10.2
RSS의 기본 개념

10.1.2 RSS의 발전 과정과 작동 원리

1990년 중반 마이크로소프트에서 전통적인 미디어 데이터의 정보를 인터넷 채널을 통해 배포하기 위하여 CDF(Channel Definition Format)를 XML 문서 형식으로 정하여 사용하였다. 한편 애플 컴퓨터에서는 관리를 위한 정보인 메타데이터 개념을 표현하는 Apple MCF(Meta Contents Framework)을 개발하였으나, 담당자가 넷스케이프로 이직하면서 MCF를 발전시켜 XML에 기반한 RDF(Resource Description Framework)를 개발하였다. RDF는 일반적인 메타데이터 표현언어인데 온톨로지 표현 등에 사용되어 시맨틱웹(Semantic Web)의 발전에도 기초가 되고 있다. 다음 코드는 RDF를 이용하여 책에 대한 메타데이터를 표현한 예이다.

```
<rdf:RDF xmlns:rdf="http://www.w3.org/1999/02/22-rdf-syntax-ns#"
    xmlns:dc="http://purl.org/dc/elements/1.1/" >
    <rdf:Description rdf:about="http://en.wikipedia.org/wiki/Steve_Jobs">
        <dc:title>Steve Jobs</dc:title>
        <dc:publisher>Lim Media</dc:publisher>
    </rdf:Description>
</rdf:RDF>
```

최초의 RSS 피드 파일 형식은 1999년 넷스케이프 사에서 XML 기반의 RDF

로 표현한 것으로 RSS(RDF Site Summary 혹은 Rich Site Summary) 버전 0.9로 통칭된다. 한편 새로운 RSS 형식을 개발하기 위한 공개그룹인 RSS-DEV 워킹그룹에서 2000년에 RDF에 기반하여 메타데이터 표현을 명확히 한 RSS 1.0을 발표하였다. 이에 반해 UserLand에서는 그간의 0.9 버전을 지속적으로 발전시켜 2002년에 RSS의 최종판인 RSS(Really Simple Syndication) 2.0을 발표하였다. 이들 두 가지 버전은 서로 호환이 되지 않는 전혀 다른 형식이므로 RSS 버튼에 버전을 표기하거나 혹은 RSS 리더가 버전을 구분하여 읽도록 하고 있다. 또한 웹컨소시엄에서는 웹피드의 표준화를 위해 Atom이라는 명칭의 파일 형식을 개발하여 2003년 Atom 1.0을 발표하였으나, 예상과는 달리 그리 널리 사용되지 않고 RSS 1.0, RSS 2.0, 그리고 Atom 1.0이 혼재되어 사용되고 있다.

그림 10.3
RSS 피드 버튼

가장 널리 사용되고 있는 RSS 2.0의 경우 RSS 피드 파일의 구성은 채널(〈channel〉)과 아이템(〈item〉) 정보로 구성되어 있다. 〈channel〉은 일종의 사이트에 대한 헤더 정보인데 어느 사이트에서 만들어졌는지, 전체 제목이 무엇인지, 어떤 사이트인지 설명을 하는 등의 정보를 가지고 있다. 채널에서 꼭 필요한 요소로는 〈title〉, 〈link〉, 〈description〉이 있다. 즉, 그 채널의 이름이 무엇인지 설명하고, RSS 채널을 받아온 사이트의 URL을 표시하며, 채널에 어떤 내용이 들어있는지 설명을 한다. 그 외에도 16가지의 부가적인 요소가 있다. 〈item〉은 사용자가 읽으려는 각각의 글 자체에 대한 요약 정보가 들어있는 것으로, 피드에 들어있는 아이템은 각각 〈title〉과 〈description〉을 갖고 있어야 한다. 그 외의 요소는 콘텐츠의 URL정보가 들어있는 〈link〉 요소 등 7가지의 부가적인 요소가 있다. 다음은 w3schools라는 사이트에서 제공하는 RSS 피드 파일의 사례이다.

```
<?xml version="1.0" encoding="ISO-8859-1" ?>
<rss version="2.0">
<channel>
  <title>W3Schools Home Page</title>
  <link>http://www.w3schools.com</link>                       채널 정보
  <description>Free web building tutorials</description>
  <item>
    <title>RSS Tutorial</title>
    <link>http://www.w3schools.com/rss</link>                 아이템 정보
    <description>New RSS tutorial on W3Schools</description>
  </item>
  <item>
    <title>XML Tutorial</title>
    <link>http://www.w3schools.com/xml</link>                 아이템 정보
    <description>New XML tutorial on W3Schools</description>
  </item>
</channel>
</rss>
```

콘텐츠의 갱신 정보를 RSS 피드로 제공하고자 하는 웹사이트에서는 RSS 피드를 제공한다는 사실과 피드의 주소를 RSS 버튼으로 표시해 두어야 한다. 다음의 예는 전자신문의 경우로서 RSS 피드를 제공하는 버튼이 있는 화면이다. 한 사이트에서 콘텐츠의 구분에 따라 여러 개의 RSS 피드를 제공하여 콘텐츠의 구독을 더욱 편리하게 해주고 있다.

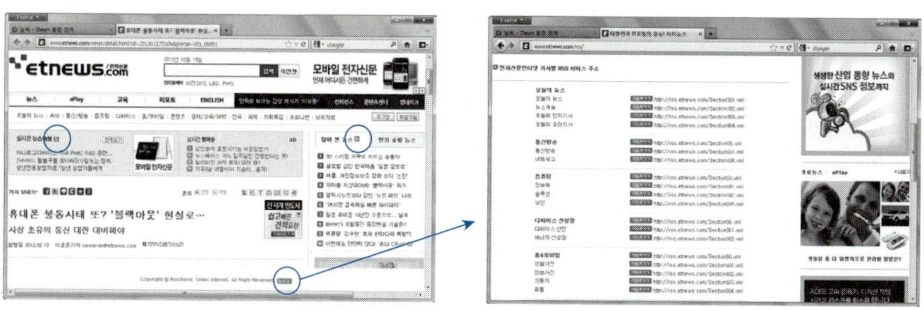

그림 10.4
RSS 피드 버튼과 RSS 피드 주소

RSS 리더는 RSS 피드를 읽어주는 프로그램으로, 웹페이지를 보기 위해 웹 브라우저를 이용하듯이 RSS 피드의 내용을 보기 위해 리더를 이용하는 것이다. RSS 리더를 사용하려면 우선 콘텐츠 공급 사이트에서 제공하는 RSS 피드의 주소를 가져와서 등록을 한다. RSS 리더에서는 등록된 주소 목록을 스케줄링에서 설정한 대로 주기적으로 방문하여 피드에 새로운 내용이 있는지 확인해야 한다. 이를 위해 해당하는 사이트의 웹서버는 새로운 콘텐츠 정보를 XML형식의 RSS 피드를 제공하고, RSS 리더는 RSS 피드를 파싱하여 그 결과를 사용자가 볼 수 있는 형태로 화면에 출력한다.

일반적으로 RSS 리더로는 Google Reader, My Yahoo, Bloglines, 국내에서는 한RSS 등이 많이 사용되고 있다. 최근 웹브라우저에서도 RSS 피드의 리더 기능을 지원하여 별도의 RSS 리더를 이용하지 않고도 웹브라우저에서 제공하는 기능을 이용하여 RSS 피드를 볼 수 있다. 다음 그림은 한RSS 리더를 통하여 뉴스 피드를 제공받는 경우와 웹브라우저에서 뉴스 피드를 확인하는 화면이다. 웹피드에서 제공하는 콘텐츠를 직접 방문하여 접속해 본 경우에는 방문 사실을 표시해 주어 편리하게 확인할 수 있다.

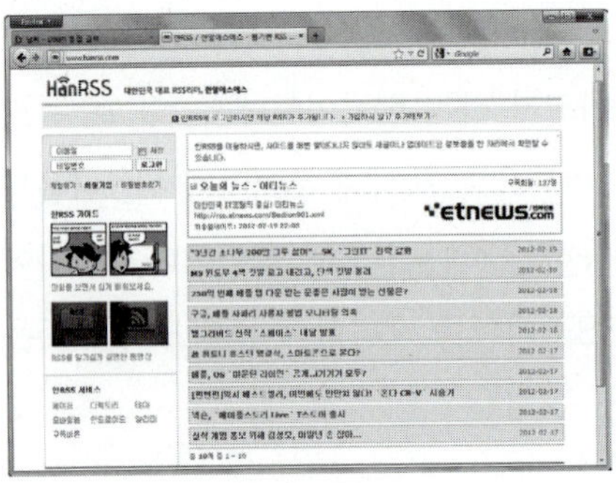

(a) 한RSS를 이용하는 경우

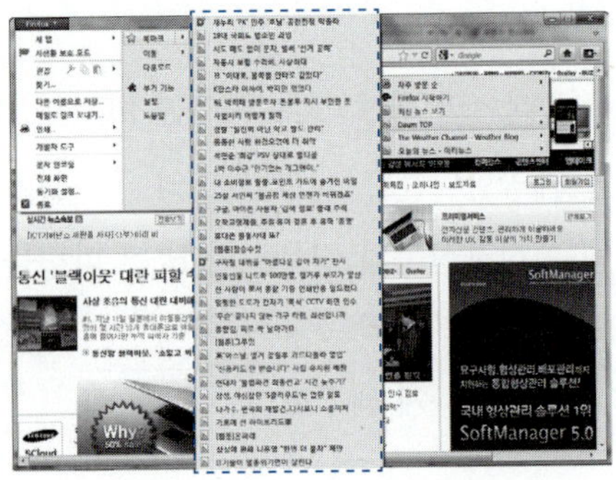

(b) 웹브라우저를 이용하는 경우

그림 10.5
RSS 리더에서 피드 내용 보기

10.1.3 RSS의 장점과 활용 분야

RSS 피드를 이용하면 콘텐츠 신디케이션에서 여러 가지 장점이 생긴다. 우선 사용자 입장에서 선택적인 콘텐츠 구독이 가능해진다. 사용자가 원하는 주제나 원하는 사이트에서만 피드를 제공받으므로 무작위로 제공하는 콘텐츠 정보의 홍수에서 벗어날 수 있다. 또한 동시에 여러 채널의 피드를 구독해 볼 수 있으므로 빠르고 편리하게 콘텐츠 정보를 제공 받으며, 과거의 구독 기록도 보관할 수 있다. 그리고 피드내 링크를 통해 자동으로 콘텐츠와 연동이 되며, 표준화된 웹피드 형식을 사용하므로 결과적으로 콘텐츠의 재사용성이 증가하게 된다.

콘텐츠 신디케이션에서 웹피드를 활용하고 있는 대표적인 사례는 앞서 언급한 뉴스 서비스나 주기적으로 변경되는 정보를 제공하는 사이트에서 많이 사용되고 있다. 지속적으로 음악이나 멀티미디어 콘텐츠를 배포하는 팟캐스팅에서도 RSS 기술이 핵심이며 콘텐츠의 상품거래 정보, 날씨나 환율정보 제공, 이벤트 정보 제공, 기업 홍보 등 다양한 분야의 웹사이트에서 웹피드를 제공하고 있다. 콘텐츠 출판에 활용되는 블로그에도 RSS 피드 기능을 활용하여 독자들이 구독해 보는 데 편리하도록 해주고 있다.

RSS 피드는 콘텐츠 신디케이션뿐만 아니라 광고 삽입을 통해 기업 홍보 및 마케팅 수단으로도 활용될 수 있으며, 일정 공유라든지 쿠폰 발행 등의 애플리케이션에서도 활용될 수 있다. RSS 피드의 또 다른 주요 활용 분야는 교육 콘텐츠 분야이다. 이러닝 교재를 RSS 피드를 통하여 지속적으로 제공받을 수도 있으며, 학교에서 공지사항이나 과제 제출도 RSS 피드를 통해 효율적으로 관리될 수 있다. 최근에는 검색 엔진에서 RSS 피드를 별도로 검색하기도 하며, 모바일 환경에서 RSS 피드 기능을 연동하여 다양한 앱을 선보이고 있다.

10.2 콘텐츠 출판을 위한 블로그와 팟캐스팅

웹 환경에서 각자의 사이트에 올려놓은 콘텐츠는 누구나 쉽게 접근이 용이하다. 초기의 웹사이트에서 자신의 소개나 홍보의 목적으로 홈페이지에 정보를 제공하던 수준에서 더 나아가 최근의 웹사이트에서는 자신의 콘텐츠를 널리 알리고 남들이 구독하도록 하는 수준으로 발전하고 있다. 블로그 사이트가 콘텐츠 퍼블리싱을 위해 활발히 운영되고 있으며, 앞 절에서 소개한 RSS 피드 기술이나 이를 이용한 팟캐스팅 기술이 퍼블리싱 효과를 더욱 높여주고 있다.

10.2.1 블로그의 개념과 작동 원리

블로그(Blog)라는 개념은 1997년 11월 존 바거(John Barger)가 www.robot-wisdom.com이라는 웹사이트를 만들면서 처음 사용하였는데, web과 log(기록)라는 단어를 합쳐서 Blog라고 부른 것이다. 블로그는 작성자인 블로거(Blogger)가 알리고 싶은 생각이나 주장 같은 것을 웹페이지에 일기처럼 적어 놓고, 다른 사람도 볼 수 있게 나열해 놓은 글들의 모음이다. 여러 사람이 글을 작성하고 공유하는 게시판과는 달리 한 사람이나 소수의 사람만이 글을 게시하며 다른 사람은 게시된 글을 읽기 쉽도록 나열 해 준다. 이와 같은 작업이 콘텐츠를 남들에게 알리는 과정이므로 일반적으로 콘텐츠 출판(Contents Publishing)이라고 하며, 때로는 인터넷을 통해 기존 미디어에 못지않은 힘을 발휘할 수 있어서 '1인 미디어'라는 호칭으로 부르기도 한다.

인터넷 게시판에서 진화한 텍스트 블로그에는 댓글 기능과 트랙백 기능이 있어서 블로거와 독자 사이의 의사소통 방법이 더욱 다양해졌다. 또한 앞 절에서 소개한 RSS 피드 기능을 적용하면 독자들이 손쉽게 블로그를 구독해 볼 수 있어서 블로그의 사용이 더욱 증가하였다. 모바일 환경에서는 문자 메시지 기능을 이용한 블로그 서비스도 인기리에 사용되고 있으며, 대표적인 서비스로 트위터가 널리 사용되고 있다. 모바일 블로그는 짧은 길이의 글을 게시한다고 해서 마이크로 블로그라고 부르고 있다. 또한, 초기의 블로그는 단순히 텍스트 글만 올리고 댓글을 다는 기능만 있었지만, 점차 발전하여 멀티미디어 자료를 포함하도록 진화하고 있다. 사진을 주로 올리는 포토블로그(Photoblog), 음악 파일을 다루는 mp3 블로그, 동영상 위주인 비디오블로그(Videoblog 혹은 Vlog), 음악을 포함하여 모든 스트리밍 미디어를 다루는 팟캐스팅 등이 서비스되고 있다.

블로그의 작동 원리를 이해하기 위하여 우선 블로그의 구성요소를 살펴보자. 그림 10.6에서 보듯이 블로거가 작성한 글인 엔트리가 있고, 독자들은 이들 엔트리의 글을 보고 댓글을 작성하거나 트랙백으로 원격 댓글을 작성한다. 그리고 정기적으로 구독하고 싶으면 RSS 피드를 이용한다. 블로그의 작동과정은 다음과 같다.

1) 엔트리(Entry) 작성

블로그를 운영하는 사용자인 블로거가 자신의 생각이나 의견, 전문 지식을 글로 표현하여 가장 기본 단위인 엔트리를 작성하여 자신의 블로그에 올린다. 이때 최근에 올린 글이 가장 상단에 위치한다. 각각의 엔트리는 하나의 독립적인 HTML 파일로 작성되며, 이 페이지가 가지는 고유한 링크 주소를 고유링크 혹은 퍼머링크라고 한다.

2) 댓글(Reply) 달기

다른 사람이 블로그에 올라온 글을 보고 글 밑에 간단하게 몇 줄로 댓글 혹은 덧글을 달 수 있다. 블로그는 언제나 다른 사람이 들어와 글을 볼 수 있으나 누가 그 글을 보았는지는 알 수가 없지만 댓글로 방문기록을 남길 수 있다. 물론 댓글을 달지 않는다면 글을 본 사람을 추적하기는 어렵다.

3) 트랙백(Trackback)으로 연결하기

트랙백은 원격(Remote) 댓글로서 블로그에 올라온 글을 읽은 사람이 글에 대한 의견 혹은 추가적으로 설명하고 싶은 사항을 자신의 블로그에 작성을 하는 것이다. 블로거는 블로그에 올라온 글의 트랙백 URL을 공개하며, 독자는 자신의 의견이나 추가 사항을 자신의 블로그에 작성을 하고 트랙백 핑(Ping)을 보내어 서로의 블로그가 링크로 연결되도록 한다.

4) RSS 피드로 구독하기

RSS 피드는 독자가 원하는 글을 선택적으로 구독할 수 있으며, 새 글이 게시될 때 바로 볼 수 있다. RSS를 활용하여 블로그 콘텐츠를 효율적으로 배포할 수 있다는 장점이 있다.

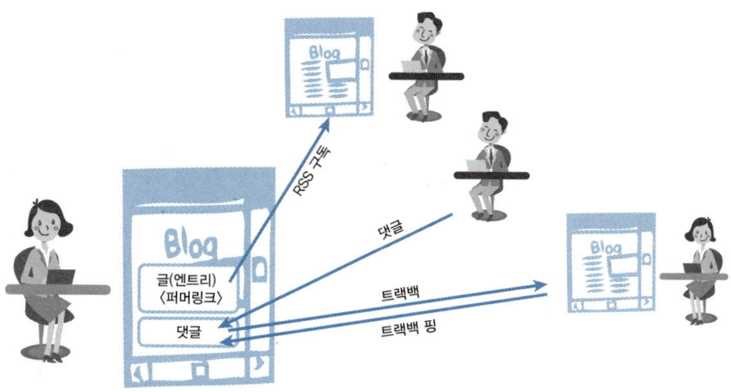

그림 10.6
블로그의 작동 원리

트랙백의 원리를 자세히 이해하기 위하여 다시 살펴보자. A가 자신의 블로그에 글을 작성한다고 하자. 이 때, A는 트랙백 주소를 공개한다. B가 그 글을 보고 글에 대한 의견을 쓰고 싶은 경우 자신의 블로그에 글을 작성한다. 그리고 자신이 그 글에 대해 댓글을 달았다고 트랙백 핑을 보내어 A에게 알려준다. 트랙백 핑은 title(글의 제목), excerpt(글의 초록), url(글의 URL 주소), blog_name(블로그의 이름)의 4개 매개변수를 전달한다. 이렇게 트랙백을 이용한다면 A와 B는 서로 연결되는 링크가 만들어진다. 즉, 서로 다른 블로그끼리 커뮤니케이션을 할 수 있는 소통의 한 방법인 것이다. 트랙백은 서로 연결될 수 있다는 장점이 있지만 일방적인 푸시(Push) 형태이므로 원본 글이 삭제되어도 트랙백은 남아있다는 단점이 있다.

그림 10.7
트랙백의 원리

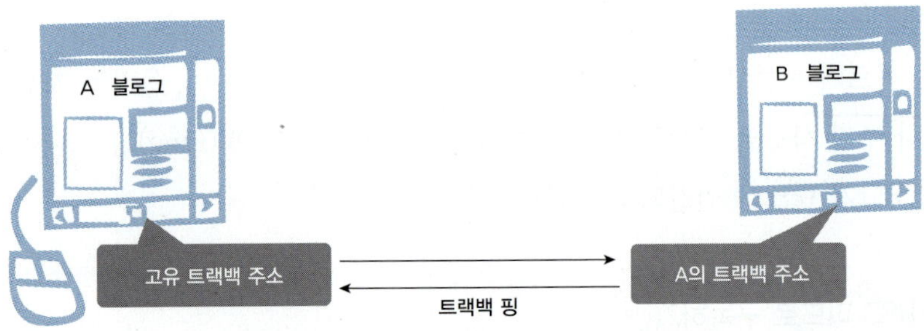

일반적으로 사용되고 있는 블로그의 종류에는 가입형과 설치형의 두 가지 유형이 있다. 가입형 블로그는 포털사이트에서 운영하는 블로그 서비스나 블로그 전문 웹사이트의 블로그 서비스를 이용하는 것이다. 서비스 업체에서 블로그의 저장 공간이나 편집 도구 등을 모두 제공하고 있으므로 사용자는 회원으로 가입하기만 하면 수월하게 블로그를 운영할 수 있다. 또한 서비스에서 운영해주는 커뮤니티 형성이나 콘텐츠 배포를 공유할 수 있어서 방문자 수를 쉽게 증가시킬 수 있는 장점도 있다. 그러나 정해진 레이아웃을 사용해야 하는 등 가입한 블로그 서비스에 종속되므로 사용자가 자유롭게 꾸미고 사용하는 데에는 제한이 있다. 네이버, 다음, 야후, 구글 등 대부분의 포털사이트에서 블로그 서비스를 운영하며, 국내의 전문 블로그 서비스로는 티스토리, 이글루스, 블로거닷컴 등이 있다.

설치형 블로그는 자신의 서버에 블로그 편집 소프트웨어를 설치하여 운영하는 것이다. 서버를 직접 운영하거나 웹호스팅 업체의 서비스에 자신의 계정을 설치하여 운영할 수 있다. 블로그 레이아웃과 다양한 기능을 사용자가 자유롭게 구성할 수 있으며, 자신의 자료를 스스로 백업하여 블로그 서비스 운영자와 무관하게 관리할 수가 있다. 그러나 설치형 블로그는 웹에 대한 전반적인 지식이 가지고 자신이 서버를 관리하여야 하며, 또한 방문자 수를 늘리는 것을 스스로 해결해야 한다. 대표적인 설치형 블로그 프로그램으로는 텍스트큐브, 워드프레스, 텍스타일, 무버블타입 등이 있다.

10.2.2 아이튠즈(iTunes)와 팟캐스팅(Podcasting)

팟캐스팅은 방송국이나 기업, 개인 등의 콘텐츠 공급자가 오디오 방송, 예를 들어 뉴스, 스포츠중계, 음악 토크쇼, 토론회 등의 프로그램을 mp3와 같은 미디어 파일로 제작하여 웹사이트에 포스팅하는 방법을 지칭한다. RSS를 이용해서 정기적 혹은 새로운 내용의 미디어 파일이 올라올 때마다 자동으로 구독할 수 있도록 함으로써 방송을 전달하는 방법으로 이루어진다.

팟캐스팅(Podcasting)이라는 용어는 애플의 mp3 플레이어인 아이팟(iPod)과 브로드캐스팅(Broadcasting)의 합성어로 이루어져 있다. 팟캐스팅 개념은 2001년부터 시작하였으나, 그 후 아이팟이 널리 알려지면서 2004년 처음으로 아이팟+캐스팅이라는 용어가 사용되기 시작하였으며, 현재도 애플의 팟캐스팅 소프트웨어인 아이튠즈(iTunes)가 가장 많이 사용되고 있다. 물론 팟캐스팅 개념은 아이팟뿐만 아니라 PC나 모바일 기기를 포함한 모든 디지털 미디어 플레이어에서 적용 가능하다. 최근에 국내에서 화제를 모으고 있는 '나꼼수'도 팟캐스팅의 대표적인 사례이다. 그림 10.8은 팟캐스팅에서 가장 많이 사용되는 RSS 리더인 아이튠즈의 실행화면과 팟캐스팅 로고를 보여주고 있다.

그림 10.8
아이튠즈(iTunes) 실행화면과 팟캐스팅 로고
(출처: www.apple.com)

팟캐스팅의 작동과정을 살펴보자. 팟캐스팅의 저자를 팟캐스터(Podcaster)라 부르며, 팟캐스터가 제작한 파일을 에피소드(Episode)라고 한다. 이러한 에피소드에 대한 요약 정보를 포함하고 있는 웹피드를 처리해주는 RSS 리더를 팟캐쳐(Podcatcher) 혹은 수집기(Aggregator)라고 부른다. 먼저 팟캐스터가 녹음한 오디오 파일을 mp3 파일로 변환하여 생성한 에피소드를 서버에 업로드하고 RSS 파일의 정보를 갱신한다. 청취자는 원하는 팟캐스트를 지속적으로 받아보도록 구독 신청을 하면 RSS 주소가 등록되어 정기적으로 갱신되는 파일들을 자동으로 다운로드 받을 수 있다. 다운로드된 파일들은 디지털 미디어 플레이어(컴퓨터, mp3, 휴대폰 등)가 컴퓨터와 연결될 때 자동으로 동기화되고 저장되어 언제 어디서나 오디오 콘텐츠를 감상할 수 있다. 그림 10.9에서 팟캐스팅의 작동 과정을 보여주고 있다.

그림 10.9
팟캐스팅 작동 과정

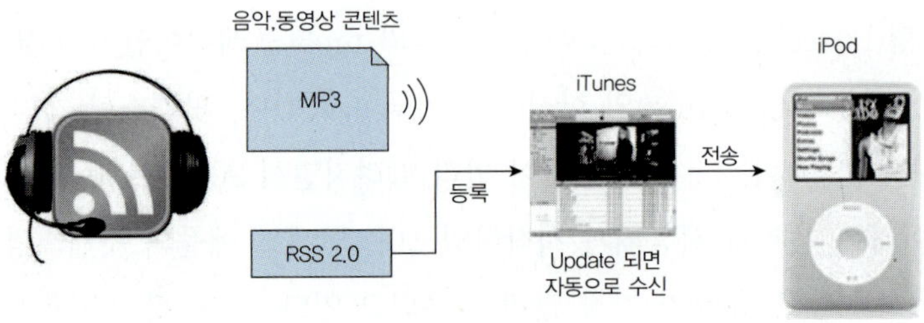

팟캐스팅으로 구독이 가능한 이유는 RSS 포맷인 팟캐스트(Podcast) 파일 안에 실제 오디오 파일을 다운로드할 수 있는 URL 주소가 기술되어 있어서 자동으로 다운로드할 수 있기 때문이다. 팟캐스팅을 실행하기 위해 RSS 파일의 <enclosure> 요소에 전송할 오디오 파일의 정보를 기록한다. 다음은 소스 코드가 실제로 사용되는 팟캐스트 파일의 사례이다.

```
<?xml version="1.0" encodina="UTF-8"?>
 <rss xmlns:itunes="http:/www.itunes.com/dtds/podcast-1.0.dtd" version="2.0">
 <channel>
  <title>All About Everything</title>
  <link>http:/www.example.com/podcasts/everything/index.html</link>
  <language>en-us</language>
  <copyright>&#x2117; &amp; &#xA9; 2005 John Doe &amp; Family</copyright>
  <itunes:subtitle>A show about everything</itunes:subtitle>
  <ituenes:author>John Doe</itunes:author>
```

```
  <itunes:summary>All About Everything is a show about everything.</itunes:summary>
  <description>All About Everything is a show about everything.<description>
  <itunes:owner>
    <itunes:name>John Doe</itunes:name>
    <itunes:email>john.doe@example.com</itunes:email>
  </itunes:owner>
  <itunes:image href="http://example.com/podcasts/everything/All.jpg" />
  <itunes:category text="Technology">
    <itunes:category text="Gadgets"/>
  </itunes:category>
  <itunes:category text="TV &amp; Film"/>
  <item>
    <title>Shake Shake Shake Your Spices</title>
    <itunes:author>John Doe</itunes:author>
    <itunes:subtitle>A short primer on table spices<itunes:subtitle>
    <itunes:summary>This week we talk about salt and pepper shakers, and overall aesthetics.
    Come and join the narty'</itunes:summary>
    <enclosure url="http://example.com/podcasts/everything/AllEpisode3.m4a" length="8727310"
    type="audio/x-m4a"/>
    <guid>http://example.com/podcasts/archive/aae20050615.m4a</guid>
    <pubDate>Wed, 15 Jun 2005 19:00:00 GNT</pubDate>
    <itunes:duration>7:04</itunes:duration>
    <itunes:keywords>salt, pepper, shaker, exciting</itunes:keywords>
  </item>
</channel>
</res>
```

팟캐스팅이 기존의 미디어 특히 라디오와 구분되는 특징은 무엇보다도 스트리밍 대신 다운로드가 가능해지고, 청취를 위해 휴대용 디지털기기를 이용하게 됨에 따라 시간과 공간의 제약을 벗어나서 언제 어디서나 소비자가 원하는 디지털 콘텐츠를 감상할 수 있다는 점이다. 또한 저비용으로도 제작이 가능하여 기업뿐 아니라 개인 및 소규모 그룹 등 누구나 제작하고 배포할 수 있기 때문에 다양한 팟캐스트가 제공되고 있다. 또한 2005년 애플에서 비디오 아이팟을 출시하면서 보드캐스팅(Vodcasting) 역시 널리 서비스되고 있다. 오디오 파일만 제공하던 팟캐스팅에서 한 단계 진화하여 비디오 파일도 제공하므로 Video와 Podcasting을 합성하여 Vodcasting이라고 한다.

팟캐스팅의 활용분야로는 음악 감상 이외에도 광고나 홍보에 많이 사용되며,

교육 및 뉴스 제공 분야에도 많이 활용되고 있다. 최근 일부 기업에서는 팟캐스팅을 광고와 고객의 의견수집 창구로 이용하는 등 마케팅 수단으로 적극 활용하고 있다. 팟캐스트 구독 현황은 고객의 관심 성향을 정확하게 반영하기 때문에 맞춤형 광고 제작 등 개인화 서비스가 가능해진다. 또한 교육 목적으로도 많이 활용하고 있는데 언제 어디서나 사용자가 원하는 시간에 오디오를 청취할 수 있다는 특징이 있어 팟캐스팅을 이용한 교육은 효과적이다. MIT, 퍼듀, 스탠포드 등의 대학에서는 열린 강좌(Open Course)의 팟캐스트를 학생들에게 제공하여 구독할 수 있게 한 사례도 있다.

10.3 시맨틱웹으로 발전하는 태깅과 마이크로포맷

웹의 창시자인 팀 버너스리가 제안하고 현재 웹컨소시엄에서 표준화 작업을 진행 중인 시맨틱웹(Semantic Web)은 웹문서 내의 정보나 리소스에 의미를 부여하자는 것이다. 주로 정보간 혹은 정보와 자원 사이의 관계와 의미 정보를 표현하고 이를 처리하는 온톨로지 혹은 토픽맵 기술을 개발하고 있으나, 아직 시맨틱웹의 실현은 시간이 더 필요하다는 판단이다. 이러한 시맨틱웹으로 발전하는 길목에 태깅 기술이 집단지성을 활용하는 데 사용되고 마이크로포맷이 정보 교환시 추가적인 의미 전달에 활용되고 있다.

10.3.1 문서에 의미를 줄 수 있는 소셜 태깅

(1) 태그와 소셜 태깅

태그(Tag)란 웹문서 또는 자료에 그와 연관된 정보나 키워드 정보를 '꼬리표'처럼 덧붙여 놓아서 정보를 분류하거나 검색 하는 등 여러 가지 부가적인 기능이 가능하도록 해주는 일종의 메타데이터이다. 웹에 있는 모든 종류의 자료에 태그 형태로 의미정보를 부착할 수 있으며 태그를 다는 행위를 태깅(Tagging)이라고 한다. 팀 버너스리는 시맨틱웹을 "정보에 잘 정의된 의미를 부여하고 컴퓨터와 사람이 더욱 협력하여 일할 수 있는 웹의 확장 개념"이라고 설명하고 있다. 즉, 태그는 콘텐츠의 내용을 요약하거나 대표할 수 있는 키워드인데 컴퓨터와 사람이 같이 이해하고 협력할 수 있는 시맨틱웹의 발전과정이라고도 할 수 있다.

일반적으로 태그의 길이에는 제한이 없으며, 문서 내에서 단어, 문장, 이미지 등 어떤 구성요소에도 붙일 수 있다. 특히, 사진이나 동영상 등 텍스트가 아닌 멀티미디어로 제작된 콘텐츠의 경우 키워드 검색이 불가능하지만 태그를 붙여 키워드 검색이 가능해지도록 할 수 있다. 또한 콘텐츠 저작자뿐만 아니라 콘텐츠를 이용하는 일반 사용자들도 태그를 달고 공유할 수 있으며, 이런 경우 소셜 태깅(Social Tagging)이라고 한다.

예를 들어 그림 10.10과 같은 이미지를 벚꽃, 봄, 꽃길이라는 태그를 달아 사진 게시판에 등록했다. 이 사진을 감상한 다른 사용자가 여행, 벚나무, 추억이라는 자신이 연상한 키워드를 태그로 달 수 있다. 이와 같이 다양한 사용자들이 자신이 원하는 대로 태그를 달아 공유함으로써 일반적인 분류체계와는 다르게 이 정보에 대하여 다양한 측면에서 연관성을 보여줄 수 있다. 비교적 자유로운 형태로 태그를 기록하고, 이렇게 제공된 정보는 손쉽게 검색되거나 분류될 수 있으며 다른 정보와 엮여서 정보 네트워크의 형성이 가능해진다.

그림 10.10
이미지에 소셜 태깅을 적용한 예

플리커(www.flickr.com)는 소셜태깅으로 가장 유명한 이미지 공유사이트로 제일 먼저 웹 2.0 기술을 구현하여 서비스를 개시한 사이트 중 하나이다. 플리커는 태그를 통한 이미지 분류와 검색 기능을 제공한다. 그림 10.11과 같은 화면에서 사용자는 이미지를 업로드하며 이미지에 대한 간략한 설명과 함께 태그를 직접 입력하며, 또한 위치정보의 태그도 적절한 인터페이스를 통해 편리하게 부착하고 검색할 수 있다.

그림 10.11
플리커에서 이미지에 소셜 태깅을 적용한 예

(a) 태그 작성 화면 (b) 위치정보 태그의 활용

(2) 폭소노미

이와 같은 소셜 태깅은 여러 사용자가 사용하게 되면 집단지성을 통해 미리 정해지지 않은 분류체계인 폭소노미(Folksonomy)나 태그 구름(Tag Cloud)의 실현이 가능해진다. 폭소노미는 대중을 의미하는 'folk'와 분류법을 의미하는 'taxonomy'가 합쳐져 만들어진 신조어로 대중에 의한 분류 시스템을 의미한다. 기존에 우리에게 익숙한 계층구조의 카테고리 분류방식인 택소노미(Taxonomy)에서는 전문가가 미리 정해놓은 분류체계에 맞추어 하나의 리소스에 하나의 카테고리만 적용할 수 있으며, 적당한 카테고리가 존재하지 않을 때에는 정확하게 분류될 수 없다. 반면에 사용자 다수의 태깅을 통해 분류하는 폭소노미는 미리 정해진 카테고리 없이 태그의 집단지성에 의해 분류되므로 기존에 정확한 분류가 가능하지 않거나 혹은 새로운 분야에 속하는 자료도 분류될 수 있다. 더욱이 하나의 자료에 여러 개의 태그를 붙일 수 있으므로 활용 목적에 따라 다수의 카테고리로 분류될 수 있다.

이와 같이 웹 2.0 환경에서 다중 사용자의 태깅을 이용한 폭소노미는 다양한 자료를 분류할 수 있는 새로운 방법으로 널리 활용되고 있으며, 다음과 같은 장점이 있다.

- 집단지성에 의한 분류로 원하는 자료를 찾기 쉽다. 비슷한 사고를 가진 사람이라면 미리 정해진 분류를 학습하지 않고도 경험을 바탕으로 원하는 자료를 찾

을 수 있다.

- 한 번 본 자료를 다시 찾기 쉽다. 분류 명칭이 정확하지 않아도 유사한 키워드로 찾아 갈 수 있으며, 여러 개의 태그를 붙일 수 있어서 그 중에 하나로 찾아갈 수 있다.
- 많은 양의 자료를 관리하는 데 효율적이다. 사용자의 모든 요구사항을 편견없이 반영하며, 끊임없이 변화하고 새로이 발전해 나가는 자료도 쉽게 분류할 수 있다.

폭소노미에 의한 분류는 정해진 체계가 없는 만큼 카테고리 태그를 잘 찾아 볼 수 있도록 해야 한다. 특히 현재 검색한 카테고리와 유사한 카테고리를 제시해 준다면 원하는 자료를 더욱 쉽게 찾아갈 수 있다. 태그들의 관계를 시각적으로 표현하는 데에는 여러 가지 방법이 있으나 태그 구름(Tag Cloud)이 가장 널리 사용되고 있다. 태그 구름은 그림 10.12에서 보듯이 태그를 2차원 공간 상에 연관도나 중요도에 따라 배치하고 글자의 크기나 색상 등에 변화를 주어, 관련이 있는 태그로 쉽게 옮겨갈 수 있도록 해준다. 많은 사이트에서 인기 태그를 태그 구름 형태로 제공해 주고 있으며, 이를 통하여 어떤 정보가 많은 관심을 주목 받고 있는지도 알아보고 검색할 수 있다.

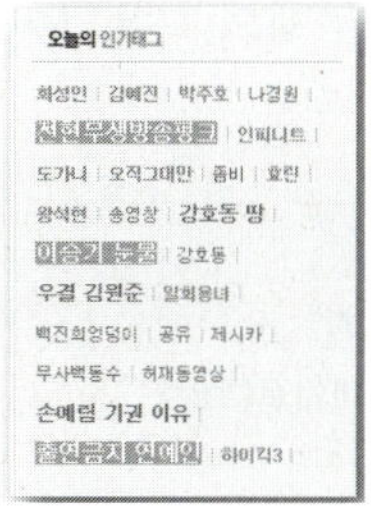

그림 10.12
태그 구름의 예
(출처: 위키피디아, 다음)

10.3.2 마이크로포맷

(1) 마이크로포맷의 목적

웹 언어인 HTML은 원래부터 다양한 형태의 정보를 포함한 문서를 표현하고 이를 웹브라우저에 보여주기 위해 만들어졌다. 그러나 웹의 발전에 따라 문서를 구조화하고 특정한 의미를 부여하거나 추가적인 정보를 교환하기에는 HTML

의 기능이 부족하다는 지적에 따라 시맨틱웹에 대한 연구를 활발히 진행하고 있다. 이러한 해결책의 하나로 HTML 문서 내에 포함하여 사용하는 마이크로포맷(Microformat)이 제안되었으며 기술적으로 태깅보다 시맨틱웹에 더 접근되어 있다. 마이크로포맷은 HTML 문서 내에서 특정 부분에 간단한 의미를 표현하여 포함시키는 방법으로 주소록, 사회적 관계, 일정공유, 위치정보의 표현 등 다양한 용도로 활용되고 있다.

마이크로포맷은 테크노라티(Technorati)사에서 처음 제안한 것으로 HTML 문서의 요소에서 class 속성을 사용하여 정보 간의 관계나 추가적인 의미를 표현하여 전달하면 이를 약속한 대로 해석하여 활용하자는 것이다. class 속성 이외에 요소 사이의 링크에 대한 연결 관계를 설명하는 rel 속성이나 역 링크 관계를 설명하는 rev 속성을 이용하면 더 다양한 의미를 표현할 수 있다. 마이크로포맷의 장점은 HTML 문서 내에 포함하여 간단하게 의미를 표현하여 전달할 수 있다는 점 이외에 기존의 사용하던 다른 포맷이나 규격을 마이크로포맷 형태로 변경하여 그대로 활용할 수 있다는 장점도 갖고 있다.

(2) 마이크로포맷 활용사례: hCard, geo

우선 연락처 정보를 표현하는 hCard의 활용사례를 보도록 하자. HTML 문서에서 마이크로포맷의 사용없이 이름과 개인정보를 다음과 같이 표현할 수 있다.

```
<div>
  <div>임순범</div>
  <div>숙명여자대학교</div>
  <div>02-710-9424</div>
  <a href="http://www.sm.ac.kr/">http://www.sm.ac.kr/</a>
</div>
```

여기에서는 모든 정보가 단지 <div> 요소로 구분만 되어 있을 뿐이며 이름이나 소속기관, 연락처 등을 구분할 수는 없다. 이 때 hCard 마이크로포맷을 적용하여 class 속성에 의미를 구분하여 표현할 수 있다. hCard 포맷에서는 다음의 코드에서와 같이 'vcard'라는 클래스의 <div> 요소 내에서 class 속성에 이름의 경우 'fn', 소속은 'org', 전화번호는 'tel'이라고 값을 적어 주어서 어느 태그가 어떤 정보를 가지고 있는지 구분할 수 있다.

```
<div class="vcard">
  <div class="fn">임순범</div>
  <div class="org">숙명여자대학교</div>
  <div class="tel">02-710-9424</div>
  <a class="url" href="http://www.sm.ac.kr/">http://www.sm.ac.kr/</a>
</div>
```

모바일 환경에서 많이 사용되는 위치기반정보도 geo 마이크로포맷을 이용하여 위도와 경도 정보를 다음과 같이 표현할 수 있다.

```
강남구청역의 위치는 <span class="geo">
    북위 <span class="latitude">37.517</span>,
    동경 <span class="longitude">127.041</span>
 </span>입니다.
```

(3) 소셜미디어에서의 활용: XFN

현재 많은 사람들의 관심이 집중되고 있는 소셜네트워크에서도 사람들 사이에서 벌어지는 다양한 행위나 그 관계를 표현하기 위하여 마이크로포맷이 사용되고 있다. 그 중에 많이 사용되는 포맷이 XFN(XHTML Friends Network)으로 하이퍼링크를 이용해 인간관계를 표현하자는 것이 목적이다. 소셜네트워크 서비스 내에서 사람들을 표현하는 웹페이지 간의 링크를 설정할 때 사람 간의 개인적 관계를 하이퍼링크의 rel 속성으로 표현해 주도록 하였다. 사람 간의 다양한 관계에 대하여 유형별 프로파일을 표 10.1과 같은 규격으로 정하고 있으며, 이 규격에서 유형별로 해당하는 속성 값을 선택하여 표현할 수 있도록 하였다.

표 10.1
XFN 관계 프로파일의 일부(출처: 위키피디아)

관계 유형	관계
교우 관계(하나만 선택)	contact : 접촉할 수단을 아는 사람 acquaintance : 서로 인사나 짧은 대화가 있어왔던 사람 friend : 친구. 알고 있는 동료나 동향인
물리적 관계	met : 실제로 만난 적이 있는 사람
지리적 관계(하나만 선택)	co-resident : 공통 거주자. 같은 (길)거리에 있는 사람 neighbor : 근방에 사는 이웃
직업상 관계	co-worker : 동업자 혹은 직장 동료 colleague : 같은 학문/활동 분야에 몸 담고 있는 사람
가족(하나를 선택)	child : 친자 혹은 양자, 또는 보호자 관계인 사람 parent : child의 역관계. 부모 sibling : 공통된 부모를 가진 사람. 형제, 자매, 남매 spouse : 결혼한 사람. 배우자 kin : 상대적으로 확장된 가족의 일원으로 간주되는 사람. 친척

XFN을 통해 작성자는 자신이 읽은 블로그가 어떤 친구(실제 만남이 있었거나, 혹은 다른 관계)에 속하는지 표현할 수 있다. XFN 관계 형식은 순서에 상관이 없으며, 블로그 모임이나 링크 페이지에 인간관계를 덧붙이며 블로그의 일반적인 특징이 되어가고 있다. 이와 같은 관계를 이용하여 다음과 같이 블로그 서비스에서 인간관계를 표현할 수 있으며, 이러한 인간관계는 그림 10.13과 같은 간단한 저작 인터페이스를 통하여 손쉽게 작성하여 사용할 수 있다.

```
<a href="http://www.jerryis.com/tt" rel="friend met colleague">제리</a>
<a href="http://www.pixie.co.kr" rel="acquaintance met">픽사</a>
<a href="http://www.jennifer.pe.kr" rel="child">임주은</a>
```

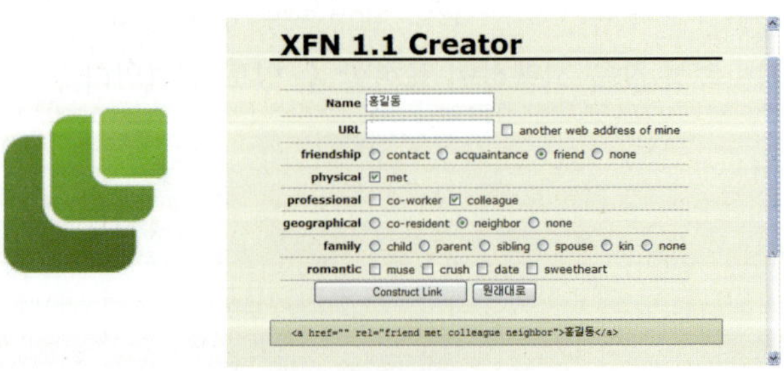

그림 10.13
XFN 로고 및 편집기 화면

앞에서 설명한 바와 같이 마이크로포맷은 HTML 문서 내에서 특정부분의 의미를 추가하여 정보를 교환하는 데 널리 사용되고 있다. 그 중에서 현재 많이 활용되고 있는 포맷으로는 이메일로 주소나 명함을 교환하는 hCard, 일정을 공유하는 hCalendar, 이력서 정보를 교환하는 hResume, 리뷰정보를 표현하는 hReview, 위치정보를 표현하는 geo, 그리고 소셜 미디어 환경에서 관계 정보를 표현하는 XFN, XOXO, xFolk 등의 다양한 포맷들이 만들어져 활용되고 있다. 실제 트위터에서도 문서 내에 트위터의 대화를 표현하는 고유의 마이크로포맷을 정의하고 사용하고 있다.

```
<body class=" user-style-shseo1215 logged-in ">
  <div id="doc">
  <div id="top-stuff">
  <div id="banners" style="clear:both"><noscript>
  <div class="banner-outer">
  <div class="banner">
...
<div class="tweet-row">
<div class="tweet-text js-tweet-text">전곡항의 sunset (@ 전곡 마리나항) [pic]:
  <a data-expanded-url="http://4sq.com/p15GqY"
      class="twitter-timeline-link" href="http://t.co/w3tqG0j2" rel="nofollow"
      class="twitter-timeline-link">4sq.com/p15GqY</a>
</div>
</div>
```

그림 10.14
트위터에서 마이크로포맷의 사용

10.4 웹 인터페이스의 진화, RIA와 Ajax

기존의 웹 애플리케이션은 웹브라우저에서 응답속도가 늦고 데스크톱 애플리케이션에 비해 조작성이 떨어지는 단점이 있었다. 웹 클라이언트에서 이러한 단점을 극복하고자 리치 인터넷 애플리케이션(RIA; Rich Internet Application) 기술이 발전되었다. 어도비의 플렉스, 마이크로소프트의 실버라이트, 선마이크로시스템즈의 자바 FX 등의 기술이 개발되었고, 현재 웹 클라이언트의 애플리케이션 개발을 위해서는 Ajax가 널리 사용되고 있다.

10.4.1 RIA의 등장 배경과 발전 방향

1990년대 후반 웹 기술이 큰 폭으로 발전하면서 선풍적인 인기를 끌자 많은 개발사들이 기존의 기업용 애플리케이션을 웹으로 전환하는 경우가 많이 발생하였다. 기존의 데스크톱 애플리케이션은 화면 구성이 자유롭고 사용하기 편한 사용자 인터페이스를 제공하고 있었으나 웹브라우저 기반의 애플리케이션은 인터넷 트래픽으로 인해 응답속도가 늦고 HTML 언어의 제약으로 자유로운 인터페이스를 구현하기 힘들었다. 웹 애플리케이션의 장점을 유지하면서도 이러한 웹브라우저 기반 인터페이스의 단점을 개선하기 위하여 리치 인터넷 애플리케이션(RIA; Rich Internet Application) 기술이 등장하였다.

즉, 웹브라우저 기반의 애플리케이션은 별도의 설치가 필요없이 배포가 가능하고, 서버에서 제공하는 웹 서비스와 연동이 가능하면서도 데스크톱 애플리케이션의 사용자 경험(UX)을 제공해 주는 것을 목표로 하는 기술을 의미한다. 최근 구글을 통해 다양한 애플리케이션들이 선보이면서 웹의 장점과 풍부한 사용자 인터페이스를 적용한 브라우저 확장기술에 대한 개발이 지속적으로 진행되었다.

2000년 10월 미국의 시장조사기관인 포레스트 리서치에서 'X-인터넷'이란 개념을 발표하면서 여러 회사에서 웹 환경의 사용자 인터페이스 기술에 관심을 가지고 개발하기 시작하였다. 리치 인터넷 애플리케이션이라는 용어는 2002년 매크로미디어의 플래시 제품 백서에 처음으로 등장하였다. 이후 어도비에서 개발한 플래시 기반의 플렉스(Flex), 마이크로소프트의 실버라이트(Silverlight), 선마이크로시스템즈의 자바 FX 등이 리치 인터넷 애플리케이션 기술을 주도하기 위한 각축을 벌였으며, 그 발전과정은 그림 10.15와 같다.

그림 10.15
RIA 기술의 발전 과정
(자료참조: KRG)

그러나 이들 기술들은 많은 장점에도 불구하고 표준 기술이 아니며 따라서 표준 웹브라우저 환경이 아닌 자신들의 고유한 플랫폼을 기반으로 실행된다는 단점을 가지고 있다. 특히, Ajax 개념이 널리 사용되고 HTML5가 등장하면서 RIA 시장의 상황은 또 다시 바뀌었다. HTML 언어의 한계점에서 시작하였지만 HTML5에서 풍부한 사용자 인터페이스 기능을 제공하면서 이전에 웹에서 불가능했던 많은 작업들이 가능해졌기 때문이다. 또한 Ajax와 HTML5는 웹표준을 근거로 하고 있으므로 많은 개발사들이 리치 클라이언트 애플리케이션 개발을 위해 Ajax와 HTML5를 많이 적용하고 있는 경향이다.

10.4.2 Ajax의 개념 및 특징

Ajax(Asynchronous Javascript And XML)는 대화식 웹 애플리케이션에서 자바스크립트와 XML을 이용하고 비동기 통신방식에 기반하여 풍부한 사용자 인터페이스를 구현하기 위한 기술이다. 2005년 2월 제임스 가렛(Jesse James Garrett)이 Adaptive Path라는 잡지에 발표한 에세이 "Ajax: A New Approach to Web Application"에서 그 명칭이 유래되었다. Ajax는 새로이 개발하여 발표된 기술이 아니라 그동안 웹 클라이언트의 애플리케이션 개발을 위해 발전하였던 기술을 총칭한 것이다. 제임스 가렛은 에세이에서 Ajax를 다음 기술들의 조합이라고 설명하고 있다.

- 표준언어 XHTML과 CSS를 이용한 표현 기술: 표준화된 기술을 이용하여 웹브라우저에 독립적인 사용자 인터페이스의 표현이 가능하다.
- DOM을 이용한 동적인 화면 구성과 상호작용: 동적으로 웹페이지의 콘텐츠를 변경하거나 페이지의 구성요소와 상호작용이 가능하다.
- XML과 XSLT를 이용한 데이터 교환 및 데이터 처리: 표준기술을 이용하여 데이터를 교환하고 원하는 형태로 변환하여 표현할 수 있다.
- XHR(XMLHttpRequest)를 이용한 비동기 데이터 통신: 서버와의 비동기 통신을 이용하여 효율적인 인터페이스 구현이 가능하다.
- 이해하기 쉬운 자바스크립트 언어를 이용하여 모든 것을 통합 제어한다.

즉, Ajax는 'Asynchronous + JavaScript + CSS + DOM + XML + XSLT + XMLHttpRequest'의 7가지 개념이 통합된 것으로 비동기 데이터 교환방식으로 표준화된 기술을 이용하여 사용자 인터페이스를 표현하였으며 구현이 손쉬운 자바스크립트 언어를 사용한 점이 특징이다. 특히, Ajax 애플리케이션 모델에서는 웹서버 측의 데이터 처리 로직과 클라이언트 측의 사용자 인터페이스 로직을 분리한 점과 이들 간에 데이터 교환을 비동기 방식으로 통신하는 점이 가장 큰 핵심 기술이다.

그림 10.16에서 보듯이 기존의 웹 애플리케이션 모델에서는 사용자가 요청할 때마다 웹서버에서 데이터를 처리한 후 응답 페이지를 HTML과 CSS로 작성하여 클라이언트로 보내준다. 반면에 Ajax 애플리케이션 모델에서는 처리 결과에서 필요한 데이터만 HTML이 아닌 가벼운 형태의 XML 데이터로 전송하고 이를 클라이언트에서 받아서 결과 페이지를 작성하게 되어있다. 이를 위해서 클라이언트 측에 HTML과 CSS 및 자바스크립트를 처리해주는 Ajax 엔진이 필요하다. 이와 같은 방식에서는 데이터의 전송량이 대폭 감소함에 따라 데이터 처리속도와 사용자 인터페이스의 입출력 반응속도가 현저하게 증가하게 된다. 대표적인 사례로 검색엔진의 검색어 입력창에서 매 글자 입력할 때마다 제시어가 바뀌는 검색어 추천 기능이 있다.

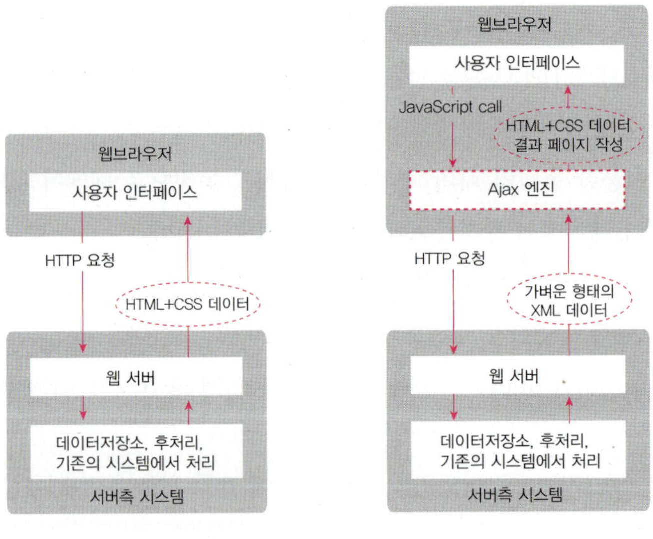

(a) 기존 웹 애플리케이션 모델 (b) Ajax 웹 애플리케이션 모델

그림 10.16
Ajax 애플리케이션의 데이터 통신 모델(출처: 제임스 가렛, Adaptive Path)

다음의 특징으로는 'Asynchronous' 개념의 비동기 통신을 함으로써 웹 사용자 인터페이스가 편리하게 된다는 점이다. 이전의 웹 애플리케이션에서는 사용자가 서버에 데이터 처리 요청을 하면 서버에서 처리 결과를 브라우저에 돌려보낼 때

까지 아무런 작업을 할 수 없다. 예를 들어, 기존의 검색 엔진에서 검색 요청을 하거나 상거래 사이트에서 예금 거래를 할 경우 사용자가 요청하고 나서 처리 결과를 기다린 후 다음 작업을 하게 된다. 그러나 Ajax 애플리케이션 모델에서는 사용자가 데이터를 입력하면 브라우저 내에 있는 Ajax 엔진이 이를 받아서 서버로 전송한다. 이 때 서버에서 데이터를 처리하는 동안 Ajax 엔진은 처리 결과를 기다리고 브라우저에서는 사용자의 다음 작업을 처리할 수 있다. 이렇게 되면 사용자가 서버에 요청한 처리 결과를 다 받기 전에 다른 작업을 병행할 수가 있어서 웹 인터페이스가 다양하고 편리한 기능을 제공할 수 있게 된다. 대표적인 사례로 구글 지도가 있다. 지도에서 위치를 이동하거나 확대 및 축소를 할 때 요청한 지도의 이미지가 전부 도착되기 전에 비동기적으로 처리해 주므로 지도를 스크롤하거나 다른 작업을 진행할 수 있다.

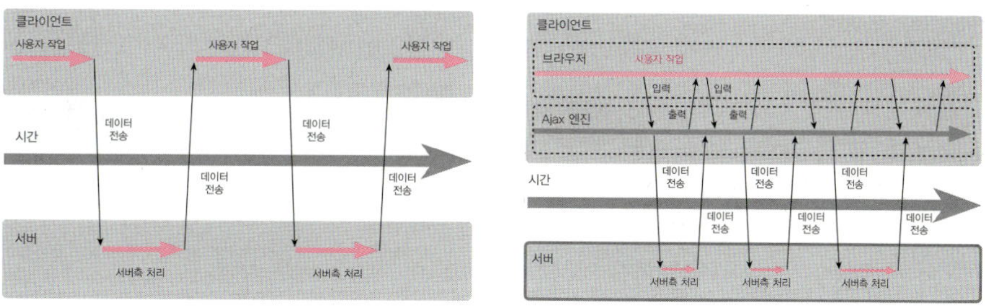

(a) 기존의 웹 애플리케이션 모델 (동기식)

(b) Ajax 웹 애플리케이션 모델 (비동기식)

그림 10.17 Ajax 애플리케이션의 비동기 처리 모델 (출처: 제임스 가렛, Adaptive Path)

10.4.3 Ajax의 구현 사례

(1) 검색 제시어 기능

Ajax 엔진을 사용한 웹 애플리케이션의 대표적인 사례로 검색 제시어 혹은 검색어 추천 기능이 있다. 이해를 돕기 위하여 사용자가 네이버 검색에서 'Ajax programming'을 검색한다고 하자. 이전의 검색엔진에서는 사용자가 'Ajax programming'이라는 단어를 입력하고 나서 검색을 요청하면 서버에 검색 결과를 HTML 페이지로 만들어 브라우저로 보내준다. 그러나 제시어 혹은 단어 추천 기능에서는 낱말을 다 입력하기 전에 추천 단어 목록을 입력창 아래쪽에 보여준다.

그림 10.18에서 보는 바와 같이 사용자가 검색 창에 'Aj'글자를 입력하면 'Aj'로

시작하는 단어가 보여지고, 그 다음으로 'a' 글자를 입력하면 이번에는 'Aja'으로 시작하는 단어를 보여진다. 이런 방식으로 사용자는 원하는 단어의 글자를 끝까지 다 입력하지 않아도 제시어 중에서 선택하여 사용할 수 있다. 이 때 서버에서는 검색 창의 HTML 페이지를 모두 작성하여 보내주는 것이 아니라 단어 목록만 XML 형태의 텍스트 데이터로 전송하므로 전송량이 매우 감소한다. 또한 브라우저에서는 전체 페이지를 갱신하지 않고 제시어 창만 갱신함으로써 인터페이스의 반응속도를 증진시킬 수 있다.

그림 10.18
검색어 추천 기능 사례

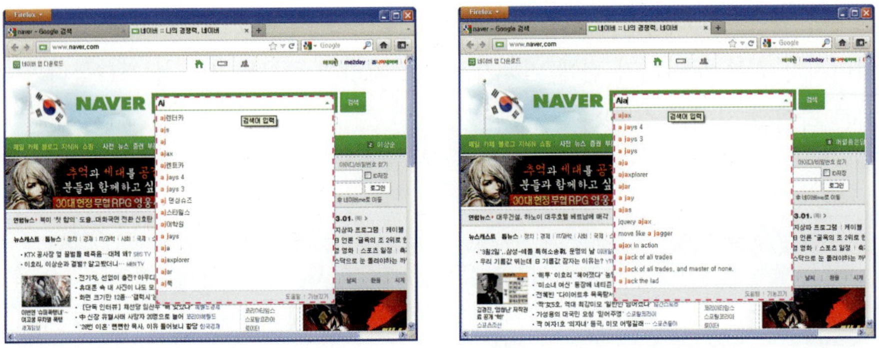

(a) 'Aj' 입력

(b) 'Aja' 입력

(2) 지도 이미지의 비동기 처리

다음의 사례로 구글 지도를 보자. 지도 사용자는 수시로 지도를 확대 축소하거나 이동시키려고 할 것이다. 이 때 서버에서는 해당하는 지도의 이미지를 매번 보내주어야 한다. 이미지는 텍스트보다 데이터 용량이 크므로 네트워크 속도가 높다 하더라도 사용자가 매우 빈번히 지도를 이동시킬 때에는 빠른 속도로 요청에 반응하기에는 약간 무리가 따른다. 이전의 웹 애플리케이션 모델에서는 지도를 이동시킬 때 이미지를 모두 다운로드 받고 나서 또 이동시켜야 하므로 조작성이 많이 떨어졌다.

그러나 Ajax 웹 애플리케이션 모델에서는 지도의 이미지를 전부 다운로드 받기 전에 다음 작업을 실행한다. 그림 10.19(a)에서 지도를 확대하려는 경우에 지도 이미지가 모두 도착하지 않았을 경우 그림 10.19(b)처럼 보여준다. 그림 10.19(b)는 확대하려는 부분의 지도 이미지가 없어서 회색으로 처리한 경우이다. 물론 이 화면은 매우 잠깐 동안만 보여지며 이미지를 다 받으면 정상적인 지도 이미지를 보여주게 된다. 그림 10.19(c)에서는 또 다시 확대를 하였는데 이번에는 회색으로 보여주지 않고 새로 받기 전의 이미지를 이용하여 단순히 확대하여 보여 주는 방법을 사용하였다. 화면에서 지도의 일부분의 글자와 이미지가 커진 것을 볼 수 있다. 역시 지도 이미지를 다 받으면 정상적으로 보여준다. 이와 같이 지도 이미지를 모두 받기 전에 사용자가 요청하는 작업을 비동기적으로 처리해 주므로 사용자 인터페이스의 사용성은 더욱 향상될 수 있었다.

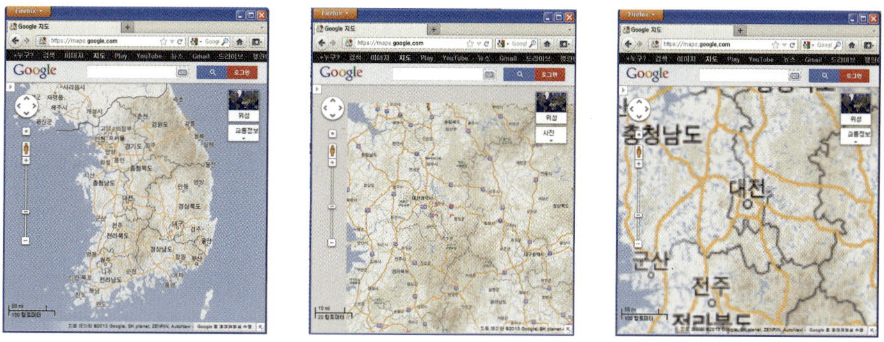

(a) 확대하기 전의 지도 (b) 일단 회색 처리 (c) 일단 이미지 확대 처리

그림 10.19
지도 확대에 대한 비동기 처리 사례

10.5 오픈 API와 매쉬업 서비스

현재 웹 2.0 서비스의 대표적인 기업인 구글, 유튜브, 페이스북 등의 웹사이트에서는 자신의 주요 서비스에 대해 API를 공개함으로써 다른 사이트에서는 이들 기능을 이용하여 손쉽게 새로운 서비스를 개발하여 제공하고 있다. 웹 2.0 애플리케이션에서 주요한 특징 중에 하나가 웹서비스에 기반한 오픈 API(Open API)와 이들 API를 조합하여 새롭게 개발하는 매쉬업(Mashup) 서비스를 제공한다는 것이다. 현재 많은 웹 사이트에서 다양한 API를 공개하고 있으며 이를 이용하여 새로운 사이트를 손쉽게 구축할 수 있다.

10.5.1 오픈 API와 매쉬업 서비스의 개념

오픈 API란 'Open Application Programming Interface'의 약자로 자신의 웹 사이트에서 일부 서비스 기능을 남들이 사용할 수 있도록 API 형태로 공개한 것을 말한다. API라는 것은 다른 응용 프로그램을 개발할 때 해당 모듈을 쉽게 사용할 수 있도록 해주는 개발환경으로 보통 라이브러리 형태나 이를 활용할 수 있는 규약 형태로 제공된다. 오픈 API는 기존의 API 개념을 웹사이트에 확장한 것으로 유명 사이트에서 공개한 API를 이용하여 손쉽게 자신의 사이트에서 원하는 웹서비스 기능을 구현할 수 있도록 만든 것이다.

복잡한 프로그램을 제작하지 않고도 오픈 API를 이용한 가벼운 프로그래밍으로 검색 기능이나 지도 기능 등을 자신의 사이트에서 손쉽게 이용할 수 있게 되었다. 구글 검색이나 구글 맵스는 자신의 API를 공개하여 여러 웹사이트에서 기능을 부가하여 사용함으로써 더 풍부한 서비스를 제공하고 있다. 오픈 API를 제공하면 서비스 자체의 활용도가 높아지면서 서비스가 더욱 활성화되어 트래픽 증가로 이어진다. 또한 오픈 API를 이용하여 구축한 결과 유지보수가 쉬워질 뿐 아니라 기업간의 제휴나 서비스 공유가 용이해진다.

매쉬업(Mashup)이라는 것은 감자를 으깨어 여러 가지 재료를 섞은 요리를 만드는 것처럼 인터넷에서 제공되고 있는 서로 다른 서비스를 조합하여 새로운 웹서비스 또는 애플리케이션을 만들어 내는 것이다. 매쉬업은 기존의 웹사이트의 오픈 API를 이용하고 이들 서비스를 공유할 수 있다는 점에서 개방과 공유를 기반으로하는 웹 2.0 환경의 핵심 기술이라고 할 수 있다. 또한, 매쉬업 서비스 개발은 공개된 API를 이용하므로 개발비용이 매우 적고 가볍게 프로그래밍할 수 있다는 장점이 있다.

최초의 매쉬업으로 알려진 서비스는 폴 레이드매처(Paul Rademacher)가 몇주일 만에 개발한 하우징맵(HousingMaps)이라는 웹사이트로 구글의 지도와 크레이그리스트(Craigslist)의 부동산 정보를 연동하여 지도의 해당 위치에 부동산 정보가 표시되도록 하였다. 처음부터 구글에서 API 정보를 제공한 것이 아니라 폴 레이드매처가 구글 지도 서비스를 분석하여 지도 위에 정보를 표시한 것이었으며, 오히려 구글이 그를 채용하여 구글 지도의 API를 공개하도록 하였다. 이것을 계기로 구글을 비롯한 여러 웹사이트에서 API를 공개하였고 이후 오픈 API 제공과 매쉬업 서비스 개발이 활성화되었다.

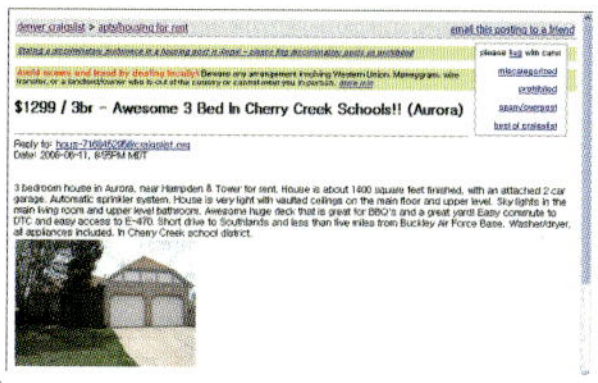

(a) Craigslist의 부동산 정보

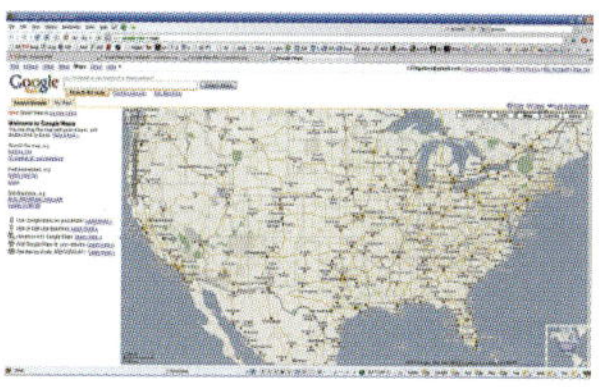

(b) 구글 지도

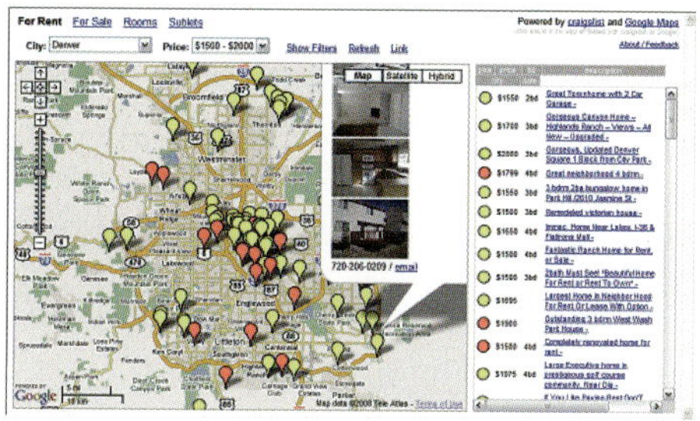

(c) 하우징맵

그림 10.20
하우징맵(HousingMaps)의 매쉬업 사례

10.5.2 매쉬업 서비스의 종류

현재 구글 지도뿐 아니라 구글 검색, 유튜브의 비디오, 플리커의 이미지 제공, 아마존의 상품검색 및 구매 기능 등 매우 다양한 오픈 API가 제공되고 있다. 오픈 API를 이용하여 구현되는 매쉬업 서비스로는 지도, 검색, 이미지나 비디오 제공, 쇼핑 등의 분야에서 많이 제공되고 있다. 최근에는 트위터나 페이스북 등 소셜미디어의 API를 이용하여 이들과 연동한 매쉬업 웹서비스 및 모바일 앱이 많은 관심을 끌고 있다. 그림 10.21은 매쉬업에 관련된 여러 가지 정보를 제공하는 사이트로 유명한 prgrammableweb.com에서 집계한 자료로서 많이 이용된 오픈 API와 많이 구현된 매쉬업 사이트의 유형의 통계 결과를 보여주고 있다.

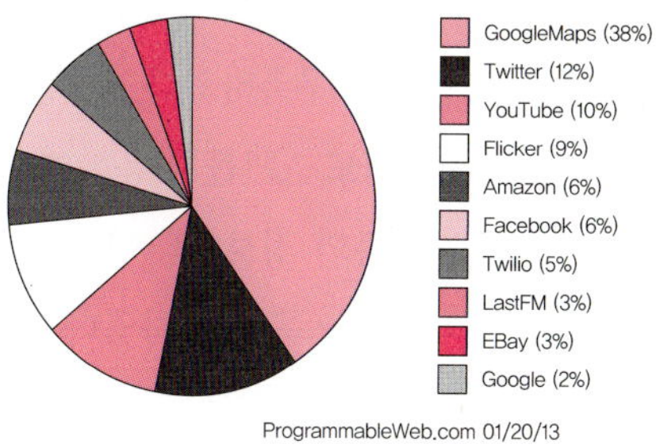

(a) 많이 이용된 상위 10개 오픈 API

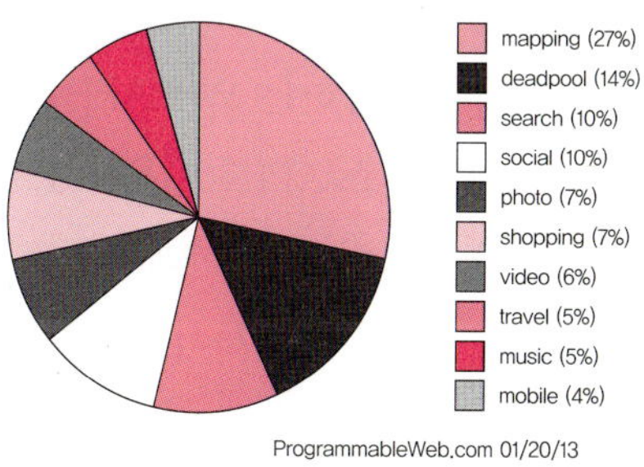

(b) 많이 구현된 상위 10개 매쉬업 유형

그림 10.21
많이 이용된 오픈 API와 매쉬업 유형(출처: ProgrammableWeb.com)

(1) 구글 API

매쉬업 서비스에서 가장 많이 활용되는 구글에서는 표 10.2와 같이 다양한 오픈 API를 제공하고 있다. 구글에서 제공하는 지도 API를 이용하면 매쉬업 사이트에서도 지도를 자유로이 조작하고 지도 위에 지형지물의 위치를 표시할 수 있다. 구글 캘린더 API를 이용하여 캘린더에 일정을 표시하고 여러 사람이 공유하는 등의 일정관리 서비스를 구현할 수 있다. 최근 구글에 합병된 유튜브에서도 다른 사이트에서 유튜브의 비디오 및 플레이어를 사용할 수 있도록 오픈 API를 제공하고 있다. 또한 대표적인 이미지 제공 사이트인 플리커에서도 사진을 공유할 수 있도록 사진의 메타데이터 정보와 사진 업로드 방법에 대한 정보를 API로 제공하고 있다.

표 10.2
구글에서 제공하는 대표적인 오픈 API
(출처: code.google.com)

A제공하는 API 종류	API 설명
구글 애드센스 API	웹사이트에 광고를 게재하여 사용자와 사용자의 웹사이트 방문자에 대한 수익을 생성한다.
구글 검색 API	구글 검색창 및 검색 결과를 사용자의 사이트에 표시한다.
구글 웹로그 분석	웹사이트 트래픽에 대한 데이터를 수집하고 보고 분석할 수 있다
구글 캘린더 API	구글 캘린더용 일정, 캘린더 및 가젯을 만들고 관리한다.
구글 차트 API	웹페이지에 차트를 동적으로 삽입한다.
구글 주소록 API	응용 프로그램으로 사용자 연락처를 보여주고 수정할 수 있다.
구글 지도 API	구글의 대화식 지도와 사이트의 데이터를 통합한다.

다음의 사례는 'iGuide.travel'이라는 여행안내 사이트로서 대부분의 기능을 다른 사이트에서 제공하는 오픈 API를 이용하여 매쉬업으로 구축하였다. 중간의 광고는 구글 애드센스 API를 이용하였으며, 지도는 구글 지도 API를 이용하여 매쉬업 사이트를 구축하였다. 아래쪽의 호텔검색 기능과 왼쪽의 정보안내 및 검색 기능은 'bookingwiz.com' 사이트에서 제공하는 검색 기능 API를 이용하였다.

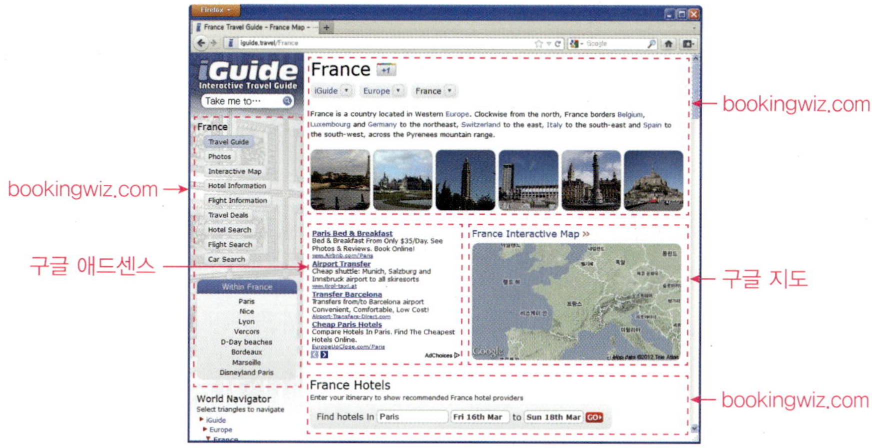

그림 10.22
매쉬업 사례: iGuide.travel

(2) 소셜 미디어 API

최근 많은 사람들의 관심이 집중되고 있는 여러 소셜미디어 사이트에서도 오픈 API를 제공하여 다양한 매쉬업 서비스가 가능해지고 있다. 페이스북의 경우 2007년에 오픈 API를 공개한 이후 사용자가 급증하였고, 공개 후 6개월 만에 수만개의 애플리케이션이 개발되었다고 한다. 페이스북이나 트위터에서 제공하고 있는 모든 서비스 및 데이터까지 제공하므로 다른 홈페이지 사이트에 연동하는 것 이외에도 이를 활용한 다양한 애플리케이션 서비스가 개발되고 있다. 대표적인 사례 중 하나로 소셜미디어에서 다른 사람과의 관계도를 보여주는 서비스가 있다. 그림 10.23에서 첫 번째는 페이스북에서 친구관계를 보여주는 소셜그래프이고, 두 번째는 친구들과 교신을 한 횟수까지 보여준다. 세 번째는 링크드인(LinkedIn)에서 친구관계를 보여주는 소셜지도이다.

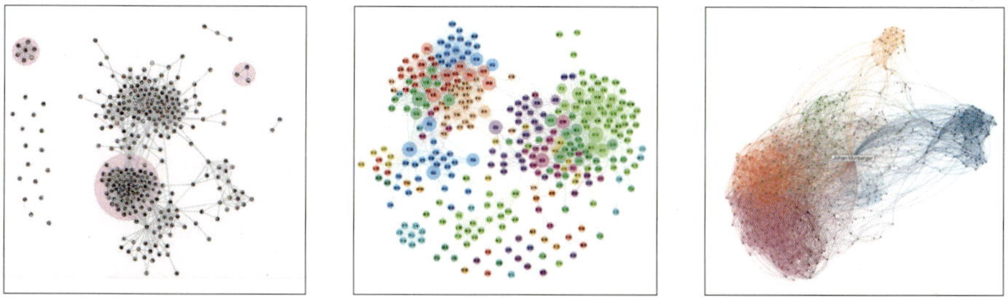

(a) 페이스북에서 친구관계 (소셜그래프)　(b) 페이스북 교신 횟수　(c) 링크드인에서 친구관계

그림 10.23
소셜미디어 API를 이용한 매쉬업 서비스(출처: 페이스북, 링크드인)

(3) 국내에서 제공하는 API

국내에서도 네이버나 다음 등 대형 포털사이트를 중심으로 오픈 API를 제공하고 있다. 네이버의 경우 지도, 검색, 카페, 미투데이, 이외에 기타 여러 가지 기능에 대한 오픈 API를 제공하여 다양한 매쉬업 서비스를 제작할 수 있다. 다음에서도 지도 API, 검색 및 쇼핑 등 콘텐츠 데이터 제공 API, 블로그나 카페 등 인증이 필요한 API 등 다양한 오픈 API를 제공하며 네이버와 공동으로 매쉬업 경진대회를 개최하고 있다. 그림 10.24는 네이버와 다음에서 제공하는 오픈 API 공식 홈페이지로 다양한 API의 소개와 사용법을 제공하고 있다.

그림 10.24
네이버와 다음의 오픈 API 홈페이지

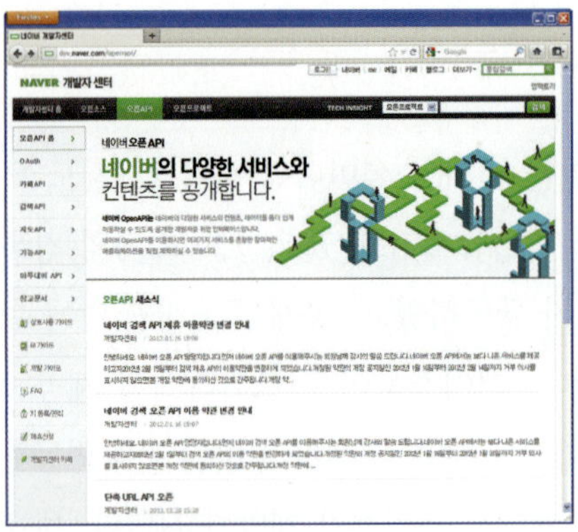

(a) 네이버 오픈 API 홈페이지

(b) 다음 오픈 API 홈페이지

10.5.3 매쉬업 사이트 구축 사례

여기서는 오픈 API를 이용하여 새로운 서비스를 개발하는 방법을 배워보기로 한다. 네이버에서 제공되는 다양한 오픈 API 중에서 지도와 컨트롤을 내 사이트에 포함시키는 간단한 예제를 통해 오픈 API를 이용한 매쉬업 기법을 배워보자. 우선 오픈 API를 이용하기 위해서는 API 키를 발급받아야 한다. 일부 서비스는 API 키를 요구하지 않지만 대부분의 오픈 API는 과부하 등의 서비스 관리를 위하여 API 키를 발급받아야 사용할 수 있다. 네이버의 경우 API 이용등록 페이지(http://dev.naver.com/openapi/register)에서 지도 API 키를 발급받을 수 있다. 지도키를 발급받은 후 지도를 화면에 보여주는 것은 간단한 자바스크립트 코드만으로도 가능하다.

다음의 코드는 원하는 위치의 지도를 화면에 출력하고, 줌 컨트롤을 표시하기 위한 코드이다. ①지도 API를 사용하기 위해 네이버에서 제공하는 스크립트를 헤드에 포함시키며, 이때 key의 인자로 지도 API키를 입력한다. 그리고 ②지도를 출력할 컨테이너를 설정한다. 여기서는 <div> 요소를 사용하였고 아이디를 'testMap'으로 설정하였다. 다음으로 ③위치객체와 ④지도객체를 생성하고 컨테이너에 삽입한다. 지도객체를 생성할 때는 지도를 출력할 때 필요한 여러 가지 속성을 인자로 전달한다. 각 인자에 대한 설명은 코드에 설명문으로 포함시켰다. 여기에 손쉽게 지도를 확대, 축소하기 위해 ⑤줌 컨트롤 객체를 추가하였다. 다음의 그림 10.25는 이 코드를 실행한 결과 화면이다. 네이버 지도 API에서는 줌 컨트롤 이외에도 일반 및 위성 등의 지도 타입을 선택할 수 있으며, 자전거 도로의 표시, 실시간 교통 현황, 지도 위에 마커 표시 등 다양한 기능을 지도에 추가할 수 있다.

```
<html>
<head>
<meta http-equiv="Content-Type" content="text/html; charset=utf-8">
<title>OpenAPI Map Test - Zoom Control </title>
<script type="text/javascript" src="http://openapi.map.naver.com/openapi/naverMap.naver?ver=2.0
    &key=f32441ebcd3cc9de474f8081df1e54e3"> // ① 오픈 API 호출 - API 키 </script>
</head>
<body>
  <div id="testMap" style="border:1px solid #000; width:700px; height:400px; margin:20px;
    display:block;"></div> <!-- ② 지도를 출력할 컨테이너를 설정 -->
  <script type="text/javascript">
    var oPoint = new nhn.api.map.LatLng(37.5010226, 127.0396037);  // ③ 위치 생성
    nhn.api.map.setDefaultPoint('LatLng');
    oMap = new nhn.api.map.Map('testMap',   // ④ "testMap" 태그에 지도 객체 생성 및 속성 인자 전달
      point : oPoint,                       // 지도 중심점의 좌표
      zoom : 10,                            // 초기 줌 레벨은 10으로 둔다.
      enableWheelZoom : true,               // 마우스 휠 동작으로 지도를 확대/축소할지 여부
      enableDragPan : true,                 // 마우스로 끌어서 지도를 이동할지 여부
      enableDblClickZoom : false,           // 더블클릭으로 지도를 확대할지 여부
      mapMode : 0,                          // 지도 모드(0: 일반지도, 1: 겹침지도, 2: 위성지도)
      minMaxLevel : [ 1, 14 ],              // 지도의 최소/최대 축척 레벨
      size : new nhn.api.map.Size(500, 400) // 지도의 크기
    );

    var mapZoom = new nhn.api.map.ZoomControl(); // ⑤ 줌 컨트롤 선언
    mapZoom.setPosition(left:80, bottom:40);               // 줌 컨트롤 위치 지정
    oMap.addControl(mapZoom);                   // 줌 컨트롤 추가.
  </script>
</body>
</html>
```

그림 10.25
네이버 오픈 API 사이트의 지도 API 사용 예제 (출처: 네이버개발자센터)

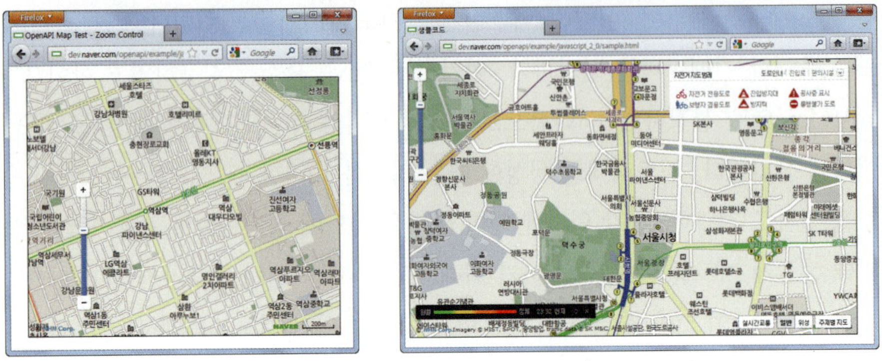

(a) 기본 지도에 줌 컨트롤 추가

(b) 범례, 마커, 교통상황 등 각종 정보 추가

실습 Lab. 6 블로그 제작

블로그는 '웹상에 기록하는 일지'로 정의할 수 있다. 직접 게시판 형식의 미니 홈페이지에 자신의 관심사에 따라 자유롭게 칼럼이나 일기, 기사 등을 올리는 웹사이트인 블로그는 대표적인 1인 미디어로 꼽힌다. 또한 웹상의 가상현실 속에서 정보를 공유하거나 생각이 같은 사람들이 모여서 공통의 관심사에 관해 얘기를 나눌 수 있는 모임방을 개설할 수도 있다. 이런 기능 때문에 블로그를 소셜미디어로 구분하기도 한다.

이러한 블로그를 운영하기 위해서는 무엇보다 블로거 자신이 꾸준히 흥미를 가지고 관리해 나갈 수 있는 주제의 선택이 중요하다. 또한 단순히 본인만을 위한 정보의 공간이 아니라면 다른 방문자들이 방문해 흥미를 느낄 수 있도록 블로그를 구성하고 게시할 포스트의 내용을 잘 선택해야 한다. 방문자와의 소통은 블로그를 운영하는 데 있어서 꾸준히 업데이트하게 하는 활력이 되기 때문이다. 이번 실습을 통하여 블로그를 직접 개설하여 나만의 블로그를 구축해보자.

1. 블로그 기획하기

1) 어디에 블로그를 만들 것인지 결정한다. 블로그는 그 형태에 따라 가입형, 절충형, 설치형으로 나뉜다. 본 실습에서는 가입형인 네이버 블로그 서비스를 이용한다.
2) 본인의 블로그 주제를 선정한다. 꾸준히 이끌어 나갈 수 있는 주제이면서도 스스로 흥미를 잃지 않고, 방문자들과 소통할 수 있는 주제를 선택하는 것이 중요하다.
3) 선택한 주제 아래 특화된 자신만의 테마를 정하고, 블로그의 메뉴 카테고리를 구성한다.

2. 네이버 블로그 접속하기

1) 네이버 계정에 로그인 후 나타나는 아이콘 메뉴 중 [바로가기]를 선택한다.
2) 메뉴 아래의 경로에서 [내 블로그]를 선택하면, 네이버 블로그에 만들어 놓

은 내 블로그의 첫 페이지 화면이 나타난다.

그림 L6.1
네이버 블로그 시작하기

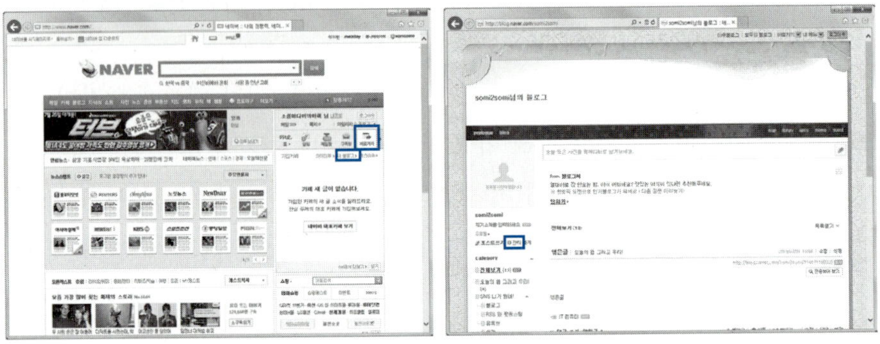

(a) 내 블로그 접속하기 (b) 내 블로그 첫 페이지

3. 블로그 설정 및 꾸미기

1) 그림 L6.1(a)의 내 블로그 시작 화면에서 좌측 상단 박스의 [관리] 메뉴를 선택하면 블로그의 속성을 설정하는 관리 화면이 나타난다.
2) [기본 정보 관리]-[블로그 정보]를 선택한다. 블로그 정보 수정 페이지에서 제목, 별명, 사진 등을 입력하고 [확인]을 클릭하면 내 블로그 화면이나 블로그 시작 화면에 입력한 정보를 확인할 수 있다.
3) 관리 화면에서 [꾸미기 설정]-[스킨 선택]을 클릭한 후, [아이템 팩토리 바로가기]를 클릭하면 그림 L6.2(a)와 같은 아이템 팩토리가 나타난다. 여기서 원하는 스킨 디자인을 선택하여 그림 L6.2(b)와 같이 확인한 후, [아이템 담기]를 클릭하고 [스킨 바로 적용]을 선택한다.

그림 L6.2
아이템 팩토리에서 스킨 선택하기

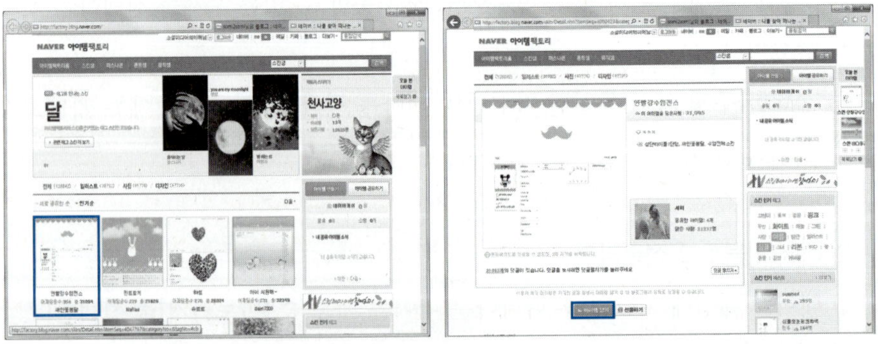

(a) 원하는 스킨 선택 (b) 선택한 스킨 바로 적용

4. 블로그 메뉴 구성하기

1) [관리]–[메뉴 · 글관리]–[블로그메뉴]를 선택한다. 그리고 기본 설정으로 만들어져 있는 '게시판'의 이름 등 여러 가지 설정을 원하는 대로 변경한다(그림 L6.3(a)).
2) [카테고리 추가] 버튼을 선택하면 새 카테고리가 생성되며, 바로 새로운 이름을 입력하거나 오른쪽 설정에서 이름을 변경한다. 상위 카테고리를 선택한 후 [카테고리 추가] 버튼을 다시 눌러 세부 카테고리를 추가한다(그림 L6.3(b)).
3) 앞서 기획한 메뉴구성에 따라 블로그를 구성한다.

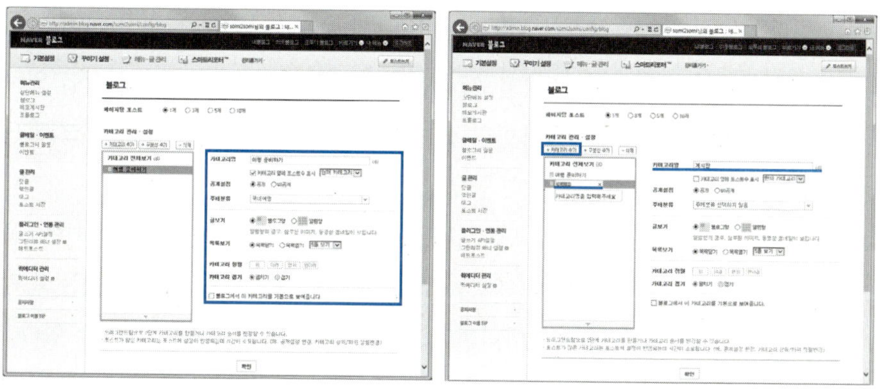

(a) 블로그 메뉴 설정 바꾸기　　(b) 카테고리 구성하기

그림 L6.3
블로그 메뉴 구성하기

5. 블로그 포스팅하기

1) 포스팅할 내용을 구상하고 해당 자료를 준비한 후 [포스팅 쓰기] 버튼을 누른다. 카테고리를 선택하여 포스팅 제목을 입력한다. 본문 입력 창에 텍스트를 삽입해 포스팅을 작성할 수 있으며, 삽입하고자 하는 위치에 사진이나 동영상을 선택해 미디어를 삽입한다(그림 L6.4(a)).
2) 이미지의 경우 간단히 [사진] 메뉴를 통해 자신이 가지고 있는 이미지를 선택하여 삽입한다. 삽입 시 그림 L6.4(b)와 같이 간단한 편집기능을 제공하며, 하단의 [올리기]를 통해 이미지 삽입이 완료된다.

그림 L6.4
텍스트와 이미지 포스팅 하기

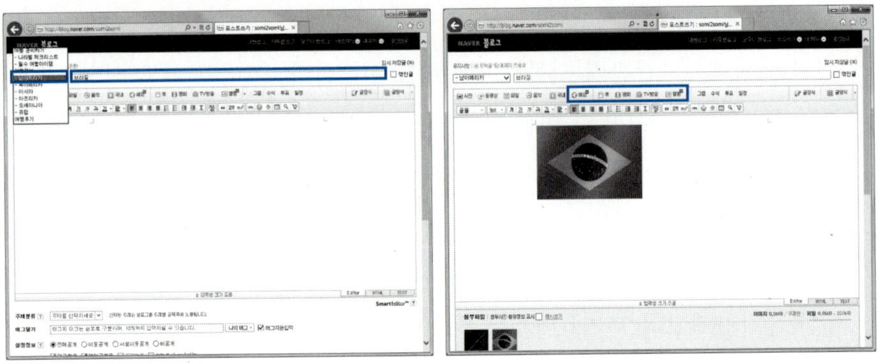

(a) 포스팅 제목 작성하기　　(b) 이미지 삽입하기

3) 동영상의 경우 그림 L6.5(a)에서와 같이 파일을 선택한 후 그냥 올리기를 하거나 간단히 편집하여 업로드할 수 있다. 최근에는 다양한 동영상 관련 SNS들이 활성화되고 있어 직접 블로그에 업로드하는 방식보다는 동영상을 업로드한 곳의 링크를 주로 사용한다. 이 경우 [링크 걸기]를 선택하고 소스코드 또는 URL를 입력하여 간단히 동영상을 포스팅에 삽입할 수 있다.
4) 각종 파일을 첨부할 경우 간단히 [파일] 메뉴를 통해 업로드가 가능하며, [음악] 메뉴를 통해 포스트에 음악을 삽입할 수 있는데 내가 가지고 있는 음악 아이템에서 선택을 하든지 아니면 네이버 뮤직에서 음악을 선택할 수 있다.
5) 네이버 블로그에서는 지도나 투표, 일정, 그림을 쉽게 삽입하여 사용할 수 있도록 메뉴를 제공하고 있으므로 이를 통해 보다 다양한 포스팅을 구성할 수 있다.
6) 네이버 블로그에서는 부가적으로 포스팅에 대한 다양한 설정이 가능하다. 그림 L6.5(b)에서 보듯이 블로그 포스팅이 적절히 검색자에게 노출될 수 있도록 하는 태그 달기 및 포스팅의 공개설정 등을 할 수 있다.

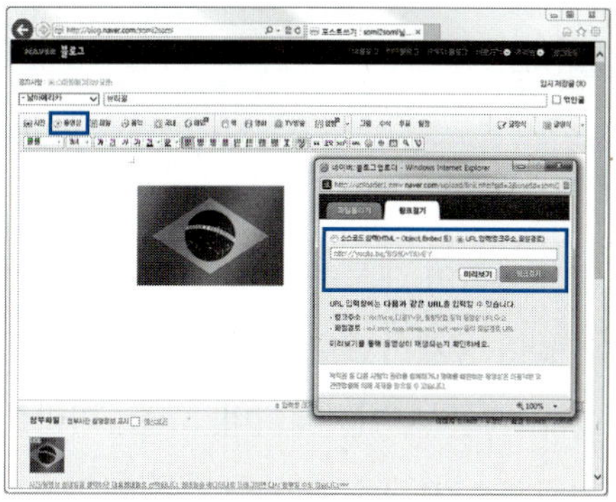

(a) 동영상 삽입하기

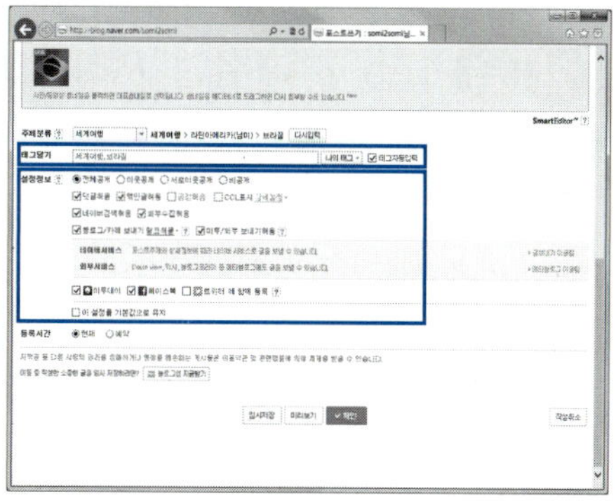

(b) 태그 달기 및 설정하기

그림 L6.5
동영상 포스팅 및 설정하기

실습 과제

1. 특정 주제를 정한 후 해당 분야의 인기 블로그를 검색하여 3곳 이상을 방문하여 블로그 화면을 갈무리하라.
2. 자신의 블로그를 개설하여 꾸며보고 자기소개 페이지를 포스팅하라.
3. 앞서 개설한 자신의 블로그에 RSS를 연동하여 해당 페이지를 업데이트해보라.

실습 Lab. 7 매쉬업 서비스의 활용

매쉬업은 서로 다른 웹사이트의 콘텐츠를 조합하여 새로운 목적의 콘텐츠와 서비스를 창출하는 서비스이다. 웹서비스 업체들이 공개한 오픈 API를 기반으로 독자적인 인터페이스나 콘텐츠를 직접 작성한다. 오픈 API는 네이버, 다음, 아마존(amazon), 플리커(flickr), 구글(google), 딜리셔스(del.icio.us) 등 많은 기업에서 제공하고 있다. 최근에는 데이터의 소유자나 독점자 없이 누구나 손쉽게 데이터를 생산하고 공유할 수 있도록 한 사용자 참여 중심의 인터넷 환경 시대로 접어들면서 매쉬업 서비스는 더욱 주목받고 있다.

플리커는 2004년 2월에 시작한 태그 기반의 사진 공유 사이트로, 오픈 API를 통해 사진을 쉽게 올리고 편집이 가능한 사진 공유 서비스를 이용할 수 있다. 이후 야후에 합병되어 야후 계정이나 페이스북, 구글의 계정으로도 로그인이 가능하다. 다음의 실습에서는 플리커(http://www.flickr.com/)의 오픈 API를 이용하여 이미지를 검색해보자.

1. 플리커 매쉬업 시작하기

1) 플리커에서 제공하는 API를 이용하기 위해서 API 키와 암호 등의 정보가 필요하며, 플리커의 API 서비스 페이지(http://www.flickr.com/services/api)에서 [App 제작]-[API 키 가져오기]를 선택하여 API 키와 암호를 받는다.

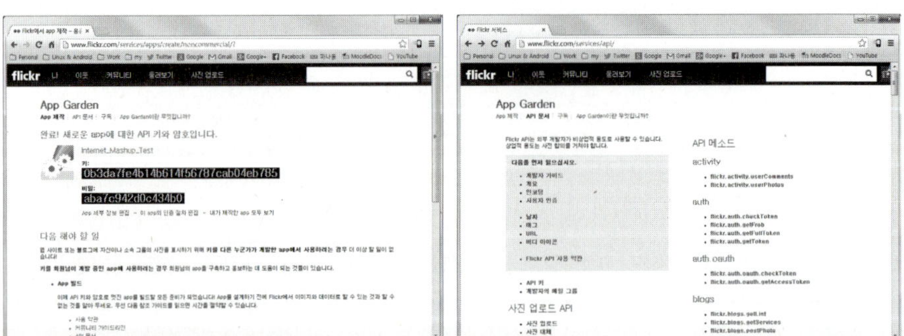

그림 L7.1
플리커 API 사용하기

(a) 플리커 API 키 가져오기　(b) 플리커 공개 API 메소드 목록

2) 플리커 오픈 API를 사용하여 호출 규약을 선택하고, 메소드 및 인수를 지정하는 요청을 보내서 포맷된 응답을 받게 된다. 웹 기반의 응용프로그램이 사용자를 인증할 때는 다음과 같은 형식의 URL을 사용한다.

```
http://flickr.com/services/auth/?api_key=[api_key]&perms=[perms]&api_sig=[api_sig]
```

3) 플리커 검색 요청 형식에는 REST, XML-RPC, SOAP 방식이 있다. 이 중에서 단순한 HTTP GET 또는 POST를 사용하는 REST를 사용해보자. flickr.test.echo 서비스를 요청하려면 다음과 같이 호출하면 된다.

```
http://api.flickr.com/services/rest/?method=flickr.test.echo&name=value
```

4) JSON을 사용할 경우, 기본적으로 요청을 받기 위한 URL과 그 결과로 결과 화면을 구성할 수 있으며 다음과 같이 사용한다.

```
http://api.flickr.com/services/rest/?method=flickr.test.echo&name=value&format=json
```

2. 플리커 매쉬업 서비스 실습하기

1) 플리커 API에서는 Activity, Blogs, Auth, Collection, Favorite, Search, People, Geo 등의 다양한 API 메소드를 지원한다. 예를 들어, 사진검색 API에 필요한 메소드는 flickr.photo.search이고, 여기에 사용되는 속성으로는 format(JSON), api_key, text(검색어), per_page(페이지 당 가져올 결과 수) 등이 있다. 다음의 URL로 검색을 하게 되면, 플리커에서는 검색 결과가 담긴 JSON 객체를 반환해준다.

```
"http://api.flickr.com/services/rest/?method=" + options.method + "&
format=" + options.format + "&api_key=" + options.api_key + "&text=" +
options.text + "&per_page=" + options.perpage
```

2) 개인이 받은 api_key와 flickr.photos.getRecent API를 사용하여 최근 사

진 10개를 검색하는 메소드를 사용하여 반환된 JSON 객체를 확인해보자.

```
http://api.flickr.com/services/rest/?method=flickr.photos.getRecent&api_ke
y=#0b3da7fe4b14b614f56787cab04eb785#&per_page=&page=1&format=json
```

3) 반환된 JSON 객체로 결과 이미지를 구성한다. 각각의 요소는 page(현재 페이지), pages(총 페이지), perpage(페이지 당 가져오는 건의 개수), total(전체 건의 개수), photo(가져온 이미지의 정보), stat(성공/실패 여부)를 말한다.

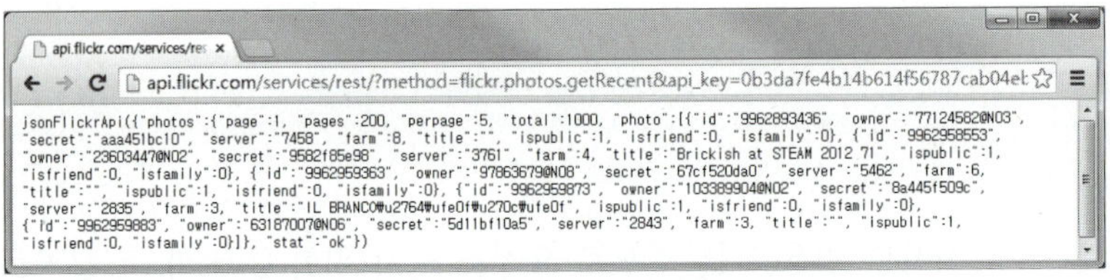

그림 L7.2
반환된 JSON 객체

4) 이를 이용하여 다음과 같은 웹페이지를 제작해보자.

```
〈!DOCTYPE HTML PUBLIC "-//W3C//DTD HTML 4.01 Transitional//EN"〉
〈html〉
〈head〉
 〈title〉Flickr 최신 사진 검색 실습하기〈/title〉
 〈meta http-equiv="Content-Type" content="text/html; charset=EUC-KR"〉
 〈script type="text/javascript"〉
 var count= 0; //몇 개를 가져올지 텍스트 박스에 있는 값으로 설정
 var httpRequest = null;
 //XMLHttpRequest 객체 생성 메소드
 function getXMLHttpRequest() {
   if (window.ActiveXObject) {
     try { return new ActiveXObject("Msxml2.XMLHTTP");
     } catch (e) {
         try { return new ActiveXObject("MicrosoftxXMLHTTP");
         } catch (e1) { return null; }
     }
   } else if (window.XMLHttpRequest) { return new XMLHttpRequest();
   } else { return null; }
 }
```

```
// 요청 보내는 메소드: url=주소 , params=전달할 파라미터 목록,
// callback=콜백함수(요청한 URL에서 응답이 오면 콜백함수가 실행된다.),
// method=get 방식인지  post 방식인지 선택
function sendRequest(url, params, callback, method) {
  httpRequest = getXMLHttpRequest();
  var httpMethod = method ? method : 'GET';
  if (httpMethod != 'GET' && httpMethod != 'POST') {
      httpMethod = 'GET';
  }
  var httpParams = (params == null || params == '') ? null : params;
  var httpUrl = url;
  if (httpMethod == 'GET' && httpParams != null) {
      httpUrl = httpUrl + "?" + httpParams;
  }
  httpRequest.open(httpMethod, httpUrl,true);
  httpRequest.setRequestHeader('Content-Type','application/x-www-form-urlencoded');
  httpRequest.onreadystatechange = callback;
  httpRequest.send(httpMethod == 'POST' ? httpParams : null);
}

//최근의 사진을 가져옴
function getRecent(){
  count=document.getElementById("count").value;
  var params=
      "method=flickr.photos.getRecent&api_key=0b3da7fe4b14b614f56787cab04eb785
      &per_page="+count+"&page=1&format=json";
  sendRequest("http://api.flickr.com/services/rest/",params,callBackGetRecent,"GET");
}
function callBackGetRecent(){
  if(httpRequest.readyState==4){
    if(httpRequest.status==200){
      var list=httpRequest.responseText;
      list = list.substring(13,list.length); //텍스트에서 "jsonFlickrApi".라는 문자열 제거
      var jsonValue = eval(list);// 텍스를 객체로 만든다.
      tagList = jsonValue.photos.photo; //만들어진 객체에서 태그들을 뽑아 배열에 저장
      var url = "";
      var htmlTag =
        "<div class='vsDetails'><p class='vsThumbnail'><span class='photo_container pc_m'> <img
        id='primary_photo_img' src='http://farm"+tagList[0].farm+ ".static.flickr.com/"+tagList[0].
        server+"/"+tagList[0].id+"_"+tagList[0].secret+".jpg' width='240' height='160' class='pc_
        img' /></span></p></div>"
    htmlTag += "<div class='vsThumbs'><div id='setThumbs' class='clearfix'>";
```

```
        //이미지 개수대로 보여주기
        for(var i = 0; i< count ; i++){
            url = "http://farm"+tagList[i].farm+".static.flickr.com/"+
             tagList[i].server+"/"+tagList[i].id+"_"+tagList[i].secret+".jpg";
            htmlTag += "<img src="+url+" width='75' height='75' class='pc_img' >";
        }
        htmlTag += "</div></div>";
        var d = document.getElementById("ViewSet");
        d.innerHTML=htmlTag;
  }}}
  </script>
</head>
<body>
  <p align="center"> <font size=4 color=blue> | 플리커 최신 사진 | </font> </p>
  <form name="f">
    <p align="center"> 개수 :
        <input type="text" value="30" id="count" size="5"/>
        <input type="button" value="최신사진" onclick="getRecent();"/>
    </p>
  </form>
  <div id="ViewSet" align="center"> </div>
</body>
</html>
```

5) 작업한 매쉬업 웹페이지를 실행하면 다음과 같은 화면을 확인할 수 있다.

그림 L7.3
플리커 API 매쉬업 결과

실습 과제

1. 구글 지도 API에서는 구글 지도 웹페이지(http://maps.google.com)와 같이 지도를 조작하고 다양한 서비스를 통해 지도에 콘텐츠를 추가할 수 있는 여러 유틸리티를 제공하고 있다. 구글 지도 API를 사용하여 자신의 웹페이지에 구글 지도를 포함해본다.
2. 네이버 오픈 API를 사용하면 자신의 웹페이지에 네이버 지도를 삽입하거나, 다양한 위치 기반 애플리케이션을 만들 수 있다. http://developer.naver.com/wiki/pages/JavaScript 페이지를 참고하여 네이버 지도 API를 사용한 웹페이지를 작성해본다.

참고문헌

IT융합 시대의 멀티미디어배움터 2.0, 수정판, 최윤철, 임순범, 생능출판사, 2013.2

2012 한국인터넷백서, 한국인터넷진흥원, 2012

웹 2.0 이노베이션, 오가와히로시 외, 브라이언&컴퍼니, 2006

당신은 웹 2.0 개발자입니까?, 박지강, 한빛미디어, 2007

웹 2.0 프로그래밍 꼭 알아야 할 18가지 이야기, 에릭 블리스트 외, 디지털미디어리서치, 2008.4

"웹 2.0 기술 현황 및 전망", 전종홍, 이승윤, 전자통신동향분석 제21권 제5호, 2006.10

"RDF Site Summary (RSS) 1.0", http://web.resource.org/rss/1.0/

"RSS 2.0 Specification", RSS Advisory Board, http://www.rssboard.org/rss-specification

"Resource Description Framework (RDF)", W3C, http://www.w3.org/RDF/

"블로그 시작, 어느 Blog를 선택해야하는가? 설치형 블로그와 가입형 블로그", http://www.think-tank.co.kr/93

"웹 2.0 환경에서의 태깅기술 동향", 이강표, 김두남, 김형주, 정보과학회지, 2007.10

"시맨틱 웹을 향한 첫 걸음 '마이크로포맷'", 월간 마이크로소프트, 2007.9, http://www.imaso.co.kr/?doc=bbs/gnuboard.php&bo_table=article&wr_id=31619

"Microformats", MozillaWiki, http://wiki.mozilla.org/Microformats

"RIA(Rich Internet Application) 최신 동향", 전자정보센터, 전자부품연구원, 2009.7

"Ajax: A New Approach to Web Applications", Jesse James Garrett, Adaptive Path, 2005.2, http://www.adaptivepath.com/ideas/essays/archives/000385.php

"네이버 OpenAPI 개발가이드", 네이버개발자센터, http://dev.naver.com/openapi/tutorial

10.1.2절 RSS 예제, http://www.w3schools.com

[그림 10.4] 전자신문, http://www.etnews.co.kr/

[그림 10.5] 한RSS, http://www.hanrss.com/

[그림 10.8] 아이튠즈와 팟캐스팅, http://www.apple.com

10.2.2절 예제, http://www.itunes.com

[그림 10.11(a)] 플리커 태그 작성기, http://www.flickr.com/photos/24342113@N03/2309177235/sizes/o/in/photostream/

[그림 10.11(b)] British Journal of Photography, http://www.bjp-online.com/british-journal-of-photography/report/1645326/location-pending

[그림 10.13] XFN 1.1 Creator, http://gmpg.org/xfn/creator

[그림 10.15] KRG, http://www.krgweb.com/default/

[그림 10.16], [그림 10.17] Ajax, James Garrett, Adaptive Path, http://www.adaptivepath.com/ideas/essays/archives/000385.php

[그림 10.20] HousingMaps, http://www.housingmaps.com

[그림 10.21] ProgrammableWeb.com, http://www.programmableWeb.com

〈표 10.2〉 구글 오픈 API, http://code.google.com

[그림 10.22] 매쉬업 사례 iGuide.travel, http://aroundguides.com/

[그림 10.23(a)] 페이스북 소셜그래프, https://apps.facebook.com/myfnetwork/

[그림 10.23(b)] 페이스북 터치그래프, https://apps.facebook.com/myfnetwork/

[그림 10.23(c)] 링크드인 소셜지도, http://inmaps.linkedinlabs.com/

[그림 10.24(a)] 네이버 오픈 API 홈페이지, http://dev.naver.com/openapi/

[그림 10.24(b)] 다음 오픈 API 홈페이지, http://dna.daum.net/apis/

[그림 10.25] 네이버지도 API 예제, http://dev.naver.com/openapi/apis/map/

연습문제

01 RSS는 콘텐츠 유통에 혁신을 가져왔다. RSS는 정기적으로 콘텐츠 정보를 제공받기 원하는 웹피드의 주소를 자신의 구독기에 등록하여 최신 정보를 제공받는다. 이메일을 이용한 콘텐츠 배포 방식과 웹피드에 의한 콘텐츠 배포 방식을 비교하여 설명하라.

02 RSS는 xml에 기반하며 RSS 2.0의 경우 〈channel〉과 〈item〉 정보로 구성된다. 〈channel〉과 〈item〉에 대하여 설명하라. 또, 필요한 엘리먼트는 무엇이 있는지 나열하라.

03 RSS 피드를 이용하면 콘텐츠 신디케이션에서 여러 가지 장점이 생긴다. RSS 피드를 통한 장점에 대하여 조사하라.

04 최근의 웹사이트에서는 자신의 콘텐츠를 널리 알리고 남들이 구독하도록 하는 수준으로 발전하고 있다. 인터넷 게시판에서 진화한 블로그의 종류에는 어떤 것이 있는가?

05 블로그의 작동은 엔트리작성, 댓글달기, 트랙백으로 연결하기, RSS 피드로 구독하기 등의 과정을 통한다. 블로그의 작동 원리를 그림을 통해 설명하라.

06 일반적으로 사용되는 블로그의 종류에는 가입형과 설치형의 두 가지 유형이 있다. 두 유형의 특징을 설명하고 사례를 열거하라.

07 팟캐스팅은 오디오 콘텐츠를 mp3와 같은 미디어파일로 제작하여 웹사이트에 포스팅하는 방법을 지칭한다. 팟캐스팅의 작동 과정에 대하여 설명하라.

08 팀 버너스리는 시맨틱웹을 "정보에 잘 정의된 의미를 부여하고 컴퓨터와 사람이 더욱 협력하여 일할 수 있는 웹의 확장 개념"으로 설명한다. 웹은 태깅과 마이크로포맷을 통하여 시맨틱웹으로 발전하고 있다. 여기에서 말하는 태그와 소셜 태깅, 마이크로 포맷이란 무엇인지 설명하라.

09 소셜네트워크에서도 마이크로포맷이 사용되고 있으며, XFN 포맷이 많이 사용된다. XFN의 목적은 무엇인지 설명하라.

10 Ajax는 대화식 웹 애플리케이션에서 자바스크립트와 XML을 이용한 비동기 통

신방식을 이용하여 풍부한 사용자 인터페이스를 구현하기 위한 기술이다. Ajax는 어떤 기술들의 조합인지 설명하고, Ajax의 예로는 어떤 것이 있는지 설명하라.

11 웹 2.0에서 주목받는 서비스 중의 하나인 매쉬업 서비스란 무엇이며, 이를 위해 Open API가 왜 필요한지 설명하라. 그리고 Open API를 제공하고 있는 웹사이트를 조사하여 열거하라.

INTERNET

CHAPTER

11

소셜 미디어

CHAPTER 11

소셜 미디어

인터넷 환경에서는 과거 일방적인 전통적 미디어로부터 이용자의 참여를 통해 구축되는 소셜 미디어로 발전하고 있다. 또한, 웹도 소셜 웹의 형태로 변모하고 있다. 소셜 미디어의 개념과 기능을 살펴보고, 특히 Facebook, Twitter와 같은 SNS의 목적과 기능에 대하여 설명한다. 최근 소셜 미디어와 SNS는 소셜 커머스로 발전하고 있다. 본 장에서 소셜 커머스의 개념과 실제를 알아본다. 또한, SNS 환경에서 소셜 게임의 특성과 실제에 대해서도 살펴본다. 마지막으로 소셜 미디어의 다양한 사례를 소개하고 앞으로의 동향에 대하여 논한다.

11.1 소셜 미디어와 SNS

이용자의 참여를 기반으로 하는 소셜 미디어의 개념과 특성을 알아보고 소셜 미디어 사이트의 목적과 용도에 따라 몇 가지 유형을 소개한다. 또한, SNS 사이트의 목적과 기능에 대해서 알아보자.

11.1.1 소셜 미디어의 개념과 기능

미디어란 신문, 라디오, 텔레비전, 인터넷과 같은 정보전달 수단을 의미하며 소셜 미디어란 이용자에게 일방적으로 정보를 제공하는 것이 아니고 상호작용성(Interaction)을 통해 쌍방향으로 이용자가 정보를 생성하고 정보를 제공받는 수단이다. 전통적 미디어인 신문, 라디오, TV 등은 일방적으로(One-way street)

정보를 제공하는 수단인데 비하여 소셜 미디어는 이용자들의 참여, 즉 사회적 또는 사교적(Socialize) 행위를 통해 얻어진 정보를 기반으로 상호작용성을 통하여 양방통행(Two-way street) 방식으로 정보를 제공한다. Facebook, Twitter, YouTube, Flixster 등이 대표적인 소셜 미디어의 예이다. Facebook에서는 이용자가 자신에 관한 정보(Profile이라함)를 올려놓고 글이나 사진도 게시하여 친구, 지인 또는 같은 취미를 가진 사람들과 인간관계를 맺고 상호 정보를 교환한다. 또한, Flixster는 비디오 제공 사이트로 자신과 유사한 취향을 가진 다른 이용자들의 추천을 통하여 우선순위에 따라 이용자가 선호할 가능성이 높은 비디오와 영화를 추천한다. 따라서, 소셜미디어는 많은 사용자들의 적극적 참여와 정보 제공이 있어야만 그 유용성이 보장되는 미디어이다.

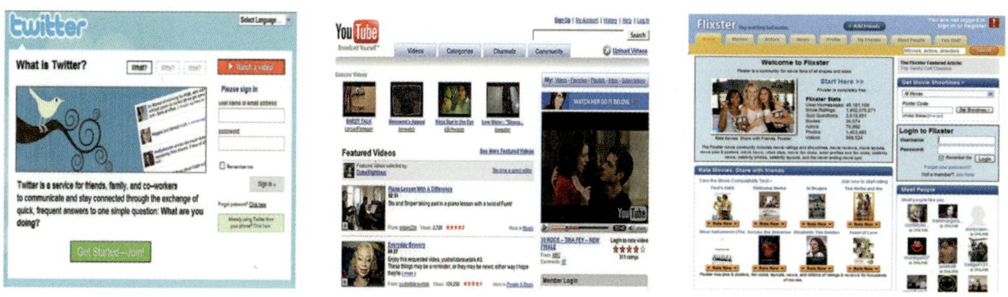

그림 11.1
Twitter, YouTube, Flixster

오늘날 인터넷상의 많은 웹 사이트들이 소셜 웹(Social web)으로 변화해 나가는 추세이다. 과거 웹 사이트들의 콘텐츠(또는 웹 페이지)가 링크를 통해서 웹 페이지간의 연관성을 지원하는 데 비해 소셜 웹에서는 이용자들의 참여를 통해 구축된 콘텐츠를 기반으로 이용자들이 상호 연결되고 정보를 공유, 교환하는 형태를 따른다. 따라서 소셜 웹에서는 이용자들의 원활한 참여와 상호작용이 매우 중요한 요소가 된다(그림 11.2 참조). 소셜 웹은 수많은 이용자들의 자발적인 참여와 협업(Collaboration)을 통해서 축적된 정보와 축적된 정보로부터 창출된 집단적 지능(Collective intelligence) 또는 지식이 소셜 웹의 막강한 힘으로 작용하게 된다.

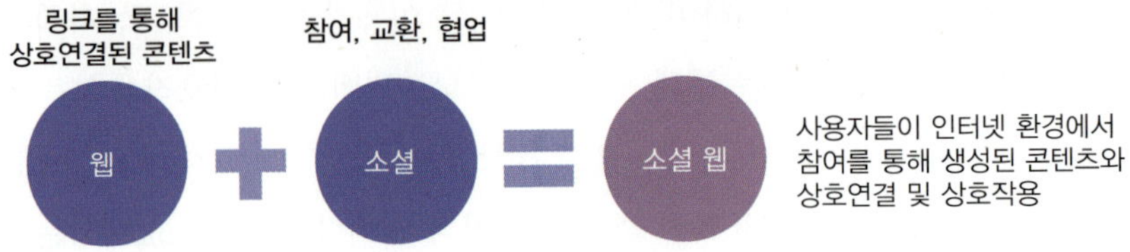

그림 11.2
소셜 웹의 개념

소셜 미디어는 인터넷을 매개체로 하는 소셜 웹의 형태로 존재하게 된다. 따라서, 소셜 미디어가 성공적으로 작동하기 위해서는 소셜 웹의 이용자 수의 크기가 가장 중요한 성공요인으로 작용한다. 이용자 수가 많아야 더 의미있는 정보를 빠른 시간 내에 공유하고 제공할 수 있기 때문이다. 일반적으로 소셜 미디어의 가치는 이용자 수의 제곱에 비례하는 네트워크 효과(Network effect)를 따른다. 이러한 이유에서 소셜 미디어 기업들은 더 많은 이용자들을 확보하기 위하여 많은 비용을 투자하고 다양한 이용자 유인 전략을 취하고 있다. 2012년 후반기 현재 Facebook은 전 세계적으로 약 10억명의 이용자를 확보하고 있고 Twitter는 약 5억명의 이용자를 가지고 있다.

소셜 미디어 웹 사이트는 그 목적과 용도에 따라 대체적으로 다음의 몇 가지로 구분할 수 있다.

- 소셜 사진 및 비디오 공유(예, YouTube, Flickr) : 사진과 비디오를 서로 공유하며 이용자가 코멘트를 붙임
- 소셜 뉴스(예, Digg, Propeller, Reddit) : 이용자가 기사의 선호도를 투표하며 댓글을 붙임
- 소셜 네트워킹(예, Facebook, Hi5, Last.FM) : 친구를 만들고 프로파일에 댓글을 달고 그룹에 가입하며 토론을 함
- 소셜 북마킹(예, Del.icio.us, Blinklist, Simpy) : 웹사이트에 태그를 붙이고 이용자가 웹사이트 태그를 통해 자료 검색
- 위키(예, Wikipedia, Wikia) : 새로운 기사를 첨부하거나 기존의 기사를 편집

그림 11.3
다양한 소셜 미디어 웹 사이트의 사례

소셜 미디어는 이용자들이 글, 사진과 같은 디지털 미디어를 출판할 수 있는 공간이다. 이용자들은 이러한 디지털 미디어를 서로 공유하고 취미를 나누며 의견을 소통하고 소셜 인터랙션(Social interaction)을 통해 사용자가 그룹을 구성하고 영향력을 구사한다. 소셜 미디어는 각 사용자들이 자신들을 표현하고 친교하기 위한 장소, 도구 및 서비스를 제공한다. 소셜 미디어가 제공하는 도구는 다음과 같이 다양한 유형으로 분류될 수 있다.

- 출판 도구: 블로그(Typepad, Blogger), 위키(Wikipedia, Wikia, Wetpaint), 출판 포털(Digg, Newsvine)
- 미디어 공유 도구: 비디오(YouTube), 사진(Flickr), 북마킹 서비스(del.icio.us, Ma.gnolia), 음악(Last.fm, iLike), 슬라이드쇼(Slideshare), 상품 리뷰(Crowdstorm, Stylehive), 상품 피드백(Feedback 2.0, GetSatisfaction)
- 토론 도구: 포럼(PHPbb, vBulletin, Phorum), 비디오 포럼(Seesmic), 인스턴트 메시징(Yahoo! Messenger, Windows Live Messenger, Meebo), VoIP(Skype, Google Talk)
- 소셜 네트워크 서비스(SNS): 범용 SNS(Facebook, MySpace, Bebo, Hi5, Orkut), 특화된 SNS(LinkedIn, Boompa), SNS 저작도구(Ning)
- 마이크로 출판도구(Twitter, Pownce, Jaiku, Plurk, Adocu) 및 그 유형

(twitxr, tweetpeek)

- 소셜 집합도구: 라이프 스트림(FriendFeed, Socializr, Socialthing!, lifestrea.ms, Profilactic)
- 라이브캐스트 호스팅 플랫폼(Justin.tv, BlogTV, Yahoo! Live, UStream), 모바일 플랫폼(Qik, Flixwagon, Kyte, LiveCastr)
- 가상 세계(Second Life, Entropia Universe, There), 3D 채팅(Habbo, IMVU), 버추얼 유니버스(Stardoll, Club Penguin)
- 소셜게임 플랫폼(ImInLikeWithYou, Doof), 캐주얼게임 포털(Pogo, Cafe, Kongregate), 소셜 네트워크 게임(Three Rings, SGN)

그림 11.4
소셜 미디어가 제공하는 도구의 유형과 그 사례

출처 : http://www.estherhonders.com/afstuderen

소셜 웹은 WWW(World Wide Web)을 통하여 사람들 간의 관계를 형성해주는 일련의 사회적 관계도구를 제공하고 있다. 즉, 소셜 웹은 소셜 인터랙션을 지원하고 증진시키기 위해서 설계되고 개발된 웹 사이트와 소프트웨어들을 포함하고 있다(그림 11.5 참조). 이러한 온라인 소셜 인터랙션은 온라인 쇼핑, 교육, 게임, SNS 사이트에서 온라인 행위의 기반이 된다. 더 좋은 소셜 인터랙션 도구를 통하여 유사한 취미와 취향을 가진 사람들 간의 상호작용을 증진시킬 수 있다. 한 가지 예로, 많은 소셜 웹 페이지에서 제공되는 'Share' 버튼은 특정 기사나 사진, 비디오와 같은 콘텐츠를 좋아하는 사람 간에 공유하기 위하여 이용된다. 소셜 웹에서 이용자들의 소통과 상호작용이 더 활발해질수록 사회적 관계가 더욱 증진되고 이용자는 더 많은 사람과 '친구' 관계를 맺게 되고 사진, 비디오, 소셜 북마크, 블로그와 같은 이용자 제작 콘텐츠(UCC: User-Created Content)를 공유하게 된다.

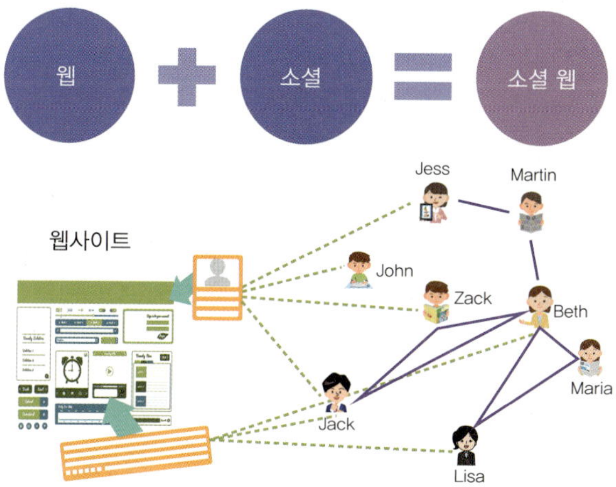

그림 11.5
소셜 웹에서 소셜 인터랙션 도구를 통한 '친구' 맺기

11.1.2 소셜 네트워크 서비스(SNS)

소셜 네트워크 서비스(SNS: Social Network Service)는 웹상에서 친구, 동료 등 지인과의 인맥관계를 강화시켜 주고 또 새로운 사람들과 인맥관계를 쌓으며 폭넓은 인적 네트워크를 형성할 수 있는 환경을 제공한다. 이러한 인적관계를 형성하기 위하여 이용자는 자신의 인적사항(Profile) 정보를 등록하고 친구관계(Friend 또는 Connection)를 지정하며 동일한 관심 분야나 취미를 가진 그룹(Group 또는 Network)을 구성하며 블로그를 작성하거나 상호 토론의 장을 가질 수 있다. 가장 대표적인 SNS로는 Facebook, MySpace, Google+, Twitter, LinkedIn 등을 들 수 있다. 기존 웹상의 카페, 동호회 등의 커뮤니티 서비스가 특정 주제에 관심을 가진 집단이 그룹화하여(Group-centered service) 폐쇄적으로 정보를 공유하는 데 비해 SNS는 나 자신 즉 개인이 중심(Individual-centered service)이 되어 자신의 관심사와 정보를 공유하는 개념에 기반하므로 SNS를 1인 미디어라 부르기도 한다.

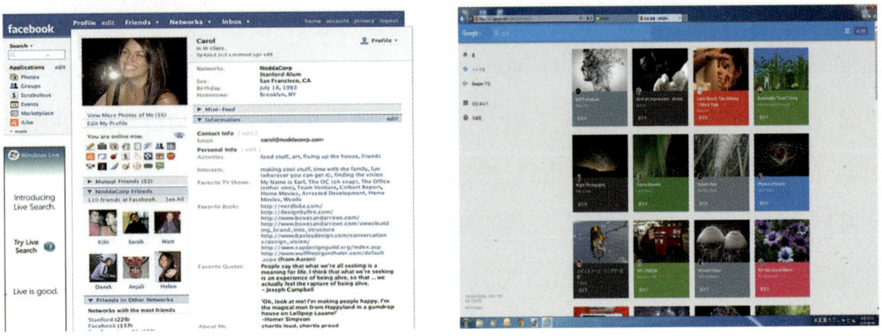

그림 11.6
대표적인 SNS 사이트 Facebook과 Google+

일반적으로 소셜 네트워크 서비스(SNS)는 다음의 기본적인 기능을 가진다.

- 자신의 프로필, 사진이나 블로그 등의 작성 기능
- 친구를 검색, 자기 친구로 등록
- 메시지 기능
- 타인의 블로그를 열람, 댓글 달기
- 방문 기록을 남김
- 주제별 커뮤니티
- 네트워크 효과를 높이기 위하여: 뉴스 설정 기능, 친구와 소셜 게임
- 아바타라 불리는 자신의 분신을 구성하고 다양한 아이템으로 주위 환경을 꾸밈
- 기타 다양한 애플리케이션

SNS에서는 사용자 간의 공통 관심사를 가진 그룹을 구성하거나 친분 관계를 구성하기 위하여 그룹(Group 또는 Network)을 형성한다. 특히, 최근에 출현한 SNS인 Google+에서는 다양한 부류의 친구를 형성하기 위하여 'Circle'이라는 기능을 지원하고 있다(그림 11.7 참조). 예를 들면, 친구, 동료, 가족을 각각 다른 서클(Circle)로 구성할 수 있다. 서클 기능을 이용하면 특정 서클에 속한 이용자 간에만 서로 정보를 공유하고 프라이버시를 유지할 수 있다. 또한, Google+는 Gmail 시스템과 융합하여 이용이 가능하므로 모든 Gmail 이용자를 Google+ 서클로 임포트할 수 있다. Facebook은 Skype를 이용하여 이용자 간의 비디오 채팅 기능을 지원하고 있고 Google+는 'Google Hangouts'를 통하여 유사한 기능을 지원한다. Google Hangouts은 서클 내에 들어온 이용자 간(최대 10인)에 편리한

상호 비디오 채팅을 가능하게 해 준다.

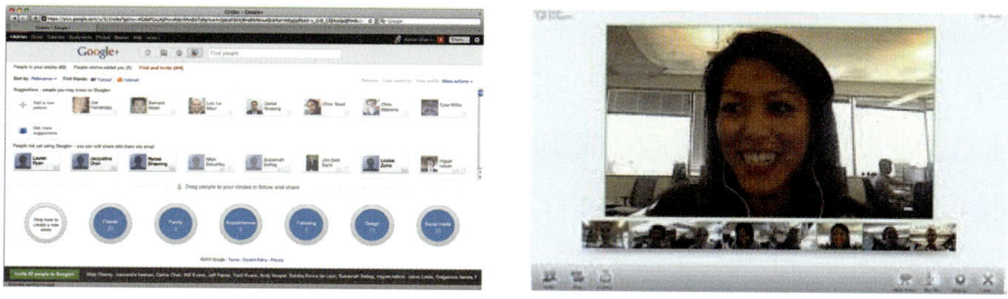

그림 11.7
Google+의 서클(Circle) 기능과 Google+ Hangouts

Facebook이나 Google+와 같은 SNS에서는 이용자가 자신의 친구관계(list of contacts)를 선택할 수 있으나 Twitter에서는 누구나 친구관계를 구축할 수 있다. Twitter는 최대 140자 이내의 짧은 글을 자신의 팔로워(follower)에게 실시간으로 전송할 수 있게 해 주는 기능을 제공한다. 누구나 특정인의 팔로워가 될 수 있으므로 Twitter를 이용하면 정보의 전파속도가 매우 빠르게 진행될 수 있다. 특히, 인터넷상의 유명인은 수많은 팔로워를 가져서 자신의 메시지가 수많은 팔로워들에게 실시간에 전달되며(이를 Tweet라 부른다) 메시지를 수신 받은 이용자가 다시 자신의 팔로워들에게 재송신(Retweet)하는 방식으로 짧은 메시지가 순식간에 퍼져 나가게 된다. 따라서 수많은 팔로워를 보유한 이용자는 인터넷을 이용하여 엄청난 영향력을 가지게 된다. SNS에서 복잡한 인맥관계를 소셜 그래프(Social graph)라 부르며 특정인의 소셜 그래프를 통해서 수많은 사람들이 연결되어 있다는 사실을 쉽게 인식할 수 있다(그림 11.8 참조). 즉, 나의 친구가 수십~수백 명 정도에 불과하더라도 나의 친구의 친구들을 포함하면 그 수는 기하급수적으로 늘어나게 된다.

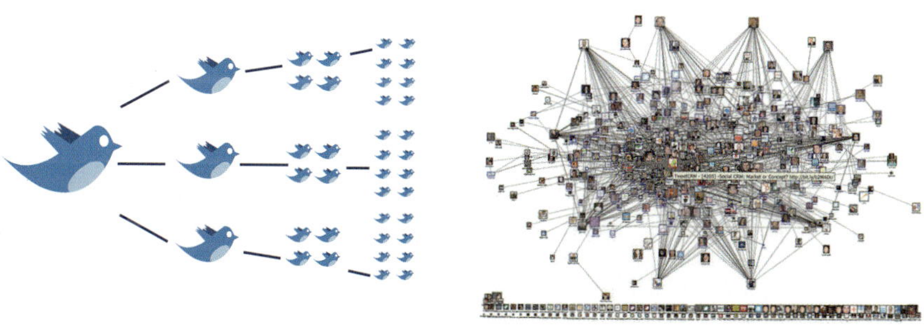

그림 11.8
트위트와 리트위트의 개념과 소셜 그래프

최근에는 개인뿐만 아니라 기업이나 기관도 자신의 SNS 사이트를 통하여 기업과 상품, 서비스를 홍보하고 고객 및 개인과 소통할 수 있는 효과적인 수단으로 SNS를 이용하고 있다. 기업이나 기관은 SNS 사이트에 기업에 관한 정보는 물론 소셜 게임이나 기타 유용한 정보를 제공함으로써 더 많은 이용자들이 인터넷상에서 기업과 소통하는 기회로 삼는다. SNS는 이용자가 특정 기사나 콘텐츠를 좋아하는 경우 추천하는 기능도 제공한다. Facebook에서는 'Like' 버튼을 클릭하고 Google+에서는 '+1' 버튼을 클릭함으로써 정보의 공유를 추천한다.

그림 11.9
Facebook의 'Like' 버튼과 Goolge+의 '+1' 버튼

Facebook, MySpace, Google+와 같은 SNS가 주로 친구관계 통하여 인맥관계를 형성하는 데 비하여 LinkedIn이나 XING는 비즈니스 소셜 네트워크 서비스이다. 예를 들어, LinkedIn은 전 세계 각 영역의 전문가들을 연결시켜 상호 정보를 교환하도록 도와주고 일자리 찾기를 지원하는 플랫폼이다. 현재 전 세계 200여 국가에서 약 1억 5천만 명 이상의 이용자를 가지고 있다. 포춘 글로벌 500대 기업을 포함한 많은 기업의 임원들이 인맥 네트워크를 형성하기 위하여 LinkedIn을 사용하고 있다.

SNS는 인맥을 통한 네트워크 효과가 탁월하여 인터넷의 광고비가 과거 포털 및 검색엔진에서 SNS로 옮겨 갈 것이라는 예측도 존재한다. 2010년 3월 미국의 최대 SNS 사이트인 Facebook이 웹 사이트 방문자 수 및 사이트 체류 시간에서 Google을 제치고 1위에 올라섰다는 사실이 보고되었다. 대부분의 범용 SNS 사이트는 회비가 무료로 운영되고 있고 주 수입원은 광고이다. 광고 수입은 회원 수에 비례하므로 SNS 사이트는 보다 많은 회원을 유지하기 위하여 총력을 기울이게 되어 앞으로도 무료로 운영될 것이 거의 확실하다. 다만, LinkedIn과 같이 SNS 사이트의 콘텐츠 수준이 상당히 높고 특화되어 있는 경우에는 유료로 운영되는 것이 가능하다. SNS는 기본적으로 이용자가 정보의 공급자(Producer)인 동시에 소비자(Consumer)의 역할을 하는 자율적 비즈니스 모델에 기반하여 작동하게 된다. 이것은 웹 2.0의 프로슈머 개념과 동일하다. 또한 SNS는 친구나 지인의 소개를 통해서 상품이나 서비스를 추천 받는 형식이므로 일반적으로 웹을 통한 정보에 비해서 더 신뢰도가 높다. 대부분 친구를 통하여 추천되는 상품을 더 믿게 되고, 또한 일반 검색을 통한 정보 검색보다 친구를 통해 얻게 되는 정보를 더 신뢰하는 경향이 있다. 이와 같이 친구나 지인을 통한 특정 상품의 추천 방식을 바이럴 효과(Viral effect)라 하며 매우 큰 마케팅 효과를 기대할 수 있다. Facebook과 Twitter는 바이럴 효과에 기반하는 광고 방식을 따르고 있다. 또한 Facebook은 게임제작 플랫폼을 공개하고 다양한 애플리케이션을 제공하며 대부분의 게임은 무료지만 무기 등 아이템은 유료로 제공된다.

Google사는 2007년 SNS용 개방형 API로 'OpenSocial'을 발표하였다. OpenSocial은 여러 SNS 사이트가 공동으로 사용할 수 있는 개발 플랫폼으로 제공된다. MySpace, 다음, Mixi, GREE, LinkedIn 등이 OpenSocial을 기반으로 개발되었다. Google사는 OpenSocial을 통하여 광고를 판매할 수 있는 기회로 삼고 있다. 한편, Facebook은 'Open Graph' 개념을 통하여 이용자가 Facebook 계정을 통하여 Facebook의 Open Graph 개념을 지원하는 다른 웹 사이트도 액세스할 수 있는 기능을 지원하고 있다.

그림 11.10
OpenSocial을 통한 SNS 사이트의 개발

SNS 사이트는 최근 실시간 웹 개념을 따르고 또한 위치기반(Location based)으로 발전해 나가는 추세이다. Twitter는 이용자가 지금 무엇을 하고 있고 마음속에 무슨 생각을 하고 있는지를 실시간에 세계로 방송하는 서비스이고, Clixtr은 이용자가 자신의 사진을 업데이트하는 즉시 브로드캐스트되는 실시간 서비스이다. 또한, Foursquare와 Yelp는 이용자가 새로운 장소로 이동("Check-in")하는 즉시 GPS가 장착된 모바일 기기를 통하여 친구들에게 알려주는 서비스를 제공하고 있다.

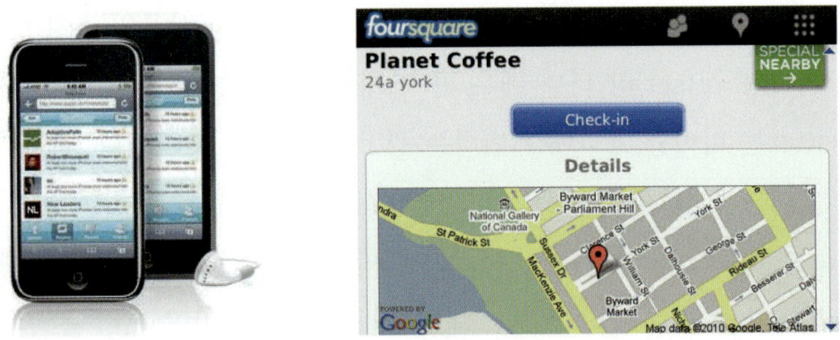

그림 11.11
실시간 브로드캐스트에 의한 Twitter와 위치기반 서비스 Foursquare

11.2 소셜 커머스

소셜 커머스란 인터넷 환경에서 SNS에 기반하여 온라인상의 인맥을 통해 상품 및 서비스의 판매를 발생시키는 새로운 형태의 커머스를 의미한다. 인간은 자신과 가까운 사람이나 취향이 비슷한 사람의 추천을 더 신뢰하는 경향이 있다. 또한, Groupon과 같은 소셜 커머스 기업은 '단체구매의 영향력' 개념에 기반하여 커머스를 보다 효과적으로 수행한다. 본 절에서 소셜 커머스의 개념을 이해하고 실제 사례를 소개한다.

11.2.1 소셜 커머스의 개념

소셜 커머스(Social commerce)란 소셜 미디어 수단을 통해서 이루어지는 커머스를 의미한다. '소셜'은 소셜 미디어나 소셜 네트워크 서비스(SNS)의 온라인상에 형성된 인간관계 또는 수단을 의미하고 '커머스'란 소셜 미디어 환경에서 상품 및 서비스를 판매하기 위한 모든 행위를 의미한다. 예를 들어, Facebook이나 Twitter 등을 통해서 상품을 홍보하고 판매하는 일련의 모든 행위를 소셜 커머스라 부를 수 있다. 인터넷 상의 커머스 형태가 과거 웹상의 일반적 전자상거래(e-Commerce)에서 소셜 커머스로 빠르게 변화할 것으로 기대된다. 전통적인 전자상거래에서는 상품의 제공자(Seller)가 웹상에 상점(eStore)을 차려놓으면 고객

(Buyer)이 찾아와서 원하는 상품에 관한 정보를 비교하고 구입하며 대금을 결제하는 과정을 거치게 된다. 이에 비해, 소셜 커머스에서는 상품이나 서비스에 관한 정보를 SNS상에서 친구를 통하여 얻거나 추천 받는다. 그림 11.12에서 보듯이 소셜 커머스는 이용자로 하여금 추천 받은 상품을 편리하게 구입할 수 있도록 소셜 플랫폼이 그러한 역할을 담당한다.

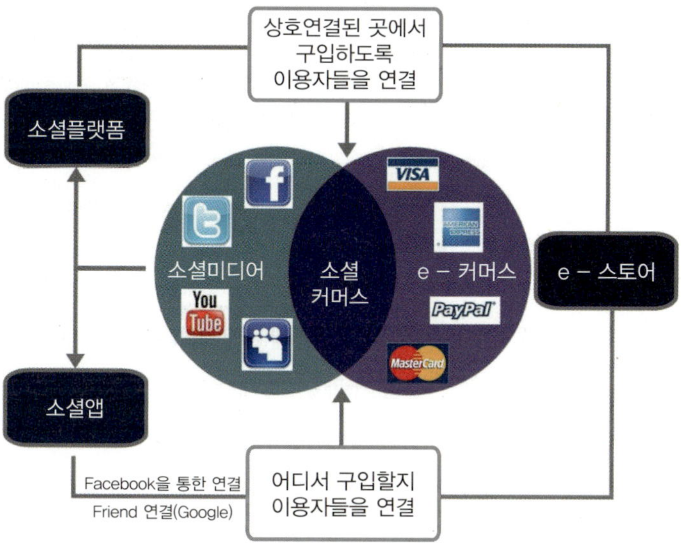

그림 11.12
소셜 커머스 시스템의 개념

한편, 그루폰(Groupon)이나 LivingSocial과 같은 소셜 커머스 기업은 다수의 구매자를 모아 단체로 판매함으로써 훨씬 저렴한 가격에 상품이나 서비스를 구입할 수 있게 해준다. 이러한 소셜 커머스를 소셜 쇼핑이라고 부르는데, 특정 상품이나 서비스에 대해 일정 수 이상의 참가자들이 구매 신청을 하면 가격을 할인해 주는 비즈니스 모델로 2008년 Groupon이 처음 시작하였다. 그루폰은 'Group'과 'Coupon'의 합성어로 '단체 쿠폰'이라는 의미를 갖는다. 이용자들은 특정 상품을 구입하려는 구매자의 수를 실시간으로 확인할 수 있고 소셜 미디어 웹사이트를 방문해 구매후기를 통해 서로 정보를 공유할 수 있다. 일반적으로 상품 제공업체로서는 상품 할인폭이 50% 이상 되고 수수료까지 지불해야 하기 때문에 쿠폰 판매 자체는 기업에 큰 이익이 되지 않는다. 그러나 소셜 커머스를 통하여 상품을 홍보할 수 있고 많은 관심을 받을 수 있는 장점이 있다. 또한 쿠폰을 구매한 소비자들은 쿠폰을 사용하기 위해 매장을 방문해 제품 및 서비스를 경험하게 된다. 대표적인 소셜 커머스 업체인 Groupon은 2012년 현재 세계 48개국 500여개 도시에 진출해 있다. 국내에는 소셜 커머스가 2010년 초 처음 도입되어 티켓몬스터, 쿠팡, 쿠펀지, 세일폰, 쿠폰모아 등 현재 40개 업체가 있어 경쟁이 매우 치열하다. 따라서 소셜 커머스 기업은 이용자 수를 증가시키기 위해 기업 인수/합병(M&A)에 적극적이다.

그림 11.13
대표적인 소셜 커머스 기업 Groupon과 티켓몬스터

Groupon과 같은 소셜 커머스 기업은 "단체구매의 영향력(Collective buying power)" 개념에 기반하고 있다. 상품 구매시 얼마나 많은 구매자가 있을 때 얼마나 할인이 가능한지 알아보자. 구매자 관점에서 Groupon이 없어도 만족할 수 있는 중립곡선(Indifference curve)을 생각해보자. 그림 11.14(a)에서 보듯이 구매자는 이 곡선(분홍색 곡선) 아래의 모든 거래에 대해 만족한다. 판매자(기업)에서는 가급적 많은 이익을 원한다. 따라서 판매자는 그림 11.14(b)의 곡선(회색 곡선) 위의 모든 판매 행위에 대해서 이익을 창출할 수 있다. 이러한 두 개의 곡선에 의해 둘러싸이는 영역이 구매자나 판매자 모두에게 바람직한 영역이 된다. 두 개의 곡선에 의해서 생겨나는 영역을 Kevin Murphy는 'Golden Football'이라고 불렀다(그림 11.14(c) 참조).

그림 11.14
단체구매의 영향력을 설명하는 'Golden Football' 개념

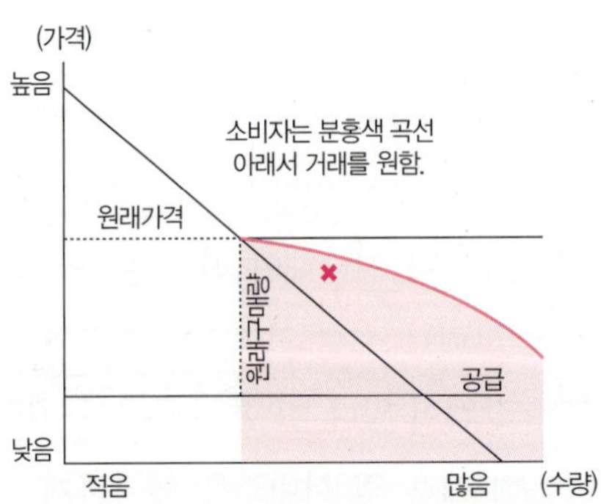

(a) 소비자 곡선

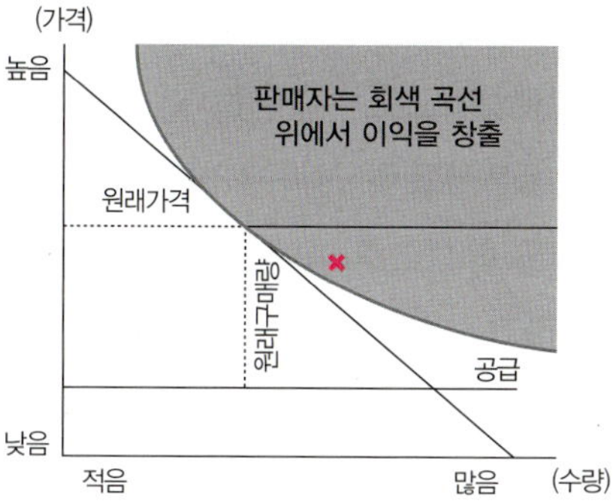

(b) 판매자 곡선

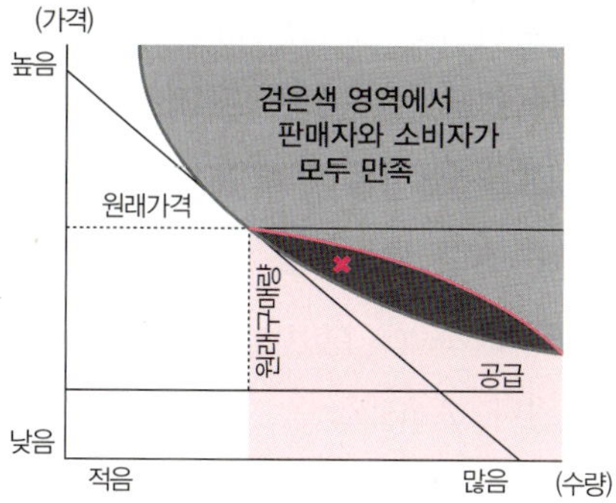

(c) 'Golden football' 영역

기업마다 'Golden football' 내에 들어가는 상품이나 서비스를 찾을 수 있다. 이때 기업은 가격 결정자(Price setter)의 역할을 담당한다. Groupon에 의하면 일반적으로 작은 비즈니스가 이와 같은 전략으로 상품이나 서비스를 제공할 수 있다(예, 도심의 음식점). 그러나 특허를 가지고 있거나 잘 알려진 브랜드의 상품을 제공하는 대기업도 이러한 상품을 제공할 수 있다. 고객이 한 개씩 구입할 때 비해 다수의 구매자가 살 때 많이 싼 가격에 상품을 판매할 수 있는 단순한 경제 원리에 기반한 것이다. 여기서 필요한 것은 일정 수 이상의 구매자를 어떻게 확보하느냐이고, 'Golden football'은 매우 간단한 개념이지만 큰 영향을 발휘할 수 있는 경제 원리이다.

11.2.2 소셜 커머스의 실제

소셜 커머스는 다양한 개념에 기반하여 웹 환경에서 실현된다. 여기서는 단체구매의 영향력, 추천 시스템, 공동 브라우징 기법에 대하여 실제 사례를 통해 이해하자. 단체구매 방식(Collective buying)은 앞 절에서 설명한 대로 Groupon과 같은 기업을 통해 진행되며 참여 업체는 일정 수 이상의 판매가 발생할 경우 큰 할인(40% 이상)의 상품이나 서비스를 제공하는 데 동의한다. 단체구매는 특정 지역의 시장에서 하루에 한 번 정도씩 제공되며 미국의 경우 전 지역에 걸쳐 주요 시장과 중간 크기의 시장에도 확대되어 나가는 추세이다.

추천 시스템(Recommendation)은 유사한 취향의 이용자나 친구의 추천에 의해서 제품이나 서비스에 관한 정보를 제공하는 방식이다. 이 절에서는 추천하는 방식에 따라 협력 필터링(Collaborative filtering) 방식과 그래프기반 추천(Graph-based recommendation)을 설명한다. 협력 필터링은 가장 자주 적용되는 추천 시스템으로 Amazon, Netflix, iTunes, Last.fm 등에서 사용된다. 협력 필터링은 이용자의 프로파일 정보, 과거 구매 히스토리, 방문한 웹 페이지 등의 정보를 분석하여 이와 가장 유사한 다른 이용자들을 찾아서 이들이 만족스럽게 구매한 상품들을 제시하는 방식이다. 이를 함수로 나타내면, 추천 상품 ← function(User's purchase, Purchase of other users with a similar profile)로 표현된다. Amazon은 협력 필터링 기법에 의한 자동추천 방식을 사용한 최초의 기업으로, 특히 상품이 크게 변하지 않고 종류가 많지 않은 경우에 매우 잘 작동하는 아이템기반 협력 필터링(Item-based collaborative filtering) 기법을 온라인 상점에서 사용하고 있다. Amazon 사에 의하면 연매출액의 30%~35%에 해당하는 책, 음악 등이 추천시스템에 의해서 구매되었다고 한다. 이외에도, iTunes의 Genius는 음악을, Netflix사의 CineMatch는 비디오를, Last.fm사는 라디오 스트림을 협력 필터링 기법을 바탕으로 추천하고 있다.

그림 11.15
협력 필터링 기법에 기반하여 추천하는 Amazon과 Netflix

그래프기반 추천 시스템은 이용자들 또는 제품들 간의 연관관계를 그래프를 통해서 표현한다. 그래프는 사물간의 관계를 표현하는 기법으로 컴퓨터과학에서는 매우 잘 알려져 있다. 그래프는 노드와 링크로 구성되어 있다. 노드(Node)는 사람 또는 사물을 의미하며 링크(Link, 또는 에지(Edge))는 이들 간의 연결 상태를 뜻한다. 그래프기반 추천 기법은 이렇게 구성된 그래프에 기반하여 상품이나 서비스를 추천하는 방식을 따른다.

공동 브라우징 기법(Co-browsing technology)은 웹 상에서 온라인 방식으로 몇 명의 이용자가 같이 그룹으로 쇼핑하는 방식을 지원한다. 이를 위하여 이 시스템은 스크린 상에 실제 상점의 모습과 제품을 실시간에 보여주며 이용자들이 서로 의논하며 선택할 수 있게 해준다. 이 시스템은 실제 세계와 웹이라는 가상환경을 결합한 형태로 제시하여 그룹의 고객이 같이 실세계 쇼핑을 경험하게 된다. 그림 11.16은 2008년에 설립된 ShopWithYourFriends의 웹페이지 모습을 보여주고 있다. 이용자는 Facebook과 같은 소셜 네트워크 서비스를 이용하여 친구들을 초대할 수 있다.

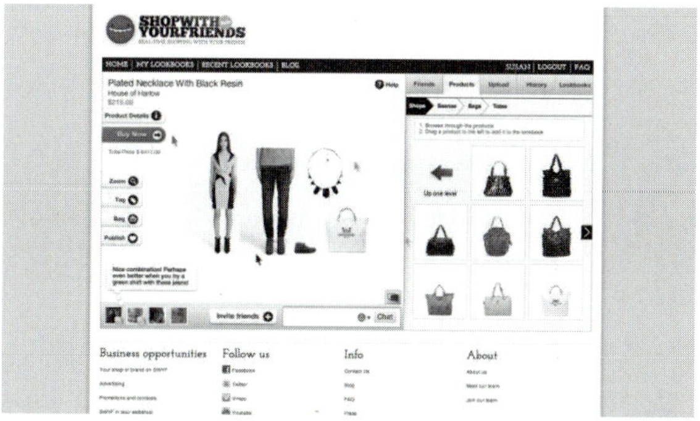

그림 11.16
공동 브라우징 기법을 이용한 ShopWithYourFriends

11.3 소셜 게임

소셜 미디어나 SNS에서는 이용자들 간의 상호작용을 촉진하기 위하여 흔히 소셜 게임을 매개체로 이용한다. 본 절에서는 소셜 게임의 특성을 살펴보고 소셜 게임의 성공 사례들을 알아본다.

11.3.1 소셜 게임의 특성

소셜 게임은 소셜 네트워크 게임(SNG: Social Network Game)이라고도 불리며 다수의 이용자(Player)가 SNS 환경에서 비동기식으로 플레이하는 온라인 게임을 의미한다. 비동기식이란 전통적 온라인 게임에서 다수의 사용자가 실시간에 동시에 플레이하는 동기식을 따르는 데 비하여 소셜 게임은 각 플레이어가 각자 원하는 시간에 SNS에 들어와 자기 페이스에 맞게 플레이하는 방식을 의미한다. 즉, 플레이어들이 동시에 온라인으로 접속되어 있지 않아도 서로 영향을 미치는 구조로 되어있다. 따라서 각 플레이어는 서로 시간이 있을 때 각자 게임에 들어와 플레이하면 된다.

소셜 미디어나 SNS에서는 이용자 간의 상호작용을 촉진시키기 위해서 흔히 제3의 매개체를 이용한다(그림 11.17 참조). 제3의 매개체가 소셜 게임이나 애완 동물 기르기 등의 콘텐츠를 SNS에 도입하기도 한다. 이러한 제3의 매개체를 통하여 이용자들이 서로 새로운 친구로 발전하기도 한다. 이러한 측면에서 소셜 게임은 SNS를 활성화하여 그 가치를 증가시키기 위해 매우 중요한 요소로 작용한다.

그림 11.17
소셜 게임을 통한 이용자 간의 상호작용성 증가

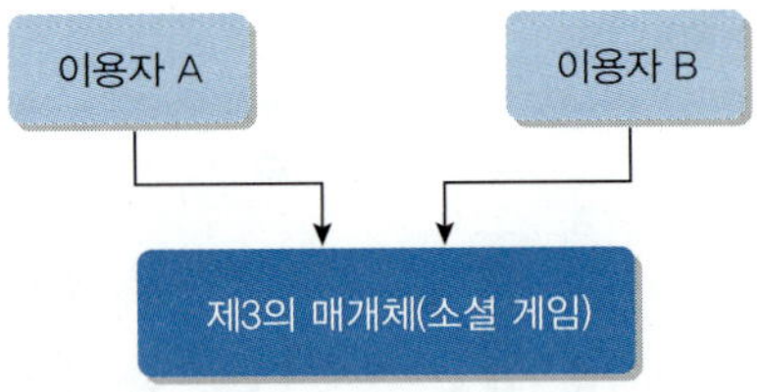

게임은 그 자체로도 경쟁력 있는 수익성을 가진 콘텐츠이지만, 특히 SNS 환경에서 존재할 때 그 유용성과 수익성이 크게 증가할 수 있다. 이러한 이유로 최근에 수많은 소셜 네트워크 게임이 개발되고 있다. 소셜 게임은 Twitter, Facebook, 블로그와 같은 소셜 미디어의 장점과 게임의 재미를 융합한 서비스를 의미한다. 소셜 네트워크 게임은 온라인 게임을 SNS를 접목한 형태로 게임을 즐기면서 동시에 인맥을 구축할 수 있는 새로운 커뮤니케이션 수단이라 할 수 있다. 소셜 게임은 SNS 환경에서 새로운 인맥을 구축하고 인간관계를 증진시키기 위해 게임의 승리보다는 참여자가 같이 즐길 수 있고 동질성과 친밀감을 증진시키는 데 초점이 맞추어져 있다. 따라서, 소셜 게임은 다양한 계층의 이용자가 즐길 수 있도록 편리한 사용자 인터페이스를 제공하고 각 이용자가 편한 시간에 각자의 페이스에 따라 게임을 진행해 나갈 수 있도록 설계되어 있다.

SNS 사이트는 더 많은 소셜 네트워크 게임을 제공하기 위하여 게임 개발용 API를 무료로 제공하고 있다. SNS는 개발도구 지원, 테스트 환경 제공, 개발자 간의 교류를 위한 환경 마련 및 자금 지원 등을 통해 개인이나 개발 기업들을 지원하고 있다. Facebook의 경우 40만개 이상의 소셜 게임이 존재한다. SNS 이용자에게 소셜 게임의 이용이 대부분 무료이지만 무기 등 아이템은 유료로 판매되고 있고, 소액결제를 위하여 2010년 3월부터 'Facebook credit'이라는 가상통화를 사용하고 있다.

소셜 네트워크 게임(SNG)은 몇 가지 특성을 가지고 있다. 첫째, 소셜 게임의 비동기식 플레이(Asynchronous gameplay) 방식은 이용자들로 하여금 동시에 플레이 하지 않고 원하는 시간에 각자 플레이하도록 해준다. 둘째, 가장 중요한 요소는 SNG는 SNS를 활용하여 친구를 초대하여 게임을 하거나 새로운 친구나 동료를 찾아서(Community) 같이 게임하면서 인간관계를 쌓아가는 특성이 있다. 셋째, 소셜 게임은 게임을 통해서 이기고 지는 방식의 게임이 아니고(No victory conditions) 참여자들이 함께 주어진 목적을 달성하거나 탐구하는 과정을 중요시 한다. 마지막으로, 소셜 게임에서 사용하는 가상화폐(전자화폐)를 실세계의 화폐로 구입할 수 있다. 가상화폐(Virtual currency)를 사용하면 아이템을 구입하는 등 업그레이드 목적으로 사용하며 이는 목적을 달성하는 데 유리하게 작용할 수 있다.

소셜 게임은 일반적으로 Adobe Flash, PHP, JavaScript 등을 사용하여 개발된다. 소셜 네트워크 게임은 웹 브라우저를 이용하여 플레이하며 SNS상의 소셜 그래프 정보와 이용자들의 데이터를 활용한다. 최근 iPhone, Android폰과 같은 스마트폰이 확산되면서 모바일 소셜 게임이 많이 개발되는 추세이다. OpenFeint와 같은 소셜 플랫폼이나 Facebook과 같은 SNS에서 구현되는 OAuth를 이용하여 모바일 소셜 게임을 손쉽게 개발할 수 있다.

11.3.2 소셜 게임의 실제

소셜 게임으로 가장 성공한 사례로 Zynga사를 들 수 있다. Zynga사는 Facebook에서 FarmVille, CityVille, Tap Fish, God Finger 등 많은 소셜 게임을 제공하여 많은 이용자를 확보하였다. 이러한 소셜 게임은 실제 Facebook의 가입자 증가에 큰 역할을 하였다. Zynga사는 2010년 5월 Facebook 서비스로부터 탈퇴하여 지금은 독자적으로 운영되고 있고 Facebook이나 MySpace와 같은 SNS 사이트에서 응용 위젯(Application widget) 형태로 제공된다. 2012년 7월 현재 Zynga사의 소셜 게임 이용자 수가 매월 3억명 이상인 것으로 알려져 있다. Facebook에서 가장 인기있는 5개의 게임중 Zyaga 사의 게임이 4개로 CityVille, Texas HoldEm Poker, FarmVille 및 Empires & Allies가 포함된다. CitiVille는 도시 건설 시뮬레이션 소셜게임으로 SimCity나 FarmVille와 유사하며 빌딩

건축, 공원 만들기, 렌트 수입 등으로 도시를 구축하고 운영해 나가는 게임이다. FarmVille는 농장 시뮬레이션 소셜 게임으로 이용자가 함께 토지를 개간하고 나무와 농작물을 심으며 추수하고 가축을 기르는 게임이다.

그림 11.18
Zynga사의 소셜 네트워크 게임 CitiVille과 FarmVille

2007년 초에 설립된 Zynga사는 2012년 12월 현재 3000여명의 직원을 보유하며 원칙적으로 무료 게임(Freemium game) 방식으로 게임을 제공하고 있다. 즉, 이용자는 무료로 게임을 이용할 수 있으나 프리미엄 콘텐츠(Premium content)를 위해서는 크레디트 카드로 지불해야 한다. Zynga사의 소셜 네트워크 게임은 Zynga사의 웹페이지를 통하여 직접 게임을 하거나 파트너 기업인 SNS를 통하여 게임을 수행할 수 있다. CitiVille이나 FarmVille과 같은 Zynga 게임에서는 도시를 건설하고 농장을 경영하기 위하여 '에너지(Energy)'를 사용하게 되는데 시간이 흐름에 따라 에너지가 점진적으로 소멸하게 된다. 에너지가 소멸하면 다시 보충하는 데 많은 시간이 걸리므로 이용자는 크레디트 카드로 에너지를 구입하여 보충하게 된다.

Playfish사는 2009년 세계적 게임사인 Electronic Arts사가 5억 달러에 인수한 소셜 네트워크 게임 개발 기업으로 애완동물 기르기, 집안 꾸미기, 보물 찾기 등의 소셜 게임을 제공하고 있다. 이용자는 'Playfish cards'를 구입하여 Playfish 게임을 수행할 때 가상 상품을 구입하기 위한 'Playfish cash'로 사용할 수 있다. 한편, Ngmoco사는 태블릿 PC인 iPad상에서 'We Rule for iPad', 'We Farm for iPad'와 같은 소셜 게임을 제공하고 있다. 또한, 한국의 게임빌이 개발한 '트레인시티'는 페이스북 환경에서 한국 소셜 네트워크 게임 사상 최초로 누적 이용자 수 400만 명을 돌파하였다. '트레인시티'는 철도를 건설하고 기차를 운행하는 시뮬레이션 게임으로 원래 PC용 도시 건설 게임으로 개발되었으나 페이스북 및 싸이

월드 앱스토어에서 서비스를 시작한 데 이어 최근 모바일 버전으로도 제공되고 있다.

그림 11.19
Playfish사의 소셜 게임 'Pet Society'와 Ngmoco사의 'We Rule'

11.4 소셜 미디어의 활용과 동향

소셜 미디어는 정부 및 공공기관, 교육, 재정, 의료 분야에서 마케팅, 홍보, 정보 공유, 토론, 채팅 등의 목적으로 이용된다. 특히, 최근에는 SNS가 위치기반 서비스로 발전해 나가는 추세이다. 또한, 본 절에서 소셜 광고, 소셜 미디어 마케팅, 소셜 커머스 및 모바일 커머스의 동향에 대하여 알아보자.

11.4.1 소셜 미디어의 사례

소셜 미디어가 사용되는 분야는 매우 다양하다. 정부를 비롯한 공공기관은 소셜 네트워크 서비스를 이용하여 시민들의 의견을 수렴하고 공공기관의 활동을 시민들에게 알리기 위한 수단으로 사용하고 있다. 예를 들어, 질병관리센터는 인기 어린이 소셜 미디어 사이트인 WhyVille에 예방접종의 중요성을 홍보하고 NASA는 사이버 스페이스인 Second Life에 가상의 섬을 만들어 방문객들이 지하 동굴을 탐험하고 지구 온난화의 영향을 체험하도록 해 준다. 한편, 소셜 네트워크 서비스는 비즈니스 분야에서도 지대한 영향을 미친다. SNS는 매우 저렴한 비용으로 사람들을 연결시켜 줄 수 있어 기업이나 작은 비즈니스가 고객들과의 접촉을 확대하는데 매우 유용한 수단으로 이용된다. LinkedIn은 각 분야의 전문가들을 서로 연결시켜 주고 직장을 찾는 데 효과적인 역할을 수행하며, 기업은 SNS를 통하여 기업의 브랜드 이미지를 향상시키는 데 이용할 수 있다. 이를 브랜드 네트워킹이라 부르며 기업이 SNS를 새로운 마케팅 도구로 사용하는 사회적 추세가 존재한다.

소셜 네트워크 서비스를 활용하여 이용자 간의 정보를 교환하면 이용자 간에 데이팅 목적을 달성하는 데 효과적인 수단이 될 수 있다. 대부분의 SNS는 나이, 성별, 위치, 취미, 관심 분야, 사진 등의 정보를 가지고 있고 이용자 간의 상호작용을 효과적으로 지원하므로 온라인 데이팅 서비스 역할을 수행하기에 매우 적절한 구조를 가지고 있다. SNS 사이트는 무료이므로 기존의 온라인 데이팅 서비스에 비해 더 많은 이용자가 사용하는 추세이다. 또한, 많은 학생들이 이미 소셜 미디어를 사용하고 있으므로 소셜 미디어를 이용한 교육적 활용은 매우 많은 가능성을 가지고 있다. SNS는 교사와 학생을 연결시켜 주기 위한 좋은 수단으로, Ning은 교사를 위한 콘텐츠 공유 사이트를 제공하고 있고, Learn Central, TeachStreet 등은 교육 블로그, 교육 포럼, 토론, 정보 공유 및 채팅 수단으로서의 역할을 담당하고 있다. 이외에도, SNS는 재정분야, 의료 분야, 제약 분야에서도 효과적으로 사용되고 있다. 특히, 의료 분야에서 PatientLikeMe, SoberCircle, DailyStrength 등은 같은 질병을 가진 사람들 간에 질병에 관한 정보를 교환하고 공통 관심사를 나누는 데 이용되며, SparkPeople은 효과적인 체중 감량 및 다이어트를 목표로 운영되고 있다. 특히, 소셜 네트워크 서비스는 사회적, 정치적 이슈를 나누고 정보를 전파하는 데 탁월한 영향을 발휘하고 있다. 최근에 Twitter와 Facebook을 이용하여 정치적 운동에 결정적인 영향을 미친 많은 사례가 존재한다.

소셜 네트워크 서비스는 위치기반 서비스로 발전해 가는 추세이다. 이용자가 지금 어디에 있으며, 무엇을 하고 있는지? Foursquare, Gowalla, Loopt 등은 이러한 질문에 관한 정보를 제공하는 서비스이다. 스마트폰을 이용한 위치기반 소셜 서비스는 GPS를 활용한 체크인(Check-ins)을 통해서 이용자가 친구와 위치 정보를 공유하고 온라인 및 오프라인상으로 연결시켜 준다. 예를 들어, Foursquare는 Starbucks와 협력하여 체크인 한 이용자에게 할인을 해주는 캠페인을 진행하고 있다. 또한 글로벌 여행 · 숙박 소셜 네트워크 서비스인 Wimdu는 2012년 현재 미국 · 유럽 · 아시아 등 전 세계 100여 개국 2000여 개 이상의 도시의 현지 아파트 · 고급 빌라 · 단독주택 · 별장 · 성 등 5만개의 숙소 정보를 제공하고 있으며 간편한 인터넷 예약 및 결제가 가능하며 호텔보다 저렴한 가격에 이용할 수 있다. Wimdu는 웹사이트를 통해 이용자가 숙소의 사진을 직접 확인하고 다른 사람들의 리뷰를 참고할 수 있게 해 준다. 웹사이트 내 메시지 시스템을 통해 집주인과 커뮤니케이션이 가능해 여행 전부터 현지인과 소셜 네트워크를 형성할 수 있는 특징을 가지고 있다.

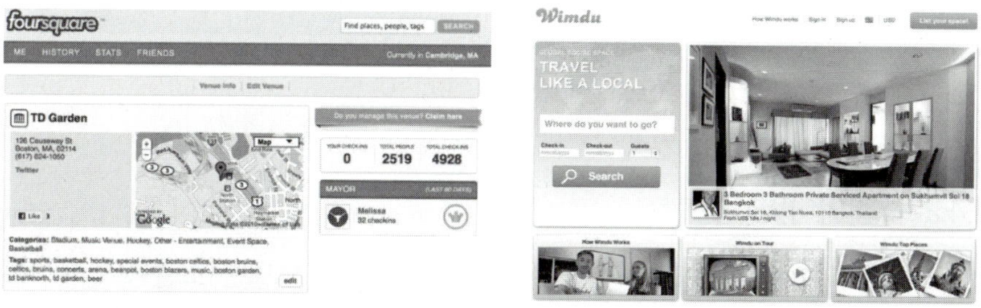

그림 11.20
위치기반 SNS Foursquare와 글로벌 여행 · 숙박 SNS Wimdu

최근 소셜 네트워크 서비스를 활용한 기업들이 증가하는 추세이다. Groupon은 다양한 상품과 서비스를 할인된 가격에 중개하는 소셜 커머스 기업이다. 고객이 자유롭게 상품정보를 공유할 수 있도록 다양한 SNS 플랫폼과 연계하였고, 공산품뿐만 아니라 서비스까지 취급하여 판매상품을 다양화하였다. LinkedIn은 전문가 네트워크 형성을 목표로 한 비즈니스 SNS로, 구직자들의 기업 및 취업 정보에 대한 열망을 반영한 비즈니스 모델을 구현하였다. Fortune 글로벌 500대 기업을 포함한 많은 기업들의 임원들이 인맥 네트워크를 형성하기 위해 LinkedIn을 활발히 이용하고 있다. SNS 플랫폼을 활용한 기업이 성장할 수 있는 비결은 사용자에게 유용한 정보를 제공할 뿐만 아니라 각 개인에게 특화된 서비스를 제공하여 차별화된 서비스 가치를 창출하기 때문이다.

Aardvark은 어떤 질문에 관한 답을 얻기 위하여 웹페이지를 검색하는 대신 답을 해줄 사람을 찾는다. 이용자가 일상적인 영어로 질문을 하면 Aardvark는 5분 이내에 가장 적절한 답변을 할 사람을 찾아준다. 이러한 검색 방식을 소셜 검색(Social search)이라 하며 소셜 검색은 e-메일, 인스턴트 메신저, Twitter, iPhone 등을 통해 제공된다. 누군가 적절한 답을 주면 그와 짧은 대화를 나눌 수도 있다.

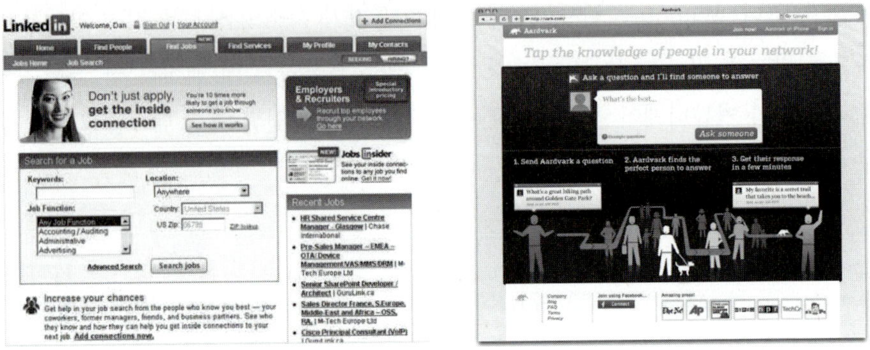

그림 11.21
LinkedIn과 Aardvark의 홈페이지

11.4.2 소셜 미디어의 동향

소셜 네트워크 서비스(SNS)에서 지향하는 비즈니스 모델은 소셜 광고에 의존하고 있다. 소셜 광고(Social advertizing)란 친구의 추천, 동료의 영향력, 기타 다른 형태의 사회적 영향에 기반하고 있다. 소셜 광고는 소셜 행위(Social action)의 한 형태로 소셜 행위는 신뢰감 있는 사람의 추천과 사람이 다른 사람에게 영향을 미친다는 사실에 기반하고 있다. 중요한 것은 소셜 광고가 단순히 메시지에 그치는 것이 아니라 친구 사이에 공유할 수 있는 정보라는 사실이다. 기업은 소셜 미디어 최적화(Social media optimization) 기법을 활용하여 소셜 미디어 상에서 마케팅 전략을 수립한다. 소셜 미디어 최적화란 소셜 미디어를 이용하여 상품, 서비스, 웹 사이트 및 비즈니스를 가장 효율적으로 홍보하는 인터넷 마케팅 기법을 의미한다. 이 때 사용하는 소셜 미디어는 SNS, 사진 공유 사이트, 비디오 공유 사이트, 마이크로블로그 및 소셜 북마킹을 포함한다.

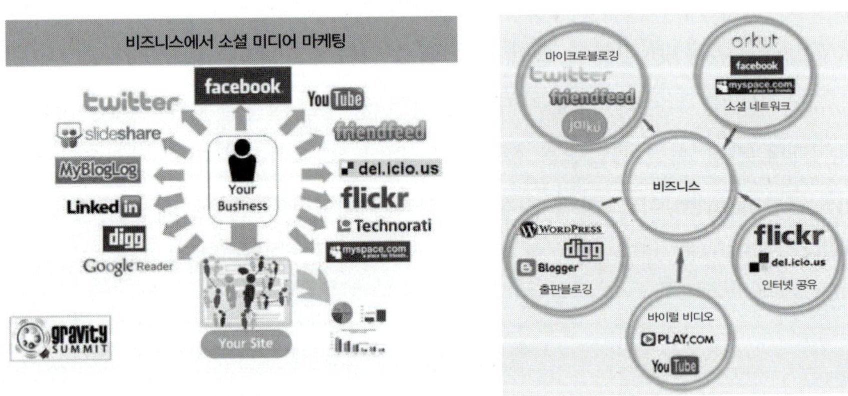

그림 11.22
소셜 미디어 마케팅 전략

기업들은 마케팅 전략상 어떤 인터넷 매체를 이용하여 광고하는 것이 효과 대비용 측면에서 가장 효율적인지에 많은 관심을 가지고 있다. 지금까지는 검색 마케팅과 디스플레이 광고에 가장 많은 예산을 투입하였다. 그러나 지난 5년간 기업들의 소셜 미디어 마케팅 예산이 증가 추세에 있어 Forrester Research사에 의하면 연간 34%씩 증가하여 2014년에는 31억 달러가 될 것으로 예상된다(그림 11.23 참조). 이러한 증가 추세는 모바일 마케팅의 27%, 검색 마케팅의 15%, e-메일 마케팅의 11%에 비해서도 훨씬 높은 수치이다. 온라인 마케팅에서 기업의 목표 시장(Target market)과 연결하여 고객 기반을 확대하는 것은 매우 중요한 일이다. 소셜 미디어는 이를 위해서 가장 적절한 도구로 인식되고 있다.

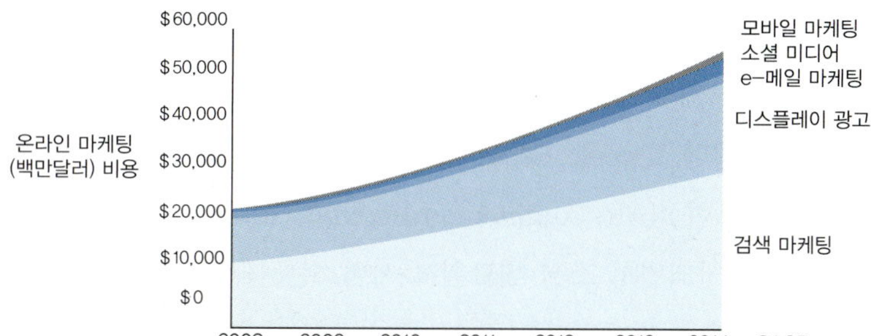

	2008	2009	2010	2011	2012	2013	2014	CAGR
모바일 마케팅	$232	$391	$561	$748	$950	$1,131	$1,274	27%
소셜 미디어	$455	$716	$935	$1,217	$1,649	$2,254	$3,113	34%
e-메일 마케팅	$1,170	$1,248	$1,355	$1,504	$1,676	$1,867	$2,081	11%
디스플레이 광고	$7,699	$7,829	$8,395	$9,846	$11,732	$14,339	$16,900	17%
검색 마케팅	$13,516	$15,393	$17,765	$20,763	$24,299	$27,786	$31,588	15%
Total	$23,073	$25,577	$29,012	$34,077	$40,306	$47,378	$54,956	17%
퍼센트	9%	10%	11%	13%	15%	17%	19%	

그림 11.23
소셜 미디어 마케팅 예산의 증가 추이

소셜 커머스와 모바일 커머스는 업체에 지속적으로 중요성이 증가할 것으로 기대된다. 시장조사기관 eMarketer에 의하면 미국의 소매 e-커머스가 2010년(1654억 달러)부터 2015년(2698억 달러)까지 연평균 10.3%씩 증가할 것으로 예측되고 있다. 이러한 성장의 대부분은 소셜 커머스와 모바일 커머스에 기인한다. 그림 11.24에서 보듯이 이 기간 동안 소셜 커머스는 연간 93.4%씩 증가하고 모바일 커머스는 연간 58.2%씩 증가할 것으로 기대된다. 이러한 배경에서 볼 때 모바일 소셜 커머스가 매우 중요한 영역으로 인식된다. 2015년에 미국에서 모바일 커머스가 전체 e-커머스에서 차지하는 비율은 11%에 이르고 소셜 커머스는 5%에 달할 것으로 예상된다.

그림 11.24
소셜 커머스와 모바일 커머스의 증가 추이

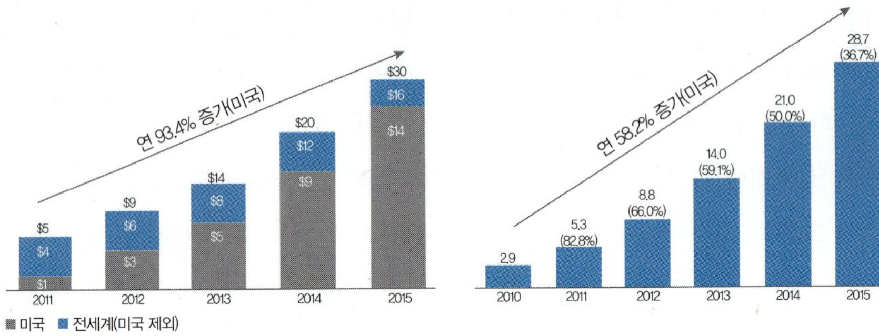

(a) 세계 소셜커머스 매출, 2011~2015
(단위 : 10억 달러)

(b) 미국 모바일 커머스 매출, 2010~2015
(단위 : 10억 달러)

소셜 네트워크 서비스가 실시간 동영상과 접목될 것으로 예상된다. 무선 인터넷의 데이터 전송속도가 급속히 빨라지는 환경에서 상점의 동영상을 실시간 스트리밍 기술로 브로드캐스트하는 '동영상 트위트'가 새로운 형태의 SNS로 발전해 나갈 것으로 예상된다. Tweet, Retweet, Like, Share, Check-in, Group Buy, QR코드 스캔, 증강현실(AR: Augmented Reality), RFID와 같은 개념이 비즈니스 현장에 넓게 확산되면서 소셜 네트워크 서비스는 물리적 상점과 온라인 상점을 융합하게 될 것으로 기대된다(그림 11.25 참조). 미래의 소셜 커머스에서 어떻게 소셜 그래프를 활용할 것인지가 중요한 이슈가 될 것이다.

그림 11.25
SNS에 기반한 물리적 상점과 온라인 상점의 융합

실습 Lab. 8 Twitter 활용

트위터(Twitter)는 전 세계에서 가장 많이 사용되고 있는 마이크로블로그로 140자 이내의 텍스트를 보낼 수 있는 메시지 서비스이다. 트위터는 2006년 Jack Dorsey에 의해 개발되었으며 2012년 현재 전 세계 5억 명 이상의 등록 사용자를 가지고 있다. 한 번의 업로드를 트윗(Tweet)이라고 하는데, 이는 새가 지저귀는 소리를 나타내는 영어 낱말이다. 트윗은 순수하게 문자로만 이루어져 있어서 사진이나 동영상을 업로드를 트윗에 포함하고 싶은 경우 트윗에 해당 콘텐츠의 링크를 포함시킨다.

트위터는 영어뿐만 아니라 다국어를 지원하며, 지역에 제한 없이 전 세계에서 이용 가능하다. 페이스북이나 마이스페이스 같은 SNS가 '친구'라는 개념으로 이용자들 간의 소통방식을 제공하고 있는 반면 트위터는 '팔로우(Follow)'라는 개념을 채택하였다. 팔로우란 다른 사람의 트윗을 구독하는 것으로, 팔로우를 하는 사람과 팔로우되는 사람의 협약이 필요없기 때문에 일방적인 관계가 형성된다. 이 때문에 다른 SNS보다 관계가 느슨하며 이를 받아들이는 사람들의 문화도 다른 SNS와 다른 편이다. 자신이 팔로우하는 사람을 팔로잉(Following), 자신을 팔로우하는 사람을 팔로어(Follower)라고 한다.

트위터는 140자 이내라는 제한 때문에 사용자들은 자신이 말하고자 하는 바를 압축하여 나타내려고 하게 되는데, 이런 제약 때문에 여러 사람을 팔로우하는 경우라도 각 사람들의 얘기를 축약해서 볼 수 있는 장점이 된다. 트윗 안에 다른 외부 콘텐츠를 링크하는 경우 주소가 길면 140자가 넘을 수 있는데, 이를 위해 트위터 내부적으로 링크는 축약해서 처리하고 있다. 즉, 다른 콘텐츠의 링크 주소가 아무리 길다고 해도 트윗 내에 20자 정도만 차지하게 되어 사용자는 해당 링크에 대한 의견을 말할 공간을 더 확보하게 된다.

그림 L8.1

트위터는 팔로우하는 사람들의 트윗을 한 화면에 보여준다

1. 트위터 가입하기

트위터는 http://www.twitter.com를 통해 접속이 가능하다. 핸드폰이나 태블릿을 통해 배포된 프로그램으로도 접속이 가능하다. 여기서는 가장 기본이 되며 모든 기능의 사용이 가능한 웹 버전에 대해서만 다루겠다. 트위터에 처음 접속하면 다음과 같은 화면을 볼 수 있다.

그림 L8.2

트위터의 가입

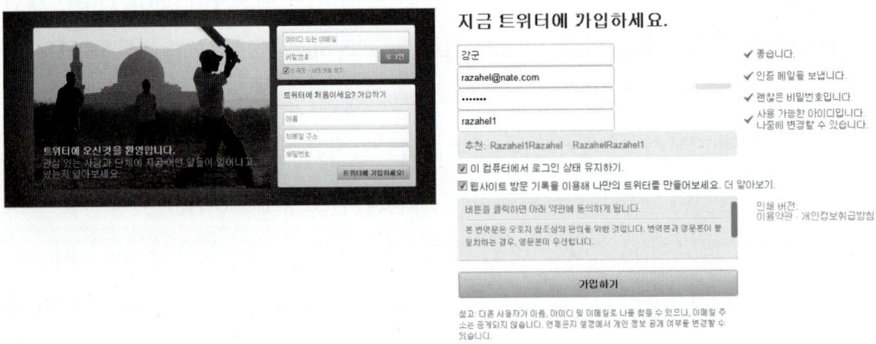

1) 그림 L8.2의 왼쪽 그림에는 로그인 양식이 있으며 오른쪽 그림에 회원가입 양식이 있다.
2) 가입은 이름, 이메일 주소, 비밀번호만 입력하면 되지만 가입한 후에는 프로필 사진이나 자기 소개 등 많은 추가정보를 기입할 수 있다.
3) 회원가입 양식에 값을 입력하고 버튼을 누르면 다음과 같은 화면이 나오며 입력했던 값을 검증한다. 가입하기 버튼을 눌러 다음으로 진행한다. 이제 회원가입이 완료되면 다음과 같은 화면이 나온다.

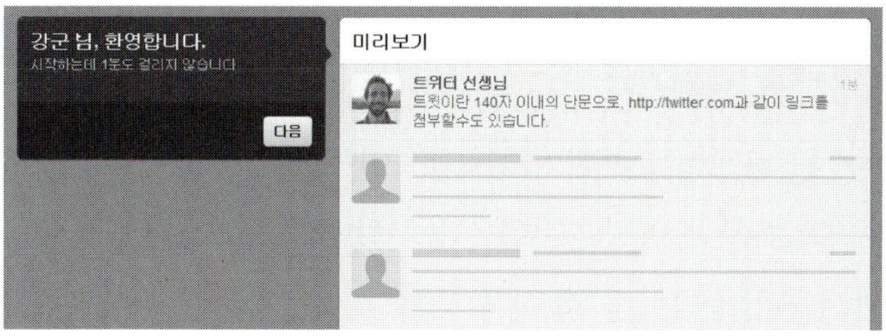

2. 팔로우할 사람 지정하기

1) 아직 자신이 아무도 팔로우하지 않았기 때문에 빈 화면이 나오는데, 화면의 '다음' 버튼을 누르면 팔로우할 사람의 추천 목록이 나온다(그림 L8.3 참조).

(a) 트위터가 가입 초기에 추천해주는 사용자들

(b) 각 분야별로 분류된 추천 사용자들

그림 L8.3
팔로우할 사람들의 추천 목록

2) 일반적으로 유명인사들이 많이 올라오는데 관심이 있는 사람들을 팔로우하거나 아무도 팔로우하지 않아도 괜찮다. '이 단계 건너뛰기' 버튼을 누르면 여러 분야에 대해 많은 지지를 얻는 사용자들이 나온다. 여기서도 팔로우하고 싶은 사람을 팔로우하면 된다. 팔로우하는 사용자들이 증가할 때마다 다음 그림의 게이지가 상승한다. 5명을 채우고 '다음' 버튼을 눌러보자.

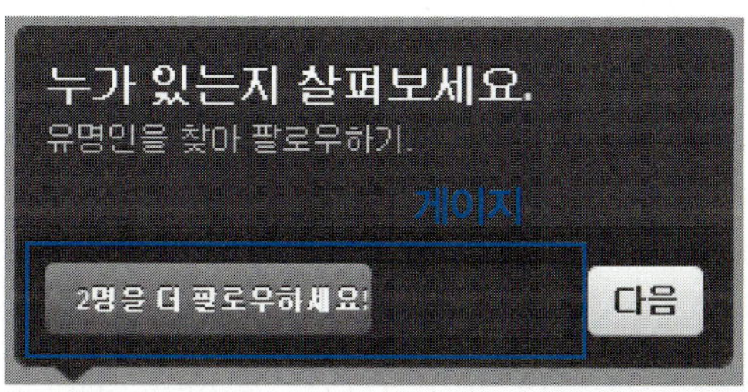

3) 그 다음으로는 자신의 메일 계정을 검색하여 자신과 메일을 주고받았던 사람들의 목록을 검색하여 그 사람들의 트위터 계정을 찾도록 도와주는데 이전과 비슷한 과정이므로 여기서는 생략한다.

4) 마지막으로 자신의 프로필 사진을 등록하거나 자기소개를 입력하는 입력 양식이 나오는데 입력하지 않고 '이 단계 건너뛰기'를 눌러도 된다. 자신의 프로필 사진을 등록하지 않을 경우 자신의 기본 프로필 사진은 새 알 사진이 되는데, 아직 지저귀는 새가 되지 않은 새 알이라는 의미이다. 여기까지 완료하면 다음과 같은 화면을 볼 수 있다.

5) 이전에 추천을 받았던 사용자 5명의 최근 트윗이 시간순으로 올라오게 된다. 왼쪽에 '새 트윗 작성' 란에 자신의 소식을 업로드할 수도 있지만 방금 가입했으므로 현재 자신을 팔로우하는 사람이 없다. 따라서 아직 내 소식을 읽을 사람이 없으므로 자신의 소식을 사람들에게 알리며 의견을 주고받고 싶다면 자신을 팔로우하는 사람의 숫자를 늘려야 한다. 자신을 팔로우하는 사람의 숫자를 늘리려면 일단 다른 사람을 많이 팔로우하며 사람들의 소식에 대해 피드백을 한다면 자신을 팔로우하는 사람의 숫자도 늘릴 수 있다. 이후에도 더 많은 사람을 찾고 싶다면 상단의 '발견하기' 버튼을 눌러서 다른 사람을 추가로 찾을 수 있다.

실습 과제

1. 트위을 해 보자.

트윗은 화면 왼쪽에 '새 트윗 작성'에서 할 수 있다. 해당 영역을 누르면 다음과 같이 바뀐다.

이 상태에서 자신이 하고 싶은 말을 적으면 되는데, 왼쪽 아래를 보면 카메라 모양의 아이콘과 동서남북으로 직선이 나 있는 원이 있다. 카메라를 클릭하면 사진을 첨부할 수 있고, 원을 클릭하면 자신의 위치를 트윗에 추가할 수 있다. 이때 자신의 위치를 추가하는 것은 140자에 영향이 있지만, 이미지를 첨부하는 것은 이미지를 업로드하여 링크하는 방식이기 때문에 140자에 영향이 생긴다.

동영상은 트위터에서 기본적으로 제공하지 않는다. 따라서 사용자들은 대부분 다른 곳의 업로드된 동영상을 링크를 하여 동영상을 포함시킨다. 동영상 사이트인 공유 유튜브(http://www.youtube.com)로 들어가 마음에 드는 동영상을 찾아보자. 찾아서 해당 동영상의 주소를 복사해둔다.

트위터에 돌아와 복사한 주소를 트윗에 적어주면 된다. 다소 기초적인 방식이지만 트위터는 이런 방식으로 동영상 공유를 지원하고 있다. 또한 링크된 주소가 동영상인지 분석하여 링크를 따라 유튜브로 이동하지 않아도 동영상이 플레이되는 등 동영상 재생에 있어서 많은 지원을 하고 있다. 같은 방식으로 다른 사이트에 올라와 있는 사진을 링크해도 트위터에서 해당 사이트로 이동 없이 볼 수 있다.

(a) 링크를 포함한 트윗의 작성

(b) 트위터에서 재생되는 동영상

그림 L8.4 트위트에서 링크의 삽입과 동영상의 재생

2. 사람들에게 답글로 피드백을 보내보자.

다른 사람의 트윗에 마우스를 올리면 다음과 같은 메뉴가 나온다.

아래 답글 버튼을 누르면 아래와 같은 입력창이 나온다.

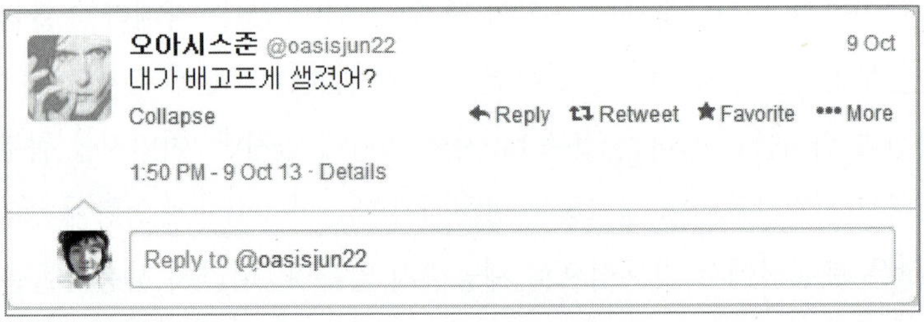

이 때 쓰려는 글 맨 앞에 내가 댓글을 달려는 사람의 아이디가 적혀있는데 지우지 말고 쓰도록 하자. 트위터에서는 댓글도 하나의 트윗인데, 이 트윗은 이 사람에게 해당하는 트윗이라는 의미이며 이것은 어떤 사람을 언급하는 트윗이라고 해서 '멘션'이라고 부른다. '멘션'을 받은 사람은 해당 멘션이 상위 메뉴의 '친해지기' 목록에 나타나게 된다.

3. 리트윗을 해보자.

리트윗은 내가 팔로우하는 사람의 트윗을 나를 팔로우하는 사람들에게도 전달해주는 기능이다(그림 L8.5 참조).

그림 L8.5

리트윗의 개념

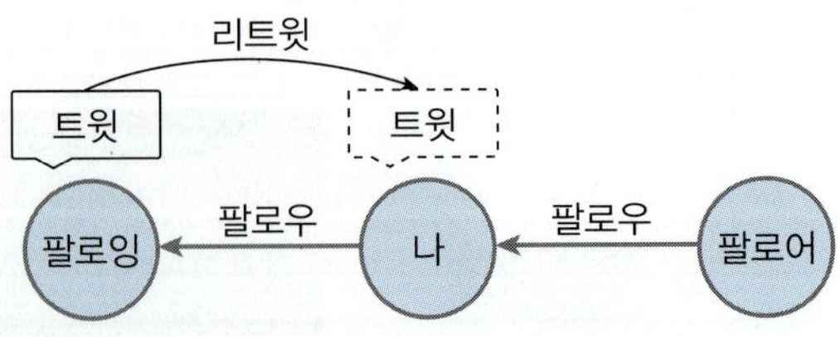

리트윗은 내가 팔로우하는 사람이 작성한 트윗을 나를 팔로우하는 사람들에게

도 전달하는 기능인데, 예를 들자면 학교에서 선생님이 각 반의 반장들에게 공지를 내리면 그 반장들이 각 반의 학생들에게 같은 내용을 전달하는 식이다. 이 때의 선생님은 내가 팔로우하는 사람, 반장은 나, 학생들은 나를 팔로우하는 사람들이다. 리트윗도 마찬가지로 어떤 트윗에 마우스를 올리면 '리트윗' 버튼이 나타나는데, 누르면 다음과 같은 화면이 나온다.

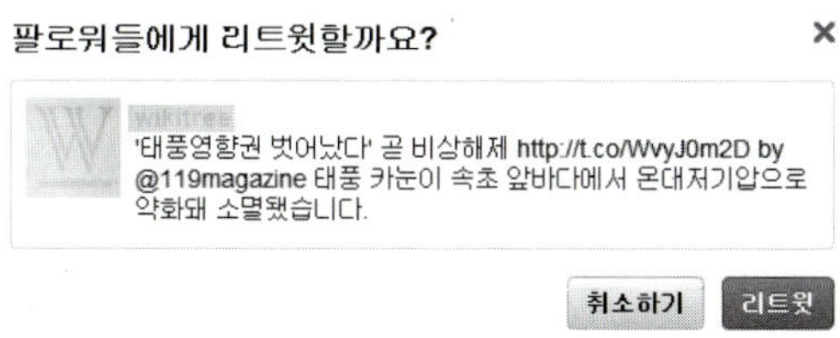

여기서 '리트윗' 버튼을 누르면 나를 팔로우하는 사람들에게도 해당 소식이 전해지게 된다.

실습 Lab. 9 Facebook 활용

Facebook은 세계적으로 가장 성공한 소셜 네트워크 서비스(SNS)로 2004년 2월 당시 하버드 대학생 Mark Zukerberg에 의해 개발되었으며, 2012년 5월 나스닥에 상장되었다. 2012년 9월 현재 전 세계적으로 등록된 사용자 수가 10억명 이상에 다다랐다. 등록된 사용자는 개인 프로파일(Profile)을 생성한 후 친구(Friend)를 추가하고 메시지를 교환하는 양방향 커뮤니케이션을 지원한다. 친구가 프로파일을 업데이트하면 자동적으로 알려준다. 뿐만 아니라, 비슷한 취미나 공통 관심사를 가진 사용자 그룹을 생성할 수 있다.

Facebook의 웹주소(http://www.facebook.com)로 접속이 가능하고 웹기반이므로 플랫폼에 제한 없이 다양한 환경에서 서비스 이용이 가능하다. 또한 웹브라우저보다 더 편리한 사용을 위해 Android, iPhone, iPad, Blackberry 등 여러 모바일 환경에서 사용 가능한 페이스북 전용 애플리케이션을 무료로 제공한다. 애플리케이션의 사용자 인터페이스는 웹에서의 페이스북 환경과 거의 유사하다. Facebook은 자사의 서비스를 기반으로 한 애플리케이션, 소셜 게임, 또 다른 소셜 웹 등의 구현을 편리하게 할 수 있도록 API를 제공하는데 이는 무료로 배포하고 있다. 또한 문서화, 개발자 커뮤니티가 잘 구성되어 있어 누구나 쉽게 접근할 수 있도록 되어 있다. 이것은 하나의 거대한 소셜 네트워크 플랫폼 시스템이며 페이스북 플랫폼이라고도 부른다. 이 오픈된 플랫폼은 페이스북이 급성장할 수 있었던 숨은 비결이다.

그림 L9.1
Facebook의 초기 화면

Facebook의 '좋아요(Like)'로 대표되는 친구 기반의 시스템은 어떤 사람들이 나의 친구인지, 특정 페이지를 나의 친구들 중 누가 'Like'하고 있는지를 알 수 있도록 되어있다. 그리고 이러한 'Like' 구조가 페이스북 내에서만이 아니라 외부 웹사이트에까지 확장이 가능하고 이렇게 'Like'한 내용이 그 사람의 담벼락에까지 게시되어 무한대로 확장이 가능하다. 담벼락이란 자신의 생각, 기분, 일상의 기록 등을 글과 그림 및 동영상으로 게시할 수 있도록 사용자마다 가지고 있는 공간으로 일종의 게시판이라 할 수 있다. 이러한 특징 때문에 페이스북은 기업의 비즈니스를 위한 활용에도 적극 활용되고 있다.

다음에 페이스북의 기본적이고 가장 중요한 기능으로 친구 사귀기, 이야기하기 및 스킨십하기의 기능을 가지고 있다.

1) 친구 사귀기

- 친구찾기: 출신지, 거주지, 학력, 직장 등의 정보를 이용하여 사용자가 새로운 친구를 등록할 수 있도록 검색하는 기능.
- 친구요청: 친구로 등록하고 싶은 상대방과 친구를 맺기 위해 요청을 보내는 기능.
- 친구목록: 사용자의 현재 친구목록을 프로필 사진과 함께 나열하는 기능.
- 뉴스피드: 친구, 그룹, 페이지에서 작성한 소식을 알 수 있도록 전달해 주는 기능.

2) 이야기하기

- 나의 담벼락에 글, 사진, 동영상을 나의 친구들과 공유할 수 있으며 친구의 담벼락에도 글과 사진을 업로드할 수 있도록 되어있다.

3) 스킨십하기

- 좋아요(Like): 뉴스피드를 통해서 얻은 정보(글, 사진, 동영상)에 '좋아요' 버튼을 클릭할 수 있다. 이것은 '추천'의 의미와도 비슷하며, '좋아요' 버튼을 클릭한 사용자의 담벼락에 간략하게 저장되고 뉴스피드를 통해 지인들에게 알려진다.
- 댓글달기: '좋아요' 버튼과 마찬가지로 뉴스피드를 통해서 얻은 정보에 댓글

을 달 수 있다.

- 공유하기: '공유하기'는 '좋아요'와는 다르게 '공유하기' 버튼을 누른 담벼락 정보가 모두 나의 담벼락에 게시되어 친구들과 공유하도록 하는 기능이다.

1. 내 담벼락에 게시하기

(a) [업데이트] 선택 (b) [사진/동영상] 선택

그림 L9.2
담벼락에서 [업데이트] 선택 및 [사진/동영상] 선택

1) 그림 L9.2(a)에서 보듯이 페이스북의 홈화면의 상단에 [업데이트]를 선택하고 아래 텍스트 입력란에 작성하고자 하는 내용을 입력하면 자신의 담벼락에 게재됨과 동시에 친구로 등록된 지인들에게 뉴스피드를 통해 알린다.
2) 그림 L9.2(b)와 같이 [사진/동영상]을 선택하면 자신의 글과 함께 공유될 사진이나 동영상을 선택할 수 있도록 화면이 전환된다.

그림 L9.3
페이스북 사진 업로드 결과화면

3) 담벼락에 작성하기가 완료되면 자신의 담벼락과 뉴스피드에서 내용을 확인 할 수 있다.
4) 추가로 [함께 한 친구]와 [위치] 정보를 게시물에 태깅하는 기능을 제공하는 버튼이 있다.

5) 친구로 등록된 사용자의 이름을 태깅하면 그 사용자의 프로필에 해당하는 링크가 생성되고 태깅된 사용자에게 해당 게시물에 대한 알람이 가도록 되어 있다. 다음 그림은 친구에게 "잠실야구장"에 대한 위치정보를 태깅한 예를 보여주고 있다.

2. 친구 찾기

1) Facebook의 우측상단을 보면 '친구 찾기'라는 버튼이 있다. 이 버튼을 클릭하면 출신지, 거주지, 출신 학교나 함께 아는 친구 등의 정보를 이용하여 새로운 친구를 찾고 또 추가하는 것이 가능하다.

그림 L9.4
친구 찾기 기능

(a) '친구 찾기' 버튼

(b) '친구 찾기'의 결과 화면

2) 좌측 항목의 값을 바꿔 원하는 카테고리 내의 친구 목록으로 재정렬할 수 있다.

3) '친구 추가' 버튼을 클릭하면 아래 그림과 같은 메시지로 버튼이 바뀌고 상대방이 친구요청을 수락하면 다시 나의 친구 목록에서 확인할 수 있다.

실습 과제

1. 다음 그림과 같이 친구들과 찍은 사진을 자신의 담벼락에 게시한다. 이때 사진에 함께 등장하는 친구들이 사진을 함께 공유할 수 있도록 태깅하고 사진을 찍은 위치정보도 함께 지정한다.

2. 페이스북은 파일을 가지고 있지 않아도 Youtube의 동영상 공유 URL을 이용해서 게시할 수 있으며 링크를 통해 다른 페이지로 넘어가지 않아도 영상을 재생할 수 있다. 또한, 자동으로 썸네일(Thumb nail)과 영상의 제목까지 자동으로 정리해서 보여준다. YouTube에서 원하는 동영상의 공유 URL을 복사해 자신의 담벼락에 게시하고 다음 그림과 같이 게시된 모습을 확인해 본다.

참고문헌

http://webtrends.about.com/od/web20/a/social-media.htm

http://en.wikipedia.org/wiki/Social_media

http://en.wikipedia.org/wiki/Social_networking_service

http://webtrends.about.com/od/gettingstarted/ss/socialwebguide.htm

A Guide to Social Networks,

http://webtrends.about.com/od/socialnetworking/u/list-of-social-networks-guide.htm

What Is Social Networking? http://www.whatissocialnetworking.com/

http://100.naver.com/100.nhn?docid=922657

http://www.tribalcafe.co.uk/2011/01/social-commerce/

NATE 지식, http://ask.nate.com/qna/view.html?n=11164087

http://developer.directededge.com/article/Introduction_to_Recommendations

"Golden Footballs and the Economics of Groupon", Evan Miller, http://www.evanmiller.org/golden-football.html, May 30, 2009

"ShopWithYourFriends brings you real-time, social shopping", March 9, 2011 | Ciara Byrne1 CommentinShare

"소셜네트워크서비스(SNS) 활용 기업들 증가", eknews, 2011. 4. 25

"소셜 네트워크 서비스 기술 동향", 김지용, 손동환, 김현진, 전자통신연구원(ETRI), 2011. 6

http://www.majon.com/social-advertising.html#facebook

http://blog.demandware.com/blog/?Tag=mobile%20commerce

(11.2.1절, p.428, p.429~p.430 참고문헌:
NATE 지식, http://ask.nate.com/qna/view.html?n=11164087)

(11.4.1절, p.439 참고문헌: Posted in 문화, eknews, 2011. 4. 25, "소셜네트워크서비스 활용 기업들 증가")

[그림 11.4] http://thefuturebuzz.com/2008/09/24/social-media-power-users-and-influencers-part-1/

[그림 11.5] http://connollyshaun.blogspot.kr/2008/06/social-web-defined.html

[그림 11.8] http://directmessagelab.wordpress.com/page/2/

[그림 11.12] http://www.tribalcafe.co.uk/social-commerce/

[그림 11.14] http://www.evanmiller.org/golden-football.html

[그림 11.22] http://worldwidepr.blogspot.kr/2010/12/you-taking-advantage-of-new-social.html

http://www.fingermarketing.com/blog/social-media/most-popular-social-media-marketing-strategies-for-small-businesses-in-2012

[그림 11.23] http://www.adamsherk.com/seo/search-and-social-media-marketing-budget-allocation/

[그림 11.24] Barclays Capital, www.eMarketer.com

연습문제

01 소셜 미디어 웹사이트에는 목적과 용도에 따라 어떠한 종류가 있는가? 흔히 소셜 미디어의 가치는 이용자 수의 제곱에 비례하는 네트워크 효과(Network effect)가 있다고 한다. 그 이유가 무엇이라고 생각하는가?

02 소셜 미디어 사이트에서 소셜 인터랙션(Social interaction)을 지원하기 위한 도구에는 어떠한 것들이 있는지 설명하라.

03 SNS를 1인 미디어라고 부르는 이유를 설명하라. 대표적인 SNS인 Facebook에는 어떤 기능이 있는지 설명하라.

04 SNS는 사용자 간의 공통 관심사를 가지거나 친분관계를 구성하기 위하여 그룹(Group 또는 Network)을 형성한다. Google의 그룹 기능인 '서클(Circle)'이 Facebook의 그룹 기능과 어떠한 차이점이 있는가?

05 '바이럴 효과(Viral effect)'란 무엇을 뜻하는가? Facebook은 이러한 바이럴 효과를 광고에서 어떻게 활용할 수 있는가?

06 소셜 커머스(Social commerce)는 기존의 전자상거래(e-Commerce)와 어떻게 다른가? 대표적인 소셜 커머스 기업인 그루폰(Groupon)의 비즈니스 모델에 대하여 설명하라.

07 그루폰(Groupon)과 같은 소셜 커머스 기업은 "단체구매의 영향력" 개념에 기반하고 있다. 단체구매의 영향력을 설명하는 'Golden football' 개념을 설명하라. 단체구매의 영향력은 특히 어떠한 비즈니스 영역에서 효과적으로 작용한다고 생각하는가?

08 소셜 커머스에서 사용하는 추천 시스템은 협력 필터링 방식이나 그래프기반 추천 방식을 따른다. 두 가지가 어떻게 상이한가? Amazon사는 어떤 방식의 추첨 시스템을 사용하는가?

09 소셜 네트워크 게임(SNG)의 특성을 논하라. 대표적인 소셜 네트워크 게임사인 Zynga사는 원칙적으로 무료 게임 방식으로 게임을 제공하고 있다. Zynga사의 비즈니스 모델은 무엇인가?

INTERNET

CHAPTER 12

인터넷 서비스 산업

CHAPTER 12

인터넷 서비스 산업

인터넷 서비스 산업은 다른 산업 분야에 비하여 가장 빠르게 성장하는 산업으로 선진국을 중심으로 인터넷 산업의 육성에 많은 노력을 기하고 있다. 뿐만 아니라, 인터넷 기술은 전통적 산업의 경쟁력 확보를 위해서 중요하게 인식되고 다른 첨단 산업과의 융합을 통해서 새로운 산업 영역을 창출할 수 있다. 본 장에서는 인터넷 산업을 정의하고 IT 벤처 산업으로서의 인터넷 서비스 산업을 알아본다. 또한, 인터넷 서비스 기업의 특징인 '규모의 경제' 개념과 인수/합병에 대하여 설명한다. 인터넷 서비스 산업의 다양한 유형을 알아보고 웹 2.0 기업에 대해서도 공부한다. 마지막으로 인터넷 서비스 산업의 비즈니스 모델과 검색광고 모델에 대하여 설명한다.

12.1 인터넷 산업의 소개

인터넷 산업은 최근 급격히 발전하고 있고 인터넷 기술이 타 산업 영역에 적용되어 기업의 생산성 향상에도 지대한 영향을 미치고 있다. 또한, 변화하고 있는 인터넷 패러다임을 기존 전통산업에 적용하여 창의적 비즈니스 모델 및 신규시장 창출을 모색하는 것이 기업의 경쟁력에 매우 중요하다. 본 절에서는 인터넷 산업의 범위와 유형을 소개하고 IT 벤처 산업의 핵심인 인터넷 벤처 산업을 알아본다. 끝으로, 인터넷 산업의 발전과정을 소개하고, 특히 인터넷 산업이 과거 하드웨어 중심에서 소프트웨어를 거쳐 최근 콘텐츠 및 애플리케이션 중심으로 변천해 나가는 과정을 알아보자.

12.1.1 인터넷 산업의 정의

인터넷 산업이란 인터넷을 이용하여 부가가치를 창출하거나 인터넷 서비스를 지원하기 위한 하드웨어 및 소프트웨어를 개발하는 산업을 의미한다. 여기서는 하드웨어를 제외한 인터넷 산업의 유형을 소개한다. 인터넷 산업으로는 포털 및 검색사이트, 전자상거래 사이트, 인터넷 전화/화상 사이트, 음악, 비디오와 같은 콘텐츠 서비스, 인터넷 게임, 소셜 네트워크 서비스(SNS) 및 소셜미디어를 비롯하여 최근에는 모바일 기기와 콘텐츠 및 애플리케이션을 결합한 형태가 떠오르고 있다.

포털 사이트는 뉴스, 카페, 블로그, 지도, 게임, 전자상거래를 비롯하여 정보검색을 지원하고 있다. 대표적인 포털 사이트는 Yahoo, MSN, AOL, Naver, 다음, 엠파스 등이 대표적이다. 포털 사이트는 이용자가 인터넷을 통해서 얻을 수 있는 매우 다양한 정보와 서비스를 제공하고 있어 이용자의 첫 관문(Portal) 역할을 수행하고 있다. 이에 비하여, Google은 검색엔진 위주로 개발되었고 나중에 메일, 지도, 멀티미디어 정보, 뉴스 기능이 추가되었다. 포털 및 검색사이트는 독점성이 매우 강하여 주도하는 몇몇 사이트가 시장의 대부분의 차지하고 있다. 예를 들어, 시장조사업체 캠스코어에 의하면 검색사이트는 2015년 4월 기준(US)으로 Google 64.2%, Microsoft(MSN) 20.2%, Yahoo 12.7%, 기타 2.9%를 점유하고 있고, 국내에서는 NHN(Naver) 70%, 다음 17%, 엠파스 5%를 차지하고 있다. 이용자 측면에서는 더 많은 이용자가 사용하는 사이트로 자연스럽게 몰리는 현상이 존재한다.

전자상거래 사이트는 인터넷 서비스의 가장 중요한 영역으로 다양한 전자상거래의 유형이 존재한다. 대표적인 전자상거래 사이트로는 세계 최초의 상거래 사이트인 Amazon을 비롯하여 최초의 온라인 경매사이트인 eBay, 온라인 주식거래 사이트 Etrade.com, 여행사이트인 Expedia, Orbitz 등 다양한 분야에서 수많은 사이트가 존재한다. 최근에는 상거래 분야 간의 영역도 무의미하게 되어가고 있다. 예를 들면, Amazon은 원래 온라인 서점으로 시작했으나 DVD, CD, MP3로 영역을 넓혔고 최근에는 소프트웨어, 비디오 게임, 전자기기, 의류, 가구, 식품, 스포츠 상품, 장난감뿐 아니라 자동차까지 판매하고 있다.

인터넷은 통신 수단으로 사용되기도 한다. 인터넷 망을 통하여 이용자가 휠

씬 저렴한 비용으로 전화를 할 수 있고 최근에는 인터넷을 이용한 화상회의도 가능하게 되었다. 대표적인 사이트로 Skype, Radvision, Ooma 등을 들 수 있다. 인터넷 음악사이트는 초기에 Napster.com이 이용자 간의 음악파일 공유사이트로 시작하였으나, 지금은 Apple iTunes Store, Amazon, Sony Entertainment Network 등 많은 사이트가 존재하며 2008년 4월 기준으로 Apple iTunes가 오프라인 방식으로 가장 많이 음악을 판매하였던 Walmart를 능가하였다. 2010년 1분기 자료(NPD 그룹)에 의하면 Apple 69.9%, Amazon 11.6%, MS 2.0%, 기타 16.5% 등으로 Apple의 독점력이 매우 강하다. 온라인 게임 기업으로는 Blizzard, Mythic Entertainment, Sony Online Entertainment 등이 있으며 국내 기업으로는 엔씨소프트(NCSoft), 넥슨(Nexon) 등이 세계적인 경쟁력을 가지고 있다. 또한, 최근에는 모바일 게임 및 소셜 게임 시장이 급격히 확대되고 있다.

최근에 나타나고 있는 큰 변화는 인터넷을 통하여 이용자들이 자신이 제작한 사진, 동영상 등의 미디어를 공유하는 소셜 미디어와 인맥 형성을 목적으로 시작하여 이용자 간에 소식, 글, 사진, 동영상 및 다양한 정보를 공유하기 위한 소셜 네트워크 서비스(SNS)가 인터넷의 가장 중요한 활용분야로 떠오르고 있다. 특히, SNS는 그 파급력이 지대하여 시간과 지역의 한계성을 넘어서 단시간에 수많은 사람들에게 정보를 전파하는 기능을 제공하고 있다. 대표적인 소셜 미디어로는 Flickr, YouTube 등이 있으며 SNS 서비스로는 Facebook, Twitter, LinkedIn, MySpace 등이 있다. 3차원 가상세계를 통해 사람들이 자신의 아바타를 이용하여 서로 만나는 사이트로 Second Life를 들 수 있다.

인터넷 산업의 특성은 시장을 주도하는 기업의 독점력이 매우 강하다는 점이다. 앞에서 언급했듯이 2011년 5월 기준으로 Google은 인터넷 검색 시장의 65.5%를 점유하고 있고 2012년 기준으로 Apple iTunes는 인터넷 음악시장의 95%를 차지하고 있다. 모바일 응용프로그램을 개발하기 위한 모바일 플랫폼(모바일 OS) 영역도 Apple사의 iOS와 Google사의 오픈 플랫폼인 Android가 시장을 양분하고 있다.

인터넷 사용 인구가 빠르게 확산되고 있는 현실에서 인터넷 산업의 성장은 다른 어떤 산업보다도 더욱 빨리 성장할 것으로 예상된다. 2000년 12월 세계 인터넷 사용자 수가 3억 5천만 명에 지나지 않았으나 2008년 인터넷 이용자 수가 14억명으로 증가하였으며 2014년 6월 현재 세계 인구 71억 8천만 명 중에서 30억

3천만 명이 인터넷을 사용하고 있다. 특히, 과거 미국, 유럽 국가들의 인터넷 사용 인구가 많았으나 최근 들어서 중국, 인도와 같은 신흥 아시아 국가들의 인터넷 사용 인구가 급격이 늘어나고 있어 인터넷 산업이 더욱 빠르게 성장할 것으로 예상되고 있다(그림 12.1 참조). ICT 활용이 확산되면서 전세계적으로 인터넷 산업이 GDP에서 차지하는 비율이 점진적으로 증가하고 있다. 인터넷 산업이 GDP에서 점유하고 있는 비율은 전 세계적으로 3.2%를 차지하고 있다. 예를 들면, 스웨덴은 GDP의 6.3%, 영국 5.4%, 한국 4.6%, 일본 4.0%, 미국 3.8%, 독일 3.2%, 중국 2.6%에 이른다.

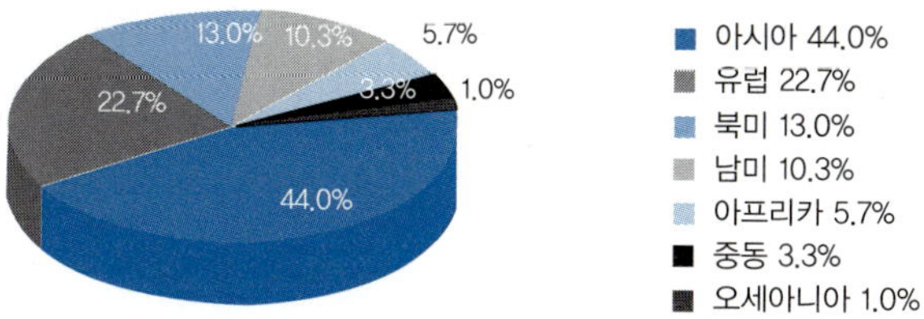

그림 12.1
세계 인터넷 사용자 분포 (출처: Internet World Stats, 2014)

12.1.2 IT 벤처 산업의 소개

벤처기업은 미국 캘리포니아주 실리콘 밸리(Silicon Valley)를 중심으로 지난 50년간 혁명적 기술을 기반으로 초기에는 방위산업, 반도체(IC) 분야에서 시작되었으나 그 후 PC와 인터넷 분야로 발전해 왔다. 1990년대 중반 이후부터는 컴퓨터와 인터넷 분야의 '닷컴(dot.com)' 기업이 벤처산업의 중심으로 부상하였다. 1995년경부터 인터넷 기술을 이용한 e-커머스 벤처기업들이 대거 설립되어 1998~2000년 기간 중 12,500개의 벤처기업에 1200억 달러의 벤처자금이 투자되었다. 벤처기업이란 경쟁력 있는 첨단기술이나 비즈니스 모델에 근거한 기업으로 실패할 위험부담이 높으나 성공할 경우 큰 수익(High Risk- High Return)을 기대할 수 있는 기업을 의미한다. 일반적으로, 창의적인 아이디어를 가진 벤처 기업이 나스닥(NASDAQ)에 성장하기까지 성공 확률은 5% 정도에 불과한 것으로 알려져 있다.

벤처 기업을 성공적으로 설립, 운영하기 위해서는 재정적으로 다음의 과정을 거친다. 첫째, 기업의 설립단계에서 기업의 비전, 비즈니스 모델, 전략 등을 제시한다. 둘째, 초기투자 단계에서는 제한된 액수의 초기투자가 이루어진다. 셋째,

성장단계에서 벤처기업이 성장함에 따라 더 많은 투자자금이 요구된다. 마지막 단계에서는 벤처기업의 신규주식공개(IPO: Initial Public Offering)나 다른 기업에 의해 인수(M&A)됨에 따라 벤처기업투자자와 설립자에게 큰 이득을 가져다 주게 된다. 벤처기업의 투자는 엔젤(Angel)이라 부르는 부유한 개인이나 투자자들로부터 자금을 모아 투자하는 벤처투자기업이 담당한다. 미국의 경우, 엔젤들이 투자하는 기업은 일 년에 40,000개가 넘고, 벤처투자기업들은 일 년에 2,500개 이상의 기업에 투자하고 있다. 벤처투자기업은 일반적으로 성장 가능성이 높은 기술벤처기업에 투자한다. 엔젤들이 투자하는 총액수와 벤처투자기업들이 투자하는 총액수는 비슷한 것으로 알려져 있다.

전 세계적으로 1995~2005년 기간 중 약 60,000개의 기술벤처기업에 총 4,300억 달러의 투자가 이루어졌으며, 이 기간 중에 IPO에 성공한 기업 수는 약 1,250개, M&A에 성공한 기업은 약 1,400개 수준이다. IPO에 성공한 기업이나 M&A가 된 기업을 벤처투자의 성공이라 정의하면 이 기간 중에 약 4.5%의 성공률을 보이고 있다. 물론 IPO와 M&A까지는 몇 년이 시간이 걸리므로 앞으로 더 많은 기업이 성공할 수 있으리라 예측된다. 이 기간 중에 IPO 후의 총 기업가치는 약 4,380억 달러, M&A의 총 액수는 약 1,870억 달러에 이른다. 일반적으로 벤처 캐피털 투자 4~5년 후에 10배 정도의 투자액 대비 수익을 올렸다면 대단히 성공한 벤처투자라 볼 수 있다.

미국의 대표적인 IT벤처기업의 성공사례로는 Microsoft, Qualcomm, Google, Yahoo, Adobe Systems, Facebook, Groupon, LinkedIn 등이 있다. 한편, 우리나라는 NHN, 다음, NC소프트, 넥슨 등과 일본의 야후재팬, 소프트뱅크, 중국의 바이두, 알리바바 등이 대표적인 벤처 성공 사례이다.

벤처기업이 초기에 사업을 성공적으로 시작하기 위해서는 외부로부터 투자가 필요하며, 이러한 사업자금을 벤처 캐피털(Venture Capital)이라 부른다. 미국, 이스라엘, 인도 등의 국가에는 벤처 캐피털과 벤처 인력이 잘 갖추어져 있으며, 일본에는 벤처기업은 별로 없으나 장인정신이 매우 우수하다. 이스라엘은 미국과 캐나다를 제외하고 나스닥에 벤처기업을 가장 많이 상장한 나라로, 컴퓨터 및 인터넷 보안 분야에서 독자적인 입지를 구축하여 왔으며 IT와 군사기술을 BT(생명공학)에 응용하는 우수한 벤처기업들이 많이 있다. 한편, 한국의 벤처는 대체적으로 벤처기업 환경이 열악하며 금융지원이 어렵고 사업실패에 대한 사회적 비난과 대기업과의 관계 설정이 어려운 문제점으로 지적되고 있다. 이러한 이유로 한국에서 성공한 벤처기업이 많이 있으나 일부 온라인 게임 기업을 제외하고는 글로벌화가 되지 못하는 한계점을 갖고 있다. 2014년 말 중소기업청 자료에 의하면 우리나라 벤처기업의 수는 29.555개에 달하며 연매출 1000억 이상 벤처기업 수는 2005년 68개, 2008년 152개, 2011년 315개, 2013년 454개로 증가하였다. 이들 벤처기업들의 매출액 총합계는 198.7조 원으로 우리나라 GDP의 13.9%를 차지하고 있다.

벤처기업은 2000년까지 급격한 성장을 이루었다가 2001년 dot.com 버블 붕괴 후 상당히 고전하였다. 미국 나스닥 시장의 경우 닷컴 기업의 버블로 인해 2001~2002년 경에는 피크치에 비해 1/3 수준으로 떨어졌다가 2005년 경부터 상황이 호전되고 있으며(그림 12.2 참조), 지금은 '포스트 닷컴 붐' 시대를 맞이하여 인터넷, 에너지, 환경 분야에서 새로운 벤처 기회가 생겨나고 있다. 인터넷 및 컴퓨터 분야의 벤처는 주로 콘텐츠 개발, IPTV(인터넷 TV), 클라우드 컴퓨팅, 스마트폰 각종 애플리케이션, 오디오 검색기술, 정교한 컴퓨터 주변장치, 인터넷 환경에서 위치기반 서비스 및 광고지원 서비스 등 웹 2.0과 관련된 산업이 주종을 이루고 있다.

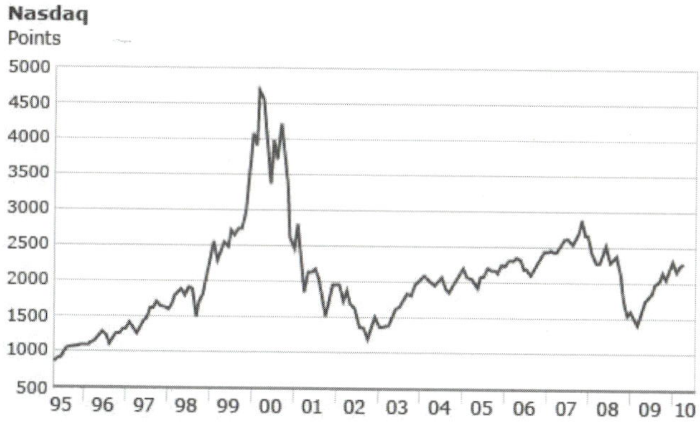

그림 12.2

미국 나스닥 시장의 주가 변동추이(출처: Bloomberg)

12.1.3 인터넷 산업의 발전

1994년 최초의 인터넷 상거래 업체 Amazon과 1995년 검색엔진 Yahoo가 탄생하여 1990년대 말까지 급성장하면서 '인터넷 경제' 시대가 시작되었다. 기술력을 바탕으로 시장에 진입해 막대한 투자를 이끌어낸 기업 중에서 별다른 수익구조를 내지 못한 채 쓰러지는 기업이 속출하면서 2001년 dot.com 버블의 붕괴가 시작되었다. 2000년 당시 미국에 상장된 371개의 인터넷 기업 중 74%가 확실한 수익모델을 제시하지 못하며 추가투자에 실패하였다. 1세대 인터넷 기업 중에는 Yahoo, Amazon 등이 가장 성공한 사례이고, 후발주자로서 Google, Wikipedia, YouTube 등과 최근에는 Facebook, Twitter, LinkedIn, Groupon과 같은 소셜미디어 기업들이 성공하였다. 한국은 1990년대 후반부터 본격적인 닷컴 시대를 맞이하여 NHN(네이버), 다음, 라이코스 코리아, 네티앙 등의 1세대 닷컴 기업이 출현하였다. 1999년 인터넷전화 다이얼패드로 시작한 새롬기술의 경우 2000년에 시가총액 1조 5000억 기록했으나 그 후 폭락을 경험하였다. 한편, 일본에서는 야후재팬이 최대의 인터넷 회사로 성장하였고 라쿠텐, MS, FC2 등이 가장 많이 이용되고 있는 인터넷 사이트이고 소셜 네트워크 서비스 기업으로는 mixi.jp, Hatena, 2ch 등이 잘 알려져 있다. 한편, 중국에서는 토종 인터넷 검색사이트 바이두가 1위를 차지하고 있으며(시장 점유율 60.5%) 전자상거래 사이트 알리바바닷컴, 타오바오닷컴, Dongdang.com 등이 중국의 대표적인 인터넷 기업으로 성장하였다.

1995년 설립된 eBay사는 세계 최대의 온라인경매 사이트로 전자상거래 기업으로는 Amazon 다음의 매출을 올리고 있다. eBay에서 거래되는 상품 카테고리는 5만개에 이르며, eBay의 판매활동이 주 수입원인 사람이 전 세계적으로 130만 명이 넘는다. eBay사이트에는 커뮤니티, 장터(마켓플레이스)와 전자상거래(e-커머스), 그리고 온라인 결제시스템(PayPal)이 있다. eBay에서 쇼핑사이트를 개설한 이용자는 장터를 만들고 여기서 거래되는 물품에 대해 수수료를 받는다. 2011년 eBay의 매출액은 116억 달러에 이른다.

그림 12.3
초창기의 인터넷 서비스 기업 Amazon, eBay 및 Yahoo

인터넷 검색시장(Search engine market share)은 2012년 3월 현재 Google 82%, Yahoo 7%, Bing(Microsoft) 4%의 시장 점유율을 보이며, Google사가 독주하고 있는 양상이다. 미국의 검색사이트는 검색과 다른 사이트로의 창구 역할을 수행하는 데 비하여, 국내 포털사이트는 자신의 사이트에서 검색을 비롯하여 모든 것을 다 해결해 주는 방식을 따르고 있다. 즉, 커뮤니티, 백과사전, 뉴스, 블로그, 네티즌 문답(지식인), 온라인게임 등을 구축하여 포털사이트의 폐쇄성과 완벽성을 추구하고 있다. 우리나라의 경우, NHN사의 네이버가 검색시장의 77%에 달해 독점하고 있으며 다음 14%, 엠파스 6%에 그친다(2012년 1~4월 자료). 따라서, 국내 포털사이트가 새로운 인터넷 사이트의 진입을 막고 있다는 지적이 있다. Google, Yahoo와 같은 검색사이트는 수입의 대부분을 인터넷 검색광고를 통해 올리고 있다. Google사는 2011년의 경우 수입의 96%를 AdWords, AdSense와 같은 검색광고를 통해 달성하였다. Google사와 Yahoo사는 인터넷 검색광고 시장의 90%를 차지하고 있다. 국내 NHN사도 검색포털 네이버의 검색결과에 광고를 붙여 천문학적 수익을 올리고 있다.

지난 몇 년 동안 인터넷 산업에서 가장 큰 변화는 인터넷의 이용이 PC 및 노트북 기반에서 모바일 환경으로 급격하게 이동하고 있고 TV와 인터넷의 결합이 가속화 되어 IPTV, 스마트 TV 시장이 확대되고 있다. 즉, 과거 PC 중심에서 이제는 PC, 모바일 및 TV 환경으로 사용 환경이 다변화되고 있다. 예를 들어, 모바일 환경을 기반으로 하는 스마트폰 시장이 최근 급격히 성장하여 Apple사 iPhone의 경우 2007년 6월 처음 출시 후 3년 9개월 만인 2011년 3월경 1억대 판매를 넘었다(그림 12.4 참조). 시장 전망 기업인 가트너 그룹에 의하면 태블릿 PC의 경우 수요가 2010년 1900만대에서 2013년 1억 5400만대로 증가하고 스마트 TV의 경우 2010년 4084만대에서 2013년 1억 364만대로 증가할 것으로 예측된다. 전자책 단말기의 매출도 2010년 30억 달러에서 2013년 65억 달러로 증가할 것으로 예상되고 있다.

그림 12.4
iPhone의 판매 추이
(출처: CNN Money)

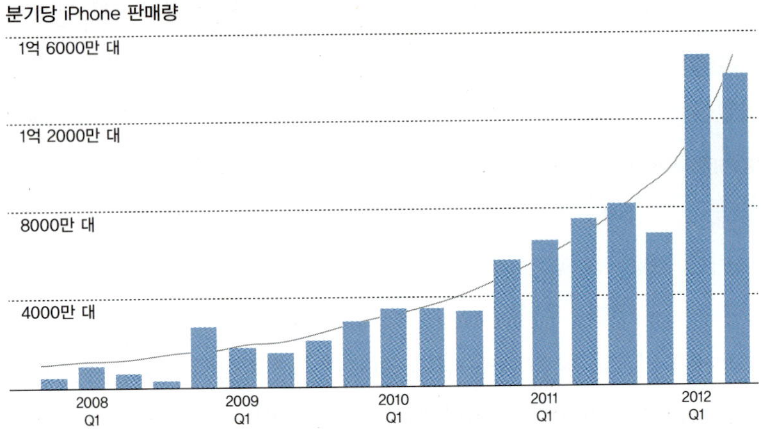

이러한 이유로 과거 유선인터넷 환경이 주류를 이루었으나 무선인터넷 환경으로 확산되었고 이제는 이동 중에 인터넷 서비스를 이용할 수 있게 해주는 모바일 인터넷 환경의 중요성이 가장 커다란 변화이다. 더 빠른 인터넷 서비스를 지원하기 위하여 그 동안 주로 3G 네트워크에 의존하여 왔으나 최근에 4G 네트워크로 빠르게 변화하고 있다.

또한, 인터넷 산업은 모바일, 미디어, 애플리케이션의 3대 빅뱅을 통하여 빠르게 변화, 발전하고 있다. 그 동안의 인터넷 서비스가 PC를 이용한 인터넷 사이트 이용, 정보 검색, 전자상거래에 집중되어 있었다면 이제는 스마트폰과 태블릿 PC를 이용하여 야외나 이동 중에 음악, 사진, 동영상, TV, 애니메이션, 게임과 같은 콘텐츠의 이용과 위치기반서비스, 비즈니스 활용, 이러닝, 소셜네트워크 서비스(SNS)와 같은 모바일 애플리케이션이 보다 중요하게 되었다. 크게 보면, 인터넷 산업의 중심이 과거 하드웨어에서 소프트웨어로 변화하였고 최근에는 콘텐츠와 모바일 애플리케이션으로 빠르게 발전하고 있다. 또한, 하드웨어의 판매도 콘텐츠나 애플리케이션에 기반하여 발생하고 있다. 즉, 우수하고 다양한 애플리케이션과 콘텐츠를 확보한 기업이 스마트폰, 태블릿 PC, 노트북과 같은 기기의 판매에 절대 우위를 차지할 수 있게 되었다. 한 예로, Apple은 과거 PC 위주의 기업에서 iPod, iPhone, iPad 등의 기기를 통한 인터넷 서비스 기업으로 변신하는 데 성공하였다. 2014년 12월 현재, Apple의 시가총액은 6500억 달러를 초과하여 전세계 모든 기업 중 시가총액 1위를 기록하였다.

이제는 인터넷 산업을 주도하는 기업이 IT산업을 주도하는 기업으로 부상하게 되었다. IT 산업의 주도권이 과거 Microsoft, Yahoo에서 인터넷 검색 기업인 Google로 변하고 이제는 Apple이 IT 산업에서 최근 강자로 떠올랐으며 최근에는 인터넷 활용의 패러다임이 소셜미디어 및 SNS로 변하면서 Facebook이 급성장하고 있다. MS사는 PC 환경에서 Windows라는 OS를 기반으로 다양한 오피스 소프트웨어를 개발하여 시장을 주도하였다. 그 후 인터넷이 매우 중요한 인프라로 떠오르면서 1995년 Yahoo사가 웹 사이트 검색을 위한 검색엔진을 제안하여 웹의 활용이 활성화되기 시작하였다. Yahoo는 보다 효율적인 'Page Rank' 개념에 기반한 웹검색 엔진을 개발한 Google에 인터넷 기업의 주도권을 내주고 Google은 다시 SNS 기업인 Facebook의 거센 도전을 받고 있다. Apple은 공동 플랫폼을 기반으로 iTunes, iPod, iPhone, App Store, iPad로 모바일 생태계(Mobile ecosystem)를 구축하여 혁신적인 비즈니스 모델을 통해 인터넷 서비스 산업을 창출하였다. 그리고 Facebook은 인맥관리 시스템인 SSN을 기반으로 소셜 커머스 및 소셜 게임 등 새로운 개념의 인터넷 비즈니스 모델을 제시하고 있다.

그림 12.5
Google 본사 전경과 Facebook 창업자 마크 저커버그

인터넷 기업은 단시간 내에 기업의 가치가 급상승할 수 있는 반면 다른 한편으로는 기업의 가치가 급격히 추락할 가능성을 동시에 가지고 있다. 과거 1위 SNS 기업인 MySpace는 미디어 재벌 뉴스코프가 2005년 인수한 후 2011년 5월 현재 시장점유율이 Facebook의 22% 수준으로, 웹에서 얼마나 변화가 빠른지 기업가치가 얼마나 빨리 변하는지를 보여준다. 또한, 스마트폰 시장에서 Apple이 급부상한 반면에 과거의 강자였던 Nokia와 RIM(Blackberry)은 상대적으로 급격한 위축을 경험하였다. 특히, 최근 SNS 기업의 기업가치가 크게 증가하여 2011년 Facebook(2004년 설립)은 최대 1000억 달러, Twitter(2006년 설립)는 100억 달러, 그리고 소셜 커머스 기업인 Groupon(2008년 설립)은 300억 달러에 이르렀

다. Facebook의 매출이 2011년 43억 달러에 불과하지만 2010년 1338억 달러의 매출을 달성한 삼성전자의 시장가치(2010년 1183억 달러)에 거의 맞먹는 액수이다. 이러한 SNS 기업들은 설립된 지 불과 몇 년 만에 기업가치가 급성장하였으며 일부 전문가들은 SNS 기업의 시장가치가 실제보다 과대평가 되었다고 주장한다.

2011년 2월 현재, 주식시장에 상장된 인터넷 기업의 가치를 순위로 매겨보면 Apple 3270억 달러(1위), Google 1980억 달러(2위), 아마존닷컴 830억 달러(3위), 텐센트 450억 달러(중국, 4위), eBay 420억 달러(5위), 바이두 420억 달러(중국, 6위), 야후재팬 220억 달러(일본, 7위), Yahoo 200억 달러(8위), 프라이스라인닷컴 220억 달러(9위), 알리바바닷컴 110억 달러(중국, 10위), 넷플릭스 110억 달러(11위), 라쿠텐 110억 달러(일본, 12위), NHN 80억 달러(한국, 13위), Expedia 70억 달러(14위), 네티즈 50억 달러(15위)이다. 특기할 사항은 2004년 Apple의 기업가치가 140억 달러(7위), Google 300억 달러(5위)에 불과하였으나 7년만에 각각 3270억 달러, 1980억 달러로 급성장하였고 한국 최대의 인터넷 기업인 NHN도 2004년 10억 달러(14위)에 불과하였으나 2011년 80억 달러로 성장하였다.

12.2 인터넷 산업의 특성

지식의 양은 과거에는 10년에 2배로 증가하였으나 지금은 3~5년에 2배로 증가하고 있다. 지식의 증가 속도는 점점 더 빨라지고 있고, 우리 주변에는 인간이 감당하기 어려울 만큼의 지식과 정보가 산재해 있다. 시장조사기관 IDC에 의하면, 2010년 인류의 정보량은 2007년보다 약 6배 늘어나 인류가 정보의 폭발을 경험하게 될 것이라 한다. 이는 인터넷의 확산으로 용량이 큰 동영상 때문이기도 하다. 지식기반사회에서는 이와 같이 엄청난 정보를 공유하고 질 좋은 정보를 찾아내서 활용하는 것이 중요하다. 초고속인터넷, 광통신망, LTE와 같은 유무선 네트워크가 이러한 요구를 충족시키기에 가장 적합한 환경을 제공하고 있다. 길더에 의하면 인터넷의 데이터 전송속도가 매년 3배씩 증가한다고 한다. 이러한 인터넷 기술의 발전으로 경제적 측면이나 사회적 측면에서 우리사회를 근본적으로 변화시키는 '인터넷 혁명'이 시작되었다.

12.2.1 인터넷 산업과 '규모의 경제' 개념

정보통신부 자료에 의하면, 우리나라의 초고속인터넷 가입자 수는 2000년 387만 명에서 2007년 4월 1431만 명(보급률 29.1%)으로 3.7배 증가하였다. OECD 국가도 인구 100명당 초고속인터넷 보급률이 2.9%에서 16.9%로 증가하였다. 우리나라는 실질적으로 거의 모든 가정에서 초고속인터넷 서비스를 이용할 수 있게 되었다. 인터넷 네트워크의 가치는 Ethernet의 개발자 메칼프(Robert Metcalfe)에 의하면 사용자 수의 제곱에 비례하는 부가가치를 만들어 낸다(그림 12.6 참조). 이를 네트워크의 효과(Network effects)를 설명하는 메칼프의 법칙이라 한다. 이러한 배경에서 앞으로 인터넷 서비스 산업과 인터넷 비즈니스(e-Business)의 급성장이 예측된다. 한 가지 예로, 인터넷 경제에서 음반산업과 비디오 대여업계가 어려움을 겪고 있는 것은 인터넷의 속도가 급증하고 이용자 수가 늘어나는 추세에서는 어쩌면 당연한 결과이다. Apple의 최고경영자 스티브 잡스는 "영화는 한두 번 보고 말기 때문에 iTunes를 이용해 인터넷으로 비디오를 받아보는 것이 최고다"라고 이야기하였다.

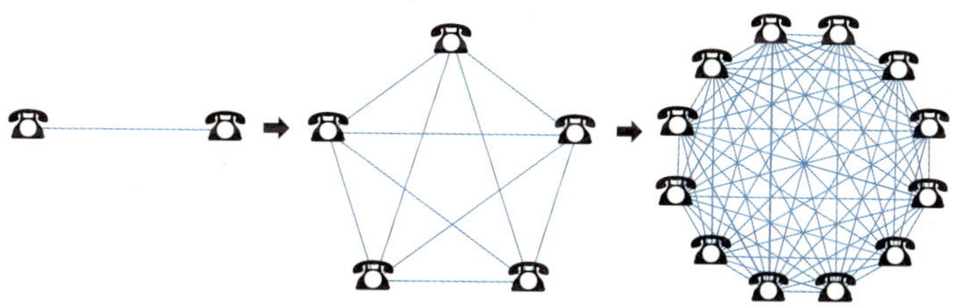

그림 12.6
인터넷 기업의 가치를 설명하는 Metcalfe의 법칙

인터넷 서비스 산업은 이용자들에게 서비스나 디지털 콘텐츠를 제공해준다. 따라서, 인터넷 서비스를 이용하는 가입자 수가 인터넷 기업의 가치(Company Value)를 결정짓는다. 인터넷 서비스 산업에서는 '규모의 경제(Economy of Scale) 법칙'이 절대적으로 적용된다. 인터넷 서비스를 개발하는 비용과 투자비용은 이용자 수에 따라 큰 차이가 나지 않으므로 인터넷 서비스 기업에는 이용자(또는 가입자)의 수가 매우 중요한 요소로 작용한다. 대부분의 인터넷 서비스는 무료로 제공되거나 최소의 비용을 이용자가 부담하므로 인터넷 기업은 노출형광고(배너광고, 스폰서십 광고 등)와 검색광고와 같은 광고를 수익모델로 가지고 있다. 광고 수입은 당연히 가입자 수에 따라 결정되므로 인터넷 기업은 더 많은 가입자를 확보하기 위하여 노력하고 있다.

그림 12.7
'규모의 경제' 개념

사용자 수를 확장하고 새로운 사업 영역을 확보하기 위하여 인터넷 기업들은 소위 말하는 '플랫폼 생태계(Platform ecosystem)' 개념을 따른다. 플랫폼 생태계는 한 가지 서비스 또는 한 가지 제품에 그치는 것이 아니고 공통 인터넷 소프트웨어 플랫폼을 통하여 다양한 기기 및 서비스를 사용자에게 제공함으로써 더 많은 이용자와 구매자를 확보하고 사용자들로 하여금 특정 인터넷 기업이 제공하는 환경을 떠나지 않도록 해 주는 역할을 한다. 예를 들어, Apple사의 성공 요인은 단지 iPod, iPhone, iPad 와 같은 제품의 경쟁력에 있는 것이 아니라 그 제품에 연결되어 있는 음악, 영상 콘텐츠와 응용 프로그램(Apps, 앱), 주변기기, 나아가 소비자 네트워크의 힘에 기인하는 바가 크다. Apple사는 iOS라는 공통 운영체제와 iTunes라는 공통 서비스 플랫폼을 통하여 다양한 기기를 통하여 음악, 동영상 및 응용 프로그램(앱)을 제공하여 시너지 효과를 얻고 더 많은 사용자를 확보하는 전략을 사용하고 있다.

Apple은 생태계를 구축하기 위하여 두 가지 전략을 사용하고 있다. 첫째, 누구나 응용 소프트웨어를 개발할 수 있는 '개방형 소프트웨어 플랫폼(Open Software Platform)' 전략을 통해 개발할 수 있는 기술을 외부에 공개하고 있다. 애플은 응용 소프트웨어 개발업체와 수익의 30%를 수수료로 받고 70%는 제공하여 휴대폰 제조 업체와 콘텐츠 업체간의 관계가 과거 수직적 관계에서 수평적 관계로 변화하였다. 둘째, 애플은 제품간에 동일한 운영체제(OS)를 사용해 소프트웨어가 호환되는 환경을 제공하였다. 즉, iTunes 사이트를 통해서 내려받을 수 있는 멀티미디어 콘텐츠는 1300만개, 소프트웨어는 20만개 이상, iPhone 주변기기와 액세서리는 종류는 2000여 가지가 넘고 이러한 콘텐츠들을 Apple에서 제공하는 어떠한 기기를 통해서도 같은 방식으로 사용할 수 있다. 이러한 방식의 비즈니스 전략은 아이러니컬하게 과거 Microsoft가 이용하던 방식이다. 과거에 애플이 매킨토시의 하드웨어와 운영체제의 효율성에 집착하여 폐쇄적으로 가면서 출판이나 디자인 분야에서만 주로 쓰이는 PC로 그쳤던 반면 Microsoft는 OS와 소프트웨어 개발환경을 널리 공개하여 더 많은 하드웨어 및 소프트웨어 기업이 참여할 수 있는 기회를 만들어 주었다.

이러한 이유로 최근에는 인터넷 분야의 거의 모든 기업들이 플랫폼 생태계 개념에 기반하여 사업을 추진하고 있다. Google은 안드로이드라는 모바일 OS를 다른 인터넷 기업들에 제공하고 하드웨어는 스마트폰 제조사가, 콘텐츠와 앱은 외부의 수많은 전문업체가 담당하는 전략을 사용하고 있다. 자신만의 생태계가 아니라 외부의 모든 기업들에 소프트웨어 플랫폼을 개방함으로써 안드로이드를 기반으로 한 스마트폰의 시장 점유율이 급격히 증가하고 있다(그림 12.8 참조). 이와 같이, 개별적인 기업 간의 경쟁이 아니라 여러 기업이 팀을 구성하여 팀 대 팀으로 경쟁하고 협력 업체들과 수익을 분배함으로써 마치 자연계의 공생 모델과 닮아 있다는 의미에서 생태계는 스스로 발전하면서 선순환 구조를 가진다. 따라서 생태계 환경에서 이용자가 늘어가면서 더 많은 콘텐츠, 응용 프로그램, 서비스 및 주변기기들이 쏟아지면서 이용자수 증가에 다시 영향을 미치는 구조를 가진다.

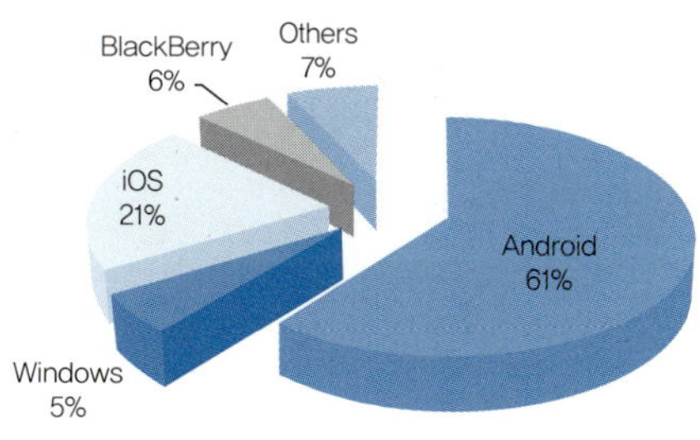

(a) 모바일 OS 시장 점유율(2012년)

그림 12.8
모바일 OS 플랫폼별 사용자수의 비교와 변화

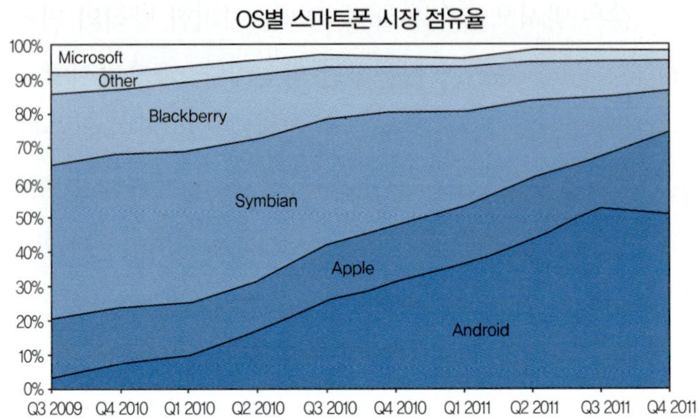

(b) 세계 스마트폰 OS 시장의 변화

12.2.2 인터넷 기업의 인수, 합병

인터넷 기업은 더 많은 가입자를 확보하는 것이 기업의 사활이 걸린 문제이다. 인터넷 기업은 자체적인 개발 대신에 인터넷 기업의 인수 · 합병을 통해서 이를 달성하는 것이 더 바람직한 경우가 많다. 경쟁 기업의 인수를 통해 더 많은 이용자를 확보하고 시장에서 절대적 우위를 점할 수 있다. 인터넷 서비스 산업에서 1위를 차지한다는 것은 매우 중요한 사실이다. 흔히, 승자 독식의 원리가 인터넷 산업에서 자주 적용된다. 전략적으로 인터넷 기업이 새로운 비즈니스 영역으로 진출하고자 할 때도 그 분야의 경쟁력 있는 인터넷 기업을 인수 · 합병함으로써 시너지 효과를 극대화할 수 있다. 다른 어떤 산업보다 시장환경 변화와 서비스 진화가 빠른 인터넷 분야에서 기업이 새로운 영역에서 시작하기에는 위험부담이 크고 투자 효율성이 떨어지는 단점 때문에 기존 기업의 인수를 통해 비즈니스의 영역을 확장하는 것이 유리한 경우가 많다.

세계 최대 인터넷 기업으로 인정받는 Google사는 벤처기업들을 인수 · 합병함으로써 성공한 대표적인 글로벌 기업이다. Google사는 2001년부터 인수 · 합병을 시작하여 2004년 6개, 2005년 10개, 2006년 9개, 2007년 10월 현재 17개 기업을 인수하였다. Google사의 대표적인 기업 인수의 사례를 보면, 2003년 검색업체 Applied Semantics를 흡수하여 '애드센스' 탄생시켰고, 2004년 위성사진 서비스 업체 Keyhole을 흡수하여 Google Earth로 발전시켰으며, 2005년 운영체제 개발업체 Android Inc.를 흡수하였다. 또한, 2006년에는 무료동영상 사이트 YouTube를 인수하였으며 2007년에는 음성통신 업체 Grand Central을 흡수하여 Google Voice 탄생시켰다. 이러한 인수, 합병의 예는 대분분의 주요 인터넷 기업에게 동일하게 적용되는 현상으로 Yahoo, Apple, Microsoft, eBay, Cisco 사도 최근 수년간에 걸쳐 수십 개의 관련 기업들을 인수하였다. 최근 자료에 의하면, 2010년 1년 동안 Google 23개, IBM 12개, HP 7개, Facebook 6개, Oracle 5개, Apple 5개, Dell 4개, Cisco 4개, Yahoo 3개, Twitter 3 개의 기업을 획득하였다. 우리나라의 대표적 포털 기업과 인터넷 기업들도 벤처기업의 인수를 통해 서비스 영역의 확장을 도모하고 있다.

그림 12.9
인터넷 기업의 인수 및 합병

인터넷 기업들이 인수, 합병에 적극적인 또 다른 이유는 기업의 인수, 합병을 통해 특허를 소유할 수 있기 때문이다. 특히, 스마트폰 분야에서는 각 기업이 관련 특허를 사들이기 위해서 많은 자금을 투입하고 있다. 예를 들어, MS와 애플은 2010년 말 미국 소프트웨어 업체인 Novell의 특허 800여건을 공동으로 사들였고 Google사는 2011년 8월 Motorolla Mobility사를 125억 달러에 인수함으로 모바일 분야에서 많은 특허를 확보하였다. 이와 같이, 인터넷 관련 기업들에게 특허의 확보는 매우 중요한 이슈로 등장하였다. 최근 Microsoft사는 Google사의 Android를 상대로, Apple사는 스마트폰 제조사를 상대로 특허권 침해를 주장하였고 IV(Intellectual Ventures), InterDigital과 같은 특허괴물 기업들이 특허 로열티를 요구하여 IT 및 인터넷 산업에 주요한 변수로 작용하기 시작하였다. Microsoft사의 모바일 OS인 Windows Mobile은 스마트폰 OS 시장에서 점유율이 6%에 지나지 않지만 Google의 Android가 자사의 특허를 침해했다는 이유로 연 1조원의 특허료를 요구하게 되었고 이것을 Android폰 제조사들이 지불해야 할 처지이다.

12.3 인터넷 서비스 시장

인터넷 서비스의 종류는 매우 다양하다. 가장 중요한 인터넷 서비스 영역으로는 포털 및 정보검색, e-비즈니스, 미디어 및 디지털 콘텐츠, 모바일 인터넷 및 정보보안 및 솔루션 등이 있다. 인터넷 기업들이 수익을 창출하는 방법에 대하여 알아보고 인터넷 비즈니스 모델을 전망해 본다.

12.3.1 인터넷 서비스 산업의 유형

인터넷 기업은 과거 Amazon, eBay와 같은 전자상거래 및 Yahoo와 같은 포털 기업으로 시작하여 Google과 같은 정보검색 기업으로 발전하였다. 최근에는 Apple사와 같이 미디어 및 디지털 콘텐츠 기업이 대세를 이루고 있고, 특히 스마트폰의 등장으로 모바일 환경이 중요하게 부상하면서 모바일 인터넷 시장이 가장 중요한 인터넷 비즈니스로 인식되고 있다. 인터넷 기업들에 매출과 수익을 창출할 수 있는 비즈니스 모델은 매우 중요한 의미를 가진다. 인터넷에서 수익을 창출하는 방법에 따라 광고료 모델, 수수료 모델, 이용료 모델, 유료 아이템, 기기-콘텐츠 결합형 등으로 구분할 수 있다.

광고료 모델에 기반한 인터넷 기업은 서비스를 무료로 제공하지만 광고를 통해 수익을 발생시킨다. 따라서 광고료 수입을 최대화하기 위하여 많은 이용자를 확보하는 것이 가장 중요하다. 예를 들어, Google, Yahoo, Facebook, NHN, 다음 등이 이러한 방식으로 수익을 창출하며, 따라서 이용자 수가 절대적으로 중요하여 시장을 주도하는 몇몇 기업이 대부분의 수익을 차지하여 시장을 독점하는 형태를 갖는다. 이에 비해, 수수료 모델은 전자상거래 또는 인터넷 금융 분야에서 자주 적용되고 있는 방식이다. 초기의 전자상거래가 이용자 거래 기반의 '오픈 마켓'으로 진화하여 전자상거래 기업은 장터를 제공하고 각 참여 기업들이 오픈된 장터에 나와서 상거래를 하며 온라인 장터를 제공하는 기업은 수수료를 받는다. Amazon, eBay, 옥션, Yes24 등이 대표적인 전자상거래 기업이며, 온라인 장터의 예로는 eBay, 옥션 등을 들 수 있다. 오픈 마켓의 경우 참여 전자상거래 기업의 인력 및 비용 투자가 적어 가입 업체로서는 저비용, 고효율을 기대할 수 있는 장점이 있다.

한편, 기기-콘텐츠 결합형으로는 모바일 영역의 많은 기업들을 예로 들 수 있다. 특히, Apple의 iPod-iTunes 성공 이후 많은 주목을 받아온 Apple사는 iPod 이후에 iPhone 및 iPad를 통하여 기기의 판매 외에도 App Store를 통한 디지털 콘텐츠와 응용 소프트웨어의 추가 매출을 창출하고 있다. Apple의 성공 모델을 따라 Amazon, RIM, 삼성전자, LG 등 많은 기업들이 모바일 기기의 판매와 콘텐츠를 결합하는 방식으로 매출을 올리고 있다. 이용료 모델에 기반한 인터넷 기업은 인터넷 서비스의 사용에 대하여 요금을 부과한다. 초고속 인터넷 서비스 기업은 물론 온라인 게임 및 온라인 음악 관련 기업들이 이러한 부류에 속한다. 요금을 부과하는 방식에 따라 정액제와 종량제로 나눌 수 있다. 또한, 최근에는 이동통신기업들이 다양한 서비스를 한데 묶어 인터넷+통신+방송+무선 등 번들형으로 제공하기도 한다. KT, SKT, LG U+와 같은 초고속 인터넷 서비스 기업과 엔씨소프트(NCSoft), 넥슨(Nexon) 등과 같은 게임업체가 이용료 모델에 의하여 비즈니스를 수행하고 있다. 마지막으로 인터넷 서비스 기업으로 기본 서비스 자체는 무료로 제공하지만 이용자에게 유료 아이템을 판매하여 수익을 올리는 경우도 있다. 싸이월드 등이 이러한 비즈니스 방식을 따른다.

향후, 인터넷 비즈니스 모델은 UCC 등 이용자 참여가 증가하고 동영상 서비스가 더욱 활성화되며 인터넷 서비스가 모바일화, 고도화, 지능화될 것으로 전망되고 있다. 지능화란 정보검색시스템에 인공지능 기능이 강화되어 텍스트뿐만 아니라 멀티미디어 자료의 검색 시 이미지 인식, 음성 인식, 사운드 인식 기술이 접합되어 이용자가 더욱 편리하고 효율적으로 정보를 찾아 올 수 있는 개념이다.

12.2.1절에서 언급하였듯이 인터넷 기업은 '규모의 경제' 개념이 적용되어 각 영역에서 1, 2위의 기업만이 시장을 독식하는 특성을 가지고 있다. 대표적 인터넷 서비스 기업인 Google, Apple, Facebook의 매출이 각각 정보검색, 모바일 인터넷 서비스 및 소셜미디어 시장에서 절대적인 우위를 차지하며 영업 이익률이 20%를 상회하고 있다. 2014년 실적으로 Google은 660억 달러 매출에 144억 달러 순익을 올렸으며 Apple사는 1828억 달러 매출에 395억 달러의 순익을 달성하였다. 특히, Apple사는 모바일 환경에서 새로운 비즈니스 모델의 창출로 모바일 인터넷 시장에서 단시일 내에 세계 1위의 기업으로 성장하였다. Apple의 예에서 보듯이 인터넷 서비스 기업은 새로운 비즈니스 모델의 개발이 매우 중요하며 시장 주도 기업이 빠르게 바뀔 수 있는 특성을 가지고 있으며 세계 시장을 주도하고

있는 인터넷 기업들도 발 빠르게 변화하고 혁신하여 새로운 비즈니스 영역을 개발하기 위하여 끊임없이 노력하고 있다.

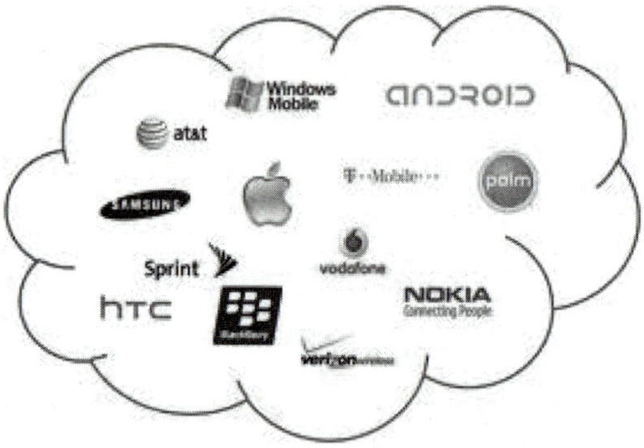

그림 12.10
빠르게 변화하고 있는 모바일 영역의 인터넷 기업들

12.3.2 포털 및 정보검색

1990년대 중반이후 Yahoo가 웹사이트에 대한 정보검색 서비스를 제공한 이후 인터넷 서비스가 포털 사이트를 중심으로 발전하였다. '포털(Portal)'이 의미하듯이 과거에는 포털 사이트를 통하여 정보검색은 물론 e-메일, 뉴스, 커뮤니티 사이트와 같은 모든 인터넷 서비스가 종합적으로 제공되었다. 아직도 한국은 NHN의 네이버, 다음 등과 같은 포털이 인터넷 서비스를 거의 독점하고 있는 추세이다. 그러나 미국에서는 Google 이후에 포털 모델에서 검색이 강조되는 검색엔진으로 변화하였다. 모든 인터넷 서비스는 정보검색을 중심으로 이루어지고 정보검색을 장악하는 기업이 모든 인터넷 산업의 중심에 있다는 관점에서 Google의 비즈니스 모델은 획기적인 성공을 이루었다. Google과 같은 인터넷 검색 기업은 웹사이트의 검색뿐만 아니라 이미지 검색, 사운드 검색, 동영상 검색 등의 멀티미디어 정보 검색과 지도 및 지리 정보의 제공을 통하여 수많은 이용자들을 확보하였다. 이용자들이 정보검색을 수행할 때 관련 정보를 제공하고 관련 광고를 제공함으로써 획기적인 비즈니스 모델을 창출하였다. Google은 세계 2위의 브랜드 기업(2015년 브랜드 가치 1736억 달러)으로 선정되었으며 Google의 2014년 매출은 660억 달러에 이르고 순이익 144억 달러를 달성하였다.

정보검색의 중요성이 인식되면서 Microsoft사를 비롯하며 주요 인터넷 기업들이 새로운 정보검색 도구를 제공하기 시작하였다. Microsoft사는 Bing 검색엔진을 통하여 인터넷 검색 시장의 경쟁자로 등장하였고 다른 한편으로는 Yahoo사를 인수하려는 노력을 추진하여 왔다. 정보검색의 새로운 경향은 보다 지능적인 멀티미디어 정보의 검색, 이용자의 상황을 이해하여 정보를 찾아오는 컨텍스트-인식(Context-Awareness)에 기반한 정보검색, 이용자의 현재 위치를 인식하여 그 위치에서 필요한 정보를 제공하는 위치기반(LBS: Location Based Service)으로 발전하고 있다. 앞으로는 사용자가 원하는 검색의 의도를 정확히 이해하여 정보를 찾아오는 시맨틱 검색(Semantic retrieval)으로 발전해 나갈 것으로 기대된다.

그림 12.11 대표적인 정보검색 사이트 Google, Yahoo와 Bing

12.3.3 e-비즈니스

e-비즈니스 또는 e-커머스의 장점은 구매 편의성(24시간, 7일 구매), 구매할 물건 또는 서비스 선택의 다양성, 그리고 낮은 가격에 있다. 또한, e-비즈니스는 개인적 취향과 요구를 최대한으로 만족시켜주는 개인화를 강화시키는 방향으로 발전하고 있다. 이러한 이유로 앞으로도 인터넷 유통이 지속적으로 발전할 것으로 예상된다. 글로벌 e-커머스 시장은 2007~2011년 기간 중 연평균 16%씩 성장하여 6180억 달러에 이르고 있다. 과거 PC를 기반으로 한 e-커머스는 최근 모바일 환경의 확산으로 m-커머스(Mobile commerce)로 발전하고 다시 인맥관계에 의하여 구매활동이 발생하는 소셜 커머스(Social commerce)로 발전해 나가고 있다.

대표적인 e-커머스 기업으로 Amazon과 eBay를 들 수 있다. Amazon은 세계 최대의 온라인 쇼핑 기업으로 1995년 제프 베조스(Jeff Bezos)에 의해 설립되었고 미국 시애틀에 본사를 두고 있다. 초기에는 서적 판매로 시작하여 DVD, CD, MP3로 확대하였고 지금은 소프트웨어, 비디오 게임, 전자제품, 옷, 가구, 음식류, 장난감 등 거의 모든 상품을 취급하고 있다. Amazon사는 오프라인 기업들에 인터넷 쇼핑몰을 제공하고 2000년부터 아마존 마켓플레이스(Amazon Marketplace)를 통해 일반 이용자들이 누구나 Amazon을 통해서 인터넷 쇼핑몰을 차릴 수 있도록 허용하고 있다. 2007년 자료에 의하면 전세계 130만개의 판매자가 Amazon 사이트를 통해 상품을 판매하고 있다. 또한 Amazon사는 기업의 자체 인터넷 쇼핑몰을 Amazon 사이트로 연결시켜주어 Amazon 사이트에서 실제 판매가 발생하면 커미션을 지불하는 형태로 전세계 90만개의 아마존 어소시에이트(Amazon Associates)를 보유하고 있다. Amazon사의 총매출은 2014년 890억 달러에 이르며 2013년 자료에 의하면 전체 매출의 40%가 아마존 어소시에이트를 통해서 발생하고 있다. 대부분의 인터넷 쇼핑몰은 판매자가 인터넷상에 직접 장터를 구축하여 고객들로 하여금 구매할 수 있도록 해주는 방식으로 Amazon 모델을 따르고 있다.

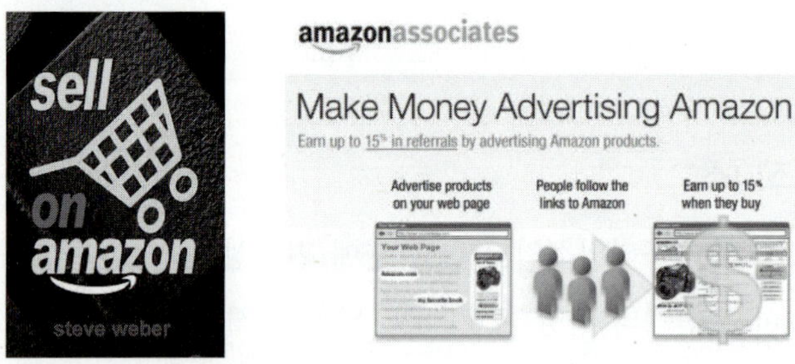

그림 12.12
Amazon 마켓플레이스와 Amazon 어소시에이츠 개념

1995년 설립된 eBay사는 세계 최대의 온라인 옥션 방식의 비즈니스 모델을 가지고 있으며 인터넷을 이용하여 고객(판매자)과 고객(구매자)을 연결시켜 주는 방식으로 e-커머스를 수행한다. eBay사는 현재 전세계 30개국 이상에서 비즈니스를 하고 있으며 미국 산호세에 본부를 두고 있다. 현재 eBay는 세상의 거의 모든 상품 및 서비스를 취급하고 있으며 고객간의 금전거래의 신뢰도를 높이기 위하여 2002년 PayPal사를 인수하였고 PayPal의 거래대금 시스템을 통하여 거래가 이루어지도록 하고 있다. eBay사가 제공하는 옥션의 방식은 다음의 몇 가지가 존재한다. 옥션스타일 리스팅(Auction-style listing)은 판매자가 일정기간 동안 세일 가격으로 상품을 판매하는 방식이며 고정가격 포맷(Fixed price format)은 판매자가 일정한 가격에 상품을 판매하는 방식을 따른다. 이에 비해, 베스트 오퍼(Fixed price format with best offer) 방식은 구매자가 제시한 베스트 가격에 대

해 판매자가 받아들이거나 또는 거절할 수 있는 방식이다. 이때 구매자의 오퍼가 만족스럽지 않으면 판매자 측에서 새로운 가격을 다시 제시할 수도 있다. eBay사는 모든 거래에 대해 수수료를 발생시킴으로써 수입을 올리고 있으며 2011년 116억 달러의 매출을 올렸다.

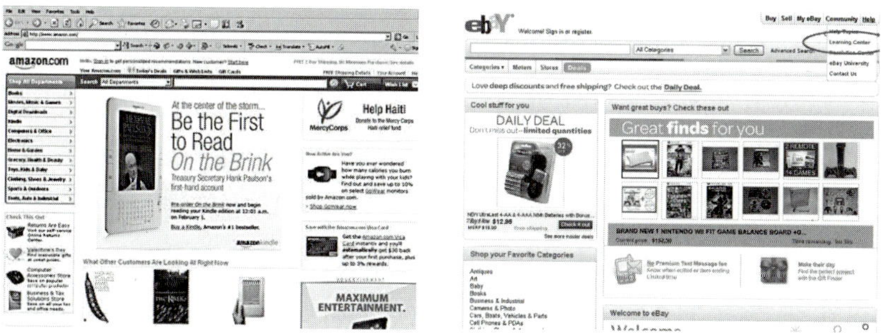

그림 12.13
대표적 e-커머스 기업 Amazon과 eBay

e-커머스의 획기적인 비즈니스 모델은 Apple사의 온라인 음악사이트 iTunes 및 응용소프트웨어 사이트 App Store를 중심으로 시작되었다. 1976년 잡스(Steve Jobs)와 워즈니악(Steve Wozniak)에 의해 설립된 Apple사는 초창기 Apple II, Lisa, Macintosh 등 혁신적인 PC 메이커로 성장하였으나 Windows 기반의 PC에 경쟁력을 상실하여 어려움을 겪다가 1985년에는 창립자인 스티브 잡스가 회사에서 축출되었다. 1997년 회사로 복귀한 잡스는 2001년 디지털 오디오 플레이어 iPod를 판매하기 시작하였고 2003년에는 온라인 뮤직 스토어 iTunes를 통해서 온라인 뮤직을 99센트에 판매하면서 세계 온라인 뮤직 시장을 장악하게 되었다. 그 후 2007년 1월 스마트폰 iPhone을 7월에는 App Store를 통해서 제3자가 개발한 응용 소프트웨어(Apps)를 판매하기 시작하면서 모바일 시장에 새로운 비즈니스 모델을 창출하게 되었다. 2010년 1월에는 iPhone과 동일한 OS를 기반으로 하는 태블릿 PC인 iPad를 판매하면서 모바일 시장의 장악력을 더욱 확대하게 되었다. Apple의 모든 기기들은 동일한 OS 환경을 이용함으로써 플랫폼 생태계 개념에 기반한 비즈니스 모델을 가장 성공적으로 적용한 기업이 되었다. 또한, 하드웨어 기기와 콘텐츠 및 응용 소프트웨어가 동시에 개발되고 제공되는 생태계를 구축함으로써 고객들이 지속적으로 Apple사의 제품 및 서비스에서 떠나지 않도록 하는 전략을 사용하였다. Apple사는 2014년 1억 7천만대의 iPhone, 6800만대의 iPad 및 1440만대의 iPod을 판매하였다. Apple의 모바일기기를 구

입한 이용자는 iTunes와 앱스토어(App Store)를 통해서 음악, 앱(응용프로그램), 전자책 등을 구입하기 위하여 애플사에 신용카드 정보를 등록한다. 지금까지 2억 명 이상의 고객이 신용카드 정보를 등록함으로써 애플사는 세계 최대의 전자상거래 시장을 구축한 셈이다.

12.3.4 미디어 및 디지털 콘텐츠

세계 IT 산업의 경쟁이 과거 하드웨어에서 소프트웨어로 그리고 다시 콘텐츠로 이동하고 있다. 콘텐츠 생산, 유통비용의 감소로 미디어시장의 진입장벽이 지속적으로 하락하고 있고 미디어 시장이 다원화하고 양적, 질적 팽창하고 있으며 미디어 시장구조의 변화가 가속화되고 있다. 인터넷을 통한 영상전송 비용은 향후 3~5년간 약 70% 감소할 것으로 전망되고 있다. 또한, 콘텐츠를 쉽게 생산하여 인터넷으로 유통시킬 수 있는 기기 및 채널의 확대로 콘텐츠가 폭발적으로 증가하고 중소제작자(개인 포함)들이 세분화된 소규모 시청자를 타깃으로 새로운 시장을 창출하고 있다.

특히, 최근 확산되고 있는 태블릿 PC는 책, 신문, 잡지 등 인쇄 미디어의 부활을 이끌고 있다. 그 동안 '종이'라는 한계에 갇혀 있던 퍼블리싱이 이제는 태블릿 PC 및 다양한 모바일 기기를 통해 훨씬 저렴하고 편리하게 사용자에게 제공될 수 있는 환경이 마련되었다. 최근 iPad, 갤럭시노트, 블랙베리플레이북(RIM), Amazon 등 많은 기업들이 태블릿 PC와 전자책 단말기를 통하여 과거 인쇄출판물을 이제는 모바일 기기를 통해서 제공하려고 전 세계 전자 기업들이 경쟁하고 있다.

인터넷이 가장 핵심적인 미디어 수단으로 급부상하면서 전통적 미디어 산업에 위기가 닥쳐오고 있다. 또한 인터넷 미디어가 첨단 IT 기술과 결합하여 전통적 미디어 산업을 넘어서는 성장을 하고 있다. 2009년 자료에 의하면 전 세계 글로벌 미디어 산업의 규모는 1.5조 달러로, 이 중 TV(3490억 달러), 인터넷(2400억 달러), 신문(1949억 달러), 도서출판(1265억 달러), 잡지(1110억 달러), 영화(980억 달러) 순으로 점유하고 있다. 특히, 최근 인터넷 미디어 산업이 급성장하면서 TV 산업과 신문 산업이 매우 정체되어 가고 있는 추세이다. 즉, 이제는 미디어 산업이 인터넷을 통한 미디어의 생산, 유통, 소비 형태로 급격히 변화하고 있다. 이러한 배경에서 영국의 국영방송인 BBC는 "우리는 더 이상 스스로를 방송업체라고 생각하지 않는다. 어떤 전송수단을 사용하든 모든 단말기에 콘텐츠 공급을 목표로 한다"라고 선언하였다. 전통적인 미디어 산업은 매출의 대부분이 광고를 통해 발생하는데, 국내 광고 시장은 2015년 인터넷 온라인 매체 2조 900억원, 모바일 1조 1400억원, 지상파 TV 1조 7100억원, 신문 1조 3300억원으로 온라인 매체가 지상파 TV를 크게 상회하였다. 2010년의 구체적인 데이터를 보면 MBC 8,200억원, KBS 5,800억원, SBS 5,000억원, 조선일보 2,500억원, 중앙일보 2100억원, 동아일보 1800억원이며 인터넷 매체인 NHN이 1조 1000억원, 다음이 3,455억원을 차지하고 있다. 특히, 인터넷 미디어는 시장 독점적인 특성을 가지고 있어 NHN과 다음이 전체 인터넷 미디어 광고시장의 92%를 점유하고 있다.

전통적 미디어 산업이 수익구조상 매우 어려운 국면을 맞이하고 있는 현실에서 주요 미디어 업체들이 인터넷 유통을 통해 수익다변화를 추구하기 위하여 새로운 유료 모델과 광고 모델을 개발하고 있다. 즉, 인터넷을 통한 2차적인 미디어 유통채널이 형성하여 새로운 미디어 밸류 체인(Value chain)을 구축하려고 하고 있다. 예를 들면, News Corporation의 '월스트리트저널'과 영국의 '파이낸셜타임스', '뉴욕타임즈', 시사주간지 '타임', '와이어드' 등이 신문을 인터넷 환경에서 유료로 제공하고 있다. 한편, 전통적 미디어사들은 Facebook, Twitter와 같은 소셜 네트워크 서비스를 통하여 기사를 공유하는 기능도 제공하고 있다. 블로그 매체인 'mashable'은 웹 및 소셜미디어 관련 모든 뉴스를 모아서 제공하고 Facebook, Twitter, e-메일 등을 이용하여 기사를 공유할 수 있다.

그림 12.14 iPad를 통한 '월스트리트저널'의 구독과 소셜미디어 자료를 제공하는 Mashable 사이트

동영상 영역에서도 미디어 산업은 2010년대 초반부터 근본적으로 변화하고 있다. 초고속 인터넷망의 확산으로 동영상의 실시간 스트리밍 서비스가 가능하게

되었다. 따라서, 종래의 비디오 대여 산업은 거의 자취를 감추게 되었고 온라인 동영상 사이트인 YouTube, Netflix, Hulu(NBC, News Corp), Time Warner, Comcast 등이 새로운 사업 기회를 가지게 되었다. Netflix와 Hulu Plus는 기존의 케이블 TV 이용자가 인터넷 기반 스트리밍 서비스로 이동하도록 서비스를 제공하고 있다. Hulu Plus는 모바일 기기를 통하여 미국 케이블 방송과 공중파 방송의 콘텐츠를 볼 수 있는 iPad용 앱을 개발하였다.

그림 12.15
YouTube와 iPad를 이용한 Hulu Plus 서비스

미디어 산업의 최근 트렌드는 미디어 업체는 물론, IT기업, 통신업체 등 이종 업체들의 진입확대로 미디어시장이 경쟁 시장으로 빠르게 변화하고 있다. 이러한 새로운 변화과정에서 생겨난 디지털 컨버전스 개념은 음악, 영상 콘텐츠, 서적, 컴퓨터, 가전, 소프트웨어 등 산업의 경계가 무너지고 인터넷 환경에서 새로운 산업으로 '수렴(Convergence)' 하는 것을 의미하며 즉 새로운 미디어 산업으로 진화하고 있다(그림 12.16 참고). 최근 인터넷 브로드밴드의 보급률이 급격히 높아지고 대역폭의 증가 등 브로드밴드의 고도화로 인하여 태블릿 PC, 전자책 단말기, IPTV 및 스마트 TV의 수요가 급증하는 가운데 방송, 미디어 및 통신의 융합 현상이 더욱 가속화되고 있다.

그림 12.16
디지털 컨버전스의 개념

디지털 콘텐츠 산업은 최근 미디어 및 모바일 시장의 급격한 성장과 변화로 인하여 매우 빠르게 성장하고 있다. 온라인 게임을 비롯하여 최근 소셜 네트워크 게임, 디지털 뮤직 및 동영상 산업 외에도 현대 사회가 모바일 사회로 변화하면서 모바일 환경에서 응용 소프트웨어, 즉 앱스(Apps) 관련 시장이 급성장하고 있다. 특히, Apple사는 디지털 오디오 플레이어 iPod를 구입한 이용자가 iTunes 사이트를 통해서 음악파일을 손쉽게 구입할 수 있게 해 주고, iPhone이나 iPad와 같은 모바일 기기를 구입한 고객이 앱스토어 사이트를 통해 응용프로그램(앱스)을 용이하게 구입할 수 있게 해 주는 비즈니스 전략을 구축하였다. 그 결과 iTunes를 통해 이용자들이 100억 건의 음악파일을 다운로드하는 데 67개월 걸렸으나 앱스토어에서 100억 건의 앱스를 다운로드 받기까지(2011년 1월) 31개월밖에 걸리지 않았다. 2011년 7월에는 전 세계적으로 2억 명의 iOS 이용자들이 앱스토어에서 150억 건의 앱스를 다운로드 받기에 이르렀다. 2011년 5월 현재 앱스토어에는 약 50만 건의 앱스가 존재하고 이 중 37%는 무료이고 유료 앱스의 평균 가격은 3.64 달러이다. 앱스의 총매출액은 2010년 17.8억 달러이고 2011년 연말 기준으로 Apple사의 App Store의 가치는 71억 달러를 넘어서 RIM사의 총기업가치(70억 달러)를 넘어섰다. 이제는 거의 모든 주요 하드웨어 및 기기의 제조 기업이 앱스토어를 구축하여(Android Market, Nokia의 Ovi Store, BlackBerry의 App World 등) 디지털 콘텐츠를 동시에 제공하는 트렌드가 정착하게 되었다. 이러한 추세를 생각할 때 앞으로 스마트 TV를 통해서 비디오 콘텐츠의 판매가 활성화될 것으로 예상되고 있다.

12.3.5 모바일 인터넷

2010년을 전후로 우리사회는 급격히 모바일 사회로 변화하고 있다. 사회 각 영역에서 경쟁이 심화되면서 이동성이 더욱 중요시되는 추세이다. 모바일 기기를 이용해서 시간적으로 더 빨리, 보다 편리하고 간편하게 정보를 획득하고 전달하는 것이 가능하게 되었다. 과거 PC 중심의 사회에서는 PC의 고성능화가 주요한 요소였으나 이제는 관심이 언제, 어디서나 편하게 인터넷을 사용할 수 있는 기기에 대한 선호로 이동하게 되었다. '모바일 혁명'은 개인의 실생활에 커다란 변화를 일으켜 새로운 라이프 스타일이 생겨나게 되었다. 또한, 모바일 애플리케이션 시장이 새롭게 창출되었고 모바일 산업이 타 산업과 연계하여 새로운 비즈니스의 기회가 생겨났으며 기업간 경쟁 방식과 구조에도 변화가 나타나게 되었다.

모바일 사회에서 가장 핵심적인 기기로 사용되는 스마트폰은 2004년 RIM사가 출시한 'Blackberry'가 미국 대도시 사무종사자를 중심으로 각광 받으며 보급되기 시작하였다. 모바일 산업은 2008년 Apple사가 비즈니스 영역을 PC에서 모바일 기기 및 서비스로 전환하면서 스마트폰 iPhone을 시작으로 급격히 발전하게 되었다. 스마트폰은 휴대폰의 음성통신 기능 외에 인터넷, 멀티미디어 및 사무업무 기능을 제공하고 일반 이용자가 쉽게 사용할 수 있도록 직관적인 사용자 인터페이스(터치 스크린, 음성인식 등)를 제공하고 있다. 스마트폰에서 사용하고 있는 이동통신 인프라가 3세대에서 최근 LTE와 같은 4세대 모바일 환경으로 발전하면서 무선인터넷의 인프라가 크게 개선되어 동영상과 같은 멀티미디어 정보를 매우 빠르고 편리하게 이용할 수 있게 되었다.

스마트폰의 시장규모는 2010년 전 세계 판매가 2.5억 대(전 세계 휴대폰의 21%)에 이르렀고 2011년에는 3.5억 대를 넘어섰으며, 2012년 4.7억대, 2013년 6억 대, 2014년 12억 대를 판매할 수 있을 것으로 예상하고 있다(자료: 삼성경제연구소). 또한, 2010년도 전 세계 휴대폰의 21%가 스마트폰이었으나 2013년에는 그 비중이 40%로 증가하였고, 2014년에는 전세계 휴대폰의 2/3를 스마트폰이 차지하였다. 스마트폰의 응용 소프트웨어(앱스) 시장도 2010년 68억 달러에서 2013년 295억 달러로 3년 사이 4배 이상 급성장하였고, 2017년 770억 달러로 예상되고 있다.

그림 12.17
Blackberry폰(RIM사), Google폰 및 iPhone (Apple)

2012년 경에는 모바일 기기를 통한 인터넷 접속이 PC를 통한 접속을 상회할 것으로 예상되고 있다(그림 12.18 참조). 모바일 사회에서 스마트폰, 태블릿 PC, eBook 단말기 및 넷북 등의 인터넷 단말기 간에 경쟁이 발생할 것이다. 모바일 기기의 성공조건으로 단말기, OS, 서비스(콘텐츠)를 결합한 종합경쟁력의 확보가 중요할 것으로 예측된다. Apple은 iOS라는 자체 운영체제를 중심으로 2008년 8월 iPhone을 출시하였고 2010년 4월에는 iPad를 출시하였다. 이에 반해, Google은 개방형 모바일 OS인 안드로이드를 통해서 모바일 시장의 점유를 확대하고 있다. 스마트폰 운영체제(OS)의 점유율은 2010년 심비안(Nokia) 36%, 안드로이드 25%, iOS(Apple) 17%에서 2015년에는 안드로이드가 78%, iOS가 18.3%로 변화하였다. 세계 스마트폰 시장 점유율은 시시각각 변하고 있으나 2012년 4분기 현재 Apple과 삼성전자가 각각 3700만 대를 판매하여 업계 3위와의 격차를 벌이고 있다.

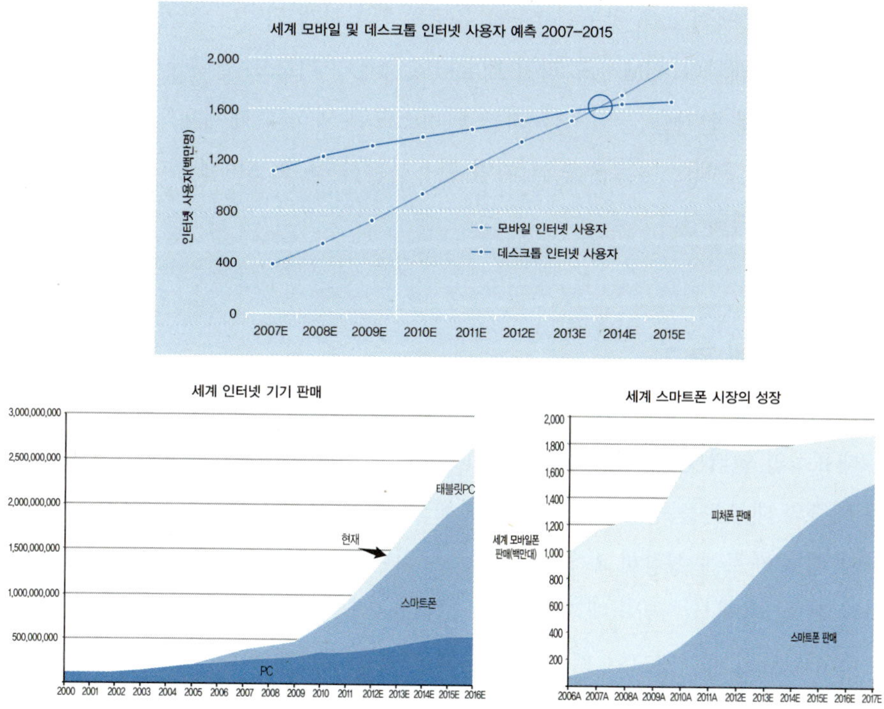

그림 12.18

모바일 기기를 이용한 인터넷 접속의 증가추이 (2010년 Morgan Stanley)

모바일 앱스토어는 LBS, 게임, 전자책(eBook), 음악, 동영상을 중심으로 발전하고 있으며, Apple, 삼성전자, Nokia, RIM과 같은 모바일기기 제조사는 물론 Google, 마이크로소프트와 같은 모바일 운영체제 사업자를 비롯하여 이동통신사업자 및 인터넷 포털도 응용 소프트웨어 시장에서 영향력 확대를 위해 서로 경쟁하고 있다. 특히, Amazon은 2009년 Kindle DX라는 e-북 전용단말기를 출시하였고 2011년 11월에 저가 태블릿 PC형 e-북 단말기 Kindle Fire를 출시하여 3개월 만에 600만 대를 판매하였다. Amazon사에 의하면 2010년 후반기부터 전자책의 판매가 종이책의 판매를 능가하기 시작하였다. 전 세계적으로는 전자책 시장이 2008년 18.4억 달러, 2010년 30억 달러에서 2012년에는 50.5억 달러로 성장할 것으로 예상되며 미국의 경우 2011년 말 종이책 시장의 10%에 불과하지만 수년 내에 역전될 것으로 전망된다. 한편, 과거 휴대폰 전화 세계 1위 기업이었던 Nokia사는 iPhone과 Android폰에 밀려 스마트폰 시장에서 추락하고 있다. Nokia사는 2000년 핀란드 수출의 25%를 차지하며 시가총액이 1700억 유로에 이르렀으나 스마트폰 시장의 혁신적인 시기를 놓침으로써 2011년 6월에는 시가총액이 최고액의 10% 정도인 177억 유로로 떨어지게 되었다. 또한, 스마트폰을 처음 개발한 캐나다 RIM사도 과거 Blackberry폰의 키보드 입력방식으로 기업인 및 직장인에게 인기를 끌었으나 최근 터치스크린 방식의 대세에 뒤떨어지고 음악, 게임을 비롯해 스마트폰을 PC처럼 활용하는 응용 소프트웨어가 취약하여 판매 대수가 급감하였다.

12.4 인터넷 광고

대표적인 인터넷 서비스 기업 Google과 소셜 네트워크 서비스 기업 Facebook은 매출의 대부분을 광고를 통하여 확보하고 있다. 전 세계적으로 온라인 광고 시장이 매우 빠르게 성장하고 있고 앞으로 이러한 추세는 더욱 가속화될 것으로 예상된다. 이 절에서는 인터넷 기업의 비즈니스 모델에 대하여 살펴보고, 특히 과거 포털 사이트의 배너광고와 최근 Google의 검색광고 모델에 대하여 공부한다.

12.4.1 인터넷 기업의 비즈니스 모델

인터넷 광고시장이 빠르게 성장하여 영향력이 확대되고 있다. 2008년 전 세계 인터넷 광고비는 652억 달러로 전체 광고비의 10%를 차지했으나 2011년에는 1066억 달러로 증가하여 전체 광고비의 13.6%로 성장하고 2013년에는 15%에 달할 것으로 예측되고 있다. IAB(Internet Advertising Bureau)에 따르면 미국의 2010년 온라인 광고시장은 260억 달러로 전체광고 시장의 15%에 달하고 있으며 이 중 검색광고가 48%를 차지하고 있다. 전 세계 온라인 광고시장은 2006년~2010년 사이 연평균 20%씩 성장하여 왔다. TV 광고시장이 연평균 5%, 신문 광고시장은 연평균 2%씩 성장하는 데 비하면 매우 빠른 성장 속도이다. 또한, 모바일 광고시장도 전 세계적으로 2010년 11억 달러에서 2012년에는 191억 달러로 급성장했으며 우리나라의 모바일 광고시장도 2010년 2억 7500만 달러에서 2012년 4억 5000만 달러에 이르렀다.

2002년~2007년 통계자료에 의하면 우리나라의 TV 광고시장이 연평균 1.4% 증가에 머물러 있는 데 비하여 온라인 광고시장은 연평균 143.6%씩 성장하여 왔다. 이제, 우리나라의 온라인 광고시장은 TV광고에 이어 2위를 점유하고 있으며 미국의 온라인 광고시장도 2008년 236억 달러, 2010년 285억 달러에서 2013년 420억 달러로 성장하고 있다. 이러한 추세에 따라 미국의 온라인 광고시장은 조만간 TV 광고시장을 능가할 것이다.

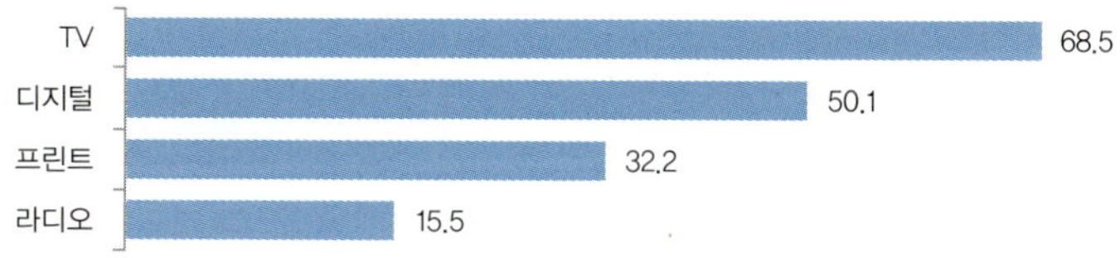

그림 12.19
2014년 미국 광고시장의 변화추이

미국의 경우 온라인 광고시장에서 검색광고가 차지하는 비율은 약 50%에 이른다(그림 12.20 참조). 초창기 인터넷 사이트들이 배너광고 위주의 수익모델로 시작하였으나 그 후 온라인 게임, 유료 아이템 판매를 통해 수익을 창출하였고 지금은 검색연동형 광고로 발전하게 되었다. 안정적인 수익 모델을 발굴하는 인터넷 기업이 시장을 주도하는 인터넷 서비스 기업으로 부상하게 되었다. Google사는 Adwords 및 AdSense와 같은 검색형 연동광고 모델로 성공하였고 1999년 설립된 NHN사도 검색광고를 주수익원으로 2003년부터 국내 인터넷 서비스 기업 중 1위를 차지하고 있다.

그림 12.20
미국 온라인 광고시장의 구성과 검색광고(2010년)

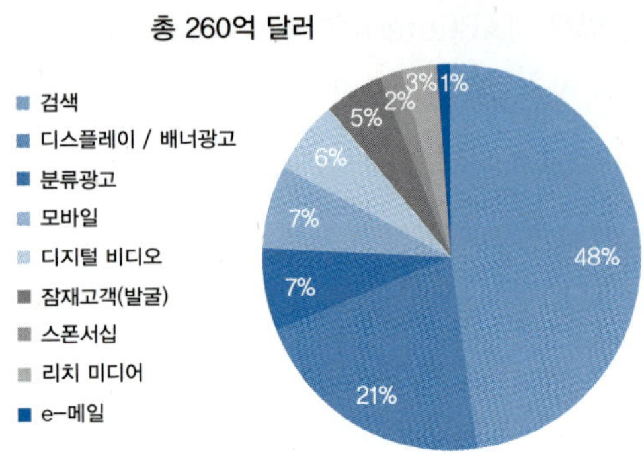

12.4.2 검색광고 모델

초기 포털 사이트들의 사업 모델은 배너 광고로 시작하였다. 따라서, 포털 사이트들은 트래픽을 포털 사이트로 집중시키려고 노력하여 광고 수익의 증가를 추구하였다. 배너광고와 같은 디스플레이 광고는 일방적인 광고로 광고주 입장에서 실제 광고효과를 예상하기에는 어려운 방식이다. 그 후 출현한 CPC(Cost Per Click)라는 광고 방식은 클릭보장(성과보장)형 광고로 인터넷 사이트 방문자가 실제 광고를 클릭할 때만 일정한 비용을 지불하는 방식이다. 이러한 방식은 Amazon 어소시에이츠(asoociates.amazon.com)에서 처음으로 적용되었으나 방문자가 실제 클릭할 확률은 0.1~0.2%에 지나지 않아서 인터넷 광고 비즈니스 모델로는 성공하지 못하였다.

그림 12.21
배너 광고의 사례

이후 나타난 검색광고 모델로는 검색연동형 광고와 콘텐츠 매치광고가 있다. Google사의 AdWords는 검색연동형 광고로 이용자가 검색엔진을 통하여 원하

는 정보나 웹사이트를 검색하면 검색결과와 관련 있을 만한 웹사이트나 광고가 게시되는 방식이다. Adwords는 Google사 매출의 가장 주요 소스로 Pay-Per-Click(PPC) 광고 방식이다. PPC 광고는 Google 검색사이트에 광고를 게재하고 싶은 광고주가 키워드들을 이용하여 본인의 웹사이트의 특성을 표현하고 광고의 경매가를 제시하는 스폰서광고 방식이다. Google의 Adwords 소프트웨어는 검색엔진 이용자가 검색창에 검색명령을 입력하면 Google 엔진은 가장 관련성이 높은 검색결과(Search results) 순으로 제시하고 동시에 결과화면의 오른쪽 또는 때로는 상부에 스폰서 검색결과가 나타난다(그림 참조). 검색결과는 이용자의 검색내용과의 관련성 정도, 광고주의 경매가격, 광고주의 지리적 위치 등을 고려하는 복잡한 알고리즘에 따라 순서대로 스폰서 광고를 제시한다. Google의 Adwords 광고는 매우 간단하여 첫 헤드라인 부분이 25자, 두 번째 줄이 35자 이내이다. 이용자가 AdWords가 제시한 스폰서광고를 클릭했을 경우에만 광고주가 비용을 지불하는 PPC 방식을 따르고 있다.

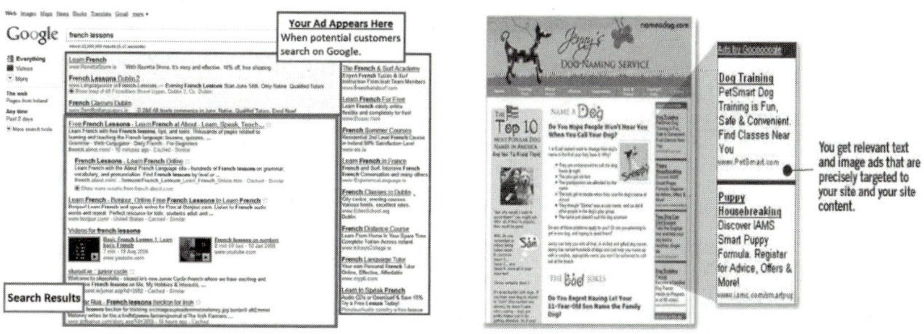

그림 12.22
Google의 검색연동광고 AdWords와 콘텐츠 매치 광고 AdSense

이에 비해, Google의 AdSense 소프트웨어는 콘텐츠 매치광고로 제휴광고의 특성을 가진다. Google사의 2011년 총매출은 379억 달러이며 이 중 AdSense에 의한 매출이 28%를 차지하고 있다. 많은 소규모의 웹사이트들은 광고를 직접 게시하거나 마케팅할 능력이나 자원을 가지고 있지 않다. 이러한 경우 웹사이트가 AdSense 광고시스템에 등록하면 Google은 인터넷 검색기술을 적용하여 해당 웹사이트를 철저히 분석한 후 가장 관련성이 높은 사이트들을 "Ads by Goooooogle"란에 순서대로 게시해 준다(그림 12.22 참조). 일반 이용자가 인터넷 검색엔진 Google을 통하여 정보를 검색할 때 검색결과에 나타나는 웹사이트를 방문하여 AdSense가 찾아준 제휴광고를 클릭하는 경우 AdSense에 등록한 웹사이트는 자동적으로 일정액의 수수료를 받는다. 특히, 내용이 풍부한 웹사이트는 많은 제휴광고를 야기시킬 수 있으므로 더 많은 수수료를 얻을 수 있다. 각 웹사이트가 발생시키는 광고 수입은 크지 않을 수 있지만 수많은 웹사이트들이 발생시키는 AdSense 매출액은 커지게 된다. 이러한 의미에서 AdSense는 웹 2.0의 롱테일 개념에 기반하고 있다.

12.5 웹 2.0 서비스 기업

웹 2.0 시대가 도래하면서 인터넷 환경에서 일방적으로 콘텐츠를 소비하던 이용형태가 참여, 공유 개념의 확산으로 능동적인 이용자 형태로 변화하고 있다. 웹 2.0 기업으로는 Google사를 비롯하여 Blog, wiki, 소셜 미디어, SNS 기업들을 들 수 있는데, 특히 최근에 SNS 기업들이 열풍을 일으키고 있다. 전 세계의 IT 및 인터넷의 흐름을 주도하고 있는 기업들의 현상을 'TGIF'라 부르며, 이는 Twitter, Google, iPhone, Facebook의 앞글자로 구성된 단어이다. Google, Facebook, Twitter는 대표적인 웹 2.0 기업이며 iPhone도 Apple사가 App Store와 iTune을 통해서 웹 2.0의 개념을 실현한 비즈니스 모델을 가지고 있다.

(a) 인터넷 트렌드를 의미하는 'TGIF' (b) 대표적인 웹 2.0 기업

그림 12.23
인터넷 트렌드를 의미하는 'TGIF'와 대표적인 웹 2.0 기업

미국을 중심으로 SNS 기업의 사용자 수가 급격히 늘고 수익이 창출되면서 SNS를 '제2의 인터넷 닷컴 열풍'이라 부르기도 한다. 1990년대 닷컴 기업들은 인터넷 방문자만 확보하고 주식시장에 무작정 상장했지만, SNS 기업들은 온라인 광고와 게임 등 연계사업을 통하여 실제 상당한 수익을 올리고 있다. 대표적인 소

셜 네트워크 서비스(SNS) 기업으로는 Facebook, Twitter, LinkedIn 등이 있는데 Facebook은 인터넷을 이용하여 다른 네티즌과 인맥을 맺고 글, 사진, 영상을 올려 공유할 수 있는 서비스이다. LinkedIn은 사용자가 자신의 신상과 직업을 인터넷 상에 올리고 다른 직장인들과 인맥을 쌓고 정보를 공유하는 서비스로 200개국에서 1억 명의 회원을 갖고 있다. 가장 먼저 상장된 LinkedIn은 기업가치가 2011년 5월 현재 시가총액 89억 달러에 이르러 2010년 매출 2억 4300만 달러의 36배에 달한다. Facebook 의 기업가치도 장외시장에서 750억 달러에 이른다. 경제전문 뉴스사인 블룸버그에 의하면 SNS기업의 매출액 대비 기업가치는 전통적 제조기업에 비해 20배 이상에 달한다. 특히, Facebook은 2011년 5월 회원수 6억명을 넘기면서 기업가치는 미국 보잉 및 포드사(약 570억 달러)는 물론 일본의 혼다(약 680억 달러)도 추월하였다(표 12.1 참조). Flacebook의 가치는 2014년 1920억 달러에 다다라 도요타자동차(1890억 달러)와 코카콜라(1800억 달러)와 비슷하게 되었다.

SNS 기업			제조 기업		
	기업가치	매출		기업가치	매출
LinkedIn	180억	2억4300만	할리데이비슨	88억	49억
Facebook	1920억	39억	혼다	678억	1090억
Twitter	100억	4500만	현대제철	103억	94억

표 12.1
SNS 기업과 전통적 제조 기업의 비교(자료: 블룸버그, 단위: 달러)

참고문헌

"인터넷이 바꾸는 산업의 지도", 권기덕, SERI 경제 포커스, 2008. 7
스마트 경영, 송재용, 21세기북스, 2011. 3
조선일보 2009. 12. 22 기사
컴퓨터와 IT기술의 이해, 최윤철, 한탁돈, 임순범, 생능출판사, 2013. 2
"인터넷 비즈니스 모델의 진화와 시사점", 권기덕, SERI 경제 포커스, 2006. 11
"세계 IT업계의 실적과 구조재편 전망", 임태윤, CEO Information, 2009. 4
"인터넷이 바꾸는 산업의 지도", 권기덕, SERI 경제 포커스, 2008. 7
"스마트폰이 열어가는 미래", 권기덕 외, SERI CEO Information, 2010. 2
"미디어 시장의 변화: Move to the Online Market", KT 경제경영연구소
Amazon 어소시에이츠: asoociates.amazon.com
(12.2.2절, p.474~p.475 참고문헌: 조선일보 2009. 12. 22 기사)
(12.3.1절, p.476~p.477 참고문헌: "인터넷 비즈니스 모델의 진화와 시사점", 권기덕, SERI 경제 포커스, 2006. 11)
(12.3.4절, p.482~p.483 참고문헌: "인터넷이 바꾸는 산업의 지도", 권기덕, SERI 경제 포커스, 2008. 7)
(12.4.1절, p.489 참고문헌: "인터넷이 바꾸는 산업의 지도", 권기덕, SERI 경제 포커스, 2008. 7)
[그림 12.1] www.internetworldststs.com/ststs.htm
[그림 12.8] http://www.businessinsider.com/what-rim-splitting-up-would-do-to-the-mobile-industry-2012-6 (Source: Gartner)
[그림 12.16] http://www.relationship-economy.com/2008/10/what-is-isoquantic-shifts/digital-convergence/
[그림 12.18] http://www.cicada.net.nz/Products/Mobile-Optimisation/Mobile-Web-Stats (Source: Morgan Stanley Research)
http://jimmarous.blogspot.kr/2012/10/Brett-King-Bank3.0-Digital-Banking-Movenbank-Disruption.html (Source: Gartner, IDC, Strategy Analytics)
http://au.businessinsider.com/smartphone-sales-wil-reach-16-billion-2013-2 (Source: BI Intelligence)

[그림 12.19] http://www.webguild.org/20110414/web-advertising-eclipsed-newspapers-in-2010

[그림 12.20] http://pharmamkting.blogspot.kr/2012/10/did-pharma-online-ad-spending-increase.html

연습문제

01 벤처 기업을 성공적으로 설립하고 운영하기 위한 재정적 과정을 설명하라. 벤처 투자기업의 성공 기준은 무엇인가? 미국의 경우 초기투자에 성공한 기업이 최종적으로 성공하는 성공률은 어느 정도인가? 한국의 경우는 어떠한가?

02 한국 벤처기업들의 문제점들을 지적하라. 한국 벤처기업들 중 연매출 1000억 이상 벤처기업 수가 어떻게 증가하여 왔는가?

03 플랫폼 생태계란 무엇을 의미하는가? Apple의 사례를 들어 iPod, iPhone 및 iPad와 같은 제품의 플랫폼 생태계에 대하여 설명하라.

04 Apple사는 모바일 생태계를 구축하기 위하여 어떤 전략을 사용하고 있는가? 이러한 전략은 Google사의 안드로이드를 중심으로 한 플랫폼 생태계와 비교하여 어떤 차이점이 있는가?

05 인터넷 서비스 산업에서 수익을 창출하는 방법에 관하여 논하라. 이들 중 가장 성공적인 비즈니스 모델은 무엇인가?

06 대표적인 e-커머스 회사인 Amazon과 eBay의 비즈니스 모델이 어떻게 다른지 설명하라.

07 세계 최대의 종합 미디어사인 News Corporation의 비즈니스 모델이 최근 10년간 어떻게 변화해 왔는지 조사하라. News Corporation의 유료 콘텐츠에는 어떤 것들이 있는가?

08 동영상 사이트 Netflix의 비즈니스 모델에 대하여 설명하라. Netflix의 추천시스템(Recommendations)이 어떻게 작동하는지 설명하라.

INTERNET

CHAPTER

13 인터넷의 발전 동향

13

CHAPTER

인터넷의 발전 동향

인터넷 기술과 활용은 엄청난 속도로 발전하여 우리사회와 삶의 방식을 변화시키고 있다. 앞으로도 이러한 추세는 더욱 빠르게 진행될 것이며, 특히 최근 모바일 기기는 새로운 비즈니스 기회를 제시하고 있다. 전문가들에 의하면 최근 인터넷 트렌드의 키워드는 소셜 미디어, 모바일, 클라우드 컴퓨팅 및 빅데이터이다. 본 장에서는 인터넷 기술의 발전과 더불어 우리 일상생활에서 IPTV와 스마트 TV의 특성에 대하여 기술하고, 또한 소셜 미디어의 활용과 영향에 대하여 설명한다. 또한, 모바일 인터넷 인프라의 급성장에 따른 우리사회의 변화와 클라우드 컴퓨팅 환경을 설명한다. 무선 인터넷 인프라의 발전과 모바일 기기 확산으로 인한 홈네트워킹과 u-헬스에 대해서도 알아보자. 마지막으로 웹 2.0 이후 보다 지능적인 웹을 위한 시맨틱 웹의 개념에 대해서 설명한다.

13.1 인터넷과 미디어

전통적인 미디어 대신에 인터넷이 새로운 미디어로 모든 영역에서 빠르게 영향력을 증가시키고 있다. 인터넷 망을 이용한 IPTV와 스마트 TV에 대하여 설명하고 또한 새로운 개념의 미디어로 소셜 미디어의 영향과 앞으로의 미래를 예측해본다.

13.1.1 IPTV와 스마트 TV 서비스

인터넷이 주류 미디어로 부상하고 있다. 과거에는 TV, 신문, 라디오, 잡지가 4대 주요 미디어였으나 최근 인터넷 미디어의 영향력이 급격히 증가하고 있다. 2006년 조사에 의하면 우리나라의 경우 인터넷을 통한 뉴스 습득률(48.3%)이 이미 TV(42.8%) 및 신문(7.3%)를 넘어섰다. 또한, 2009년 자료에 의하면 전 세계 미디어 산업의 전체 크기 1.5조 달러 중 각 미디어가 차지하고 있는 비중은 TV 3490억 달러, 인터넷 2400억 달러, 신문 1949억 달러, 도서출판 1265억 달러, 잡지 1110억 달러, 영화 980억 달러 순으로 인터넷이 이미 제2의 미디어로 부상하였다. 이러한 이유로 기존의 TV 및 신문들은 전통적 기업 영역에서 벗어나 인터넷을 이용한 새로운 비즈니스 모델을 찾기 위하여 빠르게 움직이고 있다. BBC는 이미 몇 년 전에 "우리는 더 이상 스스로 방송업체라고 생각하지 않는다"라고 선언하였다.

미디어 산업은 빠르게 다원화되고 양적 및 질적으로 팽창하며 구조적 변화가 가속화되고 있다. 인터넷으로 인하여 콘텐츠의 생산 및 유통 비용이 감소하여 미디어 시장의 진입 장벽이 지속적으로 하락하여 개인을 포함한 중소제작사들이 미디어 시장에 쉽게 참여할 수 있는 길이 열렸다. 또한, 모바일 기기를 포함한 다양한 기기들의 출현으로 콘텐츠를 유통시킬 수 있는 채널이 매우 확대되어 가고 있다.

인터넷과 기존 미디어의 융합이 어떻게 이루어지고 있는가? TV와 모바일 기기는 이미 인터넷에 연결되어 뉴스, 동영상, 음악은 물론, 게임, 교육, 교통정보와 같은 응용 프로그램과 정보를 제공하고 있다. 또한 유선 초고속 인터넷, 이동 통신망 및 방송망이 하나의 네트워크로 융합하고 있다. 그리고 TV, PC, 휴대폰과 같은 다양한 미디어 기기들이 스마트폰이나 태블릿 PC와 같은 하나의 기기로 융합되고 있다. 가정에서 방송(TV)과 통신(인터넷) 융합의 결과는 IPTV와 스마트 TV를 통해서 일어나고 있다. 2012년 현재 TV 콘텐츠의 25%는 유무선 인터넷을 통해 제공될 것으로 전망된다. IPTV와 스마트 TV는 양방향성 방송이다. IPTV의 경우 이동 통신망 사업자와 같은 특정 사업자가 제공하는 폐쇄망을 통해 콘텐츠가 제공되는 데 비해 스마트 TV는 인터넷과 방송을 넘나들며 브라우저를 이용하여 원하는 콘텐츠를 찾아 볼 수 있으며 특정 사업자에 얽매이지 않는다. 두 가지 방식 모두 사용자에게 상호작용성을 지원하여 원하는 콘텐츠를 언제나 받아 볼 수 있고 방송 외에 추가적인 정보도 받을 수 있는 특성을 지원하고 있다. IPTV와 스마트 TV는 앞으로 홈 네트워킹의 게이트웨이 역할을 할 수 있다. 특히, 스마트 TV의 경우 영상통화와 화상회의도 지원하며 다양한 응용 프로그램(앱)을 앱스토어로부터 가져 올 수 있다. 스마트 TV는 'N 스크린' 기능을 지원하여 어떤 장소에서 어떤 기기를 이용하더라도 스마트 TV의 콘텐츠를 이어서 사용할 수 있다. 앞으로 스마트 TV의 시장이 급격히 확장될 것으로 기대되어서 기존의 가전업체는 물론 Apple, Google, 레노버 등도 시장에 진출할 것이다. Apple의 스마트 TV 전략은 iPhone, iPad, MacBook과 더불어 강력한 생태계를 구성하여 기기들 간에 콘텐츠를 용이하게 서로 교환하고 더 많은 응용 프로그램(앱)과 콘텐츠를 확보할 것이다. 특히, 최근 관심을 끌고 있는 클라우드 서비스를 통해서 모든 프로그램과 콘텐츠를 데이터 센터(IDC)의 클라우드 서버와 메모리 시스템으로부터 가져오고 저장하는 전략을 추구하고 있다. 스마트 TV 경쟁에서 중요한 것은 콘텐츠와 응용 프로그램이며 더 많은 사용자를 확보하려고 플랫폼을 기반으로 생태계 경쟁을 벌일 것으로 예상된다. 스마트 TV가 확산되면 인터넷 망에 고화질 동영상과 같은 대용량의 자료에 의한 과부하가 염려되므로 통신사는 스마트 TV 콘텐츠에 대한 차별화 정책을 부가할 수 있다.

그림 13.1
IPTV와 스마트 TV의 예

인터넷을 통해 콘텐츠와 사용자의 피드백을 직접 주고받는 스마트 TV와 태블릿 PC의 출현은 미디어 혁명을 일으킬 것으로 예상된다. 앞으로 스마트 TV와 태블릿 PC의 판매가 급격히 증가하면서 인터넷을 통한 쌍방 커뮤니케이션이 사용자의 상호작용성을 증가시키고 사용자의 참여를 확대시켜나갈 것이다. 이는 소셜미디어의 확산과 영향력의 확대로 이어질 것이다.

13.1.2 소셜 미디어의 영향

인터넷이 주류 미디어로 급부상하고 모바일 기기들이 확산되면서 소셜 미디어가 우리사회에서 커다란 영향력을 미치기 시작하였다. 또한, 소셜 미디어는 개인과 기업에게 새로운 비즈니스 기회를 제공할 수 있다. 기업들은 소셜 미디어를 마케팅 및 홍보 목적으로 사용하고 있다. 소셜 미디어를 통해 생성되고 있는 엄청난 양의 데이터를 분석하여(빅 데이터 분석) 자사의 제품과 서비스에 대한 고객들의 평가와 의견 및 전반적 트렌드도 파악할 수 있다. 이러한 일들이 인터넷과 모바일 기기로 인하여 가능한 시대가 되었다.

그림 13.2
사용자들의 참여에 의한 소셜 미디어의 영향력 증가

소셜 미디어를 몇 가지 관점에서 이해해 보자. 소셜 미디어는 인터넷과 모바일 환경을 기반으로 하므로 신속성과 지속성의 성향을 가진다. 전 세계 인터넷 이용자 21억 명 가운데 이미 12억 명이 소셜 미디어를 이용하고 있으며 이용층도 매우 다양하다. 소셜 네트워크 서비스는 과거 인간의 지역적 입소문에서 벗어나 지구촌 입소문(World of mouth) 현상을 야기시키고 있다. 소셜 미디어는 비용측면에서 전통적 미디어에 비해 매우 경제적이고 일반인이 주도하는 개방적인 상호 소통을 가능케 하는 매체이다. 그 동안 웹 환경은 검색엔진을 통해 정보를 찾아와서 사용자에게 제공하는 방식이었으나 소셜 네트워크 서비스는 웹 환경에서 다양한 상황과 인맥 관계를 분석하여 보다 친근하고 신뢰성 있는 정보를 제공할 수 있다. 인터넷과 모바일 기기의 확산으로 매일 엄청나게 생성되고 있는 정보 중에서 더욱 중요하고 신뢰성 있는 정보를 찾아내고 사용자의 상황과 성향에 맞는 정보를 구별할 수 있는 환경이 SNS의 활용을 통해 가능하게 되었다.

그림 13.3
SNS의 개념과 확산

13.2 모바일 인터넷의 확산

무선 인터넷 인프라가 급성장하면서 모바일 인터넷이 사용자의 현 위치, 특성 및 주변환경을 인식하는 개인화 서비스가 가능하게 되었다. 또한 클라우드 컴퓨팅은 사용자가 언제, 어디서나, 어떤 기기를 사용하든지 상관없이 일관되게 인터넷 서비스를 제공할 수 있게 되었다. 이것은 사용자의 라이프 스타일 전반에 근본적인 변화를 야기시켰을 뿐만 아니라 기업경영 환경에도 큰 변화와 기회를 낳고 있다.

13.2.1 무선 인터넷 인프라의 급성장

우리사회는 삶의 패턴과 업무처리 방식에서 이동성과 즉시성을 중요하게 생각하여 언제, 어디서나 정보 접근과 처리의 중요성이 증가하고 있다. 무선 인터넷의 속도가 더 빨라지고 비용이 감소하는 현실에서 모바일 기기의 활성은 자연스러운 결과이다. 스마트폰 이용자 수의 증가속도도 매우 빨라 2010년 전 세계 스마트폰이 2.5억대로 모바일폰 시장의 20%에 불과하다가 2015년 15억 대에 다다랐다. 인구 100명 당 사용자수가 5명에서 20명으로 증가하는 데 걸리는 시간이 과거 유선전화에서는 31년, 인터넷은 8년, 휴대폰은 6년 걸린데 비해 스마트폰은 5년 밖에 걸리지 않는다. 스마트폰과 태블릿 PC는 인터넷 서비스의 사용을 증가시켜서 스마트폰은 일반 휴대폰에 비해 사용자 당 30배 이상의 통신량을 발생시켰고 태블릿 PC는 450배 이상의 통신량을 발생시켰다. 따라서, 모바일 시대에 무선 인터넷 환경은 더욱 빠른 통신망을 요구하고 있다. 스마트폰과 태블릿 PC와 같은 모바일기기는 사용자의 실시간 정보 접근(Real-time), 정보소통의 무한 확장(Reach), 공간제약을 극복한 실제감(Reality)이라는 소위 '3R'의 특성을 제공하고 있다.

스마트폰과 태블릿 PC를 이용한 모바일 인터넷 서비스는 라이프 스타일의 변화와 더불어 새로운 시장과 비즈니스 모델을 출현시키고 있다. SNS를 활용한 소셜 커머스, 소셜 미디어를 통한 '소셜 지성(Social intelligence)', 모바일 인터넷을 이용한 LBS와 AR 서비스 등은 개인과 기업에 새로운 기회를 제공하고 있다. 전 세계 스마트폰 애플리케이션 시장은 2013년 267억 달러에서 연평균 30%씩 성장하여 2017년 765억 달러로 증가할 것으로 전망되고 있다. 스마트폰의 활용은 정보습득은 물론 업무수행에서도 획기적인 변화를 초래하고 있다. 과거 기업의 데이터 센터를 접근하여 처리하던 방식에서 이제는 클라우드 컴퓨팅이 글로벌 업무처리 환경을 제공하기 시작하였다. 또한, 개인은 소셜 네트워크 서비스가 제공하는 사회적 관계형성을 통해서 여가활동 뿐만 아니라 보다 신뢰성 있고 개인화된 정보의 활용이 가능하게 되었다. 모바일 및 소셜 미디어 환경을 지원하기 위하여 우리사회가 기업, 공공시설, 학교, 카페 등에서 무선 인터넷 환경을 제공하는 공간의 다기능화 현상이 발생하고 있다.

이제 우리사회는 1960년대 메인프레임 컴퓨터, 1970년대 미니컴퓨터, 1980년대 PC, 1990년대 데스크톱 인터넷 컴퓨팅 시대를 거쳐 2000년대는 모바일 인터넷 컴퓨팅 시대가 되었다(그림 13.4 참조). 모바일 환경도 3세대 3G망 시대를 거쳐 최근 4세대 이동통신 LTE 시대로 빠르게 진행되고 있다. LTE는 3G에 비해 데이터 전송속도가 5~10배 빨라서 영화 한편을 내려받는 데 2분 정도밖에 걸리지 않는다. 무선 통신망이 4세대로 진화하면서 초고화질(Full HD) 동영상, 3D 입체영상, 대용량 온라인 게임이 가능하게 되었다(그림 13.4 참조). 우리나라는 2011년 7월경부터 서울 지역을 중심으로 LTE 서비스가 시작되어 2013년에는 전국 82개 도시로 확산될 예정이다. LTE는 다시 데이터 전송속도가 더 빠른 LTE-A(LTE-Advanced)로 발전하고 있다.

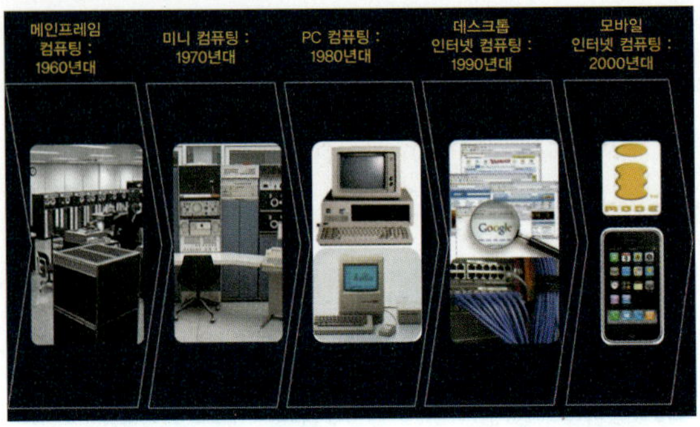

그림 13.4
모바일 사회로의 발전

미국 조지메이슨대학 타일러 코웰 교수는 2011년 발간한 그의 책 "거대한 침체(The Great Stagnation)"에서 1970년대 이후 세계 경제 성장이 한계에 부딪쳤고, 이는 과거의 전기, 자동차, 전화와 같은 획기적인 기술혁신이 없는데 기인한다고 주장한다. 그는 컴퓨터와 인터넷이 우리사회와 삶에 큰 영향을 미치는 것은 사실이나 이러한 기술이 많은 일자리 창출이나 경제적 결실을 맺지는 못했다고 이야기한다. 그러나 코웰 교수는 인터넷 기술이 더 성숙해지고 활용이 확산되면 경제적으로 크게 발전할 수 있는 기술의 혁신을 이끌 것으로 기대하고 있다. 최근 이야기되고 있는 인터넷 기술과 전통 산업의 융합과 모바일 인터넷에 의한 새로운 기회가 우리사회와 경제를 어떻게 혁신적으로 발전시켜 나갈지 기대되고 있다.

13.2.2 클라우드 컴퓨팅 서비스

클라우드 컴퓨팅이란 사용자가 언제, 어디서나 어떤 기기를 사용하든 상관없이 인터넷 접속을 통해서 필요한 IT 자원을 제공받는 주문형 IT 서비스를 의미한다. IT 자원의 활용 방식이 과거 구매 및 소유 방식에서 임대 방식으로 변화하는 것을 의미하며, 클라우드 컴퓨팅은 사용자에게 CPU, 메모리, 소프트웨어, 콘텐츠, 플랫폼, 인프라 등 사용자가 필요로 하는 모든 IT 서비스를 제공한다. 이러한 IT 자원을 제공받기 위해서는 무엇보다 LTE와 같은 초고속 인터넷 망이 필수적으로 요구된다. 클라우드 컴퓨팅은 업무의 시간적, 공간적 제약을 없앰으로써 업무 방식의 변화를 가져오고 사용자는 모든 IT 자원을 클라우드로부터 임대하여 사용하게 된다(그림 13.5 참조). 모바일 기기를 이용한 이동근무와 재택근무가 가능하게 되어 소위 '스마트 워크(Smart work)'가 가능하게 된다. 클라우드 컴퓨팅이 가능하기 위해서는 데이터 센터에 강력한 프로세서들이 필요하며 큰 메모리 용량도 필요하다. 실제 데이터 센터는 매우 한적한 장소에 건설되며 컨테이너에 수천 개의 서버가 들어있고 하나의 데이터 센터에 이러한 컨테이너가 수십 개 존재한다. 또한, 클라우드 컴퓨팅은 동일한 운영체제(OS)를 통해서 언제든지 다양한 단말기에게 동일한 콘텐츠를 연속적으로 이용할 수 있게 해주는 'N 스크린' 서비스를 지원하고 있다.

그림 13.5
클라우드 컴퓨팅 개념과 SK 텔레콤의 N 스크린 서비스 '호핀'

클라우드 서비스의 전 세계 시장규모는 2014년 720억 달러에서 2020년 1910억 달러로 연평균 18%씩 급성장할 것으로 블룸버그사는 예측하고 있다. Microsoft, Google, IBM, Apple, Amazon 등 글로벌 기업들은 물론 우리나라의 KT, SK 텔레콤, LG U+ 와 같은 이동통신사들도 클라우드 컴퓨팅을 차세대 동력 사업의 하나로 인식하고 있다. 클라우드 컴퓨팅은 개인이나 기업이 하드웨어 장치나 소프트웨어 및 콘텐츠를 구입하지 않고 클라우드 서버로부터 빌려서 사용하고 요금을 지불하는 형태이다. 클라우드 시스템을 이용하면 사용자들의 컴퓨팅 요구가 어떤 특정 웹 사이트로 폭주하는 경우에도 클라우드 컴퓨팅은 '규모의 경제' 개념에 의해서 대용량의 리소스를 보유하므로 어떠한 상황에서도 신축적으로 대처할 수 있는 장점이 있다. 신축성은 클라우드 컴퓨팅의 가장 두드러지는 특성이다. Apple사의 iCloud는 파일의 동기화, 공유 및 백업 서비스를 개인이나 기업에 제공한다. iCloud와 iOS를 이용하면 iPhone이나 iPad는 더 이상 Mac 컴퓨터에 연결하지 않고도 언제, 어디서나 Mac 컴퓨터와 자료와 프로그램을 공유할 수 있다. 또한, 모바일 기기의 모든 데이터는 iCloud에 자동적으로 백업되며 사진, 동영상과 같은 자료도 가족이나 친구와 용이하게 공유할 수 있다. 실제 iCloud는 미국 노스 캐롤라이나에 위치한 데이터 센터에 1400만 곡의 음악, 2500편의 영화, 4만 편의 뮤직 비디오, 3000편의 TV 프로그램, 1억 6천만 권의 전자책을 저장해 두었다가 사용자가 언제, 어디서나 다양한 기기를 통해 이용할 수 있게 해준다. 클라우드 컴퓨팅이 주목을 받는 이유는 인터넷 속도의 급격한 발전과 모바일 웹 환경의 확산에 기인한다. 또한, 사용자 환경이 개인의 상황 및 성향에 따른 개인화 웹의 발전과 개방형 소프트웨어 플랫폼에 힘입은 바 크다.

그림 13.6
Apple의 iCloud 서비스 개념

13.2.3 모바일 환경과 위치기반 서비스

모바일 기기는 주변의 상황정보와 인맥정보를 이용하여 사용자에게 개인적이고 맞춤형 정보를 제공할 수 있다. 상황정보란 위치정보, 주변정보, 교통정보, 부동산 정보 및 환경정보를 포함할 수 있다. 인맥정보는 친구와 같은 인맥정보를 의미하며 SNS를 통해서 얻을 수 있는 데이터이다. 모바일 기기는 어느 곳에서나 이러한 정보를 무선 인터넷 망을 통해서 얻을 수 있으며 이를 이용하여 새로운 응용 분야를 창출할 수 있다. 거의 모든 모바일 기기가 GPS, 가속도 센서, 카메라와 같은 장치를 장착하고 있어서 획득한 데이터를 무선 인터넷 망을 통하여 모바일 기기로 전송해 준다. 이 중 가장 활용이 높은 영역이 위치기반 서비스(LBS: Location Based Service)와 AR(Augmented Reality) 응용이다.

위치기반 서비스는 자동차의 텔레매틱스, Google의 무인 자동차, 소셜 LBS 응용인 Foursquare 등에서 보듯이 사용자의 현 위치를 인식하여 위치와 관련된 정보를 인터넷으로부터 실시간에 찾아오거나 모바일 기기의 센서를 이용하여 획득한다. 모바일 기기는 SNS로부터 가져온 인맥 정보와 친구에 관한 다양한 데이터를 활용하여 사용자에게 실시간에 위치정보와 융합하여 사용할 수 있는 서비스를 제공할 수도 있다. 그림 13.7은 위치기반 서비스의 개념과 GPS, 비디오 카메라, 레이저, 센서를 통해서 세상의 지형지물과 환경정보를 이용해서 작동하는 Google의 무인 자동차를 보여주고 있다. 스마트폰이 제공하는 정보를 이용하여 인간의 능력을 확장시킨다는 개념으로 증강 인류(Augmented humanity)라는 용어가 있다. 스마트폰과 같은 모바일 기기를 이용하여 인간이 과거에 할 수 없었던 일을 할 수 있게 되었다는 뜻이다. 위치인식 및 상황인식과 같이 현재 위치와 센서를 통해 상황을 파악하고 무선 인터넷을 통해서 정보를 받아 인간으로 하여금 새로운 일을 수행할 수 있게 된 것도 증강 인류의 한 가지 유형이다. 모바일 기기를 활용한 증강 인류는 이외에도 사물 인식, 자동 번역, 음성인식 등이 있다. 현 위치에 존재하는 사물을 GPS와 카메라로 인식하고 증강현실 기술을 이용하여 사물의 추가적인 정보를 획득하는 것을 다음에 설명한다.

그림 13.7
위치기반 서비스 개념과 Google의 무인 자동차

증강현실(AR: Augmented Reality) 기술이란 카메라가 인식한 물체의 이미지 위에 이 물체에 관한 추가적인 정보를 중첩하여 보여주는 기술이다. 증강현실은 실제 현상과 가상현실을 겹쳐서 디스플레이한다. 증강현실은 영상 위에 글자, 그래픽과 같은 시각적인 정보를 추가하여 디스플레이해 준다. 증강현실은 모바일 LBS, 게임, 교육, 의료, 건물/유적지 안내 등의 분야에 매우 유용한 기술이다.

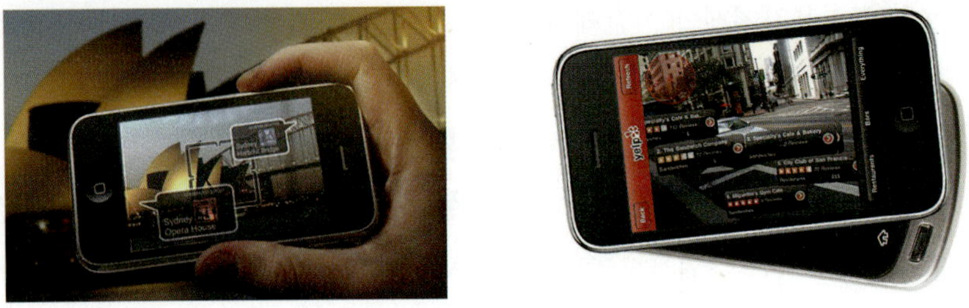

그림 13.8
모바일폰을 이용한 증강 현실 기술의 활용

13.3 홈네트워크과 u-헬스

가정의 모든 기기들이 디지털화되고 이들이 인터넷에 연결되어 가는 추세에서 이러한 기기들 간에 정보를 교환하고 제어할 수 있는 홈네트워크 기술을 설명하고 활용 분야를 알아보자. 또한 언제, 어디서나 이용 가능한 건강관리 및 의료서비스로 환자의 상태와 질병을 인터넷망 및 센서들을 통하여 관리하는 u-헬스에 대하여 공부한다.

13.3.1 홈네트워크

홈네트워크 또는 디지털 홈이란 가정에 있는 모든 기기와 장비들을 연결해 서로 통신할 수 있도록 함으로써 현 위치(가정 내 또는 가정 밖)와 무관하게 이러한 기기들을 제어하거나 통신할 수 있도록 해주는 기술을 의미한다(그림 13.9(a) 참조). 오늘날 대부분의 기기들이 프로세서를 내장하고 있으며, 이러한 기기들 간에 인터넷과 모바일 기기를 이용하여 제어하고 데이터를 송수신한다. 가정 내 홈네트워크에 연결되는 기기로는 정보화기기, 가전기기, 스마트미터, 엔터테인먼트 기기, 보안을 위한 센서들이 있다. 정보화기기로는 컴퓨터, 프린터, 스캐너 등이 있고, 가전기기로는 에어콘, 냉장고, 히터, 가스레인지, 커튼 등이 있다. 또한 엔터테인먼트 기기로는 스마트 TV, 음향기기, 디지털 카메라, 게임기 등이 있다. 가전 메이커들은 단순히 하드웨어를 잘 만드는 데 그치지 않고 이들을 상호 연결하여 서비스를 제공할 소프트웨어 플랫폼의 개발이 중요하다. 소프트웨어 플랫폼을 통해서 인터넷에서 제공하는 각종 소셜 콘텐츠, 즉 사진이나 동영상을 가전 내 무선 통신망을 통해 기기들 간에 쉽게 공유하고 교환할 수 있다. 가정 내의 기기들과 장비들은 유선 또는 무선으로 연결되어 네트워크를 구성하여야 한다. 유선통신망에는 전화선, 전력선, Ethernet 등이 있으며, 무선통신망으로는 무선 LAN, Bluetooth, UWB(Ultra WideBand) 등이 이용된다.

특히, 에너지 사용관리를 위한 스마트 그리드(Smart grid)는 전력 공급자와 수요자 간의 양방향 통신을 통해 전력망의 운영을 최적화하는 미래형 전력시스템이다(그림 13.9(b) 참조). 집안의 모든 대형 가전기기들이 스마트 그리드와 스마트 미터에 연계되어 외부에서도 모바일 기기를 이용하여 직접 전력사용을 실시간으로 모니터링하고 제어할 수 있다. 전력 비용이 비쌀 때는 절약하거나 태양광 시스템으로 생산된 전기를 판매할 수 있고 쌀 때는 전력을 비축하였다가 나중에 사용할 수도 있다. 소비자는 건물 내 태양광 전지나 먼 곳의 풍력 발전기까지 끌어다 쓸 수 있게 해준다. 중앙발전소가 소비자에게 전력을 공급하는 '일 대 다' 방식이 아닌 공급자와 수요자 간에 '다 대 다' 방식으로 전력공급이 가능하게 된다. 스마트 그리드는 청정 에너지의 보급을 확대해줄 에너지 기술의 미래 유망 기술이다. 스마트 그리드 산업은 연평균 20%씩 성장하여 2014년에는 전 세계적으로 1714억 달러의 시장이 형성될 것으로 예상된다. 스마트 그리드를 잘 활용하면 10% 이상 에너지 절감효과를 볼 수 있다는 연구도 있다.

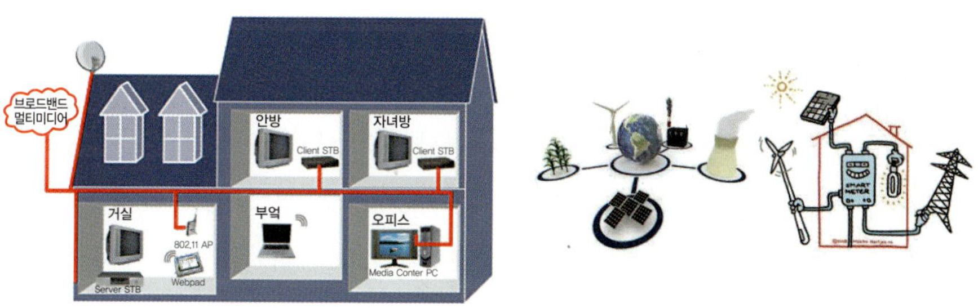

(a) 홈네트워크 (b) 스마트 그리드와 스마트 미터

그림 13.9 홈네트워크와 스마트 그리드

13.3.2 u-헬스

u-헬스의 기반이 되는 유비쿼터스 컴퓨팅(Ubiquitous computing)이란 언제, 어디서나 사용자가 편리한 방식으로 인간, 사물, 기기, 정보 간의 네트워크를 통하여 원하는 작업이나 업무를 처리할 수 있는 최적의 컴퓨팅 환경을 의미한다. 사용자는 유비쿼터스 네트워크 내에서 컴퓨터, 센서, 통신망들의 존재를 인

지하지 않은 상태에서 다양한 단말기를 통해서 이용하게 된다. 우리 사회는 앞으로 유비쿼터스 컴퓨팅 사회로 변모해 나갈 것으로 예상된다. 유비쿼터스 사회에서는 모든 사물에 RFID 전자태그가 내장되어 있어 실제 사회와 가상 사회를 통합하는 형태가 될 것이다. 따라서 시간과 공간의 개념이 사라져 언제, 어디서나 다양한 네트워크를 통해서 어떤 단말기를 이용해서도 사용자에게 서비스할 수 있는 환경을 제공한다. 유비쿼터스 컴퓨팅 환경에서는 인간, 사물, 컴퓨팅이 경계없이(Seamless) 자연스럽게 통합된다. 모든 사물에 RFID 태그를 부여하기 위하여 32비트 기반의 IPv4 대신에 IPv6 주소체계가 필요하다. IPv6 주소체계는 컴퓨터, 스마트폰, TV, 냉장고, 세탁기, 센서 등 모든 정보기기에 최대 10^{38}개의 고유주소를 붙일 수 있다.

u-헬스는 '언제, 어디서나' 이용 가능한 건강관리 및 의료서비스로 환자의 질병을 원격으로 관리하는 의료기기 및 의료 서비스로부터 일반인의 건강을 유지, 향상시키는 서비스까지 포함한다(그림 13.10 참조). u-헬스에서는 의료의 목적이 질병치료에서 질병예방으로 전환되는 특징을 가지고 있다. 우리 사회가 고령사회(인구의 14% 이상 65세 이상)를 거쳐 초고령사회(20% 이상)로 진행되고 있는 현실에서 u-헬스 산업이 미래 핵심 산업으로 부상하고 있다. u-헬스 산업에 Intel, GE, IBM, Philips, KT 등 글로벌 기업이 진출하여 많은 연구와 투자를 하고 있으며 u-헬스 시장이 2007년 1058억 달러에서 2013년 2540억 달러로 연평균 15.7% 씩 급성장할 것으로 예상되고 있다.

u-헬스는 만성질환자의 치료를 위한 u-메디컬, 65세 이상 노년층의 요양을 위한 u-실버, 그리고 일반인의 건강관리를 위한 u-웰니스로 구분할 수 있다. 기술적인 측면에서 u-헬스는 핵심 기술인 센싱(Sensing)의 정확도와 편리성이 가장 중요한 요소이다. 스마트 센서는 가정 내 거주자의 의료정보를 수집하고 바이오 센서는 혈당, 심장박동, 당뇨측정 등 거주자의 건강상태를 측정한다. 이러한 정보는 무선 인터넷을 통해 얻어지는 다른 정보와 융합적으로 작동하여 사용자의 상태를 점검하고 필요시 적절한 조치를 취할 수 있게 해준다. 즉, u-헬스 서비스를 통하여 개인의 질병을 예방하고 조기에 발견함으로써 개인 삶의 질적 향상을 기대할 수 있다. 한편, 일반인의 건강 유지 및 향상을 위한 u-웰니스(u-Wellness)는 언제, 어디서나 이용자의 운동량을 지속적으로 측정하고 스트레스와 다이어트를 관리해 주는 서비스이다.

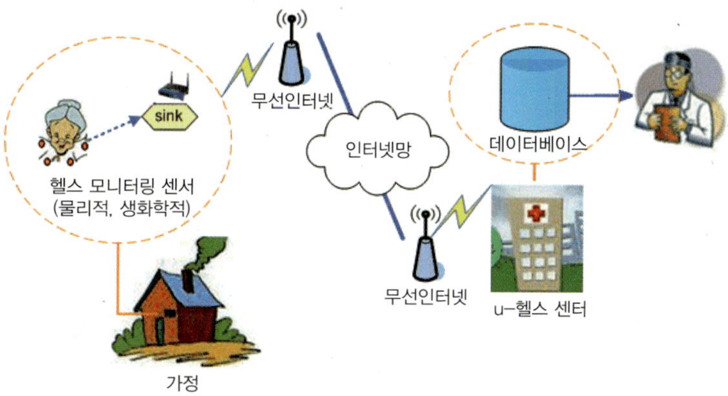

그림 13.10
u-헬스의 개념

13.4 웹 2.0 이후

9장에서 웹 2.0의 개념과 활용 분야에 대하여 설명하였다. 이 절에서는 웹 2.0 이후의 변화와 발전에 대하여 예측한다. 웹 3.0 개념의 발전에 대하여 전망하고 핵심 개념인 시맨틱 웹과 소셜 인덱싱에 대하여 설명한다.

13.4.1 웹 3.0?

1세대 웹(웹 1.0)은 정보위주의 웹으로 사용자가 웹 환경에서 원하는 정보를 검색하여 이용하는 방식을 의미한다. 웹 1.0은 읽기 위주의 단방향 프로세스이다. 웹 2.0은 사용자의 참여와 공유 개념에 기반하여 형성되는 소셜 웹을 의미하며 구체적으로 블로그, 위키, 소셜 미디어, SNS 등의 형태로 표현된다. 이에 비하여 3세대 웹(웹 3.0 이라 부르자)이 아직 구체적으로 정의된 것은 아니지만 일반적으로 시맨틱 웹(Semantic web)과 개인화(Personalization) 개념으로 요약할 수 있다. 시맨틱 웹이란 지능적 웹으로 소프트웨어 에이전트라는 소프트웨어가 사용자의 요구에 따라 웹 환경에서 정보를 검색하고 통합하고 추론하여 보다 '지능적'인 정보와 결과를 제공하는 개념을 의미한다(그림 13.11 참조). 이러한 개념은 1990년 웹을 처음 발명한 팀 버너스리의 생각과 일치한다. 그러나 그 동안 시맨틱 웹을 실현할 기술과 여건이 형성되지 못하였다. 개인화란 검색엔진을 이용해서 정보를 검색할 때 사용자의 프로파일, 지리적 위치, 취향, 인맥정보, 문화적 배경, 종교 등을 이용하여 맞춤식 정보검색을 수행하는 것을 의미한다.

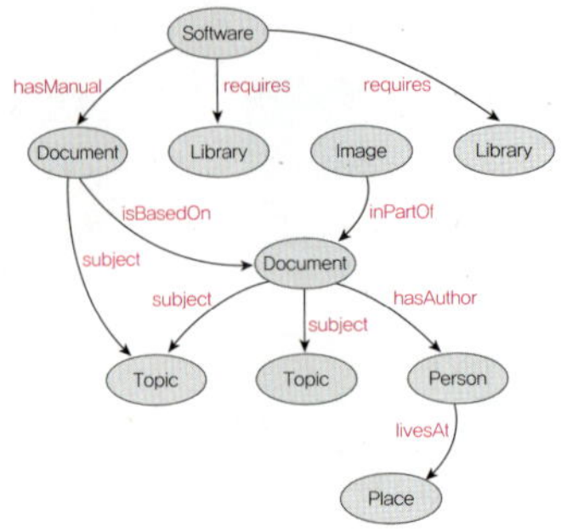

그림 13.11
시맨틱 웹의 표현

웹 3.0 개념에 의하면 정보검색을 수행하는 컴퓨터가 더욱 지능적으로 작동하여 사용자가 원하는 작업을 빠르고 정확하게 이해하며 사용자의 온라인 검색과정을 많이 생략하여 매우 용이하게 결과를 가져다주는 것을 의미한다. Google의 검색엔진은 현재 PageRank 알고리즘에 근거하고 있지만, 궁극적으로는 웹 환경에서 엄청난 양의 데이터를 수집하고 그 정보를 알고리즘으로 가공하고 분석하여 사용자가 원하는 결과를 가져다줌으로써 인류의 지능을 확장하는 인공지능의 기능을 가져야 한다. 미래의 Google 검색엔진은 사용자가 무언가를 생각하는 순간 그것을 용이하게 표현할 수 있고 Google이 그 해답을 즉시 내놓을 수 있는 지능적 검색엔진을 궁극적으로 목표하고 있다. 이 때, 스마트폰은 사용자를 이러한 환경으로 끌어들이는 통로 또는 수단의 역할을 수행한다.

한편, 미래의 웹 검색은 보다 지능적으로 작동하여 텍스트 정보 외에 사운드, 이미지, 동영상과 같은 멀티미디어 정보를 검색할 때 단순히 키워드로 검색하는 것보다 사용자에게 보다 편리하고 지능적인 검색 기법들이 개발될 것이다. 최근 많이 연구되고 있는 내용기반 검색(Content-based Retrieval)이 사용자의 편리성을 증가시키고 검색결과의 정확성을 높일 수 있다. 유사한 이미지를 검색하는 내용기반 이미지검색(CBIR: Content-based Image Retrieval)은 찾으려는 이미지 정보를 주면 검색엔진은 이와 가장 유사한 이미지들을 찾아온다. Google이 최근 개발한 CBIR의 이미지검색 과정이 그림 13.12에 나타나 있다. 또한, 콘텐츠기반 음악정보 검색(Content-based Music Information Retrieval)의 한 예로 허밍에 의한 질의(Humming by query)는 사용자가 원하는 노래나 음악을 허밍으로 부르면 곡조를 분석한 후 가장 가까운 음악을 찾아온다. 그림 13.12에 콘텐츠기반 음악 검색엔진 VocalSearch를 이용하여 원하는 음악을 찾아오는 검색과정을 보여주고 있다.

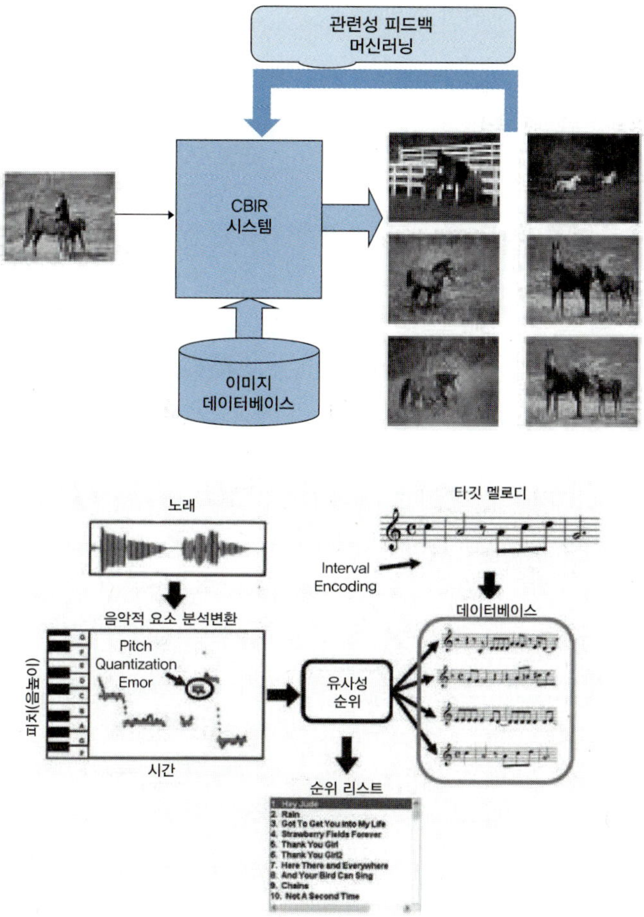

그림 13.12
Google의 CBIR 과정과 허밍에 의한 질의 VocalSearch

13.4.2 시맨틱 웹(Semantic Web)

시맨틱 웹이란 웹 환경에 존재하는 정보의 의미, 즉 시맨틱(Semantic)을 기계(컴퓨터)가 이해할 수 있도록 만드는 일련의 기법을 뜻한다. 이 용어는 W3C(World Wide Web Consortium)의 팀 버너스리가 처음 만들었다. 정보를 기계(컴퓨터)가 이해할 수 있는 메타데이터(Metadata)와 객체 간의 관계를 표현함으로써 에이전트 소프트웨어로 하여금 웹 환경에서 정보를 지능적으로 찾아 올 수 있게 도와준다. 시맨틱 웹에서 자주 사용되는 기법으로 XML을 기반으로 하는 RDF(Resource Description Framework), OWL(Web Ontology Language), 토픽맵(Topic maps)을 들 수 있다(그림 13.13 참조). RDF는 메타 데이터를 표현하기 위한 방법이고 OWL과 토픽맵은 주어진 지식영역 내에서 정보의 개념, 내용,

속성 및 관계를 나타내기 위한 기법이다.

그림 13.13
OWL과 토픽맵의 사례

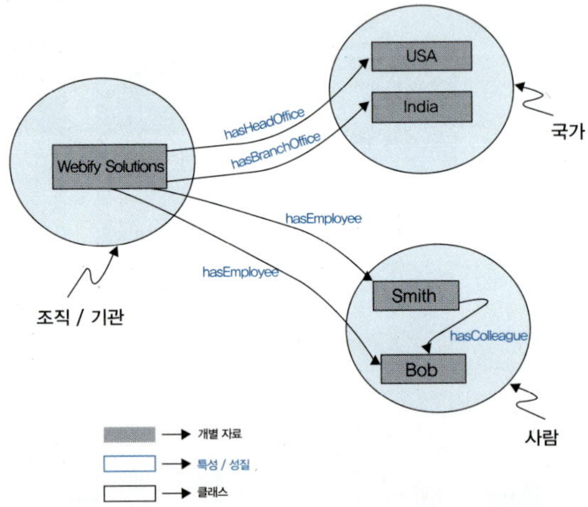

(a) OWL 온톨로지: "Webify Solutions" 조직

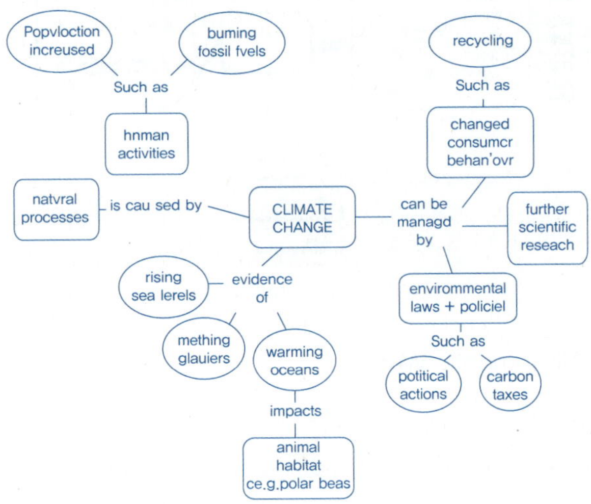

(b) 토픽맵: 기후변화(Climate change)

인간은 인터넷 환경에서 웹 정보를 활용하여 다양한 질문과 작업을 수행하고 싶어한다. 그러나 아직 사용자가 이러한 작업을 용이하게 처리하는 것은 쉽지 않다. 사용자는 웹 검색을 통하여 여러 번 정보를 검색하고 이해하고 유용성을 판단하며 통합하고 추론하여 작업을 수행하게 된다. 이 과정은 매우 복잡하고 사용자의 능력과 성향에 따라 다른 결과를 얻게 된다. 그러나 시맨틱 웹을 이용하면 이

러한 복잡하고 지루한 과정을 용이하게 처리할 수 있다. 팀 버너스리는 일상적으로 발생하는 거래, 질의, 행정적 처리 및 인간의 삶과 관련된 일들을 웹 환경에서 정보를 찾아서 검색하는 과정에서 지능적 에이전트에 의하여 컴퓨터와 컴퓨터 간의 상호작용을 통하여 처리하는 것을 웹의 목표로 삼았다. 시맨틱 웹은 지능적 에이전트가 이렇게 작동할 수 있도록 웹 정보를 구성하는 기법이다. OWL은 지식을 표현하는 기법으로 객체의 유형, 내용, 성질 및 관계 정보를 정형화된 기법으로 공유할 수 있도록 해주는 공식적이고 구체적인 명세이다. OWL은 추론 및 인공지능을 위해 사용된다. 태깅, 마이크로 포맷, SNS 등도 시맨틱 웹의 초보적인 기법이라 할 수 있다.

한편, 소셜 인덱싱(Social indexing)은 사용자가 원하는 정보뿐 아니라 취향까지 웹 사이트 정보를 활용하여 수집하는 기법이다. 한 가지 예로 Facebook은 인터넷 환경에서 사용자가 특정한 기사, 사진, 동영상을 읽다가 Like 버튼을 누르면 지인들과 이러한 관심정보를 공유할 수 있게 된다. Facebook은 Open Graph를 이용하여 웹 환경에서 '소셜', '개인화' 및 '시맨틱 웹' 개념을 지원하고 있다. 따라서, 소셜 인덱싱은 개인에게 맞춤 정보를 제공하는 데 적절한 기법이다. 친구나 지인의 의견이나 성향이 사용자가 어떤 음식점을 찾아가고 어떤 책을 읽으며 어떤 장소를 방문할지를 정하는 데 매우 유용한 정보가 될 수 있다. 사용자와 인맥으로 관련된 엄청난 양의 정보를 활용하여 개인적 취향에 맞는 정보를 찾는다는 것은 매우 효과적인 기법이 될 수 있다. 또한 소셜 인덱스를 적절히 사용하면 Google과 같은 검색엔진에서 검색엔진 최적화 기업(SEO)이나 사용자가 검색결과의 우선순위를 인위적으로 조작하는 것을 방지할 수 있다.

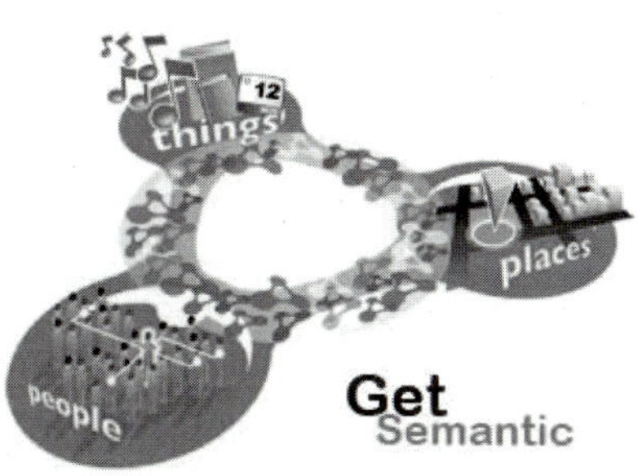

그림 13.14
객체, 사람 및 장소 간의 시맨틱 웹 개념과 개인화를 위한 소셜 인덱싱의 예

참고문헌

"인터넷 비즈니스 모델의 진화와 시사점", 권기덕, SERI 경제 포커스, 2006. 11

"인터넷이 바꾸는 산업의 지도", 권기덕, SERI 경제 포커스, 2008. 7

"달라진 Apple TV로 본 Apple의 전략", 한영수, LG Business Insight, 2010. 11

"소셜 커머스 해외 추진 사례와 전망", 김철환, KT경제경영연구소, 2010. 10

"인터넷 커뮤니케이션 시대의 기업 대응전략", 신형원, 이승현, 이민훈, 정태수, Issue Paper, 삼성경제연구소, 2008. 4

컴퓨터와 IT기술의 이해, 최윤철, 한탁돈, 임순범, 생능출판사, 2013. 2

"확산되는 소셜 미디어와 기업의 신소통 전략", 이동훈, SERI CEO Information, 2010. 7

"스마트폰이 열어가는 미래", 권기덕 외, SERI CEO Information, 2010. 2

"모바일 인터넷 서비스 SMART 해야 한다", 김종대, LG Business Insight, 2010. 2

"4G 기술, 무선통신사업의 대변화 예고", 이상민, LG경제연구원, 2009. 6

"모바일 컨버전스 현황 및 시사점", 이재형, KT 경제경영연구소

"모바일 빅뱅과 기업경영의 미래", 강민형 외, SERI CEO Information, 2010. 6

"증강현실이 가져올 미래 변화", SERI 경영 노트, 정동영, 2010. 3

"가전 기기 제조사들의 변화의 바람, '홈 ICT 시대'를 대비한 서비스", KT경제경영연구소, 2010. 3

"'스마트 그리드'와 신사업 기회", 이창용, SERI 경영노트, 삼성경제연구소, 2010, 7

"U-헬스 시장을 향한 ICT 업계의 본격화된 경쟁, 정강현, 박재현, 김자원, KT 경제경영연구소

http://en.wikipedia.org/wiki/Web_3.0#Web_3.0

http://en.wikipedia.org/wiki/Semantic_web

"페이스북의 오픈 그래프 전략을 통해 살펴본 웹의 진화 방향", KT 경제경영연구소, 2010. 5

"클라우드 컴퓨팅 서비스 전개와 시사점", 최우석, SERI 경영노트, 삼성경제연구소, 2010, 8

(13.1.1절, p.499 참고문헌: "인터넷이 바꾸는 산업의 지도", 권기덕, SERI 경제 포커스, 2008. 7,

"스마트폰이 열어가는 미래", 권기덕 외, SERI CEO Information, 2010. 2)

(13.2.1절, p.502~p.503 참고문헌: "스마트폰이 열어가는 미래", 권기덕 외, SERI CEO Information, 2010. 2)

(13.2.2절, p.504 참고문헌: "클라우드 컴퓨팅 서비스 전개와 시사점", 최우석, SERI 경영노트, 삼성경제연구소, 2010. 8)

[그림 13.3] http://www.pathmarksolutions.com/web-services/social-network-development/

[그림 13.4] http://trak.in/tags/business/2009/12/21/mobile-internet-compelling-opportunities-for-emerging-markets-like-india/ (Source: Morgan Stanley)

[그림 13.9(b)] http://www.automationfederation.org/Content/NavigationMenu/General_Information/Alliances_and_Associations/The_Automation_Federation/Focus_Areas/SmartGrid/SmartGrid.htm
http://www.businesspundit.com/the-business-pundit-energy-plan-electrification-flex-power-and-a-smart-grid/

[그림 13.10] http://bbcr.uwaterloo.ca/~x27liang/seehealthbib.htm

[그림 13.11] http://www.w3.org/Talks/2002/10/16-sw/slide7-0.html

[그림 13.12] http://www.techiwarehouse.com/engine/96f77f30/Image-Retrieval
"Query by Humming with the VocalSearch System", W. Birmingham, R. Dannenberg and B. Pardo, Communications of the ACM, August 2006

[그림 13.13(a)] http://www.ibm.com/developerworks/web/library/wa-semweb/

[그림 13.13(b)] http://library.uvic.ca/instruction/research/devtopic.html

연습문제

01 IPTV와 스마트 TV의 공통점과 차이점에 대하여 설명하라. 현재 IPTV와 스마트 TV의 세계 시장규모를 비교하고 앞으로 어떻게 발전해 나갈지 조사하라.

02 스마트 TV의 'N 스크린' 기능이란 무엇을 의미하는가? N 스크린을 지원하기 위하여 클라우드 서비스가 어떠한 역할을 수행하는지 설명하라.

03 모바일 인터넷을 이용한 위치기반서비스(LBS: Location based Service)의 실제 예들을 설명하라. 또한, 모바일 환경의 LAB 서비스에서 AR(증강현실) 기술이 어떻게 이용되는지 구체적 사례를 제시하라.

04 클라우드 컴퓨팅이란 사용자가 언제, 어디서나 어떤 기기를 사용하든 상관없이 인터넷 접속을 통해서 IT 자원을 제공받는 주문형 IT 서비스를 의미한다. 클라우드 서비스가 효과적으로 활용될 수 있는 영역을 알아보고, 또한 클라우드 서비스의 취약점을 설명하라.

05 가정에서 홈네트워킹이 활용될 수 있는 영역을 제시하라. 홈네트워킹을 실현하기 위하여 요구되는 인프라와 장비들은 어떤 것들이 있는지 조사하라.

06 웹 3.0의 개념은 무엇인가? 특히, 시맨틱 웹(Semantic web)의 개념을 설명하라.

07 지능적 검색 기법 중 내용기반 검색에는 내용기반 이미지 검색과 콘텐츠기반 음악정보 검색 등이 있다. 내용기반 이미지 검색이 기존 방식에 비교해 매우 효과적인 적용 분야를 설명하라.

08 Google의 검색엔진은 PageRank 알고리즘에 기반하고 있다. 미래의 검색엔진이 인류의 지능을 확장하기 위하여 보다 지능적으로 발전해 나갈 것으로 예상되고 있다. 이를 위하여 Google을 비롯하여 선도적 위치에 있는 검색 기업들의 연구 · 개발 방향에 대하여 알아보라.

찾아보기

ㅇ

ㅈ

저자약력

최윤철

- 서울대학교 전자공학과 졸업
  University of Pittsburgh(석사)
  University of California, Berkeley(석사 및 공학박사)
  현재 연세대학교 컴퓨터과학과 교수
- 주요 경력
  - Lockheed사 및 Rockwell International사 책임연구원
  - University of Massachusetts 교환교수
  - 일본 게이오대학 교환교수
  - 한국멀티미디어학회 회장, 명예회장
  - 전자책(eBook) 표준 제정위원장
- 관심분야 : 컴퓨터그래픽스, 멀티미디어 HCI, 스케치기반 인터페이스 및 모델링(SBIM),
  모바일 사용자 인터페이스

임순범

- 서울대학교 계산통계학과 졸업
  한국과학기술원(KAIST) 전산학과(공학박사)
  현재 숙명여자대학교 정보과학부 교수
- 주요 경력
  - 휴먼컴퓨터 창업/연구소장
  - 삼보컴퓨터 프린터개발부 부장
  - 건국대학교 컴퓨터과학과 교수
  - University of Colorado 교환교수
  - 한국멀티미디어학회 회장
  - 한국전자출판학회 회장
  - 한국정보과학회 부회장
  - 한국컴퓨터그래픽스학회 부회장
  - ISO/IEC 국제표준화 SC34 WG2 공동위원장
- 관심분야 : 컴퓨터그래픽스, 전자출판, 모바일 멀티미디어, 웹3D, HCI

소셜 미디어 시대의 **인터넷 이해**

최윤철 · 임순범 지음

초판발행 : 2014. 1. 10
제1판3쇄 : 2016. 8. 26
발 행 인 : 김 승 기
발 행 처 : (주)생능출판사
신고번호 : 제406-2005-000002호
신고일자 : 2005. 1. 21
I S B N : 978-89-7050-773-6(93000)

10881
경기도 파주시 광인사길 143
대표전화 : (031)955-0761, FAX : (031)955-0768
홈페이지 : http://www.booksr.co.kr

* 파본 및 잘못된 책은 바꾸어 드립니다.

정가 26,000원